MATHEMATIK 9
NEUE WEGE

Arbeitsbuch für Gymnasien

Saarland

Herausgegeben von
Henning Körner
Arno Lergenmüller
Günter Schmidt
Martin Zacharias

Schroedel
westermann

MATHEMATIK NEUE WEGE 9
ARBEITSBUCH FÜR GYMNASIEN
Saarland

Herausgegeben von:
Henning Körner, Arno Lergenmüller, Prof. Günter Schmidt, Martin Zacharias

erarbeitet von:
Armin Baeger, Lehmen
Miriam Dolić, Ingelheim
Aloisius Görg, Frechen
Prof. Dr. Johanna Heitzer, Aachen
Charlotte Jahn, Mainz
Henning Körner, Oldenburg
Arno Lergenmüller, Roxheim
Kerstin Peuser, Roetgen
Michael Rüsing, Essen
Jan Schaper, Oldenburg
Olga Scheid, Oldenburg
Prof. Günter Schmidt, Stromberg
Thomas Vogt, Hargesheim
Laura Witowski, Dörrebach
Martin Zacharias, Molfsee

Für das Saarland bearbeitet von:
Dieter Eichhorn

westermann GRUPPE

Druck A [1] / Jahr 2017
Alle Drucke der Serie A sind im Unterricht parallel verwendbar.

Redaktion: Björn Deling
Umschlagentwurf: Janssen Kahlert Design & Kommunikation GmbH, Hannover
Illustrationen: Margit Pawle, München
techn. Zeichnungen: Mario Valentinelli, Rostock
Druck und Bindung: westermann druck GmbH, Braunschweig

ISBN 978-3-507-**88725**-1

1 Ähnlichkeit 8

2 Trigonometrie 50

3 Kreisberechnungen 74

4 Quadratische Funktionen und Gleichungen 98

5 Mehrstufige Zufallsversuche und bedingte Wahrscheinlichkeiten 142

6 Potenzen und Potenzfunktionen 170

Kapitel und Lernabschnitte

Je zwei Auftaktseiten mit Bildern und kurzen Texten informieren dich über die Inhalte jedes Kapitels. Ein Kapitel besteht aus mehreren Lernabschnitten.

Jeder Lernabschnitt ist in drei Ebenen unterteilt: Grün – Weiß – Grün.

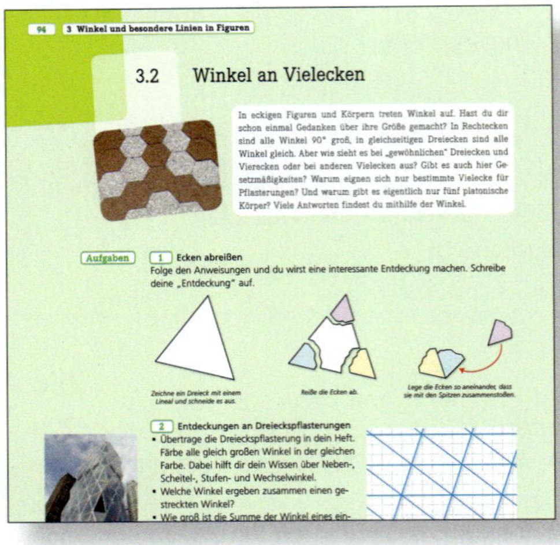

Die erste grüne Ebene

„Das Ziel vor Augen"

In wenigen Sätzen, Bildern und Fragen erfährst du, worum es in diesem Lernabschnitt geht.

Einführende Aufgaben

In vertrauten Alltagsproblemen ist bereits viel Mathematik versteckt. Mit diesen Aufgaben kannst du interessante Zusammenhänge des Themas selbst entdecken und verstehen. Das gelingt besonders gut in der Zusammenarbeit mit einem oder mehreren Partnern.
In dem vielfältigen Angebot könnt ihr nach euren Erfahrungen und Interessen auswählen.

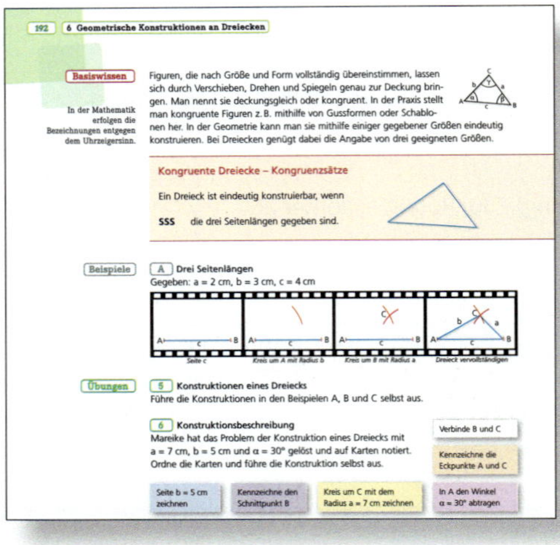

Die weiße Ebene

Basiswissen

Hier findest du das Kernwissen und die grundlegenden Strategien kurz und bündig zusammengefasst.

Beispiele

Die durchgerechneten Musteraufgaben helfen dir beim eigenständigen Lösen der Übungen.

Übungen

„Mathematik lernt man weniger durch Zuschauen als durch eigenes Tun."

Die Übungen bieten reichlich Gelegenheit zu eigenen Aktivitäten zum Verstehen und Anwenden. Zusätzliche „Trainingsangebote" führen zur Sicherheit.

Tipp

Eine Zahl ist durch 3 teilbar, wenn sie siche als Produkt mit dem Faktor 3 schreiben lässt.

8 Lösungen:
3 a + 9 b;
x + 8; x + 2 y;
2 a + b; 5 b – 5 a

Bei vielen Übungen findest du Tipps als Hilfe und Lösungen als Möglichkeit zur Selbstkontrolle.

Strategie zum Konstruieren von Dreiecken

Zeichne zunächst eine Planfigur und markiere die gegebenen Größen farbig. Beginne die Konstruktion mit einer Größe. Wenn du nicht weiterkommst, dann kann der Beginn mit einer anderen Größe helfen.

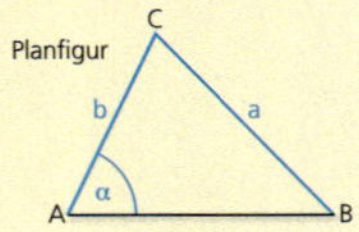

Merkkarten

Auf Merkkarten sind wichtige Sachverhalte zusammengefasst, die das Basiswissen ergänzen.

Werkzeug

Tabellen und Grafiken mit dem Grafikrechner (GTR)

Mit wenigen Tastendrücken kannst du Gleichungen tabellarisch und grafisch mit einem GTR lösen. Wie musst du vorgehen, wenn du z. B die Gleichung $2x + 2 = 8 - x$ lösen willst?

1. Terme eingeben

$y_1(x) = 2x + 2$

$y_2(x) = 8 - x$

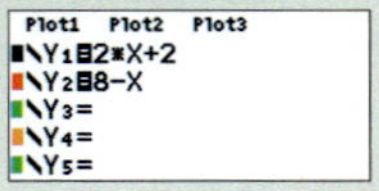

Werkzeuge

Die Nutzung von elektronischen Werkzeugen, wie Grafischer Taschenrechner (GTR), Tabellenkalkulation (TK) und Dynamische Geometriesoftware (DGS), wird in Werkzeugkästen dargestellt.

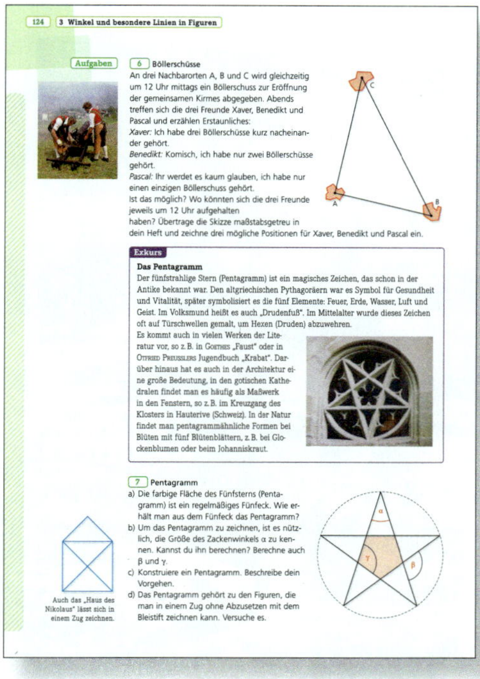

Die zweite grüne Ebene

„Mathematik ist überall."

Hier findest du Anregungen zum Entdecken überraschender Zusammenhänge der Mathematik mit vielen Bereichen deiner Lebenswelt und anderer Fächer.
Dabei ist oft Teamarbeit angesagt.
In Projekten gibt es Anregungen zu mathematischen Exkursionen. Dies führt oft zum Erstellen eigener Produkte zur Präsentationen der Ergebnisse in größerem Rahmen.

Exkurse

Es gibt einiges zu erzählen über Menschen, Probleme und Anwendungen oder auch Seltsames und Lustiges.

Pflicht und Kür

Die Inhalte der zweiten grünen Ebene wie auch die Exkurse und Projekte sind eine zusätzliche „Kür" zu den Pflichtteilen.

Sichere dein Wissen und Können gegen das Vergessen

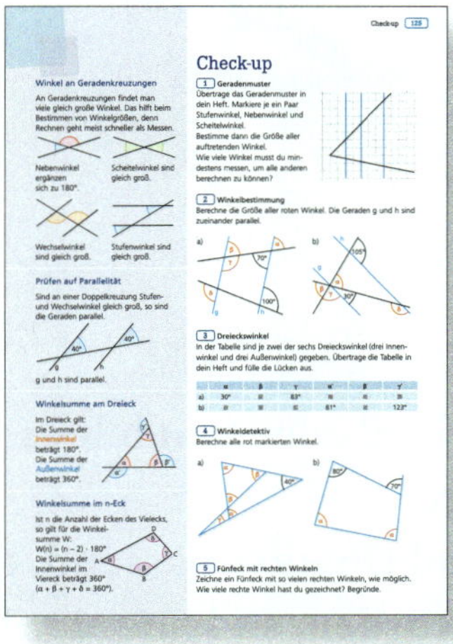

Check-up

„Alles klar?"

Nach jedem Kapitel findest du nochmal das Wichtigste übersichtlich zusammengefasst und typische Aufgaben, mit denen du dein Wissen festigen kannst. Hier kannst du dich gut auf Klassenarbeiten vorbereiten. Die Lösungen dieser Aufgaben findest du am Ende des Buches.

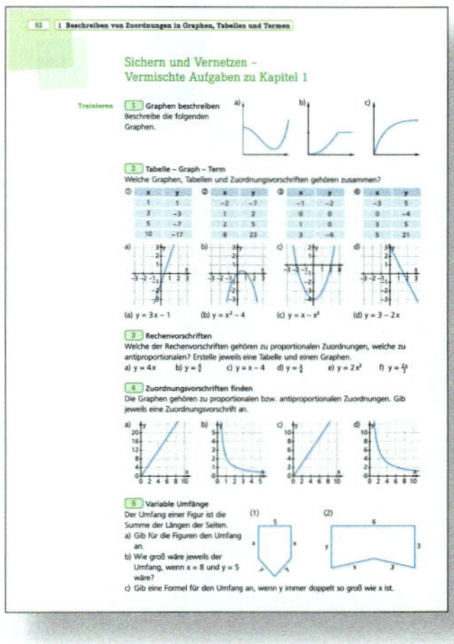

Sichern und Vernetzen – Vermischte Aufgaben

Hier findest du übergreifende Übungen zum Trainieren, Verstehen und Anwenden.
Die Lösungen stehen im Internet unter *www.westermanngruppe.de/NW-88725*.

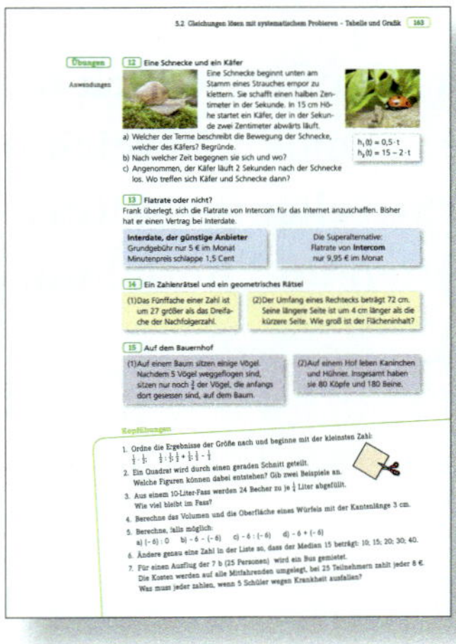

Kopfübungen

„Vergessen ist menschlich."

Deshalb kannst du in den Kopfübungen am Ende jeder weißen Ebene früher erworbene Kenntnisse wiederholen und auffrischen.

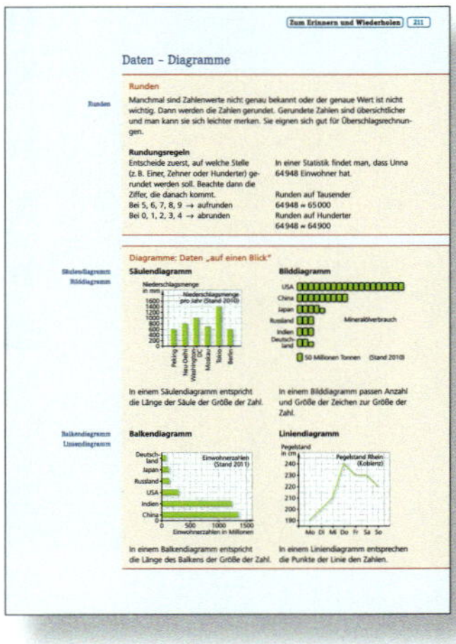

Zum Erinnern und Wiederholen

Hier wird Grundlegendes aus den vorhergehenden Bänden knapp und übersichtlich zusammengestellt.

1

Ähnlichkeit

Zeigt das Foto eine Stadtansicht von Florenz, oder handelt es sich um die Aufnahme aus einer Modellanlage?
Wenn die Abmessungen aller Modelle und Objekte passend, das heißt im richtigen Maßstab verkleinert wurden, so kann der Betrachter diese Frage kaum entscheiden.
Körper oder Figuren, die sich nur in ihrer „Größe“, jedoch nicht in ihren Proportionen und Winkeln unterscheiden, bezeichnen Mathematiker als „ähnlich“. Mithilfe der Streckenverhältnisse und Winkel können vielfältige Eigenschaften und Beziehungen ähnlicher Figuren untersucht werden.

1.1 Zentrische Streckungen entdecken und durchführen

Hier erfährst du, wie man maßstabsgetreue Vergrößerungen mathematischer Figuren erzeugt.

Wie viele Drachen erkennst du in der Abbildung?

1.2 Zentrische Streckungen – verkleinern und vergrößern

Mit der Lochkamera entstehen auf dem Kopf stehende seitenverkehrte Bilder. Hier lernst du die Mathematik kennen, die dahinter steckt.

Warum benutzten die Maler früher eine Lochkamera?

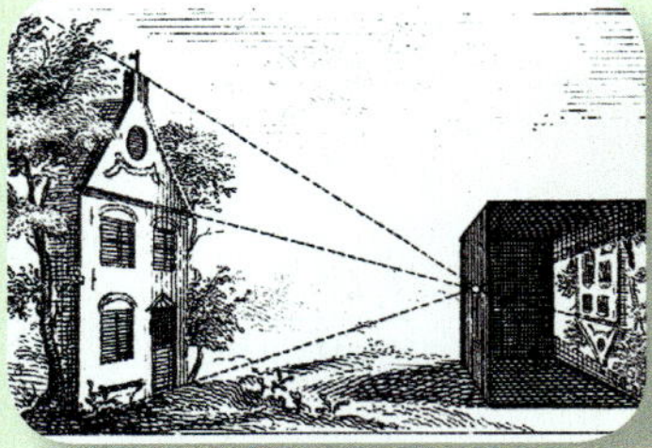

1.3 Flächeninhalte und Volumina bei zentrischen Streckungen

Beim maßstabsgerechten Verkleinern und Vergrößern wachsen oder schrumpfen die Abmessungen proportional. Doch was passiert mit den Oberflächen und Volumina?

In den großen Eimer passen 10 Liter – Was lässt sich über das Volumen des kleinen Eimers aussagen?

1.4 Bestimmung von unzugänglichen Streckenlängen – Strahlensätze

Die Breite einer Schlucht oder eines Sees lässt sich oft nicht direkt messen. Mit den Strahlensätzen kann es doch gelingen.

Die Vermesserin sagt: „11,5 zu 10 ist dasselbe wie 23 zu b." Wie breit ist der See?

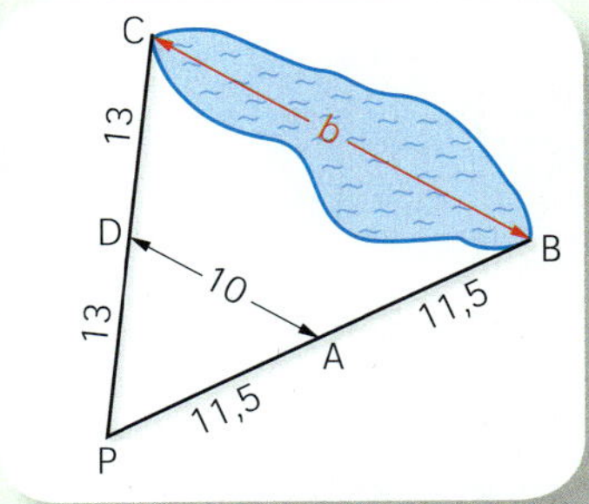

1.5 Ähnliche Figuren – Ähnlichkeitssätze

Wann sind zwei Figuren zueinander ähnlich und wie lässt sich das nachweisen? Wenn du von einem Farn nur einen Ast betrachtest, so ist dieser Teil „selbst ähnlich" zum Ausgangsfarn.

Findest du selbstähnliche Muster auch an der Gemüsetheke?

1.1 Zentrische Streckungen entdecken und durchführen

Fotos und Abbildungen vergrößern oder verkleinern wir heute mit zwei Fingern! Richtig, die Art und Weise wie wir „zoomen" hat sich durch den Einsatz von Touchscreens auf Smartphones und Tablets sehr stark gewandelt. Wie kann man das mathematisch erfassen? In diesem Kapitel lernst du die zentrische Streckung kennen – ein mathematisches Verfahren, mit dem man geometrische Figuren maßstäblich vergrößern oder auch verkleinern kann. Dabei wirst du entdecken, dass die zentrische Streckung auch in der Kunst oder beim Finden optimaler Lösungen eine Rolle spielt.

Aufgaben

1 Zentralperspektive – so machen es die Künstler

Mit der folgenden Anleitung kann auch ein nicht so geschickter Künstler eine Reihe von Telefonmasten entlang einer Landstraße im richtigen Abstand konstruieren.

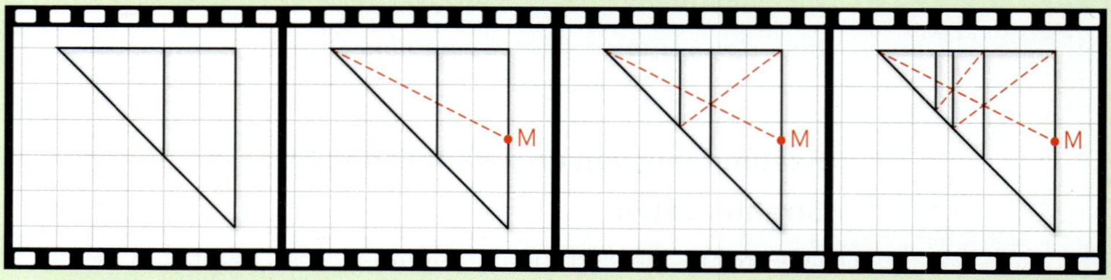

a) Übertrage Bild (1) aus dem Filmstreifen in dein Heft und verfahre wie in der Bilderfolge.
b) Beschreibe die Konstruktion und konstruiere noch weitere Telefonmasten – die Konstruktion funktioniert in beiden Richtungen.
c) Wie viele Telefonmasten kannst du bis zum Horizont einzeichnen?

2 Ein Porträt hat es in sich

a) Betrachte die beiden Fotos. Was hat sich verändert, was ist gleich geblieben?
b) Welche Möglichkeiten gibt es, Vergrößerungen oder Verkleinerungen anzugeben? Wie stark wurde hier vergrößert (verkleinert)?
c) Fertige eine vergrößerte oder verkleinerte Fotokopie dieser Seite an (Kopierereinstellung merken!) Können deine Mitschüler den „Zoomfaktor" herausfinden?

Aufgaben

3 **Die Hosengummi-Streckung**

Mithilfe eines elastischen Bandes könnt ihr an der Tafel vergrößerte Kopien von Figuren anfertigen. Und so geht es:

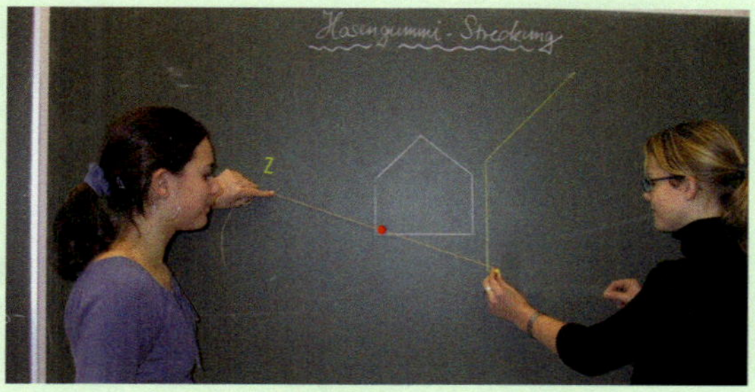

Schritt 1: Bringt eine Markierung (z. B. Klebepunkt) in der Mitte des Gummibandes an. Befestigt an einem Ende ein Stück Kreide durch Umwickeln.

Schritt 2: Geht vor wie auf dem Bild: Führt die befestigte Kreide so, dass die Markierung auf dem Gummiband der ursprünglichen folgt (etwas knifflig).

a) Probiert die Hosengummi-Streckung auch mit eigenen Figuren aus.

b) Formuliert eine Konstruktionsbeschreibung und vergleicht Ausgangs- und Bildfigur miteinander. Legt dazu eine Tabelle an.

c) Was geschieht, wenn die Markierung auf dem Gummiband nicht in der Mitte angebracht wird? Vergleicht dafür ebenfalls Ausgangs- und Bildfigur.

4 **Zentrische Streckung eines Dreiecks mit DGS**

Der Faktor k wird auch Streckfaktor genannt.

Mithilfe eines DGS kannst du auch ähnliche Figuren durch zentrische Streckungen erzeugen. Mit einem Schieberegler für den Vergrößerungs- bzw. Verkleinerungsfaktor k kannst du dann verschiedene Werte für k einstellen, Dynamik kommt ins Spiel.

- Schieberegler für k
- Dreieck ABC
- Festlegen eines Streckzentrums Z
- Strahlen von Z ausgehend durch die Eckpunkte des Dreiecks
- Kreis mit Mittelpunkt Z und Radius $r = k \cdot \text{Abstand}[Z,A]$
- Schnitt von Kreis und Strahl

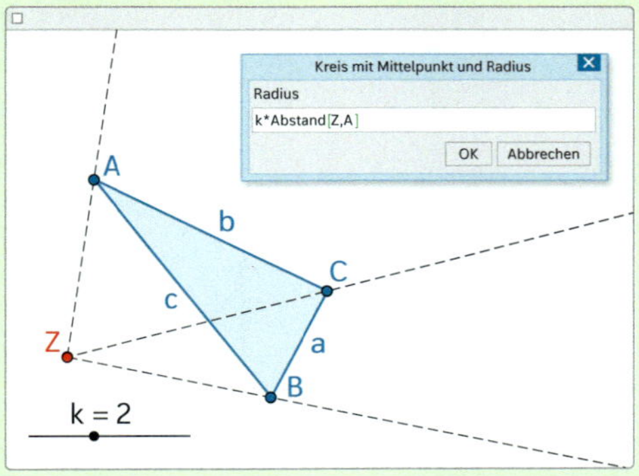

a) Was wird mit dem Term $r = k \cdot \text{Abstand}[Z,A]$ berechnet?
Konstruiere auch die beiden anderen Bildpunkte und damit die vollständige Bildfigur.

b) Jetzt wird es dynamisch.
(1) Verändere den Streckfaktor k.
Was stellst du fest? Beschreibe deine Beobachtungen.
(2) Ziehe an den Eckpunkten deiner Ausgangsfigur.
Welche Auswirkungen hat das auf die Bildfigur?

c) Im DGS ist bereits die zentrische Streckung „eingebaut“. Damit kannst du auch komplizierte Figuren oder sogar Fotos verkleinern oder vergrößern. Probiere diese Funktion selbst aus.

Basiswissen

Egal, ob beim Vergrößern oder Verkleinern in Bildbearbeitungsprogrammen, bei der Anfertigung maßstabsgerechter Modelle oder in der Kunst – hinter vielen Verfahren verbirgt sich die zentrische Streckung.

Zentrische Streckung

Zentrische Streckung mit Streckfaktor $k > 1$ und Zentrum Z.

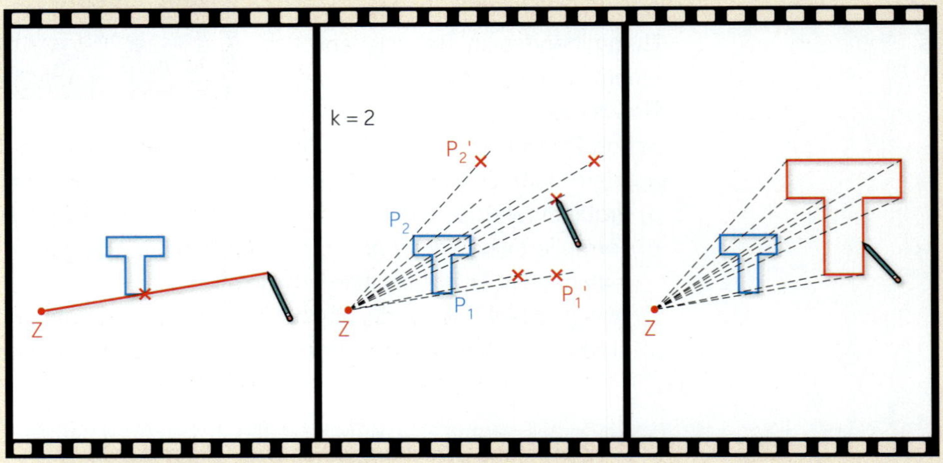

Eigenschaften der zentrischen Streckung

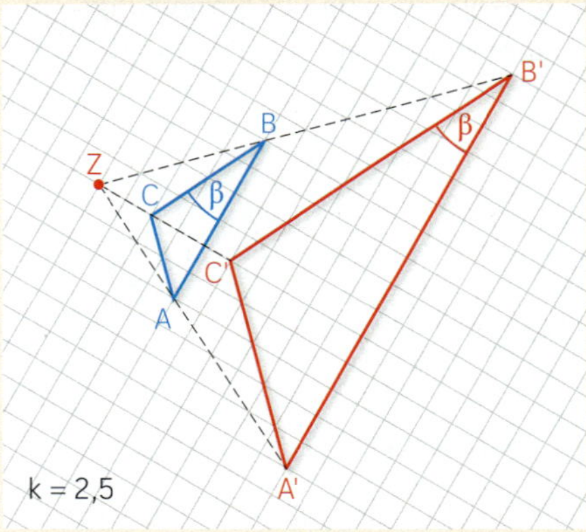

1. Entsprechende Winkel in Ausgangsfigur und Bildfigur sind gleich groß:
   $\alpha = \alpha'$ $\beta = \beta'$ $\gamma = \gamma'$
2. Ausgangsstrecke und zugehörige Bildstrecke sind parallel, z. B.:
   $\overline{BC} \parallel \overline{B'C'}$
3. Den Streckfaktor findet man in den Streckenlängen.
   $|\overline{ZA'}| = 2{,}5 \cdot |\overline{ZA}|$
   $|\overline{A'B'}| = 2{,}5 \cdot |\overline{AB}|$
   $|\overline{B'C'}| = 2{,}5 \cdot |\overline{BC}|$

Beispiele

A Bilderfolge zur zentrischen Streckung

Das Dreieck ABC soll an Z = A mit dem Streckfaktor $k = 1{,}5$ gestreckt werden.

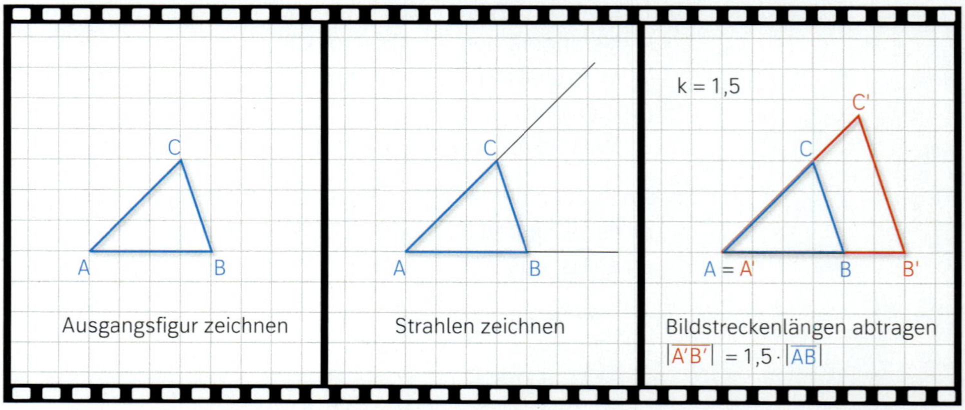

Beispiele

B Zentrisch gestreckt?

Ist das rote Dreieck durch zentrische Streckung aus der blauen entstanden? Begründe!

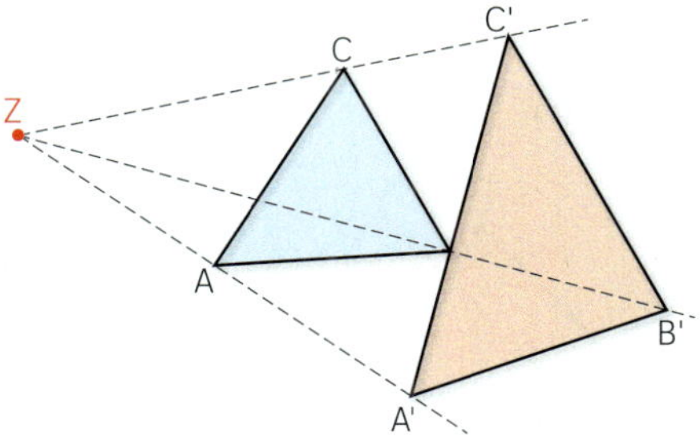

Lösung:
Nein. Die Strahlen treffen sich zwar alle in einem Punkt, doch die Strecken $\overline{AC}$ und $\overline{A'C'}$ von Ausgangs- und Bilddreieck sind nicht parallel zueinander. Es liegt keine zentrische Streckung vor.

Übungen

5 Buchstaben vergrößern

a) Übertrage die begonnene Streckfigur in dein Heft und vervollständige sie. Welchen Streckfaktor hast du benutzt?

b) Entwirf auch für deine eigenen Initialen Streckfiguren mit verschiedenen Streckfaktoren.

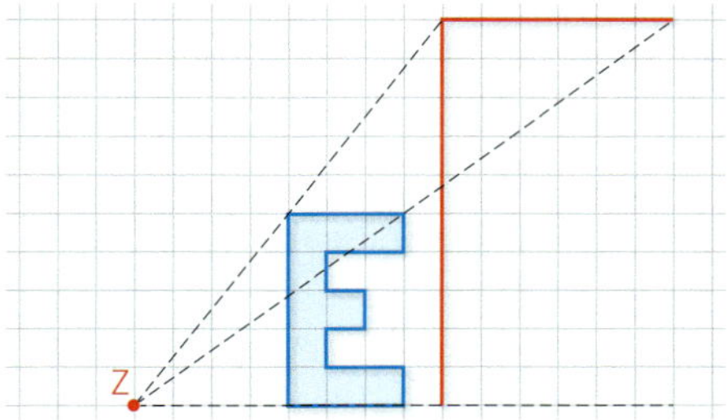

6 Vergrößerte Figuren

Übertrage die Figuren in dein Heft und führe jeweils die zentrische Streckung durch.

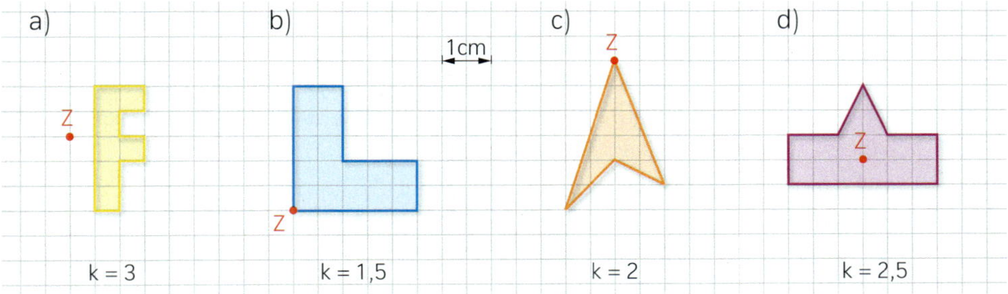

7 Streckzentren gesucht

Die Summe der Streckfaktoren ist 10,5.

Die roten Figuren sind durch zentrische Streckung aus den blauen Figuren entstanden. Übertrage Ausgangsfigur und gestreckte Figur in dein Heft. Finde jeweils das passende Streckzentrum und den Streckfaktor, mit dem du die rote Figur erzeugen kannst.

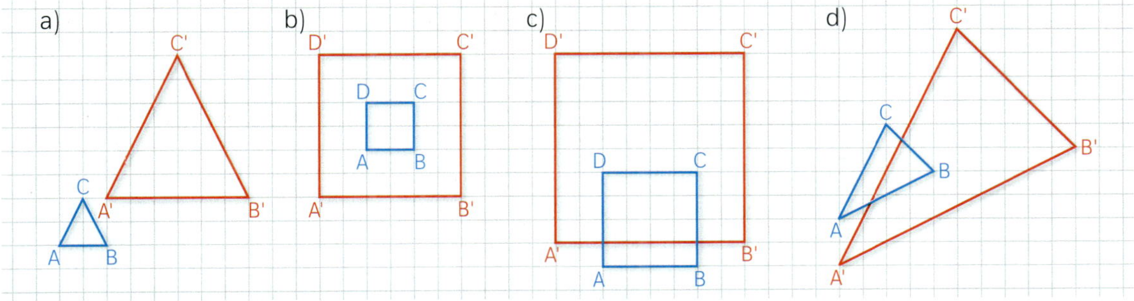

8 Blick in die offene Kiste

Entdeckst du in der Abbildung eine Streckfigur?
Übertrage sie in dein Heft und beschreibe.
Wähle passend ein Streckzentrum und k.

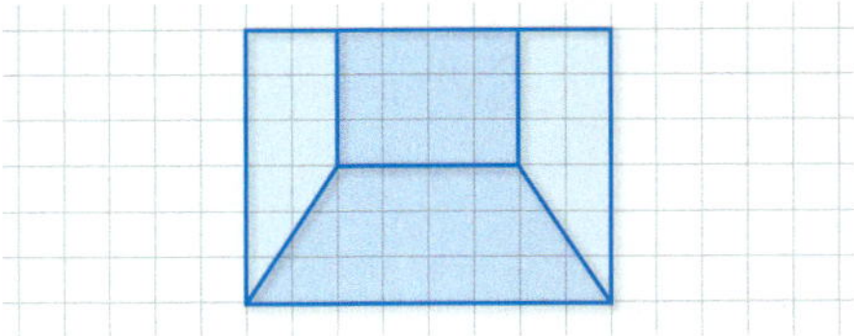

Übungen

Zur vollständigen Beschreibung gehören Ausgangs- und Bildfigur mit Koordinaten, Streckzentrum Z mit Koordinaten und Streckfaktor k.

9 Fragmente

In den Abbildungen sind nur Bruchstücke zentrischer Streckungen zu erkennen. Übertrage sie in dein Heft und rekonstruiere die vollständige Streckfigur.

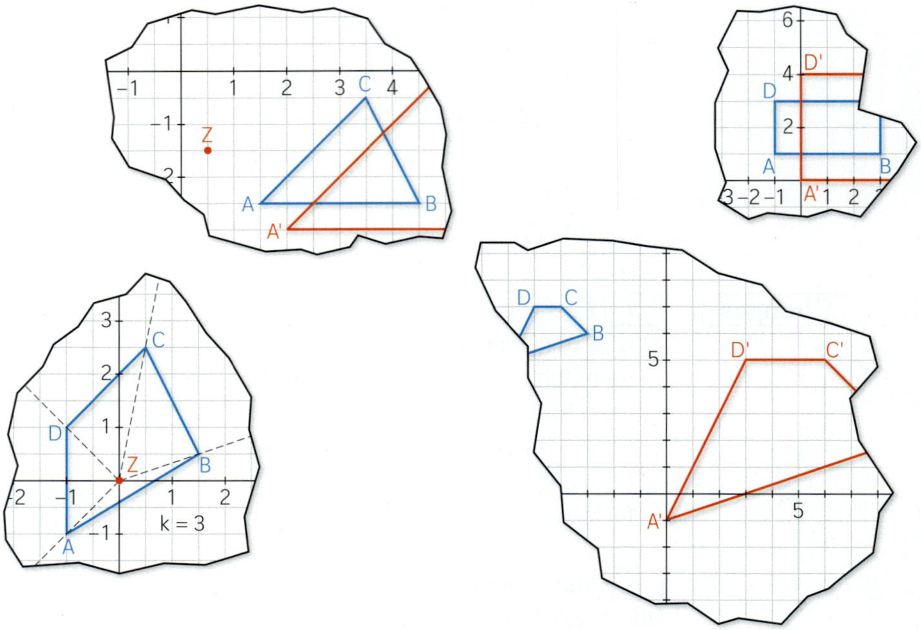

10 Schwarze Schafe

Bei dieser Aufgabe sind zwar auch zentrische Streckungen im Spiel, doch Vorsicht! Nicht alle Figuren sind durch zentrische Streckung entstanden. Siehst du schon auf den ersten Blick, welche das sind?

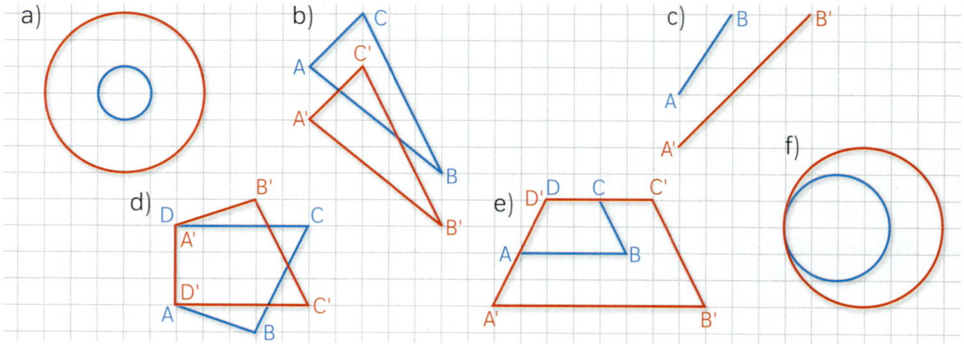

Bestimme, falls möglich, das Streckzentrum. Konstruiere die Streckfiguren in deinem Heft nach. Begründe andernfalls, warum es keine zentrische Streckung sein kann.

11 Lücken füllen

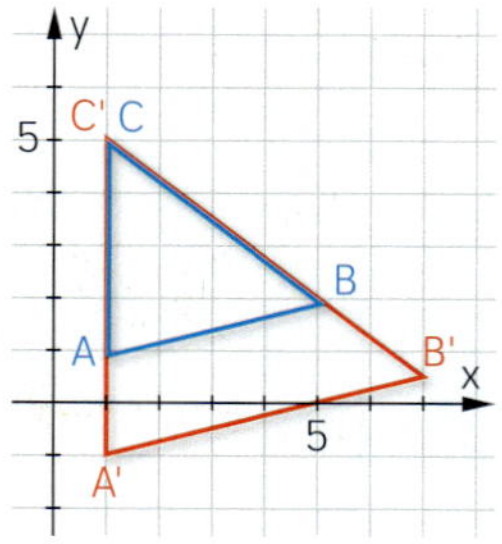

Das Dreieck ABC wird viermal zentrisch gestreckt. Übertrage das Dreieck im Koordinatensystem in dein Heft. Kannst du die fehlenden Angaben in der Tabelle rekonstruieren?

Streckung	A(1|1)	B(5|2)	C(1|5)	Streckzentrum Z	Streckfaktor k
	A'	B'	C'		
a)	(1|−1)	(7|0,5)	(1|5)	■	■
b)	■	■	■	(1|3)	3
c)	(−2|−2)	■	■	(3|3)	■
d)	■	(5|2)	(3|3,5)	■	■

Übungen

12 Zentrisch gestreckt?

Trage die Punkte und Bildpunkte in ein Koordinatensystem ein und entscheide, ob es sich bei der Abbildung um eine zentrische Streckung handelt. Bestimme, falls möglich, das Streckzentrum und den Streckfaktor. Begründe, wenn es sich nicht um eine zentrische Streckung handelt.

a) A(−2|-3), A′(−4|-6), B(0|−2), B′(0|−4), C(2,5|3), C′(5|6), D(−1,5|3), D′(−3|6)

b) A(0|0), A′(−2|0), B(2|0), B′(2|0), C(3,5|1,5), C′(6|4), D(2,5|1,5), D′(2|4)

c) A(5|1), A′(9|1), B(6|2), B′(10,5|2,5), C(4|2), C′(7,5|2,5)

d) Findest du eine Strategie, wie man allein anhand der Koordinaten entscheiden kann, ob eine zentrische Streckung vorliegt oder nicht?
Vergleicht eure Strategien.

13 Wo steckt der Fehler?

a) Beim Strecken können auch Fehler passieren. Entlarve und beschreibe sie in den Streckfiguren (1), (2) und (3). Konstruiere dann eine richtige Streckfigur.

b) Formuliere drei wichtige Tipps, die helfen, solche Fehler zu vermeiden.

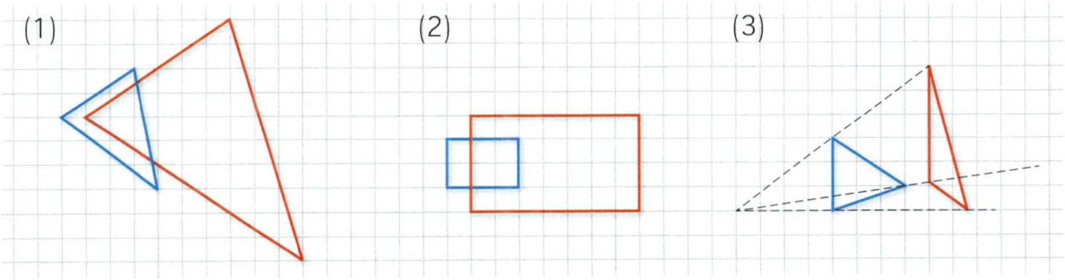

14 Zum Nachdenken

Verdeutliche dir jede Aussage mit einer Skizze. Begründe bei falschen Aussagen mit einem Gegenbeispiel. Stimmt es, dass …

a) … eine Gerade bei einer zentrischen Streckung wieder zu einer Geraden wird?

b) … man durch geschickte Wahl des Streckzentrums aus jedem Rechteck durch zentrische Streckung ein Quadrat machen kann?

c) … sich bei einer zentrischen Streckung mit k = 2 der Flächeninhalt verdoppelt?

Kopfübungen

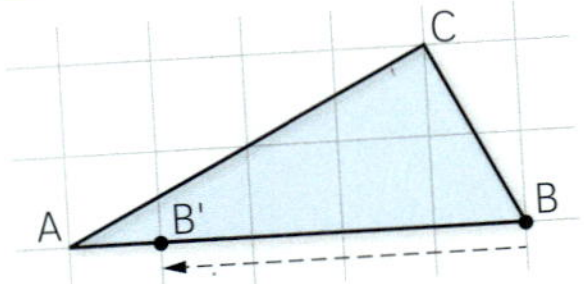

1. Ergänze: $\frac{2}{3} \cdot ■ = 5$
2. Wie ändert sich der Flächeninhalt des Dreiecks, wenn man den Eckpunkt B nach B′ verschiebt?
3. Ergänze: $(x - ■)^2 = x^2 - 8xy + ■ \cdot y^2$
4. Bestimme die Innenwinkel der Dreiecke ABC und CDE.

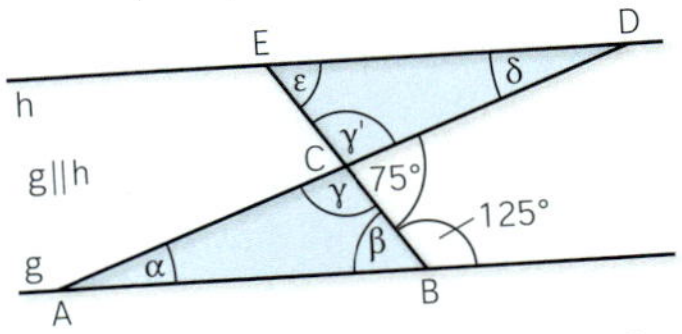

5. Gib fünf rationale Zahlen an, die im Intervall [5; 6] liegen.
6. In einer Klasse (10 Mädchen, 15 Jungen) werden zwei Jugendliche ausgelost, die den Aufräumdienst zu übernehmen haben. Bestimme die Wahrscheinlichkeit, dass es zwei Jungen sind.
7. Gib drei Wertepaare an, die zur Funktion $y = \frac{6}{x}$ gehören. Beschreibe den Graphen mit Worten.

Projekt

Einstiegsproblem

Problemlösen mit zentrischer Streckung

Wie kommt das Quadrat in das gleichseitige Dreieck?
Mit „einfach mal drauflos" ist es nicht getan, denn das Quadrat soll möglichst groß sein.
Die Lösungsidee ist recht einfach:
Strategie

1. Zeichne ein Quadrat ein, das schon einige Eigenschaften hat, die das Ergebnisquadrat auch besitzen soll.
2. Wähle ein passendes Streckzentrum aus und führe die zentrische Streckung durch.

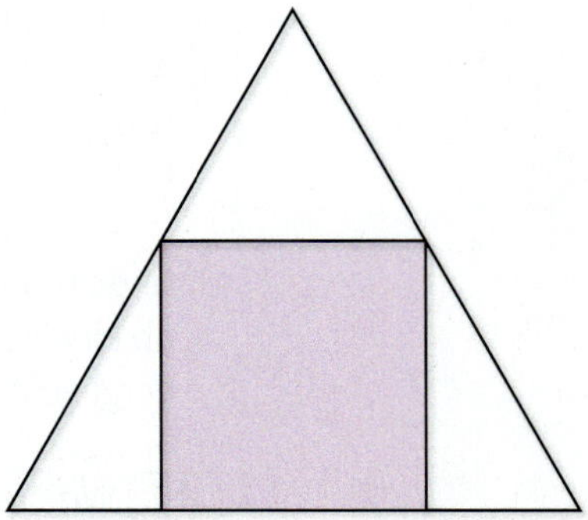

Strategien überprüfen

Einige Schülerinnen und Schüler haben versucht, diese Strategie umzusetzen.
Hier ihre Ansätze:

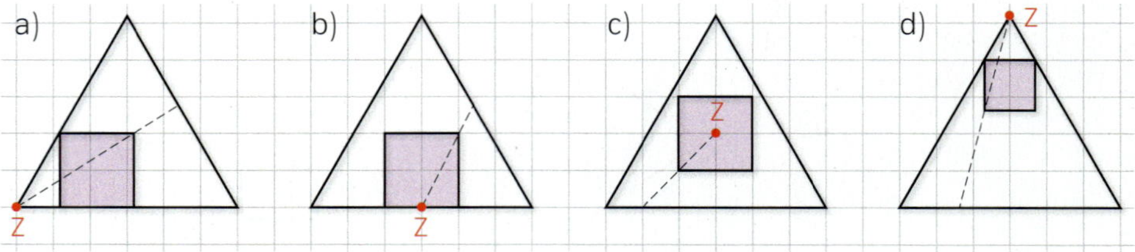

Welche Wege führen zum Ziel? Führe den deiner Meinung nach besten Weg aus.

Optimale Lösungen finden

Sucht euch eines der drei Probleme aus und bearbeitet es in Gruppen.

Quadrat im Dreieck

In ein Dreieck ABC soll ein Quadrat so einbeschrieben werden, dass folgende Bedingungen erfüllt sind:

1. Eine Quadratseite soll auf $\overline{AB}$ liegen.
2. Je eine Quadratecke soll auf $\overline{AC}$ bzw. $\overline{BC}$ liegen.

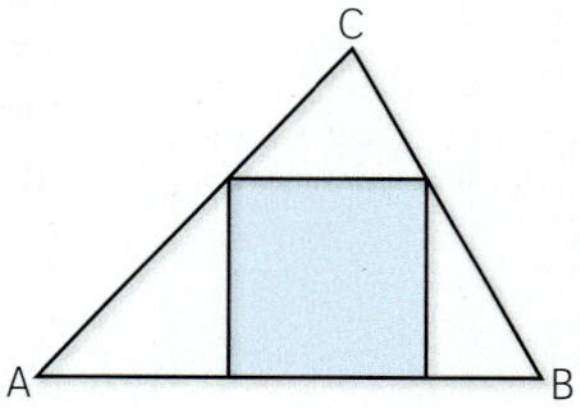

Quadrat im Pizzastück

Das neue Logo für die Pizzeria da Gianni soll ein möglichst großes Quadrat zeigen, das mit seinen Eckpunkten auf den beiden Radien und dem Kreisumfang des „Pizzastücks" liegt.

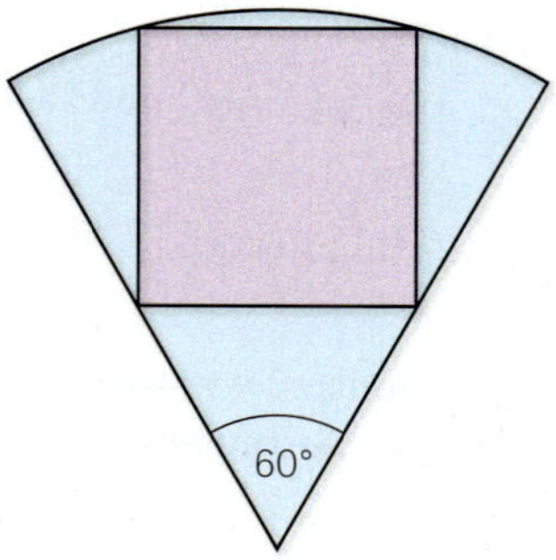

Parkgestaltung

In einem Park soll auf einer halbkreisförmigen Fläche (Durchmesser 15 m) ein rechteckiges Blumenbeet angelegt werden. Das Beet soll möglichst groß sein. Eine Seite soll auf dem Durchmesser liegen und zwei Ecken auf dem Kreis.
Das Seitenverhältnis soll 1 : 3 betragen.
Konstruiere dieses Beet.

Präsentieren

Erstellt Plakate zu eurer Lösung und erläutert euer Vorgehen zum Finden der optimalen Lösung.

1.2 Zentrische Streckungen – verkleinern und vergrößern

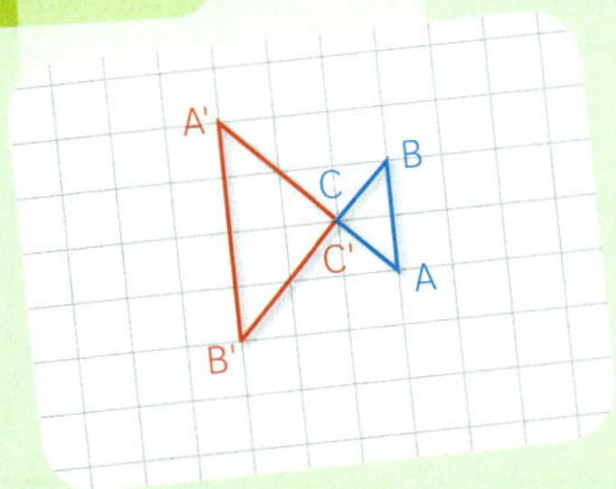

Mathematiker möchten ihre Erkenntnisse immer verallgemeinern und weiter ausbauen. Das gilt auch für die zentrische Streckung: Bisher hast du bisher nur vergrößert mit Streckfaktoren $k > 1$. Jetzt wirst du entdecken, dass es auch Sinn macht, Streckfaktoren zu wählen, die kleiner 1 sind, oder sogar negativ.

Übungen

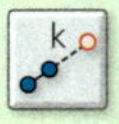

Infos über DGS findest du auch auf Seite 290.

1 **DGS im Einsatz – Was passiert, wenn k immer kleiner wird?**
Dynamische Geometriesysteme verfügen über die Möglichkeit, zentrisch zu strecken, ohne die einzelnen Konstruktionsschritte selbst durchführen zu müssen.

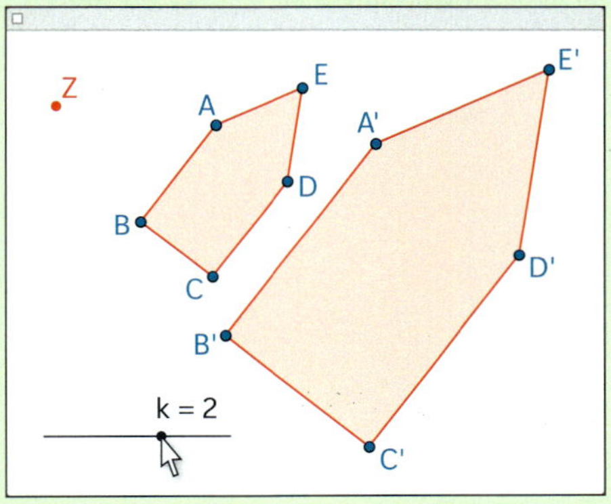

a) Erzeuge zunächst eine schöne Streckfigur mit Schieberegler und erkunde dabei selbst, wie das mit deinem DGS funktioniert.
b) Jetzt wird´s dynamisch: Verändere den Streckfaktor k. Was stellst du fest, wenn du für k Werte wählst, die kleiner als 1 oder sogar kleiner als 0 sind? Wann passiert etwas „Dramatisches“?
c) Schreibe einen Bericht über deine Untersuchungsergebnisse.

Ausgangs- und Bildpunkte liegen immer auf Strahlen, die durch Z verlaufen.

2 **Auch hier handelt es sich um zentrische Streckungen!**

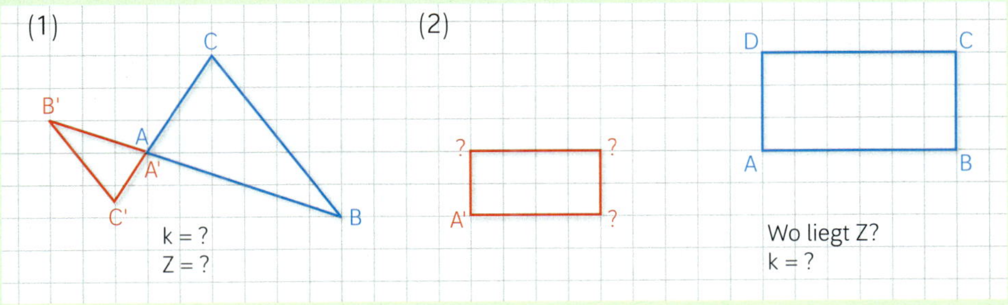

3 **Landschaftsmalerei und zentrische Streckung**

a) Kannst du dir denken, warum seit dem 16. Jahrhundert die „Camera obscura“ (lateinisch: die dunkle Kammer) ein beliebtes Hilfsmittel der Landschaftsmaler war?
b) Hinter dieser Technik verbirgt sich ebenfalls eine zentrische Streckung. Kannst du das erklären? Wo lässt sich das Streckzentrum ausmachen, wie groß schätzt du den Streckfaktor k?

Basiswissen

Auch mit Streckfaktoren $k \leq 1$ lassen sich zentrische Streckungen ausführen.

Zentrische Streckung

Positiver Streckfaktor k < 1: Die Bildfigur ist eine Verkleinerung der Ausgangsfigur.

$k = \frac{3}{5} = 0{,}6$

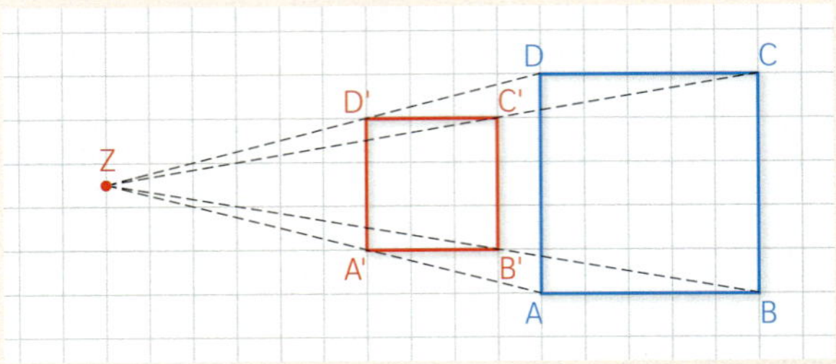

$k = \frac{2}{3}$

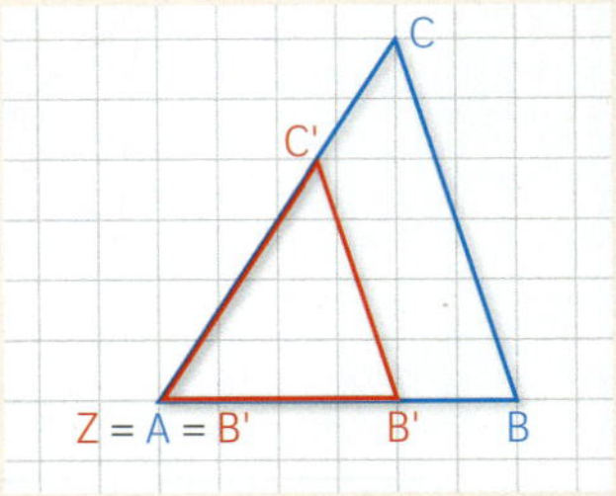

Vereinbarung:

Für die zentrische Streckung mit Streckzentrum Z und Streckfaktor k schreiben wir $S_{Z;k}$

Negativer Streckfaktor k < 0: Bildfigur und Ausgangsfigur liegen auf unterschiedlichen Seiten des Streckzentrums. Die Bildfigur steht auf dem Kopf.

$k = -\frac{1}{4}, \quad |k| < 1$

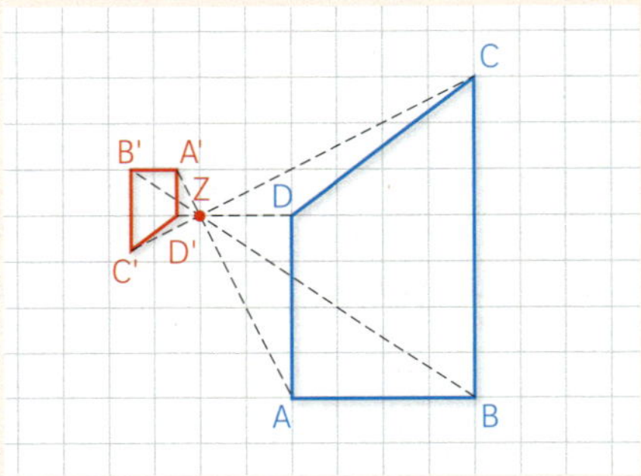

$k = -2, \quad |k| > 1$

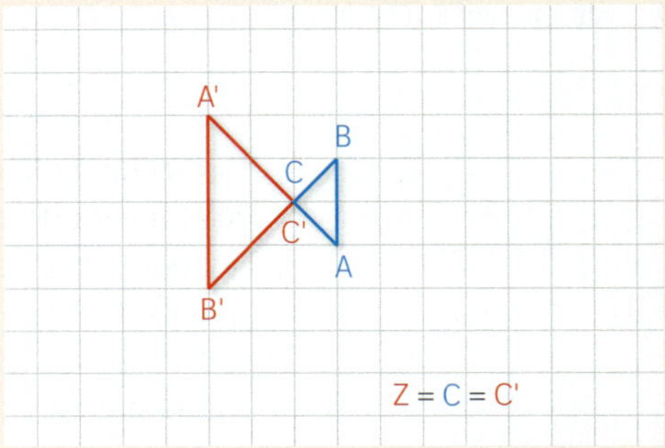

Beispiele

A Zentrisch Strecken mit negativem k (k < 0)

Führe die zentrische Streckung $S_{B;\,-2}$ für das Viereck ABCD mit A(2|4), B(5|5), C(5|8) und D(1|6) durch.

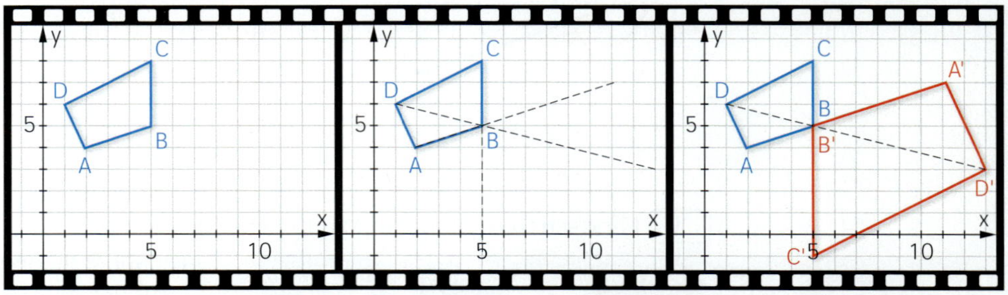

B Zentrisch Strecken mit 0 < k < 1

Führe die zentrische Streckung $S_{Z;\,\frac{1}{2}}$ für das Viereck ABCD durch

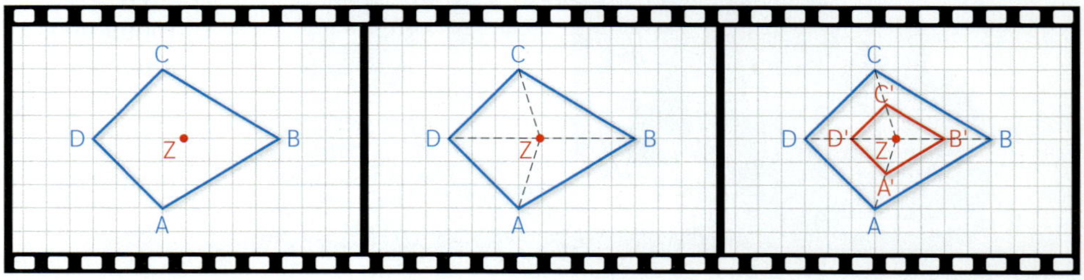

Übungen

4 Streckfaktoren:
−2
$-\frac{1}{2}$ $\frac{1}{2}$ $-\frac{2}{3}$

4 Streckzentrum und Streckfaktor bestimmen

Übertrage die Figuren in dein Heft. Die blaue Figur wurde zentrisch gestreckt. Konstruiere das Streckzentrum und bestimme den Streckfaktor.

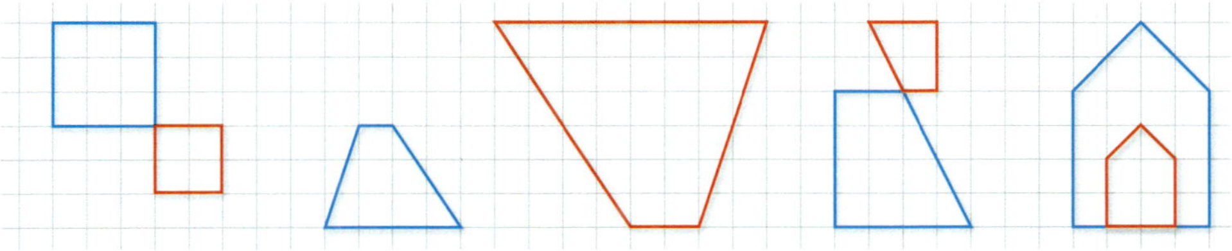

5 Figuren zentrisch strecken

Zeichne die Figuren ins Heft und führe die zentrischen Streckungen $S_{Z;\,k}$ durch.

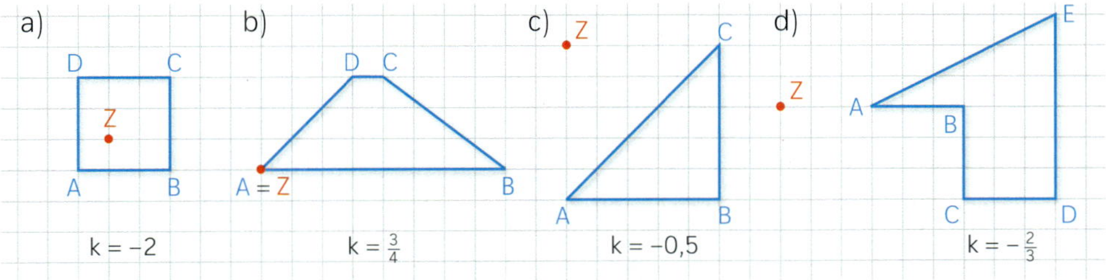

6 Dreiecke zentrisch strecken

Führe die zentrischen Streckungen aus der Tabelle an den Dreiecken ABC aus.

	Z	k	A	B	C
a)	(0|0)	2,5	(−2|0)	(4|0)	(0|2)
b)	(3|3)	−2	(1|0)	(2|0)	(0|3)
c)	(4|2)	−0,5	(1|0)	(3|5)	(1|4)

7 Vorsicht: überlappende Figuren!

Bei den nebenstehenden zentrischen Streckungen überdecken sich Ausgangs- und Bildfiguren teilweise.

	Z	k	A	B	C
a)	(3|3)	−0,5	(2|1)	(5|4)	(1|4)
b)	(1|1)	1,5	(2|2)	(5|2)	(2|7)
c)	(7|7)	0,8	(6|0)	(8|3)	(2|6)

8 Streckfaktoren angeben

Ein Grafiker in einer Werbeagentur soll die Größe eines neuen Logos abändern. Finde zu jeder Änderung den passenden Streckfaktor. Wie bist du vorgegangen?

a) „Das Logo sollte doppelt so groß sein."
b) „Das Logo muss 20 % kleiner werden."
c) „Es kann so bleiben wie es ist."
d) „Vergrößern Sie das Logo um 75 %."
e) „Das Logo soll nicht 4 cm sondern 6 cm hoch sein."

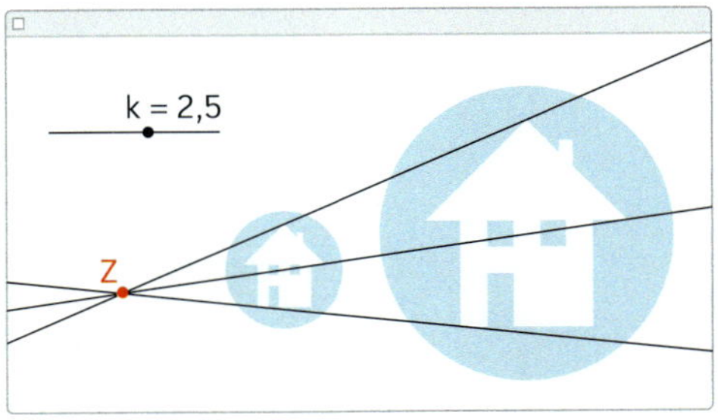

9 Lückenhafte Dokumentation

Finde die fehlenden Angaben.

Das Dreieck ABC mit A(2|1), B(1|4) und C(3|3) wird an Z(1|2) mit k = −2 zentrisch gestreckt.
Die Koordinaten der Bildpunkte sind
A' ___ B' ___ C' ___

Das Viereck ABCD mit A(1|0), B(8|1) C(6|7) und D(2|5) wurde an Z ___ mit k = ___ gestreckt.
Die Bildpunkte sind
A' ___, B'(10|0), C'(7|9) und D' ___

Übungen

10 **Unterschiedliche Interpretationen erwünscht**
Bild- und Ausgangsfigur sind hier nicht zu unterscheiden und das mit Absicht. Welche Streckfaktoren erhältst du, wenn die rote (blaue) Figur Ausgangsfigur ist? Vergleicht eure Ergebnisse und formuliert eine Regel.

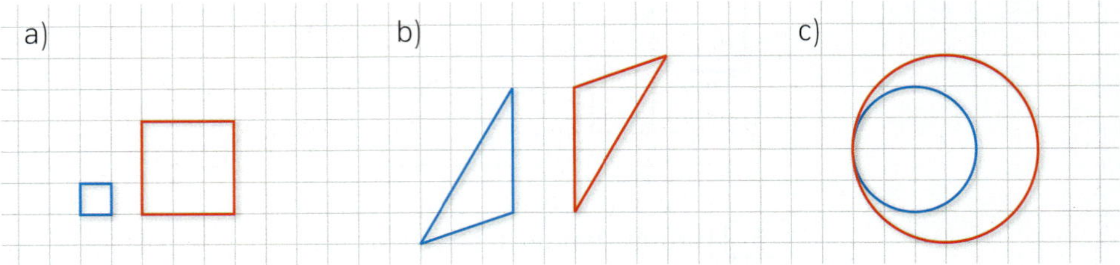

11 **Zwei zentrische Streckungen hintereinander**

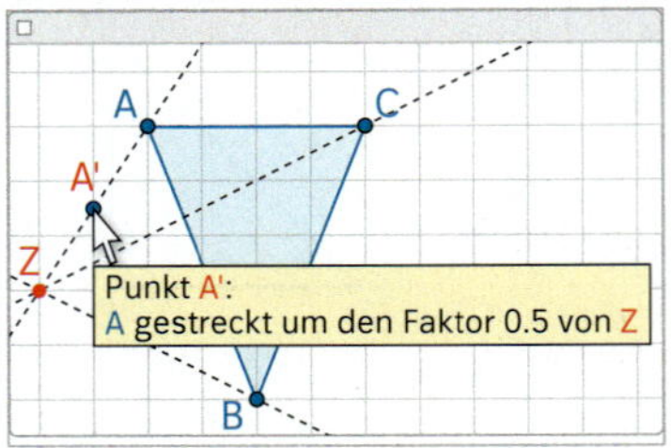

a) Führe $S_{Z;\frac{1}{2}}$ am Dreieck ABC aus. Strecke anschließend das Bilddreieck A'B'C' an Z mit k = 4. Du erhältst das Bild vom Bilddreieck. Findest du eine einzige zentrische Streckung, mit der du ohne Umweg direkt zur neuen Bildfigur kommst?

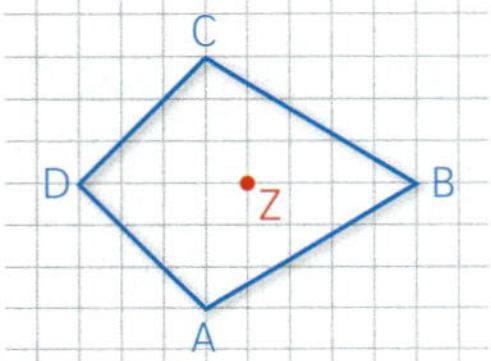

b) Vertausche die Reihenfolge der Streckungen in a). Vergleiche.
c) Führe $S_{Z;2}$ am Drachen ABCD aus. Die Bildfigur wird anschließend mit $S_{Z;\frac{1}{2}}$ gestreckt. Was stellst du fest?
d) *Überlege:* Was geschieht, wenn du den Drachen zuerst mit dem Streckfaktor $k_1 = 3$, dann das Bild mit $k_2 = -2$ und das entstandene Bild erneut mit $k_3 = \frac{1}{3}$ streckst?

Forschungsaufgabe mit dem DGS

12 **Knifflige Aussagen zur zentrischen Streckung**
Treffen die folgenden Aussagen auf zentrische Streckungen mit dem Zentrum Z zu? Begründe.
a) Es gibt Geraden, die durch jede Streckung mit dem Zentrum Z auf sich selbst abgebildet werden.
b) Es gibt keinen Punkt, der auf sich selbst abgebildet wird.
c) Die Bildgeraden von zueinander senkrechten Geraden sind senkrecht zueinander.
d) Die Bildgeraden von parallelen Geraden sind parallel zueinander.
e) Alle Punkte werden auf sich selbst abgebildet.
f) Die Hintereinanderausführung zweier Streckungen mit den Faktoren $k_1 = 2$ und $k_2 = 3$ kann durch eine Streckung mit dem Faktor k = 5 ersetzt werden.

Kopfübungen

1. Ein Maler mischt die Farben gelb und rot im Verhältnins 3 : 1. Gib die Farbmengen an, die er für eine 12-Liter-Farbmischung braucht.
2. Ergänze: Eine Raute lässt sich bereits eindeutig konstruieren, wenn man … kennt.
3. Schreibe als Produkt: $a^2 - b^4 = (a - b^2) \cdot ■$
4. Wandle um: 1 km = ■ m; 1 h = ■ s; $1\frac{km}{h} = \frac{■ m}{■ s}$; $18\frac{km}{h} = ■\frac{m}{s}$
5. Gib alle Primzahlen im Intervall [30; 40] an.
6. Die Länge des Dreiecks wird um x verändert. Gib für die Zuordnung „x in m → Umfang U in m“ den Typ und die Funktionsgleichung an.

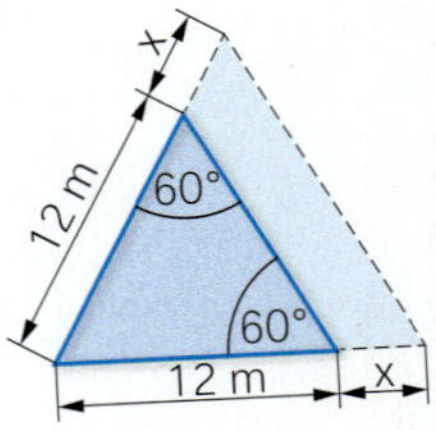

Werkzeug

Zentralperspektive

In der Entwicklung der Kunst strebten Maler über Jahrhunderte danach, die Tiefe des Raumes so realistisch wie möglich auf die Leinwand zu bannen. Bei der sogenannten Zentralperspektive werden nach hinten verlaufende parallele Kanten im Bild nicht mehr parallel dargestellt, sondern sie treffen sich in einem Punkt, dem so genannten Fluchtpunkt. Diese Darstellungsform wurde von FILLIPO BRUNELLESCHI (1377–1446), einem italienischen Baumeister, entwickelt, der auch „Schöpfer der Renaissance" genannt wurde. Das hier gezeigte Gemälde stammt von PIERO DELLA FRANCESCA, einem Zeitgenossen BRUNELLESCHIS.

Projekt Zentralperspektive mit DGS – mathematisches Handwerk in der Kunst

In DGS lassen sich Bilder und Fotos im Hintergrund einbinden und dann geometrisch untersuchen. Erkennst du den Ausschnitt des Deckengewölbes aus dem obigen Gemälde? Hier wurde das Streckzentrum so gewählt, dass der Kreisbogen zentrisch gestreckt wird.

Sucht im Internet oder in Architektur- oder Kunstbüchern nach Fotos und Gemälden, auf denen die Zentralperspektive gut zu erkennen ist. Sind die Bilder im DGS eingebunden, könnt ihr überprüfen, ob die Künstler „alles richtig" gemacht haben.

Schreibt eine Anleitung: So findet man den Fluchtpunkt mithilfe einer zentrischen Streckung.

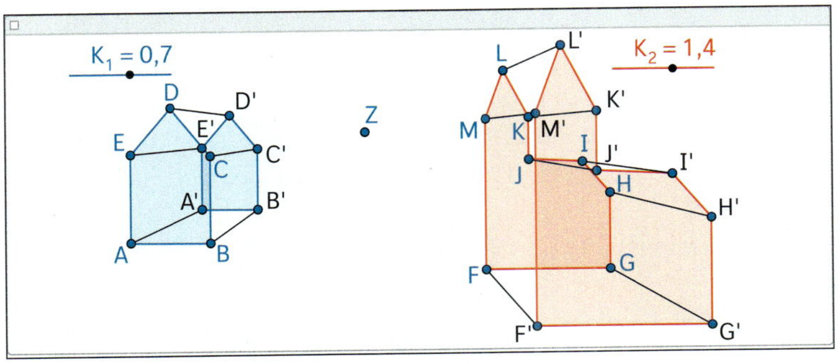

Erzeugt mithilfe der zentrischen Streckung selbst Bilder mit räumlicher Tiefe in Zentralperspektive.

Tipps:
Ein passendes Fünfeck führt rasch zu einem Haus in Zentralperspektive.
Es lohnt sich, verschiedene Streckfaktoren zu benutzen, um die Länge von Gebäuden zu variieren.

Forschungsaufträge

Was passiert, wenn du die Lage des Streckzentrums Z veränderst?
Wie liegt Z, wenn du wie ein Vogel über Haus und Kirche fliegst, wie wird ein Fußgänger die Szene sehen und wie ein Frosch? Lass Z auch nach links oder rechts wandern. Welche Eindrücke erhältst du dann?

Seitenwechsel erwünscht. Verschiebe die Streckfiguren auf dem Zeichenblatt von links nach rechts. Was geschieht mit der Perspektive?

1.3 Flächeninhalte und Volumina bei zentrischen Streckungen

Ein Künstler belegt die Oberfläche einer Skulptur mit Blattgold. Wenn er das Gleiche mit einer im Maßstab 2 : 1 vergrößerten Figur tut, wie viel mehr Goldauflage braucht er dann?
Ein erwachsener Mensch ist ungefähr doppelt so groß wie ein Kind von drei Jahren. Ist er gleich proportioniert wie das Kind und damit ähnlich im geometrischen Sinn?
5000 Mäuse wiegen so viel wie ein Mensch, ihr täglicher Nahrungsverbrauch ist aber etwa 17-mal so groß wie der eines Menschen.
All dies hat etwas mit den Verhältnissen von Längen, Flächen und Volumina bei ähnlichen Figuren zu tun.

Aufgaben

1 Stute und Fohlen

Auf dem Foto ist eine Stute mit ihrem zwei Wochen alten Fohlen zu sehen.

a) Kann man sagen, dass die Stute ein maßstäblich vergrößertes („ähnliches") Fohlen ist?
b) Bestimme auf dem Foto einige Größenverhältnisse, z. B. der Beinlängen, der Widerristhöhen, der Kopfgrößen u. Ä. Warum brauchst du keine Angabe über den Maßstab?

2 Poster-Angebote

Was hältst du von diesen Angeboten?
Sind die Preise für die großen Bilder gegen über den kleineren gerechtfertigt?
Schreibe deine Argumente auf.

Poster: Angebot der Woche

20 cm × 30 cm	3,99 €
40 cm × 60 cm	11,99 €
80 cm × 120 cm	27,99 €

3 Schulhof

Eine Schule wächst von 203 auf 295 Schülerinnen und Schüler. Der Elternbeirat fordert, dass der bisher gerade passende Schulhof von 25 m × 30 m auf 37,5 m × 45 m vergrößert wird. Was sagst du dazu? Reicht der Platz?

4 Modellauto

Der Container der Zugmaschine hat im Modell die Maße:
Länge: 5,4 cm
Breite: 2,9 cm
Höhe: 2,8 cm

Das Modell eines Posttransporters ist im Maßstab 1 : 87 gebaut.

a) Bestimme Länge, Breite und Höhe eines Ladecontainers im Original.
b) Schätze, wievielmal größer das Volumen des Originals gegenüber dem Volumen des Modells ist. Rechne nach.
c) Wie groß schätzt du das Verhältnis der Oberfläche eines Containers im Original zu der im Modell?

Basiswissen

Bei der zentrischen Streckung von Körpern ändern sich Längen, Flächeninhalte und Volumina mit unterschiedlichen Faktoren.

Maßstäbliche Vergrößerung mit zentrischer Streckung

Längenvergrößerung mit dem Faktor k

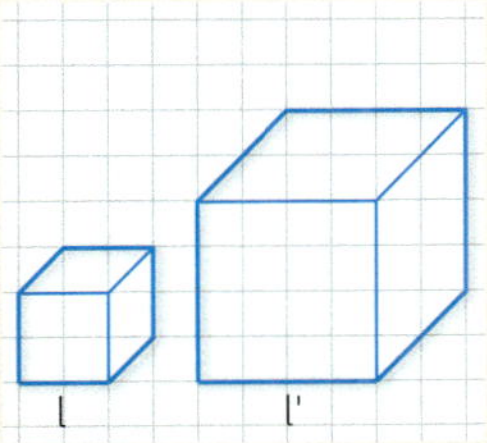

$\frac{l'}{l} = 2 = k$

Flächenvergrößerung mit dem Faktor k^2

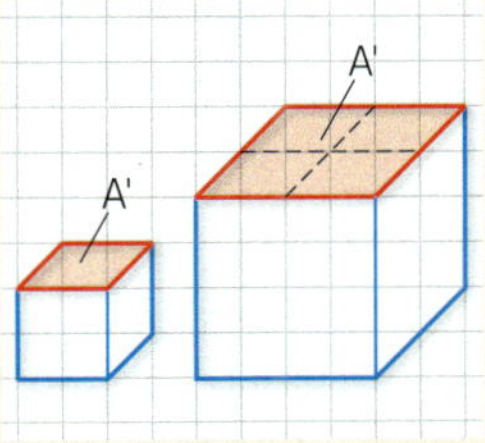

$\frac{A'}{A} = 4 = k^2$

Volumenvergrößerung mit dem Faktor k^3

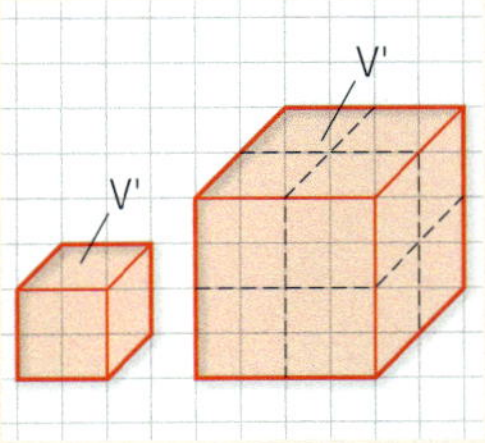

$\frac{V'}{V} = 8 = k^3$

Beispiele

A Zylindervergrößerung

Ein Zylinder hat ein Volumen von 300 ml. Wie groß ist das Volumen eines Zylinders, der ihm gegenüber maßstäblich mit dem Faktor $k = 4$ vergrößert ist?

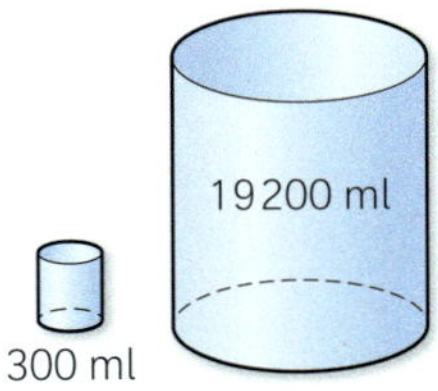

Lösung:
Das Volumen vergrößert sich mit dem Faktor $k^3 = 4^3 = 64$.
Der vergrößerte Zylinder fasst also $64 \cdot 300\,\text{ml} = 19\,200\,\text{ml}$.
Das sind 19,2 l.

B Quadervergrößerung

Der Quader soll maßstäblich vergrößert werden, so dass er den 9-fachen Oberflächeninhalt hat. Berechne die Länge, die Breite, die Höhe und das Volumen des vergrößerten Quaders.

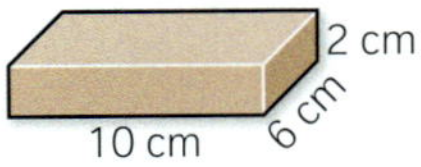

Lösung: Da sich die Oberfläche um den Faktor k^2 vergrößert, muss $k = 3$ sein, denn $3^2 = 9$. Der vergrößerte Quader hat also die Maße $30\,\text{cm} \times 18\,\text{cm} \times 6\,\text{cm}$. Das Volumen vergrößert sich auf das 3^3-fache (27-fache), also $3240\,\text{cm}^3$.

C Stahlkugeln

Eine Stahlkugel mit dem Durchmesser $d = 1\,\text{cm}$ wiegt etwa 5 g. Wie viele kleine Stahlkugeln mit $d = 0{,}2\,\text{cm}$ halten die Waage im Gleichgewicht?

Lösung:
Die kleine Stahlkugel ist eine ähnliche Verkleinerung der großen Kugel mit dem Faktor $k = \frac{0{,}2}{1} = \frac{1}{5}$. Das Volumen der kleinen Kugel wird um den Faktor $\left(\frac{1}{5}\right)^3 = \frac{1}{125}$ kleiner, entsprechend auch das Gewicht. Man braucht also 125 kleine Kugeln.

Übungen

5 Vergrößertes Rechteck und Dreieck

Zeichne ein Rechteck und ein Dreieck. Vergrößere die Figuren mit dem angegebenen Faktor und berechne den Flächeninhalt und den Umfang der ursprünglichen Figuren und der Vergrößerungen. a) $k = 3$ b) $k = 1{,}5$

6 Aus einem englischen Schulbuch

1 pound ≙ 453,6 g

A sculptor creates a small bronze statue that weighs 1.2 pounds. She plans to make a version that will be four times as large in each dimension. How much will this larger statue weigh if it is also bronze?

Übungen

7 Vergrößerte Figuren

Die Figuren mit den angegebenen Maßen werden mit dem Faktor k vergrößert. Berechne jeweils den Flächeninhalt der ursprünglichen und der vergrößerten Figur.

a) Dreieck: $a = 3\,cm$, $h_a = 2{,}5\,cm$, $k = 2{,}5$
b) Trapez: $a = 4\,cm$, $c = 6\,cm$, $h = 3\,cm$, $k = 2$
c) Parallelogramm: $a = 8\,cm$, $h_a = 6{,}4\,cm$, $k = \frac{3}{4}$
d) Drachen: $e = 6\,cm$, $f = 4\,cm$, $k = 2$

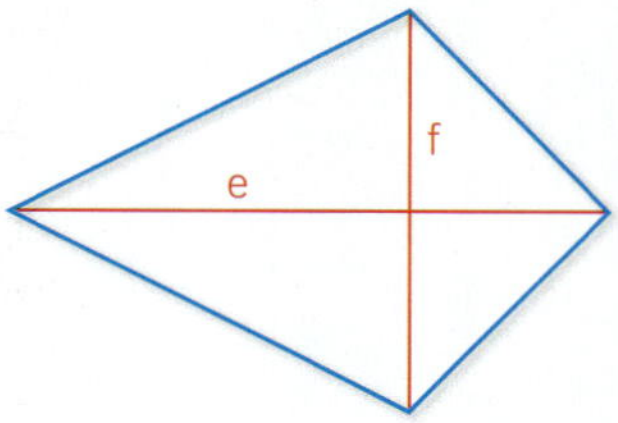

8 Pizzapreise

Eine Salamipizza mit 20 cm Durchmesser kostet 5,50 €. Was ist deiner Meinung nach ein fairer Preis für eine Salamipizza mit 30 cm Durchmesser? Begründe deine Meinung.

9 Modell

Du siehst das Modell eines Segelschiffs, das im Maßstab 1 : 100 gebaut ist.
Das Modell hat eine Mastenhöhe von 15 cm, eine Segelfläche von ca. $120\,cm^2$ und einen Innenraum von ca. $150\,cm^3$.
Bestimme die entsprechenden Größen für das Originalschiff.

10 Taschenlampe

Die große Taschenlampe wiegt 192 g.
Wie schwer ist die kleine, wenn sie aus dem gleichen Material hergestellt ist?
Begründe deine Schätzung.

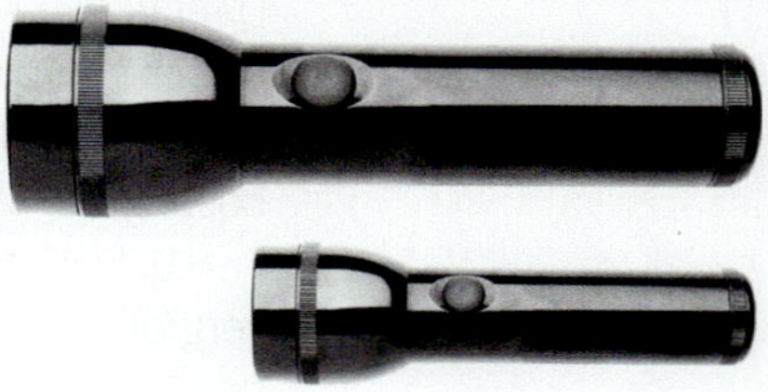

11 Packvolumen

a) Wie viele der kleinen Kartons braucht man, wenn man das gleiche Packvolumen wie bei dem großen Karton erreichen will?
b) Vergleiche jeweils die benötigte Menge an Pappmaterial.

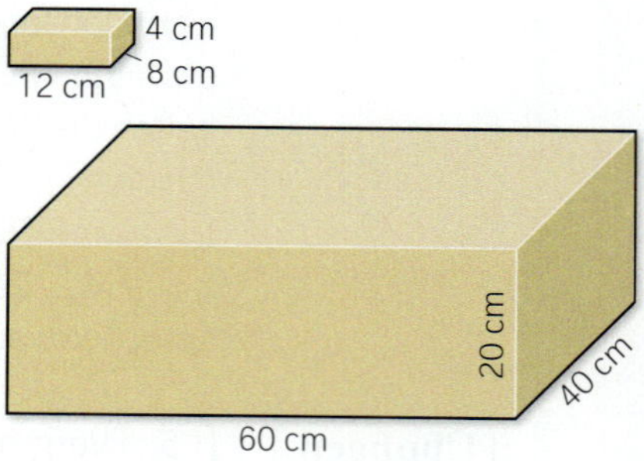

12 Prismen

Die Grundflächen zweier Prismen sind ähnliche Dreiecke, deren Flächeninhalte im Verhältnis 9 : 4 stehen. Das größere Prisma hat eine Höhe von 18 cm, das kleinere von 12 cm.
Sind die beiden Prismen ähnlich? In welchem Verhältnis stehen die Volumina?

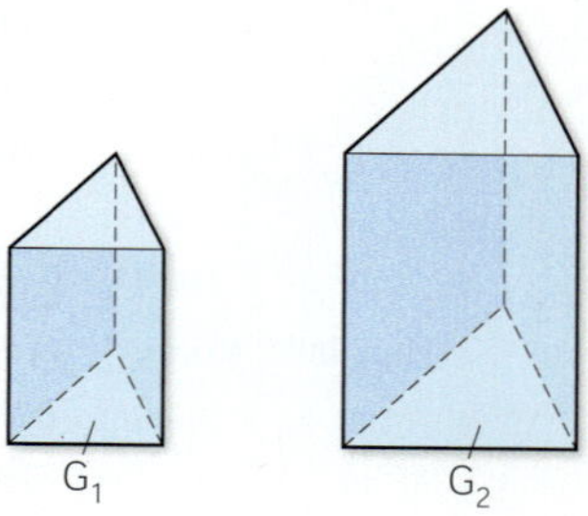

Übungen

13 Eisblock

Was schmilzt schneller in der Sonne: ein würfelförmiger Eisblock von 1 kg oder 40 kleine Eiswürfel von jeweils 25 g? Begründe deine Antwort. Hat diese Aufgabe etwas mit dem Thema dieses Lernabschnitts zu tun?

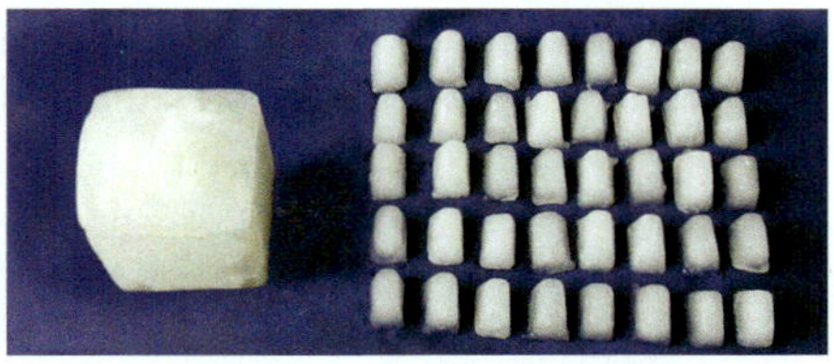

14 Piktogramme – genau hingeschaut

Statistische Daten werden oft in Grafiken veranschaulicht. Vermitteln die folgenden grafischen Darstellungen den richtigen Eindruck der jeweiligen Statistik? Begründe.

a) Der Anteil der Ärzte mit einer Praxis für Allgemeinmedizin ist von 1964 bis 1990 von 27 % auf 12 % zurückgegangen.

b) La Spezia hat im letzten Jahr doppelt so viel Eis wie Italia und dreimal so viel wie Adria verkauft.

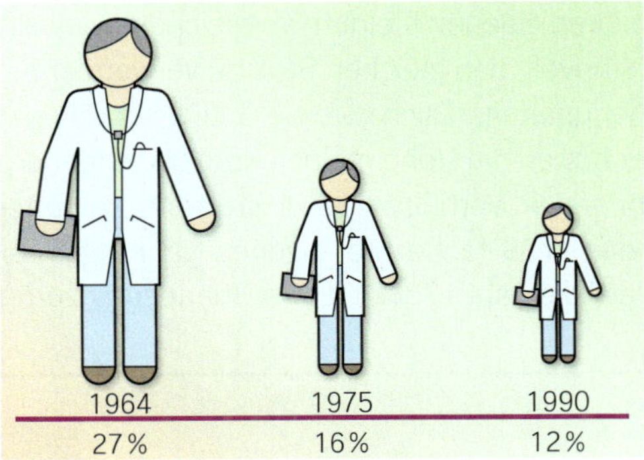

15 Froschgeschichten

Der afrikanische Goliathfrosch ist der größte bekannte Frosch. Er ist ca. 30 cm lang und wiegt 3200 g. Der brasilianische Goldfrosch hingegen gehört zu einer der kleinsten Froscharten. Er besitzt eine Länge von nur 9,8 mm. Wie schwer ist wohl der Goldfrosch? Schätze, rechne und begründe.

Kopfübungen

1. Ergänze: ■ + (–k) = 2 · k
2. Setze fort: Ein Quadrat ist eine Raute mit ...
3. Ordne gleichwertige Terme einander zu:
   4 + (b + 3) 4 + (b – 3) 4 – (b + 3) 4 – (b – 3)
   7 – b 1 + b 1 – b 7 + b

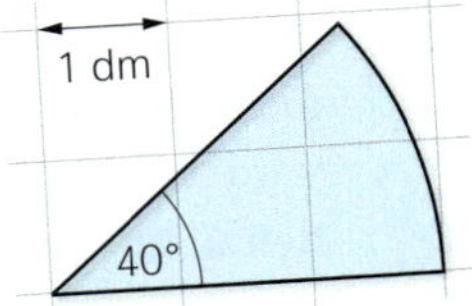

4. Bestimme den Umfang und den Flächeninhalt des Kreisausschnitts.
5. Gib alle Zahlen an, die den Betrag $\frac{1}{12}$ haben.
6. Kannst du eine Liste aus Einsen und Zweien erstellen, so dass der Durchschnitt 3 beträgt?
7. Die Graphen (1), (2), (3) und (4) gehören zu linearen Funktionen mit y = m · x + b. Ordne a, b, c und d in die Tabelle richtig ein.

	b > 0	b < 0
m > 0	■	■
m < 0	■	■

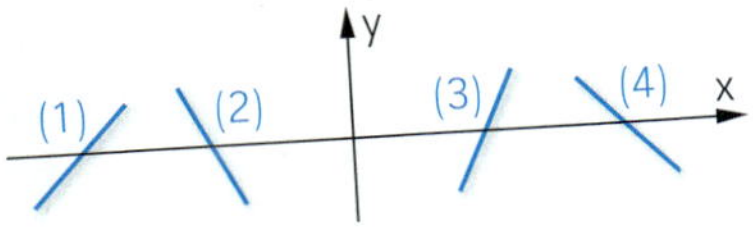

Aufgaben

TRAVELS
INTO SEVERAL
Remote NATIONS
OF THE
WORLD.
In FOUR PARTS.
By LEMUEL GULLIVER,
First a SURGEON, and then a CAPTAIN of several SHIPS.
VOL. I.
LONDON:
Printed for BENJ. MOTTE, at the Middle Temple-Gate in Fleet-street.
MDCCXXVI.

Titelseite der 1. Ausgabe von Gullivers Reisen

16 Gullivers Reisen

Gulliver trifft in JONATHAN SWIFTS Satire *Gullivers Reisen* im Königreich Lilliput auf Lebewesen, die dem Menschen an Gestalt und Aussehen völlig ähnlich sind, die aber nur ein Zwölftel der Länge eines normalen Menschen erreichen.

a) Berechne die mittlere Länge und das Durchschnittsgewicht eines Lilliputaners.

b) Dreihundert Schneider wurden beauftragt, passende Kleider für Gulliver zu nähen. Wenn sie mit ihren eigenen Kleidern vergleichen, wievielmal mehr Stoff benötigen sie dann? Ist es sinnvoll, den gleichen Stoff zu verwenden?

c) Lies den Exkurs.

c) Die Lilliputaner überlegen sich, wie sie Gulliver ernähren können: „Seiner Majestät Mathematiker hatten die Höhe meines Körpers aufgenommen, und da sie fanden, dass er die ihrigen im Verhältnis 12 : 1 überträfe, so hätten sie ... geschlossen, dass mein Körper das 1728-fache ihrer eigenen Nahrungsmengen verlangen würde.“ Wie kommen sie auf die Zahl 1728? Ist ihre Überlegung zutreffend?

Exkurs

Sind Riesen lebensfähig?

Schon die bloße Beobachtung zeigt, dass die Lebewesen verschiedener Größen von ganz unterschiedlicher Gestalt sind. Ein Fohlen weist ganz andere Proportionen auf als ein ausgewachsenes Pferd. Wenn man einen Hund auf Elefantengröße „zoomt“, so gleicht er keinesfalls in der Gestalt einem Dickhäuter. Solche maßstäblichen Vergrößerungen kommen nur in Märchen und Science-Fiction-Filmen vor. In Wirklichkeit wären Riesen und Zwerge oder Monsteraffen wie King-Kong nicht lebensfähig.

Die Knochenfestigkeit

Die Knochen tragen die Masse eines Lebewesens. Die Tragfähigkeit des Knochens hängt wesentlich von seiner Querschnittsfläche ab. Bei der Verdreifachung der Größe verneunfacht sich diese Querschnittsfläche, die Masse wird auf das 27-fache vergrößert. Riesen würden unter dieser Last zusammenbrechen.

Atmen

Der zum Leben notwendige Sauerstoff wird an der Lungenoberfläche von dem durchgepumpten Blut aufgenommen. Bei Verdopplung der Größe wird das Blutvolumen verachtfacht, die Lungenoberfläche aber nur vervierfacht. Auch hier sind die Probleme bei zunehmender Vergrößerung nicht mehr ohne Weiteres zu bewältigen.

Energiehaushalt

Vögel und Säugetiere erzeugen ihre Körpertemperatur selbst im Innern des Körpers, wozu sie einen Großteil ihrer Nahrung benötigen. Die Körperoberfläche ist das „Fenster“, über das der Energieaustausch mit der Umgebung erfolgt, in der Regel eine Energieabgabe. Die Nahrungsmenge, die ein Tier zur Aufrechterhaltung seiner Körpertemperatur benötigt, ist abhängig von dem Verhältnis aus Körpervolumen und Körperoberfläche. Bei einer maßstäblichen Vergrößerung eines Tieres mit dem Faktor 10 wächst die Oberfläche um das 100-fache, das Volumen aber um das 1000-fache. Das bedeutet, der Energieverlust bei größeren Tieren wird im Verhältnis zur Energieproduktion geringer. Bei einem Lilliputaner ist das Verhältnis der Hautoberfläche zum Volumen viel größer als beim Menschen, er würde deshalb mehr Energie verlieren und müsste pausenlos Nahrung aufnehmen. Bei Gulliver wäre es umgekehrt, er müsste verhältnismäßig weniger essen.

Aufgaben

17 Wenn der Mensch ein vergrößerter Floh wäre ...

a) Ein Floh von 1 mm Größe kann 30 cm hoch springen, das entspricht dem 300-fachen seiner Rumpfhöhe. Vergrößerte man ihn maßstäblich auf die Länge eines Menschen, könnte er dann den Eiffelturm überspringen?

b) Fülle die Tabelle vollständig aus.

	Größe	Relative Sprunghöhe
Floh	1 mm	300-fache Rumpfhöhe
Heuschrecke	30 mm	15-fache Rumpfhöhe
Frosch	70 mm	7-fache Rumpfhöhe
Pferd	■	■
Mensch	■	■

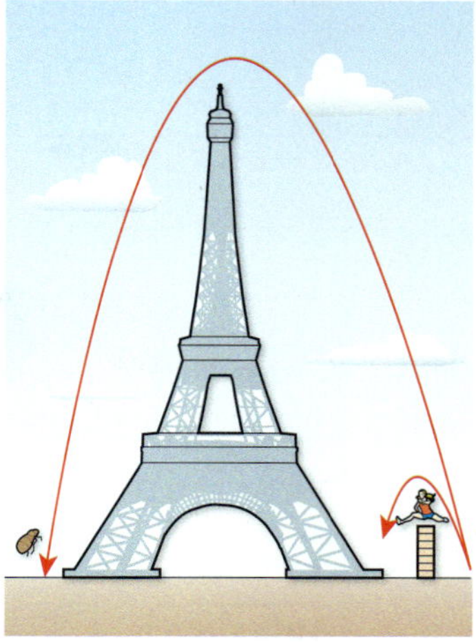

Was stellst du fest? Findest du eine Erklärung?

18 Massenverhältnisse

Bilde mit den Daten der Tabelle jeweils das Verhältnis von Körpermasse zu Skelettmasse. Kannst du dies erklären?

Tier	Körpermasse	Skelettmasse
Maus	0,03 kg	0,0013 kg
Katze	0,85 kg	0,044 kg
Elefant	6 600 kg	1 782 kg

19 Tiere in kalten und warmen Regionen

Im Biologiebuch findest du die Allen'sche und die Bergmann'sche Regel. Versuche sie mithilfe der Aussagen im Exkurs auf Seite 26 zu erklären.

Polarfuchs (arktische Zone)

Rotfuchs (gemäßigte Zone)

Wüstenfuchs (Fenek) (subtropische Zone)

a) Allen'sche Regel: „Bei Tieren in kalten Klimaten bleiben Körperteile, die leicht auskühlen (z. B. Ohren), klein, während sie bei Verwandten in warmen Gegenden wesentlich größere Ausmaße erlangen."

b) Bergmann'sche Regel:
„In kalten Regionen sind die Individuen einer Art oder nah verwandter Arten größer als in warmen Gebieten."
Finde die Klimazonen heraus, in denen die verschiedenen Pinguine leben.

1.4 Bestimmung von unzugänglichen Streckenlängen – Strahlensätze

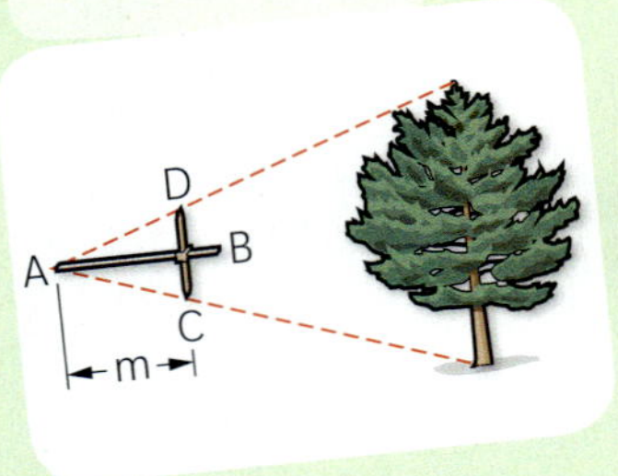

Nicht alle Strecken im Gelände lassen sich ohne Probleme messen: Bäume sind zu hoch, Schluchten zu breit, Brücken und Gebäude sind oft schwer zugänglich. Unter Anwendung der Kongruenzsätze kann man aber solche unzugänglichen Streckenlängen mithilfe messbarer Strecken und Winkel konstruieren. Mit der zentrischen Streckung und den daraus abgeleiteten Strahlensätzen steht uns eine weitere Methode zur Bestimmung von Streckenlängen zur Verfügung.

Aufgaben

1 Auf zwei unterschiedlichen Wegen zur Turmhöhe

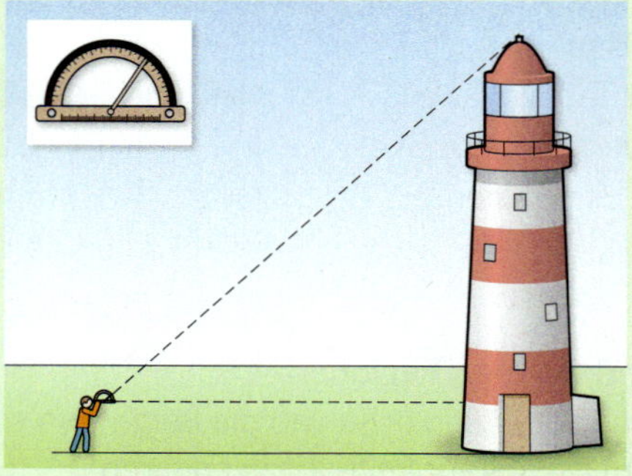

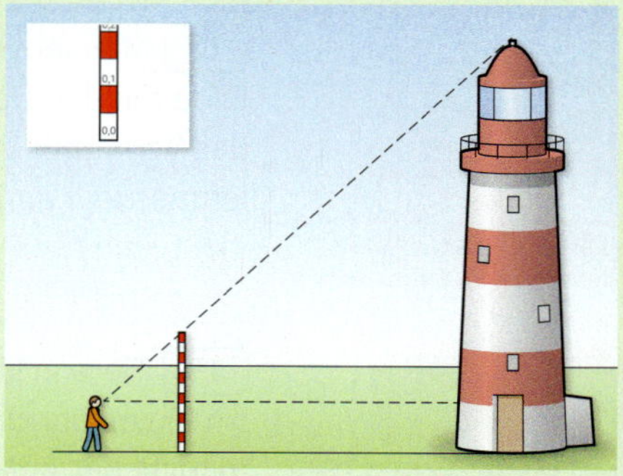

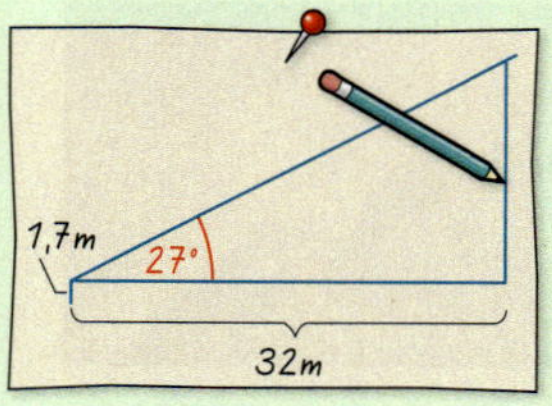

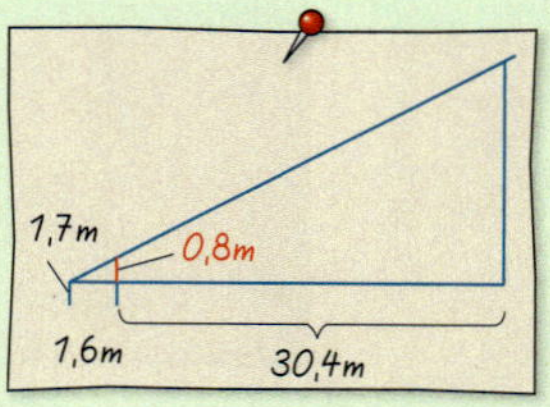

a) In den Planskizzen stecken genügend Informationen, um die Höhe des Turms herauszufinden. Einmal musst du konstruieren, einmal kannst du rechnen.

b) Vergleiche deine Ergebnisse bei beiden Methoden.

2 Aufgabe aus dem chinesischen Rechenbuch „Jiuzhang suanshu" (100 v. Chr.)

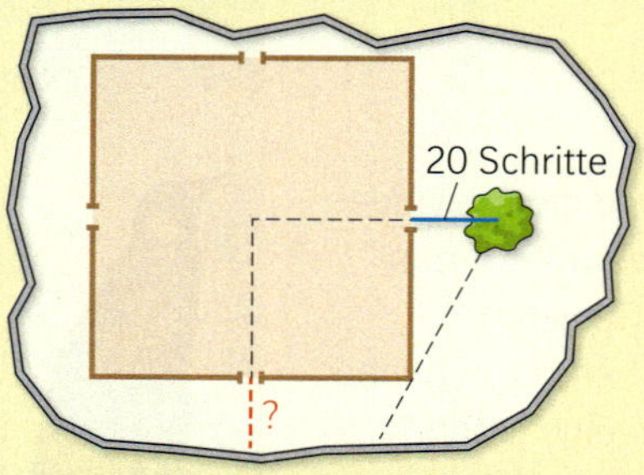

„Jetzt hat man eine Stadt (mit quadratischem Grundriss), die Quadratseite 200 Schritte. In der Mitte jeder Seite ein offenes Tor. Geht man aus dem Osttor 20 Schritte heraus, hat man einen Baum. Wie viel Schritte aus dem Südtor musst du herausschreiten, um den Baum zu sehen?"

a) Übertrage die Informationen aus dem Text in eine maßstabsgerechte Skizze.

b) Vervollständige die Skizze so, dass du die gesuchte Länge x ablesen kannst.

c) In der Zeichnung kannst du verschiedene Streckfiguren erkennen. In welcher steckt das Verhältnis $\frac{120}{100} = \frac{(x + 100)}{x}$? Berechne x und vergleiche mit deiner Lösung aus b).

Aufgaben

3 **Wie breit ist der See?**

Beim Vermessen lassen sich mithilfe der zentrischen Streckung auch Streckenlängen bestimmen, die mit dem Maßband nicht direkt zugänglich sind.

a) Beschreibe: Wo verbergen sich bei der Landschaftsmessung Streckfiguren? Wo steckt der Streckfaktor k?

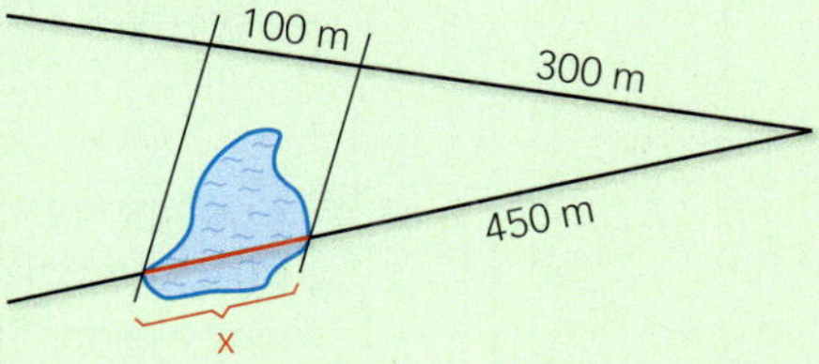

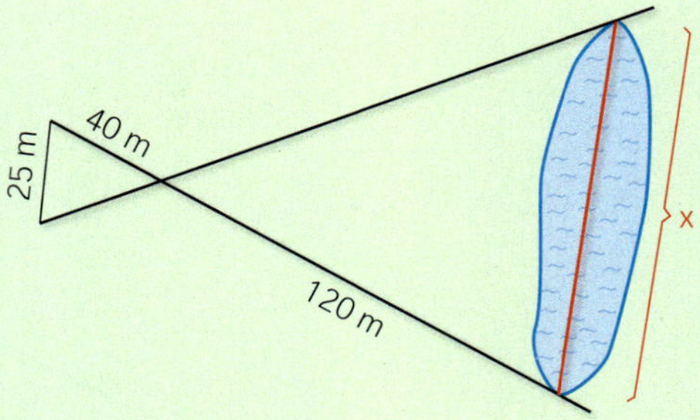

b) Der Vermesser notiert zwei Verhältnisgleichungen. Ordne zu und berechne die Seebreiten.

$\frac{25}{40} = \frac{x}{120}$

$\frac{400}{300} = \frac{x + 450}{450}$

Basiswissen

Bei der zentrischen Streckung wird eine Strecke stets auf eine dazu parallele Strecke abgebildet, die k-mal so lang ist. In der Streckfigur findest du den Streckfaktor k dann in verschiedenen Streckenverhältnissen. Die sogenannten Strahlensätze fassen diese unterschiedlichen Möglichkeiten zusammen.

Erster Strahlensatz

Entsprechende Streckenverhältnisse auf den „Strahlen“ durch Z sind gleich.

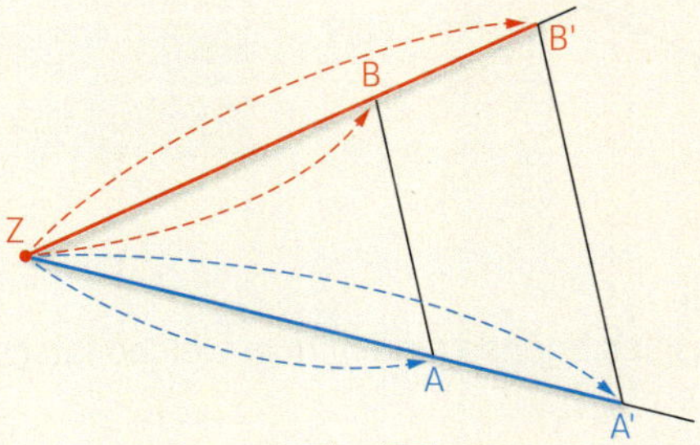

$\frac{|\overline{ZA'}|}{|\overline{ZA}|} = \frac{|\overline{ZB'}|}{|\overline{ZB}|} = k$

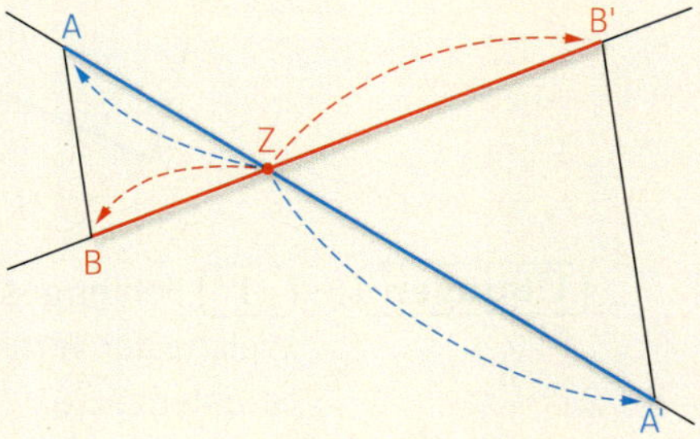

$\frac{|\overline{ZA'}|}{|\overline{ZA}|} = \frac{|\overline{ZB'}|}{|\overline{ZB}|} = k$

Zweiter Strahlensatz

Das Verhältnis zwischen Bild- und Ausgangsstrecke ist gleich dem Streckenverhältnis auf den Strahlen durch Z.

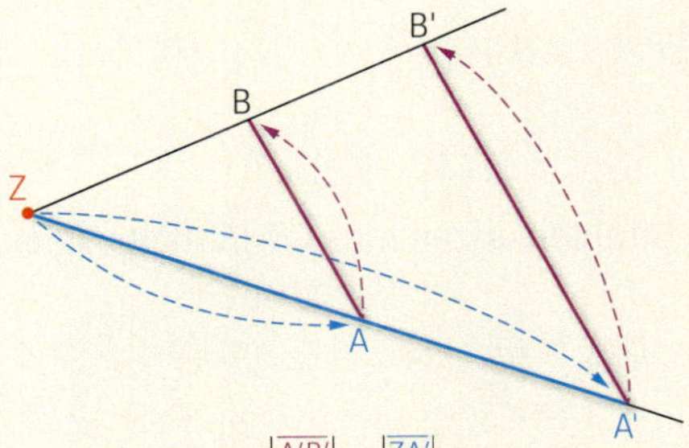

$\frac{|\overline{A'B'}|}{|\overline{AB}|} = \frac{|\overline{ZA'}|}{|\overline{ZA}|} = k$

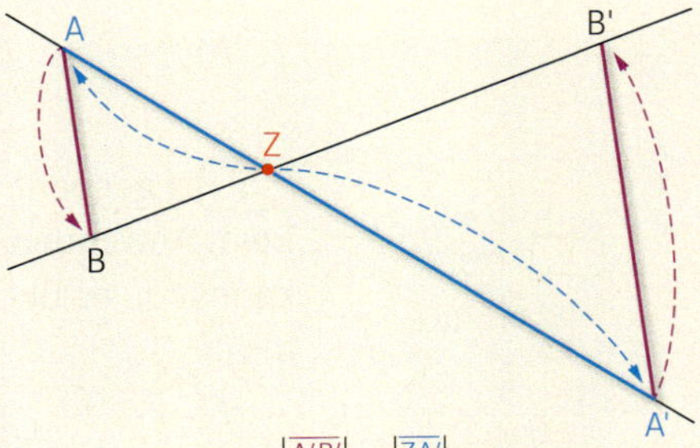

$\frac{|\overline{A'B'}|}{|\overline{AB}|} = \frac{|\overline{ZA'}|}{|\overline{ZA}|} = k$

Beispiele

A Die Schattenlänge verrät die Höhe eines Baums

Übersetze die Angaben in eine Skizze und erkläre damit, wie die Baumlänge bestimmt werden kann.

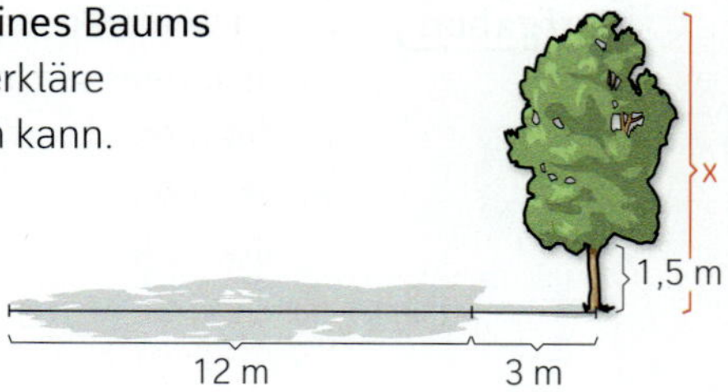

Lösung:
Skizze:

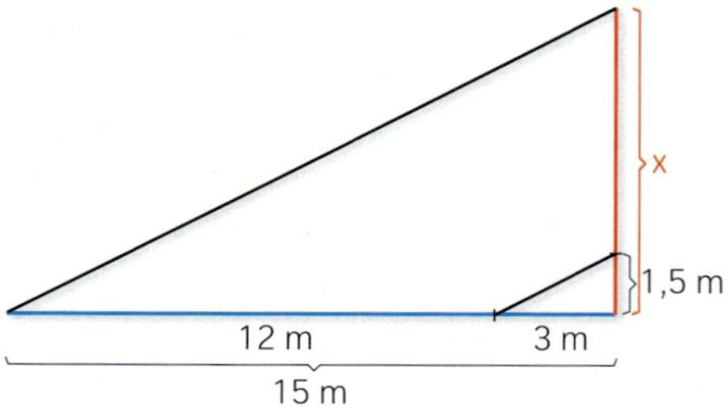

Lösungsweg 1:
Der Schatten des Stamms ist doppelt so lang wie der Stamm selbst. Dann ist auch Schatten des Baums doppelt so lang wie der Baum. Also ist der Baum 7,5 m hoch.

Lösungsweg 2:
Mit dem ersten Strahlensatz erhält man: $\frac{x}{1{,}5} = \frac{15}{3}$. Also $x = \frac{15}{3} \cdot 1{,}5 = 7{,}5$.

B Richtige Verhältnisse?

Überprüfe in der Streckfigur, ob die Verhältnisgleichungen A bis E richtig sind. Gib, falls möglich, den passenden Strahlensatz an.

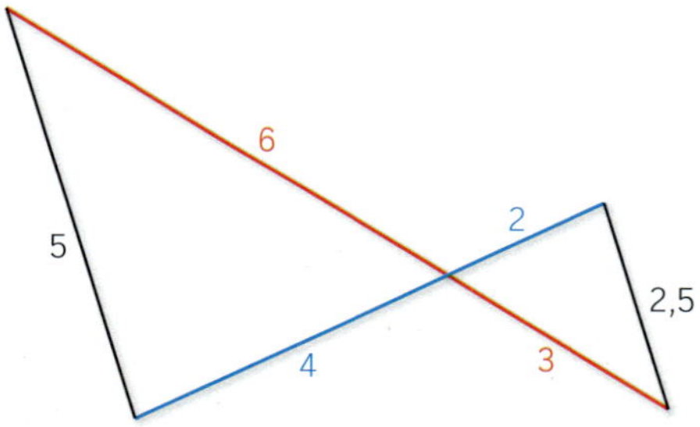

		Lösung:
A	$\frac{2}{4} = \frac{3}{6}$	Richtig; 1. Strahlensatz
B	$\frac{2{,}5}{5} = \frac{6}{3}$	Falsch
C	$\frac{2{,}5}{5} = \frac{2}{4}$	Richtig; 2. Strahlensatz
D	$\frac{4}{6} = \frac{8}{9}$	Falsch
E	$\frac{2{,}5}{5} = \frac{3}{6}$	Richtig; 2. Strahlensatz

Übungen

4 Fehler gesucht

Welche der Verhältnisgleichungen sind richtig, welche falsch? Begründe mithilfe der Strahlensätze.

a)

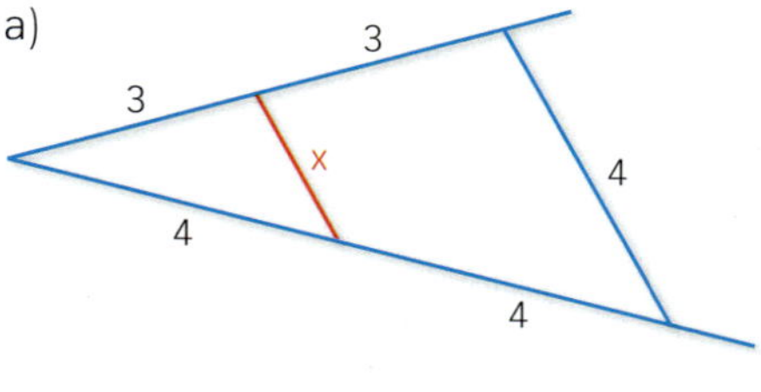

(A) $\frac{8}{4} = \frac{4}{x}$ (B) $\frac{4}{x} = \frac{3}{3}$ (C) $\frac{6}{3} = \frac{4}{x}$

b)

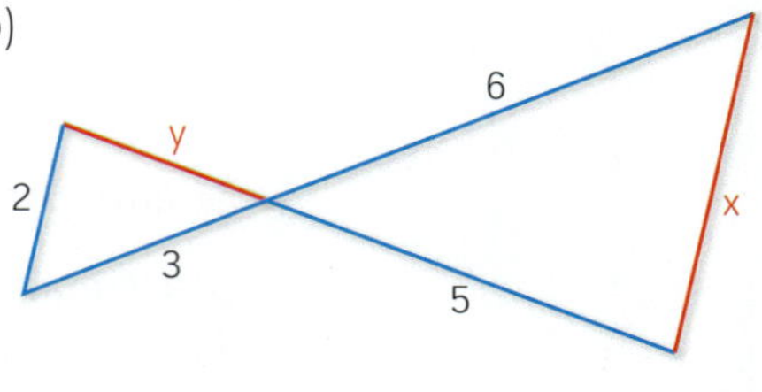

(A) $\frac{x}{2} = \frac{6}{3}$ (B) $\frac{y}{5} = \frac{6}{3}$ (C) $\frac{2}{3} = \frac{x}{5}$

5 x gesucht

Beim Anwenden von Strahlensätzen müssen Verhältnisgleichungen gelöst werden. Hier kannst du es üben.

a) $\frac{4}{9} = \frac{x}{54}$ b) $\frac{3}{x} = \frac{63}{210}$ c) $\frac{x}{7} = \frac{15}{21}$ d) $\frac{36}{x} = \frac{24}{7}$

e) $\frac{42}{54} = \frac{x}{4}$ f) $\frac{1{,}5\text{ km}}{250\text{ m}} = \frac{x}{400\text{ m}}$ g) $\frac{40\text{ cm}}{8\text{ cm}} = \frac{1{,}2\text{ km}}{x}$ h) $\frac{x}{900} = \frac{360}{810}$

5 Lösungen: 10; $3{,}\overline{1}$; 10,5; 5; 24; 2,4 km; 400; 240 m

Basiswissen

Die Strahlensätze führen zu Verhältnisgleichungen. Manchmal hilft bei deren Lösung der Dreisatz oder einfaches proportionales Denken. In schwierigeren Fällen helfen bei der Lösung Äquivalenzumformungen.

Anwenden der Strahlensätze mithilfe von Verhältnisgleichungen

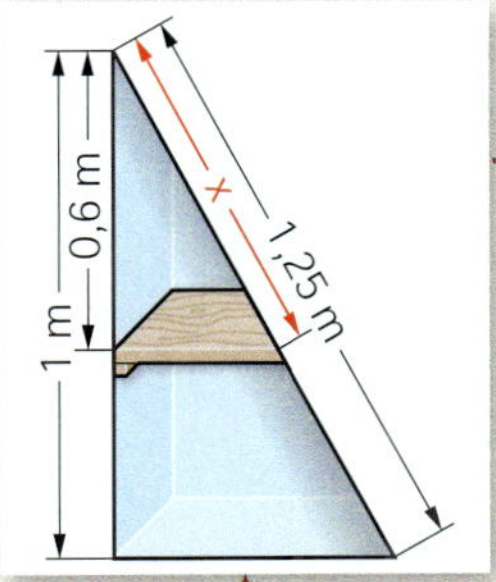

1. Schritt:
Stelle die passende Verhältnisgleichung auf:
$\frac{1}{0,6} = \frac{1,25}{x}$ 1. Strahlensatz

2. Schritt: Multipliziere auf beiden Seiten mit beiden Nennern – löse die Gleichung:

$\frac{1}{0,6} = \frac{1,25}{x}$ $\quad | \cdot 0,6$

$1 = \frac{1,25 \cdot 0,6}{x}$ $\quad | \cdot x$

$x = 0,75$

„über Kreuz multiplizieren"

3. Schritt: Mache die Probe:
$\frac{1}{0,6} = \frac{1,25}{0,75}$ Stimmt!

Beispiele

C Strahlensätze nutzen

Bestimme die fehlenden Längenangaben a und b.

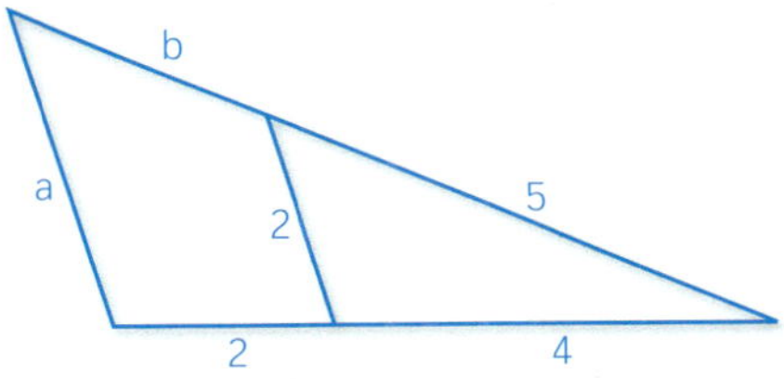

Lösung:

2. Strahlensatz führt zur Verhältnisgleichung

$\frac{a}{2} = \frac{6}{4} \quad \Rightarrow \quad a = 3$

1. Strahlensatz führt zur Verhältnisgleichung

$\frac{b+5}{5} = \frac{6}{4} \quad \Rightarrow \quad b + 5 = 7,5 \quad \Rightarrow \quad b = 2,5$

Übungen

6 Training

Finde mithilfe von Verhältnisgleichungen die Unbekannten heraus.

a)

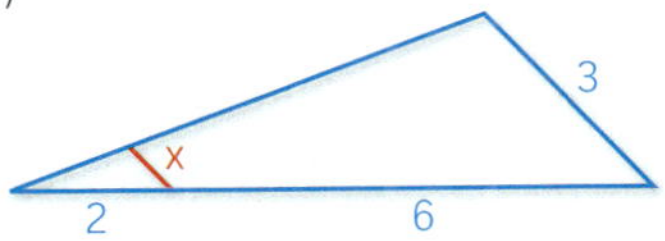

b)

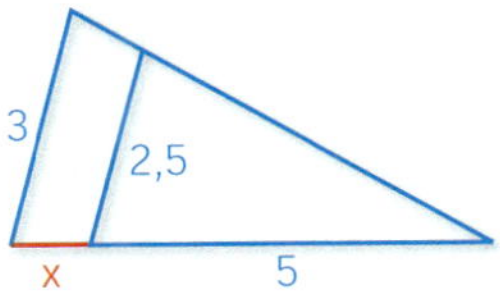

c)

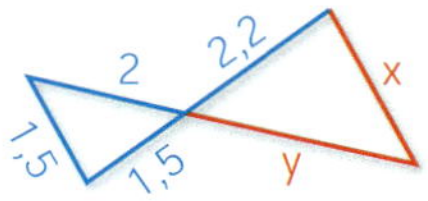

d)

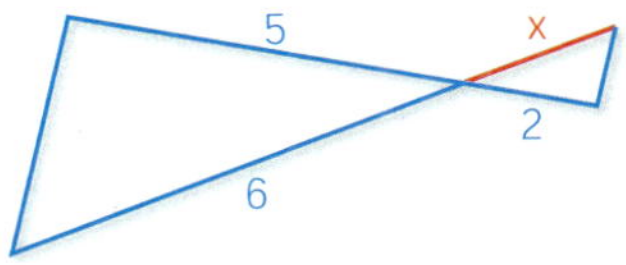

e)

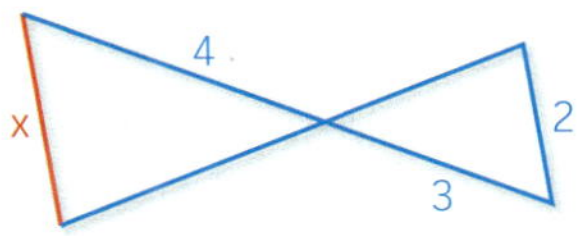

f)

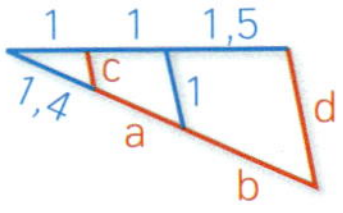

7 Lösungen:
1 7
9 2,8
39,2 5,5

7 Steigungen und Verhältnisse

Verhältnisse spielen auch bei Steigungen eine wichtige Rolle. Zeichne die beiden Verhältnisse jeweils in ein entsprechendes Steigungsdreieck und finde x heraus. Für a) haben wir das Steigungsdreieck verraten.

a) $\frac{3}{4} = \frac{x}{12}$ b) $\frac{5}{x} = \frac{4,5}{6,3}$ c) $\frac{7,2}{0,8} = \frac{9}{x}$

d) $\frac{7}{4,9} = \frac{4}{x}$ e) $\frac{x}{4,5} = \frac{11}{9}$ f) $\frac{14}{5} = \frac{x}{14}$

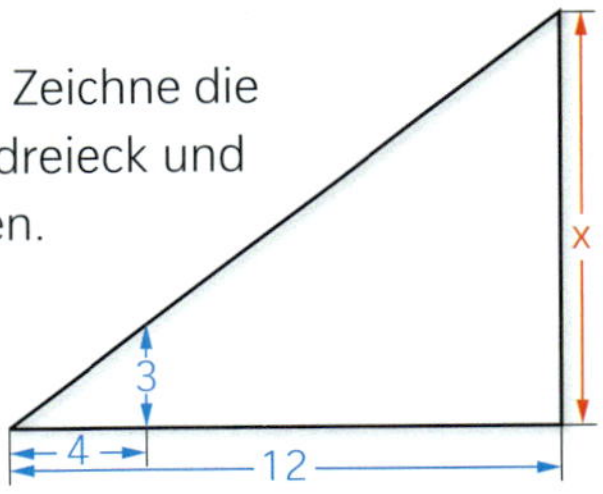

Übungen

Achtung: Skizzen nicht maßstabsgerecht

8 Vermessungspraktikum

Drei Messtrupps erhalten die Aufgabe, die Breite eines Sees zu bestimmen. Beschreibe anhand ihrer Skizzen, wie sie vorgegangen sind. Können alle Trupps die Aufgabe lösen? (Längenangaben in Metern)

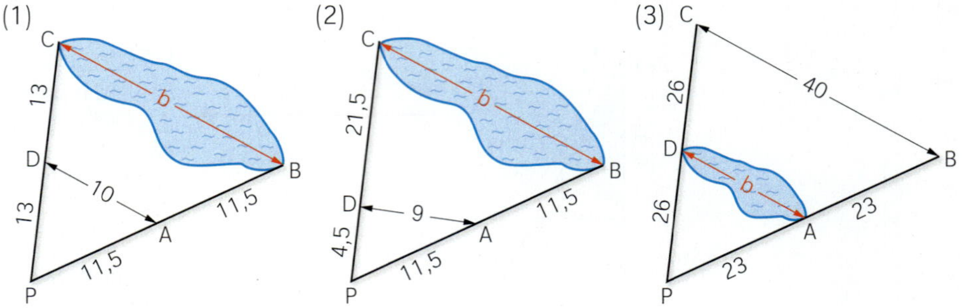

9 Lochkamera und Schattenwurf

Stelle jeweils mithilfe des geeigneten Strahlensatzes eine Verhältnisgleichung auf und bestimme die gesuchten Streckenlängen x.

a)

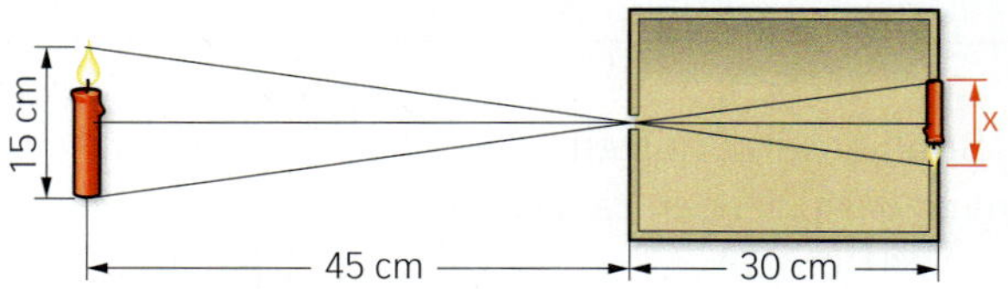

b)

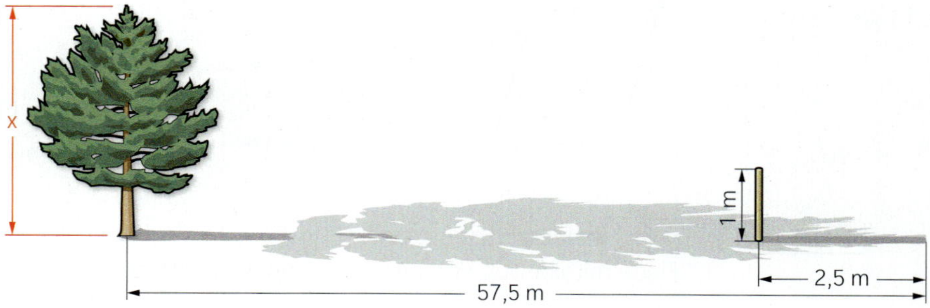

10 Maßstabsangaben sind Verhältnisgleichungen

Familie Müller möchte dieses Jahr von Stuttgart nach Athen fliegen. Auf einer Landkarte im Maßstab 1 : 16 000 000 misst Sohn Sebastian eine Entfernung von 10,4 cm zwischen Athen und Stuttgart. Stelle eine Verhältnisgleichung auf und berechne die Entfernung in Kilometern.

11 Optimale Raumausnutzung

In der Nische einer Dachschräge soll ein Regal angebracht werden. Die einzelnen Regalbretter bekommen jeweils einen Abstand von 30 cm. Lassen sich die vier Regalbretter aus den zwei noch vorhandenen Brettern zuschneiden?

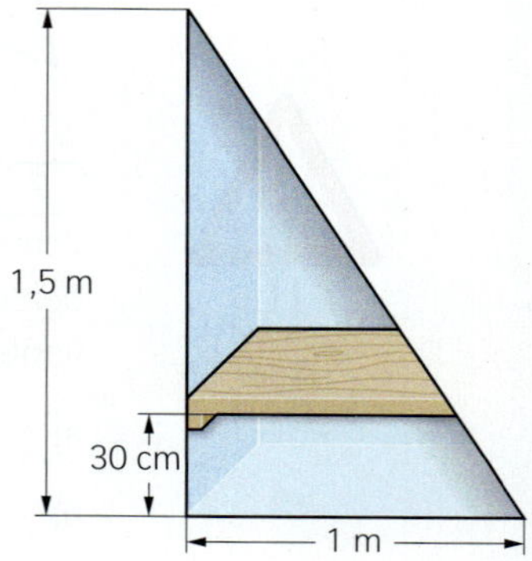

Verhältnisgleichungen im Einsatz

↘ Verhältnisgleichungen aufstellen und lösen – auch außerhalb der Geometrie

Beispiel: Eine Erbschaft wurde zwischen Jack und Jim im Verhältnis 2 : 3 aufgeteilt. Jack erhielt 1200 Dollar. Wie viel erhielt Jim?

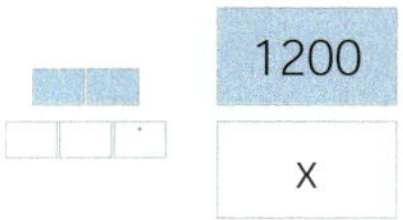

Schritt 1: Proportional denken und eine Gleichung aufstellen: $\frac{2}{3} = \frac{1200}{x}$

Schritt 2: Auf beiden Seiten der Gleichung tauchen Brüche auf.

Um die Gleichung zu lösen, kann es sich lohnen ...

... eine oder beide Seiten zu erweitern oder kürzen:

$\frac{1200}{x} = \frac{2 \cdot 600}{3 \cdot 600} = \frac{1200}{1800}$

→ $x = 1800$

... auf beiden Seiten den Kehrbruch zu bilden:

$\frac{3}{2} = \frac{x}{1200}$ → $1{,}5 = \frac{x}{1200}$

→ $x = 1800$

... „über Kreuz zu multiplizieren“:

$3 \cdot 1200 = x \cdot 2$

→ $x = 1800$

Übungen

12 Jahrmarktslose

Ein Lotterie-Stand verkauft Lose auf dem Jahrmarkt und kündigt an: 2 von 11 Losen sind Gewinne. Losverkäufer Hans zählt in seinem Korb 220 Lose. Mit wie vielen Gewinnlosen (Anzahl x) in seinem Korb kann er rechnen?

13 Schweres Drahtseil?

Ein 30 cm langes Abfallstück des Drahtseils einer Bergbahn wiegt 5,9 kg.

a) Kannst du ein 2 m langes Drahtstück tragen?

b) Wie viel wiegt das gesamte 3,6 km lange Drahtseil der Bahn?

14 Hooke'sches Gesetz

Der englische Gelehrte und Naturforscher ROBERT HOOKE fand heraus, dass sich eine Spiralfeder proportional zur wirkenden Zugkraft F verlängert. In der Physiksammlung gibt es eine solche Spiralfeder, die sich bei einer Zugkraft von 6 N (Newton) um 16 cm verlängert hat.

a) Mit welcher Kraft muss man an der Feder ziehen, um sie um nur 5 cm zu verlängern?

b) Welche Verlängerung kann man bei einer Zugkraft von 10 N erwarten?

c) In Lauras Klasse wurden zu Problem a) folgende Verhältnisgleichungen notiert:

(1) $\frac{16}{6} = \frac{5}{x}$ (2) $\frac{6}{16} = \frac{5}{x}$ (3) $\frac{6}{x} = \frac{16}{5}$

Nimm Stellung zu den Ansätzen.

15 Optik: Wie man mit Linsen ein gutes Bild erhält

Mit einer Linse kann man von einem Gegenstand, etwa einer Kerze, auf einem Schirm ein scharfes Bild erzeugen. Dazu muss die Gleichung $\frac{1}{b} = \frac{1}{f} - \frac{1}{g}$ erfüllt sein.

a) Die Linse hat eine Brennweite $f = 5$ cm. Die Kerze steht $10\text{ cm} = g$ von der Linse entfernt. In welcher Entfernung b sollte der Schirm aufgestellt werden?

b) Kathrin findet in einem Hausaufgabenforum im Internet $b = \frac{f \cdot g}{g - f}$. Kann das stimmen?

b: Bildweite
g: Gegenstandsweite
f: Brennweite („Fokus“)

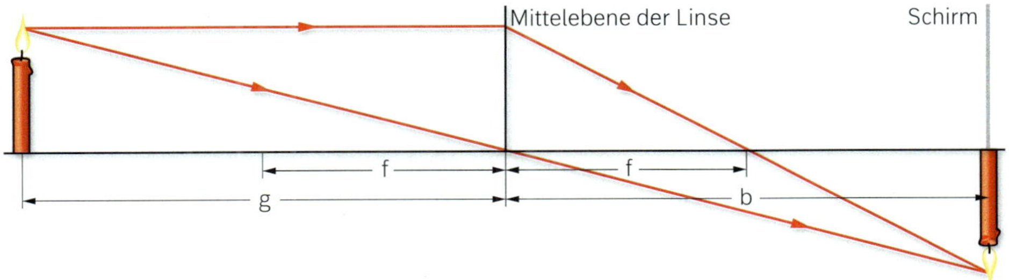

Übungen

16 Wie weit ist es bis zum Nachbarhaus?

Durch Anpeilen und Messen lässt sich die Entfernung des Hauses aus dem Klassenraum heraus bestimmen. Die Schülerinnen und Schüler der 9c lassen sich zwei verschiedene Peilmöglichkeiten einfallen:

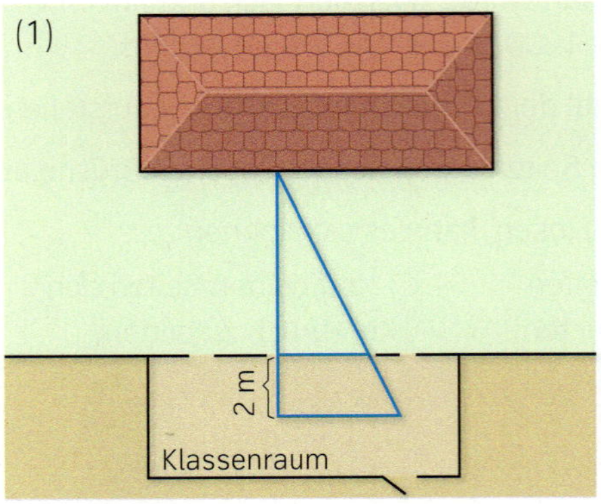

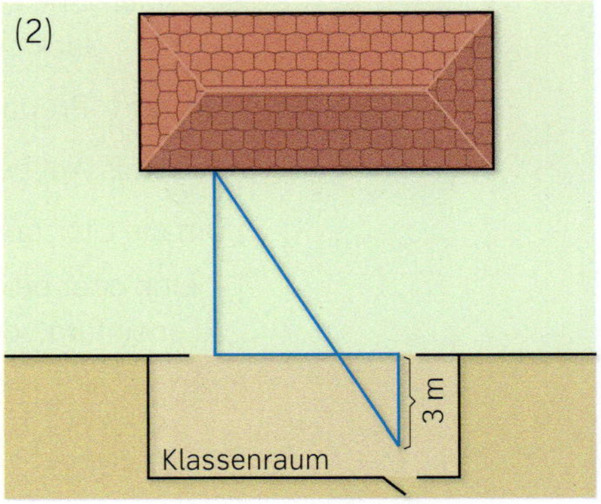

a) Welche Längen müssen sie noch messen, um die Entfernung des gegenüberliegenden Hauses bestimmen zu können?

b) Bestimme selbst die Längen durch Ausmessen in der maßstabsgerechten Zeichnung und berechne die Entfernung des Hauses.

17 Streckenteilungen

In der Abbildung siehst du, wie eine 7 cm lange Strecke ohne zu rechnen in drei gleich große Streckenabschnitte zerlegt werden kann.

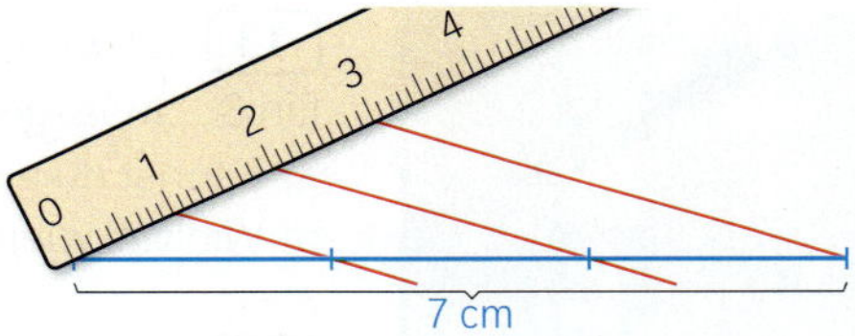

a) Erkläre die Methode.

b) Teile auf die gleiche Art eine 11 cm lange Strecke in vier gleich lange Teile und eine 5 cm lange Strecke in sieben gleich lange Teile.

Kopfübungen

1. Durch die Verlängerung einer Seite um x soll sich der Umfang des Rechtecks verdoppeln. Bestimme x.

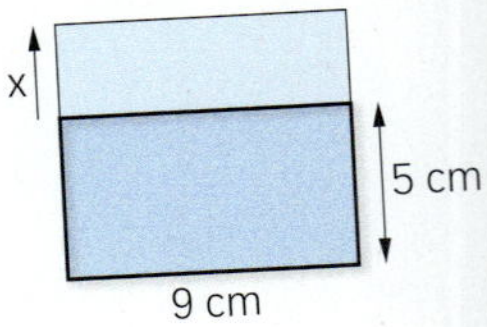

2. Ergänze: $0{,}025 \cdot \blacksquare = 5$
3. Gib ein Beispiel für die Grundseiten eines Trapezes so an, dass die Mittellinie 3 cm lang ist. Wie liegen die drei Strecken zueinander?
4. Bestimme im regelmäßigen Fünfeck den Winkel α sowie die Innenwinkel.

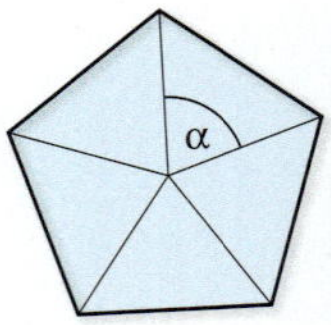

5. Wahr oder falsch? Der Graph einer linearen Funktion kann in genau (1) einem (2) zwei (3) drei (4) vier Quadranten verlaufen.
6. Nina sammelt in ihrer Klasse die Anmeldungen zu den Wahlpflichtkursen (WPK). Bestimme die relative Häufigkeit (als Bruch und in %):

WPK 1	WPK 2	WPK 3	Fremdsprachen
卌 I	卌 III	卌 II	IIII

7. Schätze die Seitenlänge s des Quadrates.

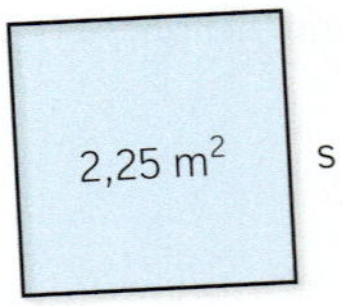

„Unterhaltungsmathematik" – Freude am Denken

In alten Rechenbüchern findet man viele Anwendungsaufgaben zur Mathematik. Dazu gesellt sich oft die einfache Freude am Denken und Problemlösen, die auch heute noch in der so genannten „Unterhaltungsmathematik" zum Ausdruck kommt.

Aufgaben

18 Aus einer anonymen Aufgabensammlung des 15. Jahrhunderts:

„Wenn du die Höhe eines Turmes finden willst, wie groß sie ist, so stecke ein Holz senkrecht und betrachte den von der Sonne geworfenen Schatten und miss ihn. Sprich nun: Das senkrechte Holz ist 6 Ellen, sein Schatten 9 Ellen; betrachte auch den Schatten des Turmes: 75 Ellen. Dann verfahre nach der Regeldetri und sprich: Wenn die 9 Ellen des Schattens mir eine Holzhöhe von 6 Ellen geben, welche Turmhöhe werden uns dann die 75 Ellen Turmschatten geben?"

a) Kannst du die Aufgabe nach der gegebenen Anleitung lösen?
b) Fertige eine Skizze an und löse die Aufgabe mithilfe eines Strahlensatzes. Vergleiche mit dem vorgeschlagenen Lösungsweg.

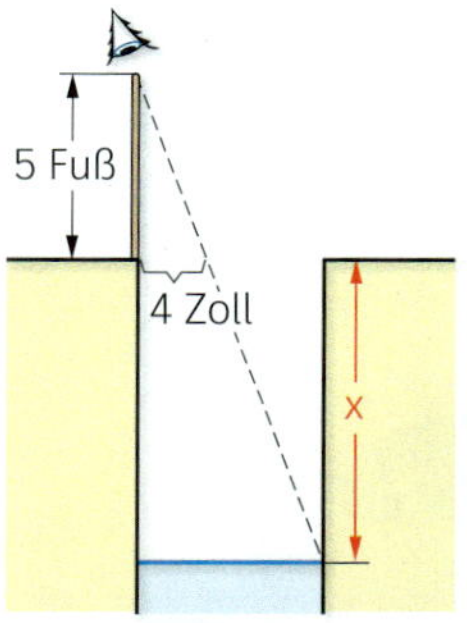

1 chin. Fuß ≙ 10 chin. Zoll

19 Aus dem chinesischen Rechenbuch „Jiuzhang suanshu":

„Der Durchmesser eines Brunnens ist 5 Fuß; seine Tiefe kennt man nicht. Auf dem oberen Rand des Brunnens steht eine Stange von 5 Fuß. Der Blick von der Spitze der Stange zu dem Rand des Wassers reicht in den Durchmesser 4 Zoll hinein. Frage: Wie viel Fuß sind es bis zur Wasseroberfläche?"

Skizze zum Selbstbau des Zirkels

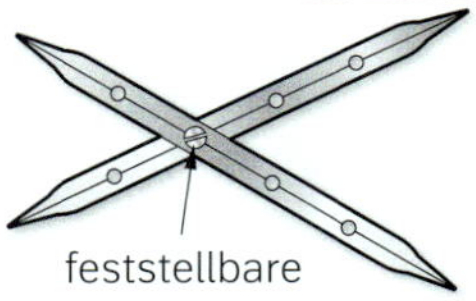

Exkurs

Alte Messgeräte auf der Grundlage der Strahlensätze

Mit dem **Proportionalzirkel** kann man Strecken in einem fest vorgegebene Verhältnis vergrößern oder verkleinern. Durch Verschieben des Drehpunktes lassen sich verschiedene Verhältnisse einstellen.

Försterdreieck

Das Försterdreieck diente dem Förster zum Abschätzen von Baumhöhen.

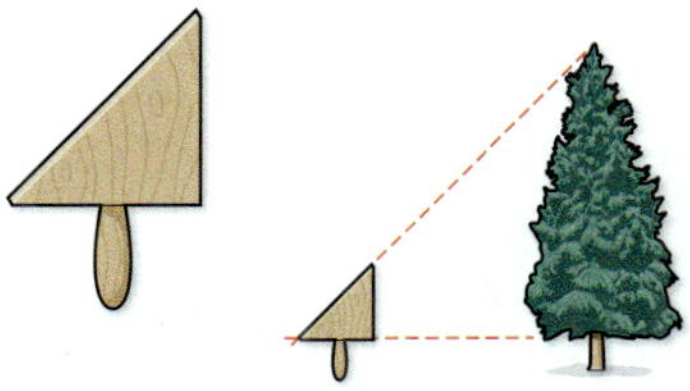

Jakobsstab

Der Jakobsstab wurde u. a. in der Seefahrt als Winkelmessgerät eingesetzt.

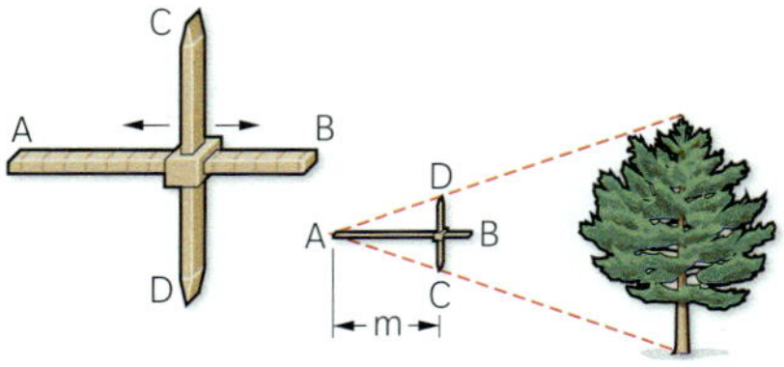

20 Modelle selbst bauen und einsetzen

Baut Modelle der alten Messgeräte selbst aus Pappe oder Holz. Erklärt die Wirkungsweise der Geräte. Führt mit euren Modellen einige Messungen aus und vergleicht die Ergebnisse.

1.5 Ähnliche Figuren – Ähnlichkeitssätze

Bisher war bei der zentrischen Streckung immer von maßstäblich verkleinerten oder vergrößerten Figuren die Rede. In der Mathematik wird hierfür der Begriff der ähnlichen Figuren benutzt. Während im täglichen Leben der Begriff „ähnlich" in vielerlei Bedeutung verwendet wird (Geschwister sehen einander ähnlich, verschiedene Landschaften können ähnlich sein), wird der Begriff der Ähnlichkeit in der Mathematik sehr präzise und eng gefasst. Es kommt auf Streckenverhältnisse und Winkel an. Damit können dann vielfältige Eigenschaften und Beziehungen ähnlicher Figuren untersucht und begründet werden.

Aufgaben

1 Produktionsfehler?

Die Firma Quality Scale Models hat ein und dasselbe Automodell in unterschiedlichen Maßstäben hergestellt: als Puppenauto und als Sammlermodell.

a) Betrachte das Foto der Modelle. Handelt es sich um richtige Verkleinerungen?

b) Ein vermuteter Produktionsfehler soll durch Messen und Rechnen nachgewiesen werden. Dazu wurden beim Hersteller des Fahrzeugs die genauen Abmessungen ermittelt und mit den Modellen gegenüber gestellt (siehe Tabelle).
Ermittle den Maßstab der Modelle und schreibe einen Prüfbericht, in dem du die Maßstabstreue der beiden Modelle beurteilst.

	Original-Auto	Modell „groß"	Modell „klein"
Länge	4129 mm	429 mm	230 mm
Breite ohne Außenspiegel	1724 mm	198 mm	96 mm
Höhe	1502 mm	185 mm	84 mm
Radstand	2516 mm	265 mm	140 mm

c) In der Abbildung sind auch entsprechende Winkel an den Fenstern der Modelle markiert. Miss die Winkel nach. Welche Schlüsse kannst du daraus ziehen?

d) Bringt selbst unterschiedliche maßstäbliche Modelle mit (Flugzeuge, Schiffe, Tierfiguren). Recherchiert dann im Internet die Originalgrößen der mitgebrachten Objekte und untersucht die Maßstabstreue.

Aufgaben

2 Einstellungstest

In Einstellungstests taucht häufig die Frage auf „Welches Bild passt nicht dazu?“

a)

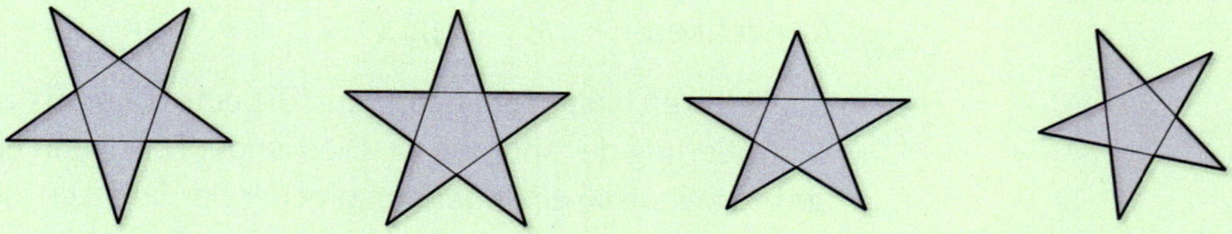

b)

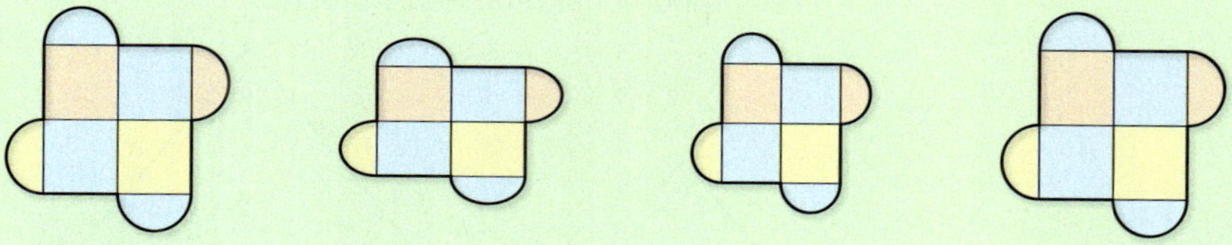

c)

3 „Formgleiche“ Dreiecke

a) Jeweils drei der unten angegebenen Dreiecke haben die „gleiche Form“. Stelle die passenden Dreiecke in drei Gruppen zusammen.
Beschreibe, wie du zu deiner Entscheidung gekommen bist.
Vergleiche mit deinen Nachbarn.

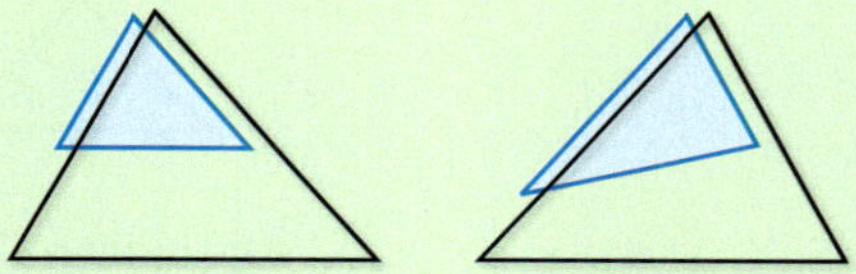

b) Übertrage die Dreiecke auf Papier und schneide sie aus. Durch geschicktes Zusammenlegen der Dreiecke kannst du deine Ergebnisse überprüfen und begründen.

Maßstab 1 : 2

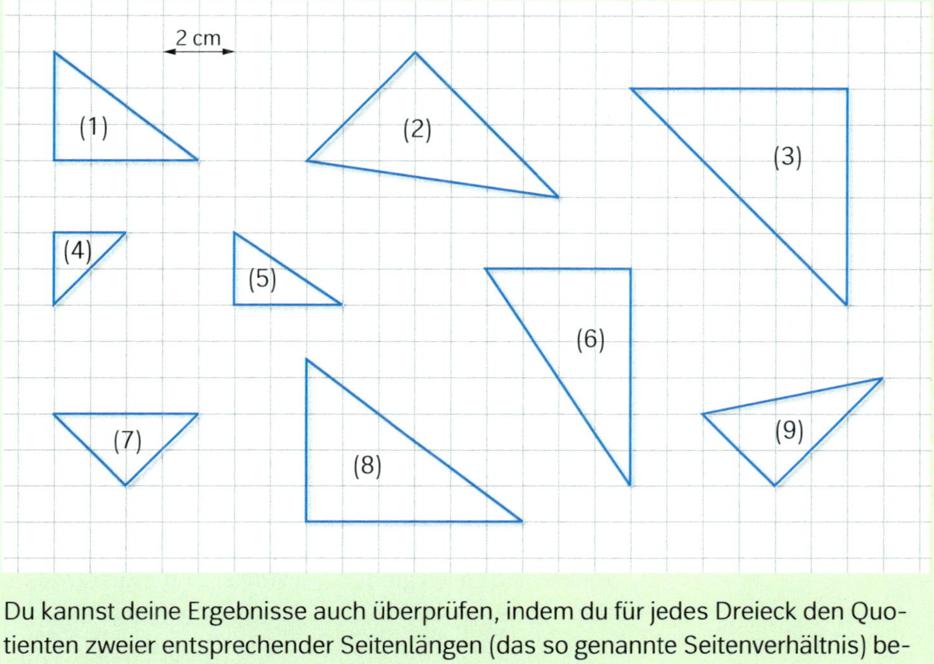

c) Du kannst deine Ergebnisse auch überprüfen, indem du für jedes Dreieck den Quotienten zweier entsprechender Seitenlängen (das so genannte Seitenverhältnis) berechnest. Was fällt auf?

Basiswissen

Manche Figuren erscheinen uns „formgleich“. In der Mathematik bezeichnet man sie als ähnlich.

Ähnlichkeit

Zwei Figuren heißen ähnlich, wenn die eine die maßstabsgetreue Verkleinerung oder Vergrößerung der anderen ist. Dies ist der Fall, wenn einander entsprechende Winkel und Verhältnisse einander entsprechender Strecken gleich groß sind, d. h. alle Strecken proportional verändert wurden.

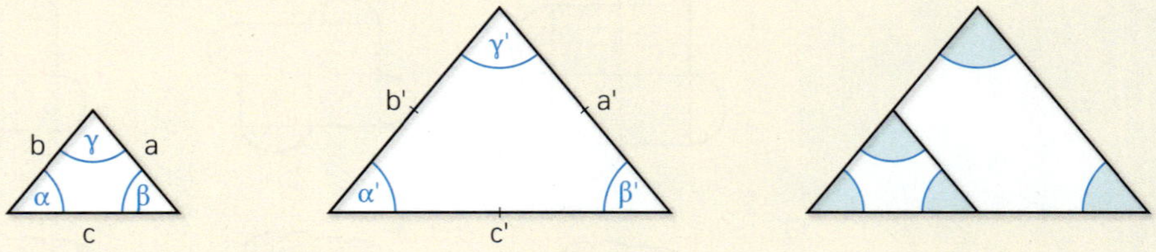

Kongruenz ist ein Sonderfall von Ähnlichkeit (Streckungverhältnis 1).

Die beiden Dreiecke sind ähnlich, da

- entsprechende Winkel gleich groß sind: $\alpha = \alpha'$; $\beta = \beta'$; $\gamma = \gamma'$
- entsprechende Streckenverhältnisse gleich groß sind: $\frac{a}{b} = \frac{a'}{b'}$; $\frac{a}{c} = \frac{a'}{c'}$; $\frac{b}{c} = \frac{b'}{c'}$

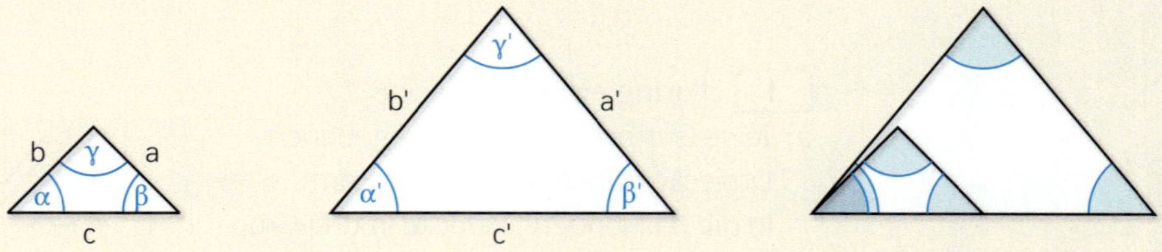

Die beiden Dreiecke sind nicht ähnlich, da

- nicht alle entsprechenden Winkel gleich groß sind: z. B. $\alpha = 45°$; $\alpha' = 50°$
- nicht alle entsprechenden Streckenverhältnisse gleich groß sind: z. B. $\frac{a}{c} = 0{,}8$; $\frac{a'}{c'} = 0{,}82$

Beispiele

A Veränderte Rechtecke

Aus Rechtecken mit den Seitenlängen a = 3 cm und b = 2 cm entstehen auf unterschiedliche Weise neue Figuren. Welche der neuen Figuren sind ähnlich zur Originalfigur?

a) Jede Seite wird um 1 cm verlängert.

b) Die Seite a wird auf 4,5 cm und die Seite b auf 3 cm verlängert.

c) Das Rechteck wird zu einem Parallelogramm mit gleichen Seitenlängen und $\alpha = 45°$ verformt.

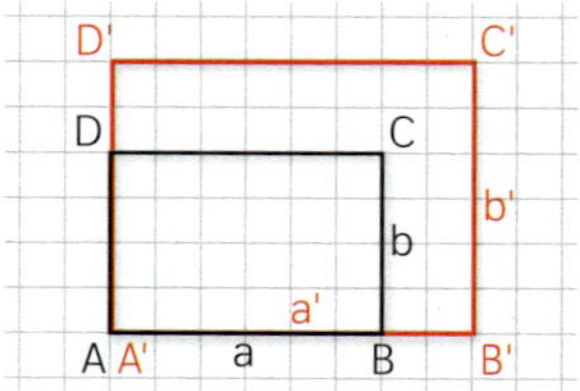

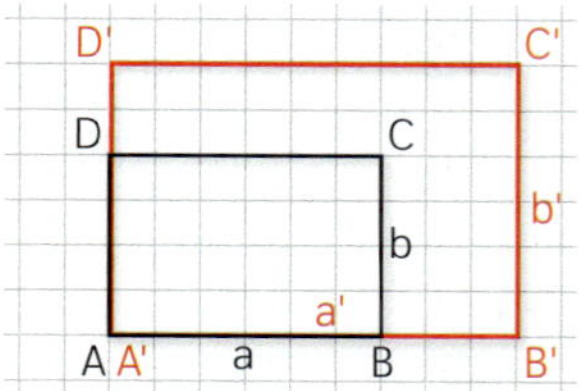

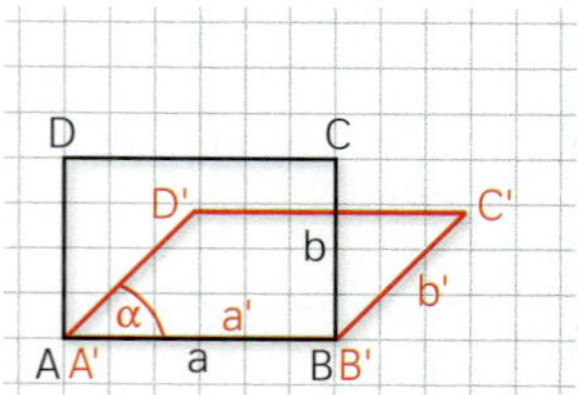

Lösung: Nur im Fall b) entsteht eine ähnliche Figur.
Begründung:

a) Die entsprechenden Winkel sind gleich groß, aber die Seitenverhältnisse $\frac{a}{b} = \frac{3}{2}$ und $\frac{a'}{b'} = \frac{4}{3}$ stimmen nicht überein.

b) Die entsprechenden Winkel sind gleich groß und die Seitenverhältnisse $\frac{a}{b} = \frac{3}{2}$ und $\frac{a'}{b'} = \frac{4{,}5}{3}$ stimmen überein.

c) Die Seitenverhältnisse bleiben gleich, aber die Winkelgrößen stimmen nicht überein.

Beispiele

B Rechteckiges Grundstück

Zeichne zu einem rechteckigen Grundstück mit den Seitenlängen a = 15 m und b = 24 m ein ähnliches Grundstück, bei dem eine Seitenlänge 20 m ist.

Lösung:

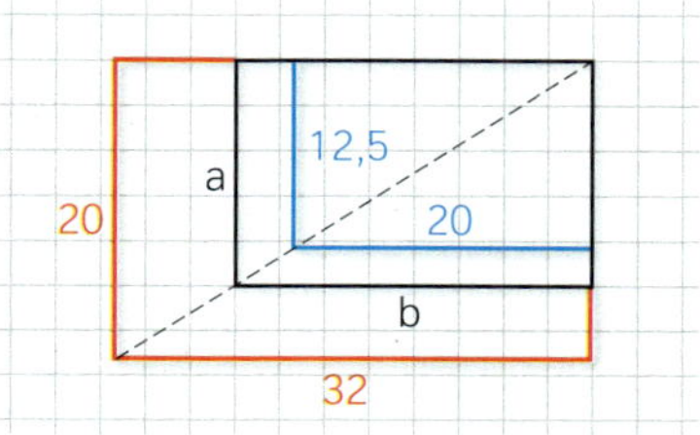

Das neue Grundstück muss auf jeden Fall wieder rechteckig sein, da entsprechende Winkel gleich groß sind. Dazu muss das Seitenverhältnis $\frac{b'}{a'} = \frac{b}{a} = \frac{24}{15}$ sein. Somit $b' = \frac{24 \cdot a'}{15}$

Es gibt zwei Möglichkeiten: Wenn a′ auf 20 m verlängert wird, muss wegen $\frac{b'}{20} = \frac{24}{15}$ die Seite b′ auf 32 m verlängert werden. Wenn b′ auf 20 m verkürzt wird, muss wegen $\frac{a'}{20} = \frac{15}{24}$ die Seite a′ auf 12,5 m verkürzt werden.

Übungen

4 **Was heißt entsprechende Winkel und Seitenlängen?**

Vermute zuerst, welche der Figuren zueinander ähnlich sind. Übertrage die Figuren in dein Heft und kennzeichne dann jeweils die einander entsprechenden Winkel und Seiten in gleicher Farbe. Überprüfe damit deine Vermutung.

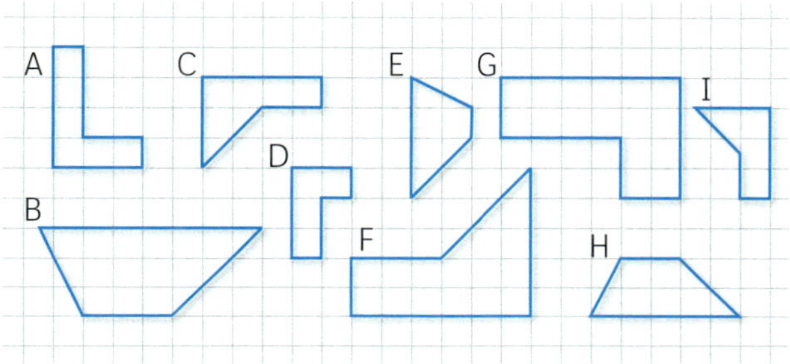

5 **Ähnliche Rechtecke**

Welche der Rechtecke sind ähnlich zueinander? Begründe deine Entscheidung.

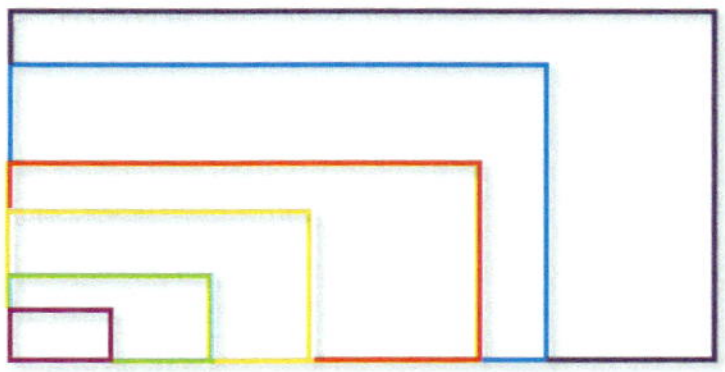

6 **Rechteck aus vorgegebenen Seitenlängen**

Zeichne ein Rechteck mit den Seitenlängen 5 cm und 4 cm. Zeichne ein ähnliches Rechteck, das eine Seite mit 10 cm Länge hat. Gibt es mehrere Möglichkeiten? Vergleiche mit deinen Nachbarn.

7 **Übliche DIN-Papierformate**

In der Tabelle sind einige der üblichen genormten Papierformate angegeben.

Format	Maße in mm	Beispiel
DIN A3	297 × 420	Poster
DIN A4	210 × 297	Druckerpapier
DIN A5	148 × 210	Karteikarte
DIN A6	105 × 148	Postkarte

a) Rechne nach, dass diese DIN-Formate ähnlich zueinander sind.

b) Ermittle den Vergrößerungsfaktor und vervollständige die Tabelle durch Formatmaße von DIN A0 bis DIN A8. Findest du Beispiele in deiner Umgebung?

c) Zwei benachbarte DIN-Formate gehen durch „Halbieren" oder „Verdoppeln" auseinander hervor. Zeige, dass das Verhältnis der längeren Seite eines DIN-Rechtecks zur kürzeren Seite in etwa 1,4 : 1 ist.

d) Für Vergrößerungen von A4 auf A3 muss der Kopierer auf 141 % eingestellt werden. Stimmt das?

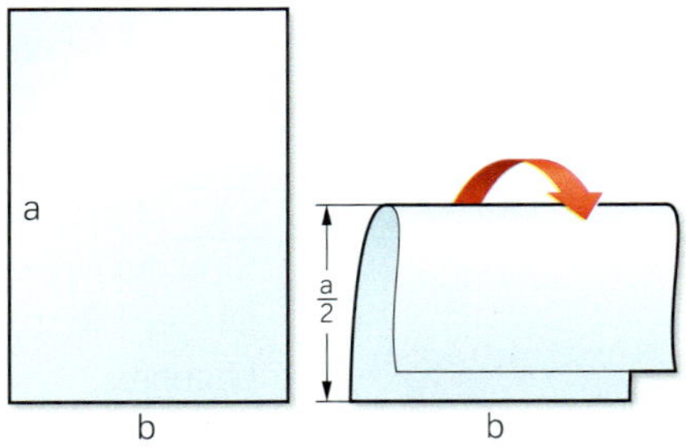

Tipp

$\frac{a}{b} = \frac{b}{0,5a}$

Übungen

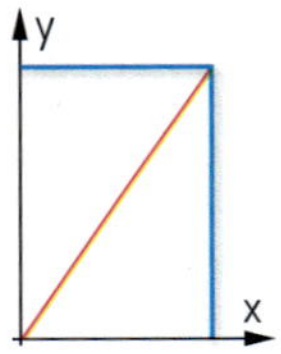

8 DIN-Formate zum Zweiten

Die Bildsequenz zeigt eine Methode zur Konstruktion von DIN-Formaten.

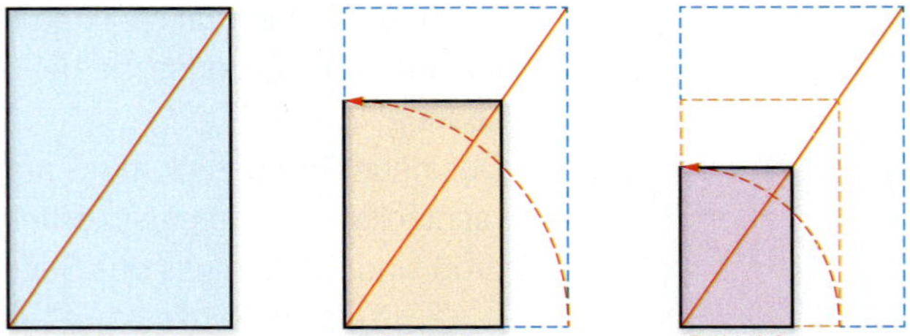

a) Führe die Konstruktionen selbst auf einem DIN-A4-Blatt aus. Beschreibe die Konstruktionsschritte. Konstruiere in einem weiteren Schritt ein DIN-A7-Rechteck.

b) Begründe, dass bei dieser Konstruktion die DIN-A5- und DIN-A6-Rechtecke durch zentrische Streckung aus dem DIN-A4-Rechteck entstehen. Bestimme das Streckzentrum und die jeweiligen Streckfaktoren.

c) Lege ein DIN-A5-Blatt in ein Koordinatensystem. Welche Steigung hat dann die Diagonale?

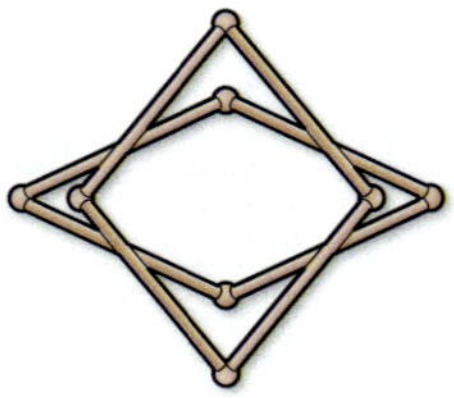

9 Satz und Umkehrung

Bilde von dem Satz „Wenn zwei Vierecke ähnlich sind, dann stimmen sie in den Verhältnissen entsprechender Seiten überein" den Umkehrsatz.
Welcher der beiden Sätze ist wahr? Begründe.

10 Nicht kongruente Dreiecke und Winkel

a) Zeichne zwei nicht kongruente Dreiecke mit den Winkeln $\alpha = 30°$ und $\beta = 60°$. Wie groß ist jeweils der Winkel γ? Sind diese beiden Dreiecke ähnlich zueinander?

b) Gibt es Dreiecke, die in allen drei Winkeln übereinstimmen, aber nicht ähnlich zueinander sind? Kannst du deine Antwort begründen?

11 Kongruenzsätze – Erinnere dich

a) Schreibe den Kongruenzsatz SSS im Wortlaut auf.

b) Konstruiere drei Dreiecke D_1, D_2, D_3 mit den Seitenlängen D_1: $a = 4\,cm$, $b = 5\,cm$, $c = 6\,cm$; D_2: $d = 2\,cm$, $e = 2{,}5\,cm$, $f = 3\,cm$; D_3: $g = 8\,cm$, $h = 10\,cm$, $i = 12\,cm$. Sind diese Dreiecke ähnlich zueinander? Woran könnte dies liegen?

c) Erzeuge die Dreiecke D_2 und D_3 durch zentrische Streckung aus D_1.

Basiswissen

Bei Dreiecken kann man die Ähnlichkeit leichter überprüfen als bei anderen Vielecken. Es genügt bereits eine der beiden in der Definition geforderten Eigenschaften.

Ähnlichkeitssätze für Dreiecke

Zwei Dreiecke sind bereits ähnlich, wenn sie in
- den Längenverhältnissen entsprechender Seiten oder
- allen drei Winkelgrößen übereinstimmen.

Beachte: Es genügt die Übereinstimmung in zwei Winkelgrößen.

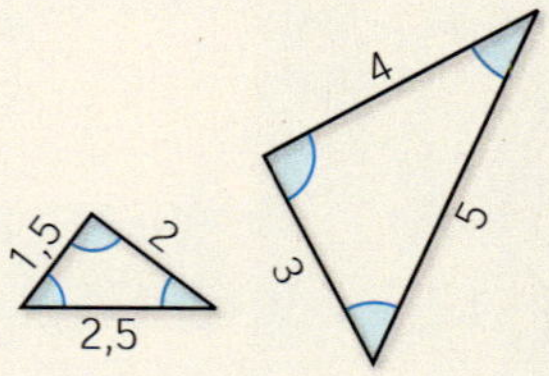

Beispiele

C Entscheide ohne zu zeichnen

Sind die Dreiecke D_1 und D_2 ähnlich?

D_1: $a_1 = 3\,cm$, $b_1 = 4\,cm$, $c_1 = 5\,cm$ D_2: $a_2 = 12\,cm$, $b_2 = 16\,cm$, $c_2 = 20\,cm$

Lösung:

Die Dreiecke 1 und 2 sind ähnlich, da die Verhältnisse entsprechender Seiten immer gleich sind: $12 : 3 = 16 : 4 = 20 : 5 = 4$

Beispiele

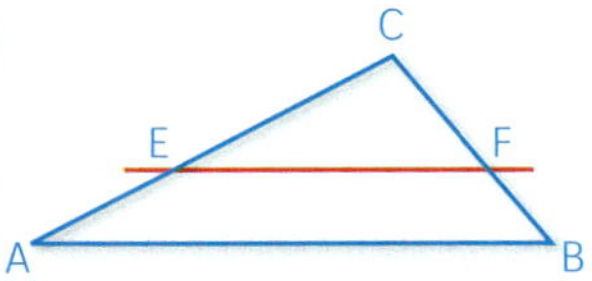

D Aus eins mach zwei

Eine Parallele zu AB schneidet die beiden Seiten des Dreiecks ABC in den Punkten E und F. Zeige, dass die Dreiecke ABC und EFC ähnlich sind.

1. Lösung über die Winkel

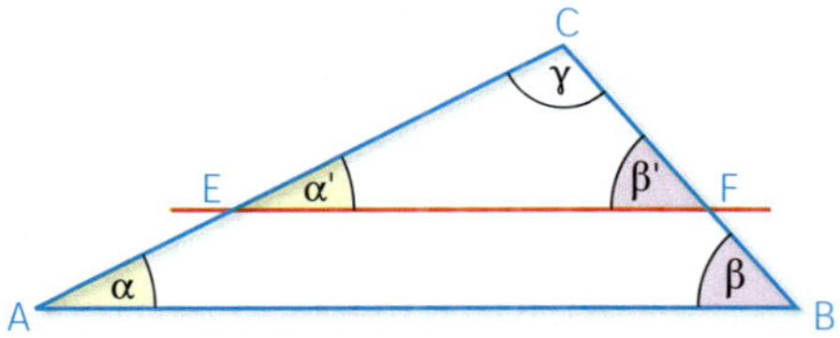

Beide Dreiecke haben den Winkel γ.
$\alpha = \alpha'$ und $\beta = \beta'$ (Stufenwinkel).
Die beiden Dreiecke stimmen in allen Winkelgrößen überein.

2. Lösung über die Seitenverhältnisse
Das Dreieck EFC geht durch zentrische Streckung (Zentrum C) aus dem Dreieck ABC hervor. Damit gilt:

$\frac{\overline{CE}}{\overline{CF}} = \frac{k \cdot \overline{CA}}{k \cdot \overline{CB}} = \frac{\overline{CA}}{\overline{CB}}$; $\frac{\overline{CE}}{\overline{EF}} = \frac{k \cdot \overline{CA}}{k \cdot \overline{AB}} = \frac{\overline{CA}}{\overline{AB}}$;

$\frac{\overline{CF}}{\overline{EF}} = \frac{k \cdot \overline{CB}}{k \cdot \overline{AB}} = \frac{\overline{CB}}{\overline{AB}}$

Die Dreiecke stimmen in den Längenverhältnissen entsprechender Seiten überein.

Übungen

12 Variation

Betrachte noch einmal das Beispiel D „Aus eins mach zwei“. Kann man das Dreieck ABC auch durch andere Geraden in zwei ähnliche Dreiecke teilen?

a) Zeichnet, begründet und vergleicht eure Ergebnisse.

b) Formuliere eine möglichst allgemeine Regel für eine solche „ähnliche“ Teilung.

13 Ähnlichkeits-Check

Konstruiere jeweils die zwei möglichen Dreiecke ABC und A′B′C′. Begründe anschließend ob die Dreiecke ähnlich zueinander sind:

a) $\alpha = 45°$, $\beta = 55°$, $c = 5\,cm$; $\alpha' = 45°$, $\gamma' = 80°$, $c' = 6\,cm$;

b) $a = 5\,cm$, $b = 3\,cm$, $c = 6\,cm$; $a' = 3\,cm$, $b' = 1{,}8\,cm$, $c' = 3{,}6\,cm$;

c) $\beta = 37°$, $\gamma = 55°$, $a = 3\,cm$; $\alpha' = 80°$, $\gamma' = 55°$, $a' = 5\,cm$

14 Steigungsdreiecke

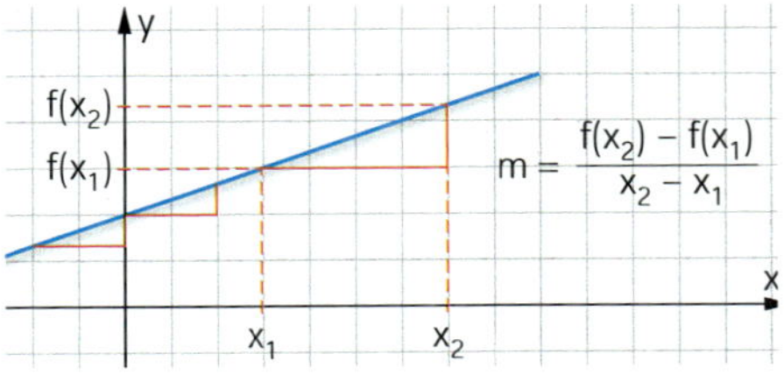

Die Steigung m einer linearen Funktion mit $f(x) = mx + b$ kann mithilfe der Steigungsdreiecke am Graphen bestimmt werden. Zeige, dass alle Steigungsdreiecke einer vorgegebenen Geraden ähnlich zueinander sind.

15 Sparsame Prüfung

Die Prüfung der Ähnlichkeit zweier Dreiecke lässt sich noch „sparsamer“ durchführen, denn es genügt, die Übereinstimmung von nur zwei Winkelgrößen festzustellen. Zeige anhand eines Gegenbeispiels, dass eine solche sparsame Prüfung mit nur zwei übereinstimmenden Seitenlängen nicht immer genügt.

Tipp

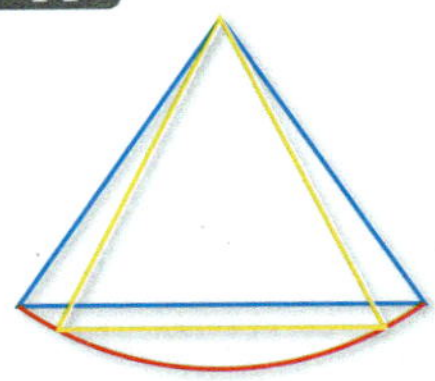

16 Mittendreieck

Zeichne in ein beliebiges Dreieck ABC das Mittendreieck $M_aM_bM_c$.
Zeige, dass dieses Dreieck ähnlich ist zum Dreieck ABC. Sind auch die vier Innendreiecke ähnlich zueinander?

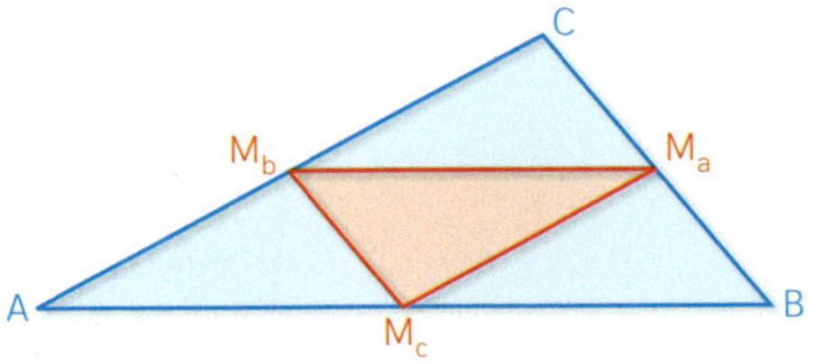

17 Gleichseitige Dreiecke

Begründe: Gleichseitige Dreiecke sind ähnlich zueinander.

Übungen

Zentrische Streckung und Ähnlichkeit

Tipp

Schau nochmals im Kasten auf Seite 12 unter „Eigenschaften der zentrischen Streckung“ nach.

18 Zentrische Streckung und Ähnlichkeit

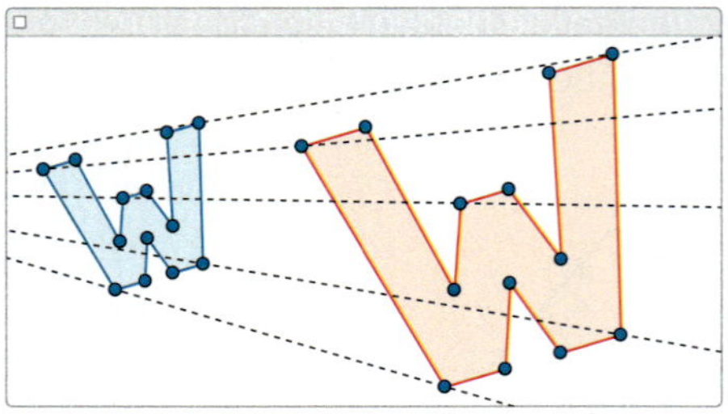

a) Bilde den Buchstaben W durch eine zentrische Streckung deiner Wahl ab. Sind Bild und Urbild zueinander ähnlich? Vergleicht eure Ergebnisse.

b) Begründe allgemein: Bei jeder zentrischen Streckung sind Ausgangsfigur und Bildfigur zueinander ähnlich.

Ähnliche Figuren zur Deckung bringen

Früher haben wir kongruente Figuren durch Spiegelungen, Drehungen und Verschiebungen zur Deckung gebracht. Führt man davor noch eine passende zentrische Streckung aus, so gelingt das auch mit beliebigen ähnlichen Figuren. Die Kombination aus Kongruenzabbildung und zentrischer Streckung wird daher Ähnlichkeitsabbildung genannt.

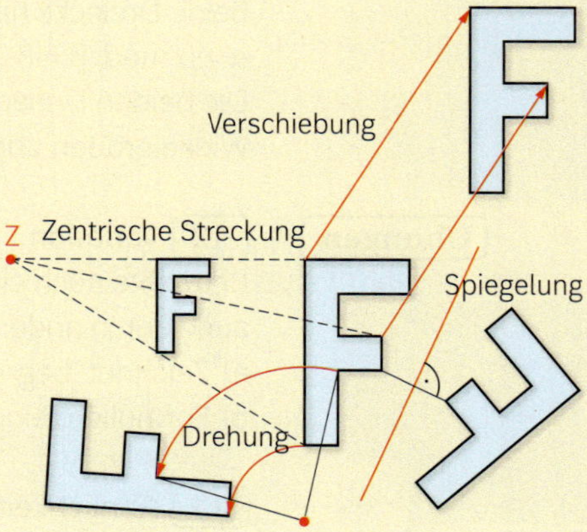

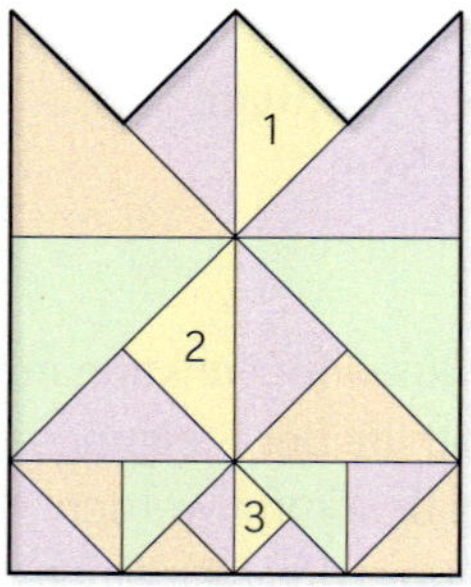

19 Ähnlichkeitsabbildungen finden

Zeichne das nebenstehende Bild vergrößert in dein Heft.

a) Begründe: Alle Dreiecke in dem Bild sind zueinander ähnlich.

b) Gib eine Ähnlichkeitsabbildung an, die Dreieck 1 in Dreieck 3 abbildet.

20 Begründungen gesucht

Begünde: Bei einer Ähnlichkeitsabbildung ist das Bild ...

a) ... eines Quadrates wieder ein Quadrat,

b) ... einer Raute wieder eine Raute,

c) ... eines regelmäßigen Sechsecks wieder ein regelmäßiges Sechseck,

d) ... eines Kreises wieder ein Kreis.

21 Ähnlichkeit heißt auf Englisch Similarity

In einem englischen Mathematikbuch haben wir folgende Definition gefunden:

In Geometry, two shapes are similar when the only difference is size (and possibly the need to move, turn or flip one around).

Übersetze die Definition ins Deutsche und vergleiche mit der Abbildung und dem Text der gelben Karte.

22 Wer hat Recht?

Übungen

23 Fernseher

In früheren Zeiten, als Fernsehsendungen analog übertragen und empfangen wurden, war bei den Bildschirmen das Verhältnis von Breite und Höhe genormt. Es betrug immer 4 : 3. In heutigen Zeiten des digitalen Fernsehens beträgt das Bildseitenverhältnis in der Regel 16 : 9.

a) Welcher Norm entspricht der Bildschirm bei dir zu Hause? Miss nach.

Ein Zoll (Zeichen: 1") entspricht 2,54 cm.

b) Die Größe von Fernsehbildschirmen und Computermonitoren wird üblicherweise durch die Länge der Bildschirmdiagonalen angegeben. Bestimme mit einer Zeichnung die Breite und Höhe eines 17"-Monitors früher und heute.

c) Das Format einer Kinoleinwand ist nicht zu dem eines Fernsehbildes ähnlich. Bei Kinofilmbildern beträgt das Verhältnis Breite : Höhe heutzutage 1,66 : 1 bis 1,85 : 1 oder 2,35 : 1. Welche Probleme ergeben sich, wenn solche Filme im Fernsehen ausgestrahlt werden?

24 Denkmal

Im US Bundesstaat South Dakota wird seit 1948 an einem Denkmal für die nordamerikanischen Ureinwohner gearbeitet. Seine Abmessungen sind gigantisch und es soll eines Tages die größte von Menschen aus Stein gehauene Skulptur der Welt werden. Die aus dem Fels gehauene Skulptur zeigt den berühmten Häuptling CRAZY HORSE. Im Vordergrund siehst du ein maßstabsgetreues Modell des fertigen Denkmals im Maßstab 1 : 34. Der Kopf des Häuptlings ist bereits aus dem Fels gehauen und misst vom Kinn bis zur Stirn ganze 26,67 m (87,5 ft). Wie lang werden wohl der Arm des Indianers oder der Pferdekopf der fertigen Skulptur sein?
Benutze das Foto und erkläre, wie du zu deinen Lösungen gekommen bist.

Kopfübungen

1. Gib drei ungleiche Brüche so an, dass deren Summe 1 (bzw. $\frac{1}{2}$) ergibt.
2. Wahr oder falsch: „Alle Diagonalen eines regelmäßigen Fünfecks schneiden sich in einem Punkt (Symmetriezentrum).“
3. Gib ein Beispiel für a, b und h (a, b, h verschieden) so an, dass der Flächeninhalt der Figur $7\,cm^2$ beträgt.

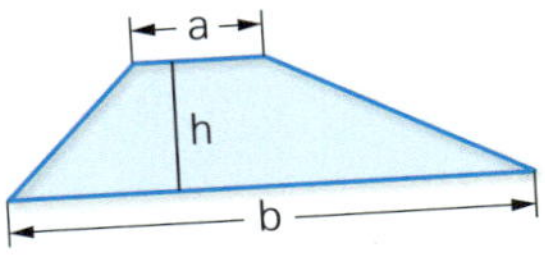

4. Gib eine natürliche Zahl an, die genau 3 verschiedene Teiler besitzt.
5. Bestimme die Innenwinkel α, β, γ und δ des gleichschenkligen Trapezes ABCD.

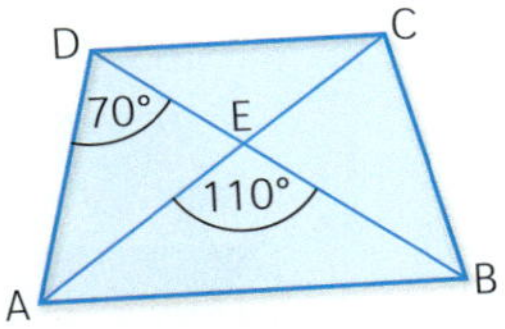

6. Zwei Personen lernen sich kennen. Wie groß ist die Wahrscheinlichkeit, dass sie beide im gleichen Monat Geburtstag haben?
7. Gib drei Wertepaare an, die zur Funktion $y = -1{,}5 \cdot x + 0{,}5$ gehören. Beschreibe den Graphen mit Worten.

Aufgaben

Ein im Computer erzeugter Baum

25 **Was versteht man unter „Selbstähnlichkeit"?**
Ein stark verzweigter Baum eignet sich zu einer ersten Erklärung: Wenn man einen Ast abbricht und in die Erde steckt, so sieht er wiederum aus wie der Baum (Stamm mit Abzweigungen), nur kleiner. Auch ein kleinerer Teil des Astes ähnelt wiederum dem ganzen Baum. Das Gleiche gilt z. B. auch beim Brokkoli.

a) Auf isometrischem Papier kannst du einen mathematischen Baum wachsen lassen.
Konstruktion: Zeichne an das Ende jeden Astes (jeder Strecke) unter Winkeln von 120° zwei neue halb so lange Äste.
Wiederhole diese Konstruktion in mehreren Schritten.

b) In Wirklichkeit sind die Bäume sicher nicht so symmetrisch. Ändere die Konstruktionsvorschrift so ab, dass ein realistischeres Bild eines Baumes entsteht. Vergleiche mit den Versuchen deiner Nachbarn.

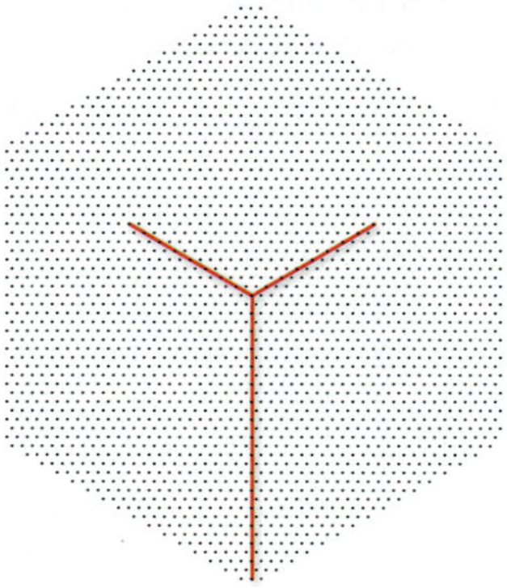

26 **Das Sierpinski-Dreieck**
a) Zeichne ein gleichseitiges Dreieck (Stufe 0). Konstruktion: Verbinde die Mittelpunkte der Dreieckseiten; es entstehen vier kleine gleichseitige Dreiecke.
„Entferne" das mittlere kleine Dreieck; es bleiben drei kleinere ähnliche Dreiecke.
Wiederhole die Konstruktion für jedes der verbleibenden kleinen Dreiecke.

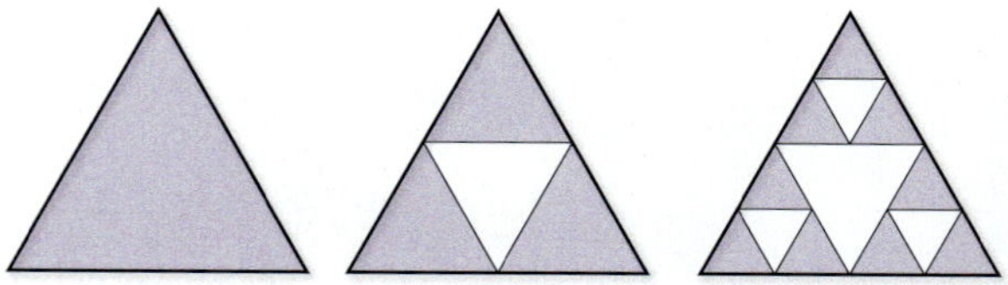

Stufe 0 Stufe 1 Stufe 2

b) Wie verändert sich die Anzahl der Dreiecke von Stufe zu Stufe?

Stufe	0	1	2	3	4	5	6	n
Anzahl	1	3	■	■	81	■	■	■

Kannst du zu der Tabelle eine Iterationsvorschrift angeben?

c) Wie entwickelt sich der Flächeninhalt des Sierpinski-Dreieckes von Stufe zu Stufe?

d) Sabrina hat ein Sierpinski-Dreieck auf Karton gezeichnet und bunt eingefärbt. Welche Stufe hat sie erreicht?

1977 erschien das berühmte Buch von BENOÎT B. MANDELBROT.

Exkurs

Fraktale Geometrie

Die fraktale Geometrie ist ein sehr junges Teilgebiet der Mathematik. So stellte der polnische Mathematiker WACLAW SIERPINSKI (1882–1969) sein „gelöchertes Dreieck“ im Jahre 1916 vor, der schwedische Mathematiker HELGE VON KOCH „erfand“ die nach ihm benannte Kurve bereits im Jahre 1904.

Die rasante Entwicklung der Fraktale begann jedoch erst Ende der 70er Jahre des letzten Jahrhunderts mit der Nutzung leistungsfähiger Computer, mit denen die fortgesetzten Iterationen auch grafisch schnell ausgeführt und untersucht werden konnten. Viele Phänomene der lebendigen Natur lassen sich so besser beschreiben als mit den Elementen der klassischen Geometrie.

In der Öffentlichkeit wurde dies vor allem unter dem Schlagwort „Chaos“ bekannt, die Fraktale stellen in gewissem Sinne die Geometrie des Chaos dar. Inzwischen gibt es viele Apps für Computer und Smartphones, mit denen du Fraktale selbst erkunden kannst.

Projekt

Eigenbau einer Sierpinski-Pyramide

Planung

Die Sierpinski-Pyramide ist die „räumliche Verwandte“ des Sierpinski-Dreiecks. Sie wird aus kleinen Tetraedern zusammengebaut, das Muster ist aus den Bildern erkennbar.

Stufe 0

Stufe 1

Stufe 2

Ziel

Das Ziel ist ein Modell der Sierpinski-Pyramide der Stufe 4.

Bauphase

Zunächst ist zu klären: Wie viele Tetraeder müssen wir bauen? Hier ist Teamarbeit angeraten. Jede Gruppe baut zunächst ein Modell der Stufe 2, diese werden dann zu Modellen der Stufe 3 zusammengefügt und diese schließlich zum Modell der Stufe 4.

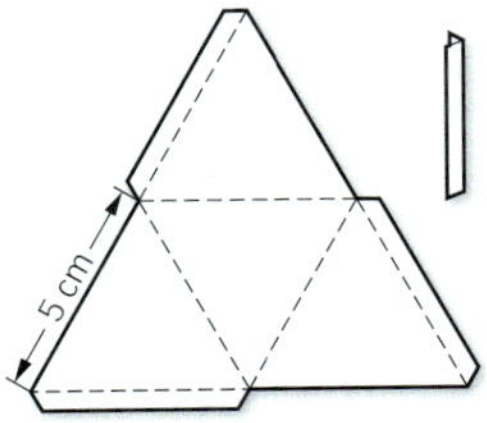

Damit die Pyramide stabil genug ist, wird das Netz des Tetraeders auf Fotokarton kopiert, ausgeschnitten und zum Tetraeder zusammengeklebt. Mit schmalen gefalzten Streifen werden die einzelnen Tetraeder miteinander verbunden.

Ausstellung

- Wo soll die Sierpinski-Pyramide ausgestellt werden?
- Wie viel Platz braucht man dafür?
- Welche Informationen werden dazu gegeben?
- Wird ein Fragebogen/Arbeitsbogen erstellt?

Ein Computerbild aus dem Internet

Zentrische Streckungen

Zentrische Streckungen $S_{Z;k}$:

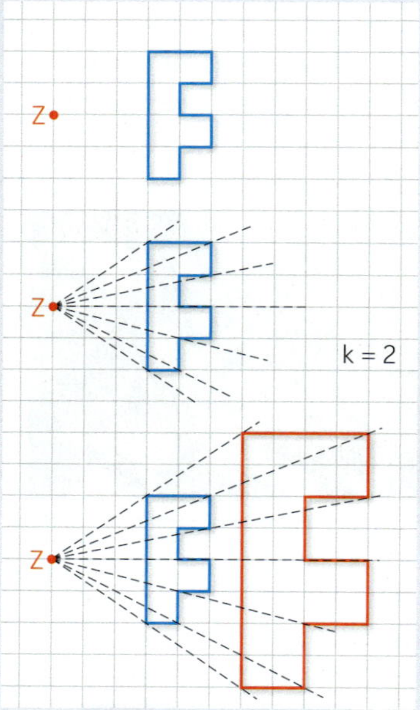

Eigenschaften der zentrischen Streckung:

- Ausgangs- und Bildfigur stimmen in allen Winkeln überein.
- Die Bildstrecke ist k-mal so lang wie die Ausgangsstrecke.
- Bild- und Ausgangsstrecken sind parallel.

Streckfaktor

Wie beeinflusst der Streckfaktor k Größe und Lage der Bildfigur?

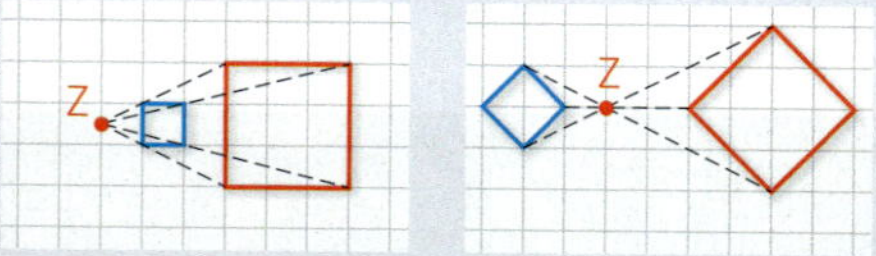

Bildfigur vergrößert

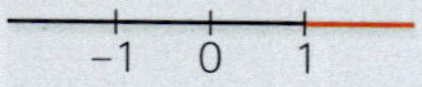

$k > 1$

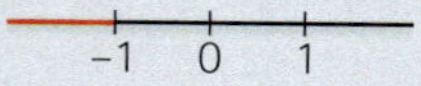

$k < -1$

Bildfigur verkleinert

$0 < k < 1$

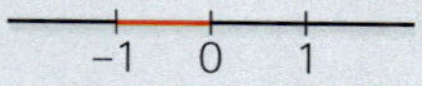

$-1 < k < 0$

Check-up

1 Zentrische Streckungen ausführen

a) Übertrage die Figur in dein Heft und beschreibe, was $S_{A;1,5}$ bedeutet.

b) Führe die folgenden zentrischen Streckungen durch.

(1) $S_{A;1,5}$ (2) $S_{B;\frac{1}{3}}$ (3) $S_{F;-\frac{2}{3}}$
(4) $S_{M;2}$ (5) $S_{M;-2}$ (6) $S_{D;\frac{1}{2}}$

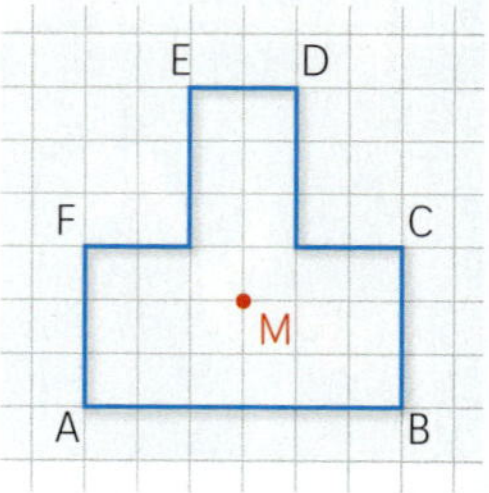

2 Zentrisch gestreckt?

Übertrage Ausgangs- und Bildfigur in dein Heft. Bestimme falls möglich k und die Lage des Streckzentrums Z. Begründe, falls keine zentrische Streckung vorliegt.

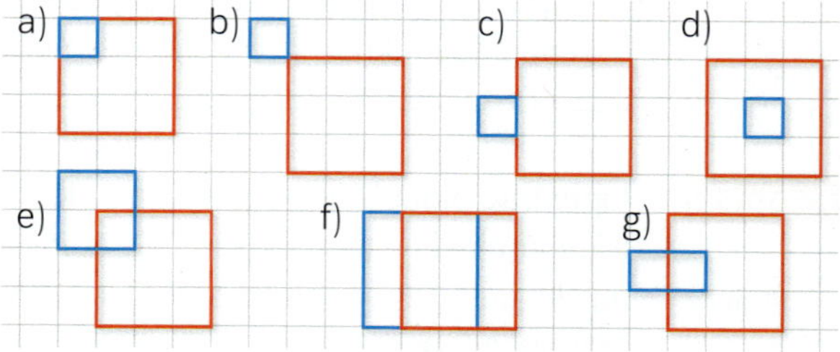

3 Rekonstruktion ausführen

Finde die zentrische Streckung. Bestimme k und Z. Gib andernfalls an, wie die Bildfigur aus der Ausgangsfigur entstanden ist.

	Ausgangsfigur	Bildfigur
a)	A(0|−1), B(4|1), C(2|5)	A'(0|−2), B'(6|1), C'(3|7)
b)	A(−2|2), B(2|−1), C(3|1), D(1|3)	A'(4|4), B'(0|7), C'(−1|5), D'(1|3)
c)	Kreis um M(2|1) mit Radius 3 cm	Kreis um M'(2|0) mit Radius 2 cm
d)	A(−2|0), B(0|−2), C(1|1)	A'(0|−2), B'(2|−4), C'(3|−1)

4 Wahr oder falsch ausführen

Welche Verhältnisgleichungen sind richtig, welche falsch?

a)

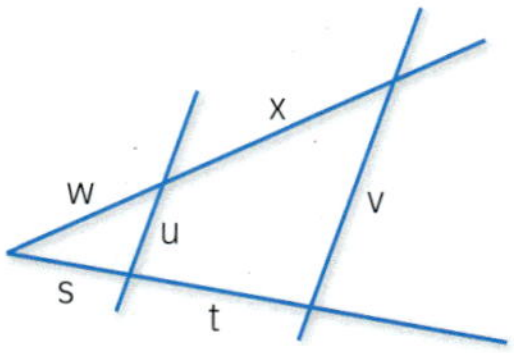

(1) $\frac{s+t}{s} = \frac{u}{g}$ (2) $\frac{s+t}{s} = \frac{x+w}{w}$

(3) $\frac{w+x}{x} = \frac{s+t}{t}$ (4) $\frac{v}{x+w} = \frac{u}{w}$

(5) $\frac{s}{u} = \frac{t}{v}$ (6) $\frac{s}{s+t} = \frac{w}{w+x}$

b)

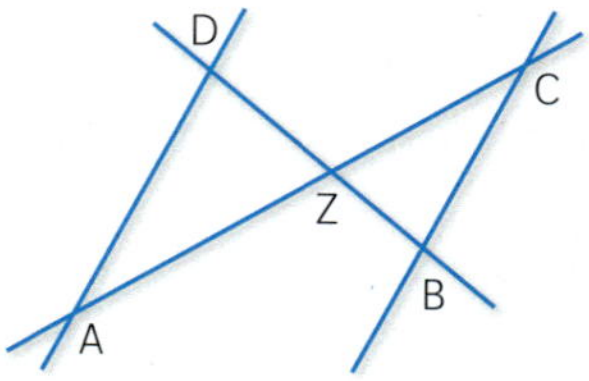

(1) $\frac{|AZ|}{|CZ|} = \frac{|DZ|}{|BZ|}$ (2) $\frac{|AD|}{|BC|} = \frac{|AZ|}{|CZ|}$

(3) $\frac{|DZ|}{|AD|} = \frac{|BZ|}{|BC|}$ (4) $\frac{|AD|}{|DZ|} = \frac{|BC|}{|CZ|}$

Strahlensätze

1. Strahlensatz: $\frac{|ZA'|}{|ZA|} = \frac{|ZB'|}{|ZB|} = k$

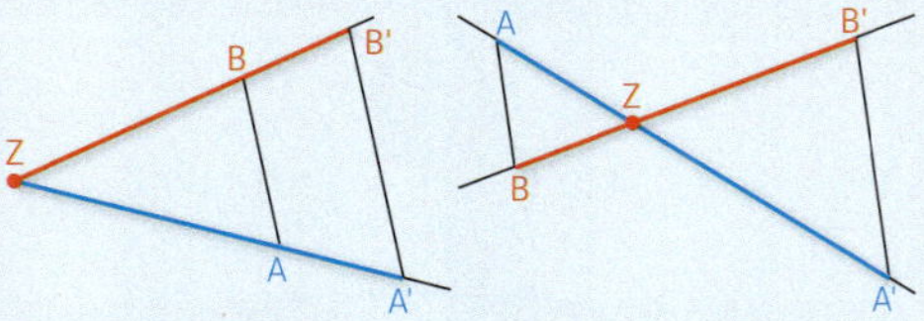

2. Strahlensatz $\frac{|ZA'|}{|ZA|} = \frac{|A'B'|}{|AB|} = k$

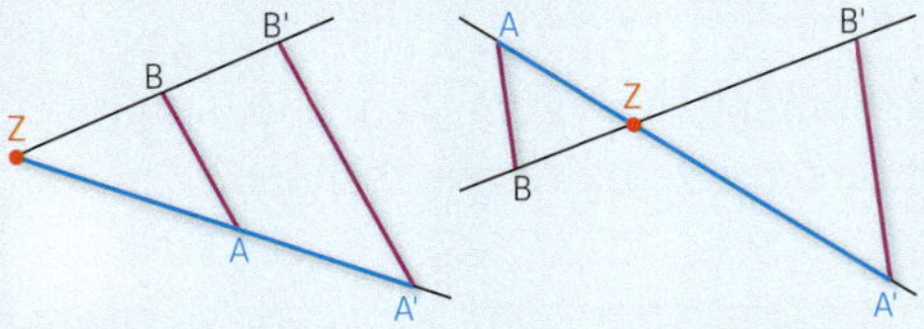

Ähnliche Figuren

Zwei Figuren heißen ähnlich, wenn sie in entsprechenden Winkeln und Seitenverhältnissen übereinstimmen.
Mit der zentrischen Streckung werden ähnliche Figuren erzeugt.

Volumen- und Flächeninhalte bei ähnlichen Figuren und Körpern

- Längenveränderung auf das k-fache
- Flächenveränderungen auf das k^2-fache
- Volumenveränderungen auf das k^3-fache

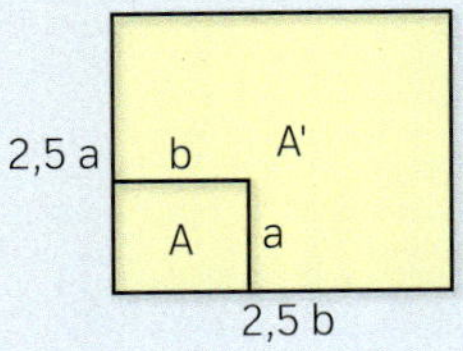

$A = a \cdot b$

$k = 2{,}5$
$A' = (2{,}5)^2 \cdot A$
$= 6{,}25\,a\,b$

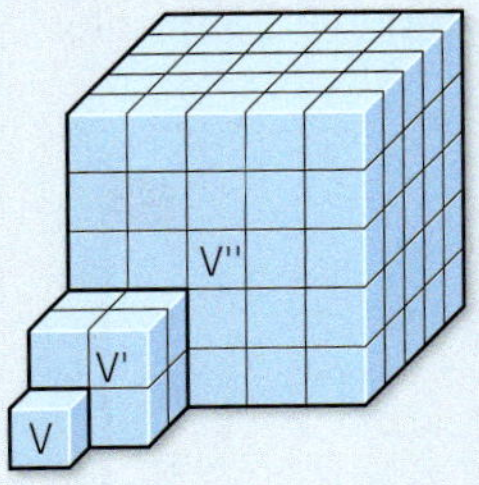

$k = 2$
$V' = 2^3 \cdot V = 8 \cdot V$

$k = 5$
$V'' = 5^3 \cdot V = 125 \cdot V$

Check-up

5 Begründungen gesucht

Begründe oder gib ein Gegenbeispiel an.

a) Gleichschenklige Dreiecke sind immer ähnlich.
b) Ausgangs- und Bildfigur bei der zentrischen Streckung sind ähnlich.
c) Stimmen zwei Vierecke in den Verhältnissen entsprechender Seiten überein, so sind sie ähnlich.
d) Wird ein Körper mit k = 3 gestreckt, so verneunfacht sich sein Volumen.
e) Mithilfe einer zentrischen Streckung lässt sich eine 8 cm lange Strecke in sieben gleich große Abschnitte teilen.

6 Strahlensätze anwenden

Berechne die rot gekennzeichneten Streckenlängen.

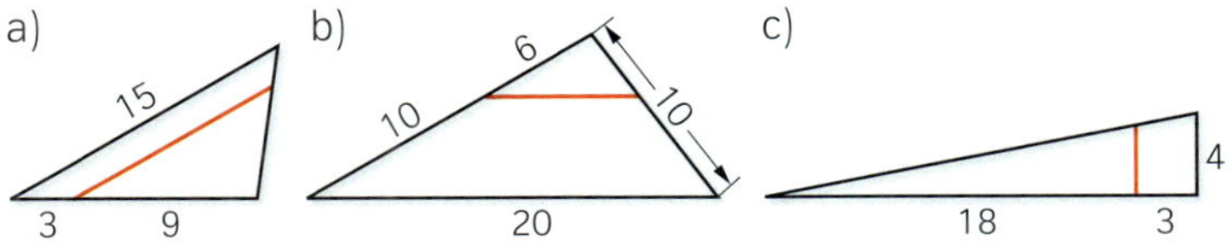

7 Messen im Gelände

Berechne die rot gekennzeichneten Streckenlängen.

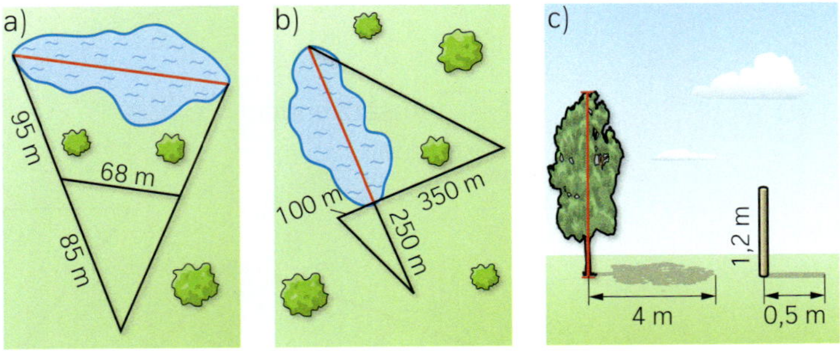

8 Quader und Ähnlichkeit

Sind die Quader ähnlich? Begründe.

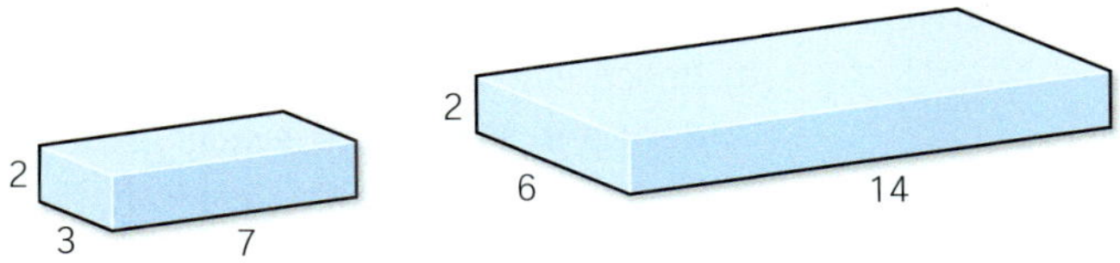

9 Neues Kühlhaus

Die monatlichen Energiekosten eines Kühlhauses liegen bei 3000 €. Der Lebensmittelgroßhändler plant einen Neubau, der 2,5-mal so lang, 2,5-mal so hoch und 2,5-mal so breit sein soll. Welche Energiekosten kann er erwarten?

Sichern und Vernetzen – Vermischte Aufgaben zu Kapitel 1

Trainieren

1 Zentrisch gestrecktes Haus

a) Führe die folgenden zentrischen Streckungen durch:
(1) $S_{E;\,0,5}$ (2) $S_{B;\,-1}$ (3) $S_{D;\,1,5}$

b) Paula hat zentrisch gestreckt und für die Eckpunkte A′, C′ und E′ folgende Koordinaten erhalten: A′(2|4), C′(6|−8) und E′(10|4). Ermittle den Streckfaktor k und die Koordinaten des Streckzentrums Z.

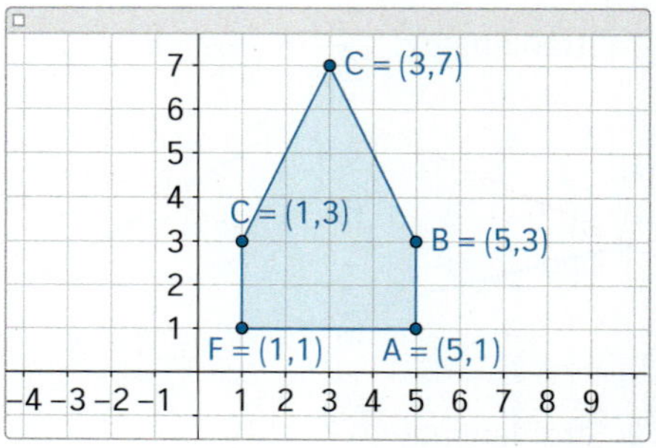

2 Würfelvolumina

Zeichne die Schrägbilder dreier Würfel mit den Kantenlängen 2 cm, 4 cm und 6 cm. Berechne jeweils das Volumen. Kannst du auf verschiedenen Wegen rechnen?

3 Messprobleme

Durch geeignete Messungen lassen sich die unzugänglichen Streckenlängen berechnen. Bestimme jeweils die gesuchte Streckenlänge x.

a)

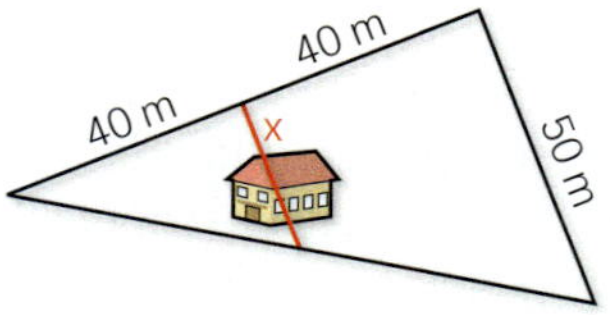

b)

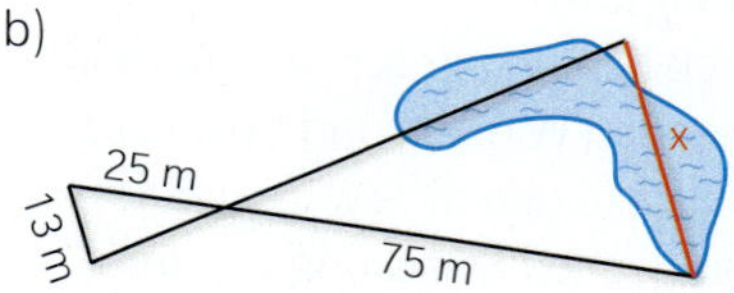

4 Ansatz finden

Bestimme x.

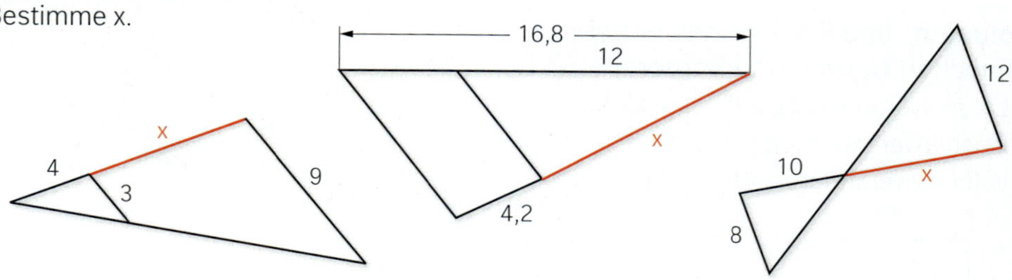

Verstehen

5 Aus einem chinesischen Mathematikbuch

a) Beschreibe die drei Methoden mit denen die Höhe des Fahnenmasts bestimmt werden kann. Was muss jeweils gemessen werden?

b) Übertrage die Bilder in dein Heft, beschrifte sie und notiere passende Verhältnisgleichungen.

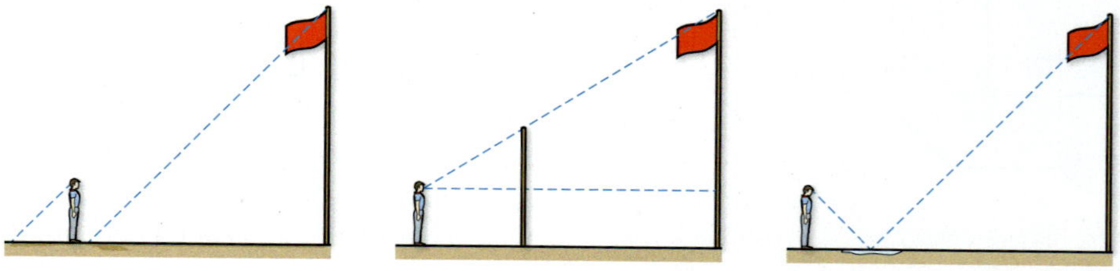

Verstehen

6 **Ähnliche Dreiecke und Vierecke**
Ein Rechteck hat die Seitenlängen 45 cm und 36 cm.
a) Gib für drei verschiedene ähnliche Rechtecke die möglichen Seitenlängen an.
b) Gibt es ein Quadrat, das zu dem Rechteck ähnlich ist?
c) Gibt es ein Parallelogramm, das zu dem Rechteck ähnlich ist?

7 **Ähnliche Vierecke**
Welche Vierecke sind zueinander ähnlich?

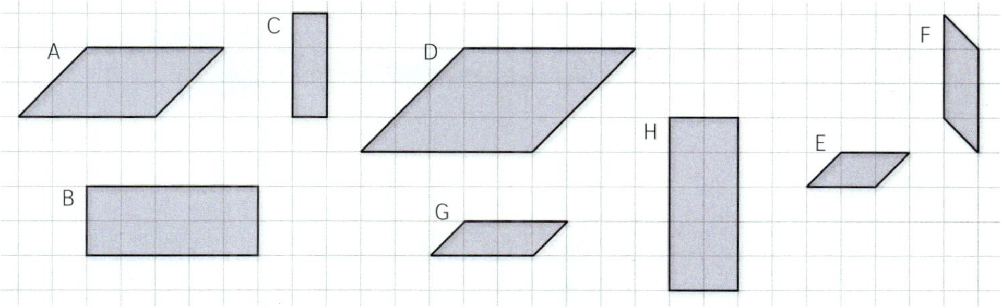

Anwenden

8 **Bälle im Vergleich**
Der Durchmesser eines Hallenfußballs beträgt 21 cm.
Ein Tennisball hat hingegen einen Durchmesser von nur ungefähr 7 cm.
a) Das Wievielfache an Oberflächenmaterial wird für den Fußball benötigt?
b) Das Wievielfache an Luft geht in den Fußball?

9 **Vergrößerte Fotos**

Elin fotografiert gern. Sie möchte für ihre Freundinnen als Weihnachtsgeschenk Poster von ihren schönsten Fotos anfertigen lassen.
a) Eines ihrer Fotos ist verkleinert abgebildet. Welche der folgenden Formate könnten Elins Fotos haben? 9 × 13, 10 × 15, 13 × 18, 15 × 21
b) Welche der angebotenen Posterformate sind für Elins Fotos geeignet? Mini: 21 × 30, Groß: 30 × 45, Maxi: 40 × 60, Giga: 50 × 75

10 **Trapezförmiges Grundstück**
Auf dem trapezförmigen Grundstück soll eine möglichst große quadratische Rasenfläche angelegt werden. Gib die Seitenlänge des Quadrates an und berechne den Flächeninhalt.

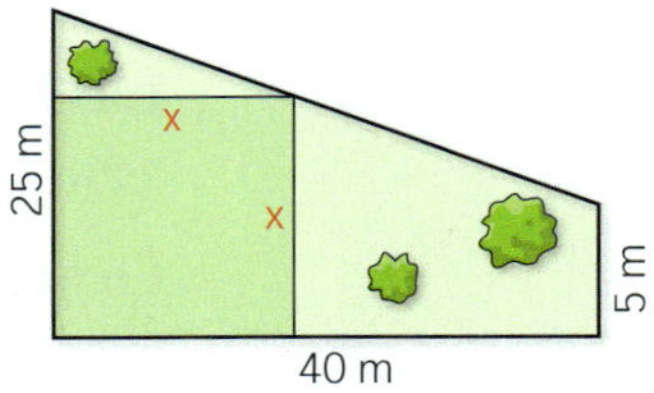

11 **Quadratfigur**
Die Figur ist aus einem Quadrat mit der Kantenlänge a = 27 cm entstanden. In jeder Stufe wird an jeder Seitenmitte ein Quadrat aufgesetzt, dessen Seitenlänge auf ein Drittel verkleinert wurde. Bestimme den Flächeninhalt der Figuren der 1., 2. und 3. Stufe.

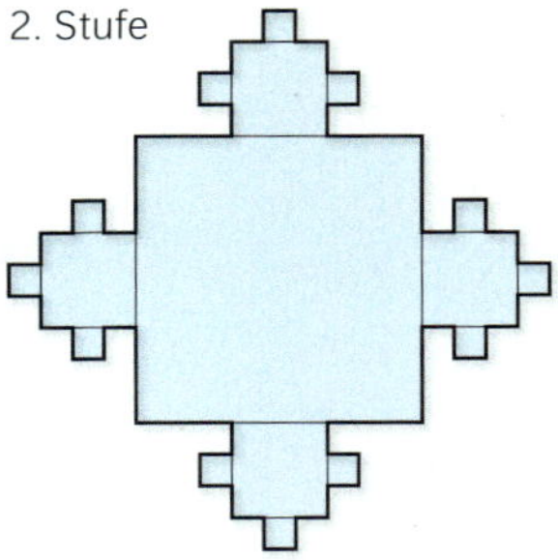

2

Trigonometrie

Wenn ein Pilot zur Landung ansetzt, muss er wissen, in welcher Höhe er mit dem Landeanflug beginnen muss. Das hängt sicher davon ab, in welchem Winkel zur Landebahn er aufsetzen soll. Wie lang wird dann der Landeanflug sein?
Wie hoch wird ein Zimmer in einem Dachgeschoss eines 9 m breiten Hauses sein, wenn das Dach eine Neigung von 40° hat?
Wenn eine Skipiste ein Gefälle von 120 % hat, welche Neigung in Grad hat dann der Berg? Wenn die Abfahrt 1,2 km lang ist, wie groß ist der Höhenunterschied?
Zur Beantwortung all dieser Fragen benötigt man Wissen über die Zusammenhänge von Seitenlängen und Winkeln in Dreiecken. Die Trigonometrie stellt dieses Wissen bereit. Das Wort kommt von den griechischen Worten für Dreieck (trigonon) und Maß (metron).

2.1

Winkelfunktionen am rechtwinkligen Dreieck

Dass die Menschen sich insbesondere für Dreiecke interessieren, zeigt sich in vielen Bauwerken, die Menschen in der Vergangenheit erbaut haben und noch heute erbauen.
Als Vorbild für die Glaspyramide im Innenhof des Louvre in Paris diente die große Pyramide von Gizeh. Karla misst die Breite und wie steil die Pyramide ist, ihre Werte sind 35,4 m und 51°. Mit diesen Informationen kann man die Höhe ausrechnen, wenn man die Winkelfunktionen am rechtwinkligen Dreieck kennt.

Was schätzt du, wie hoch die Pyramide ist? Versuche eine zeichnerische Lösung.

2.2

Trigonometrie am beliebigen Dreieck

Zur Bestimmung von Längen unzugänglicher Strecken werden seit Jahrhunderten Dreiecke betrachtet. Dabei treten zwangsläufig nicht nur rechtwinklige Dreiecke auf. Um auch hier mit den trigonometrischen Funktionen arbeiten zu können, müssen die bekannten Zusammenhänge auf beliebige Dreiecke erweitert werden. Man misst dann die zugängigen Winkel und Strecken und berechnet die gesuchten Größen.

Hast du eine Idee, wie man das Wissen über rechtwinklige Dreiecke bei beliebigen Dreiecken nutzen kann?

2.1 Winkelfunktionen am rechtwinkligen Dreieck

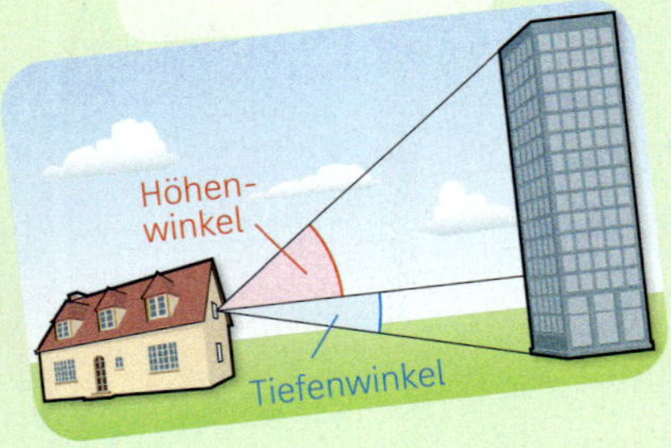

Mithilfe von Dreiecken konnten wir bisher eine Reihe von geometrischen Problemen durch maßstabsgetreue Konstruktion lösen. Diese Methode liefert oft nur ungefähre Ergebnisse. Mit Strahlensätzen und dem Satz des Pythagoras können Streckenlängen exakt bestimmt werden.

Wie man durch Berechnungen auch Winkel ermittelt und in welchem Zusammenhang die Winkel mit den Seitenlängen stehen, erfährst du in diesem Lernabschnitt.

Aufgaben

1 Steigung und Gefälle

Steigung und Gefälle spielen im Alltag in vielen Situationen eine wichtige Rolle. Sie werden meist in %, manchmal auch in Winkelgrad angegeben.

A „Schwarze Skipisten" (Gefälle über 40 %) sind als schwer eingestuft.

B Beim Kitzbühler-Horn-Radrennen überwinden Radfahrer bis zu 23 % steile Rampen.

C Die Schwerelosigkeit bei einer Flugparabel beginnt bei einem Steigwinkel von 47°.

D Einige Pistenraupen können Hänge bis 37° Steigung bewältigen.

a) Versuche, die vier Angaben A bis D der Größe nach zu ordnen. Welche Schwierigkeit tritt dabei auf?

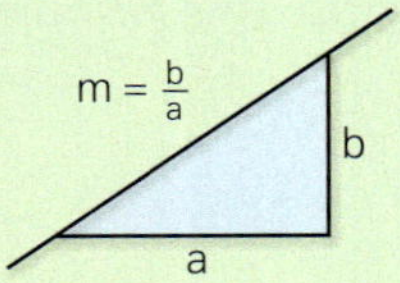

b) Erkläre anhand einer Skizze: Was verstehst du unter der Steigung einer Strecke in Grad bzw. in %? Beschreibe diesen Zusammenhang

Im nebenstehenden Diagramm wird der Steigungswinkel in 5°-Schritten vergrößert. Berechne zu verschiedenen Steigungswinkeln die Steigung in %. Erstelle ein eigenes Diagramm (Grundseite z. B. 100 mm und die Höhe des ganzen DIN-A4-Blattes) und setze die Tabelle fort, so weit es geht.

0°	5°	10°	15°	20°	■
0 %	■	■	27 %	■	■

Überprüfe deine Antwort in der Teilaufgabe a).

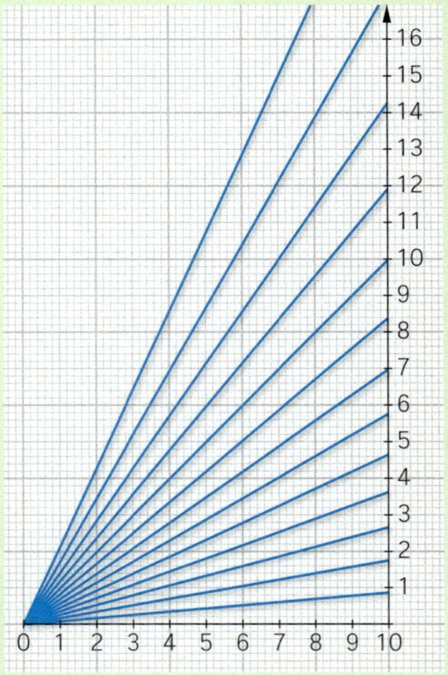

c) Warum kann man für eine senkrechte Wand sehr wohl den Steigungswinkel, aber nicht die Steigung in % angeben?

d) Zum Nachdenken: Till meint, dass er die Tabelle auch ohne Diagramm fortsetzen kann. „Der Winkel 15° entspricht 27 % Steigung, dann folgt also: 30° ≙ 54 %, 45° ≙ 81 % usw." Mit welchen Argumenten kannst du zeigen, dass er nicht Recht hat?

Aufgaben

2 Rund ums Haus

Herr Müller will an seinem Haus einen Geräteschuppen mit Pultdach anbauen. Das Dach soll 50 cm überstehen und die gleiche Neigung (36°) wie das Hausdach aufweisen. Für die Schräge will er die vorhandenen Balken von 3,5 m Länge verwenden.

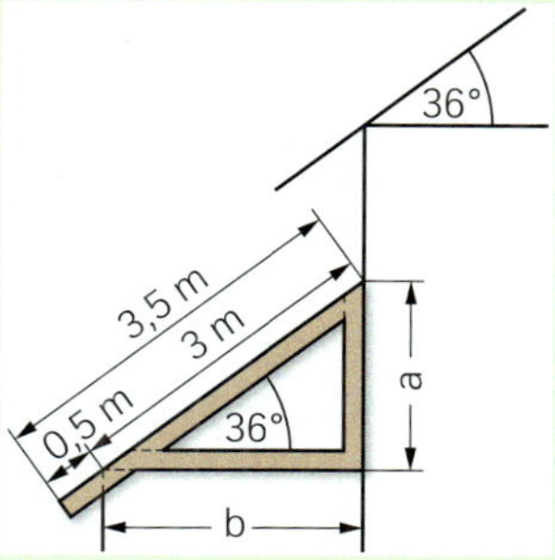

a) Bestimme die Längen a und b der für die Dachkonstruktion notwendigen Stützbalken durch eine Zeichnung.

b) Du kannst mit deinen Ergebnissen aus a) nun auch die Längen der Stützbalken berechnen, wenn an Stelle der 3,5 m langen Balken solche von 4,5 m (5,5 m) Länge verwendet werden. Beschreibe dein Vorgehen.

3 Seitenverhältnisse und Winkel am rechtwinkligen Dreieck

a) Zeichne drei verschiedene rechtwinklige Dreiecke mit demselben spitzen Winkel. Miss möglichst genau die Seitenlängen a, b und c und berechne jeweils die Seitenverhältnisse a : b, a : c und b : c. Vergleiche die Ergebnisse auch mit denen deiner Nachbarn. Was stellt ihr fest? Gibt es dafür eine Erklärung?

Satz des Pythagoras

b) Übertrage die Tabelle in dein Heft und fülle sie aus. Welche der folgenden rechtwinkligen Dreiecke sind ähnlich zu dem blauen Dreieck? Begründe deine Entscheidung.

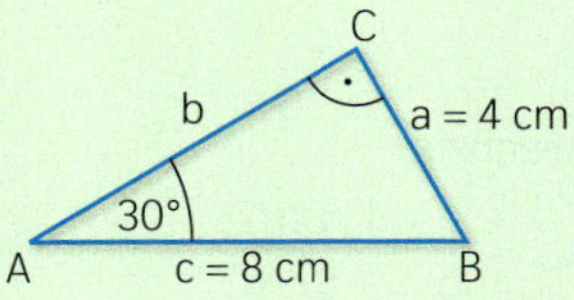

	Kathete a	Kathete b	Hypotenuse c	Verhältnis a : c
Dreieck 1	5,1 cm	■	10,2 cm	■
Dreieck 2	3,6 cm	■	■	0,5
Dreieck 3	■	$2{,}5\sqrt{3}$ cm	5 cm	■
Dreieck 4	3 cm	4 cm	■	■

c) Berechne (ohne Konstruktion und Messung) die Höhe in der nebenstehenden Raute. Wie groß ist der Flächeninhalt dieser Raute?

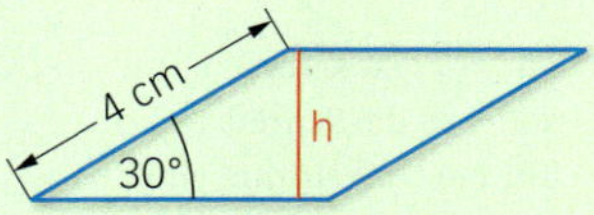

4 Besondere Seitenverhältnisse

a) Gib den spitzen Winkel in gleichschenklig-rechtwinkligen Dreiecken an. Wie groß sind in diesen Dreiecken die Seitenverhältnisse der Katheten zueinander sowie der Katheten zu der Hypotenuse? Bestimme dazu zunächst c in Abhängigkeit von a mithilfe des Satzes des Pythagoras.

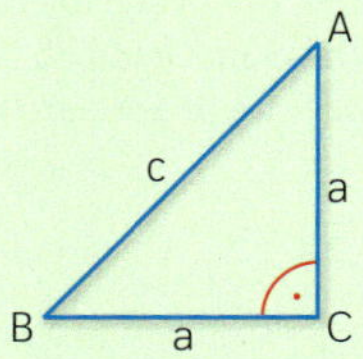

b) Wie groß sind die Seitenverhältnisse, wenn ein spitzer Winkel im rechtwinkligen Dreieck 30° ist? Benutze zur Beantwortung der Frage das abgebildete gleichseitige Dreieck ABD mit gegebener Seitenlänge c. Gib damit b an und bestimme dann a. Wie groß sind die Seitenverhältnisse, wenn ein spitzer Winkel 60° ist?

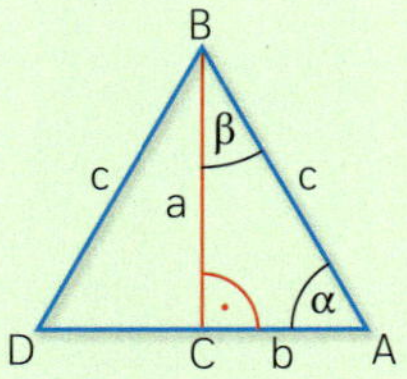

Basiswissen

Mithilfe der trigonometrischen Funktionen lassen sich Seitenlängen am rechtwinkligen Dreieck berechnen, wenn ein spitzer Winkel und eine Seitenlänge bekannt sind.

Sinus, Kosinus und Tangens in einem rechtwinkligen Dreieck

Bei rechtwinkligen Dreiecken mit einem gemeinsamen spitzen Winkel α stimmen alle Winkel überein. Die Dreiecke sind damit ähnlich und haben dieselben Seitenverhältnisse. Die Größe eines spitzen Winkels in einem rechtwinkligen Dreieck legt also das Verhältnis der Seiten eindeutig fest. **Sinus**, **Kosinus** und **Tangens** ordnen jedem spitzen Winkel in einem rechtwinkligen Dreieck ein entsprechendes Seitenverhältnis zu.

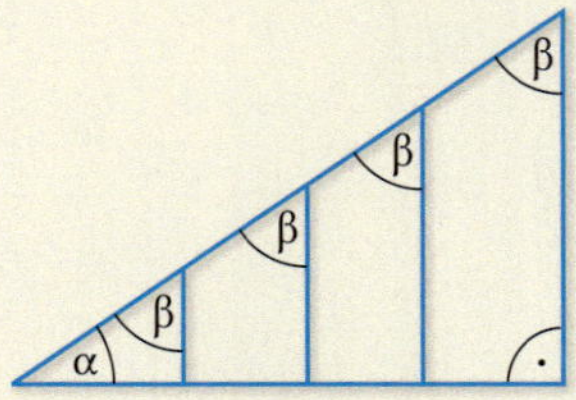

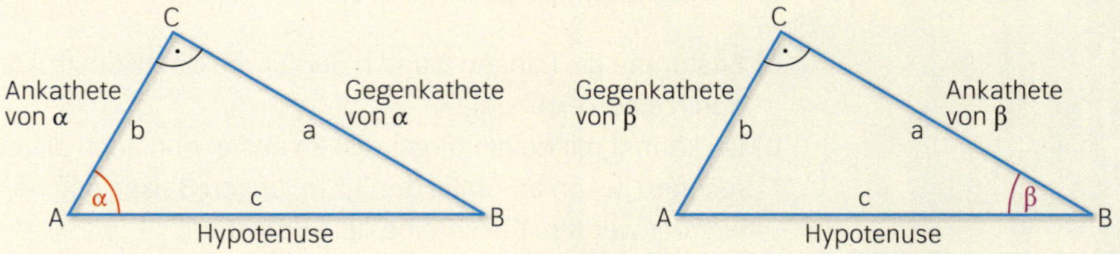

$\sin(\alpha) = \frac{a}{c}$ Der Sinus eines Winkels: das Verhältnis der Gegenkathete zur Hypotenuse. $\sin(\beta) = \frac{b}{c}$

$\cos(\alpha) = \frac{b}{c}$ Der Kosinus eines Winkels: das Verhältnis der Ankathete zur Hypotenuse. $\cos(\beta) = \frac{a}{c}$

$\tan(\alpha) = \frac{a}{b}$ Der Tangens eines Winkels: das Verhältnis der Gegenkathete zur Ankathete. $\tan(\beta) = \frac{b}{a}$

Sinus, Kosinus und Tangens werden zusammenfassend Winkelfunktionen genannt.

Beispiele

A Berechnungen von Näherungswerten mit dem Taschenrechner

a) Berechne sin (37°), cos (37°) und tan (37°).

b) Berechne mithilfe von Seitenverhältnissen die zugehörigen Winkelgrößen.

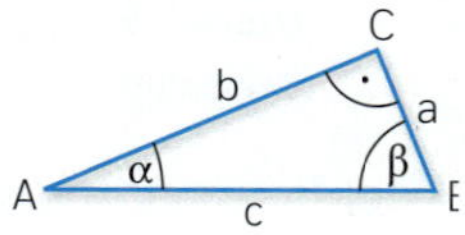

a = 1,5 cm
b = 3,6 cm
c = 3,9 cm

$\sin^{-1}\left(\frac{a}{c}\right)$ ist keine Potenz, sondern die Schreibweise für die Umkehrung einer Operation.

Der Taschenrechner kann Winkel im Gradmaß (DEG) oder im Bogenmaß (RAD) bearbeiten.

Lösung:

a) Winkel bekannt – Seitenverhältnisse gesucht

```
sin(37)
                .6018150232
cos(37)
                  .79863551
tan(37)
                .7535540501
```

b) Seitenverhältnis bekannt – Winkel gesucht

```
sin⁻¹(1.5/3.9)
                22.61986495
cos⁻¹(3.6/3.9)
                22.61986495
tan⁻¹(3.6/1.5)
                67.38013505
```

B Winkel berechnen

Gegeben ist ein Rechteck mit den Seitenlängen 2 cm und 6 cm. Berechne die Winkel, die die Diagonale mit den Seiten einschließt.

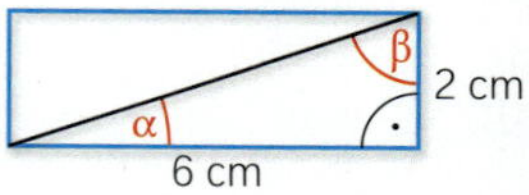

Lösung:

$\tan(\alpha) = \frac{2}{6}$; also $\tan^{-1}\left(\frac{2}{6}\right) \approx 18{,}4°$ und $\tan(\beta) = \frac{6}{2}$; somit $\tan^{-1}\left(\frac{6}{2}\right) \approx 71{,}6°$

Probe: $\alpha + \beta = 90°$.

Beispiele

C Seitenlängen in einem rechtwinkligen Dreieck berechnen

Berechne die Seiten in dem rechtwinkligen Dreieck mit $\alpha = 36°$ und $b = 4{,}5\,\text{cm}$.

Lösung:

Mit $\alpha = 36°$ sind alle Seitenverhältnisse festgelegt; durch die Angabe $b = 4{,}5\,\text{cm}$ lässt sich dann auch jede Seitenlänge berechnen:

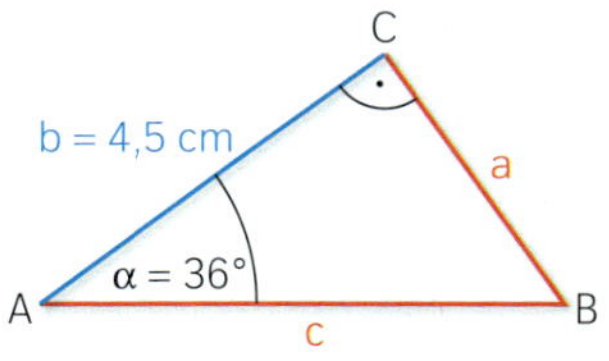

$\frac{b}{c} = \cos(\alpha)$; also $c = \frac{b}{\cos(\alpha)} = \frac{4{,}5\,\text{cm}}{\cos(36°)} \approx 5{,}56\,\text{cm}$

$\frac{a}{b} = \tan(\alpha)$; also $a = b \cdot \tan(\alpha) = 4{,}5\,\text{cm} \cdot \tan(36°) \approx 3{,}27\,\text{cm}$

Probe mit Pythagoras:

$a^2 + b^2 \approx 3{,}27^2 + 4{,}50^2 = 30{,}9429$, vergleichbar mit $c^2 \approx 5{,}56^2 = 30{,}9136$.

Übungen

5 Seitenverhältnisse und Winkel bestimmen

a) Konstruiere ein beliebiges rechtwinkliges Dreieck mit dem angegebenen spitzen Winkel und bestimme nach der Messung der Seitenlängen die Seitenverhältnisse $a : c$, $b : c$ und $a : b$.

(1) $\alpha = 20°$ (2) $\alpha = 40°$ (3) $\alpha = 60°$

b) Konstruiere ein beliebiges rechtwinkliges Dreieck mit dem angegebenen Seitenverhältnis und bestimme durch Messung die spitzen Winkel α und β.

(1) $a : b = 3 : 4$ (2) $a : c = 2 : 5$ (3) $b : c = 1 : 6$

Vergleiche mit den Werten, die der Taschenrechner in jeder Aufgabe als Lösung liefert. Wie lassen sich die Abweichungen bei den Ergebnissen erklären?

6 Training: Lösungsansätze finden

Schreibe jeweils eine Gleichung auf, mit der du die gesuchte Größe in dem rechtwinkligen Dreieck finden kannst. Vergleiche mit deinen Nachbarn.

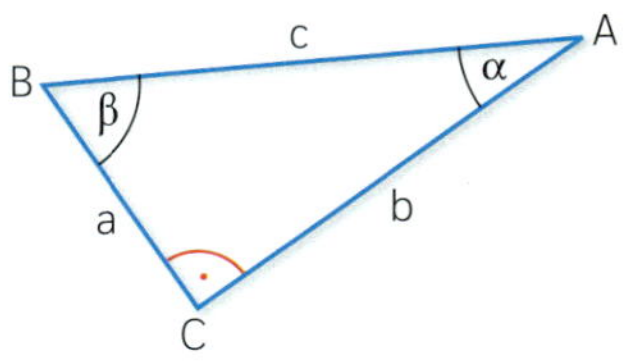

a) $\alpha = 20°$ und $c = 3{,}5\,\text{cm}$	$a = ■$	b) $\beta = 76°$ und $a = 7\,\text{cm}$	$b = ■$
c) $a = 6\,\text{cm}$ und $c = 12\,\text{cm}$	$\beta = ■$	d) $\beta = 16°$ und $c = 8\,\text{cm}$	$a = ■$
e) $\alpha = 49{,}5°$ und $a = 9\,\text{cm}$	$b = ■$	f) $c = 6\,\text{cm}$ und $a = 5\,\text{cm}$	$b = ■$
g) $a = 7\,\text{cm}$ und $b = 12\,\text{cm}$	$\alpha = ■$	h) $a = 7\,\text{cm}$ und $b = 12\,\text{cm}$	$\beta = ■$

7 Training: Fehlende Größen im Dreieck berechnen

Von einem Dreieck mit rechtem Winkel γ (siehe Bild zur Übung 6) sind zwei Größen bekannt. Berechne jeweils die übrigen Winkel und die Seitenlängen.

a) $c = 12{,}5\,\text{cm}$; $\alpha = 37{,}56°$ b) $a = 5{,}4\,\text{cm}$; $b = 3{,}9\,\text{cm}$ c) $b = 6{,}5\,\text{cm}$; $\beta = 54{,}2°$

d) $b = 3{,}5\,\text{cm}$; $c = 9{,}4\,\text{cm}$ e) $c = 10{,}2\,\text{cm}$; $\beta = 40°$ f) $c = 10\,\text{cm}$; $a = 6\,\text{cm}$

8 Eine Leiter

Nach dem Sicherheitshinweis soll eine Leiter in einem Winkel von etwa 15° an die Wand angestellt werden. Welchen Abstand von der Wand sollte danach eine 4 m lange Leiter am Boden aufweisen?

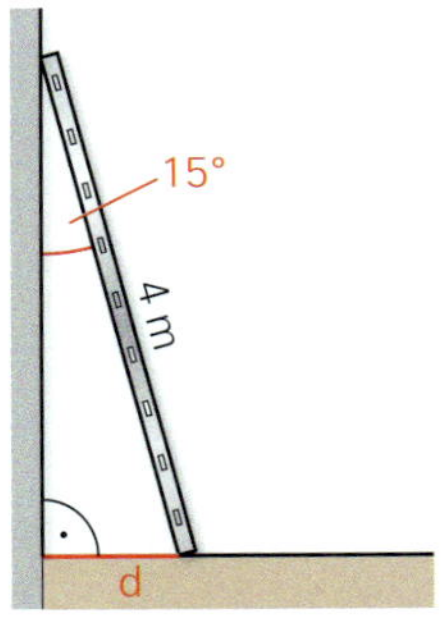

Übungen

9 Unvollständige Angaben

Berechne die gesuchten Größen.

a)

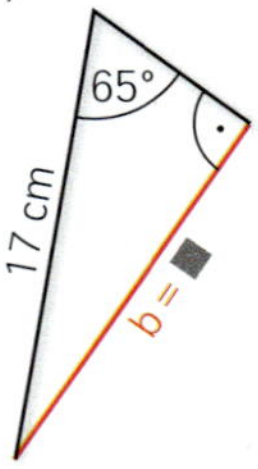

b)

c)

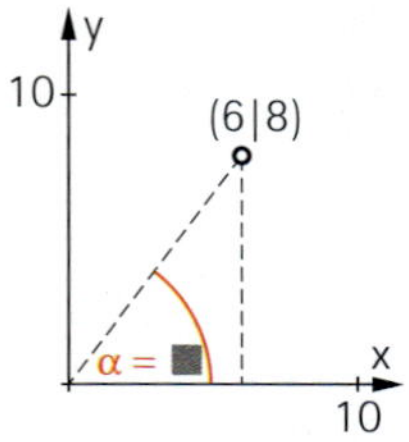

d)

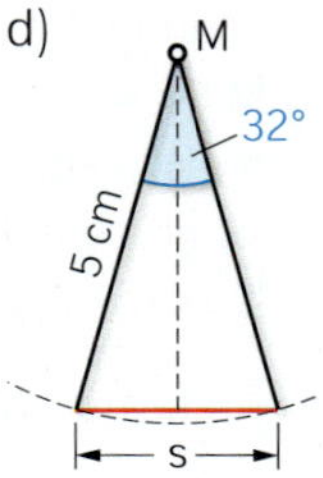

s = ■

e)

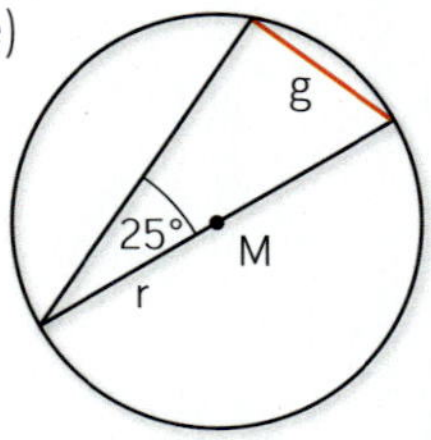

r = 12 cm, g = ■

10 Diagonalen im Rechteck

Tipp

Symmetrieachsen des Rechtecks betrachten

a) Berechne die Winkel, unter denen sich die Diagonalen schneiden.
(1) a = 4 cm, b = 3 cm (2) a = 5 cm, b = 4 cm
(3) a = 10 cm, b = 5 cm
Überprüfe durch eine maßstabsgetreue Zeichnung.

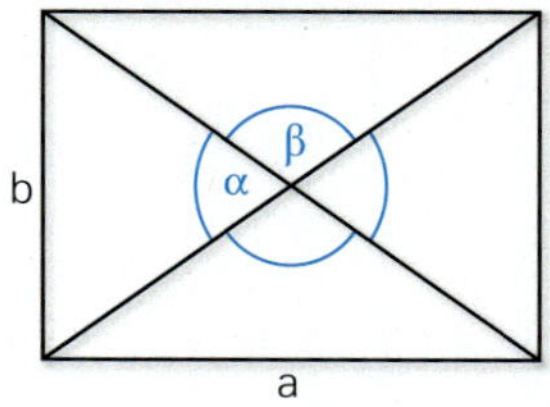

b) Findest du eine allgemeine Lösung bzw. Formel für den Winkel α?

c) Die Diagonalen eines Rechtecks mit der Seitenlänge a = 12 cm schneiden sich unter einem Winkel von 35°. Bestimme die Seite b. Wie viele Möglichkeiten gibt es?

d) Gib die Maße eines Rechtecks so an, dass α = 70° (α = 90°) ist.

11 Winkel im Würfel

Sinus und Kosinus im Raum

a) Kannst du ohne lange Überlegung sagen, wie groß der Winkel α zwischen Raum- und Flächendiagonale im Würfel ist? Notiere deine Vermutung.

b) Begründe, dass das Dreieck BHD rechtwinklig, aber nicht gleichschenklig ist. Berechne die Länge der Strecke $\overline{BD}$.

c) Berechne den Winkel α. Wie groß ist dieser Winkel in einem Würfel mit doppelter (halber) Kantenlänge?

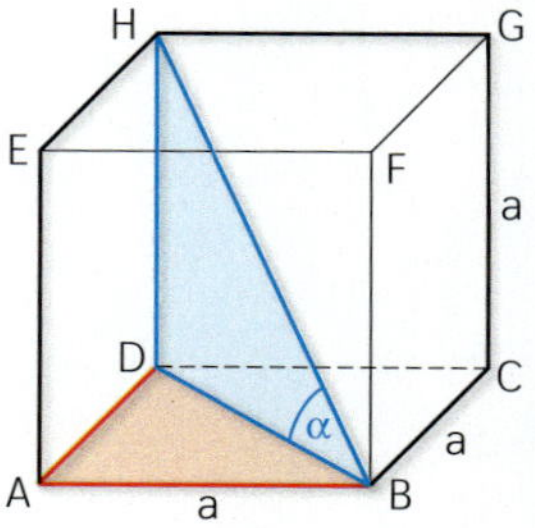

12 Winkel im Quader

a) Wie groß ist der Winkel α, den die Raumdiagonale des Quaders mit der Flächendiagonale einschließt?
(1) a = 8 cm, b = 4 cm, c = 3 cm
(2) a = 8 cm, b = 5 cm, c = 4 cm

b) Bestimme die Maße eines Quaders, bei dem der Winkel zwischen Flächen- und Raumdiagonale 30° beträgt.

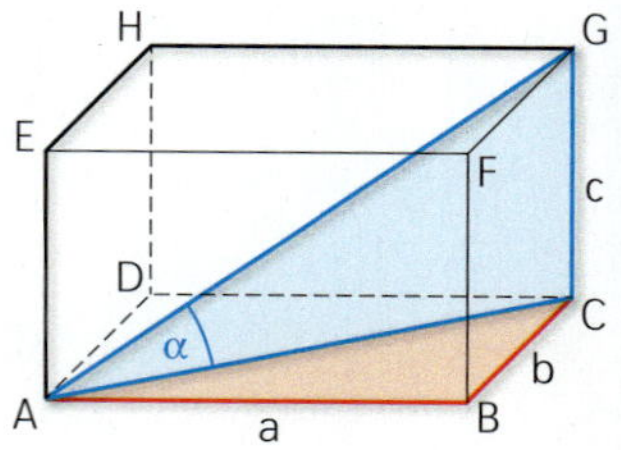

13 Winkel in einer Pyramide

a) Bestimme die Winkel α zwischen Seitenkante und Flächendiagonale sowie β zwischen Seitenkante und Grundkante in einer quadratischen Pyramide mit
(1) a = 8 cm, h = 4 cm (2) a = 4 cm, h = 8 cm
Hinweis für β: Bestimme die Höhe im Seitendreieck.

b) Beschreibe die Veränderung der Winkel, wenn man
(3) a fest und h variabel (4) a variabel und h fest
wählt.

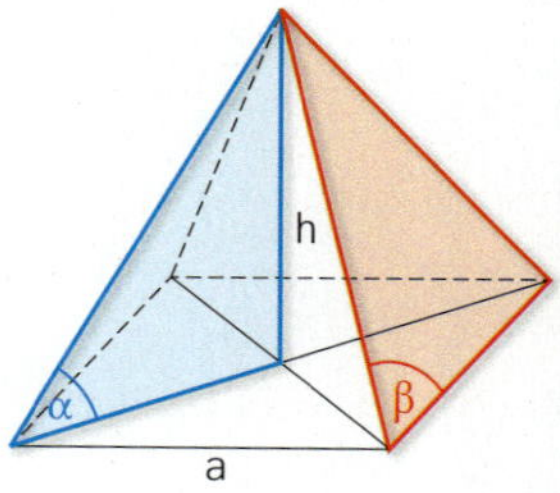

Übungen

Flächeninhalt: Die Formel ohne Höhenangabe

14 Flächeninhalt eines Dreiecks

a) Ein Dreieck mit den Seitenlängen b = 3 cm und c = 2 cm und dem eingeschlossenen Winkel α = 65° lässt sich eindeutig konstruieren. Kannst du mit diesen Angaben den Flächeninhalt A des Dreiecks berechnen, ohne die Höhe h zu messen? Beschreibe dein Vorgehen.

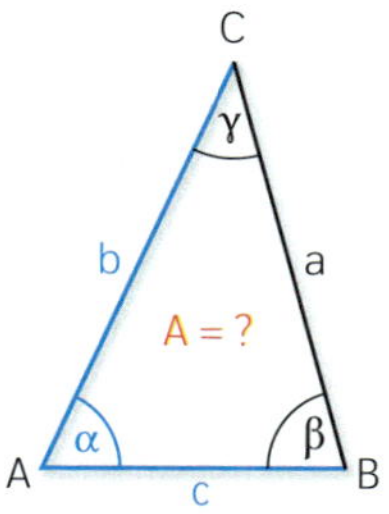

b) In der Formelsammlung findet man drei Formeln für den Flächeninhalt A eines spitzwinkligen Dreiecks:

$A = \frac{1}{2} \cdot b \cdot c \cdot \sin(\alpha)$ $\quad$ $A = \frac{1}{2} \cdot a \cdot c \cdot \sin(\beta)$ $\quad$ $A = \frac{1}{2} \cdot a \cdot b \cdot \sin(\gamma)$

Begründe diese Formeln. Vergleiche mit deiner Lösung aus a).

15 Flächeninhalt eines Parallelogramms

a) Berechne den Flächeninhalt des Parallelogramms.
(1) a = 4,2 cm, b = 3,5 cm, α = 69°
(2) a = 5 cm, b = 4 cm, α = 132°
Finde eine Formel für den Flächeninhalt, die ohne Höhenangabe auskommt (vgl. Übung 14).

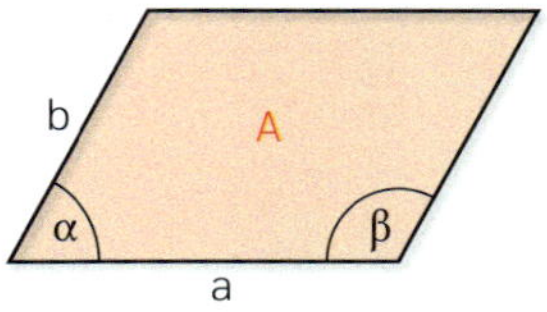

b) Ein Parallelogramm mit den Seitenlängen a und b hat den Flächeninhalt A. Konstruiere das Parallelogramm.
(1) a = 2,5 cm, b = 3,5 cm, A = 5 cm^2
(2) a = 4 cm, b = 4 cm, A = 8 cm^2

Exkurs

Steigungen

Im Zusammenhang mit Steigungen und Steigungswinkeln sind Sinus, Kosinus und Tangens ein nützliches Werkzeug. So können Steigung oder Gefälle von Straßen in % oder in Winkelgrad anhand eines Fotos, eines Straßenschildes oder aus den Höhenlinien einer Karte berechnet werden.

Baldwin Street (North East Valley, Neuseeland)

Beim Gleitflug von Drachen- oder Segelfliegern spielt der Gleitwinkel oder die Gleitzahl eine wichtige Rolle. Aus der Höhenänderung und der Geschwindigkeit von Flugzeugen kann der Steigungswinkel bei Start- und Landevorgängen berechnet werden.

16 Straßengefälle

a) Das abgebildete Straßenschild sagt aus, dass die Straße auf einer Länge von 130 m ein 11 %-Gefälle aufweist. Welcher Höhenunterschied wird überwunden und wie groß ist der Neigungswinkel α?

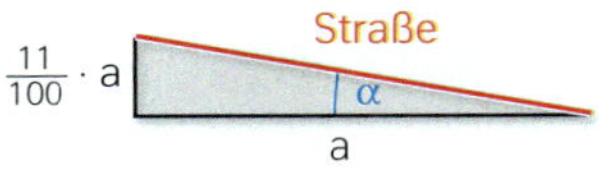

b) Die Baldwin Street (siehe Foto im Exkurs) ist laut Guinness-Buch der Rekorde die steilste Straße der Welt; sie ist 350 m lang. Entwirf ein passendes Straßenschild ähnlich zu dem in a). Bestimme die fehlenden Angaben mithilfe des Fotos im Exkurs. Warum spielt der Verkleinerungsmaßstab im Foto keine Rolle? Vergleicht eure Vorgehensweise.

Basiswissen

Steigungen werden oft auch in Grad angegeben. Mit dem Tangens gelingt der Bezug zum bekannten Bestimmen von Steigungen bei linearen Funktionen in Prozent.

$\tan^{-1}$ ist keine Potenz, sondern die Schreibweise für die Umkehroperation von Tangens.

Tangens als Steigungsmaß

Beispiel:
Für die Steigung der Straße in Grad gilt:
$\tan(\alpha) = 10/100 = 0{,}1$; also:
$\alpha = \tan^{-1}(0{,}1) \approx 5{,}7°$

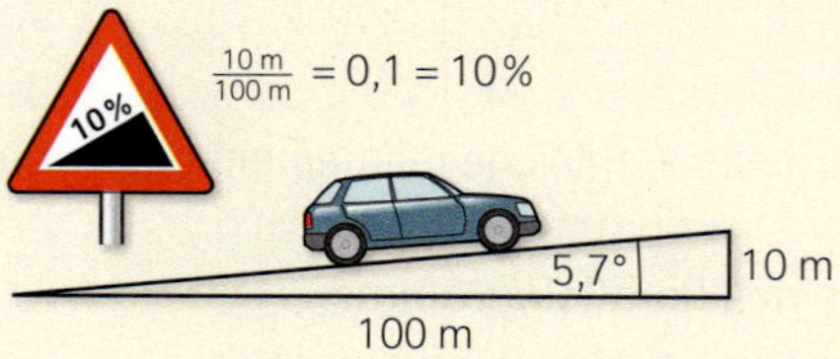

Allgemein:
Für die Steigung von Geraden mit $y = mx + b$ gilt:
$m = \frac{\Delta y}{\Delta x} = \tan(\alpha)$ oder $\alpha = \tan^{-1}\left(\frac{\Delta y}{\Delta x}\right)$

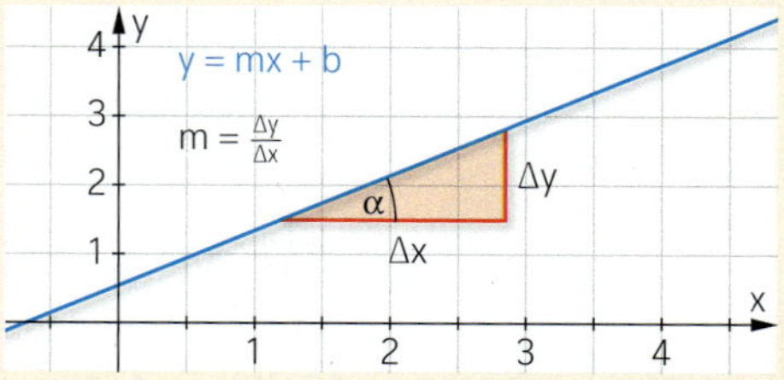

Bei einer Drehung von der Horizontalen im Uhrzeigesinn entsteht ein negativer Steigungswinkel (z. B. −45°). Die Steigung ist dann negativ („Gefälle“).

Übungen

Eine Höhenlinie verbindet gleich hohe Punkte einer Geländefläche. Die Zahl an der Höhenlinie bedeutet die Höhe (im Metern) über NN. Aus der Dichte der Höhenlinien kann der Kartenleser die Steigung ablesen: je enger, desto steiler – je weiter, desto flacher.

17 Höhenlinien

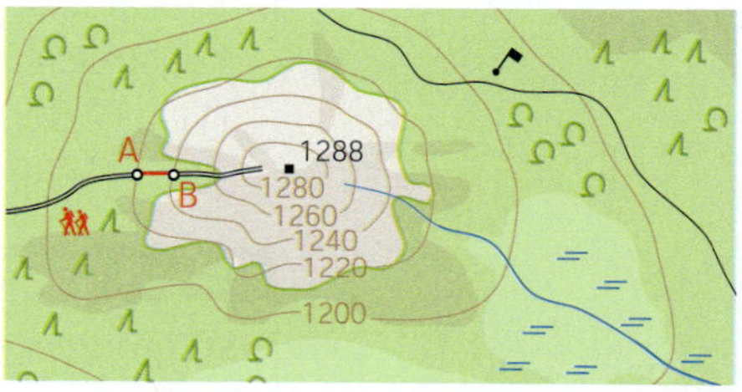

a) Auf einer Karte im Maßstab 1 : 50 000 sind Höhenlinien eingetragen. Unter welchem Winkel steigt die Straße von A nach B an, wenn der Abstand der benachbarten Höhenlinien dort mit 8 mm gemessen wurde? Gib die Steigung auch in % an.

b) Warum kann man hier nur von der mittleren Steigung sprechen? Findest du auf der Karte Straßenabschnitte, in denen die mittlere Steigung höher ist?

$1\,\frac{km}{h} = \frac{1000\,m}{60\,min} = \frac{100}{6}\,\frac{m}{min}$

18 Flugzeug im Landeanflug

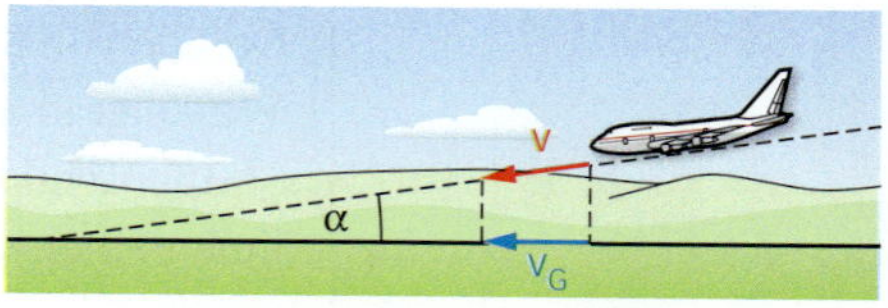

Ein Flugzeug fliegt mit einer Geschwindigkeit von $v = 300\,km/h$ die Landebahn an. Die Flugrichtung bildet dabei mit der Horizontalen konstant einen Winkel von $\alpha = 3°$.

a) Um wie viel Meter pro Minute sinkt das Flugzeug? Welche „Geschwindigkeit über Grund“ v_G hat dabei das Flugzeug?

b) Wie hoch ist das Flugzeug, wenn es noch 10 km Luftlinie von dem Aufsetzpunkt entfernt ist?

c) Um den Fluglärm zu mindern, fliegen die Flugzeuge in einem Winkel von 5° die Landebahn an. Wie hoch muss das Flugzeug jetzt sein, wenn es noch 10 km vom Aufsetzpunkt entfernt ist? Könnte der steilere Anflugwinkel den Fluglärm mindern?

Vogel	Gleitzahl
Möwe	1 : 14
Spatz	1 : 6
Taube	1 : 9
Kondor	1 : 34
Bussard	1 : 15

19 Gleitflug: Vögel

Vögel sind unterschiedlich gute Gleitflieger. Ihre Gleitflugfähigkeit wird durch die so genannte Gleitzahl bewertet, diese ist als Verhältnis zwischen Höhenverlust und horizontal gemessener Flugstrecke definiert.

a) Ordne die Vogelarten nach ihrer Fähigkeit für Gleitflüge. Begründe durch eine Skizze.

b) Der Adler hat im Flug einen Gleitwinkel von 3,4°. Berechne die Gleitwinkel der anderen Vogelarten und vergleiche.

c) Welche Flugweite erreichen die Vertreter der Vogelarten beim Start ihres Gleitfluges aus 80 m Höhe?

Exkurs

Messungen mit Höhen- und Tiefenwinkeln
Mithilfe spezieller Messgeräte (z. B. Theodolit) kann ein Beobachter Höhen- oder Tiefenwinkel bestimmen. Zusammen mit bekannten Längen lassen sich damit nicht unmittelbar messbare Höhen oder Entfernungen mit trigonometrischen Ansätzen berechnen.

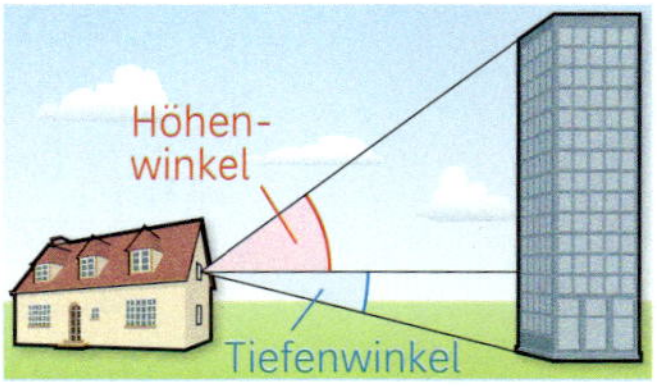

Übungen

20 Bürohaus
Aus einem Fenster im 1. Stock eines Wohnhauses (Höhe 4,80 m) erblickt man die Spitze eines Bürohauses unter dem Höhenwinkel von 36,2° und die Basis unter dem Tiefenwinkel von 4,4°. Wie hoch ist das Bürohaus und wie weit sind Wohnhaus und Bürohaus voneinander entfernt? Von welcher Annahme gehst du aus?

21 Segelschiff
Von der Aussichtsplattform eines Leuchtturms (Höhe 92 m über NN) erscheint ein Segelschiff unter einem Tiefenwinkel von 32°.
a) Wie weit ist das Schiff von dem Leuchtturm entfernt? Erstelle zunächst eine Skizze.
b) Unter welchem Tiefenwinkel erscheint im selben Augenblick dasselbe Segelschiff, wenn man es aus einem Fenster des Leuchtturms in $\frac{1}{2}$ Höhe ($\frac{1}{4}$ Höhe, $\frac{3}{4}$ Höhe) des Leuchtturms betrachtet? Skizziere und berechne.
Ist die Zuordnung Höhe → Winkel eine proportionale? Begründe.

22 Die Höhe des Schulgebäudes
Beschreibe eine Methode, wie du mithilfe von Trigonometrie die Höhe eures Schulgebäudes bestimmen kannst. Führe die Messungen aus. Überlege dir auch die Auswirkung von Messfehlern (Winkel- und Längenmessung).

23 Aussagekräftige Stellvertreter
a) Bestimme die noch unbekannten Seitenlängen. Was fällt dir dabei auf? Warum sind rechtwinklige Dreiecke mit der Hypotenusenlänge 1 schön für Berechnungen von Sinus- und Kosinuswerten?

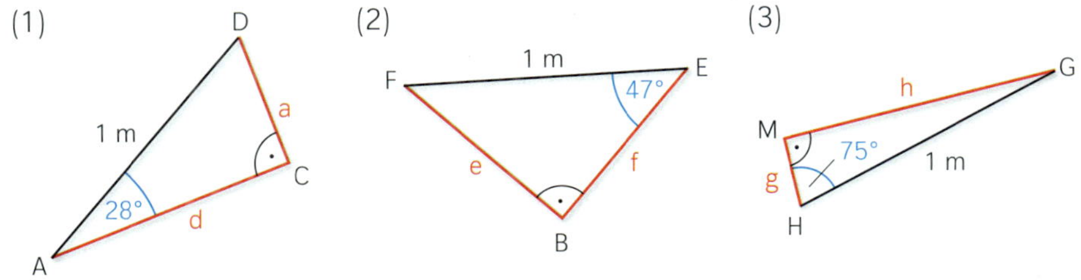

b) Die folgenden Dreiecke sind ähnlich zu den Dreiecken aus der Teilaufgabe a). Ordne richtig zu. Bestimme damit die Längen der roten Seiten.

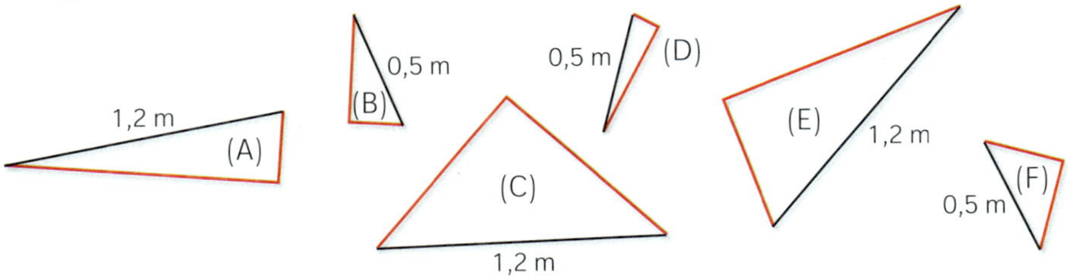

Übungen

24 Zusammenhänge zwischen den Winkelfunktionen

Sei α ein beliebiger Winkel mit $0° \le \alpha \le 90°$.

(1) $\sin^2(\alpha) + \cos^2(\alpha) = 1$

(2) $\cos(\alpha) = \sin(90° - \alpha)$

(3) $\tan(\alpha) = \frac{\sin(\alpha)}{\cos(\alpha)}$, $\alpha \neq 90°$

a) Begründe die Aussagen (1), (2) und (3) mithilfe der Definitionen am rechtwinkligen Dreieck. Warum ist bei (3) $\alpha \neq 90°$ gefordert?

b) Ein Zusammenhang wird auch als „trigonometrischer Pythagoras" bezeichnet. Warum?

25 Exakte Werte ohne Taschenrechner

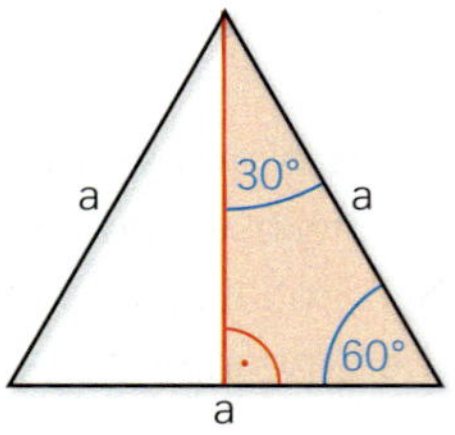

	0°	30°	45°	60°	90°
sin	0	$\frac{1}{2}$	$\frac{1}{2}\sqrt{2}$	$\frac{1}{2}\sqrt{3}$	1
cos	1	$\frac{1}{2}\sqrt{3}$	$\frac{1}{2}\sqrt{2}$	$\frac{1}{2}$	0
tan	0	$\frac{1}{3}\sqrt{3}$	1	$\sqrt{3}$	—

a) Einige Werte der Winkelfunktionen lassen sich exakt bestimmen. Begründe die Werte in der Tabelle, indem du den Satz des Pythagoras auf geeignete rechtwinklige Teildreiecke im Quadrat oder im gleichseitigen Dreieck anwendest.

b) Kai hat sich eine Methode ausgedacht, um mit der Tabelle weitere Werte zu berechnen:
$\sin(22{,}5°) = \frac{\sqrt{2}}{2} : 2 = \frac{\sqrt{2}}{4}$ $\quad \tan(22{,}5°) = \frac{1}{2}$ $\quad \sin(75°) = \frac{\sqrt{3}}{2} + \frac{\sqrt{2}}{2}$
Was hat er sich überlegt? Was hältst du davon?

26 Exakte Werte mit Taschenrechner?

Der Screenshot zeigt verschiedene Berechnungen von Steigungswinkeln und Sinuswerten zu gegebenen Winkeln, wenn die Steigung durch eine Geradengleichung $y = mx + b$ gegeben ist.

- Gib zu jeder Eingabe die passende Funktion an.
- Welche GTR-Ausgaben sind seltsam? Gelingt dir eine Erklärung?

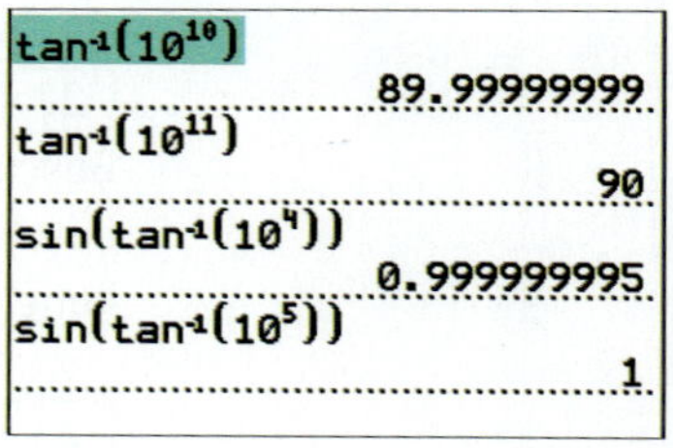

Kopfübungen

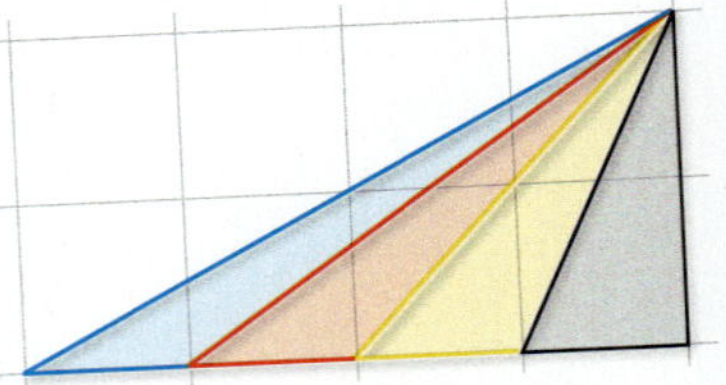

1. Ordne die vier Dreiecke nach dem Flächeninhalt.
2. Gib drei Wertepaare an, die zur Funktion $y = \frac{2}{5} \cdot x$ gehören. Beschreibe den Graphen mit Worten.
3. Ergänze: $9 : \blacksquare = 270$
4. Ergänze: $(x + \blacksquare)^2 = 64x^2$
5. Welche der Zahlen sind irrational? $\frac{2}{3}$; $\sqrt[3]{27}$; 2π; $\left(\frac{1}{6}\right)^2$; $\sqrt{1{,}21}$; $1 + \sqrt{2}$
6. In einer Klasse (10 Mädchen, 15 Jungen) werden zwei Jugendliche ausgelost, die den Tafeldienst zu übernehmen haben. Bestimme die Wahrscheinlichkeit, dass es zwei Mädchen sind.
7. Bestimme den Inhalt der farbigen Fläche.

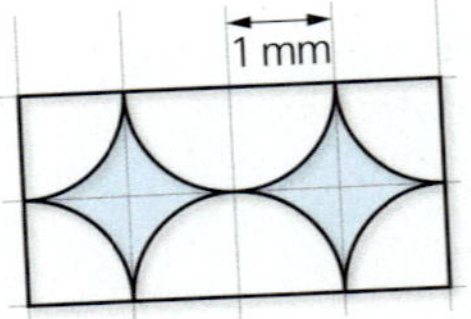

Aufgaben

Suche im Internet nach Informationen über den Bau der Pyramiden.

27 **Wie bauten die Ägypter ihre Pyramiden?**

Die Cheops-Pyramide ist die größte der weltberühmten Pyramiden von Gizeh. Mit ihrer Höhe von beinahe 150 m überragt sie deutlich den Kölner Dom. Die Cheops-Pyramide wurde aus großen Kalksteinquadern gebaut und dann nach außen mit Kalksteinplatten verkleidet.

Wenn man an die Verkleidungssteine ein Geodreieck anlegt, dann kommt man auf allen vier Seiten auf einen Steigungswinkel von ungefähr $51°$. Wie konnten die Ägypter die Neigung mit solcher Genauigkeit einhalten, obwohl sie noch kein Winkelmaß kannten? Formuliere eine Anweisung, nach der die Pyramidenbauer möglicherweise vorgegangen sind.

ARCHIMEDES VON SYRAKUS (287–212 v. Chr.) gilt als einer der größten Mathematiker der Antike.

28 **Ein Näherungsverfahren für π mithilfe trigonometrischer Formeln**

Als Erster berechnete ARCHIMEDES die Kreiszahl π systematisch, indem er den Kreis zwischen regelmäßige Vielecke einzwängte. Er entwickelte hierzu die Methode der Eckenverdopplung, wobei er mit der Berechnung der Umfänge des einbeschriebenen und umbeschriebenen Sechsecks begann und bis zum 96-Eck fortschritt. Diese Methode ist noch lange Zeit nach ARCHIMEDES von großer Bedeutung geblieben.

a) Verdeutliche anschaulich, dass diese Methode bei einem Kreis mit dem Radius $r = 0{,}5$ zu immer besseren Näherungswerten von π führt.

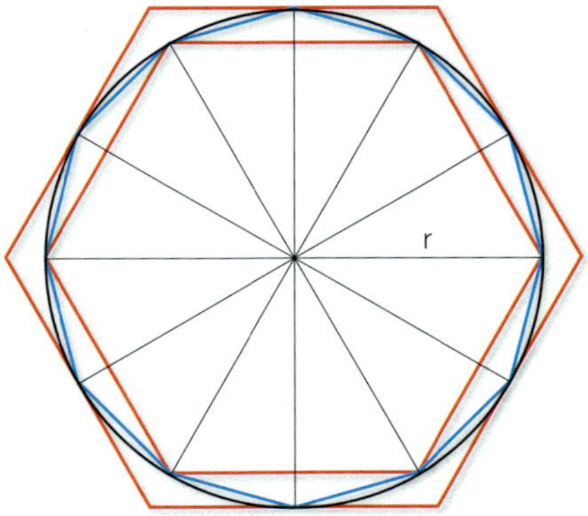

b) ARCHIMEDES führte sein Verfahren bis zum 96-Eck durch und fand so die Abschätzung $3\frac{10}{71} < \pi < 3\frac{1}{7}$. Liefert der Mittelwert der beiden Grenzen einen genaueren Wert?
Leider verfügte Archimedes noch nicht über Kenntnisse des Sinus, Kosinus und Tangens, sonst wären ihm die Berechnungen wesentlich leichter gefallen.

c) Begründe mithilfe deiner trigonometrischen Kenntnisse die folgenden Formeln für den Umfang U(n) des einbeschriebenen und den Umfang O(n) des umbeschriebenen regelmäßigen n-Ecks:
$U(n) = n \cdot \sin\left(\frac{180°}{n}\right)$ $\quad O(n) = n \cdot \tan\left(\frac{180°}{n}\right)$

d) Stelle deinen Taschenrechner auf möglichst viele Nachkommastellen ein und berechne $U(n)$ und $O(n)$ für $n = 6, 12, 100, 1000, 10\,000$. Auf wie viele Nachkommastellen hast du damit den Wert von π eingeschachtelt?

PTOLEMÄUS (100 – ca. 160) hat eine nach halben Graden fortschreitende Sehnentafel aufgestellt, die man als Vorläuferin der später entwickelten trigonometrischen Tafeln ansehen kann.

29 **Eine Sehnenformel**

Das Problem des Zusammenhangs zwischen dem Mittelpunktswinkel β eines Kreises und der zugehörigen Sehne a war bereits den Babyloniern bekannt und wurde im antiken Griechenland gelöst.

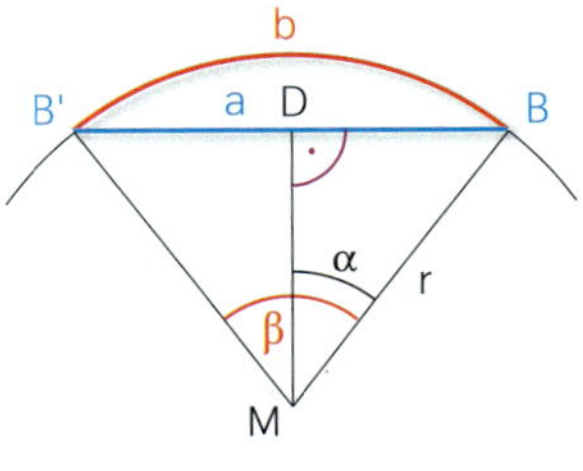

a) Ein Kreisbogen b ist 6,28 cm lang und gehört zu einem Kreis mit $r = 3$ cm. Wie lang ist die zugehörige Sehne a?

b) Beweise die Sehnenformel: $a = 2 \cdot r \cdot \sin(\alpha)$.

2.2 Trigonometrie am beliebigen Dreieck

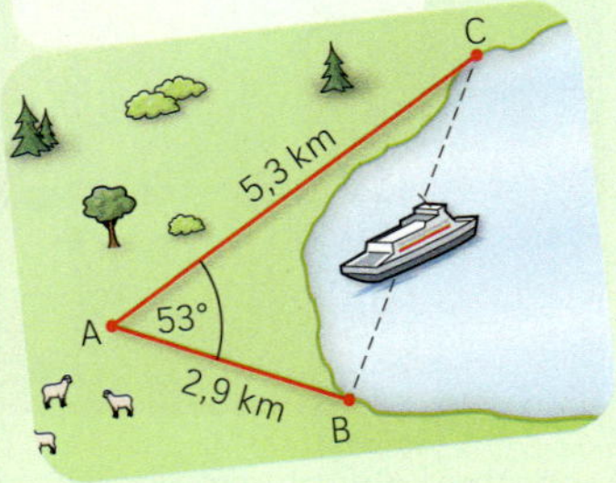

Wie wir im letzten Lernabschnitt gesehen haben, können wir mit den trigonometrischen Funktionen unzugängliche Streckenlängen und unbekannte Winkelgrößen beim rechtwinkligen Dreieck berechnen. In diesem Lernabschnitt werden wir mit dem Sinussatz und dem Kosinussatz nun auch Berechnungen an beliebigen Dreiecken durchführen können. Auf dieser Grundlage können wir uns dann mit gebräuchlichen Methoden der Landvermessung in der Praxis vertraut machen.

Aufgaben

1 Straßentunnel

Von A nach C soll ein Straßentunnel gebaut werden. Die Länge von $\overline{AB}$ und die beiden Winkel β und γ sind aus kartografischen Messungen bekannt.

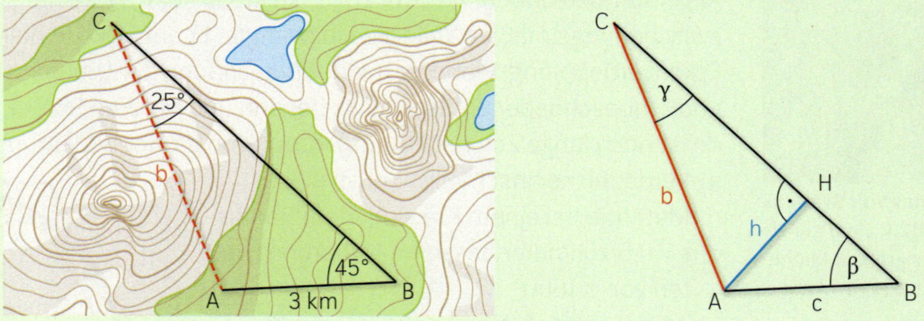

Konstruktion wsw

a) Bestimme durch eine maßstabsgetreue Konstruktion die Länge des Tunnels.

b) Die nebenstehende Skizze mit der eingezeichneten Höhe als Hilfslinie ermöglicht auch eine Berechnung der Länge. Vergleiche die Ergebnisse für die Länge des Tunnels und die Methoden aus a) und b).

2 Berechnung mit zwei neuen Sätzen

In einem Waldpark soll ein geradliniger Verbindungsweg von der Hütte H zu dem Grillplatz G angelegt werden. In welchen Winkeln zu den beiden Waldwegen muss man die Schneise $\overline{HG}$ schlagen und wie lang wird der Verbindungsweg?

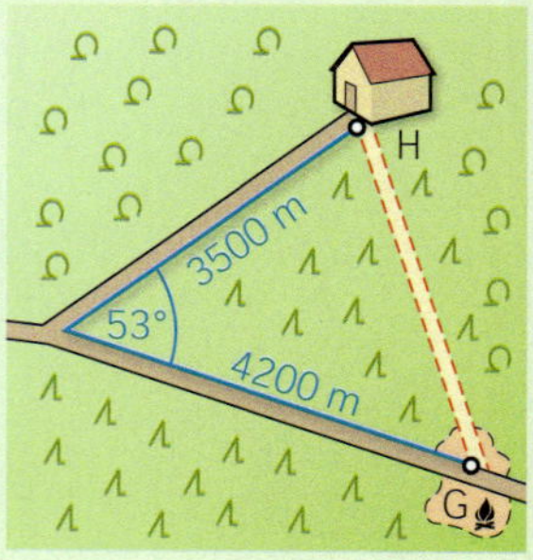

Kontruktion sws

a) Löse die Aufgabe durch Konstruktion und Messen.

b) Löse die Aufgabe rechnerisch mithilfe der beiden Sätze aus der Formelsammlung:

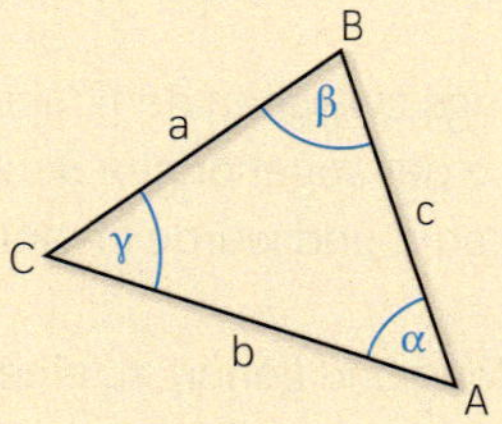

Kosinussatz

$c^2 = a^2 + b^2 - 2 \cdot a \cdot b \cdot \cos(\gamma)$

Sinussatz

$\frac{\sin(\alpha)}{a} = \frac{\sin(\gamma)}{c}$

Aufgaben

3 Winkelfunktionen für stumpfe Winkel

Am rechtwinkligen Dreieck sind die beiden anderen Winkel immer spitze Winkel. Deswegen haben wir bisher Sinus, Kosinus und Tangens nur für spitze Winkel definiert und berechnet. Dein Taschenrechner liefert aber auch Werte für stumpfe Winkel. Lege mithilfe des Taschenrechners eine Tabelle an. Vergleiche mit einer entsprechenden Tabelle für die spitzen Winkel 15°, 30°, ..., 90°.
Erkennst du Zusammenhänge? Formuliere deine Vermutungen und überprüfe sie für andere Paare von stumpfen und spitzen Winkeln.

α	sin(α)	cos(α)	tan(α)
105°	■	■	■
120°	■	– 0,5	■
135°	■	■	– 1
150°	0,5	■	■
165°	■	■	■
180°	■	■	■

4 Winkelfunktionen am Einheitskreis

DGS a) **Konstruktion im 1. Quadranten**
Zeichne in den ersten Quadranten des Koordinatensystems einen Viertelkreis um den Ursprung mit dem Radius 1 LE. Setze auf den Viertelkreis den Punkt B („Punkt auf Objekt"). Konstruiere den Schnittpunkt des Lotes von B auf die x-Achse. Das DGS kann nun den Winkel α und die Katheten im Dreieck ACB berechnen. Bewege B und notiere seine Koordinaten und den Winkel α.
Begründe:
Der Punkt B hat die Koordinaten (cos (α) | sin (α)).

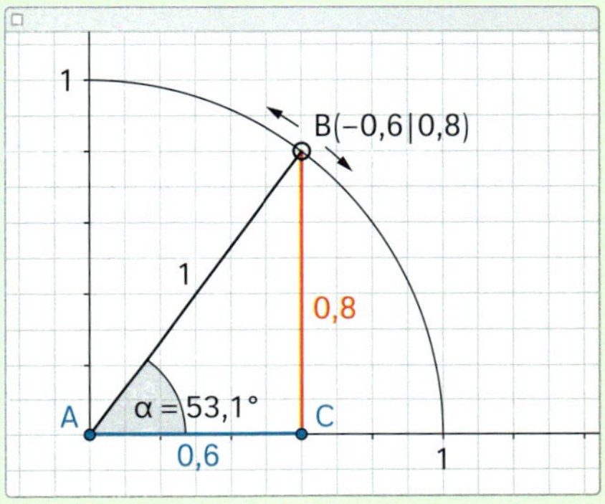

b) **Winkel α wird stumpf**
Erweitere die Konstruktion auf einen Halbkreis mit Radius 1 LE.
Beobachte die Koordinaten des Punktes B bei seiner Bewegung auf dem Halbkreis.
Vergleiche mit a).
Beschreibe und erkläre die Zusammenhänge.

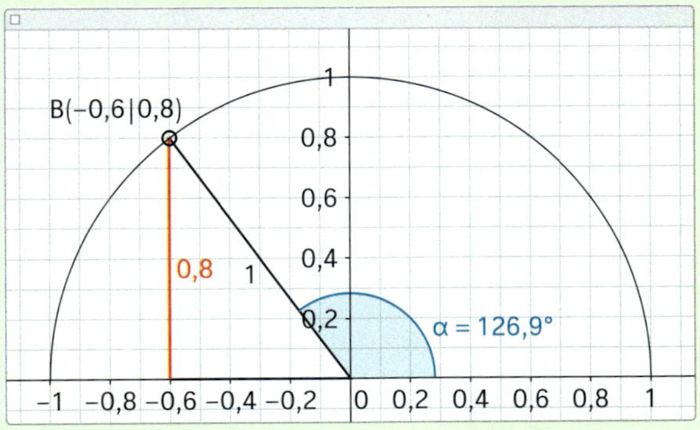

c) **Tangens am Einheitskreis**
Neben den Werten für Sinus und Kosinus kannst du auch die Werte des Tangens direkt am Einheitskreis ablesen:
Zeichne die Tangente am Einheitskreis im Punkt (1 | 0). Beschreibe und begründe das Verfahren zur Bestimmung des Tangens am Einheitskreis mithilfe der Definition des Tangens am rechtwinkligen Dreieck. Welche Schwierigkeiten ergeben sich für Winkel nahe an 90°?
Erstelle eine Wertetabelle für die Zuordnung α → tan (α).

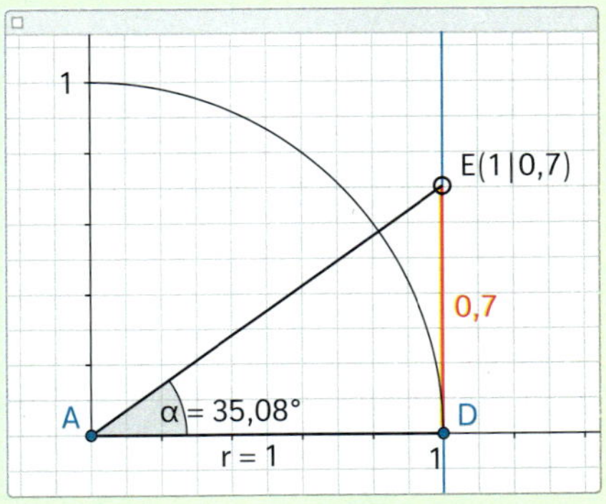

Basiswissen

Bisher betrachteten wir nur Winkel bis 90°, doch die trigonometrischen Zusammenhänge lassen sich auf größere Winkel erweitern! Nun ist etwas Vorsicht geboten, denn es gibt z.B. mehrere Winkel, denen derselbe Sinuswert zugeordnet werden kann.

Sinus und Kosinus für stumpfe Winkel am Einheitskreis

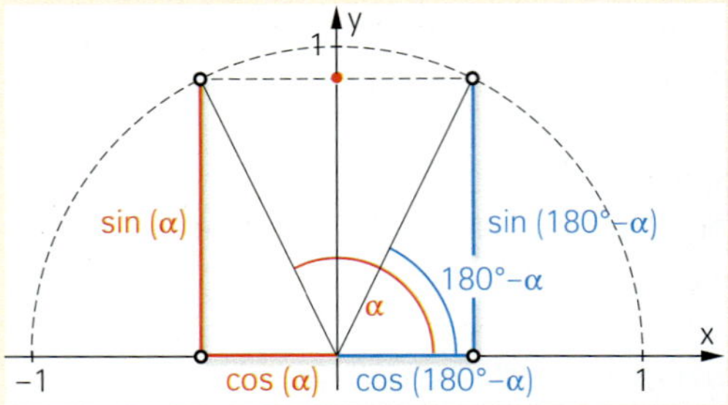

Für 90° < α < 180° gilt:
- $\sin(\alpha) > 0$
- $\sin(\alpha) = \sin(180° - \alpha)$
  Beispiel: $\sin(150°) = \sin(30°)$
- $\cos(\alpha) < 0$
- $\cos(\alpha) = -\cos(180° - \alpha)$
  Beispiel: $\cos(100°) = -\cos(80°)$

Beispiele

A Passende Winkel gesucht

Welche Winkelgrößen sind durch die folgenden Angaben bestimmt?

a) $\cos(\alpha) = -0{,}2$ b) $\sin(\beta) = 0{,}2$ c) $\sin(\gamma) = 0{,}63$ und $\cos(\gamma) < 0$

Lösung:

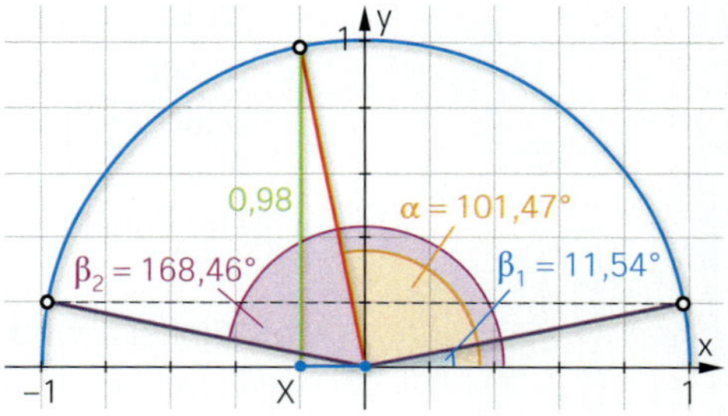

a) An der Zeichnung erkennt man: $\alpha \approx 100°$.
Genauer mit dem GTR:
$\alpha = \cos^{-1}(-0{,}2) \approx 101{,}54°$

b) $\sin^{-1}(0{,}2) \approx 11{,}54° \Rightarrow \beta_1 \approx 11{,}54°$ oder
$\beta_2 \approx 180° - 11{,}54° \approx 168{,}46°$

c) $\sin^{-1}(0{,}63) \approx 39{,}05° \Rightarrow \gamma \approx 39{,}05°$ oder
$\gamma \approx 180° - 39{,}05° \approx 140{,}95°$.
Für $\gamma \approx 39{,}05°$ ist die 2. Bedingung nicht erfüllt: $\cos(39{,}05°) > 0$
$\cos(140{,}95°) < 0$ ✓ also: $\gamma = 140{,}95°$

5 Sinus am Einheitskreis: Die Sinusfunktion für beliebige Winkel

Der Punkt P wird durch Vorgabe des Winkels α festgelegt. Seine Koordinaten hängen somit von α ab. Begründe:

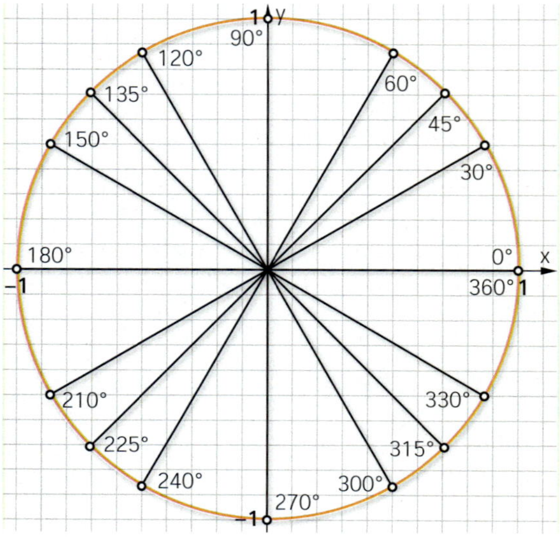

„Im 1. Quadranten des Koordinatensystems hat der Punkt P die Koordinaten P(cos(α) | sin(α)). Überschreitet der Winkel α den Wert von 90°, so existiert kein rechtwinkliges Dreieck mehr. Mithilfe des Punktes, der sich weiter auf dem Kreis bewegt, kann man aber die Sinusfunktion für beliebige Winkel zwischen 0° und 360° als y-Koordinate von P definieren."
Erkläre damit die in der Tabelle eingetragenen Werte und fülle die Tabelle in deinem Heft vollständig aus.

α	0°	30°	45°	60°	90°	120°	135°	150°	180°
sin (α)	0	0,5	0,707	0,866	1	■	■	0,5	■

α	180°	210°	225°	240°	270°	300°	315°	330°	360°
sin (α)	■	■	−0,707	■	−1	−0,866	■	■	0

Basiswissen

Mit zwei Sätzen der Geometrie können Dreiecksberechnungen an beliebigen (auch nicht rechtwinkligen) Dreiecken durchgeführt werden.

Sinussatz

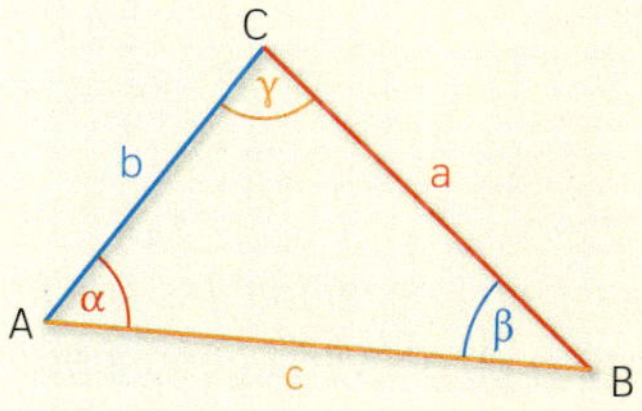

$$\frac{a}{\sin(\alpha)} = \frac{b}{\sin(\beta)} = \frac{c}{\sin(\gamma)}$$

In jedem beliebigen Dreieck ist das Verhältnis aus Seite und dem Sinuswert des gegenüberliegenden Winkels gleich groß.

Kosinussatz

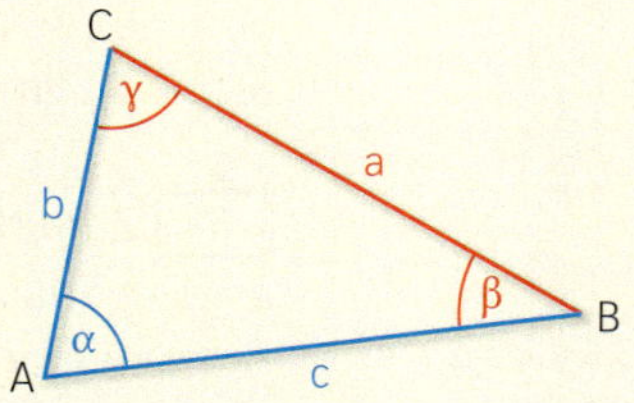

$$a^2 = b^2 + c^2 - 2 \cdot b \cdot c \cdot \cos(\alpha)$$
$$b^2 = a^2 + c^2 - 2 \cdot a \cdot c \cdot \cos(\beta)$$
$$c^2 = a^2 + b^2 - 2 \cdot a \cdot b \cdot \cos(\gamma)$$

Wenn bei einem beliebigen Dreieck zwei Seitenlängen und die Größe des eingeschlossenen Winkels gegeben sind, lässt sich die dritte Seitenlänge berechnen.

Strategie zum Problemlösen

(1) Planskizze erstellen.
(2) Ein Dreieck suchen, in dem nur eine unbekannte Größe vorkommt.
(3) Mithilfe geeigneter Sätze die gesuchten Größen aus den gegebenen berechnen.

Beispiele

B Ein Grundstück

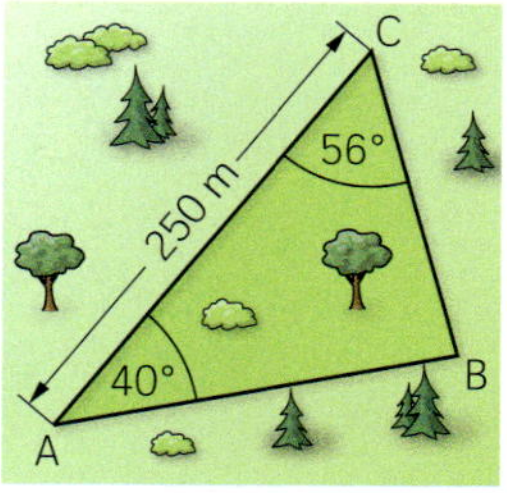

Wie groß ist der Umfang des Grundstücks?

Lösung:

Der Winkel β ist 84° groß (Winkelsumme im Dreieck). Mit dem Sinussatz lässt sich die Länge der Seite $\overline{BC}$ berechnen:

$$\frac{|\overline{BC}|}{\sin(40°)} = \frac{250}{\sin(84°)} \Rightarrow |\overline{BC}| = \frac{250 \cdot \sin(40°)}{\sin(84°)} \Rightarrow |\overline{BC}| \approx 161{,}6\,\text{m}$$

Die Länge der Seite $\overline{AB}$ berechnen wir mit dem Kosinussatz:

$$|\overline{AB}|^2 = (250)^2 + (161{,}6)^2 - 2 \cdot 250 \cdot 161{,}6 \cdot \cos(56°) \approx 43\,432\,\text{m}^2$$

$|\overline{AB}| \approx 208{,}4\,\text{m}$. Der Umfang beträgt etwa 620 m.

C Winkel im Dreieck mit drei bekannten Seiten

Planskizze wie im Basiswissen

Wie groß ist der Winkel γ in dem Dreieck ABC mit $a = 4$, $b = 5$, $c = 6$?

Lösung:

- Einsetzen der Werte für a, b, c und eine Formel suchen, in der nur der Wert einer Variable unbekannt ist. Hier kann jede Gleichung des Kosinussatzes benutzt werden.
- $36 = 16 + 25 - 4\cos(\gamma)$; Auflösen nach $\cos(\gamma) = \frac{5}{40} = 0{,}125 \Rightarrow \gamma = \cos^{-1}(0{,}125) \approx 82{,}8°$.
- α (oder β) kann nun mit dem Kosinussatz oder dem Sinussatz berechnet werden:

  Sinussatz $\frac{4}{\sin(\alpha)} = \frac{6}{\sin(82{,}2°)} \Rightarrow \sin(\alpha) = \frac{2}{3}\sin(82{,}8°) \Rightarrow \alpha \approx \sin^{-1}(0{,}6614) \approx 41{,}41°$

  Kosinussatz : $16 = 25 + 36 - 60\cos(\alpha) \Rightarrow \cos(\alpha) = \frac{3}{4} \Rightarrow \alpha \approx \cos^{-1}(\frac{3}{4}) \approx 41{,}41°$
- Mit dem Winkelsummensatz für Dreiecke erhält man $\beta \approx 180° - 82{,}8° - 41{,}4° = 55{,}8°$

Übungen

Planskizze wie im Basiswissen

6 Konstruieren und Rechnen

Von dem Dreieck ABC sind jeweils drei Größen gegeben. Berechne die fehlenden Größen. Konstruiere zur Kontrolle der Rechnung.

a) $a = 5\,cm$, $b = 6\,cm$, $\gamma = 110°$
b) $b = 4\,cm$, $\beta = 62°$, $\gamma = 70°$
c) $a = 8\,cm$, $c = 6\,cm$, $\alpha = 95°$
d) $a = 4{,}2\,cm$, $c = 6\,cm$, $\beta = 35°$
e) $c = 4{,}1\,cm$, $\alpha = 34{,}2°$, $\gamma = 41°$
f) $a = 4{,}5\,cm$, $b = 6\,cm$, $c = 5\,cm$

7 Zum Nachdenken

a) *„Der Satz des Pythagoras ist ein Spezialfall des Kosinussatzes."* Was hältst du davon?
b) Kann man den Kosinussatz auch als Verallgemeinerung des Satzes von Pythagoras bezeichnen? Begründe.

8 Kongruenzsätze und passende Berechnungen

Kongruenzsatz sws: „Ein Dreieck ist eindeutig konstruierbar, wenn zwei Seitenlängen und die Größe des von ihnen eingeschlossenen Winkels gegeben ist."

a) Mit welchem Satz der Trigonometrie kann man die Länge der dritten Seite bei der beschriebenen Konstruktion direkt berechnen?

Siehe Kompendium

b) Erinnerst du dich an den Kongruenzsatz wsw? Beschreibe eine Strategie, wie man die unbekannten Seitenlängen berechnen kann. Führe die Konstruktion und die Berechnung an einem selbstgewählten Beispiel aus.

9 Seite-Seite-Winkel

Informiere dich über den Kongruenzsatz Ssw.

a) Konstruiere ein Dreieck mit $a = 4\,cm$, $c = 5\,cm$ und $\alpha = 45°$. Begründe, warum du in diesem Falle zwei verschiedene Lösungen erhältst.
b) Berechne den Winkel γ mit dem Sinussatz. Kommst du damit auch zu zwei verschiedenen Lösungen? Begründe.
c) Warum liefern Konstruktion und Berechnung für $\alpha = 45°$, $a = 5\,cm$ und $c = 4\,cm$ jeweils eine eindeutige Lösung?

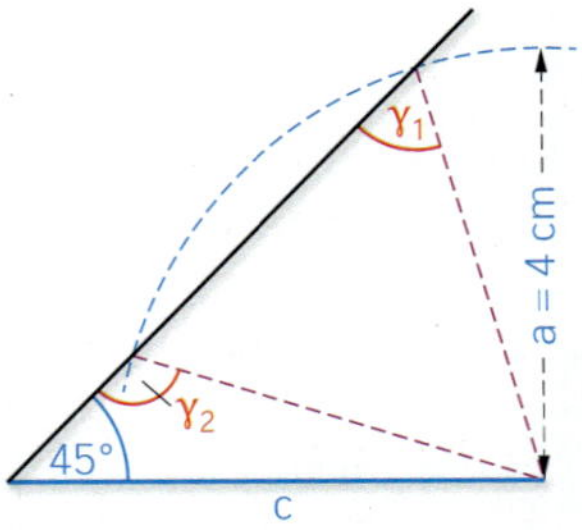

10 Bestimmen von unzugänglichen Streckenlängen

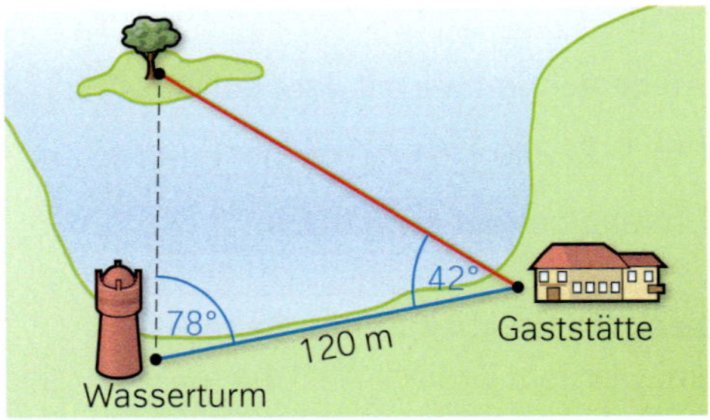

a) Wie weit ist die Insel von der Gaststätte am Ufer entfernt?

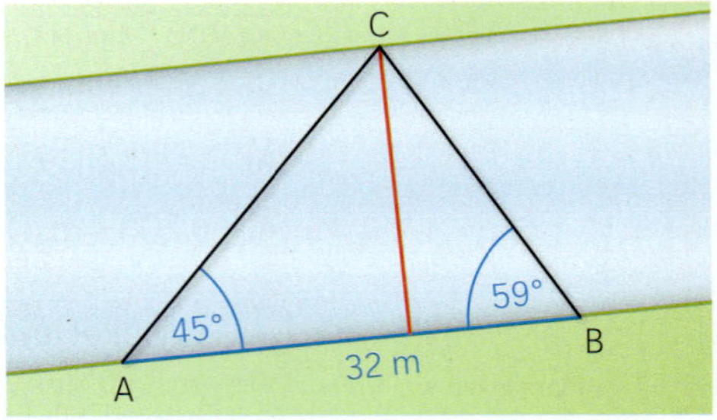

b) Wie breit ist der Kanal?

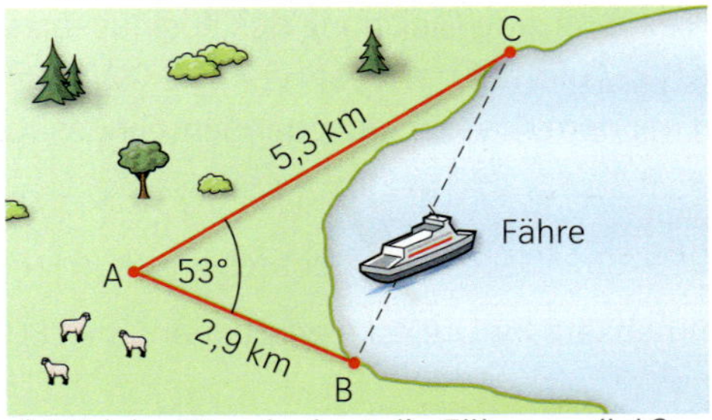

c) Welche Strecke legt die Fähre zurück?

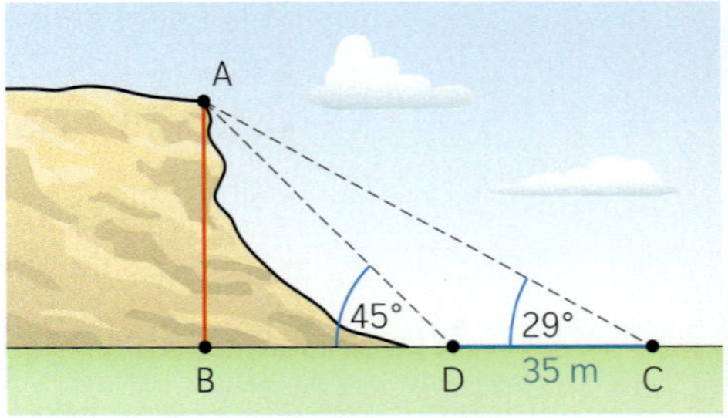

d) Wie hoch ist die Felswand?

Übungen

11 Zwei Krabbenkutter

Die Krabbenkutter Albert und Berta befinden sich um 15.00 Uhr in den Positionen A und B und steuern bei dichtem Nebel mit jeweils konstanter Geschwindigkeit (Albert 24 Seemeilen/Stunde, Berta 26 Seemeilen/Stunde) die eingezeichneten Kurse. Sind sie auf Kollisionskurs?

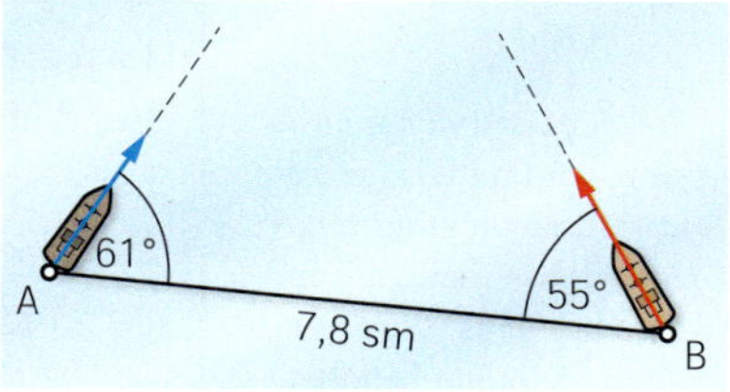

12 Hafeneinfahrt

Schon im Altertum bestimmte man durch Dreieckskonstruktion die Entfernung eines Schiffes, das auf den Hafen B zusteuerte. Von den Enden einer Standlinie $\overline{AB}$ (Länge bekannt oder messbar) visierte man das Schiff an und bestimmte die Winkel α und β zwischen Standlinie und Visierlinien. Beschreibe ein Verfahren, mit dem man die Entfernung des Schiffes zum Hafen berechnen kann (Skizze, Rechenschritte). Rechne mit $|\overline{AB}| = 520\,m$, $\alpha = 86°$ und $\beta = 62°$.

13 Heißluftballon

a) Ingemar wohnt 320 m westlich von Anna entfernt. Beide sehen einen Ballon in östlicher Richtung, Ingemar unter einem Höhenwinkel von $\alpha = 39°$, Anna unter einem Höhenwinkel von $\beta = 54°$. In welcher Höhe befindet sich die Gondel des Ballons?

b) Ein gleichmäßiger Wind mit einer Geschwindigkeit von 4 km/h treibt den Ballon ohne Höhenverlust in Richtung Osten. Unter welchem Höhenwinkel sieht Anna den Ballon 10 Minuten später?

14 Beweise des Sinussatzes

Du bekommst hier zwei Wege angeboten, den Sinussatz zu beweisen.

(A) *Bestimme jeweils auf zwei verschiedene Weisen h.*

Was ist bei diesem Beweis die entscheidende Idee?

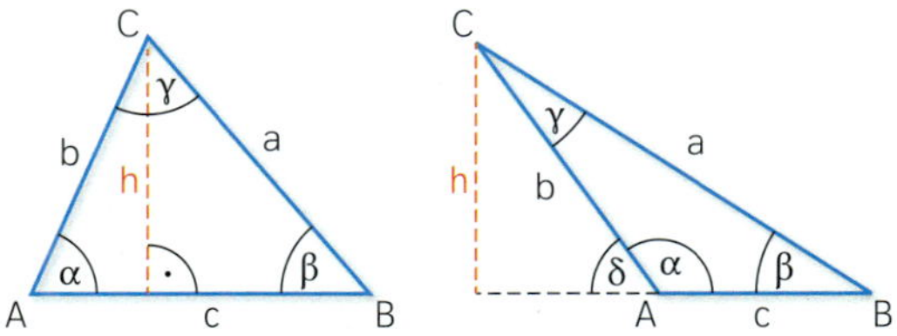

Tipp

1. Man benötigt noch eine weitere Höhe.
2. $\sin(180 - \alpha) = \sin(\alpha)$

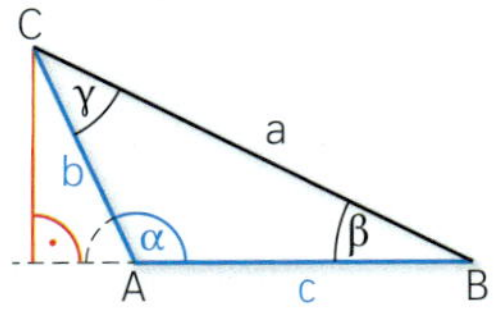

(B) *Im Lernabschnitt 7.1 hast du neue Formeln für den Flächeninhalt eines spitzwinkligen Dreiecks bewiesen:* $A = \frac{1}{2} c \cdot b \cdot \sin(\alpha) = \frac{1}{2} a \cdot b \cdot \sin(\gamma) = \frac{1}{2} a \cdot c \cdot \sin(\beta)$

a) Zeige, dass die Flächenformeln auch für ein stumpfwinkliges Dreieck gelten.

b) Mit den neuen Flächenformeln kannst du den Sinussatz beweisen. Schreibe den Beweis ausführlich auf.

15 Beweis des Kosinussatzes

Mit der Skizze (1), deinen Kenntnissen über die Winkelfunktionen und dem Satz des Pythagoras kannst du den Kosinussatz für spitzwinklige Dreiecke beweisen. Begründe zunächst die Angaben in der Skizze (1).

Beweise dann auch den Satz für ein stumpfwinkliges Dreieck ($\gamma > 90°$).

Tipp

$\sin^2(\gamma) + \cos^2(\gamma) = 1$

(1)

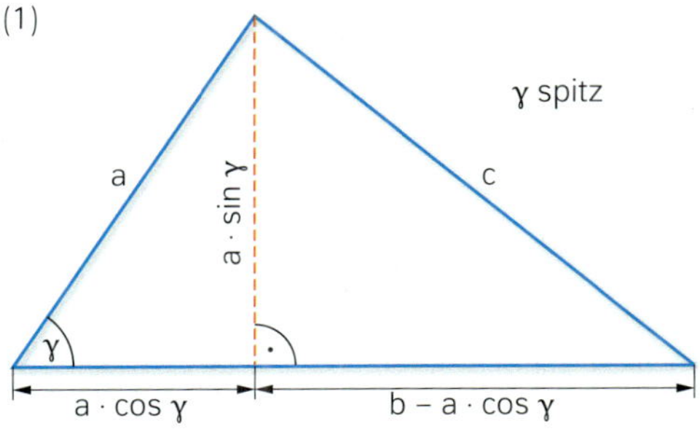

(2)

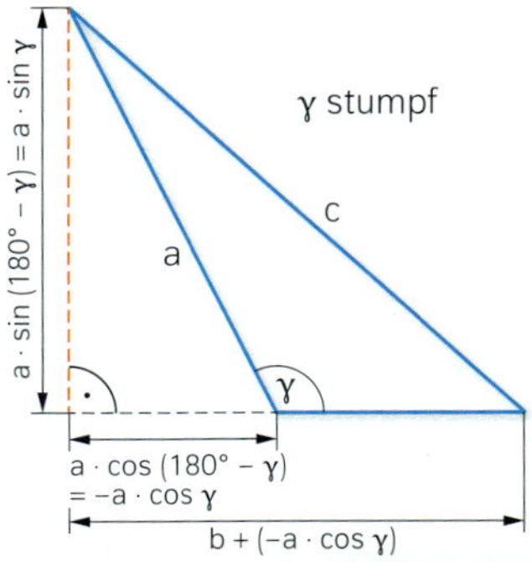

Bei der Laserweitenmessung wird mittels Quarzkristallschwingungen die Laufzeit bestimmt, die ein Laserlichtimpuls vom Start- zum Zielpunkt benötigt. Ein solcher „Lichtblitz" legt in einer Sekunde ungefähr 300 000 km zurück (Lichtgeschwindigkeit).

Exkurs

Laserweitenmessung

Bei den großen Leichtathletikwettbewerben werden heute die Weitenmessungen beim Sprung oder beim Diskuswerfen mit elektronischen Verfahren ausgeführt. Dabei kommen Laservermessungsgeräte (Tachymeter) zum Einsatz.

Ein Diskuskampfrichter: Wir können die Weiten mit diesen neuen Laserausrüstungen wesentlich schneller, genauer und sicherer bestimmen. Da gibt es keine durchhängenden Messbänder und missverständliche Zurufe mehr. Wenige Sekunden nach der Messung liegt das Messergebnis zentimetergenau in digitaler Form vor und kann auf der Anzeigetafel mit der aktuellen Rangposition des Werfers angezeigt werden.

Laser-Triangulationsprinzip

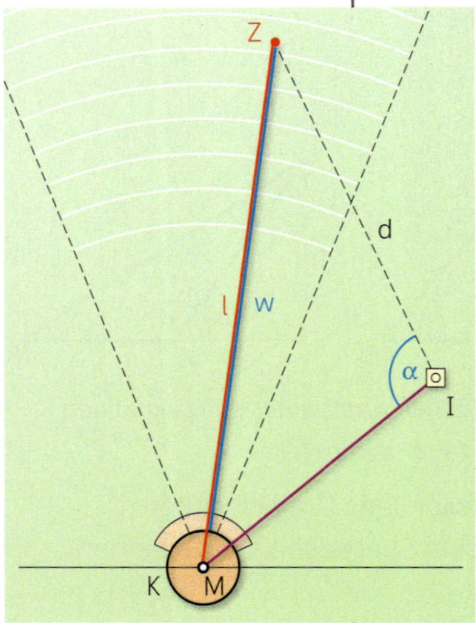

Vor Beginn des Wettkampfes wird der automatisierte Tachymeter an einem festen Ort I in der Nähe des Wurfkreises K aufgestellt. Dann werden der Mittelpunkt M des Wurfkreises und mittels Laserdistanzmessung die Entfernung $\overline{MI}$ zum Instrumentenmittelpunkt bestimmt. Schon kann der Wettkampf beginnen: Der Diskus fliegt durch die Luft und geht im markierten Sektor nieder. An der Aufschlagstelle steckt der Kampfrichter die Zielmarke Z in den Boden. Der Wettkampfvermesser richtet das Fernrohr grob aus und drückt auf die Start-Taste. Nun sucht die Automatik den Zielmarkenmittelpunkt, löst die millimetergenaue Laserstrahl-Messung der Strecke d zwischen Instrument und Zielmarke aus und bestimmt den Horizontalwinkel α zwischen Wurfkreis-Mittelpunkt und Ziel. Die Software berechnet daraus nach dem Kosinussatz die Distanz l, zieht den Radius r des Wurfkreises ab und rundet auf den Zentimeter.
Wenige Sekunden nach dem Druck der Starttaste erscheint die gültige Weite auf den Bildschirmen der Kampfrichter ohne jeglichen manuellen Zwischenschritt. Ihre Tastendruckbestätigung genügt zur automatischen Übertragung der Weite auf Ranglisten, Stadion-Anzeigetafel und Fernsehbildschirm.

Aufgaben

16 Wurfweiten messen

Erstelle mithilfe einer Tabellenkalkulation ein „Programm", das die oben beschriebene Rechnung nach Eingabe der Messwerte d und α in der Tabelle ausführt und die Wurfweite ausgibt (Radius des Wurfkreises r = 1,25 m, $\overline{MI}$ = 20 m).
Berechne damit die Wurfweiten w für die Messungen.
Für Spezialisten: Erweitere die Tabelle so, dass auch der jeweilige Rang der gemessenen Weite angegeben wird.

Messung d	45,346 m	56,25 m	62,451 m	53,172 m
Messung α	82,32°	76,56°	76,48°	100,91°

Projekt

Vermessen und Rechnen im Gelände

Die Trigonometrie stellt Funktionen und Formeln bereit, die Beziehungen zwischen den Seitenlängen und den Winkelgrößen geometrischer Figuren ausdrücken. Sie wird seit Jahrhunderten als unentbehrliches mathematisches Werkzeug in der Landvermessung (Geodäsie), der Astronomie, im Bauwesen und in der Navigation eingesetzt. Die dabei entwickelten Verfahren spielen auch im Zeitalter von GPS und Laser eine wichtige Rolle, z. B. bei der Rekonstruktion archäologischer Ausgrabungen, beim Brücken- und Tunnelbau oder auch bei Weitenmessungen bei großen Wettkämpfen im Sport.

Expertengruppen zur Vorbereitung der Exkursion

Gruppe A: Trigonometrische Messverfahren

A **Zusammenstellen und Beschreiben von typischen Messverfahren der Trigonometrie in einer „Messbroschüre“.**

Quellen: Neue Wege (Lernabschnitte 7.1 und 7.3 dieses Kapitels, die Kapitel zu Pythagoras und den Strahlensätzen in diesem Band oder auch die Anwendung der Kongruenzsätze).

Internet: Stichworte: Trigonometrie, Geodäsie, Triangulation, Nivellement.

„Vorwärtseinschneiden“

Zur Bestimmung einer unzugänglichen Strecke $\overline{PQ}$ werden von zwei Punkten A und B mit dem Abstand x die Winkel α, β, γ und δ gemessen.

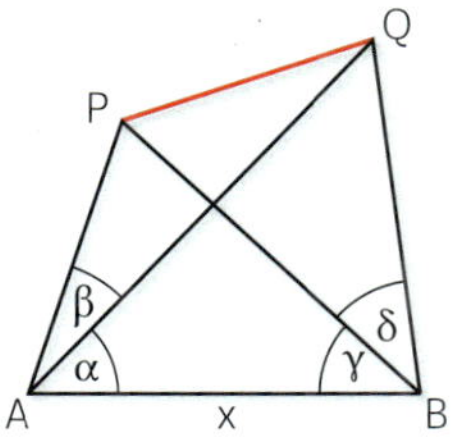

„Rückwärtseinschneiden“

Zur Bestimmung der Entfernung eines Punktes P von den Punkten A, B und C werden die Entfernungen x und y sowie die drei Winkel α, β und γ ermittelt.

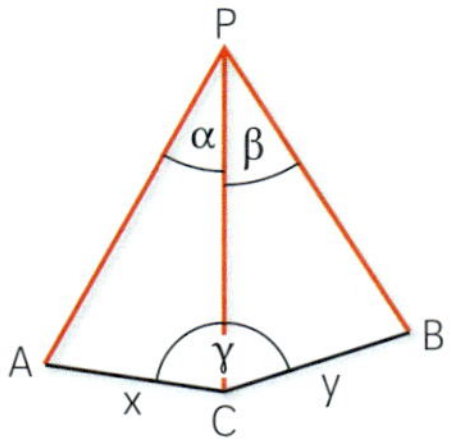

Gruppe B: Messgeräte zur Trigonometrie

B **Beschaffen oder Herstellen von Messgeräten zur Längen- und Winkelmessung (Messstäbe, Bandmaß, Laser-Entfernungsmesser, Theodolit, ...), Beschreiben der Handhabung und Bauanleitungen.**

Einfache Theodoliten findet man in der Lehrmittelsammlung der Schule, Modelle lassen sich selbst herstellen (Anleitungen u. a. im Internet).

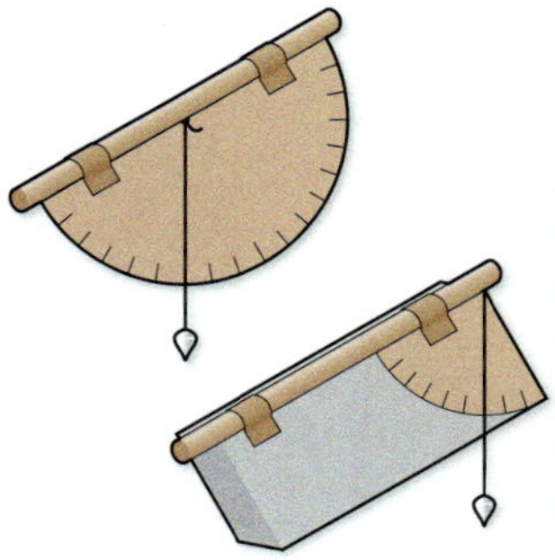
einfache Modelle

Profi-Theodolit

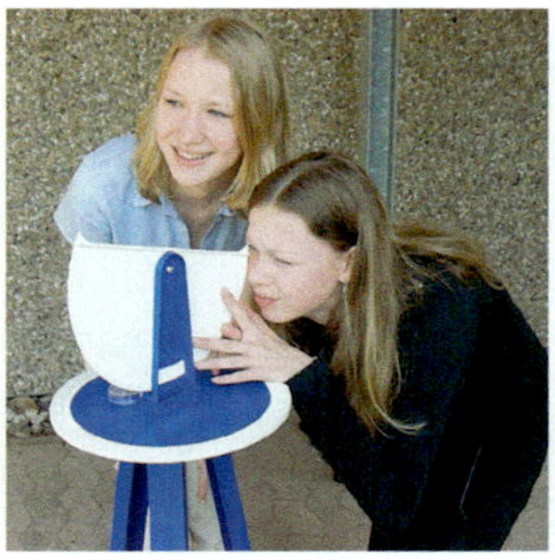
Schul-Theodolit

Modell

Definitionen am rechtwinkligen Dreieck

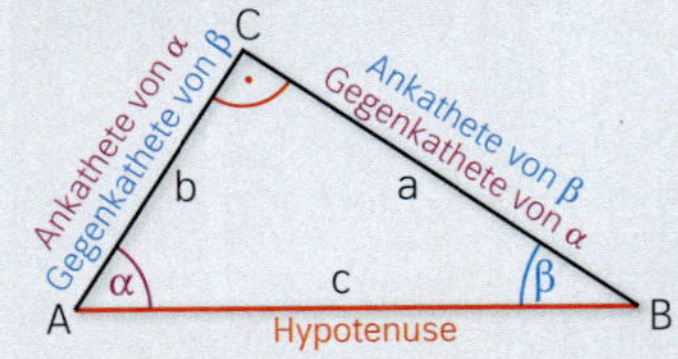

$\sin(\alpha) = \frac{a}{c}$

$\cos(\alpha) = \frac{b}{c}$

$\tan(\alpha) = \frac{a}{b}$

Tangens als Steigungsmaß

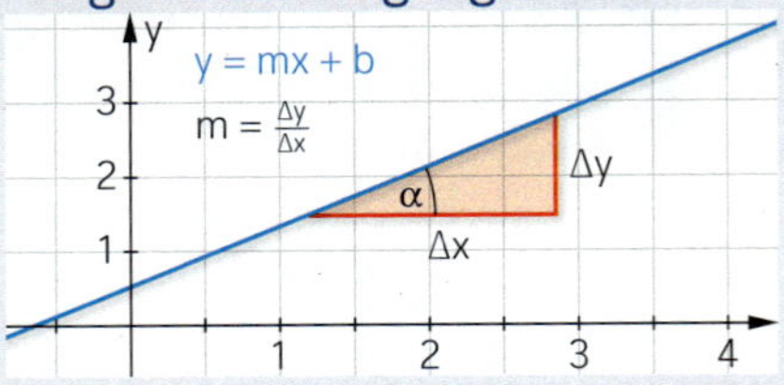

$m = \frac{\Delta y}{\Delta x} = \tan(\alpha)$ oder $\alpha = \tan^{-1}\left(\frac{\Delta y}{\Delta x}\right)$

Tabelle wichtiger Funktionswerte

	0°	30°	45°	60°	90°
sin	0	$\frac{1}{2}$	$\frac{1}{2}\sqrt{2}$	$\frac{1}{2}\sqrt{3}$	1
cos	1	$\frac{1}{2}\sqrt{3}$	$\frac{1}{2}\sqrt{2}$	$\frac{1}{2}$	0
tan	0	$\frac{1}{3}\sqrt{3}$	1	$\sqrt{3}$	—

Winkelfunktionen am Einheitskreis

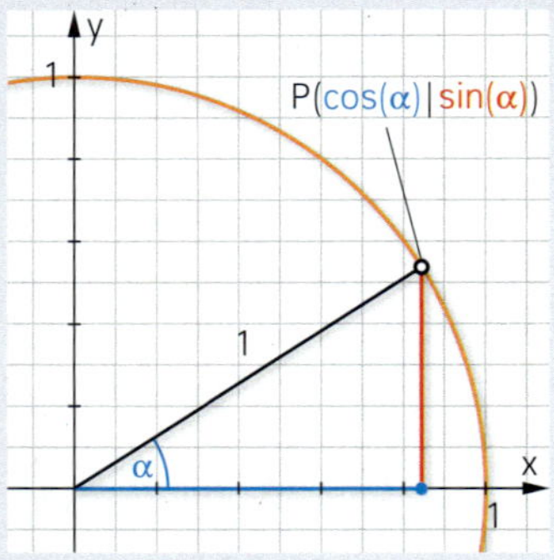

Sätze am beliebigen Dreieck

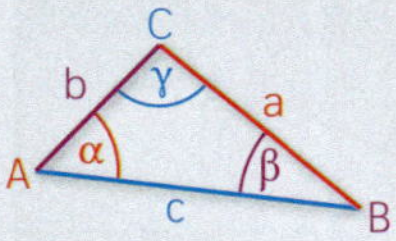

Sinussatz:

$\frac{a}{b} = \frac{\sin(\alpha)}{\sin(\beta)}$

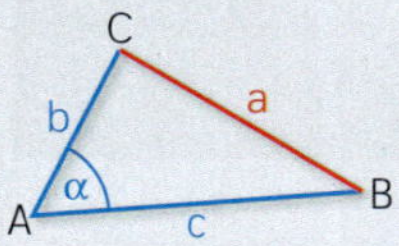

Kosinussatz:

$a^2 = b^2 + c^2 - 2bc \cdot \cos(\alpha)$

Check-up

1 Fehlende Winkel und Seiten berechnen

Von einem rechtwinkligen Dreieck ($\gamma = 90°$) sind zwei Größen gegeben. Berechne jeweils die übrigen Winkel und Seiten.

a) $c = 4\,cm$; $\alpha = 52{,}5°$
b) $a = 5{,}3\,cm$; $b = 3{,}8\,cm$
c) $b = 6\,cm$; $\beta = 57{,}2°$
d) $b = 3{,}5\,cm$; $c = 9{,}2\,cm$

2 Tangens im Einsatz

Zeichne die folgenden Geraden im Koordinatensystem und bestimme jeweils die Steigungswinkel.

g_1: $y = 3x + 1$ g_2: $y = 0{,}2x - 1$
g_3: $2x - 3y = 9$ g_4: $3x - 2y = 4$

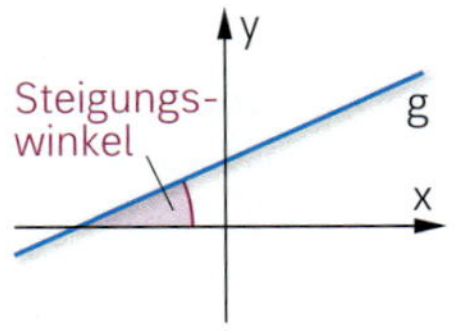

3 Ein Ziegeldach

Ein Ziegeldach sollte einen Neigungswinkel von mindestens 30° haben. (Warum?) Wie lang müssen die Balken eines Satteldachs bei einem 9,5 m breiten Haus mindestens sein?

4 Gleiche Sinuswerte

Welche der Winkel haben den gleichen Sinuswert?

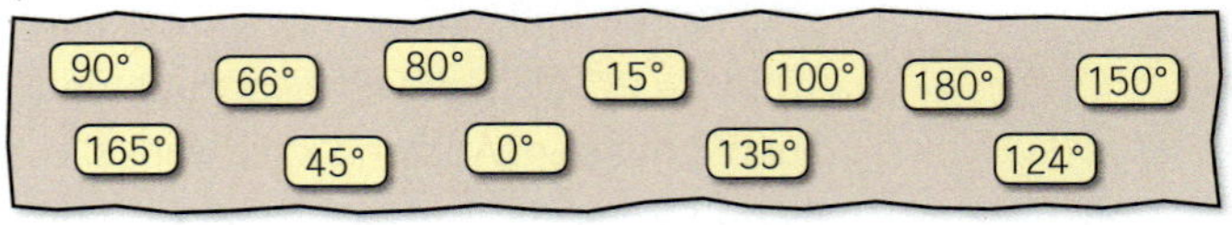

5 Punkt auf Kreis

C ist ein Punkt auf dem Kreis mit $r = 10$ und Mittelpunkt im Ursprung.

a) Gib zu jedem Winkel α ($0° \leq \alpha \leq 180°$) die Koordinaten von C mithilfe von Sinus und Kosinus an.

b) Berechne die Koordinaten des Punktes C für $\alpha = 30°$ ($\alpha = 120°$).

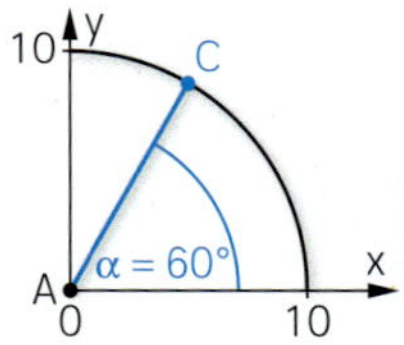

6 Berechnungen am beliebigen Dreieck

Formuliere mit den Bezeichnungen für das Dreieck rechts den Sinussatz und den Kosinussatz. Berechne

a) die Seite r, wenn $p = 3{,}2\,cm$, $q = 4{,}6\,cm$ und $\varphi_3 = 110°$,

b) den Winkel φ_2, wenn $p = 4\,cm$, $q = 6{,}4\,cm$, $\varphi_1 = 32°$.

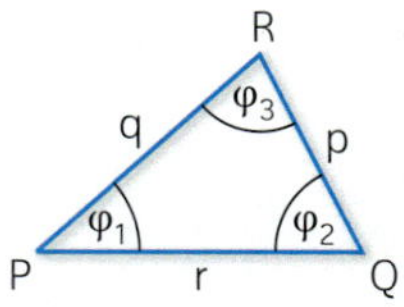

7 Seilspanner

Mit der 12 m langen Knotenschnur kann man einen rechten Winkel abstecken. Gib mindestens fünf andere Winkel an, die man ebenfalls mit dieser Schnur abstecken kann, wenn die Ecken der Hilfsdreiecke stets durch Knoten gebildet werden.

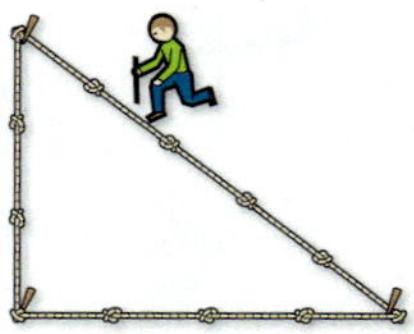

Sichern und Vernetzen – Vermischte Aufgaben zu Kapitel 2

Trainieren

1 Seitenverhältnisse

Notiere für die Winkel α, β, γ und δ jeweils Sinus, Kosinus und Tangens als Seitenverhältnisse.

Beispiel: $\cos(\beta) = \frac{|\overline{BD}|}{|\overline{BC}|}$.

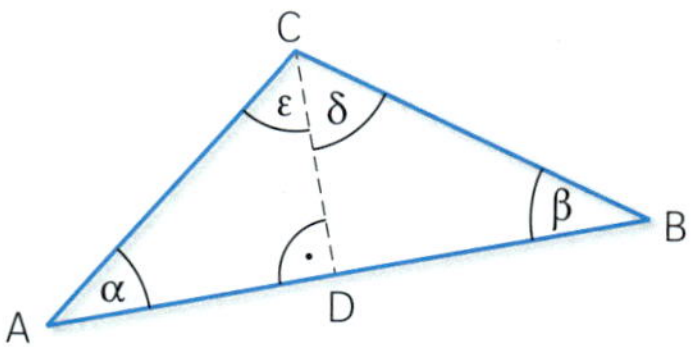

2 Sinus, Kosinus und Tangens

Gib jeweils einen Schätzwert für Sinus, Kosinus und Tangens zu den folgenden Winkelgrößen an: α = 5°, β = 32°, γ = 60°, δ = 85°. Berechne dann mit dem Taschenrechner.

3 Winkel gesucht

Über die Winkel α, β, γ, δ und ε ist bekannt, dass sie alle größer als 0° und kleiner als 90° sind. Zudem gilt:

$\sin(\alpha) = 0{,}53$ $\sin(\beta) = 0{,}97$ $\sin(\gamma) = 0{,}07$ $\sin(\delta) = 0{,}99$ $\sin(\varepsilon) = 0{,}5$

a) Ordne die fünf Winkel der Größe nach (ohne Verwendung des Taschenrechners).
b) Überprüfe deine Lösung in a) mithilfe des Taschenrechners.

4 Unvollständige Angaben

Bestimme die fehlende Größe.

a)

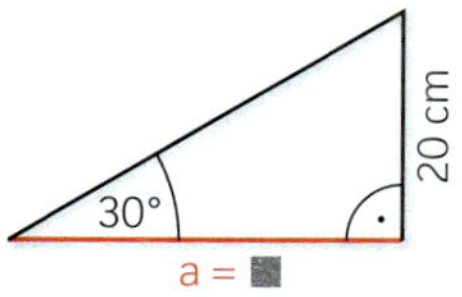

b)

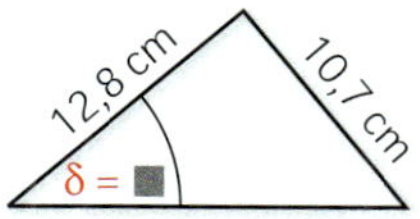

c)

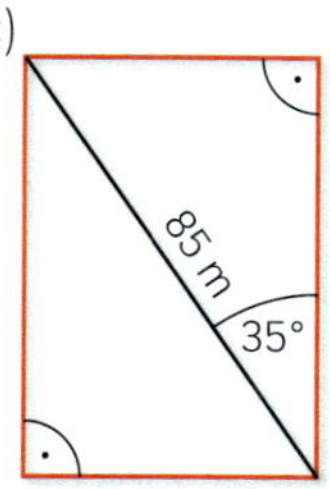

Umfang des Rechtecks ?

d)

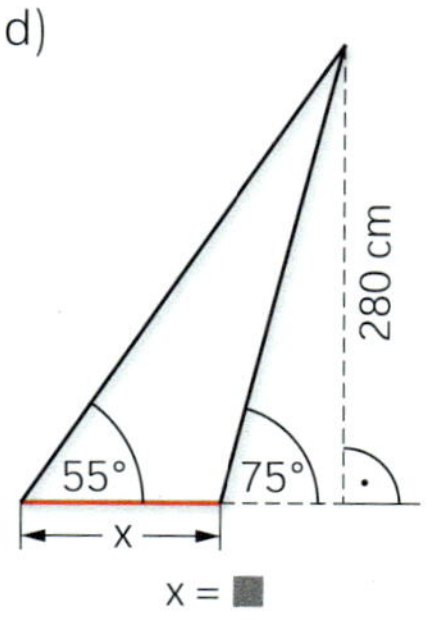

5 Gleichungen mit vielen Lösungen

Bestimme alle möglichen Lösungen für die Größe des Winkels α (0° ≤ α ≤ 360°).

$\sin(\alpha) = 0$ $\sin(\alpha) = 0{,}5$ $\sin(\alpha) = \frac{\sqrt{3}}{2}$ $\sin(\alpha) = \frac{\sqrt{2}}{2}$ $\sin(\alpha) = \frac{1}{4}$

6 Steigung oder Gefälle

Gib jeweils zwei lineare Funktionen an, deren Steigungswinkel gegenüber der x-Achse
a) 31° b) −45° c) 42° d) −35° e) 63,5° f) −76° beträgt.
Runde sinnvoll. Gib die zugehörige Steigung bzw. das Gefälle in % an.

7 Konstruieren und rechnen

Von dem Dreieck ABC sind jeweils drei Größen gegeben. Berechne die fehlenden Größen. Konstruiere zur Kontrolle der Rechnung.

a) a = 5 cm, b = 6 cm, γ = 110° b) b = 4 cm, β = 62°, γ = 70°
c) a = 8 cm, c = 6 cm, α = 95° d) a = 4,2 cm, c = 6 cm, β = 35°

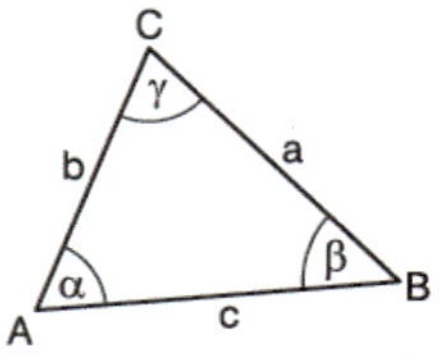

Verstehen

8 **Klar ohne Taschenrechner**

Kannst du voraussagen, was der Taschenrechner bei den folgenden Eingaben zeigt? Überprüfe und begründe.

$\cos(0°)$ $\sin(43°) - \cos(47°)$ $\sin^{-1}(0{,}5)$ $\sin(45°) + \cos(45°)$

9 **Die Steigung und der Steigungswinkel**

a) Bestimme die Steigung m (als Bruch, als Dezimalzahl und in %) und den Steigungswinkel α der Geraden g.

b) Übertrage die Zeichnung in dein Heft und zeichne im Punkt P Geraden ein, die eine Steigung von 50 %, 100 %, 200 %, 1000 % haben. Ist das möglich?

c) Was meinst du: Welche Steigung hat eine Parallele zur y-Achse?

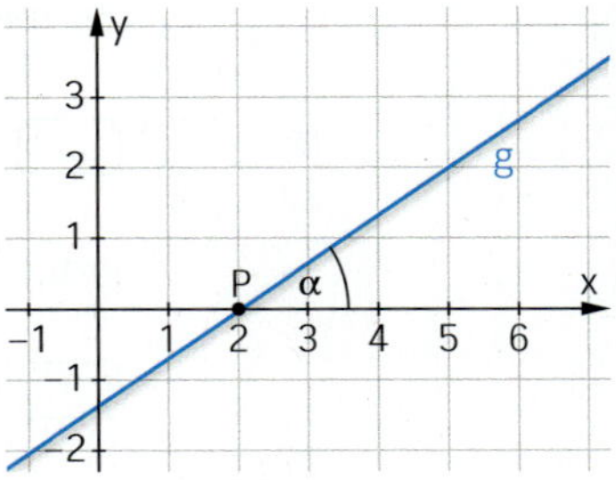

10 **Aus einem Aufnahmetest**

Wahr oder falsch? Entscheide ohne Verwendung des Taschenrechners und begründe.

a) Wird der Winkel α von 90° auf 0° verkleinert, so wird der sin (α) gleichzeitig auch kleiner und erreicht den Wert Null.

b) Wird der Winkel α von 90° auf 180° vergrößert, so wird der sin (α) auch größer.

c) Der Wert von sin (α) ist bei 270° größer als bei 90°.

d) Der Wert von sin (α) verändert sich je nach dem Winkel α zwischen 1 und −1.

e) Es gibt zwei Winkelgrößen α (0° ≤ α ≤ 360°), für die gilt: sin (α) = cos (α).

11 **Wenn der Punkt C wandert – Mathematik ohne Worte**

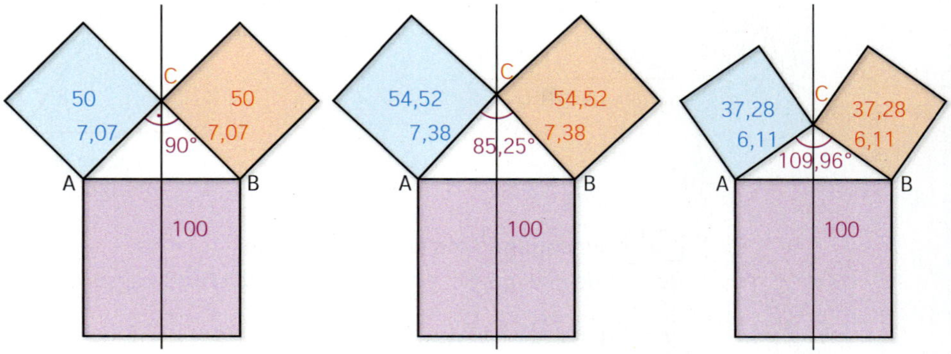

a) Beschreibe die Veränderungen in den Bildern.

b) Wie passt der Kosinussatz zu den Abbildungen? Rechne und erkläre.

12 **Sinus und Kosinus**

Welche Werte für Sinus und Kosinus sind in einem spitzwinkligen (stumpfwinkligen) Dreieck möglich? Hinweis: Gib jeweils ein Intervall an und begründe.

13 **Aus einem Aufnahmetest**

Gib zu der Funktion $f(x) = x + 3$ bzw. $f(x) = 0{,}25 \cdot x$ eine Funktion an, welche

a) die doppelte Steigung wie f(x) hat,

b) einen doppelt so großen Steigungswinkel wie f(x) hat.

Nicht alles geht. Findest du eine Erklärung?

Anwenden

14 Fensterglas

a) In den Giebel mit 38° Dachneigung wird das trapezförmige Fenster eingepasst. Wie viel Glas wird für das Fenster benötigt?
b) Um wie viel Prozent wird die Glasfläche kleiner, wenn die Dachneigung nur 28°beträgt?

15 Skipiste

Der nebenstehende Wegweiser an der steilsten Piste in Österreich, der Manfred-Pranger-Piste im Wipptal, ist ungewöhnlich, weil er eine Winkelangabe statt einer Steigung in % enthält. Berechne die Steigung in % und erstelle eine maßstabsgetreue Zeichnung des entsprechenden Steigungsdreiecks (Grundseite: 10 cm).

16 Berggipfel

Wie hoch ist der Gipfel des niedrigeren Berges?

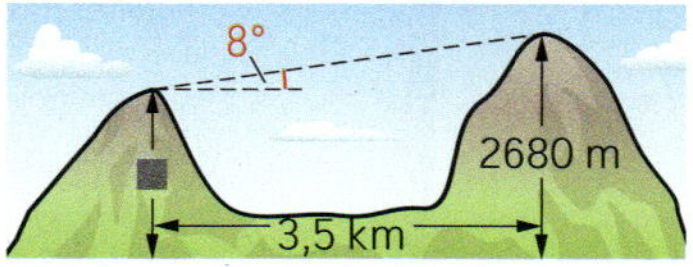

17 Messen im Gelände

Von A nach B soll geradlinig eine Pipeline verlegt werden. Mit den Hilfspunkten P und Q vermisst man die angegebenen Strecken und Winkel. Berechne damit die Länge $\overline{AB}$ und die Winkel α und β.

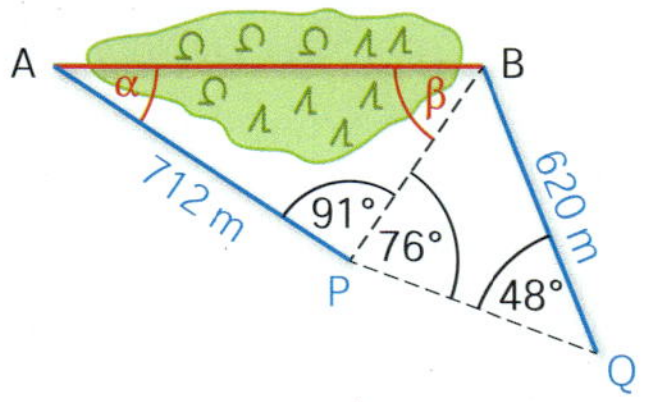

18 Gleitflug: Drachenflieger

a) Ein Drachenflieger gleitet ohne Aufwind in einem Gleitwinkel α von ungefähr 8° zu Tal. Welche Flugweite (horizontale Entfernung) erreicht er, wenn er aus einer Höhe h = 85 m startet?
b) Aus welcher Höhe müsste er starten, wenn er mit einem Gleitwinkel von 7° die gleiche Flugweite erreichen will?
c) Welche Gleitstrecke hat er in beiden Fällen zurückgelegt?

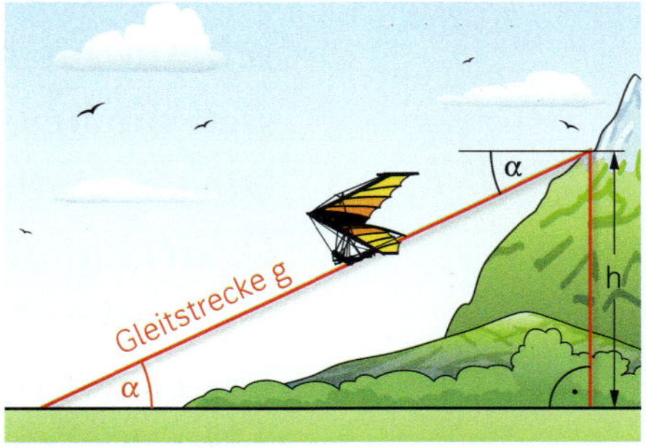

19 Entfernung Erde–Sonne

Wenn bei Sonnenuntergang der Halbmond zu sehen ist, so bilden Erde, Sonne und Mond in etwa ein rechtwinkliges Dreieck. Den Winkel Sonne–Erde–Mond misst man mit 89,86°. Mithilfe der bekannten Entfernung Erde–Mond (384 400 km) kann man die Entfernung Erde–Sonne berechnen. Wie wirkt sich ein Fehler von 0,2° bei der Winkelmessung aus?

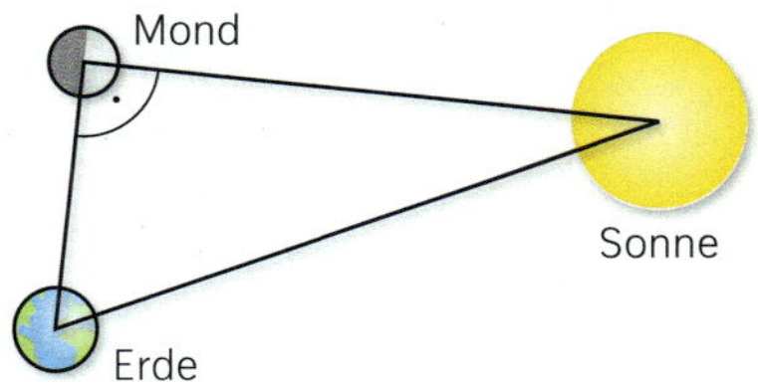

3

Kreisberechnungen

Technische Anwendungen von antikem Holzrad und der Töpferscheibe bis hin zu den modernen künstlichen Satelliten machen sich die besonderen Eigenschaften der Kreisbewegung zu Nutze. Die geostationäre Umlaufbahn (GEO, engl.: *Geostationary Earth Orbit*) hat einen Bahnradius von 42 157 km. Satelliten, die in dieser Umlaufbahn kreisen, fliegen genau mit der Drehung der Erde. Für einen Beobachter auf der Erde bleiben sie deshalb immer an derselben Stelle am Himmel. Der Vorteil: Die Antennen auf dem Boden sind fest auf einen bestimmten Punkt ausgerichtet, und jeder Satellit deckt stets das gleiche Gebiet der Erde ab. Deswegen wird diese Umlaufbahn z. B. für Fernseh-, Kommunikations- und Wettersatelliten verwendet.
Exakte Berechnungen sind notwendig, damit der Satellit von einer Trägerrakete in der richtigen Umlaufbahn abgesetzt wird.

3.1

Umfang und Flächeninhalt des Kreises

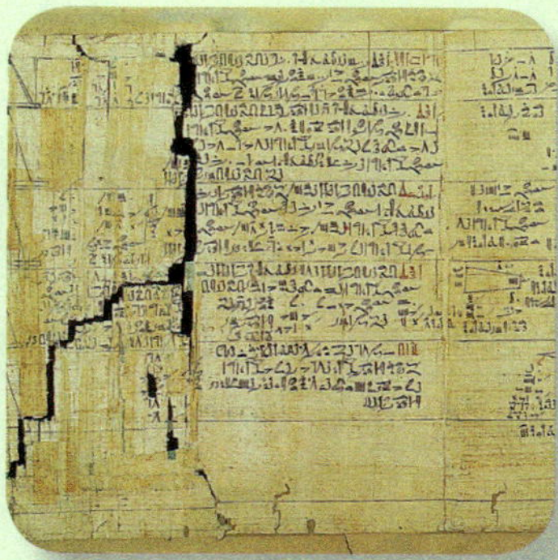

Der Papyrus Rhind (ca. 1550 v. Chr) ist ein auf Papyrus verfasstes Nachschlagewerk zu 84 mathematischen Fragestellungen. Für die Altägypter sollen sie einen praktischen Nutzen gehabt haben, unter anderem bei der Berechnung von Feldern unterschiedlicher geometrischer Form.
In der 48. Aufgabe erläutert der Schreiber und Rechenmeister AHMES die Berechnung der Fläche eines Kreises, der einem Quadrat mit einer Seitenlänge von 9 Längeneinheiten eingeschrieben ist. Insbesondere ermittelt er eine Zahl, die eine gute Näherung der Kreiszahl π darstellt.

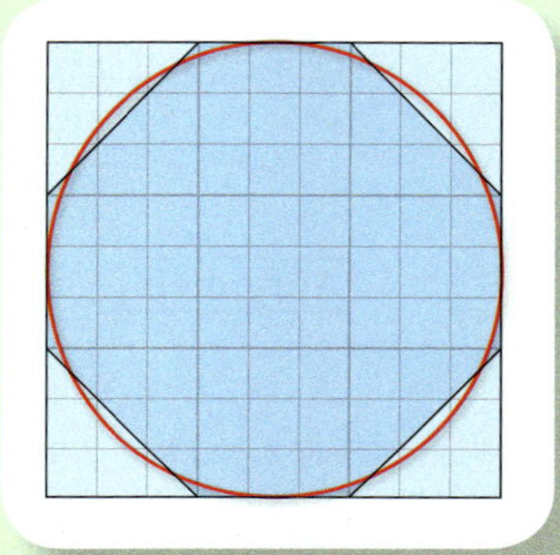

AHMES schätzt, dass der Flächeninhalt des Kreises um 1 Quadrateinheit größer ist als der Flächeninhalt des unregelmäßigen Achtecks. Zu welchem Ergebnis kommt er?

3.2

Anwendungen

Wenn man schwere Lasten weiterbewegen will, benutzt man oft Walzen. Die einfachste Walze ist zylinderförmig, sie hat einen Kreis als Querschnitt. Jede Walze ist im Idealfall ein sogenanntes „Gleichdick“: Sie lässt sich zwischen zwei parallelen Ebenen rotieren, die einen konstanten Abstand zueinander haben. Der Nachteil der zylinderförmigen Walzen ist ein hoher Materialverbrauch und Gewicht, andere Formen sind dagegen materialsparender.
Die Form der grünen Walze wird als REULEAUX-Dreieck bezeichnet. Sie setzt sich aus drei Kreisbögen zusammen und hat die kleinste Fläche unter allen Gleichdicken, wodurch sich Material sparen lässt.

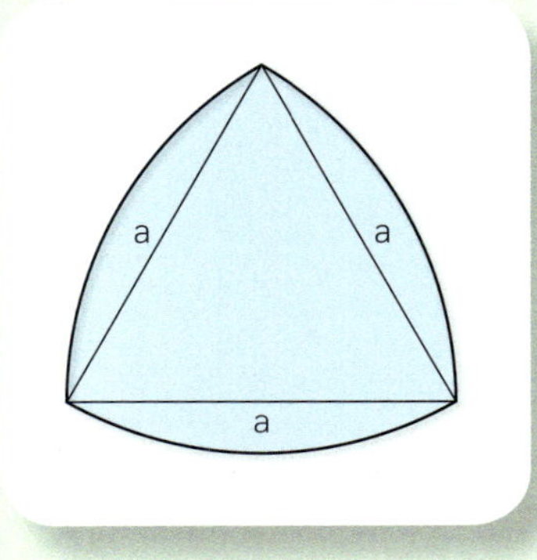

Schätze: Wie viel Prozent fehlt einem REULEAUX-Dreieck bis zu einer Kreisfläche, die „gleich dick“ ist?

3.1 Umfang und Flächeninhalt des Kreises

Die Vermessung von Kreisen gehört zu den ältesten Forschungsgegenständen der Mathematik. Dabei sind viele wichtige Erkenntnisse gesammelt worden. Vor allem wurde die Kreiszahl entdeckt. Mit ihrer Hilfe lassen sich der Umfang und der Flächeninhalt eines Kreises aus bekanntem Radius berechnen. Daraus lassen sich auch die Formeln für die Länge von Kreisbögen (z. B. bei Brückenbögen) oder die Flächeninhalte von Kreissektoren und Kreisringen ableiten. In Formeln sind Zuordnungen versteckt. So wird zum Beispiel mit den Formeln $U(a) = 4a$ und $A(a) = a^2$ der Seitenlange a eines Quadrates einmal der Umfang U, zum anderen der Flächeninhalt A des Quadrates zugeordnet. Ganz ähnlich sehen die Formeln für Umfang und Flächeninhalt eines Kreises aus.

Aufgaben

1 Schätzen und Messen

Was ist größer, die Höhe der Tennisdose oder ihr Umfang?

Wenn du keine Tennisdose zur Hand hast, genügt auch ein Tennisball. Wieso?

a) Schätze zuerst und vergleiche mit den Schätzungen in deiner Klasse. Überprüfe die Schätzung durch Nachmessen.

b) Vergleiche die Höhe der Dose mit ihrem Durchmesser oder dem eines Tennisballs. Was stellst du fest?

c) Stelle dir eine entsprechende Dose für drei Basketbälle vor. Wie sieht nun der Vergleich mit der Höhe der Dose und dem Durchmesser eines Basketballs aus? Wie kannst du die Höhe der Dose „messen“, ohne dass du eine solche Dose wirklich zur Verfügung hast?

2 Experimentieren und Auswerten

Welcher Zusammenhang besteht zwischen Durchmesser d und Umfang U eines Kreises? Es ist klar: *„Je größer der Durchmesser, desto größer der Umfang.“*
Doch ist der Zusammenhang zwischen Durchmesser und Umfang auch proportional?

a) Suche unterschiedlich große kreisförmige Gegenstände und miss jeweils möglichst genau deren Durchmesser und Umfang (ein Faden hilft beim Messen). Erstelle eine Tabelle, in der auch der jeweilige Quotient U:d berechnet wird, und zeichne einen passenden Graphen.

b) Formuliere einen Zusammenhang zwischen U und d, der für alle Kreise (ungefähr) zutrifft. Versuche, eine Formel aufzustellen, mit der man aus gegebenem Durchmesser den Umfang berechnen kann. Vergleiche mit dem Ergebnis deiner Mitschülerinnen und Mitschüler.

	A	B	C
1	**Zusammenhang zwischen Umfang**		
2	**und Durchmesser eines Kreises**		
3			
4	**Durchmesser d (in cm)**	**Umfang u (in cm)**	**Quotient u:d**
5	5,1	16,2	3,18
6	8,2	25,6	
7			
8			
9			
10			
11			

Aufgaben

3 Flächeninhalt eines Kreises – eine Formel zum Abschätzen

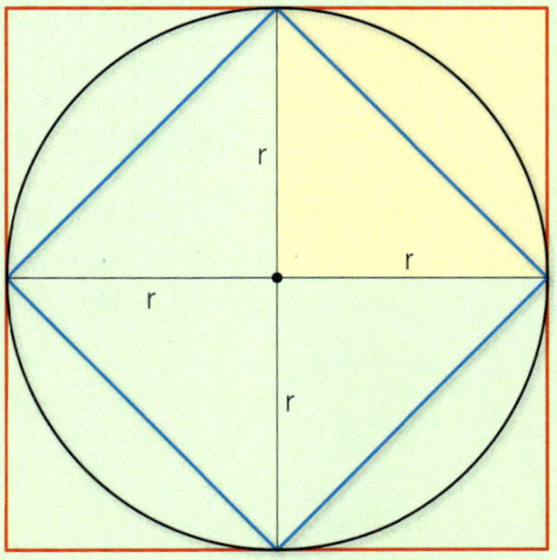

Mit dem Bild kannst du einen Zusammenhang zwischen dem Flächeninhalt eines Kreises und dem Kreisradius finden.

a) Zeichne drei Bilder mit jeweils verschiedenen Radien (z. B. $r = 2\,cm$, $4\,cm$, $8\,cm$). Welchen Flächeninhalt hat dann jeweils das rote Quadrat?

b) Wie viele der gelben Quadrate passen jeweils in das äußere rote Quadrat, wie viele in das innere blaue Quadrat?

c) Benutze deine Ergebnisse aus b) für eine Schätzung des Flächeninhalts des jeweiligen Kreises. Beschreibe dein Vorgehen.

d) Wie hängt dieser Schätzwert jeweils mit dem Radius des Kreises zusammen? Versuche, damit eine Formel zu bestimmen, mit der man den Flächeninhalt des Kreises aus dem gegebenen Radius ungefähr berechnen kann.

4 Flächen wiegen? – Experimentieren und Auswerten

Welcher Zusammenhang besteht zwischen dem Flächeninhalt eines Kreises und seinem Radius?

Radius (r)	■	■	...
Gewicht Kreis (K)	■	■	...

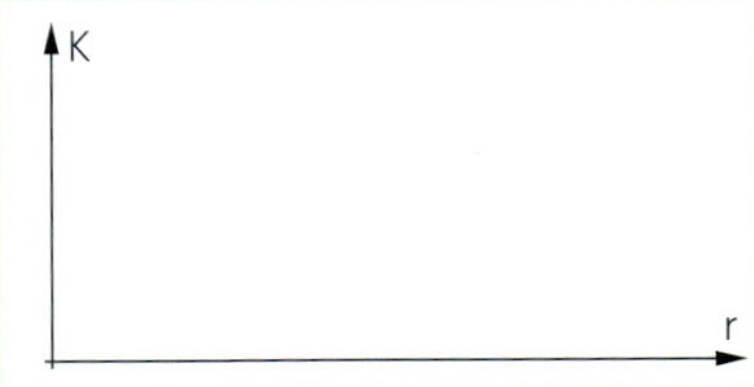

a) Schneidet aus Karton Kreise verschiedener Größe aus. Wichtig ist, dass alle Kreise aus demselben Material sind. Wieso? Wiegt nun die Kreise und tragt die Messwerte gemeinsam mit dem Kreisradius in eine Wertetabelle ein. Tragt nun die Wertepaare aus der Tabelle in ein geeignetes Koordinatensystem ein. Erkennt ihr einen Zusammenhang zwischen r und K?

b) Schneidet zu jedem Kreis ein Quadrat aus, dessen Seitenlänge dem Radius des Kreises entspricht. Wiegt nun die Quadrate und ergänzt die Messwerte in der Tabelle aus a). Welcher Zusammenhang besteht zwischen dem Gewicht des Quadrates und dem des Kreises? Vergleicht mit eurer Beobachtung aus a).

5 Falten, Schneiden und Zusammenlegen

Das Verfahren ist ein Näherungsverfahren. Wo liegen die Ungenauigkeiten? Wie lassen sich diese verringern?

Führe das folgende Experiment aus. Erkläre, wie man damit zu einer Formel für den Flächeninhalt des Kreises kommen kann. Welche Kenntnisse verwendest du dabei?

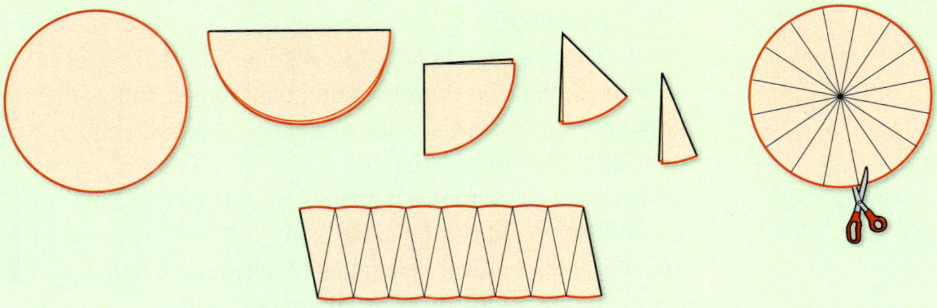

Basiswissen

Umfang und Flächeninhalt eines Kreises lassen sich mithilfe des Durchmessers oder des Radius berechnen. Der Durchmesser ist doppelt so groß wie der Radius. Es gilt $d = 2r$.

Umfang eines Kreises

Der Kreisumfang U ist ungefähr dreimal so groß wie der Durchmesser d des Kreises, damit auch sechsmal so groß wie der Radius r. Exakter berechnet man den Kreisumfang mit der Kreiszahl π.

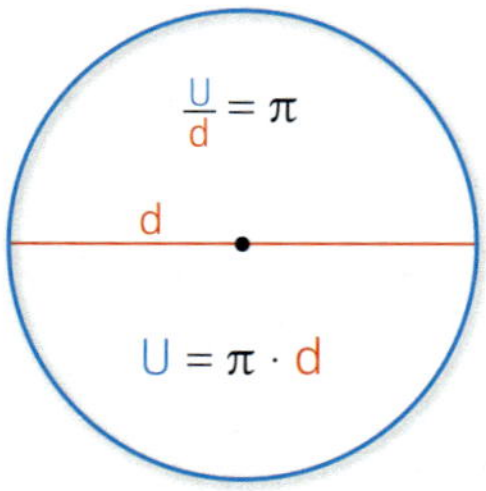

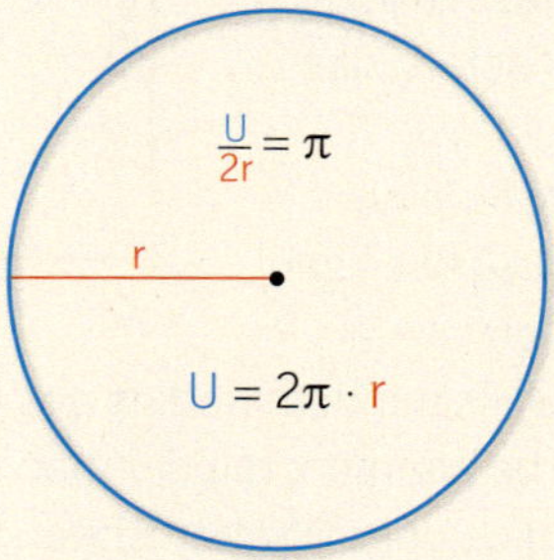

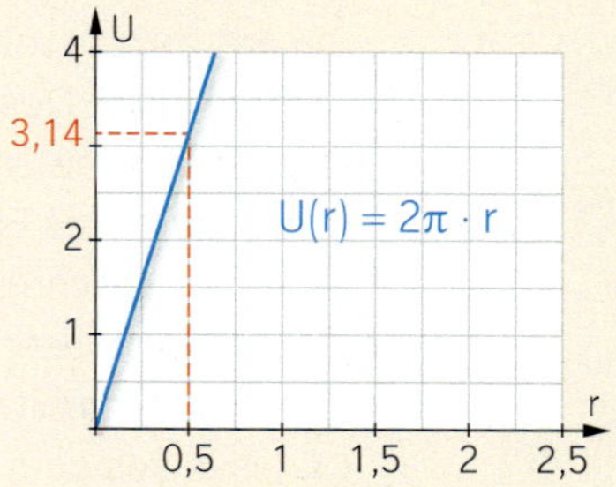

π (sprich Pi) ist der griechische Buchstabe für p.

Näherungsweise gilt: $\pi \approx 3{,}14$

Flächeninhalt eines Kreises

Auf dem Taschenrechner findest du mit der Taste π einen genaueren Näherungswert.

Die Kreisfläche A ist ungefähr dreimal so groß wie das Quadrat über dem Radius r des Kreises. Exakter berechnet man die Kreisfläche mit der Kreiszahl π.

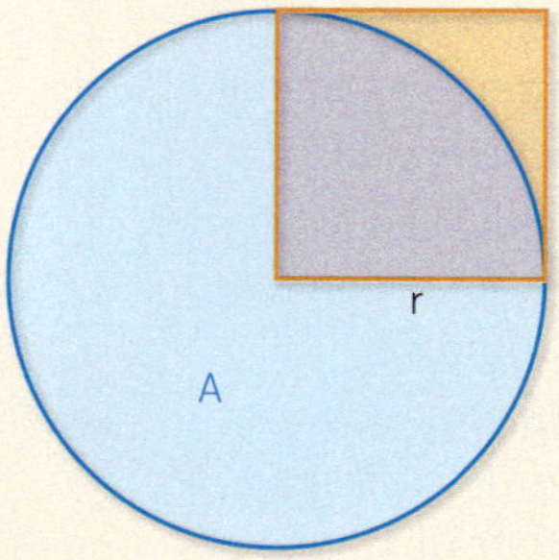

$\frac{A}{r^2} = \pi$

$A = \pi \cdot r^2$

$\pi \approx 3{,}14$

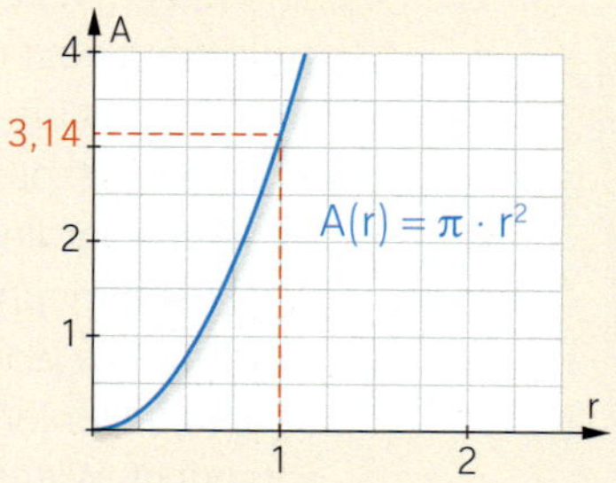

Beispiele

A Radumdrehung

Welchen Weg legt ein Fahrrad mit einem Raddurchmesser von 28 Zoll bei einer Radumdrehung zurück?

1 Zoll = 2,54 cm

Lösung: 28 Zoll sind ungefähr 71 cm. Der zurückgelegte Weg entspricht dem Umfang U des Rades.
$U \approx 3{,}14 \cdot 71\,\text{cm} \approx 223\,\text{cm}$. Das Fahrrad legt also bei jeder Radumdrehung ungefähr 2,23 m zurück.

B Anstoßkreis

Die 540 Mitglieder des FAN-Clubs sollen vor dem Spiel für ihre vorbildliche Unterstützung der Mannschaft geehrt werden. Können sie sich alle in dem Anstoßkreis des Fußballfeldes aufstellen?

Lösung: Der Anstoßkreis hat einen Radius von 9,15 m.
Der Flächeninhalt ist ungefähr $3{,}14 \cdot (9{,}15\,\text{m})^2 \approx 263\,\text{m}^2$.
$263\,\text{m}^2 : 540 \approx 0{,}49\,\text{m}^2$. Für jedes Mitglied steht damit etwa $\frac{1}{2}\,\text{m}^2$ zur Verfügung, das ist ausreichend.

Übungen

Im Wettkampfsport muss der Durchmesser des Tennisballs zwischen 64 und 67 mm liegen.

6 Durchmesser von Bällen

Der Durchmesser eines Tennisballs (Basketballs) soll möglichst genau bestimmt werden. Probiere verschiedene Messmethoden aus. Welche der gewählten Methoden liefert deiner Meinung nach das beste Ergebnis? Gib Gründe hierfür an.

7 Riesen-Mammutbaum

Der Riesen-Mammutbaum zählt zu den größten Lebewesen der Welt. Der legendäre „General-Sherman-Tree" in der Ursprungsregion dieser Riesen, der Sierra Nevada in Kalifornien, hat eine Höhe von 83,8 m und am Boden einen Stammumfang von 31,1 m. Welchen Durchmesser hat der Baum? Wie viele Schülerinnen und Schüler bräuchte man, um den Baum zu umfassen? Vergleiche mit den Maßen einer Buche in deiner Region.

8 Stammdurchmesser

Eine Gemeindeordnung besagt, dass ein Baum nur dann ohne Genehmigung gefällt werden darf, wenn sein Stammdurchmesser kleiner als 20 cm ist. Dieser kann nicht direkt gemessen werden, es sei denn, man fällt den Baum. Beschreibe eine Methode, wie man den mittleren Stammdurchmesser bestimmen kann. Ermöglicht diese Bestimmung immer eine eindeutige Entscheidung?

9 Training

Rechne mit $\pi \approx 3{,}14$

Von einem Kreis wurde jeweils eine Größe gemessen. Berechne die fehlenden Größen.

Durchmesser d	46 mm	■	■	■	■	■
Umfang U	■	42,6 cm	■	1,47 m	■	■
Radius r	■	■	1,24 m	■	6,2 cm	■
Flächeninhalt A	■	■	■	■	■	313,04 cm²

10 Wer wächst am schnellsten?

Mit dem Radius wächst auch der Umfang und der Flächeninhalt des Kreises. Was passiert jeweils, wenn man den Radius verdoppelt (verdreifacht, halbiert)?

11 Umfang und Flächeninhalt von Figuren

a) Welche der gefärbten Figuren hat den größten Umfang, welche den kleinsten? Gibt es Figuren mit gleichem Umfang? Stelle eine Rangfolge auf.

b) Führe die gleichen Untersuchungen für die Flächeninhalte der Figuren aus.

Die Figuren werden alle durch Kreisbögen begrenzt.

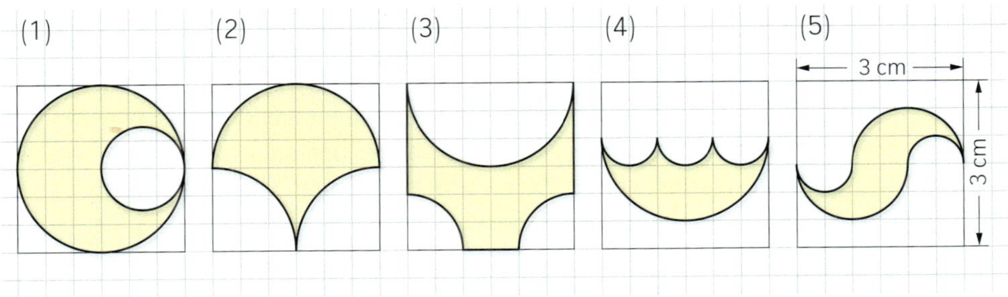

Exkurs

Die Kreiszahl π

π lässt sich nur als Näherungswert angeben. Bereits in frühen Kulturen haben die Menschen Näherungswerte für die Zahl π unabhängig voneinander entdeckt. Sogar in der Bibel ist eine Näherung für sie versteckt und zwar in einer Passage, in der es um die Erbauung eines Wasserbeckens vor einem Tempel durch König Salomo geht (2. Buch der Chronik, 4.2):

„Dann machte er das ‚Meer'. Es wurde aus Bronze gegossen, maß zehn Ellen von einem Rand zum andern, war völlig rund und fünf Ellen hoch. Eine Schnur von dreißig Ellen konnte es rings umspannen."

Die Bezeichnung π für die Kreiszahl wird allerdings erst seit dem 18. Jh. verwendet. Heute weiß man, dass π eine Zahl ist, deren Dezimaldarstellung nie abbricht und auch nicht periodisch wird. Man kann sie mithilfe des Computers auf sehr viele Stellen hinter dem Komma genau bestimmen, immer wieder werden neue Rekorde erzielt. So berechnete z. B. ein Computer in den USA bereits 1989 innerhalb von drei Tagen mehr als eine Milliarde Stellen von π.

Übungen

12 Die Kreiszahl π hat Geschichte

a) Welcher Näherungswert für π ist in dem Bibelzitat im Exkurs versteckt? Beschreibe, wie du dies herausfinden kannst.

b) Im Papyrus Rhind (ca. 1550 v. Chr) findet man die Berechnung der Kreiszahl π über den Flächeninhalt eines Kreises: siehe Seite 75. Folge dem Altägypter Ahmes auf seinem Lösungsweg. Das Wievielfache des r^2 ist der von ihm gewonnene Wert für die Kreisfläche? Gilt dieses Verhältnis auch für andere Kreise?

13 Straßenschild

„Durchfahrt verboten": Eine weiße Kreisfläche ist von einem roten Kreisring eingerahmt. Was schätzt du, welche der beiden Flächen die größere ist?
Rechne nach. $r_1 = 21$ cm; $r_2 = 30$ cm.

14 Sporthallentür

Eine Scheibe der Eingangstür zur Sporthalle muss erneuert werden. Dazu wird die viertelkreisförmige Scheibe ($r = 1{,}20$ m) aus einem Quadrat herausgeschnitten.
Wie viel Prozent macht der Verschnitt aus?

15 Laufrad

Das Laufrad besteht aus 73 Latten, die 8 cm breit und im Abstand von 2 mm miteinander befestigt sind.
Kann eine Schülerin oder ein Schüler der 9. Klasse aufrecht im Rad stehen?

Übungen

16 Kreisausschnitt

Ein Kreisausschnitt (Kreissektor) sieht aus wie ein „Tortenstück", von oben gesehen.

a) Berechne jeweils den Flächeninhalt A des Kreisausschnitts und die Länge b des zugehörigen Kreisbogens. Der Kreisradius r beträgt 5 cm.

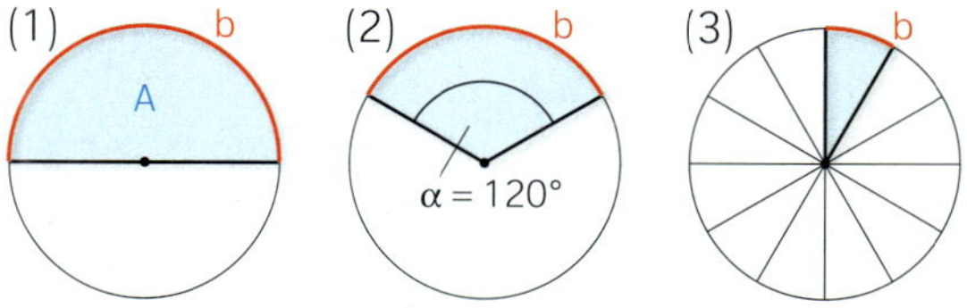

Proportionalität
Dreisatz

b) Übertrage die folgende Tabelle in dein Heft und setze sie fort. Welche Formeln ergeben sich für den Flächeninhalt A des Kreisausschnitts mit Radius r und die Länge b des zugehörigen Kreisbogens?

Mittelpunktswinkel α	360°	90°	60°	1°	α
Flächeninhalt A	$\pi \cdot r^2$	$\frac{1}{4}\pi \cdot r^2$	■	■	■
Kreisbogenlänge b	$2\pi \cdot r$	■	■	■	■

17 Bogenlänge als ein neues Winkelmaß

a) Skizziere je einen Kreisausschnitt (r = 1 cm) mit dem Mittelpunktswinkel $\alpha_1 = 45°$ und $\alpha_2 = 135°$. Berechne und vergleiche die Bogenlängen b_1 und b_2. Was stellst du fest?

b) Welcher Mittelpunktswinkel gehört zu der Bogenlänge $\frac{\pi}{2}$, $\frac{3}{2}\pi$, 2π?
Warum ist bei der Beantwortung dieser Frage die Angabe des Kreisradius wichtig? Begründe durch Skizze und Rechnung.

Partnerarbeit

c) Denke eigene Aufgaben zur Bestimmung von Winkel und Bogenlänge ähnlich wie in a) und b) aus und stelle sie deinen Sitznachbarn. Der Kreisradius r beträgt 1 LE.

Basiswissen

Der Flächeninhalt eines Kreissektors ist ein Bruchteil des Flächeninhalts des Kreises und auch die Bogenlänge des Kreissektors ist ein Bruchteil des Kreisumfangs.
Legt man den Radius des Kreises fest (üblich: r = 1 LE), so entspricht die Bogenlänge des Kreissektors eindeutig der Größe des Mittelpunktswinkels und ist daher ein Winkelmaß.

Kreisausschnitt

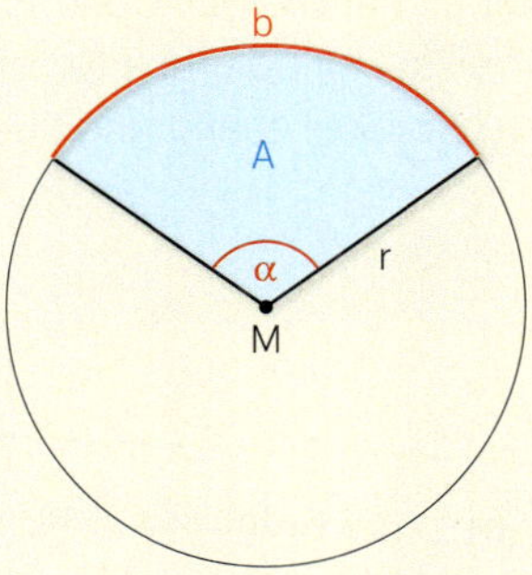

Der Winkel α wird Mittelpunktswinkel genannt.

Länge des Kreisbogens b („Bogenlänge")

$$b = \frac{\alpha}{360°} \cdot 2\pi \cdot r$$

Flächeninhalt des Kreisausschnitts A:

$$A = \frac{\alpha}{360°} \cdot \pi \cdot r^2$$
$$= \frac{\alpha}{360°} \cdot 2\pi \cdot r \cdot \frac{r}{2} = b \cdot \frac{r}{2}$$

Bogenmaß

Ein Einheitskreis hat den Radius r = 1 LE, also gilt für ihn: $U = 2\pi$ (in LE).

Winkel α in Grad	360°	180°	90°	30°	75°
Winkel α im Bogenmaß	2π	π	$\frac{\pi}{2}$	$\frac{\pi}{6}$	$\frac{75°}{360°} \cdot 2\pi \approx 1{,}309...$

Jeder Mittelpunktswinkel α im Einheitskreis kann in Grad oder im Bogenmaß gemessen werden. Das Bogenmaß kann als Vielfaches der Kreiszahl π angegeben werden, so dass man für die Winkelgröße eine reelle Zahl erhält.

Beispiele

Einstellung des Taschenrechners
Gradmaß: DEG bzw. DEGREE (Einheit: Grad)
Bogenmaß: RAD bzw. RADIAN (Einheit: Radiant)

C Maße eines Kreisausschnitts

Bestimme für den Kreisausschnitt den Flächeninhalt und die Bogenlänge. Gib den Winkel α im Bogenmaß an.

Lösung:

Bogenlänge: $b = \frac{\alpha}{360°} \cdot 2\pi \cdot r = \frac{36°}{360°} \cdot 2\pi \cdot 3\,\text{cm} = \frac{6\pi}{10}\,\text{cm} \approx 1{,}88\,\text{cm}$

Flächeninhalt: $A = \frac{\alpha}{360°} \cdot \pi \cdot r^2 = \frac{36°}{360°} \cdot \pi \cdot (3\,\text{cm})^2 = \frac{9\pi}{10}\,\text{cm}^2 \approx 2{,}83\,\text{cm}^2$

Der Winkel α beträgt $\frac{36°}{360°} \cdot 2\pi = \frac{\pi}{5} \approx 0{,}628$ im Bogenmaß.

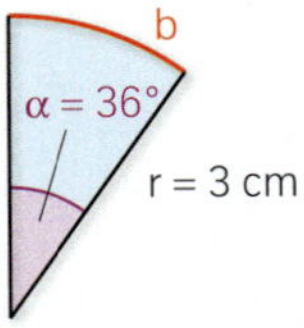

Übungen

18 Winkelmaße im Kopf umrechnen

Übertrage die Tabelle in dein Heft und ergänze sie.

Winkel im Gradmaß	120°	■	60°	■	135°	■	72°	■	1°
Winkel im Bogenmaß	■	π	■	$\frac{\pi}{4}$	■	$\frac{3\pi}{2}$	■	$\frac{\pi}{10}$	■

Einheitskreis: $\frac{b}{2\pi} = \frac{\alpha}{360°}$ mit α in °

19 Bogenmaß und Gradmaß mit dem Taschenrechner

Ergänze die Tabelle in deinem Heft. Schätze zuerst die fehlenden Werte.

Winkel im Gradmaß	10°	■	170°	■	356°	■	44°	■	100°
Winkel im Bogenmaß	■	1,571	■	2	■	6,283	■	0,314	■

20 „Minitortenstück"

Stelle dir einen ganz schmalen Kreissektor mit dem Mittelpunktswinkel $\alpha = 1°$ und $r = 10\,\text{cm}$ vor. Skizziere das „Tortenstück" zunächst. Schätze die Fläche des Kreissektors sowie die Länge des zugehörigen Kreisbogens und berechne anschließend. Vergleiche mit deinen Schätzwerten.

21 Besonderer Winkel

Wie groß muss der Mittelpunktswinkel des Kreisausschnitts sein, damit er denselben Flächeninhalt hat wie das Quadrat? Welche der beiden Figuren – der Kreissektor oder das Quadrat – hat dann einen größeren Umfang? Schätze zuerst und überprüfe durch Rechnung.

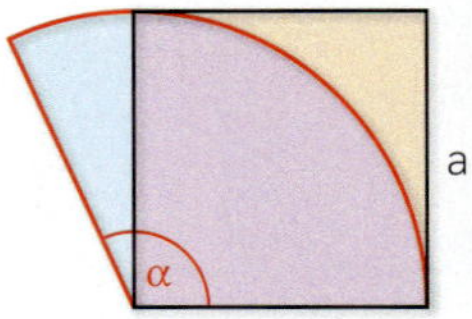

Kopfübungen

1. Die Masse des Mondes beträgt 0,0123 der Erdmasse. Wie viel Prozent sind es?
2. Ergänze: Ein Rechteck lässt sich bereits eindeutig konstruieren, wenn man … kennt.
3. Auf einer Fläche von $38\,\text{m}^2$ will Ben für Kaninchen eine Hütte ($4\,\text{m}^2$ Grundfläche) und eine Auslauffläche einrichten. Wie viele Kaninchen kann er halten, wenn jedes mindestens $2\,\text{m}^2$ Auslauf benötigt?
4. Wie groß ist der Winkel, den a und b einschließen?
5. Gibt es rationale Zahlen a und b mit $a > b$ und $a \cdot b < 0$?
6. Stellt das Baumdiagramm das zweimalige Ziehen aus der Urne mit oder ohne Zurücklegen dar? Begründe.
7. Gib die Formel an, mit der du Anzahl der Stunden in Anzahl der entsprechenden Tage umrechnen kannst.

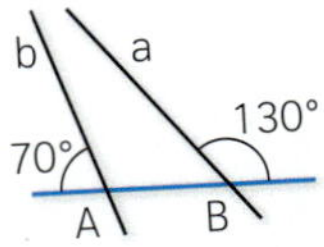

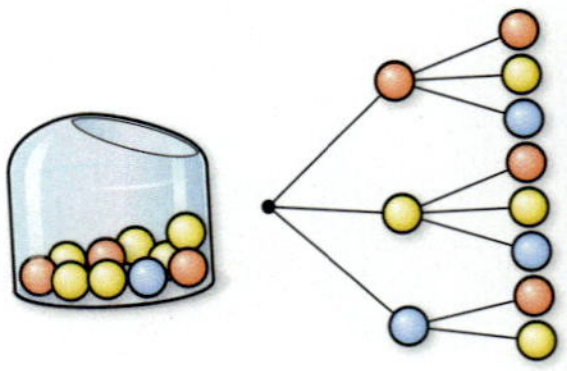

Interessantes zur Kreiszahl π

Exkurs

Wie genau braucht man π?

Wie genau braucht man π eigentlich in der Praxis? 100 Nachkommastellen sind auf jeden Fall schon viel zu viel, wie HEINRICH TIETZE eindrucksvoll in seinem Buch „Gelöste und ungelöste mathematische Probleme“ beschreibt:

„Man nehme eine Kugel, in deren Mitte unsere Erde liege, und die bis zum Sirius reiche (das Licht, das 300 000 km in der Sekunde zurücklegt, braucht bis dorthin etwa $8\frac{3}{4}$ Jahre); man fülle diese Kugel mit Bakterien, so dass auf jeden Kubikmillimeter eine Billion Bakterien kommen. Man stelle nun alle diese Bakterien auf einer geraden Linie so auf, dass die Entfernung vom ersten Bakterium zum zweiten so groß ist wie die Entfernung Erde – Sirius; ebenso groß sei die Entfernung vom zweiten zum dritten, vom dritten zum vierten usw. Die Entfernung vom ersten zum letzten Bakterium nehme man als Radius eines Kreises. Berechnet man den Umfang dieses Kreises, indem man π auf 100 Nachkommastellen genau verwendet, so wird – trotz der ungeheuren Größe des Kreises – der bei der Berechnung des Umfangs begangene Fehler immer noch kleiner ausfallen als ein Zehnmillionstel eines Millimeters.“

Handwerker benutzen zur Abschätzung des Kreisumfangs die Faustregel: „Dreifacher Durchmesser plus 5 %“

Und die Moral von der Geschicht’, allzu viele Dezimalen bringen’s nicht.

Aufgaben

22 „Gedächtnisakrobaten“

Sebastian aus der 8. Klasse verblüffte seine Mitschülerinnen und Mitschüler und seinen Lehrer durch eine ungewöhnliche Leistung: Er konnte die ersten fünfzig Nachkommastellen von π fehlerfrei auswendig aufsagen, und dies mehrmals in einem Zeitrahmen von mehreren Wochen.

π = 3,141 592 653 589 793 238 462 643 383 279 502 884 197 169 399 375 105 820 974 944 592 307 …

a) Teste deine eigene Lernfähigkeit.

b) Was haben die folgenden Merkverse mit der Zahl π zu tun?

Wie, o dies π macht ernstlich so vielen viele Müh
Lernt immerhin, Jünglinge, leichte Verselein.
Wie so zum Beispiel dies dürfte zu merken sein.

Now I know a spell unfailing
An artful charm for tasks availing
Intricate results entailing
Not in too exacting mood.
(Poetry is pretty good.)
Try the talisman,
Let be adverse ingenuity.

Wenn du das Geheimnis gelüftet hast, kannst du die „Gedichte“ vielleicht noch verlängern oder einen eigenen Merkvers komponieren.

Exkurs

Eine Anekdote

Im Jahre 1897 wollte man „neue mathematische Wahrheiten“ per Gesetz festlegen.

Der Arzt EDWIN J. GOODWIN reichte beim Repräsentantenhaus des US-Bundesstaates Indiana eine Gesetzesvorlage ein, in der diese „Wahrheiten“ formuliert und dem Staat „kostenlos“ zur Verfügung gestellt werden sollten. Zuvor hatte Goodwin sich die Patente für seine „Entdeckungen“ gesichert. Unter anderem wurde der Wert von π zu $\frac{16}{5} = 3{,}2$ „festgelegt“! Als Näherungswert ist 3,2 schlechter als der Wert, den die Babylonier bereits kannten: $4 \cdot \left(\frac{8}{9}\right)^2 \approx 3{,}16$. Der Vorschlag passierte unwidersprochen mehrere Instanzen, bis Prof. C. A. WALDO von der Purdue-Universität zufällig davon hörte und einen Aufschub der Entscheidung über das Inkrafttreten des Gesetzes auf unbestimmte Zeit erwirkte. Bis heute wurde der Antrag nicht wieder aufgegriffen.

Isoperimetrisches Problem

Geschlossene Kurven gleicher Länge, ebene Flächenstücke gleichen Umfangs bezeichnet man als isoperimetrisch.

> Das berühmte isoperimetrische Problem lautet:
> „Welche Figur in der Ebene hat bei gegebenem Umfang den größten Flächeninhalt?"

Exkurs

Das Reich der Dido

Besucht man die Stadt Karthago in Tunesien, so sieht man schon von weitem den Byrsa-Hügel, einst Burgberg von Karthago. Im Griechischen bedeutet Byrsa „abgezogenes Tierfell", ein Hinweis auf die Sage zur Entstehung Karthagos. Im Jahr 814 v. Chr. – so die Sage – kam Dido, eine phönizische Königin, mit einigen Getreuen übers Meer nach Afrika gesegelt, um den Nachstellungen ihres Bruders zu entgehen. Vom König des Landes erbat Dido sich so viel Land, wie sie mit einer Rindshaut umspannen konnte. Spöttisch gewährte der König ihr die bescheidene Bitte. Die kluge Phönizierin aber zerschnitt das Tierfell in dünne Streifen. Sie grenzte damit das gesamte Gebiet um die günstig gelegene Hafenbucht mit dem Byrsa-Hügel ab, und gründete somit Karthago. So „ging allerhand auf die Kuhhaut", nämlich eine neue Heimat für Didos Landsleute, die bald zu einer bedeutenden Seehandelsstätte heranwuchs.

23 Größter Flächeninhalt bei gleichem Umfang

In einer Version der Sage von Dido findet man folgende Passage: *„Listig zerschnitt Dido die Rindshaut in schmale Streifen mit einer Gesamtlänge von 880 m, die sie zu einem Rechteck zusammenlegte."*

Schätzen und Probieren

a) Welche Abmessungen musste Dido für ihr Rechteck wählen, um eine möglichst große Fläche mit der Rindshaut zu umspannen? Schätze zuerst und probiere dann für verschiedene Rechtecke. Begründe deine Lösung.

Experiment

b) Besorge dir eine 60 cm lange Schnur. Versuche nun, eine möglichst große Fläche mit der Schnur zu umspannen. Welche Arten von Figuren eignen sich sicher nicht? Mit welcher Figur erzielst du den größten Flächeninhalt? Protokolliere dein Vorgehen und deine Ergebnisse.

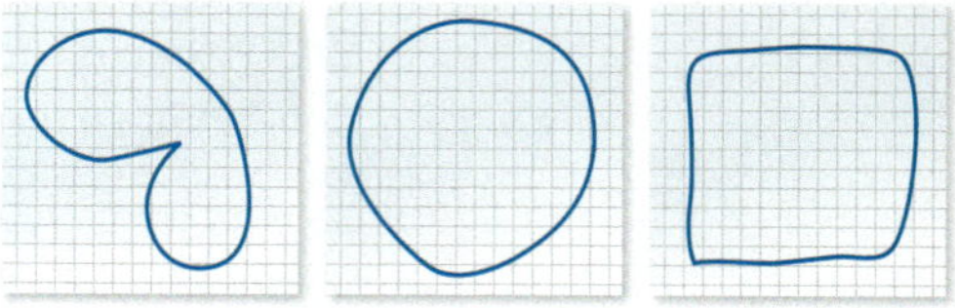

rechnerischer Ansatz

c) Vergleiche zunächst den Flächeninhalt eines regelmäßigen Vielecks (Dreieck, Viereck, Sechseck, Achteck) mit dem eines nicht regelmäßigen Vielecks. Was stellst du fest? Bestimme danach den Flächeninhalt für ein gleichseitiges Dreieck, ein Quadrat, ein regelmäßiges Sechseck und ein regelmäßiges Achteck von je 60 cm Umfang. Ordne der Größe nach. Vergleiche mit dem Flächeninhalt eines Kreises mit 60 cm Umfang.

Beweisidee für das isoperimetrische Problem

d) Der exakte Beweis ist nicht einfach, die letzten Beweislücken wurden nach jahrhundertelangen Versuchen erst im 19. Jh. (von Karl Weierstrass) geschlossen.

> Von allen Figuren gleichen Umfangs stellt der Kreis diejenige Figur mit dem größtmöglichen Flächeninhalt dar.

Die grundlegende Beweisidee ist es, die mit dem Kreis des Umfangs U konkurrierenden Flächen nacheinander auszuschließen. Erläutere, wie diese Idee in den Teilaufgaben b) und c) bereits verfolgt wird.

3.2 Anwendungen

Kreise, Kreisbögen und Kreisteile stellen nicht selten eine Verbindung zwischen der Mathematik und zahlreichen anderen Fachgebieten dar. Deren Verwendung in der Architektur reicht von dem Brückenbau bis zur kreativen Gartengestaltung. In der Technik werden oft rotierende Bauteile wie Walzen, Bohrer und Räder verwendet. Seit den 60er-Jahren des letzten Jahrhunderts umkreisen Satelliten die Erde auf vorher berechneten Kreisbahnen, sie dienen z. B. der Telekommunikation und Wetterbeobachtung.
Auch für die Berechnung von Breiten- und Längenkreisen auf der Erde, für die Einstellung des Tachometers beim Fahrrad muss man so einiges über Kreisumfang und -flächeninhalt wissen. In diesem Lernabschnitt kannst du auch erfahren, was die Möndchen des Hippokrates sind und wie sie mit der Quadratur des Kreises zusammenhängen.

Aufgaben

1 Kreisförmiges Wohnen

Das Foto zeigt eine Wohnsiedlung in einem Vorort von Kopenhagen. Jede kreisförmige Parzelle hat einen Durchmesser von 100 m und besteht aus 25 gleich großen Grundstücken, wobei eines als Zufahrt zum inneren Gemeinschaftsparkplatz dient. Dieser hat einen Durchmesser von 25 m.

Schätze zuerst und überprüfe durch Rechnung:

a) Wie groß sind die einzelnen Grundstücke?
b) Welche Länge haben der äußere und der innere Kreisbogen eines Grundstücks?

2 Ein „wohlgeformtes“ Ei

Konstruktion mit DGS oder mit Zirkel und Lineal.

Ist das Ergebnis unabhängig vom gewählten Radius r?

Ein „wohlgeformtes“ Ei kannst du mithilfe von vier Kreisbögen konstruieren $(\overline{AC} = \overline{BD} = 2r)$.

a) Konstruiere das Ei für $r = 4$ cm.
Notiere stichpunktartig dein Vorgehen.
b) Um wie viel Prozent sind Umfang und Flächeninhalt des Eis jeweils größer als beim Kreis mit dem Radius r?
Schätze und rechne.

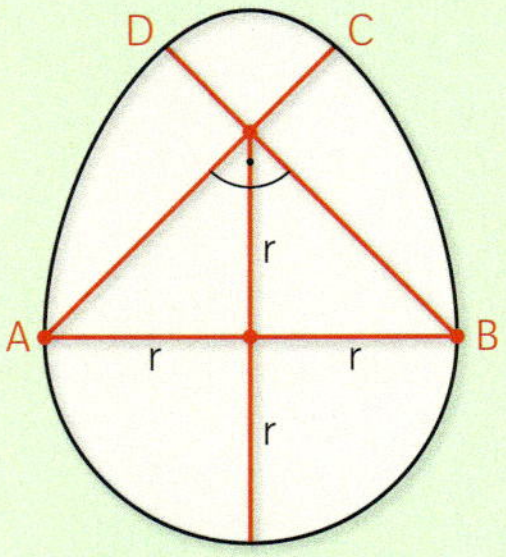

3 Münz-Experiment

Führe das Experiment auch mit unterschiedlich großen Münzen aus (z. B. innen 10 Cent, außen 1 € oder umgekehrt).

Zwei 50-Cent-Münzen werden umeinander gedreht. Eine bleibt fest, die andere läuft um sie herum.

a) Wie oft dreht sich die zweite Münze um sich selbst, wenn sie die erste genau einmal umläuft?
Schätze erst und probiere dann.
b) Zeichne die Bahn, auf der sich der Mittelpunkt der äußeren Münze bewegt.
Wie lang ist sie?
c) Zeichne die Fläche, die die äußere Münze überstreicht.
Wie groß ist der Flächeninhalt?

Fritz Wankel (1902 - 1988)
Erfinder des
Kreiskolbenmotors (1960)

Exkurs

Das Reuleaux-**Dreieck**

Das Foto rechts zeigt: Räder müssen nicht rund sein. Der Abstand vom Boden ist stets gleich groß, obwohl die „Räder“ Ecken haben.
Die grüne Figur im Bild heißt Reuleaux-Dreieck. Sie wurde nach Franz Reuleaux (1829 – 1905), einem deutschen Maschinenbauingenieur, benannt.
Diese Form kann nicht nur für Walzen (z. B. zum Möbeltransport), sondern auch z. B. für Bohrer oder in Motoren verwendet werden. Der Kreiskolbenmotor ist ein Verbrennungsmotor, bei dem der sogenannte Kreiskolben in einem Gehäuse kreist und gleichzeitig um seine eigene Achse rotiert. Die Kontur des Kreiskolbens ist ein Reuleaux-Dreieck. Die Ecken stehen ständig in Kontakt mit dem Gehäuse und bilden so drei unabhängige Arbeitsräume.

Basiswissen

Viele Anwendungen z. B. in der Ingenieurkunst erfordern geometrische Konstruktionen mit besonderen Eigenschaften. Um dies sicher zu stellen, müssen oft geometrische Sachverhalte algebraisch dargestellt werden und umgekehrt.

Geometrische Konstruktionen mit besonderen Eigenschaften

Drei Kreisbögen mit dem Radius a um die Ecken eines gleichseitigen Dreiecks mit der Seitenlänge a bilden ein so genanntes Reuleaux-Dreieck.

Konstruktion mit DGS oder mit Zirkel und Lineal

Konstruktion

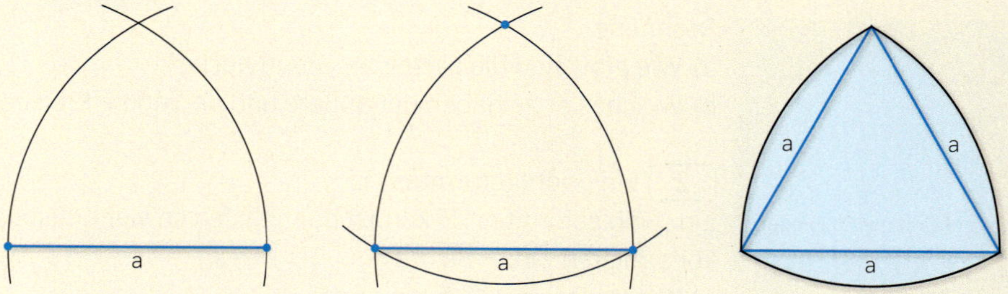

Besondere Eigenschaften: Alle Randpunkte haben zur jeweils gegenüberliegenden Ecke denselben Abstand a.

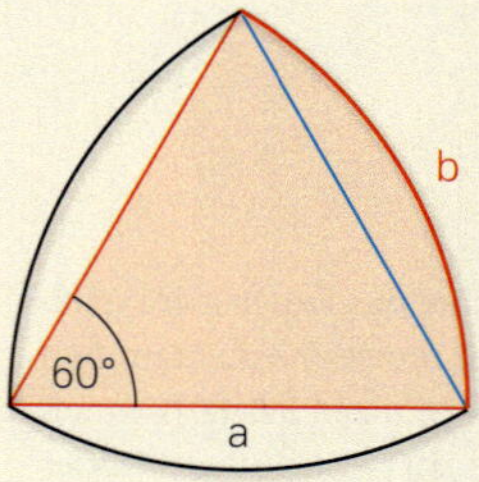

Kreisbogen b hat die Länge $b = \frac{60°}{360°} \cdot 2\pi \cdot a = \frac{1}{3} \cdot \pi \cdot a$.
Inhalte der Teilflächen:
Kreissektor mit Radius a und Mittelpunktswinkel 60°

$A_{Kreissektor} = \frac{60°}{360°} \cdot \pi \cdot a^2 = \frac{1}{6} \cdot \pi \cdot a^2$

Gleichseitiges Dreieck mit Seitenlänge a: $A_{\Delta} = \frac{\sqrt{3}}{4} \cdot a^2$

Das Reuleaux-Dreieck hat somit …

den Umfang

$U_{Reuleaux} = 3 \cdot b = \pi \cdot a$

und den Flächeninhalt

$A_{Reuleaux} = A_{\Delta} + 3 \cdot (A_{Kreissektor} - A_{\Delta}) = 3 \cdot A_{Kreissektor} - 2 \cdot A_{\Delta}$

$A_{Reuleaux} = 3 \cdot \frac{1}{6} \cdot \pi \cdot a^2 - 2 \cdot \frac{\sqrt{3}}{4} \cdot a^2 = \frac{\pi - \sqrt{3}}{2} \cdot a^2 \approx 0{,}7 \cdot a^2$

Beispiele

A Das Salzfass des ARCHIMEDES

Konstruiere die blaue Fläche und bestimme deren Inhalt.

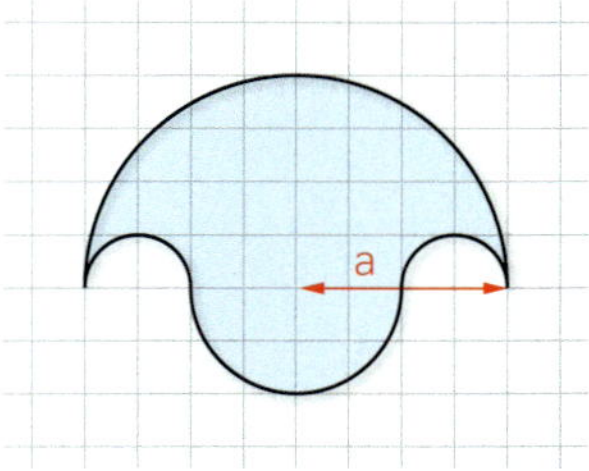

Lösung:

Die Fläche setzt sich zusammen aus einem Halbkreis mit dem Radius a, dem zwei kleine Halbkreise mit dem Radius $\frac{1}{4}$a fehlen, sowie einem Halbkreis mit dem Radius $\frac{1}{2}$a.

Für den Flächeninhalt ergibt sich:

$A = \frac{1}{2}\pi \cdot a^2 - 2 \cdot \frac{1}{2}\pi \cdot \left(\frac{1}{4}a\right)^2 + \frac{1}{2}\pi \cdot \left(\frac{1}{2}a\right)^2 = \frac{9}{16}\pi \cdot a^2$

Übungen

4 Wellblech

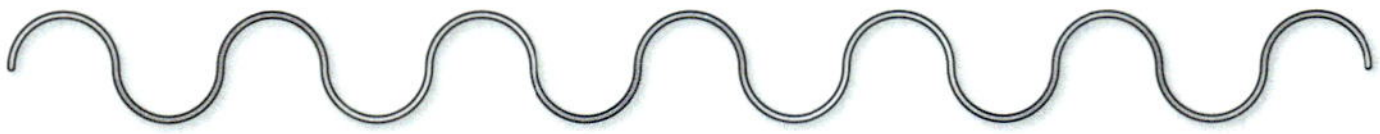

a) Ein 3 m langes Stück Blech wird zu einem Wellblech geformt, das aus lauter aneinandergesetzten Halbkreisen mit einem Radius von 4 cm besteht. Welche Länge hat das fertige Wellblech?

b) Wie ändert sich die Länge, wenn die aneinandergesetzten Halbkreise nur 2 cm Radius aufweisen?

5 Buchenhecke

In einer Parkanlage soll eine kreisförmige Wiese von 93 m Durchmesser durch eine Buchenhecke begrenzt werden. Dabei sind drei Zugänge mit einer Breite von 3 m geplant. Die Buchen müssen im Abstand von 30 cm gepflanzt werden.
Wie viele Pflanzen werden benötigt?

6 Münzen

Ermittele jeweils den Flächeninhalt, der von den Münzen begrenzt wird. Bestimme erst den Durchmesser einer 1-€-Münze.

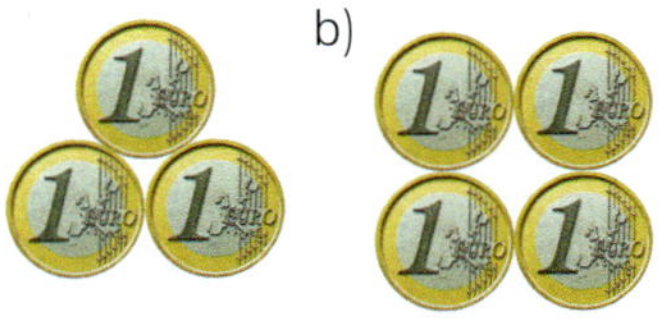

7 Bemerkenswerte Eigenschaften

Konstruiere die Figuren in deinem Heft. Vergleiche jeweils die Inhalte der farbig markierten Flächen einer Figur. Was stellst du fest?
Kannst du auf einen Blick entscheiden, welche der farbigen Teilflächen in (a) einen größeren Umfang hat? Überprüfe durch Rechnung. In welchem Verhältnis stehen die Umfänge der Teilfiguren in (b)?

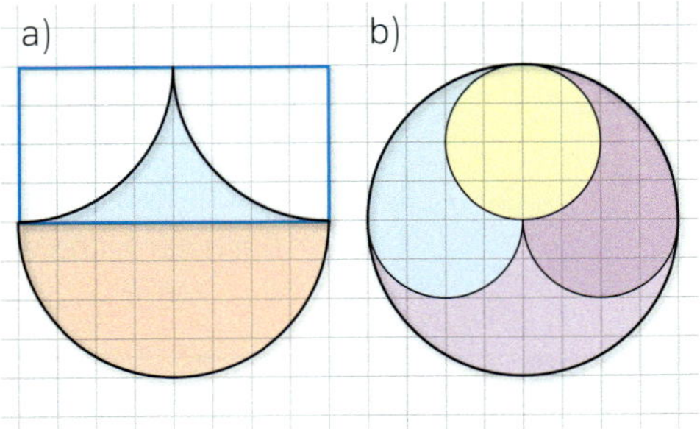

8 Materialverbrauch

a) Zeige: Das REULEAUX-Dreieck (rot im Bild) hat gegenüber dem entsprechenden Kreis (blau im Bild) einen um fast 33 % geringeren Flächeninhalt und damit einen geringeren Materialverbrauch.

b) Vergleiche auch die Umfänge der roten und der blauen Figur.

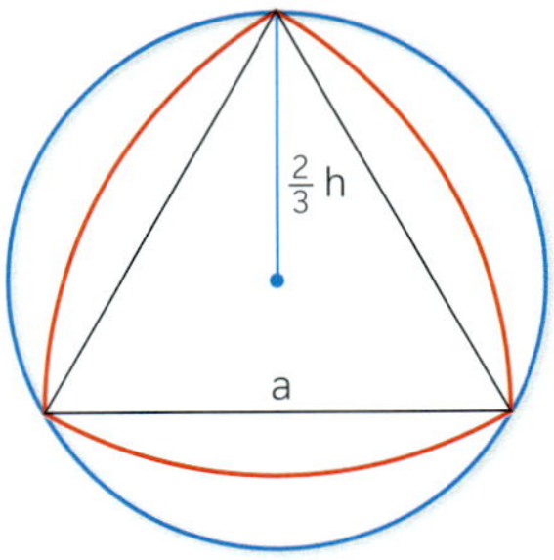

Übungen

Rechne zunächst mit a = 1 und dann mit beliebigem a.

9 Eine überraschende Entdeckung

In das Quadrat werden jeweils 1, 4, 9, 16, ... , n^2 Kreise einbeschrieben.

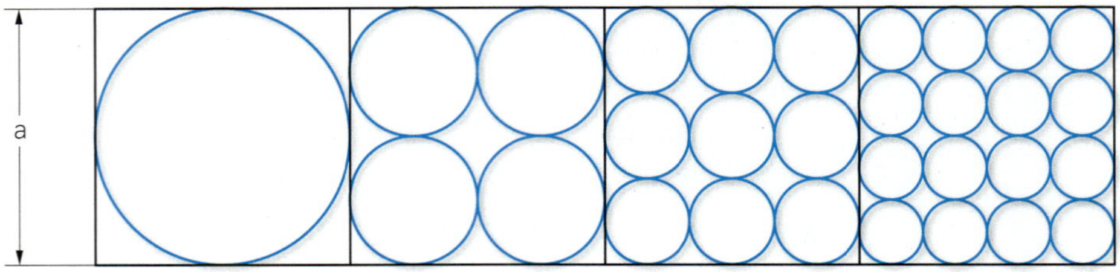

In jedem Fall wird jeweils die Gesamtfläche und der Gesamtumfang aller Kreise berechnet. Wie verändern sich diese Größen von Stufe zu Stufe? Schätze zunächst und rechne dann. Kannst du deine Beobachtung auch ohne Rechnung begründen?

Stufe	1	2	3	4	5	6	...	n
Anzahl der Kreise	1	4	■	■	■	■	■	■
Flächeninhalt aller Kreise	■	■	■	■	■	■	■	■
Umfang aller Kreise	■	■	■	■	■	■	■	■

Fußballfeld
Länge: max. 120 m
Breite: max: 90 m

10 Wassersprenger

Die Bewässerung landwirtschaftlicher Flächen geschieht mit riesigen Wassersprengern, deren Dreharme eine Länge von bis zu 200 m aufweisen können.
Wie groß ist der Inhalt der Fläche, die mit einem einzigen dieser Dreharme bewässert werden kann? Vergleiche mit der Rasenfläche eines Fußballstadions.

Ist die Verwendung einer durchschnittlichen Dicke für einen Jahresring sinnvoll? Wie kann sie ermittelt werden?

11 Jahresringe

Ein quer durchgesägter Baumstamm zeigt ein Muster konzentrischer Ringe – ähnlich wie auf einer Schießscheibe. Jeder Ring steht für ein Jahr, das der Baum älter wurde. Das Alter gefällter Bäume lässt sich also aus der Anzahl der Jahresringe des Stamms ablesen.
Um das Alter lebender Bäume ungefähr zu bestimmen, geht man von einem durchschnittlichen Stammdickenwachstum pro Jahr aus, das von Baumart zu Baumart verschieden ist.
Bei einer Eiche wird ein Stammumfang von 1,5 m gemessen. Wie alt ist die Eiche ungefähr, wenn man eine durchschnittliche Dicke von 3 mm pro Jahresring annimmt?

Exkurs

Dendrochronologie

Die Altersbestimmung von Bäumen mithilfe der Jahresringe (die Dendrochronologie) wurde ursprünglich für archäologische Zwecke entwickelt. Heute verwendet man sie vor allem in der Klimaforschung. Die Jahresringe sind wie ein Kalender in Holz. Vereinfacht gesagt entstehen bei warmem und feuchtem Klima breite, bei kaltem und trockenem Klima schmale Jahresringe. Die Ringmuster sind deshalb ein unverwechselbarer „Fingerabdruck“ für die prägenden Bedingungen in der Zeit, in der die Ringe entstanden sind. Mit der Dendrochronologie wird so ein Bezug zwischen Klima und Jahresring hergestellt, so dass man daraus die Klimachronik vergangener Jahrtausende lesen kann. Die Jahresringbreite wird gemessen und in Kurven dargestellt. Über Vergleiche des Kurvenverlaufs von Bäumen derselben Art mit sich überlappenden Lebenszeiten kann man in einem „Überbrückungsverfahren“ immer weitere Jahrringfolgen aneinander anschließen, so dass Jahrtausende überspannende Kurven (Jahrringkalender) entstehen.

Übungen

12 Hochrad

Bei einem Hochrad wird das Vorderrad direkt über die Pedale bewegt. Der Vorderraddurchmesser des abgebildeten Hochrads beträgt 115 cm und der Hinterraddurchmesser 30 cm.

a) Wie viele Pedalumdrehungen benötigt der Radfahrer, um eine Strecke von 1 km zurückzulegen? Wie oft dreht sich dabei das Hinterrad?

Aus Teilaufgabe b) kann ein kleines Projekt entstehen.

b) Wie viele Pedalumdrehungen brauchst du bei deinem Fahrrad für einen Kilometer? Probiere mit verschiedenen Gängen.

13 Tachometer

Tachometer am Fahrrad sind heute häufig kleine Computer. Mit ihnen kannst du unter anderem die Geschwindigkeit und die zurückgelegte Strecke messen.

Montage des Sensors:

Der Sensor (A) wird mit der Schelle an der Gabel festgeschraubt. Der Magnet (B) wird an den Speichen befestigt. Er muss beim Drehen des Rades in einem Abstand von max. 1 mm am Sensor vorbeilaufen.

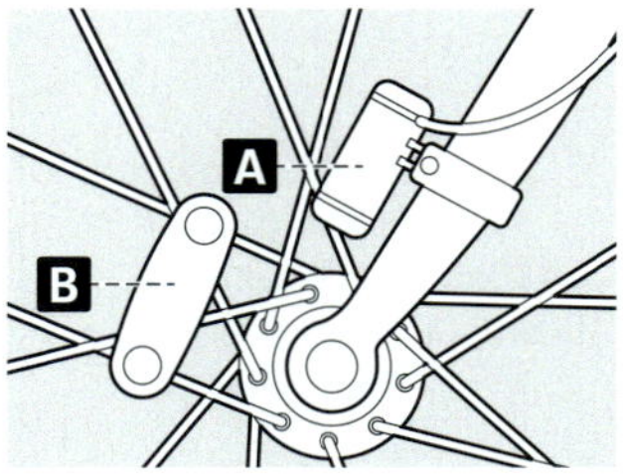

Radgröße einstellen:

Damit alle Messungen exakt vorgenommen werden können, muss der genaue Reifenumfang vierstellig (in Millimetern) in den Computer eingegeben werden.

a) Erläutere die Funktionsweise des Fahrradcomputers. Wie kann man die passende Radgröße ermitteln? Vergleiche mit der Anleitung zu deinem Tacho.

1 Zoll = 2,54 cm

b) Welche Radgröße muss man für ein 28-Zoll-Rad eingeben?

c) Nach vielen Kilometern hat sich das Profil des Reifens um 2 mm abgefahren. Wie wirkt sich dies auf die Messung des Tachos aus?

14 Kilometerzähler

Auf Autoreifen findest du verschiedene Zahlenangaben, aus denen du wichtige Maße des Reifens ablesen kannst:

Reifenbreite: 195 mm
Verhältnis von Reifenhöhe zu Reifenbreite: 65 : 100
Felgendurchmesser: 15 Zoll

1 Zoll = 2,54 cm

a) Wie oft dreht sich das Rad pro Minute, wenn das Fahrzeug 120 km/h fährt?

b) Bei dem abgebildeten Reifen handelt es sich um einen Winterreifen. Der Sommerreifen für das entsprechende Fahrzeug trägt die Bezeichnung 205/60R15. Vergleiche die Abmessungen der Reifen.

c) Der Kilometerzähler des Fahrzeugs basiert auf der Messung der Anzahl der Reifenumdrehungen. Er ist auf neue Sommerreifen geeicht. Diese haben eine Profiltiefe von 1 cm. Der Kilometerzähler gibt nach einer Fahrt mit abgefahrenen Sommerreifen von 3 mm Profiltiefe eine Streckenlänge von 538 km an.
Stimmt die Angabe mit der tatsächlich zurückgelegten Strecke überein?

Exkurs

Kreise auf der Erdkugel
Macht man einen Schnitt durch eine Kugel, so ergibt sich als Schnittfläche immer ein Kreis. Die größtmöglichen Kreise erhält man, wenn man durch den Mittelpunkt der Kugel schneidet. Diese Kreise heißen deshalb auch Großkreise. Die Längenkreise der Erdkugel sind Großkreise. Unter den Breitenkreisen stellt nur der Äquator einen Großkreis dar. Alle anderen Breitenkreise haben einen kleineren Radius, dieser nimmt zu den Polen hin ab. Die 180 Breitenkreise, die die Erde umlaufen, werden nach südlicher und nördlicher Breite unterschieden, je nachdem, ob sie sich südlich oder nördlich des Äquators befinden.

Übungen

Eine gute Merkgröße für den Erdumfang ist 40 000 km. Manchmal ist es praktisch, diese Größe im Kopf zu haben.

15 Kreise auf der Erdkugel
Die Erde entspricht nur angenähert einer Kugel. Sie ist an den Polen leicht abgeplattet, der Radius vom Mittelpunkt zu den Polen ist also etwas kleiner als der Radius am Äquator. In einem Lexikon werden folgende Angaben gemacht:
Äquatorradius: 6 378 km   Polradius: 6 357 km   Längenkreisumfang: 40 008 km
a) Berechne den Äquatorumfang. Wie groß ist der Längenunterschied, wenn man einmal mit dem Näherungswert 3,1 und zum anderen mit 3,14 für π rechnet?
b) Überprüfe: Berechnet man den Umfang eines Kreises mit dem Polradius, so ergibt sich nicht der angegebene Längenkreisumfang. Woran könnte das liegen?

Informiere dich auf dem Globus über den Verlauf des Breitenkreises. Im Internet findest du auch Interessantes zur DRAKE-Passage.

16 DRAKE-Passage

Der 60. südliche Breitenkreis verläuft vollständig durch die Ozeane, er kreuzt kein Festland. Sein Radius beträgt ungefähr 3190 km. Auf diesem Breitenkreis liegt auch die berüchtigte DRAKE-Passage (Meerenge zwischen Südamerika und der Antarktis), die für ihre schwierigen Wasserströmungen und starken Stürme bekannt ist.
Wie lange bräuchte ein Schiff mit einer Durchschnittsgeschwindigkeit von ungefähr 40 km/h für eine (störungsfreie) vollständige Umrundung dieses Breitenkreises?

Der mittlere Erdradius beträgt 6371 km.

17 In achtzig Tagen um die Welt ...
... darauf wettet PHILEAS FOGG im gleichnamigen Roman von JULES VERNE ein großes Vermögen und macht sich mit den abenteuerlichsten Verkehrsmitteln auf die Reise. Mit welcher Durchschnittsgeschwindigkeit musste sich FOGG mindestens fortbewegen, um seine Wette zu gewinnen, vorausgesetzt, er hat sich auf einem Großkreis der Erde bewegt?

Zur Erinnerung: Geschwindigkeit = zurückgelegter Weg/Zeit

18 Karussell auf dem Äquator
Die Erde dreht sich einmal am Tag um sich selbst. Eigentlich fahren wir auf ihr also ständig Karussell.
a) Wie schnell fährt man am Äquator „Karussell"?
b) Begründe: Befindet man sich nördlich oder südlich des Äquators, so fährt man langsamer Karussell.

Übungen

19 Das Band um den Äquator – Eine unglaubliche Entdeckung

a) Ein Seil wird straff um die Erde gespannt, so dass es genau auf dem Äquator anliegt. Das Seil wird nun um genau 1 m verlängert und ganz gleichmäßig um die Erde gelegt. Was schätzt du: Kannst du deine Hand durch den Zwischenraum schieben oder kann gar eine Katze hindurchkriechen? Überprüfe deine Schätzung durch Rechnen.

b) Das gleiche Experiment soll nun mit einem Fußball durchgeführt werden. Schätze und rechne erneut.

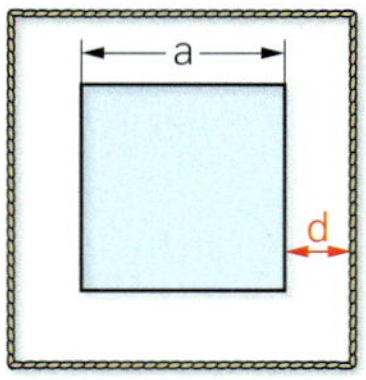

c) Fällt es dir schwer zu glauben, was du eben berechnet hast? Dann geht es dir wie vielen, denn insbesondere für die Erdkugel ist das Ergebnis schwer vorstellbar. Vielleicht hilft es dir, wenn du das gleiche Experiment an einem Quadrat durchführst. Erkläre, warum der Abstand d zwischen Seil und Quadrat bei Verlängerung des Seils um 1 m immer 12,5 cm beträgt, egal welche Seitenlänge a das Quadrat hat.

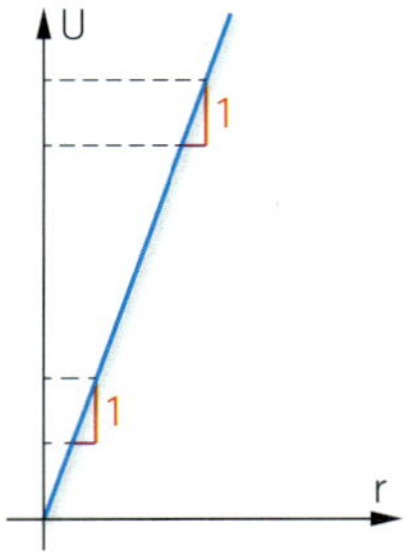

d) Schaffst du es, auch für die Kugel allgemein zu zeigen, dass der Abstand a nur von der Verlängerung v des Seils abhängt, aber nicht vom Radius r der Kugel? Hier findest du einen möglichen Begründungsansatz: $2 \cdot \pi \cdot r + v = 2 \cdot \pi \cdot (r + a)$. Einen weiteren Ansatz siehst du auf der Marginalie.

20 Geostationärer Satellit

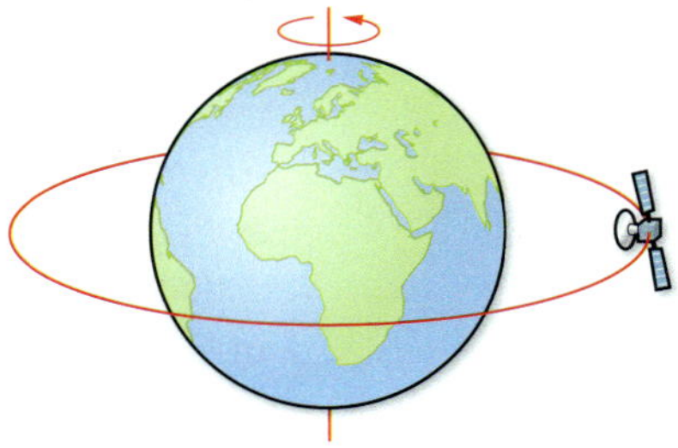

Überlege dir, welchen Vorteil die geostationäre Lage für einen Satelliten haben kann. Ein geostationärer Satellit benötigt – wie die Erde – exakt 24 Stunden für einen Umlauf und scheint daher über einem festen Ort des Äquators still zu stehen, daher sein Name. Seine Kreisbahn liegt in einer Höhe von 35786 km über der Erdoberfläche.

a) Bestimme den Radius und die Länge der Umlaufbahn eines geostationären Satelliten.

b) Berechne die Geschwindigkeit, mit der der Satellit fliegt. Vergleiche sie mit der Geschwindigkeit eines Ortes am Äquator bei einer Tagesumdrehung der Erde.

c) Wie könntest du die Geschwindigkeit deines Wohnortes bestimmen?

21 Umlauf um die Sonne

Die Erde bewegt sich mit einer Umlaufzeit von angenähert 365 Tagen auf einer fast kreisförmigen Bahn um die Sonne. Ihr mittlerer Abstand vom Mittelpunkt der Sonne beträgt dabei $149{,}6 \cdot 10^6$ km. Welche Strecke legt die Erde jedes Jahr ungefähr zurück und welche mittlere Geschwindigkeit hat sie dabei?
Berechne die Länge der Umlaufbahnen um die Sonne und die Geschwindigkeiten auch für die anderen Planeten unseres Sonnensystems.

Planet	Merkur	Venus	Mars	Jupiter	Saturn	Uranus	Neptun	Pluto
mittlere Entfernung von der Sonne in Mio. km	57,9	108,2	227,9	778,3	1428	2872	4498	5946
Umlaufdauer um die Sonne	88 d	225 d	687 d	11,9 a	29,5 a	84 a	164,7 a	250,6 a

Exkurs

Eratosthenes von Kyrene

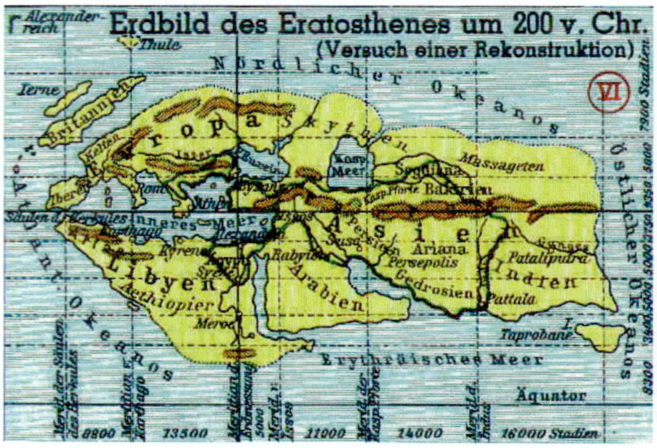

Eratosthenes von Kyrene (279 – 194 v. Chr.) war ein vielseitiger griechischer Gelehrter und lange Direktor der akademischen Bibliothek im ägyptischen Alexandria, dem damals bedeutendsten Zentrum der Mathematik. Seine bekannteste Errungenschaft ist das nach ihm benannte „Sieb des Eratosthenes“, ein einfaches, aber dennoch geschicktes Verfahren zum Auffinden von Primzahlen.
Doch auch andere Errungenschaften gehen auf sein Konto. So war er der Erste, dem es gelang, den Umfang der Erde zu bestimmen. Seiner Rechnung liegt die Annahme zugrunde, dass die Erde eine Kugel ist. Eratosthenes entwarf eine entsprechende Erdkarte, die Parallelkreise und Meridiane enthielt. Auf dieser Karte liegen die ägyptischen Städte Syene (heute Assuan) und Alexandria auf demselben Meridian.

Übungen

22 Erdvermessung

Eratosthenes wusste, dass an einem bestimmten Tag im Jahr die Sonnenstrahlen mittags genau senkrecht auf Syene (heute Assuan) trafen. Zur gleichen Zeit trafen sie im 5000 Stadien entfernten Alexandria unter einem Winkel von $\alpha = 7{,}2°$ auf.

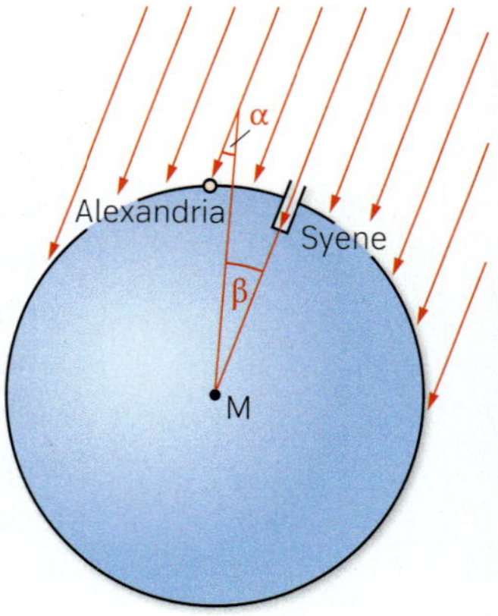

a) Begründe die Gleichheit der mit α und β bezeichneten Winkel.
b) Eratosthenes ermittelte als Wert für den Erdumfang 250 000 Stadien (1 Stadion ≈ 185 m). Wie hat er wohl gerechnet?
c) Vergleiche den Wert des Eratosthenes mit dem heute bekannten tatsächlichen Erdumfang. Wie groß war sein relativer Fehler?
d) Begründe, warum die Annahme von Bedeutung ist, dass Syene und Alexandria auf demselben Meridian liegen.

Kopfübungen

1. Größer, kleiner oder gleich? -7^6 ■ $(-7)^6$; 2^5 ■ 5^2; $(-1)^3$ ■ $(-1)^5$
2. Ergänze: Die Drahtlänge L ist …-mal so lang wie $\overline{AB}$.

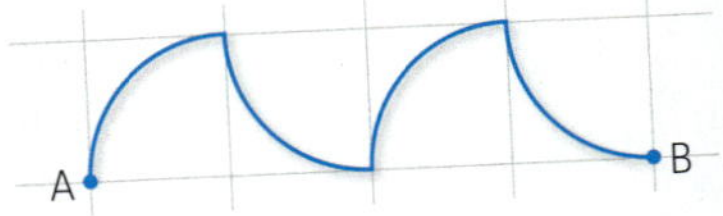

3. Löse die Gleichung: $(9 - x)^2 = (x - 3) \cdot (x + 3)$
4. Ordne der Größe nach: $\frac{1}{8}$; 12%; $\frac{4}{36}$; $0{,}\overline{12}$
5. Wandle um: 23 mm = ■ m; 1,01 kg = ■ g; 0,25 h = ■ s
6. Ein Spielwürfel wird zweimal geworfen. Gib die Wahrscheinlichkeit für die Augensumme „4“ an.
7. Welche lineare Funktion verläuft durch (−2|−1) und (2|0)?

Exkurs

Die Quadratur des Kreises

Spätestens seit 430 v. Chr. bekannt ist das Problem der Quadratur des Kreises: „Man konstruiere nur mit Zirkel und Lineal (ohne Skala) zu einem Kreis mit Radius r ein Quadrat mit dem gleichen Flächeninhalt". HIPPOKRATES VON CHIOS (um 440 v. Chr.) gelang die Umwandlung von Kreisteilen (Möndchen des Hippokrates) in flächeninhaltsgleiche Dreiecke und Vierecke. Für den Kreis dagegen ist eine solche Umwandlung durch Konstruktion nicht möglich, das bewies im Jahr 1882 der deutsche Mathematiker FERDINAND VON LINDEMANN. Die über zweitausendjährige Suche nach einer Lösung führte jedoch zu immer genaueren mathematischen Einsichten.

Aufgaben

23 Die Möndchen des HIPPOKRATES

Ein Kreismond wird von zwei Kreisbögen gebildet, die über derselben Sehne stehen. Zeige die Flächeninhaltsgleichheit von Möndchen und Dreieck bzw. Viereck.

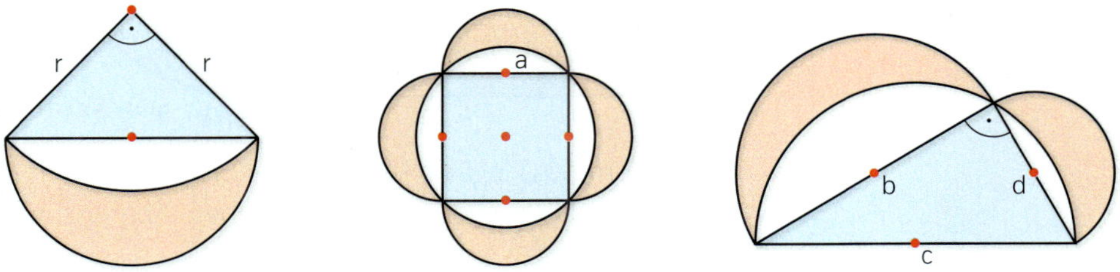

24 Die Sichel des ARCHIMEDES

Die blaue Fläche bezeichnet man als „Sichel des ARCHIMEDES", da sie bereits von diesem eingehend untersucht wurde. Man nennt sie aber auch Schusterkneif oder Arbelos. Die Lage von C auf dem Halbkreisdurchmesser ist beliebig.

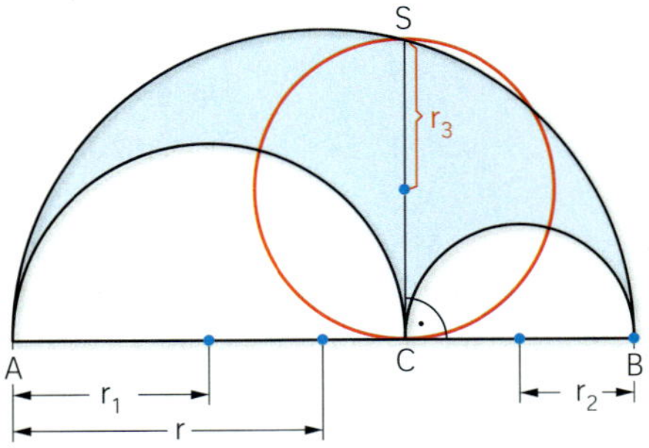

a) Konstruiere eine Sichel des ARCHIMEDES. Wähle für alle drei Halbkreise ganzzahlige Durchmesser. Konstruiere auch den zugehörigen Kreis.

b) Zeige unter Verwendung deiner Maße: Die Sichel des ARCHIMEDES und der Kreis haben denselben Flächeninhalt.

c) Begründe: $r_3 = \sqrt{r_1 \cdot r_2}$ (hier hilft der Höhensatz) und $r = r_1 + r_2$. Zeige dann, dass die archimedische Sichel und der zugehörige Kreis für alle beliebigen Radien gleichen Flächeninhalt haben.

25 Das Salzfass des ARCHIMEDES

Die aus vier Halbkreisen bestehende Figur heißt Salzfass. Im Beispiel A ist ein Spezialfall abgebildet. Zeige nun, dass das Salzfass unabhängig von der Wahl der Radien denselben Flächeninhalt wie der blaue Berührkreis hat.

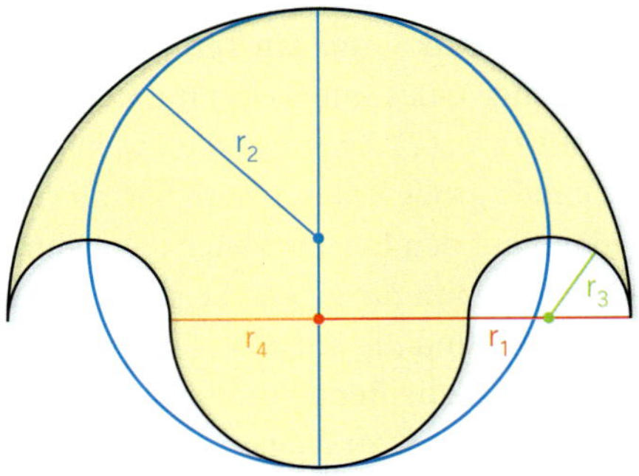

Tipp

Bei dem Salzfass lassen sich r_2 und r_4 durch r_1 und r_3 ausdrücken.

Projekt

A Laufbahn-Mathematik

Man sieht z. B. bei Olympischen Spielen, dass die Sprinter im 400-m-Lauf nicht an derselben Linie starten. Sie starten versetzt. Aber warum ist das so? Schuld daran ist die Mathematik.

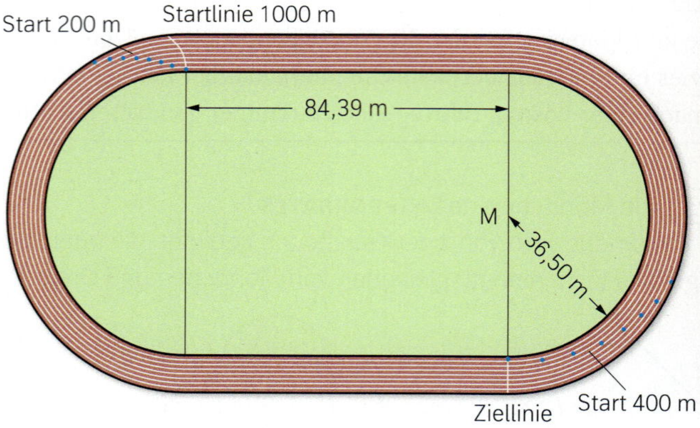

Bei einem 400-m-Lauf legt ein Läufer zwei Kurven und zwei Geraden zurück. Die zwei Kurven bilden einen Kreis, dessen Radius (innere Abgrenzung zum Stadion) 36,50 m entspricht. Die Geraden sind jeweils 84,39 m lang. Die Vermessung der Innenbahn erfolgt 30 cm neben der inneren Abgrenzung. Alle acht Bahnen sind jeweils 1,22 m breit, die Bahnen 2 bis 8 werden jeweils 20 cm vom Außenrand der inneren Begrenzungslinie aus gemessen.

Mit diesen Daten können wir bereits viel Laufbahn-Mathematik betreiben.

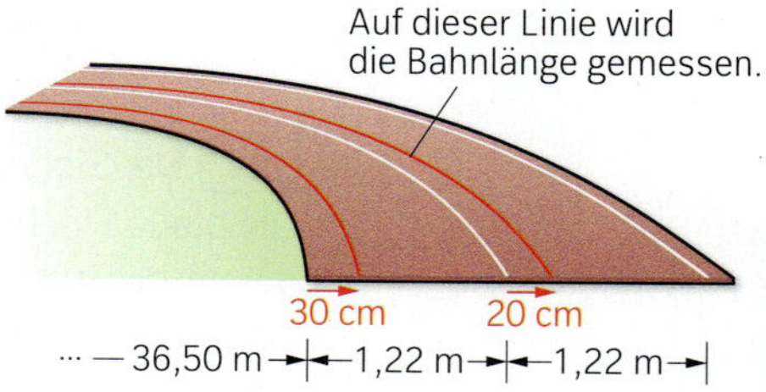

Mögliche Projektfragen

- Welche Länge hat die gedachte Innenbahn genau?
- Wie lang ist die innere Begrenzungslinie zum Stadion?
- Wie viel Zeit könnte ein Läufer (theoretisch) gewinnen, wenn er dichter als 30 cm an der Berandung läuft?
- Welche Kurvenvorgaben müssen die Läufer beim 400-m-Lauf auf den Bahnen 2 bis 8 erhalten?
- Sind diese Vorgaben für benachbarte Bahnen jeweils gleich?
- Wie groß sind die Kurvenvorgaben beim 200-m-Lauf?

Produkt Stelle einen maßstäblichen Plan des Stadions mit den Laufbahnen (auf DIN A3) her und trage die Startpositionen für den 200-m und 400-m-Lauf ein.

Exkurs

Mathematik – nur ein Teil der Wirklichkeit

Auszüge eines Interviews mit dem deutschen 400-m-Weltklasseläufer Ingo Schultz: „(...) Zwar hat die Innenbahn den Nachteil des engen Kurvenradius. Gerade große und schwere Sprinter wie ich müssen dort viel Kraft aufwenden, die dann auf den letzten Metern manchmal fehlt. Aber das Wichtigste ist natürlich Vertrauen in die eigene Leistungsfähigkeit, denn bis auf die unterschiedlichen Bahnen sind die äußeren Umstände für alle Läufer gleich. (...) Beim Wettkampf erleichtern die inneren Bahnen eigentlich die Renngestaltung, weil man die anderen Läufer vor sich sieht und den Rennverlauf beobachten kann, um ggf. zu reagieren. Ich nehme mir meistens vor, den vor mir laufenden Gegner bis 200 Meter „einkassiert“ zu haben, was zu diesem Zeitpunkt einen Vorsprung von vier Metern bedeutet. (...)“

Kreisumfang und Kreisfläche

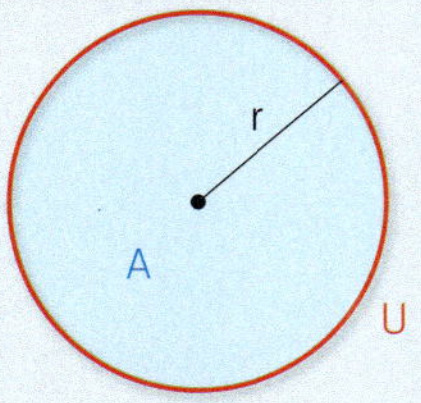

Kreisumfang
$U = 2 \cdot \pi \cdot r = \pi \cdot d$

Kreisfläche
$A = \pi \cdot r^2$

Kreiszahl π

$\pi \approx 3{,}14$

Kreisausschnitt

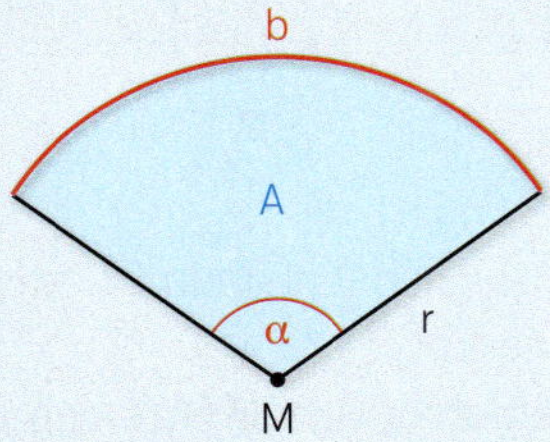

Bogenlänge
$b = \frac{\alpha}{360°} \cdot 2 \cdot \pi \cdot r$
$= \frac{\alpha}{180°} \cdot \pi \cdot r$

Flächeninhalt
$A = \frac{\alpha}{360°} \cdot \pi \cdot r^2$

Einheitskreis

Ein Kreis mit dem Radius $r = 1$ LE (LE Längeneinheit).

Bogenmaß

Jeder Mittelpunktswinkel α im Einheitskreis kann im Gradmaß oder im Bogenmaß gemessen werden.

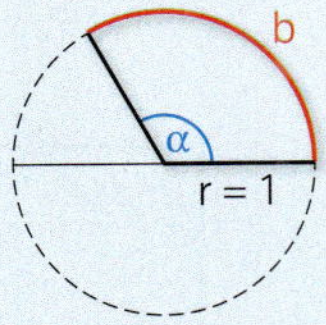

Winkel α im Gradmaß	Winkel α im Bogenmaß
360°	2π
180°	π
90°	$\frac{\pi}{2}$
60°	$\frac{\pi}{3}$
α in °	$\frac{\alpha°}{360°} \cdot 2\pi$

Check-up

1 Kreisgrößen

Berechne die fehlenden Größen.

r	3 cm	4,8 cm	1,6 cm	■	■
U	■	■	■	20 cm	■
A	■	■	■	■	10 cm²

2 Verschnitt

Aus einer 50 cm × 70 cm großen Pappe werden 35 Kreise mit je 10 cm Durchmesser ausgeschnitten. Wie groß ist der Verschnitt?

3 Umfang und Flächeninhalt von Figuren

Berechne Umfang und Flächeninhalt der Figuren.

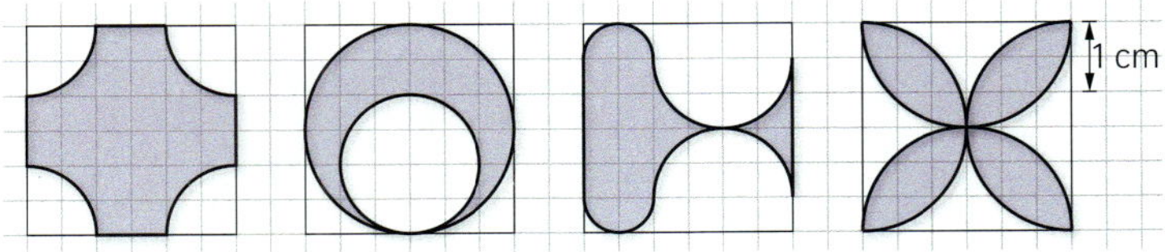

4 Gleicher Flächeninhalt

Ein Quadrat und ein Kreis haben den gleichen Flächeninhalt von 36 cm². Vergleiche die Umfänge.

5 Kreisteile

Berechne den Umfang und den Flächeninhalt der farbigen Fläche.

a)

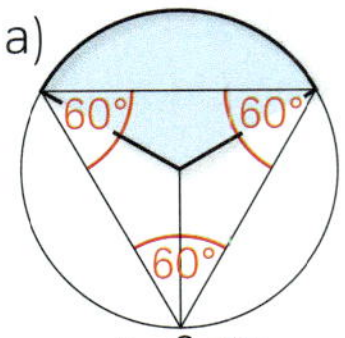

$r = 2$ cm

b)

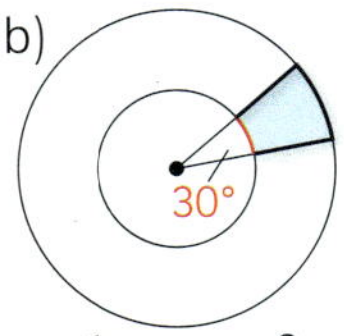

$r_1 = 1$ cm, $r_2 = 2$ cm

6 Bogenmaß

Wandle die Winkelgröße vom Gradmaß ins Bogenmaß bzw. umgekehrt:

Gradmaß	30°	■	270°	■	9°	■
Bogenmaß	■	$\frac{\pi}{4}$	■	$\frac{\pi}{5}$	■	$\frac{7}{4} \cdot \pi$

7 Konzentrische Kreise

Ein Kreis hat den Radius $r = 10$ cm. Bestimme den Radius eines konzentrischen Kreises, dessen Flächeninhalt halb so groß ist.

8 Parkanlage

In einer Parkanlage soll ein rundes Tulpenbeet mit 1000 Tulpen angelegt werden.
Welchen Durchmesser hat das Beet ungefähr, wenn jede Tulpe eine Fläche von ca. 12 cm × 12 cm beansprucht?

Sichern und Vernetzen – Vermischte Aufgaben zu Kapitel 3

Training

1 Kreisgrößen

Berechne die fehlenden Kreisgrößen auf mm bzw. mm^2 genau.

r	3 cm	■	■	9,3 m	■	■
U	■	10 cm	■	■	45 dm	■
A	■	■	$63\,cm^2$	■	■	$1{,}7\,cm^2$

2 Flächeninhalt und Umfang von Figuren

Welche der gefärbten Flächen hat den größten (kleinsten) Flächeninhalt?
Hat diese dann auch den größten (kleinsten) Umfang?

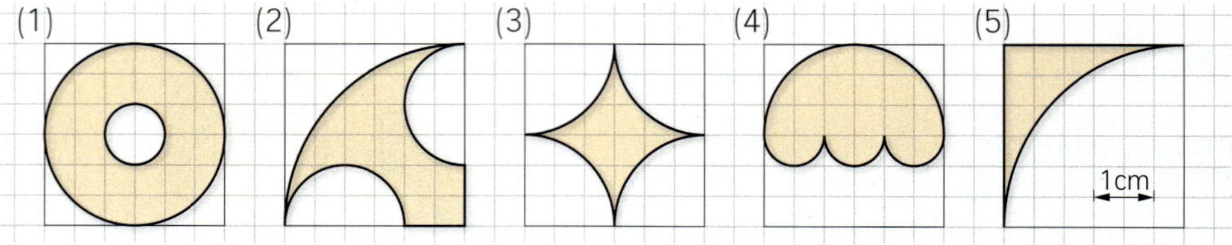

3 Kreis und Quadrat

a) Ein Kreis mit einer Fläche von $10\,cm^2$ soll von einem möglichst kleinen Quadrat eingeschlossen werden. Welche Seitenlänge hat das Quadrat?

b) Ein Quadrat und ein Kreis haben den gleichen Flächeninhalt von $36\,cm^2$. Vergleiche die Umfänge.

4 Gleicher Umfang – unterschiedliche Flächeninhalte

Ein gleichseitiges Dreieck, ein Quadrat, ein regelmäßiges Sechseck und ein Kreis haben den gleichen Umfang von 72 cm. Welche Figur hat den größten Flächeninhalt, welche den kleinsten? Gib die Werte an.

5 Kreisring

Um einen Kreis vom Radius $r = 6\,cm$ soll ein Ring von $88\,cm^2$ Inhalt konstruiert werden. Wie breit ist der Ring? Vergleiche mit der Breite eines Ringes gleichen Flächeninhalts, der nach innen gelegt wird.

6 Kreisfiguren

Bestimme jeweils Umfang und Flächeninhalt der farbigen Fläche.

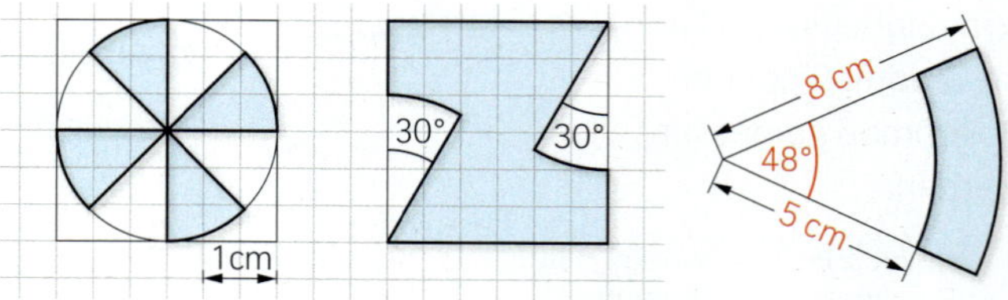

7 Gradmaß und Bogenmaß

Welche Angaben beschreiben die gleiche Winkelgröße? Ordne zu.

54° 120° 15° 270° 90° 200°

$\frac{\pi}{12}$ $0{,}3\pi$ $\frac{10}{9}\pi$ $1{,}5\pi$ $\frac{2\pi}{3}$ $\approx 1{,}57$

Verstehen

8 **Was passiert mit dem Umfang oder Flächeninhalt eines Kreises, wenn …**
Ein Kreis hat den Radius a. Welchen Radius musst du für einen Kreis mit halbem (dreifachem, fünffachem) Umfang wählen, welchen für einen Kreis mit vierfachem (sechzehnfachem, doppeltem) Flächeninhalt?

9 **Wachsende Kreisringe**
Wie verändert sich der Flächeninhalt der Ringe mit größer werdendem Radius? Wie groß ist der Flächeninhalt des neunten Rings? Finde eine Formel, mit der man den Flächeninhalt jedes beliebigen Rings ermitteln kann, der bei Fortsetzung des Verfahrens entsteht.

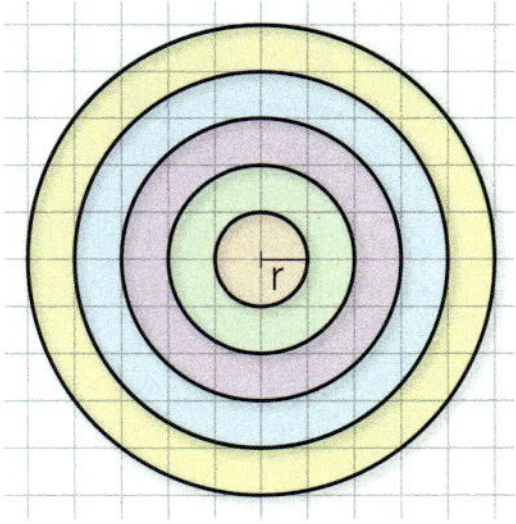

10 **Was passiert, wenn …**
Von Schritt zu Schritt wird der Durchmesser des angehängten Halbkreises halbiert.
a) Wie lang wird die „Schlange“ nach 3, 5, 10 Schritten?
b) Wie entwickelt sich der Inhalt der gelben Fläche?

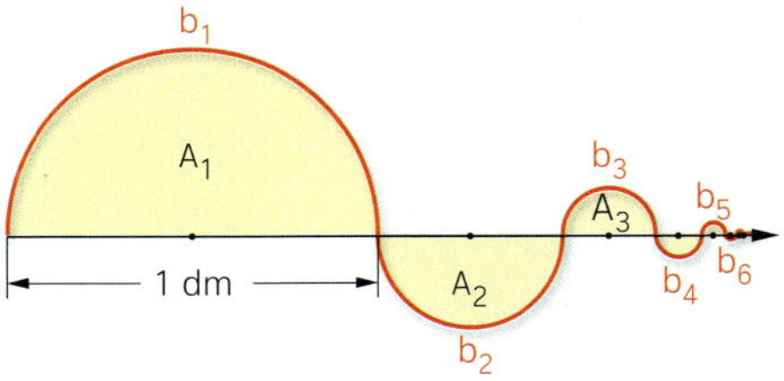

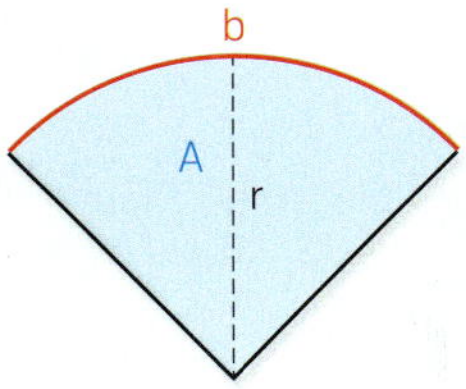

$A = \frac{1}{2}\, b \cdot r$

11 **Eine andere Formel für den Kreisausschnitt**
a) Der Flächeninhalt eines Kreisausschnitts lässt sich auch mit der nebenstehenden Formel berechnen. Begründe mithilfe der im Basiswissen (Seite 81) stehenden Formeln für die Bogenlänge und den Flächeninhalt des Kreisausschnitts.
b) Welche Formel für den Flächeninhalt des Vollkreises ergibt sich mit dieser Formel? Vergleiche mit der üblichen Formel.
c) Erkennst du Ähnlichkeiten mit der Formel zur Berechnung des Flächeninhalts eines Dreiecks? Beschreibe.

Anwenden

12 **Pizza**
Emma und Ben gehen Pizza essen. Sie vergleichen Preise: Eine kleine Pizza Spezial mit Radius 11 cm kostet 5 €, ein Stück von der großen Pizza Spezial mit Radius 22 cm kostet 2 €. Emma schätzt den Mittelpunktswinkel auf 30°.

13 **Defekte Scheibe**
Die markierte Scheibe ist defekt und muss durch ein Spezialglas ersetzt werden, das 899 € pro m² kostet. Wie teuer wird die Scheibe?

1 Meile ≈ 1,61 km

14 **Erdbeben**
Im Oktober 1989 richtete ein Erdbeben der Stärke 6,9 auf der Richter-Skala noch in San Francisco massive Schäden an. Allein dort wurden über 100 000 Häuser zerstört. Das Epizentrum des Bebens befand sich in Santa Cruz, 80 Meilen von San Francisco entfernt. Wie groß war die vom Beben betroffene Fläche in einem Radius von 80 Meilen um das Epizentrum herum? Berechne auf km² genau.

15 **Eine Buche**
Bei einer Buche wurde im Jahr 2007 ein Stammumfang von 1,14 m gemessen, im Jahre 2016 war dieser auf 1,28 m gewachsen. Um wie viel Prozent ist in dieser Zeit der Durchmesser gewachsen, um wie viel Prozent die Querschnittsfläche?

4

Quadratische Funktionen und Gleichungen

Die Flugbahn eines Snowboarders bei einem Sprung, Wasserstrahlen eines Springbrunnens, aber auch die Form vieler Brücken haben ein ähnliches bogenförmiges Aussehen. Zu solchen Formen passen sicher nicht Geraden, also lineare Funktionen. Zu ihrer Beschreibung müssen neue Funktionen gefunden werden. Mit quadratischen Funktionen gelingen oft gute Beschreibungen.
Diese Funktionen treten auch in ganz andersartigen Zusammenhängen auf, bei der Modellierung von Brems- und Anhalteweg, bei der Kalkulation von Theateraufführungen oder bei der Gewinnkalkulationen in der Skiproduktion. Du siehst: Quadratische Funktionen sind überall.
Zur genaueren Berechnung von gewünschten Werten muss man auch Gleichungen lösen. Dabei zeigt sich, dass einerseits bekannte Lösungsverfahren helfen, aber auch neue gesucht werden müssen.

4.1 Einführung in quadratische Funktionen

Bei der Beschreibung von Flugbahnen, bei der Konstruktion von Brücken, bei Kalkulationen und vielem mehr begegnen uns quadratische Funktionen.

4.2 Entdeckungen am Graphen quadratischer Funktionen

Die Graphen von quadratischen Funktionen heißen Parabeln. Ihre Form und Lage im Koordinatensystem wird von den Koeffizienten a, b und c in $f(x) = a \cdot x^2 + b \cdot x + c$ bestimmt. Aber wie?

Was bewirkt eine Veränderung des Koeffizienten c?

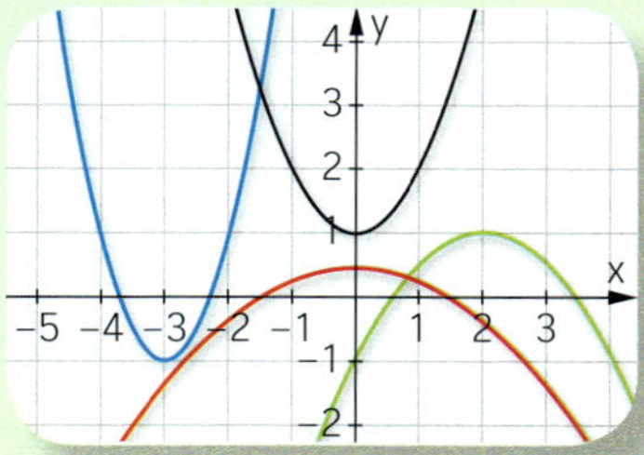

4.3 Quadratische Gleichungen

Wenn quadratische Funktionen auftreten, müssen quadratische Gleichungen gelöst werden. Dies kann tabellarisch – grafisch geschehen. Es gibt aber auch unterschiedliche neue rechnerische Verfahren.

Kannst du eine der quadratischen Gleichungen lösen?

$x^2 - 3 = 13$

$x \cdot (x - 5) = 0$

$2x^2 - 4 = 20$

$2x^2 - x = 1$

$10x^2 = 0$

$x^2 - 5x - 6 = 0$

$-2x^2 = 8$

$(x + 1)(x - 2) = 0$

4.4 Problemlösen mit quadratischen Funktionen

Beim Lösen inner- und außermathematischer Probleme treten oft quadratische Zusammenhänge auf.

Gelingt dir eine Lösung des Problems?

Der Umfang eines Rechtecks beträgt 20 cm, der Flächeninhalt 24 cm².
Wie groß sind Länge und Breite des Rechtecks?

4.1 Einführung in quadratische Funktionen

In vielen Situationen werden „quadratische" Funktionen benutzt, um Probleme in der Mathematik, den Naturwissenschaften und vielen anderen Gebieten zu modellieren. Wie die linearen Funktionen kommen die quadratischen Funktionen sehr häufig vor. Quadratische Funktionen beschreiben z.B. die Länge des Bremsweges, den Flug eines Balles oder den Wertverlust eines Autos.
Eines wirst du sicher bereits jetzt vermuten: Im Funktionsterm von quadratischen Funktionen kommt der Term x^2 vor. In diesem und den nächsten Lernabschnitten wirst du erleben, welche besonderen Eigenschaften diese Funktionen haben.

Aufgaben

1 Was macht den Unterschied?

a) Erstelle zu den Funktionen eine Wertetabelle mit $-3 \leq x \leq 3$ und der Schrittweite 0,5. Zeichne die Graphen der Funktionenpaare jeweils in ein Koordinatensystem.

(1) $f(x) = 2x$
$g(x) = x^2$

(2) $f(x) = -\frac{1}{2}x$
$g(x) = -\frac{1}{2}x^2$

(3) $f(x) = 2x + 1$
$g(x) = x^2 + 2x + 1$

b) Vergleiche jeweils die beiden Graphen und Tabellen. Beschreibe die Graphen der Funktionen $g(x)$ möglichst genau.

2 Verschiedene Kurven

Alle Graphen gehören zu quadratischen Funktionen. Der Graph einer quadratischen Funktion heißt Parabel. Was haben die Parabeln gemeinsam, worin unterscheiden sie sich? Vergleiche mit den Graphen von linearen Funktionen.

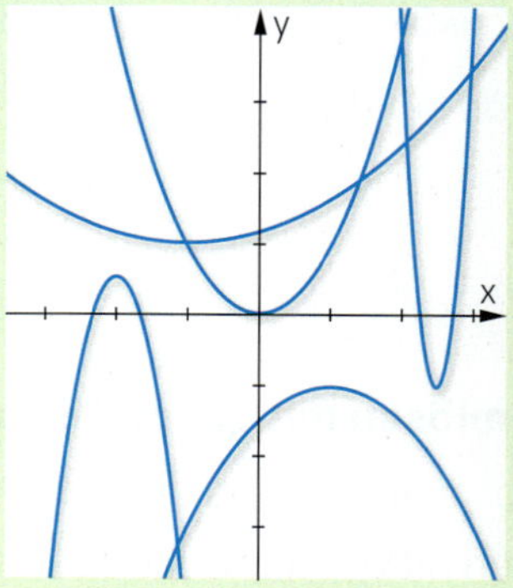

3 Erkennst du ein Muster?

a) Übertrage die Wertepaare der Tabellen jeweils in ein Koordinatensystem. Vergleiche.
b) Finde zu jeder Tabelle eine Funktionsgleichung y = ■ und überprüfe deine Vermutung.

(1)

x	y
−2	−2
−1	−1
0	0
1	1
2	2
3	3

(2)

x	y
−2	−4
−1	−2
0	0
1	2
2	4
3	6

(3)

x	y
−2	1
−1	2
0	3
1	4
2	5
3	6

(4)

x	y
−2	4
−1	1
0	0
1	1
2	4
3	9

(5)

x	y
−2	1
−1	0
0	1
1	4
2	9
3	16

(6)

x	y
−2	8
−1	2
0	0
1	2
2	8
3	18

Aufgaben

4 **Brems- und Anhalteweg**

Die Länge des Bremsweges eines Autos ist von der Geschwindigkeit abhängig. Der Zusammenhang zwischen dem Bremsweg s in Metern und der Geschwindigkeit v in km/h kann bei trockener Straße mit der Funktion $s(v) = \frac{v^2}{100}$ modelliert werden. Der Anhalteweg eines Autos ist die zurückgelegte Strecke von dem Moment, an dem der Fahrer eine Gefahr bemerkt, bis zu dem Zeitpunkt, an dem das Auto steht. Er kann mit der Funktion $w(v) = \frac{1}{100}v^2 + \frac{3}{10}v$ berechnet werden. Dabei beschreibt $r(v) = \frac{3}{10}v$ den Reaktionsweg.

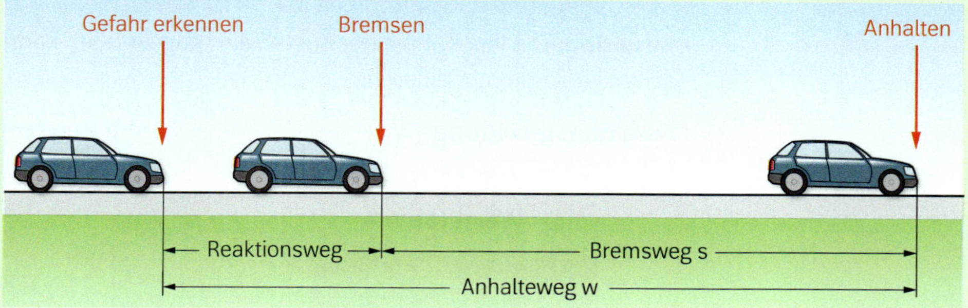

a) Wie lang ist der Bremsweg s bei einer Geschwindigkeit von 30 km/h, wie lang bei der doppelten (dreifachen) Geschwindigkeit?

b) Ein Auto wird mit einer Vollbremsung zum Stand gebracht. Aus der Länge der Bremsspur von 32 m kann man die Geschwindigkeit des Autos abschätzen. Du kannst die Frage grafisch oder rechnerisch beantworten.

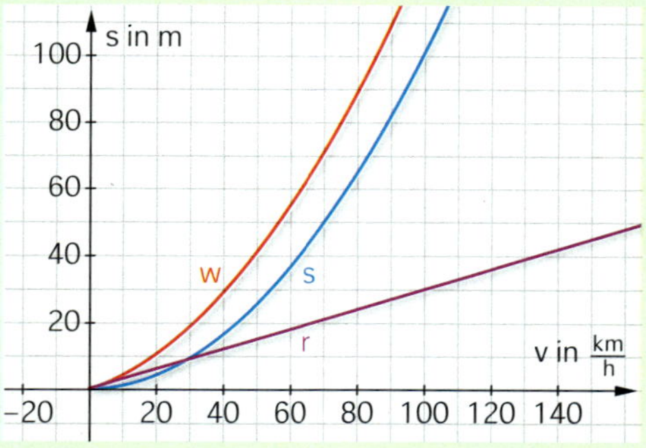

v (km/h)	w (m)
0	0
50	40
■	54
82	■
100	130
■	270
200	■

c) Übertrage und ergänze die Tabelle. Wie lang ist der Anhalteweg w bei einer Geschwindigkeit von 90 km/h? Benutze die Grafik zur Beantwortung der Fragen.

5 **Der Preis beeinflusst die Nachfrage – Wie macht man den größten Gewinn?**

Im vergangenen Jahr kosteten die Eintrittskarten für die Theateraufführung des Sebastian-Münster-Gymnasiums 5 €. Es kamen 300 Besucher.
In diesem Jahr möchte das Gymnasium einen größeren Gewinn erzielen und beabsichtigt die Eintrittspreise zu verändern. Man vermutet, dass bei einer Erhöhung des Preises um je 1 € ungefähr 30 Besucher weniger kommen, bei einer Preissenkung um je 1 € ungefähr 30 Besucher mehr.

Preis-änderung	Eintritts-preis	Besucher-zahl	Einnahmen E (x)
−2	■	■	■
−1	■	■	■
0	5	300	1500
1	6	270	1620
2	7	240	■
3	8	■	■
4	■	■	■
x	5 + x	300 − 30x	■

a) Ergänze die Tabelle in deinem Heft.

b) In der letzten Zeile der Tabelle stehen die Terme, mit denen man zu jeder Preisänderung x den Eintrittspreis und die Besucherzahl berechnen kann. Es fehlt noch der Term zur Berechnung der Einnahmen.

c) Zeichne den Graphen der Funktion: $x \mapsto$ Einnahmen E (x). Für welche Preisänderung x erhält man die größten Einnahmen?

d) Die Nachfrage nach Eintrittskarten hängt vom Preis ab. Warum gilt dies für eine Aufführung des Schultheaters nur bedingt?

Basiswissen

In vielen Anwendungssituationen treten Funktionen auf, die man auf die Form $f(x) = ax^2 + bx + c$ bringen kann.

Die quadratische Funktion

Eine Funktion mit der Funktionsgleichung $f(x) = ax^2 + bx + c$, wobei $a \neq 0$ ist, nennt man eine **quadratische Funktion**.

Funktion: Weite x in m vom Abstoß einer Kugel → Höhe h in m

Situation: Die Flugbahn einer Kugel beim Kugelstoßen kann man mit einer quadratischen Funktion modellieren.

Funktionsgleichung:
$h(x) = -\frac{3}{128}x^2 + \frac{3}{8}x + 2$

Funktionsterm:
$-\frac{3}{128}x^2 + \frac{3}{8}x + 2$

Wertetabelle

x (in m)	h(x) (in m)
0	2
4	3,125
8	3,5
12	3,125
16	2
20	0,125

Graph

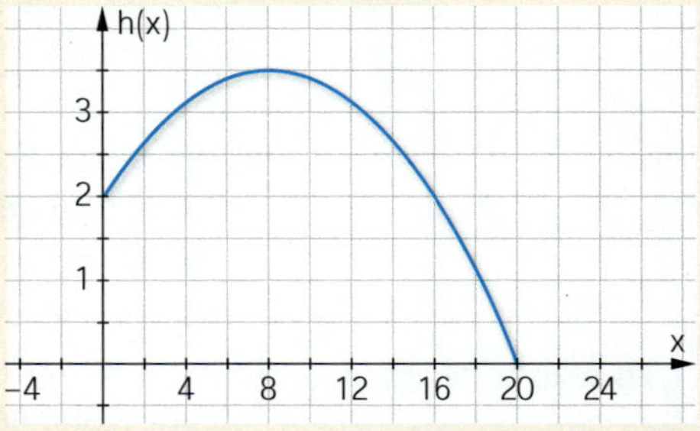

Der Graph einer quadratischen Funktion ist eine **Parabel**.

Statt h(x) („h von x") benutzen wir zur Beschreibung von Funktionen weiterhin auch $y = -\frac{3}{128}x^2 + \frac{3}{8}x + 2$.

Beispiele

A Eine Abflussrinne

Eine Abflussrinne mit rechteckigem Querschnitt soll aus einem 24 cm breiten Aluminiumblech hergestellt werden. Wichtig für die Menge Wasser, die durch die Rinne fließen kann, ist die Fläche des Querschnitts.
Wie breit und wie hoch muss die Rinne sein, damit möglichst viel Wasser hindurch fließen kann?

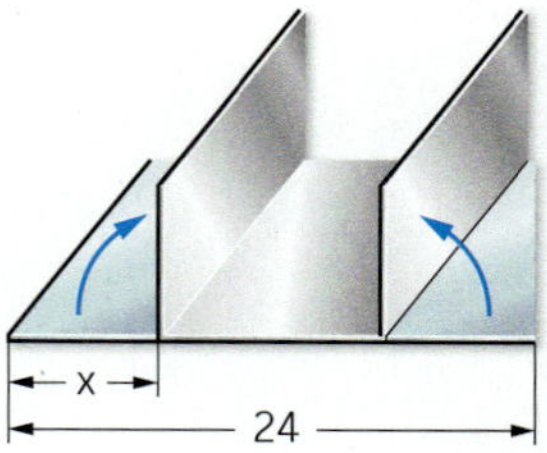

Lösung:
Formel für die Fläche die Querschnitts:
$A(x) = (24 - 2x) \cdot x = 24x - 2x^2$

x	1	2	4	6	8	10
A(x)	22	40	64	72	64	40

Die größte Fläche erhält man für x = 6 cm.

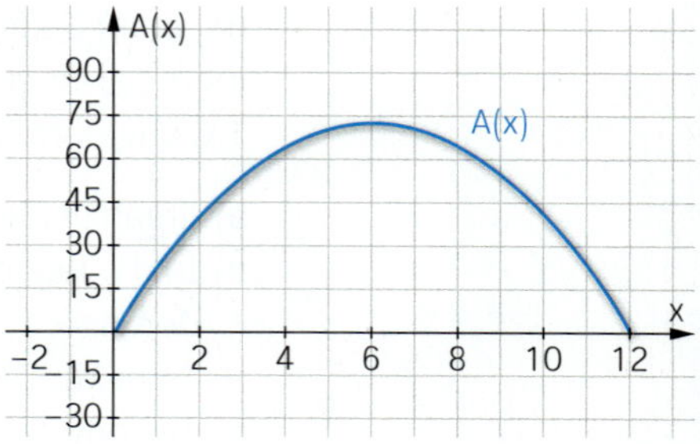

Die Rinne muss 12 cm breit und 6 cm hoch sein, damit möglichst viel Wasser hindurchfließen kann.

Beispiele

B Eine quadratische Funktion in besonderer Darstellung

Schau dir die Funktion $f(x) = (x-2)\cdot(x-1)$ an. Zeige, dass es sich dabei um eine quadratische Funktion handelt. Gib die Funktion in der Form $f(x) = ax^2 + bx + c$ an.

Lösung:

$f(x) = (x-2)\cdot(x-1)$ — Ausmultiplizieren

$= x^2 - 2x - x + 2$ — Vereinfachen

$= x^2 - 3x + 2$

Für die Funktion f(x) in der Form $f(x) = ax^2 + bx + c$ ist daher $a = 1$; $b = -3$ und $c = 2$.

C Keine quadratische Funktion

Begründe auf verschiedene Weise, dass $f(x) = \frac{8}{x^2}$ keine quadratische Funktion ist.

Lösungen:

(1) x^2 steht im Nenner eines Bruchterms, das passt nicht zur Form $ax^2 + bx + c$.

(2)

x	f(x)
−4	0,5
−2	2
−1	8
1	8
2	2
4	0,5

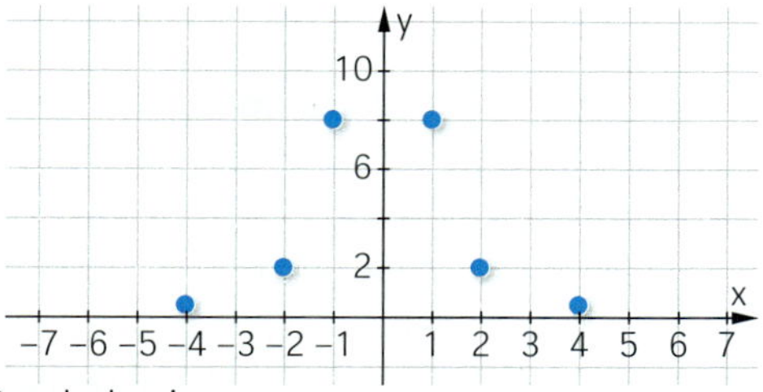

Der Graph kann keine Parabel sein.

(3) Für $x = 0$ erhält man mit $f(0) = \frac{8}{0}$ einen nicht erklärten Ausdruck. Bei der Form $ax^2 + bx + c$ gilt aber immer $f(0) = a\cdot 0^2 + b\cdot 0 + c = c$.

Übungen

Neun quadratische Funktionen sind dabei

6 Quadratisch, linear oder keins von beiden

a) $y = 2x^2 - 3x + 5$ b) $y = 2x - 4$ c) $y = x$ d) $y = x^2$

e) $y = \frac{1}{x}$ f) $y = \frac{2}{3}x^2$ g) $y = -x + \frac{1}{4}$ h) $y = 3x^2 - 2x$

i) $y = \frac{1}{x^2} + 4$ j) $y = x^3 - 5x^2$ k) $y = \frac{x^2}{8}$ l) $y = -2 + 3x^2 - x$

m) $y = 5 - 2x^2$ n) $y = (x-1)^2$ o) $y = \sqrt{x}$ p) $y = (x+3)(x-2)$

7 Quadratische Funktionen in verschiedenen Darstellungen

Zeige, dass jede der folgenden Funktionen eine quadratische Funktion ist, indem du sie in die Form $f(x) = ax^2 + bx + c$ bringst.

a) $f(x) = (x-3)(x+8)$ b) $f(x) = \left(x + \frac{3}{4}\right)(x-5)$ c) $f(x) = 2x(x-1{,}6)$

d) $f(x) = \left(x - \frac{1}{3}\right)\left(x + \frac{1}{3}\right)$ e) $f(x) = (x+2)(x+2)$ f) $f(x) = x\left(2x + \frac{5}{2}\right)$

g) $f(x) = \frac{x^2-6}{2}$ h) $f(x) = (3-x)\cdot(x+4)$ i) $f(x) = \frac{8-x^2}{4} + 2x^2$

8 Vom Term zum Graphen

Welcher Graph gehört zu welcher Gleichung?

a) $f(x) = -3x + 2$

b) $f(x) = x^2 + 1$

c) $f(x) = x^2 + 2$

d) $f(x) = -x^2 + 1$

e) $f(x) = 2x + 3$

f) $f(x) = 2x^2 - x$

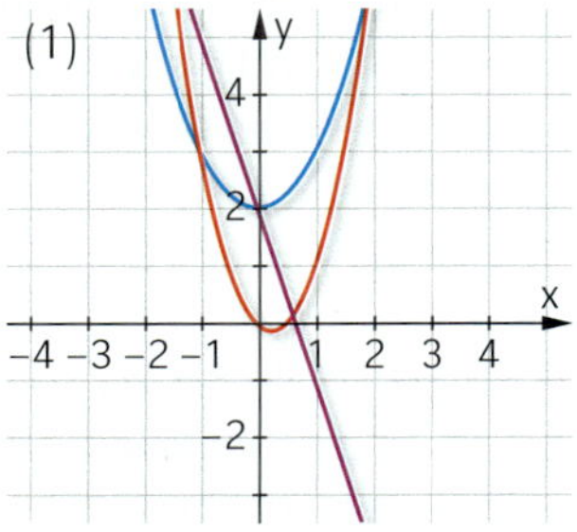

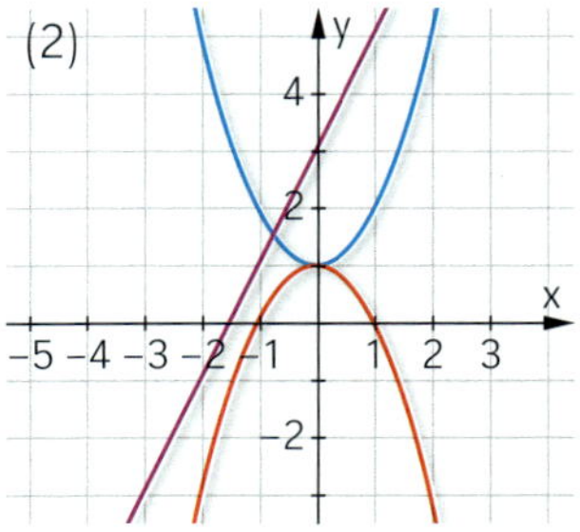

Übungen

9 Von der Tabelle zur Funktionsgleichung

Durch die Tabelle ist eine Funktion gegeben. Zeichne den zugehörigen Graphen und bestimme die Funktionsgleichung.

a)

x	−2	−1	0	1	2	3	4
y	8	2	0	2	8	18	32

b)

x	−2	−1	0	1	2	3	4
y	9	6	5	6	9	14	21

c)

x	−2	−1	0	1	2	3	4
y	−4	−1	0	−1	−4	−9	−16

d)

x	−2	−1	0	1	2	3	4
y	9	4	1	0	1	4	9

Tipp

x	$y = x^2$
−3	9
−2	4
−1	1
0	0
1	1
2	4
3	9

Diese Tabelle kann dir helfen

10 Rechteckszahlen

Die ersten drei Zahlen in der Folge der „Rechteckszahlen“ sind dargestellt.

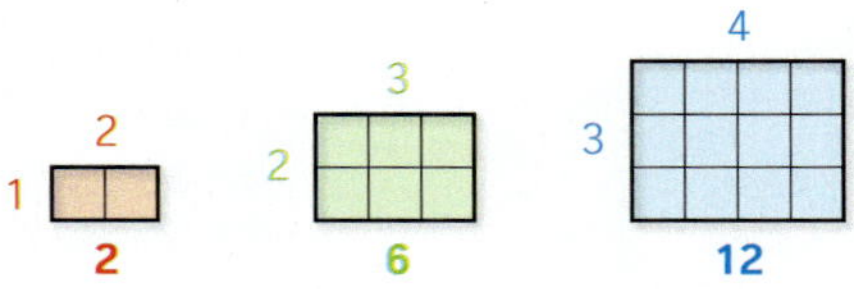

a) „Zeichne“ die nächsten zwei Rechteckszahlen.

b) Erkennst du das Muster in den Zahlen? Schreibe die ersten zehn Rechteckszahlen auf.

c) Mit der Abbildung oben kannst du eine quadratische Funktion zur Berechnung der Rechteckszahlen finden.

d) Man kann die Rechteckszahlen auch anders aufzeichnen:
Verwende dieses Muster, um eine quadratische Funktion aufzustellen, mit der man ebenfalls die Rechteckszahlen berechnen kann. Durch Termumformung kannst du nachweisen, dass die beiden Funktionen identisch sind.

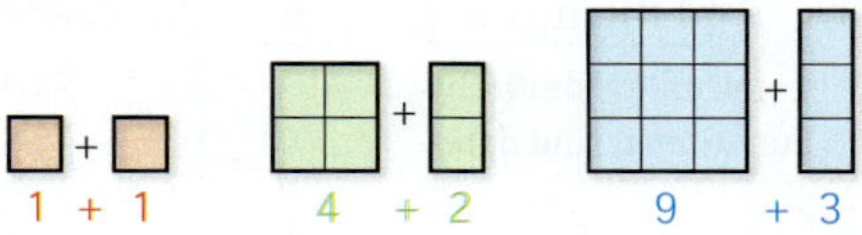

Für Experten

11 Quadratische Funktionen bauen

Gegeben sind die linearen Funktionen f und g.

f	g	f·g
x + 2	x − 3	(x + 2)(x − 3)
2x − 1	0,5x + 2	(2x − 1)·(0,5x + 2)
2x	x + 2	2x·(x + 2)

a) Zeichne die Graphen der Funktionen f und g in ein Koordinatensystem. Zeichne dann den Graphen der Funktion f·g in dasselbe Koordinatensystem. Erstelle dazu zunächst eine Tabelle und zeichne dann.

b) Wie unterscheiden sich die Graphen von f und g von dem Graphen von f·g?

c) Wie hängen die x-Achsenschnittpunkte der Graphen von f und g mit den x-Achsenschnittpunkten des Graphen der Funktion f·g zusammen?

d) Zum Nachdenken und Forschen:

(1) Ist das Produkt von zwei beliebigen linearen Funktionen immer eine quadratische Funktion?

(2) Kannst du zwei lineare Funktionen f und g so bauen, dass der tiefste Punkt von f·g auf der y-Achse liegt?

Tipp

Die Aufgabe kann auch gut mit einem GTR bearbeitet werden:

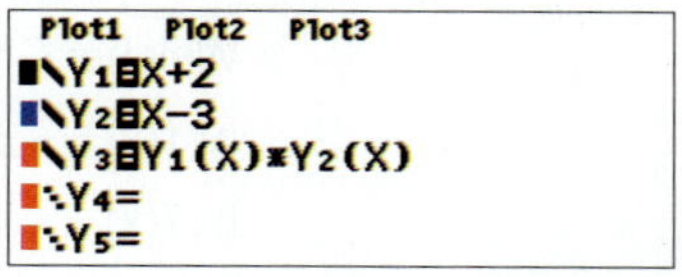

Übungen

12 Ein Kaninchengehege

Tom möchte für sein Kaninchen im Garten ein Gehege mit rechteckiger Grundfläche an eine Gartenmauer bauen.
Im Keller hat er eine Rolle mit 20 m Maschendraht gefunden. Das Kaninchen soll möglichst viel Platz in dem Gehege haben.

a)

Die Tabelle enthält verschiedene mögliche Breiten und Längen und daraus resultierende Rechteckflächen. Übertrage die Tabelle in dein Heft und ergänze.

Breite (m)	Länge (m)	Fläche (m^2)	Draht (m)
1	18	18	20
2	16	32	■
3	14	■	■
4	■	■	■
...	...	...	...
x	■	■	■

b) Finde einen Funktionsterm $l(x)$, der den Zusammenhang zwischen Länge l und Breite x beschreibt. Welche Werte kann man für x sinnvollerweise einsetzen?

c) Den Flächeninhalt $A(x)$ des Kaninchengeheges kann man aus der Breite x und der Länge $l(x)$ berechnen. Bestimme die entsprechende Funktionsgleichung.

d) Für welche Breite und Länge erhält man den größten Flächeninhalt?

13 Gewinn und Verlust

CD Klassiker

Die Firma *Sound GmbH* stellt CDs her. Sie möchte ihren Gewinn vergrößern. Daher wurde eine Unternehmensberatung mit einer Marktanalyse beauftragt. Es wurde u. a. festgestellt, dass sich der monatliche Gewinn G der aktuellen CD in Abhängigkeit vom Verkaufspreis p einer CD durch die Funktion

Gewinnfunktion

$$G(p) = -300p^2 + 6000p - 20000$$

modellieren lässt. Wenn G negativ ist, bedeutet das, dass die Firma einen Verlust macht.

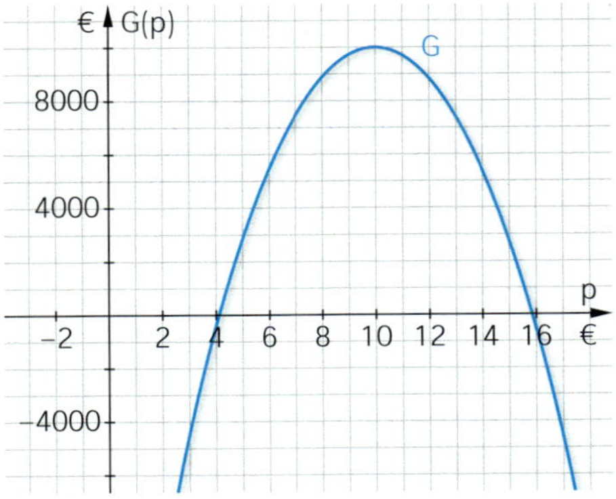

Beantworte die Fragen mithilfe der Grafik. Die eine oder andere Frage kannst du auch rechnerisch beantworten.

a) Beschreibe die Gewinnentwicklung. Welchen Gewinn erzielt die Firma bei einem Stückpreis von $p = 14$ € ($p = 8$ €)?

b) Zu welchem Preis sollte die Firma das Produkt verkaufen, um einen möglichst großen Gewinn zu erzielen? Wie groß ist der Gewinn dann?

Break-even-point

c) Bei welchem Preis macht die Firma keinen Gewinn, aber auch keinen Verlust (Break-even-point)?

Basiswissen Den Graphen einer quadratischen Funktion nennt man Parabel.

Parabeln

- Es gibt nach **unten geöffnete** und nach **oben geöffnete** Parabeln.
- Die Parabeln besitzen eine **Symmetrieachse** parallel zur y-Achse.
- Der **Scheitelpunkt S** ist der höchste Punkt (Maximum) oder der tiefste Punkt (Minimum) des Graphen. Die Symmetrieachse geht durch den Scheitelpunkt der Parabel.
- Parabeln können Schnittpunkte mit der x-Achse besitzen. Deren x-Koordinaten nennt man **Nullstellen** der Funktion.

$f(x) = -x^2 + 2x + 3$

x	−2	−1	0	1	2	3	4
f(x)	−5	0	3	4	3	0	−5

↑ Maximum

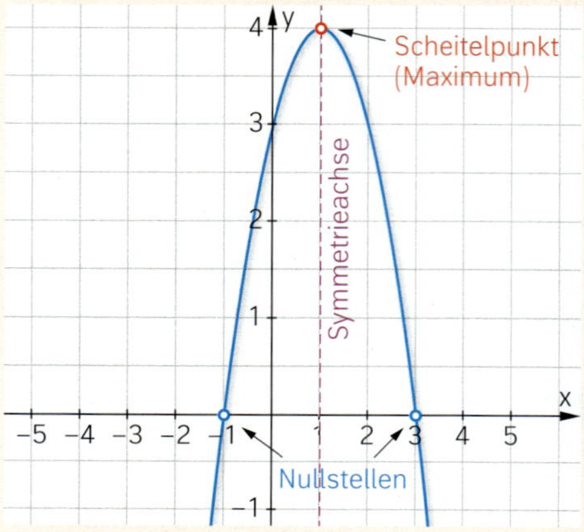

$g(x) = x^2 - 2x$

x	−2	−1	0	1	2	3	4
g(x)	8	3	0	−1	0	3	8

↑ Minimum

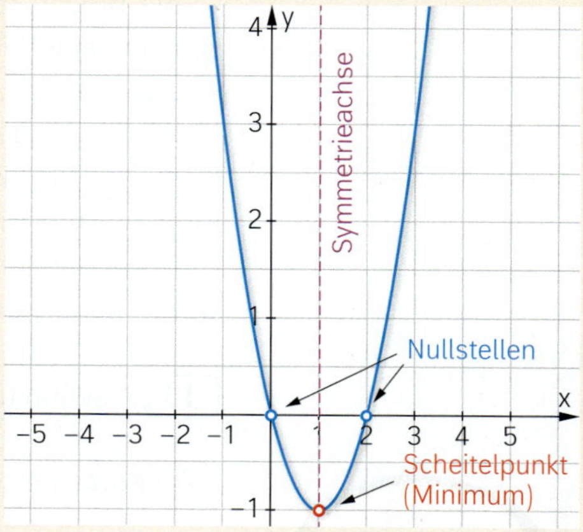

Beispiele

D Mathematik mit Tabelle

Wo hat die Funktion mit $f(x) = x^2 + 2x + 5$ ihren Scheitelpunkt S?

Lösung: Mit der Tabelle findet man S(−1|4).
4 ist das Minimum der Funktion.

x	−3	−2	−1	0	1	2	3
f(x)	8	5	4	5	8	13	20

E „Kopfmathematik“

Von einer quadratischen Funktion f ist bekannt, dass $f(2) = f(6)$ ist. Welche x-Koordinate hat der Scheitelpunkt der zugehörigen Parabel?

Lösung: $x = 2$ und $x = 6$ wird derselbe y-Wert zugeordnet. Daher verläuft die Symmetrieachse genau in der Mitte zwischen $x = 2$ und $x = 6$, d. h. durch $x = 4$.
Der Scheitelpunkt hat also die x-Koordinate 4.

Übungen

14 Quadratische und lineare Funktionen im Vergleich

Verwende die Funktionen mit $f(x) = x^2 - 4x + 5$ und $g(x) = 2x - 1$ zur Beantwortung der folgenden Frage. Wie unterscheiden sich die Graphen (Funktionsgleichungen, Tabellen) einer linearen Funktion und einer quadratischen Funktion?

Berücksichtige beim Vergleich:
- grafischen Verlauf
- Schnittpunkte mit den Achsen
- besondere Punkte

15 „Kopfmathematik“

Bestimme die x-Koordinate des Scheitelpunktes einer Parabel mit den Nullstellen

a) $x_1 = 2;\ x_2 = 4$ b) $x_1 = -5;\ x_2 = 7$ c) $x_1 = -2{,}5;\ x_2 = 0$.

Basiswissen

Typische Fragen beim Bearbeiten von Problemen mit quadratischen Funktionen sind:
(1) Wo schneidet der Graph die y-Achse?
(2) Wo schneidet der Graph die x-Achse?
(3) Wo ist der höchste (niedrigste) Punkt des Graphen?
(4) Welchen y-Wert erhält man für einen bestimmten x-Wert?
(5) Für welche x-Werte erhält man einen bestimmten y-Wert?

Typische Fragen an quadratische Funktionen

Situation: Die Höhe h in Meter, die eine Feuerwerksrakete t Sekunden nach dem Abschuss erreicht hat, kann durch die quadratische Funktion h(t) modelliert werden.

Funktion: t in s → h in m **Funktionsgleichung:** $h(t) = -5t^2 + 45t + 50$

Tabelle

t (in s)	h(t) (in m)
0	50
1	90
2	120
3	140
4	150
5	150
6	140
7	120
8	90
9	50
10	0

Graph

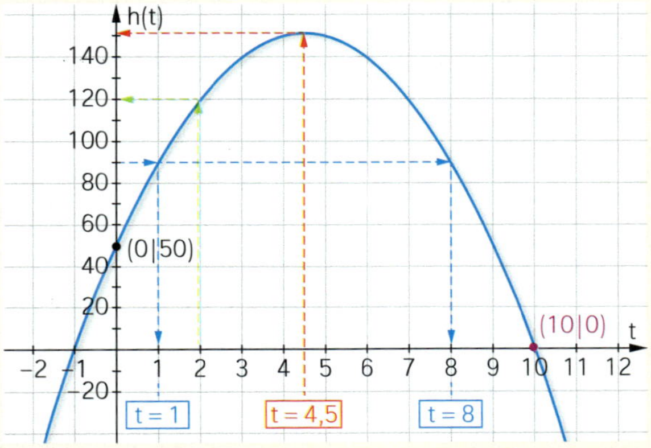

Frage	Rechnung	Antwort
(1) In welcher Höhe startet die Rakete?	$h(0) = -5 \cdot 0^2 + 45 \cdot 0 + 50$ $= 50$	Abschuss in 50 m Höhe
(2) Wann trifft die Rakete auf dem Boden auf?	$h(t) = -5t^2 + 45t + 50 = 0$ *Tabelle/Graph*: $x = 10$	Aufprall auf Boden nach 10 Sekunden
(3) Welche größte Höhe erreicht die Rakete nach welcher Flugzeit?	Höchster Punkt: *Tabelle/Graph*: (4,5 | 151,25) $h(4{,}5) = 151{,}25$	Größte Höhe ca. 151 m nach 4,5 Sekunden
(4) Wie hoch ist die Rakete nach zwei Sekunden?	$h(2) = -5 \cdot 2^2 + 45 \cdot 2 + 50$ $= 120$	Nach 2 Sekunden ist eine Höhe von 120 m erreicht.
(5) Zu welchen Zeitpunkten beträgt die Flughöhe 90 m?	$h(t) = -5t^2 + 45t + 50 = 90$ *Tabelle/Graph*: $t = 1$; $t = 8$	Nach 1 bzw. 8 Sekunden ist die Flughöhe 90 m.

Beispiele

F x-Werte gesucht

Es ist $f(x) = x^2 - 2x$.

Für welche x-Werte hat der Term $x^2 - 2x$ den Wert 3?

Lösung:

Die Gleichung $x^2 - 2x = 3$ muss gelöst werden.

Es ist noch kein rechnerisches Lösungsverfahren bekannt. Man probiert systematisch mit einer Tabelle: $x_1 = -1$; $x_2 = 3$

x	f(x)
−2	8
−1	**3**
0	0
1	−1
2	0
3	**3**
4	8

Beispiele

G **Nullstellen gesucht**

Wo schneidet der Graph von $f(x) = x^2 - 4x$ die x-Achse?

Lösung:

Es muss die Gleichung $x^2 - 4x = 0$ gelöst werden.

(1) Mit Grafik und Tabelle erhält man $x_1 = 0$; $x_2 = 4$

(2) Mit einer Termumformung kann die Gleichung auch rechnerisch gelöst werden: Man klammert links „x" aus: $x^2 - 4x = x(x - 4)$. Mit „Ein Produkt ist Null, wenn ein Faktor Null ist", erhält man: $x_1 = 0$; $x_2 = 4$

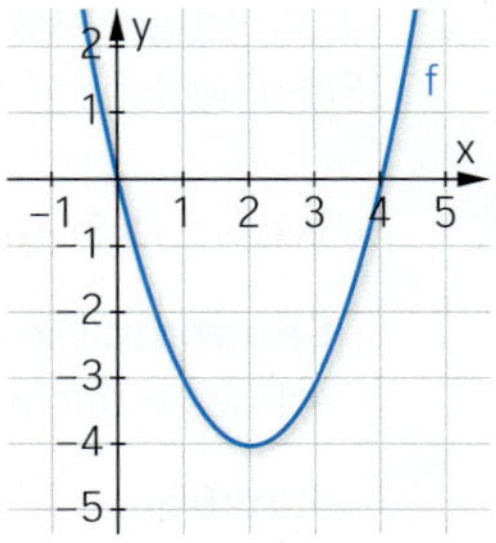

x	f(x)
−1	5
0	0
1	−3
2	−4
3	−3
4	0
5	5

Übungen

16 **Eine Rakete**

Die Höhe einer Rakete in Abhängigkeit von der Zeit wird durch die Funktion $h(t) = -5t^2 + 30t + 27$ modelliert (h in m und t in s).

a) Welche Höhe hat die Rakete nach 2 Sekunden erreicht?

b) Zu welchen Zeitpunkten hat die Rakete eine Höhe von 52 m?

c) Wann erreicht die Rakete die größte Höhe? Wie hoch ist sie da geflogen?

17 **Was geht, was geht (noch) nicht ?**

Beantworte die Fragen jeweils für die angegebenen Funktionen. Berechne, wenn möglich.

(1) Wo schneidet f die y-Achse, wo die x-Achse?

(2) Wie lautet der Funktionswert an der Stelle −2 (5)?

(3) An welcher Stelle ist der Funktionswert 3?

(4) Welche Koordinaten hat der höchste bzw. tiefste Punkt?

(5) Für welche x-Werte sind die Funktionswerte negativ?

a) $f(x) = -x^2 + x + 2$

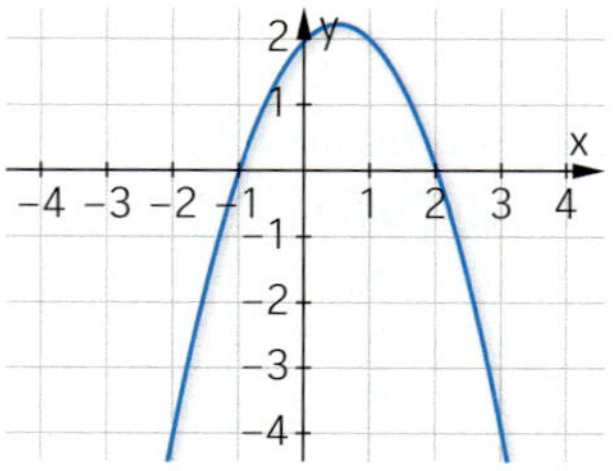

b) $f(x) = \frac{1}{2} \cdot (x - 3)^2$

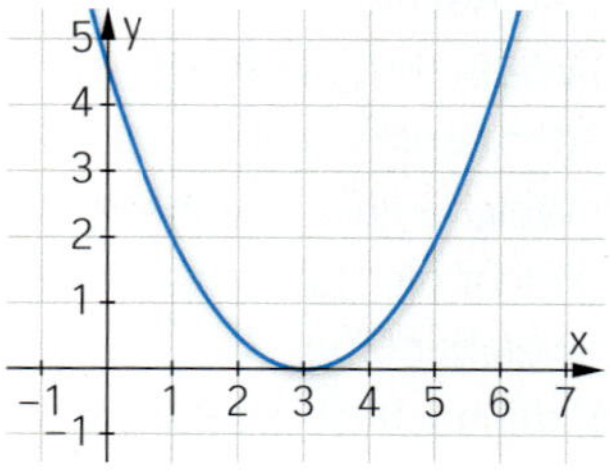

c) $f(x) = x^2 - 4x + 2$

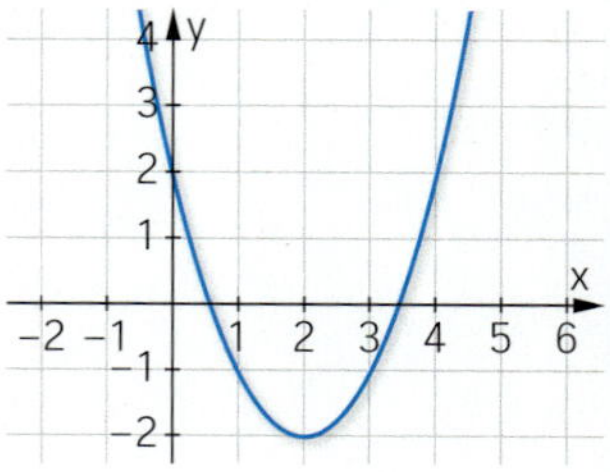

Kopfübungen

1. Berechne: 6,8 − (−8,8)
2. Bei diesem Viereck halbieren sich die Diagonalen gegenseitig. Für welche Figuren gilt dies?
3. Ergänze: $(4x + 9y)^2 = ■ \cdot x^2 + ■ \cdot xy + ■ \cdot y^2$
4. Ergänze: Die Drahtlänge L ist ...-mal so lang wie $\overline{AB}$.
5. Schreibe die Zahl −64 als Potenz einer ganzen Zahl.
6. Bei einer Verkehrszählung wurden 140 Fahrzeuge gezählt, davon waren 42 LKWs. Berechne die relative Häufigkeit (als gekürzter Bruch und als %-Angabe).
7. Eine Pflanze ist zu Beginn 3 cm groß und wächst um 5 cm pro Woche. Gib den Term der Zuordnung an. Wann ist die Pflanze 30 cm groß?

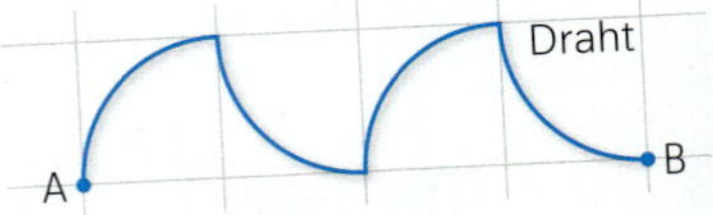

Aufgaben

18 Pascal'sches Dreieck

In einem Mathematiklexikon steht, dass man die Zahlen im Pascal'schen Dreieck mit Formeln berechnen kann.

Für die „grüne“ Kolonne: $y = 1$,
für die „rote“ Kolonne: $y = x$,
für die „blaue“ Kolonne: $y = \frac{1}{2}x(x+1)$,
für die „pinkfarbene“ Kolonne: $y = \frac{1}{6}x(x+1)(x+2)$

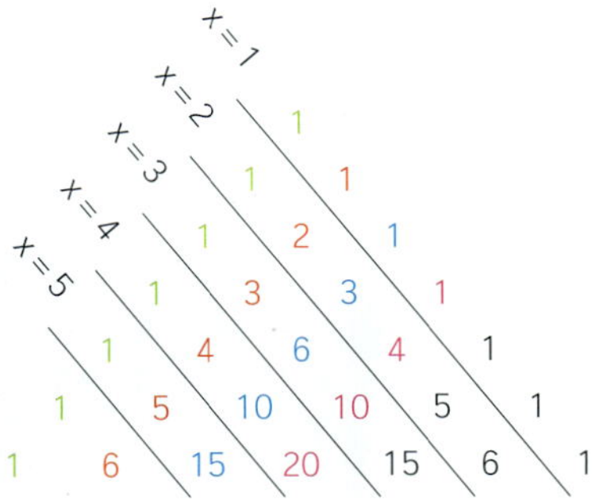

a) Sind die Formeln korrekt? Erstelle für jede der Funktionen eine Tabelle für $1 \le x \le 7$. Vergleiche mit den Zahlen im Pascal'schen Dreieck.
b) Welche der Funktionen ist eine quadratische Funktion?
c) Wie könnte eine Formel zur Berechnung der Zahlen in der nächsten Kolonne des Pascal'schen Dreiecks lauten? Überprüfe selbst.

19 Rechtecke

Gegeben ist ein Rechteck mit den Seitenlängen 8 cm und 5 cm. Die kürzere Seite soll um x cm verlängert und die längere um x cm verkürzt werden.

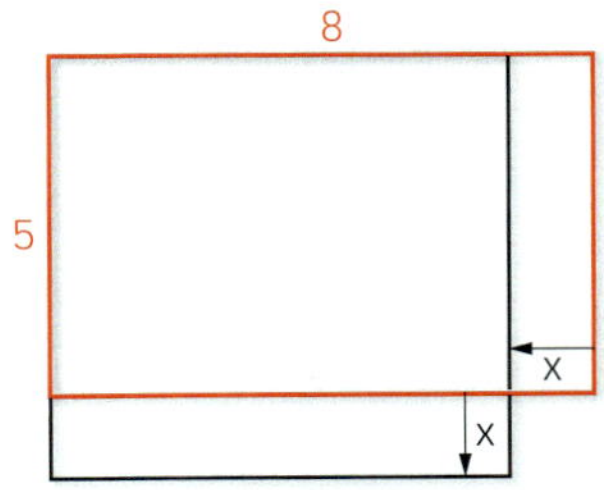

a) Verändert sich der Flächeninhalt? Begründe deine Meinung. Bei welchem Wert für x bleibt der Flächeninhalt gleich?
b) Berechne für verschiedene Werte von x den Flächeninhalt A(x).
c) Bestimme den Funktionsterm A(x).
Bei welchem Wert von x ist der Flächeninhalt maximal?

Exkurs

Schwerelosigkeit und Parabeln

Ihr habt bestimmt schon einmal im Fernsehen gesehen, wie Astronauten schwerelos in der Weltraumstation ISS (International Space Station) schweben. Wie man sich dabei wohl fühlt? Ein bisschen Schwerelosigkeit habt ihr sicherlich schon bei einer Fahrt mit der Achterbahn erlebt.

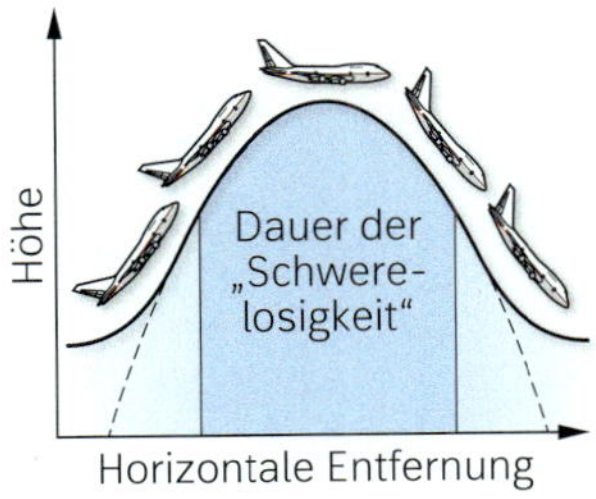

Wenn ihr in die Tiefe stürzt, dann seid ihr für einige Momente schwerelos. Astronauten können in einem Flugzeug die Schwerelosigkeit trainieren. Das Flugzeug mit den Astronauten fliegt mit großer Geschwindigkeit, zieht steil nach oben und fliegt dann im Sturzflug nach unten. Dabei folgt es einer parabelförmigen Bahn. Bei einem solchen Flug kann man eine Dauer der Schwerelosigkeit von 15 bis 20 Sekunden erreichen.

4.2 Entdeckungen am Graphen quadratischer Funktionen

Mit quadratischen Funktionen kann man die Flugbahnen von Feuerwerksraketen recht gut modellieren. Das Foto zeigt verschiedene parabelförmige Flugbahnen von Feuerwerksraketen. So unterschiedlich wie die Flugbahnen sind, so unterschiedlich sind auch die zugehörigen Funktionsgleichungen.
Worin unterscheiden sich die Funktionsgleichungen und die zugehörigen Graphen? Die Flugkurven und damit auch die Funktionsvorschriften haben aber auch einiges gemeinsam. Was sind diese Gemeinsamkeiten?

Aufgaben

1 Muster aus Graphen

Alle Graphen gehören zu quadratischen Funktionen. Es sind Parabeln.

a) Was haben die Parabeln in dem Schaubild gemeinsam, worin unterscheiden sie sich?

b) Ordne die Funktionsgleichungen richtig zu.

$f(x) = x^2$

$g(x) = 2x^2$

$h(x) = -x^2$

$k(x) = (x - 4)^2$

$l(x) = x^2 - 3$

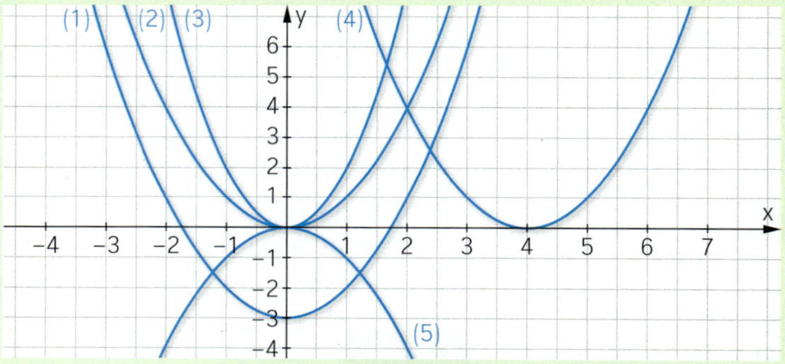

2 Muster aus Tabellen

Partner- oder Gruppenarbeit

a) Skizziere mithilfe der Tabelle die Graphen der Funktionen. Was haben alle Graphen gemeinsam, worin unterscheiden sie sich? Erkennst du den Zusammenhang mit den Mustern in der Tabelle?

b) Wie lauten die zugehörigen Funktionsgleichungen?

2 Lösungen: Zwei Funktionsgleichungen sind $f(x) = (x - 2)^2$ und $f(x) = -0{,}5x^2$.

	x	−4	−3	−2	−1	0	1	2	3	4
(1)	y	13	6	1	−2	−3	−2	1	6	13
(2)	y	36	25	16	9	4	1	0	1	4
(3)	y	32	18	8	2	0	2	8	18	32
(4)	y	−8	−4,5	−2	−0,5	0	−0,5	−2	−4,5	−8

Zum Vergleich: $y = x^2$

x	−3	−2	−1	0	1	2	3
y	9	4	1	0	1	4	9

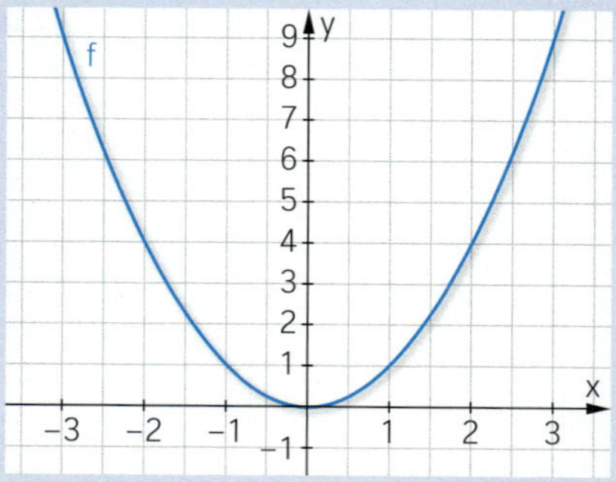

Aufgaben

3 Graphenlaboratorium 1

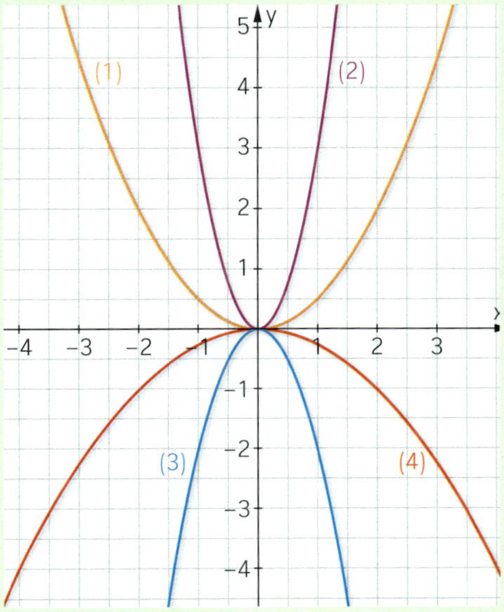

- Für $a = 1$ erhält man die „Mutter" aller Parabeln, die **Normalparabel** $f(x) = x^2$.
- a heißt **Vorfaktor** oder **Koeffizient** von x^2.

Bei dieser Aufgabe hilft ein Funktionenplotter (z.B. ein GTR).
Mit einem Funktionenplotter kann man den jeweiligen Graphen der Funktion $f(x) = a \cdot x^2$ für die Werte −2; −1; 0,5; und 2 als Koeffizient a schnell zeichnen.
Man kann aber auch per Hand schnell einige Funktionswerte berechnen und so die Aufgabe lösen.

a) Finde mithilfe einer Wertetabelle zu jeder Parabel den Parameter a in der Funktionsgleichung $f(x) = ax^2$.

b) Wie verändert sich das Aussehen der Parabel, wenn man a variiert? Übertrage die Tabelle in dein Heft und ergänze sie.

$f(x) = ax^2$	Aussehen der Parabel
$a > 1$	nach oben geöffnet und „schmaler"
$a = 1$	Normalparabel
$0 < a < 1$	■
$-1 < a < 0$	■
$a < -1$	■

4 Graphenlaboratorium 2

Aus der Funktionsgleichung für die Normalparabel $f(x) = x^2$ kann man neue Funktionsgleichungen „basteln".

$f(x) = x^2 + e$	$g(x) = (x - d)^2$
$f_1(x) = x^2$	$g_1(x) = x^2$
$f_2(x) = x^2 + 2$	$g_2(x) = (x + 2)^2$
$f_3(x) = x^2 - 1$	$g_3(x) = (x - 1)^2$
$f_4(x) = x^2 + 4$	$g_4(x) = (x + 4)^2$
$f_5(x) = x^2 - 2$	$g_5(x) = (x - 2)^2$

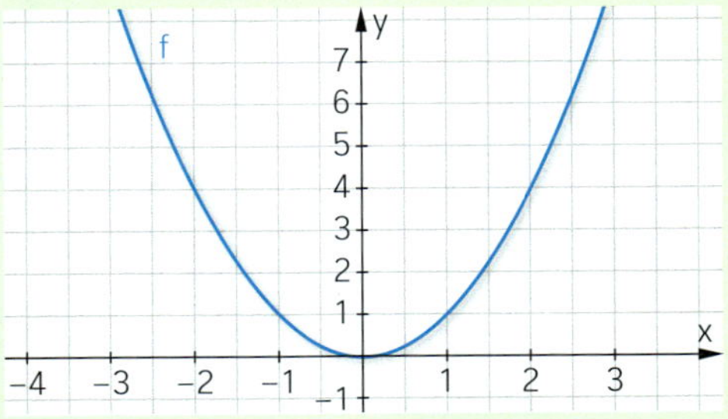

a) Du kannst auf verschiedene Arten herausfinden, wie der Parameter e die Normalparabel verändert: durch Überlegen, mit Graphen oder mit Wertetabellen.

b) Welche Wirkung hat der Parameter d auf den Graphen?

c) Forschungsaufgabe: Kannst du mit den Ergebnissen aus a) und b) voraussagen, wie die Graphen von $f(x) = (x + 5)^2 - 3$ und $g(x) = (x - 3)^2 + 5$ aussehen? Überprüfe mit einem Funktionenplotter, dem GTR oder durch selbst erstellte Tabellen.

Mit einem Funktionenplotter kannst du mit Schiebereglern experimentieren:

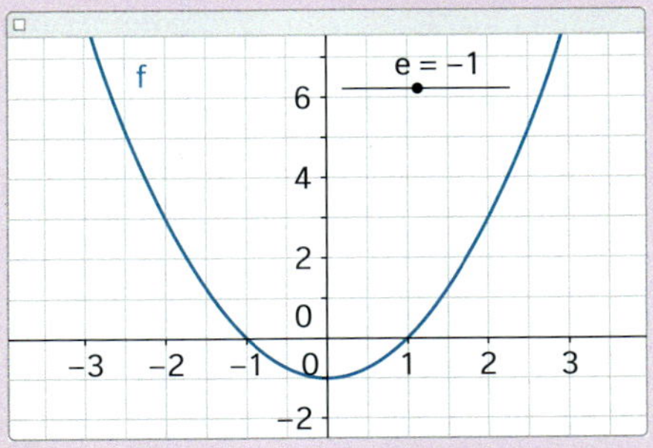

Basiswissen

Bei quadratischen Funktionen kann man wie bei linearen Funktionen aus der Funktionsgleichung viele Informationen über die Lage und Form des zugehörigen Graphen erhalten.

Strecken in y-Richtung wirkt wie Zusammenbiegen, Stauchen in y-Richtung wirkt wie Auseinanderbiegen.

Parabeln verschieben und strecken

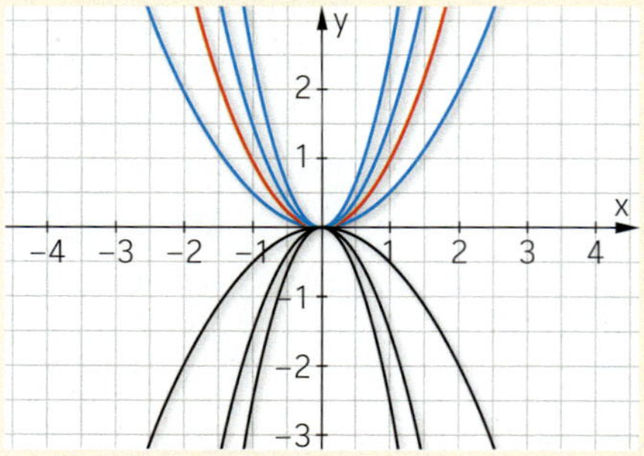

$f(x) = a\,x^2$

$a = 1$: Normalparabel

$a > 0$: Graph nach oben geöffnet,

$a < 0$: Graph nach unten geöffnet.

Durch den Parameter a wird die Normalparabel in y-Richtung

- gestreckt, wenn $|a| > 1$ ($a > 1$ oder $a < -1$)
- gestaucht, wenn $|a| < 1$ ($-1 < a < 1$)

Scheitelpunkt S(0|0)

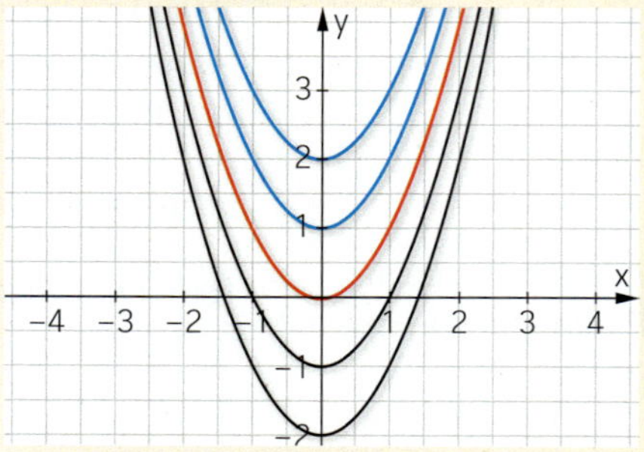

$f(x) = x^2 + e$

Der Graph wird in y-Richtung um $|e|$ verschoben, und zwar

- nach oben für $e > 0$,
- nach unten für $e < 0$.

Scheitelpunkt S(0|e)

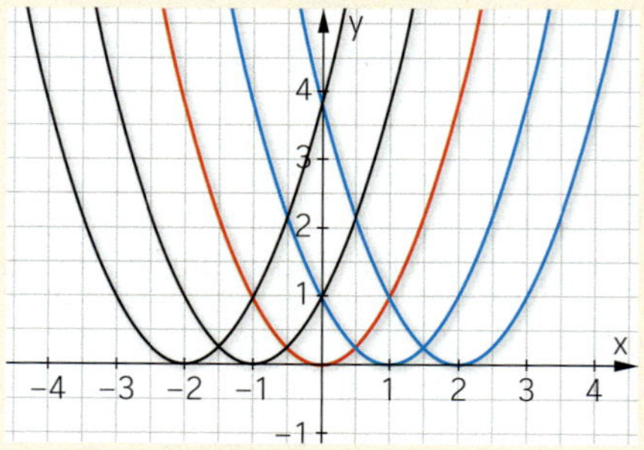

$f(x) = (x - d)^2$

Der Graph wird in x-Richtung um $|d|$ verschoben, und zwar

- nach rechts für $d > 0$,
- nach links für $d < 0$.

Scheitelpunkt S(d|0)

Achtung: $g(x) = (x + 2)^2 = (x - (-2))^2$

Normalparabel, die um 2 Einheiten nach links verschoben ist ; Scheitelpunkt S(– 2|0).

$f(x) = a \cdot (x - d)^2 + e$ heißt **Scheitelpunktform** der Parabelgleichung, **Scheitelpunkt S(d|e)**

Beispiele

A Passende Parabel gesucht

Welche Lage und welches Aussehen hat die Parabel zu der quadratischen Funktion?

a) $f(x) = x^2 - 2$ b) $g(x) = (x + 3)^2$ c) $h(x) = -0{,}5\,x^2$

Lösung:

a) Normalparabel, die um 2 Einheiten nach unten verschoben ist. Scheitelpunkt: S(0|–2).

b) Normalparabel, die um 3 Einheiten nach links verschoben ist. Scheitelpunkt: S(–3|0).

c) Mit dem Faktor 0,5 gestauchte nach unten geöffnete Parabel. Scheitelpunkt: S(0|0).

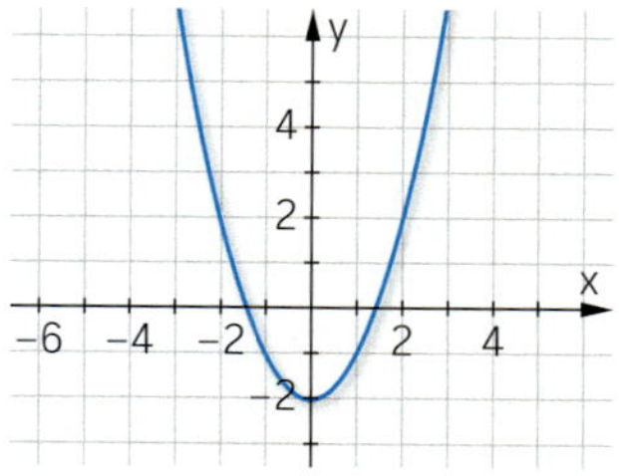

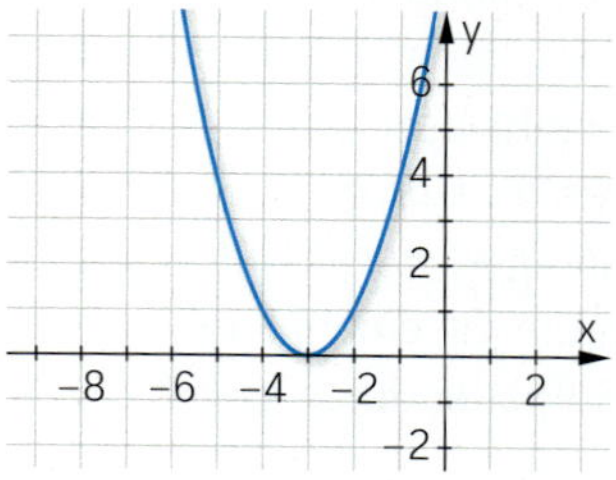

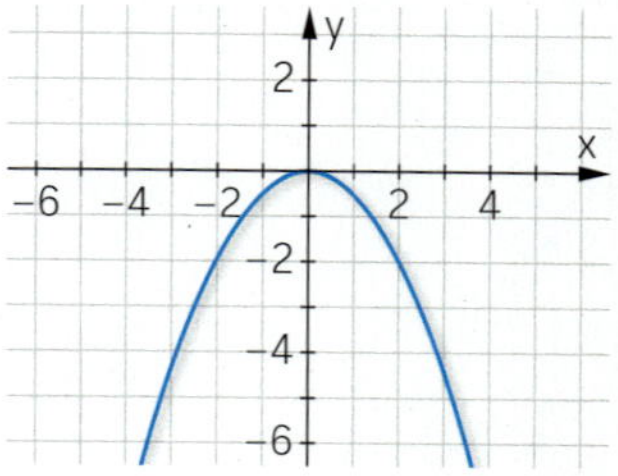

Beispiele

B Informationen aus Funktionsgleichung

Lies aus der Funktionsgleichung so viele Informationen wie möglich ab: $f(x) = 2(x - 1)^2 - 3$

Lösung: Der Scheitelpunkt der Parabel liegt bei $(1 \mid -3)$; sie ist nach oben geöffnet und mit dem Faktor 2 in y-Richtung gestreckt.

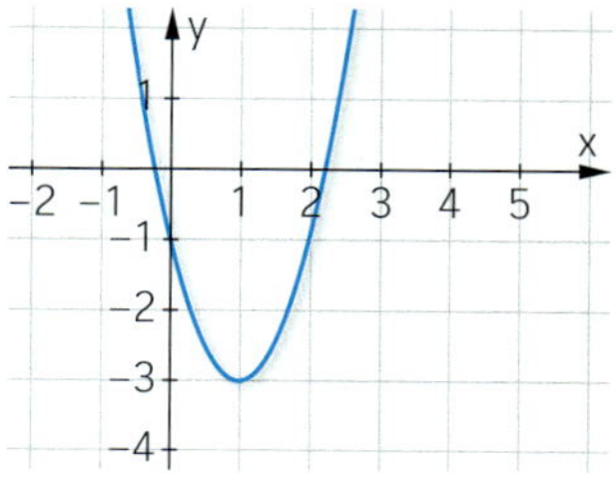

C Funktionsgleichung aus Parabel

Gib die Funktionsgleichung der abgebildeten Parabel an.

Lösung:

Ansatz: $f(x) = a(x - d)^2 + e$

Normalparabel: $a = 1$; Scheitelpunkt $(-2 \mid -4)$;

$d = -2$, $e = -4$

$f(x) = (x - (-2))^2 - 4 = (x + 2)^2 - 4$

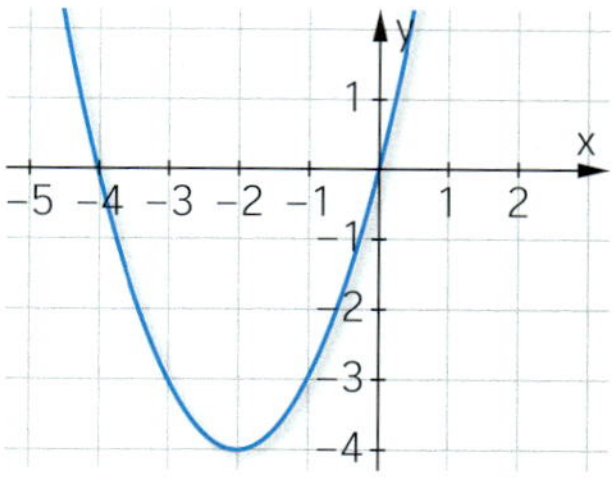

Übungen

5 Parabeln zeichnen

Zeichne die Parabeln zu den Funktionsgleichungen.

a) $f_1(x) = -(x - 2)^2 + 1$
b) $f_2(x) = (x - 2)^2 + 1$
c) $f_3(x) = -(x + 4)^2 + 1$
d) $f_4(x) = (x + 4)^2 - 3$

6 Quadratische Funktion gesucht

Gib jeweils die zugehörige Funktionsgleichung der verschobenen Normalparabel mit dem Scheitelpunkt S an. Skizziere die Parabeln zur Probe.

a) $S(2 \mid 4)$ b) $S(-2 \mid 1)$
c) $S(3 \mid -1)$ d) $S(-1 \mid -4)$

Fehler erkennen – Fehler vermeiden

7 Beliebte Fehler

Häufig wird aus der Scheitelpunktform der Scheitelpunkt falsch abgelesen. Es gibt verschiedene Möglichkeiten zu überprüfen, ob der Scheitelpunkt richtig bestimmt wurde.

a) $f(x) = (x + 2)^2 - 6$. Ist der Scheitelpunkt $S(2 \mid -6)$? Gib gegebenenfalls den richtigen Scheitelpunkt an.
- Überprüfe, ob der Punkt $(2 \mid -6)$ auf dem Graphen liegt.
- Erstelle eine Wertetabelle für $-4 \le x \le 4$, Schrittweite 1.
- Zeichne den Graphen.

b) Begründe mithilfe einer Tabelle, dass der Scheitelpunkt der Parabel $f(x) = (x + 1)^2$ im Vergleich zur Normalparabel um eine Einheit nach links verschoben ist.

8 Parabeln spiegeln und drehen

Zeichne die Parabel zu $f(x) = (x - 3)^2 + 1$.

a) Spiegele die Parabel an der x-Achse und gib die Funktionsgleichung an.
b) Spiegele die Parabel an der y-Achse und gib die Funktionsgleichung an.
c) Drehe die Parabel um 180° um den Ursprung.
d) „Kopfmathematik“: Führe die drei Aufträge a), b) und c) auch mit den Parabeln $f(x) = (x + 2)^2$ und $g(x) = (x + 4)^2 - 3$ durch. Gib die Funktionsgleichungen zunächst, ohne zu zeichnen, an.

9 Schnittpunkt mit der y-Achse

a) Alle Parabeln besitzen einen Schnittpunkt $(0 \mid y)$ mit der y-Achse. Man kann ihn mit der Funktionsgleichung leicht bestimmen. Welche Schnittpunkte mit der y-Achse haben die Graphen der Funktionen mit $f(x) = x^2 - 5x + 2$ und mit $g(x) = x^2 + 6x - 1$?
b) Bestimme den Schnittpunkt des Graphen der Funktion mit $f(x) = ax^2 + bx + c$ mit der y-Achse.

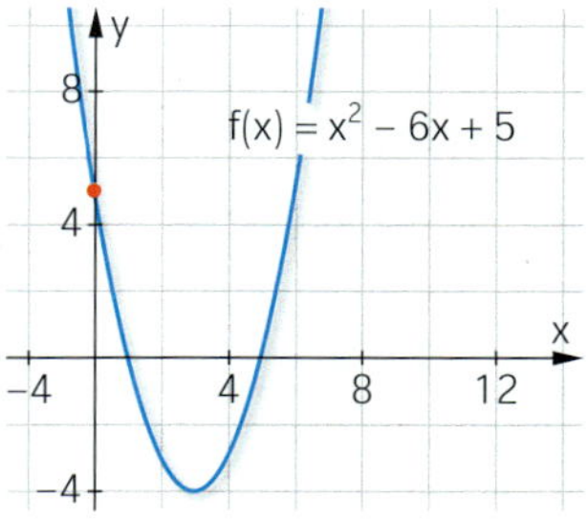

Übungen

10 Der Streckfaktor „a“

Wie kann man aus einer Grafik den Streckfaktor a ablesen? Ben kennt ein Verfahren:

> Gehe vom Scheitelpunkt aus eine Einheit nach rechts. „a“ gibt dann an, wie viele Einheiten du nach oben oder nach unten gehen musst.

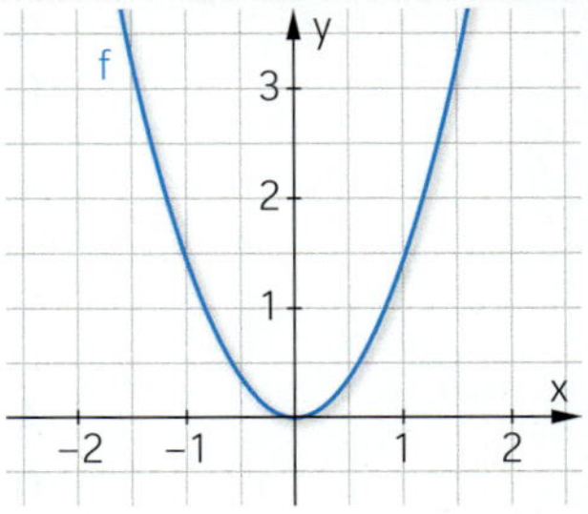

a) Wende das Verfahren auf die abgebildete Parabel an, bestimme die Funktionsgleichung und überprüfe mit anderen x-Werten.

b) Skizziere die Parabeln; benutze „a“, den Scheitelpunkt und den Schnittpunkt mit der y-Achse.
(1) $f(x) = -2{,}5x^2 + 4$ (2) $f(x) = 0{,}5(x-2)^2$
(3) $f(x) = 3 \cdot (x+4)^2 - 2$ (4) $f(x) = -2 \cdot (x+1{,}5)^2 + 1$

c) Anna meint: *„Kann ich nicht auch nach links gehen oder von einem beliebigen Punkt der Parabel aus starten?“* Was meinst du dazu?

11 Verschobene Normalparabeln

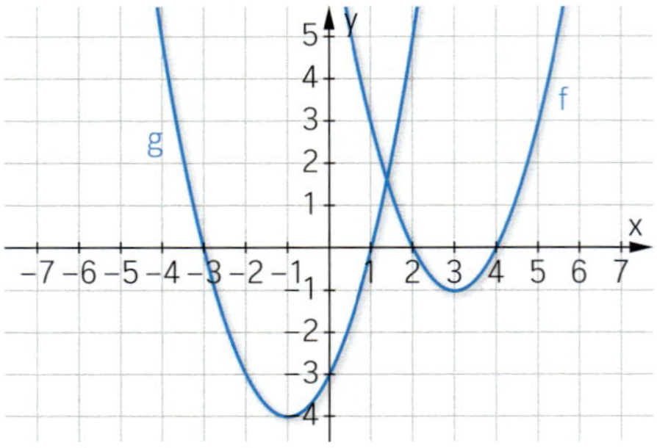

a) Gib zu den zwei Parabeln jeweils die Funktionsgleichung in Scheitelpunktform (Beispiel C) an.

b) Lars behauptet, dass man die Funktionsgleichungen auch wie folgt aufschreiben kann: $f(x) = (x-4)(x-2)$ und $g(x) = (x-1)(x+3)$. Hat er Recht? Wie kann Lars ausgehend von den Graphen auf die Gleichungen gekommen sein?

Basiswissen

Eine Parabel – drei Darstellungen: Jede Darstellung hat ihre Vorteile.

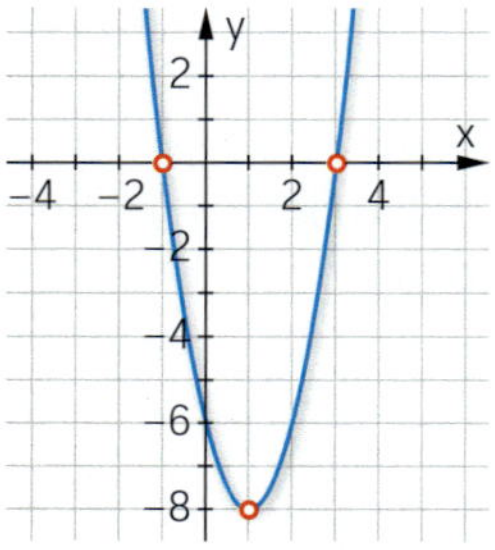

Darstellungformen der Funktionsgleichung einer Parabel

	Scheitelpunktform	**allgemeine Form** (Polynomform)	**faktorisierte Form** (Nullstellenform)
Funktionsgleichung	$y = 2(x-1)^2 - 8$	$y = 2x^2 - 4x - 6$	$y = 2(x-3)(x+1)$
	↓	↓	↓
direkt abzulesen	**Streckfaktor** 2, **Scheitelpunkt** (1 | −8)	**Streckfaktor** 2, **Schnittpunkt mit y-Achse** (0 | −6)	**Streckfaktor** 2, **Nullstellen** 3 und −1

Hat eine Parabel zwei Nullstellen, dann liegt aus Symmetriegründen der Scheitelpunkt in der Mitte zwischen den beiden Nullstellen.

Beispiele

D Nullstellen und Scheitelpunkt aus Funktionsgleichung bestimmen

Bestimme die Nullstellen und den Scheitelpunkt der quadratischen Funktion mit $f(x) = 0{,}5(x-6)(x+2)$ und zeichne den Graphen.

Lösung:

Nullstellen: $f(x) = 0$
$0{,}5(x-6)(x+2) = 0$
$x_1 = -2;\ x_2 = 6$

Scheitelpunkt: $x_S = 2$ (Mitte von 6 und −2),
$y_S = f(2) = 0{,}5(2-6)(2+2) = -8$,
$S(2 | -8)$.

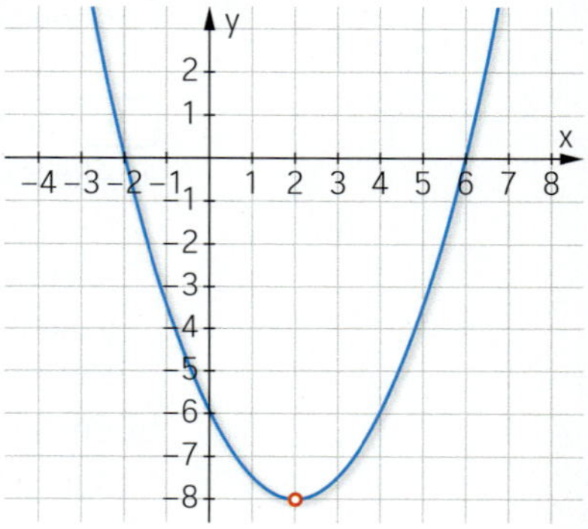

Tipp
Ein Produkt ist 0, wenn einer der Faktoren 0 ist.

Übungen

12 Eine Parabel – drei Darstellungen

	Scheitelpunktform	allgemeine Form (Polynomform)	faktorisierte Form (Nullstellenform)
(1)	$y = (x - 0{,}5)^2 - 2{,}25$	$y = x^2 - x - 2$	$y = (x - 2)(x + 1)$
(2)	$y = -\left(x - \frac{1}{2}\right)^2 + 2{,}25$	$y = -x^2 + x + 2$	$y = -(x + 1)(x - 2)$
(3)	$y = 2 \cdot \left(x + \frac{3}{2}\right)^2 - \frac{9}{2}$	$y = 2x^2 + 6x$	$y = 2x(x + 3)$

a) Weise nach, dass es sich jeweils um dieselbe Funktion handelt.
b) Zeichne die Parabeln möglichst geschickt.
c) An welcher Darstellungsform kann man den Scheitelpunkt der Parabel am besten ablesen? Welche Form ist besonders praktisch, um die Nullstellen zu erkennen? Welche Information über die Parabel erhält man leicht mit der allgemeinen Form?

13 Faktorisierte Form und Symmetrie: ganz schön praktisch!

Bestimme jeweils Nullstellen und Scheitelpunkt.

a) $y = x\left(x - \frac{3}{4}\right)$ b) $y = \left(x - \frac{2}{5}\right)\left(x + \frac{2}{5}\right)$ c) $y = -2(x + 1)(x + 4)$

d) $y = \left(x + \frac{3}{2}\right)^2$ e) $y = -2(x - 1{,}75)^2$ f) $y = (2 - x)^2$

g) Welche der Funktionen a) bis f) stellen verschobene Normalparabeln dar? Die Graphen dieser Funktionen kann man besonders einfach zeichnen.

14 „Parabelzoo"

- *In a) verschobene Normalparabeln.*
- *Arbeite mit Scheitelpunkten und Schnittpunkten mit den Koordinatenachsen.*
- *Überprüfe mit weiteren Punkten.*

Bestimme zu den Parabeln eine passende Funktionsgleichung.

a)

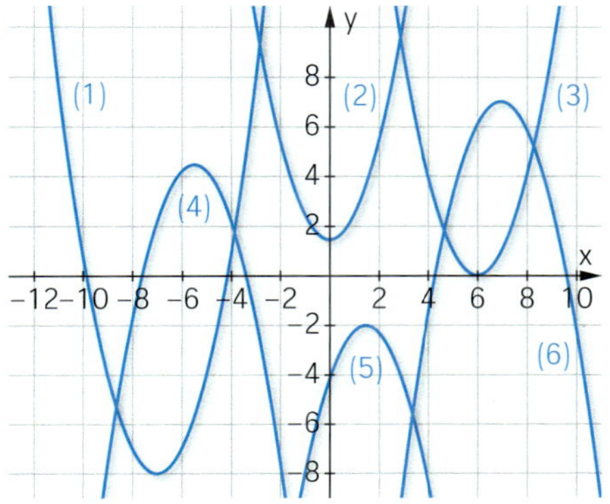

b)

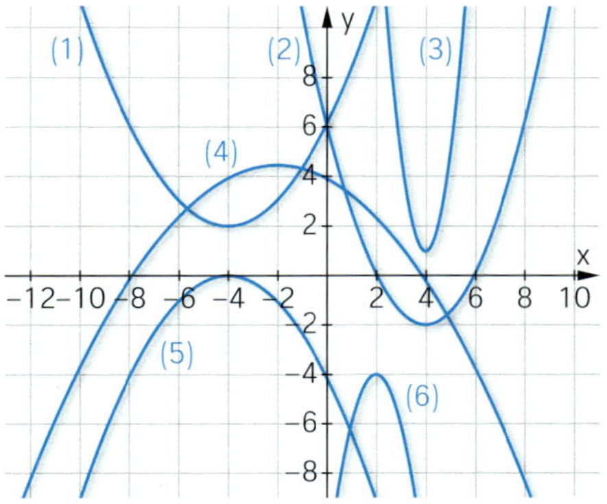

15 Mathe ohne Worte

Saskia behauptet: „Wenn ich die Nullstellen einer Parabel kenne, kann ich nicht nur ihren Graphen zeichnen, sondern kenne auch ihren Scheitelpunkt und ihre Funktionsgleichung." Oliver legt ein Schaubild mit verschiedenen Parabeln wortlos vor. Was meinst du?

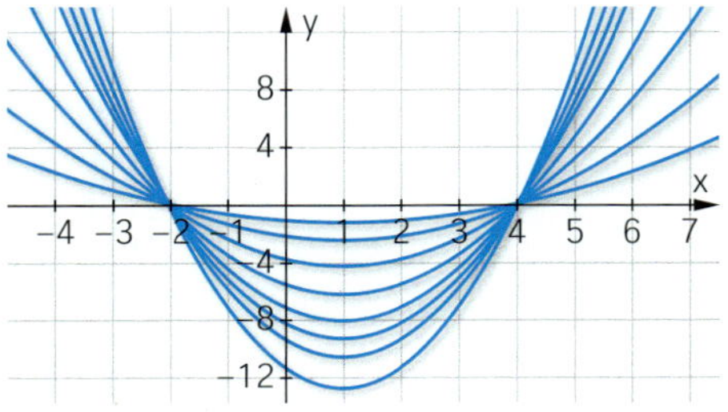

16 Funktionsgleichungen aus Nullstellen

Gib die Gleichung einer Parabel an, die folgende Nullstellen hat. Es gibt jeweils mehrere Lösungen.

a) $x_1 = 1$; $x_2 = 3$ b) $x_1 = -4$; $x_2 = 1{,}5$ c) $x_1 = -2{,}7$; $x_2 = \frac{1}{2}$ d) $x_1 = 2$

Übungen

19 Quadratische Funktionen – Binomische Formeln

a) Die Funktion $f(x) = x^2 - 4x + 4$ kann man mithilfe einer binomischen Formel umschreiben: $f(x) = x^2 - 4x + 4 = (x-2)^2$.
Bestimme die Nullstellen und den Scheitelpunkt aus der Funktionsgleichung.

b) Bestimme Nullstellen und Scheitelpunkt, indem du die folgenden Funktionsgleichungen wie in Aufgabe a) umformst. Bei zwei der gegebenen Funktionen geht dies nicht direkt. Warum?
$g(x) = x^2 + 6x + 9$ $h(x) = x^2 - 10x + 20$ $k(x) = x^2 + 8x + 36$ $l(x) = x^2 + 8x + 16$

Quadratische Ergänzung

Bei vielen Problemen ist es hilfreich, wenn man einen Term der Form $x^2 + bx$ so ergänzt, dass man eine binomische Formel anwenden kann. Diese Ergänzung nennt man **quadratische Ergänzung**. Die quadratische Ergänzung ist das Quadrat der Hälfte des Koeffizienten von x:

$$x^2 + bx + \left(\frac{b}{2}\right)^2 = \left(x + \frac{b}{2}\right)^2$$

Quadratische Ergänzung zu $x^2 + 8x$ ist $\left(\frac{8}{2}\right)^2$

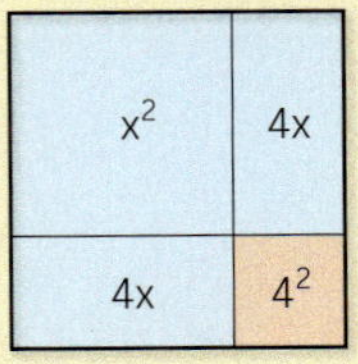

17 Scheitelpunktbestimmung mithilfe der quadratischen Ergänzung

Aus einer Parabelgleichung in Scheitelpunktform lässt sich, wen wundert es, recht gut der Scheitelpunkt bestimmen und der Graph der Parabel zeichnen. Forme die Gleichung der Funktionen in die Scheitelpunktform um. Zumeist hilft das quadratische Ergänzen. Bestimme die Koordinaten des Scheitelpunktes und zeichne den Graphen.

Von der Normalform zur Scheitelpunktform
1. Funktionsterm $x^2 - 6x + 3$
2. Addiere die quadratische Ergänzung $\left(\frac{6}{2}\right)^2 = 9$ und subtrahiere sie sogleich, damit der Term nicht verändert wird: $x^2 - 6x + 9 - 9 + 3$
3. Wende binomische Formel an und fasse zusammen: $(x^2 - 6x + 9) - 9 + 3 = (x-3)^2 - 6$

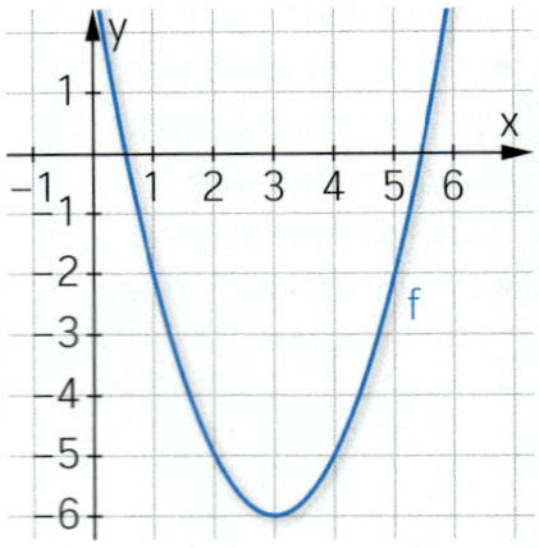

a) $f(x) = x^2 - 10x + 15$ b) $f(x) = x^2 + 2x - 3$ c) $f(x) = x^2 + 3x - 2$
d) $f(x) = x^2 - 9$ e) $f(x) = x^2 - 4x + 16$ f) $f(x) = x^2 - 7x$

18 Von der allgemeinen Form zur Scheitelpunktform – wenn es schwieriger wird

Forme um in die Scheitelpunktform. Bestimme die Koordinaten des Scheitelpunktes und zeichne den Graphen der Funktion.

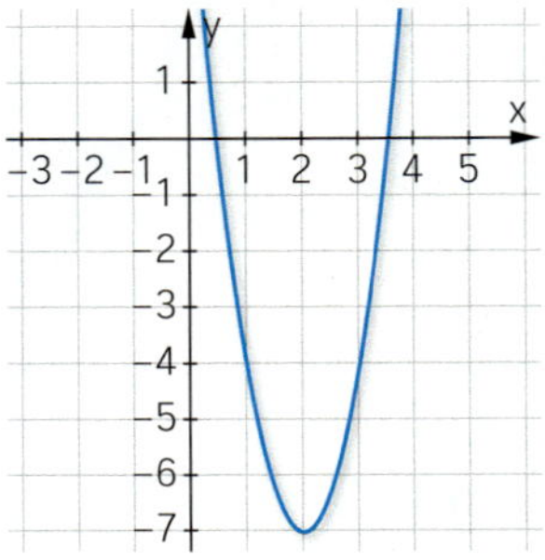

$f(x) = 3x^2 - 12x + 5$
$= 3(x^2 - 4x) + 5$ ausklammern
$= 3(x^2 - 4x + 4 - 4) + 5$ quadratische Ergänzung
$= 3(x^2 - 4x + 4) - 3 \cdot 4 + 5$
$= 3(x-2)^2 - 7$
Scheitelpunkt $S(2|-7)$
nach oben geöffnete Parabel,
Streckfaktor 3

a) $f(x) = x^2 + 12x - 10$ b) $f(x) = -3x^2 - 12x + 12$ c) $f(x) = -x^2 - 6x + 2$
d) $f(x) = x^2 - x + 1$ e) $f(x) = 0{,}5x^2 - 3x + 1$ f) $f(x) = -2x^2 - 4x$

Übungen

20 Parabel aus Nullstellen und Scheitelpunkt

a) Eine Parabel hat den Scheitelpunkt S(25|60) und die Nullstellen $x_1 = 0$ und $x_2 = 50$.
Wie lautet die Funktionsgleichung?
Erläutere die Rechnung, rechne weiter.

> $x_S = 25$, $f(x_S) = 60$
> $f(x) = a\,x\,(x - 50)$
> $f(25) = 60 = a \cdot 25 \cdot (25 - 50)$
> …

b) Wanted: Gesucht sind die Funktionsgleichungen der Parabeln. Suche zunächst die Darstellungsform für quadratische Funktionen, die am besten passt.

(1) S(−1|6) Nullstelle $x_1 = -3$	(2) S(2|−1) y-Achsenabschnitt 3	(3) Nullstellen: $x_1 = 1$; $x_2 = -5$ Streckfaktor 1.

21 Parabel durch drei Punkte

Gesucht ist die Parabel durch die Punkte A(0|1), B(3|−2) und C(5|6).

a) Skizziere die Punkte und zeichne eine Parabel nach Augenmaß.

b) Benutze zur Bestimmung die allgemeine Form $y = a\,x^2 + b\,x + c$.

- Begründe mithilfe von Punkt A, dass c = 1 ist.
- Formuliere die entsprechende Bedingung für C. Du erhältst ein lineares Gleichungssystem für a und b.

> B(3|−2) liegt auf der Parabel, d. h. $a \cdot 3^2 + b \cdot 3 + 1 = -2$

Funktionsgleichungen mit bekannten Punkten bestimmen

Mithilfe von markanten Punkten kann ein passender Funktionsterm bestimmt werden.

(1) Scheitelpunkt
und ein weiterer Punkt P

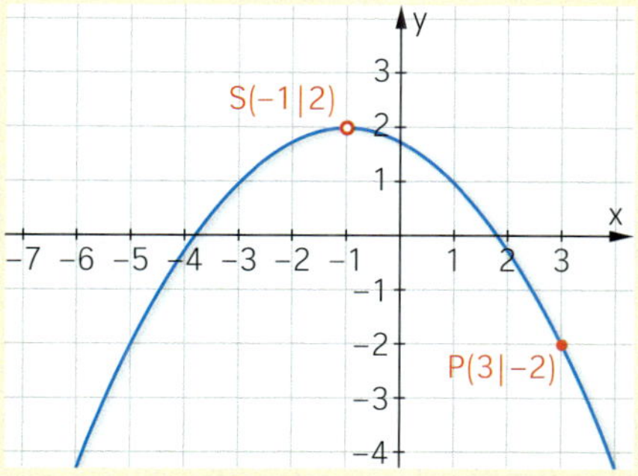

Ansatz: Scheitelpunktform

$f(x) = a(x+1)^2 + 2$

$f(3) = a(3+1)^2 + 2 = -2$

$16a + 2 = -2$

$a = -\frac{1}{4}$

$f(x) = -\frac{1}{4}(x+1)^2 + 2$

(2) Schnittpunkte mit der x-Achse
und ein weiterer Punkt P

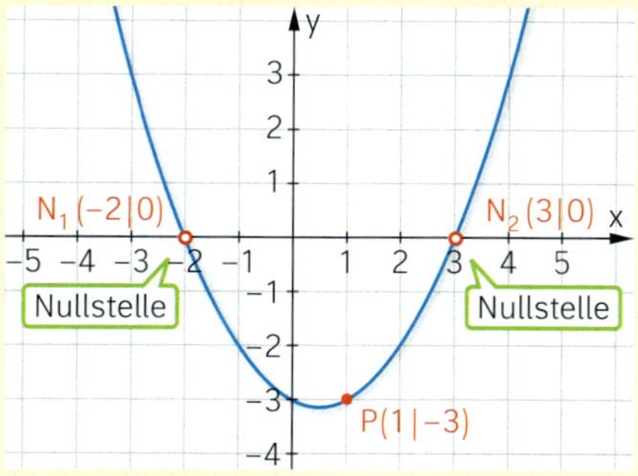

Ansatz: faktorisierte Form

$f(x) = a(x-3)(x+2)$

$f(1) = a(1-3)(1+2) = -3$

$-6a = -3$

$a = \frac{1}{2}$

$f(x) = \frac{1}{2}(x-3)(x+2)$

(3) Quadratische Funktion mit y-Achsenabschnitt und zwei Punkten

Gesucht: Parabel durch A(0|4), B(1|2), C(3|10)

Ansatz: Allgemeine Form

$f(0) = 4$, also $c = 4$; $f(x) = a\,x^2 + b\,x + 4$

Punkt	Einsetzen	Gleichung
(1) B(1|2)	$a \cdot 1^2 + b \cdot 1 + 4 = 2$	$a + b = -2$
(2) C(3|10)	$a \cdot 3^2 + b \cdot 3 + 4 = 10$	$9a + 3b = 6$

Lineares Gleichungssystem:

(1) $b = -2 - a$;
(2) $b = -3a + 2$

$-2 - a = -3a + 2$; also $a = 2$
und $b = -2 - 2 = -4$

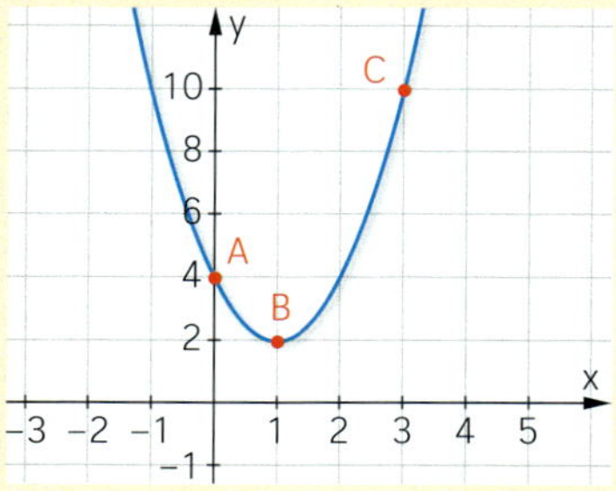

$f(x) = 2x^2 - 4x + 4$

Übungen

22 Parabeln durch Punkte

Bestimme mit einer geeigneten Methode die Gleichung der Parabel. Gegeben sind:

a) Scheitelpunkt $S(-2|3)$, Parabelpunkt $P(1|5)$

b) Parabelpunkte $P(-2|3)$, $Q(0|0)$, $R(1|1)$

c) Parabelpunkte $P(-2|0)$, $Q(1|4)$, $R(3|0)$

d) Nullstellen $x_1 = -4$, $x_2 = 5$, kleinster Funktionswert $y_M = -10$

23 Wanted

Einmal gibt es mehrere Parabeln, einmal keine

Finde passende Funktionsgleichungen zu den Angaben im Kasten.

(1) Scheitelpunkt (1 | 3) und eine Nullstelle bei 4. Wo ist die zweite Nullstelle?

(2) Parabelpunkte $A(-1|0)$, $B(0|5)$, $C(3|-4)$

(3) Scheitelpunkt $(-2|4)$ und Parabelpunkt $(1|1)$

(4) Die Nullstellen 4 und 8. Wo ist der Scheitel?

(5) Parabelpunkte $P(0|0)$, $Q(1|1)$ und $R(2|2)$

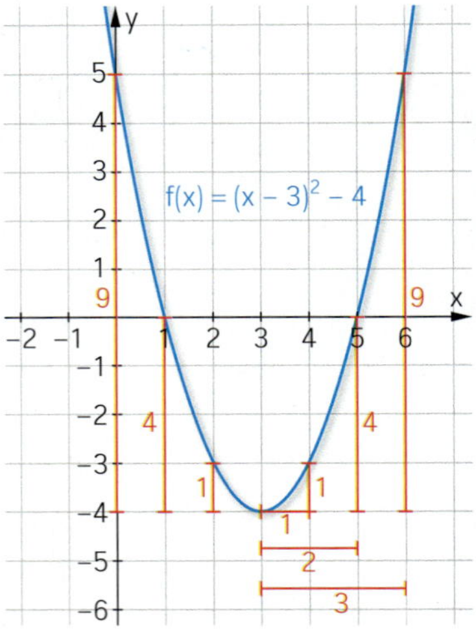

24 Zeichnen einer Parabel mit Quadratzahlen

Schau das Bild genau an. Du kannst erkennen, wie die Parabel mithilfe von Quadratzahlen gezeichnet wurde. Zeichne in gleicher Weise den Graphen von

a) $f(x) = (x-2)^2 + 1$ b) $g(x) = -(x+2)^2 + 3$

c) $h(x) = (x+4)^2$ d) $i(x) = -2(x-1)^2 + 1$

25 Änderungsverhalten von quadratischen Funktionen

Lineare Funktionen haben eine konstante Änderungsrate – und quadratische?

x	−2	−1	0	1	2	3	4	5
y = 2x + 1	■	■	■	■	■	■	■	■
Differenz der y-Werte	■	2	■	■	■	■	■	

Übertrage die Tabelle und fülle sie aus. Verfahre ebenso mit den Funktionen mit den angegebenen Gleichungen. Beschreibe die Änderung der y-Werte bei der quadratischen Funktion. (1) $y = x^2 + 1$ (2) $y = 2x^2$ (3) $y = -0{,}5 \cdot (x-2)^2$

Erläutere: *„Die Änderung der Änderung von quadratischen Funktionen ist konstant.“*

Kopfübungen

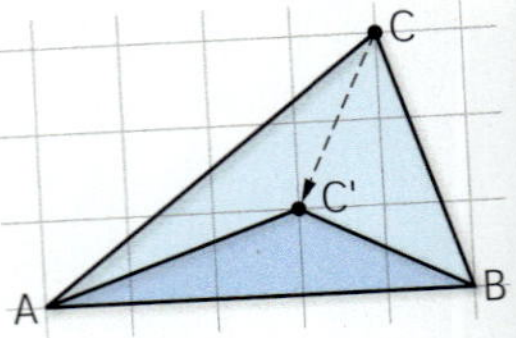

1. Berechne das Produkt aller ganzen Zahlen im Intervall $[-5; -1]$.
2. Wie ändert sich der Flächeninhalt des Dreiecks ABC, wenn man den Eckpunkt C nach C′ verschiebt?
3. Zwei Personen lernen sich kennen. Wie groß ist die Wahrscheinlichkeit, dass sie beide im Mai Geburtstag haben?

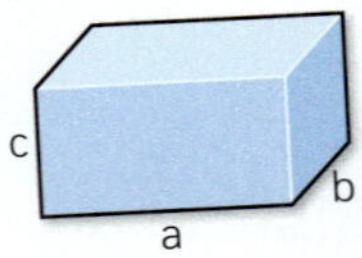

4. Wie ändert sich das Volumen des Quaders, wenn man die Seiten a und b vervierfacht und die Höhe c verdreifacht?
5. Zwischen welchen aufeinanderfolgenden natürlichen Zahlen liegt die folgende Zahl? a) $\sqrt{50}$ b) $\sqrt{75}$ c) $\sqrt{8{,}1}$
6. Ergänze das Muster sinnvoll: ■; $\frac{1}{4}$; $\frac{1}{9}$; ■; ■; …
7. Bestimme den Winkel α, ohne zu messen.

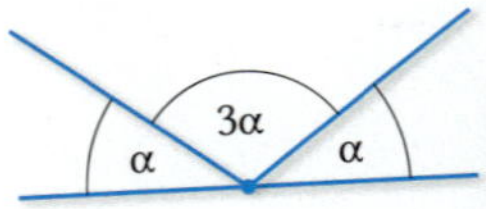

Aufgaben

Funktionenplotter/GTR

Partnerarbeit

26 Zielwerfen

Bälle, die man wirft, schießt oder wie beim Golf abschlägt, fliegen eine parabelförmige Flugbahn. Das Werfen eines Balles soll jetzt mit einem Funktionenplotter oder dem GTR „simuliert“ werden. Dazu wird folgendes Spiel gespielt:

Abwurf ist in (0|0). Ein Spieler gibt den Zielpunkt auf der x-Achse an, der Partner versucht diesen mit einer Funktion des Typs $y = ax^2 + bx$ zu treffen. Bei „Treffer“ wird gewechselt. Findet ihr zum selben Zielpunkt unterschiedliche Flugkurven?

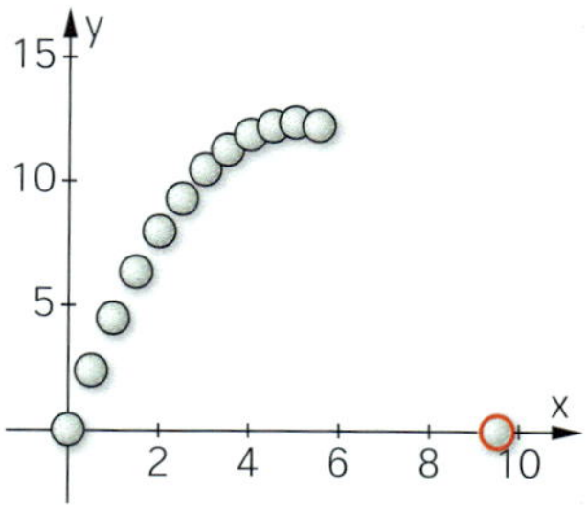

Variationen:

(1) Zielpunkt und Angabe der maximalen Höhe

(2) Zielpunkt und durch einen in 2 m Entfernung und 4 m hoch hängenden Ring werfen.

(3) Angabe, in welcher Entfernung der höchste Punkt erreicht wird.

(4) Abwurf in (0|1) und Zielpunkt beibehalten.

Bei (4) muss der Funktionstyp geändert werden.

Funktionenplotter/GTR

27 Parabelbilder

a) Erstelle das Parabelbild.
Ein Anfang ist gemacht:

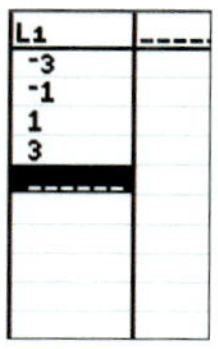

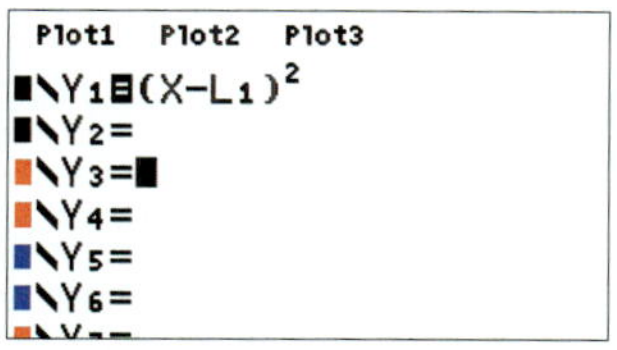

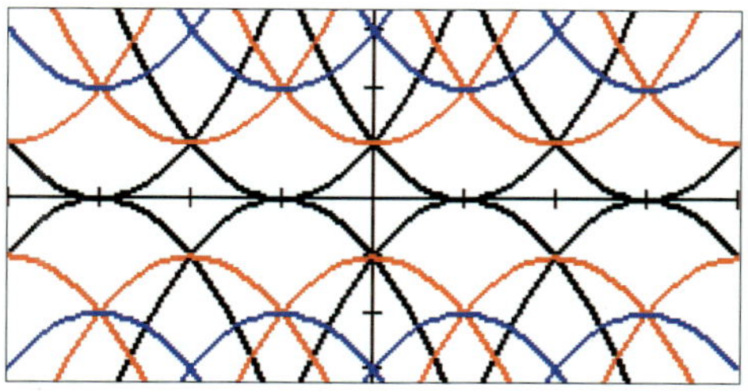

b) Erzeugt eigene Parabelbilder. Erstellt eine kleine Ausstellung.
Wenn die Achsen unsichtbar sind, sehen die Bilder noch schöner aus.
Ein Beispiel:

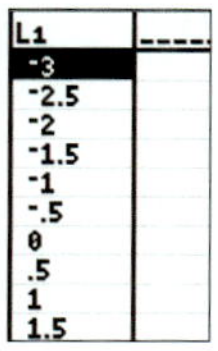

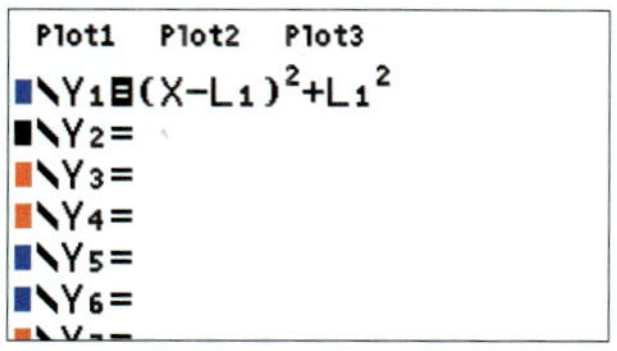

Normalparabeln mit Scheitelpunkt auf $y = x^2$

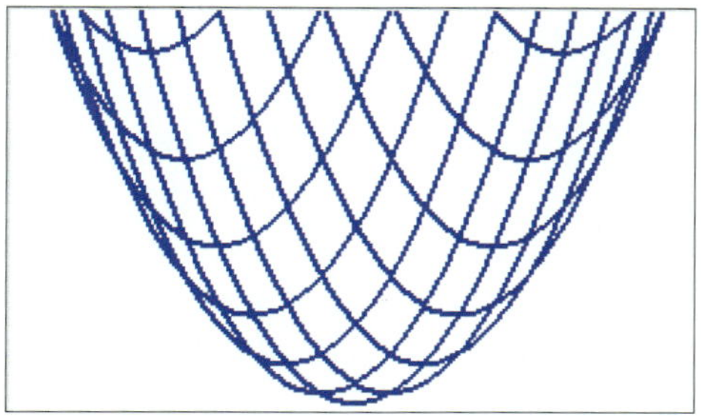

28 Viele Nullstellen

Lineare Funktionen haben höchstens eine Nullstelle, quadratische höchstens zwei. $y = x - 1$ und $y = (x - 1) \cdot (x + 2)$ sind Beispiele dafür. Gibt es auch Funktionen, die mehr als zwei Nullstellen haben?

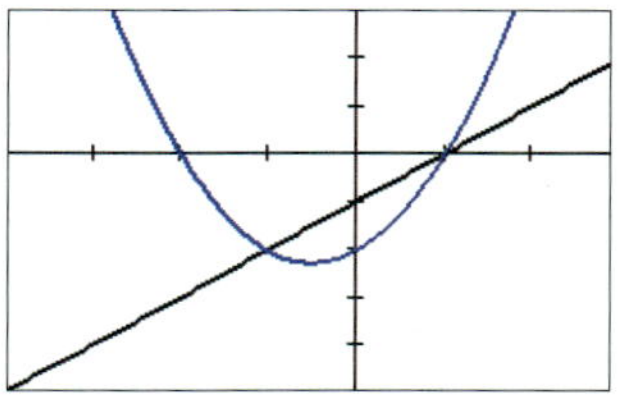

a) Begründe, dass $y = (x - 1) \cdot (x + 2) \cdot (x - 3)$ drei Nullstellen hat und gib sie an.

b) Die Abbildung zeigt neben der Funktion aus a) noch eine Funktion mit vier Nullstellen. Finde eine Funktionsgleichung.

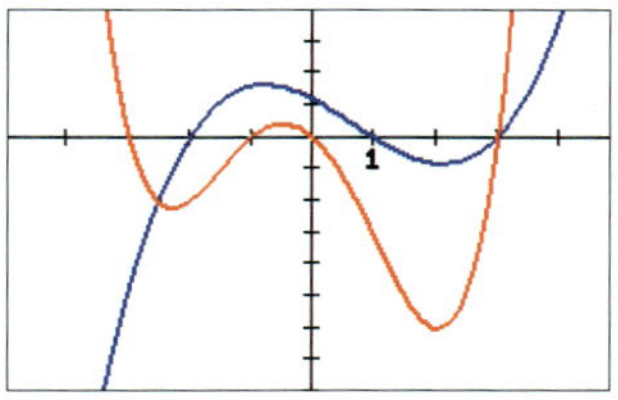

c) Kannst du eine Funktion angeben, die die Zahlen 1, 2, 3, ... ,9, 10 als Nullstellen hat?

GTR/Funktionenplotter

d) Experimentiere mit Funktionen mit unterschiedlich vielen Nullstellen. Beschreibe die Graphen.

4.3 Quadratische Gleichungen

$4(x-3)^2 = 16$

$10x - x^2 + 1 = 0$

$2(x+1)(x-9) = 0$

Häufig stößt man beim Lösen von Problemen im Zusammenhang mit quadratischen Funktionen auf quadratische Gleichungen. Quadratische Gleichungen kann man zeichnerisch mithilfe eines Graphen lösen. Einfache quadratische Gleichungen kannst du bereits rechnerisch lösen. Leider kommt man mit Äquivalenzumformungen, wie du sie beim Lösen von linearen Gleichungen kennengelernt hast, bei Gleichungen wie $2x^2 - 6x - 8 = 0$ nicht zum Ziel. Man benötigt neue Ideen. Für schwierigere Gleichungen wirst du verschiedene Lösungsstrategien, u.a. auch Lösungsformeln, kennenlernen.

Aufgaben

1 Ein Rettungsfloß

Ein Rettungshubschrauber schwebt 25 m über einem gekenterten Boot und wirft ein Rettungsfloß ab. Die Höhe h(t) (in m) des Floßes über dem Wasser kann modelliert werden mit
$h(t) = 25 - 5t^2$ (t: Zeit in s).
Nach wie vielen Sekunden trifft das Floß auf der Wasseroberfläche auf?
Beantworte die Frage zeichnerisch mithilfe des Graphen oder einer Tabelle. Überprüfe das Ergebnis rechnerisch.

2 Ein „Garten" voller quadratischer Gleichungen

Löse die Gleichungen mit den vorgestellten Verfahren. Zwei Gleichungen kannst du nicht damit rechnerisch lösen. Versuche, durch Probieren mit einer Tabelle oder grafisch eine Lösung dieser Gleichungen zu finden, ein GTR oder Funktionenplotter leistet hierbei gute Dienste.

Die grafische Lösung zu einer Gleichung, die du nicht rechnerisch lösen kannst.

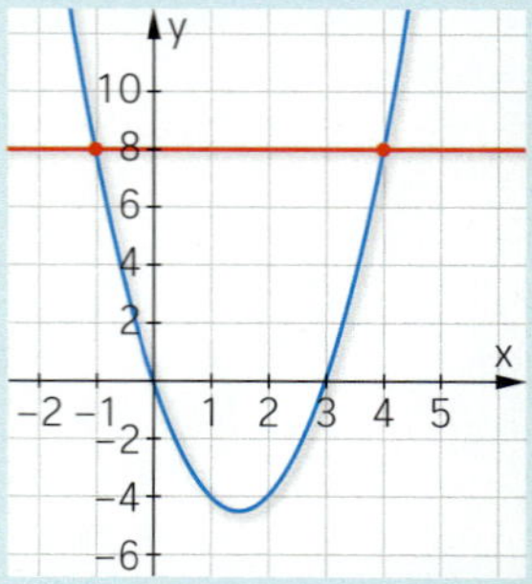

(1) $x^2 = 49$
(2) $x^2 + 2x + 1 = 0$
(3) $x \cdot (x-5) = -6$
(4) $x^2 + 6x = 0$
(5) $(x-2) \cdot (x+4) = 0$
(6) $4x - 3x^2 = 0$
(7) $2x^2 = 8$
(8) $3x^2 + 2x - 4 = 2x$
(9) $4x^2 = -36$
(10) $2x \cdot (x-3) = 8$
(11) $(x+2)^2 = x^2 + 2$
(12) $x^2 + 6x + 9 = 0$

Verfahren zum Lösen quadratischer Gleichungen:

Wurzelziehen
$3x^2 - 12 = 0$
$3x^2 = 12$
$x^2 = 4$
$x_1 = 2;\ x_2 = -2$

Faktorisieren und „Produkt = 0"-Regel
$x^2 - 3x = 0$
$x \cdot (x-3) = 0$
$x_1 = 0;\ x_2 = 3$
Wenn $a \cdot b = 0$, dann $a = 0$ oder $b = 0$

Binomische Formeln
$x^2 - 10x + 25 = 0$
$(x-5)^2 = 0$
$x = 5$

Aufgaben

3 **Was Nullstellen mit Lösungen quadratischer Gleichungen zu tun haben**

a) Übertrage die Tabelle in dein Heft und ergänze die 2. und 3. Spalte.

Gleichung	Lösungen	Anzahl der Lösungen	Zugehörige Funktion	Anzahl der Nullstellen
$x^2 - 5 = 0$	$x_1 = \sqrt{5};\ x_2 = -\sqrt{5}$	2	$f(x) = x^2 - 5$	2
$x \cdot (x - 4) = 0$	■	■	■	■
$x^2 = 0$	■	■	■	■
$-x^2 + 16 = 0$	■	■	■	■
$x^2 + 5 = 0$	■	■	■	■
$2 \cdot (x + 2) \cdot (x - 6) = 0$	■	■	■	■

b) Skizziere jeweils den Graphen der zugehörigen quadratische Funktion und vervollständige die Tabelle.

c) Welcher Zusammenhang besteht zwischen der Anzahl der Lösungen einer quadratischen Gleichungen und der Anzahl der Nullstellen der zugehörigen quadratischen Funktion?

d) Die Gleichungen $(x + 1)^2 - 6 = 0$ und $(x - 1) \cdot (x + 3) = 2$ kannst du noch nicht rechnerisch lösen. Zeichne die Graphen der zugehörigen Funktionen und löse die Gleichungen grafisch.

4 **Grafische Lösungen von quadratischen Gleichungen**

a) Welche Gleichungen werden hier grafisch gelöst? Lies die Lösungen ab. Mache die Probe, indem du die Lösungen in die von dir aufgeschriebene Gleichung einsetzt.

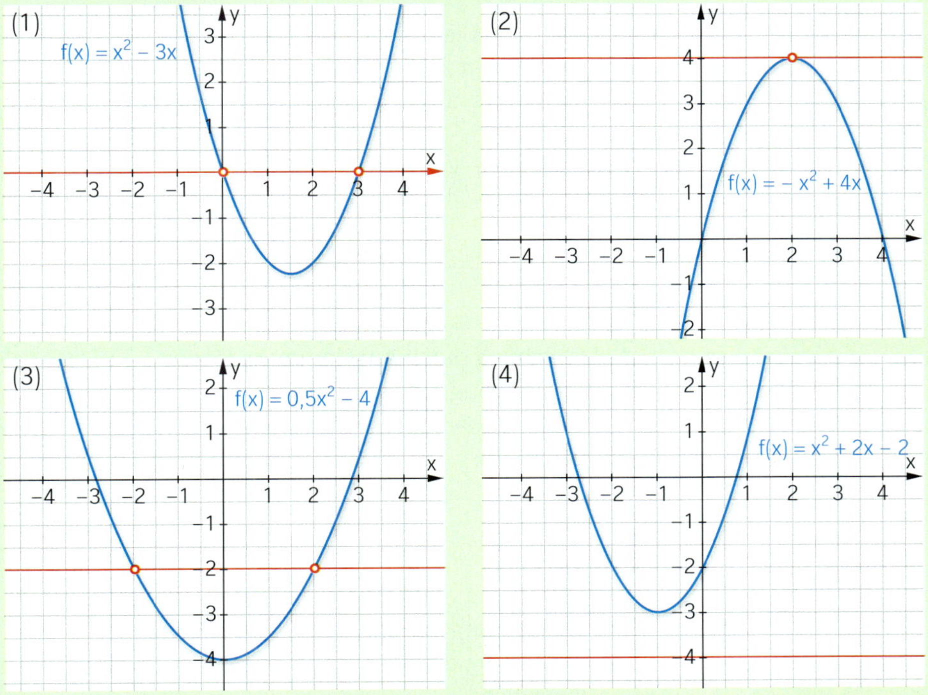

Man kann an den vier Aufgaben erkennen, wie viele Lösungen eine quadratische Gleichung haben kann. Was meinst du? Begründe deine Vermutung.

b) Erstelle jetzt umgekehrt zu den Gleichungen eine Grafik. Löse damit die Gleichungen. Mache die Probe. Eventuell findest du nur eine Näherungslösung. Warum gelingt dann keine Probe?

(1) $(x - 2)^2 - 1 = 0$ (2) $(x - 3) \cdot (x + 1) = 12$ (3) $x \cdot (x + 5) = 2$

Basiswissen

Zum Lösen von quadratischen Gleichungen gibt es verschiedene Verfahren.

Quadratische Gleichungen der Form $x^2 - q = 0$

Quadratische Gleichungen der Form $x^2 - q = 0$ können zwei, eine oder keine Lösung haben:

$x^2 - q = 0$

$x^2 = q$

$q > 0$: Wurzelziehen: $x_1 = -\sqrt{q}$; $x_2 = \sqrt{q}$; $\mathbb{L} = \{-\sqrt{q}; \sqrt{q}\}$

$q = 0$: $x = 0$; $\mathbb{L} = \{0\}$

Lösungsmenge: $\mathbb{L}$

$q < 0$: keine Lösung; leere Menge $\mathbb{L} = \{\}$

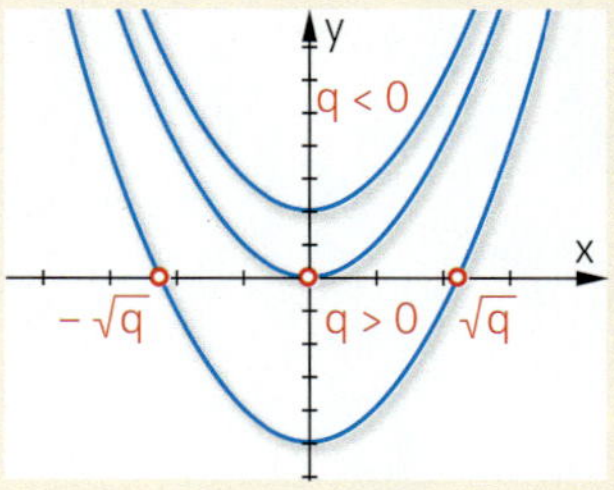

Quadratische Gleichungen der Form $x^2 - rx = 0$

Quadratische Gleichungen der Form $x^2 - rx = 0$ haben für $r \neq 0$ immer zwei Lösungen.

$x^2 - rx = 0$ Ausklammern

„Produkt = 0"-Regel

$x \cdot (x - r) = 0$ Ein Produkt ist genau dann 0, wenn ein Faktor 0 ist.

$x = 0$ oder $x - r = 0$

$x_1 = 0$; $x_2 = r$; $\mathbb{L} = \{0; r\}$

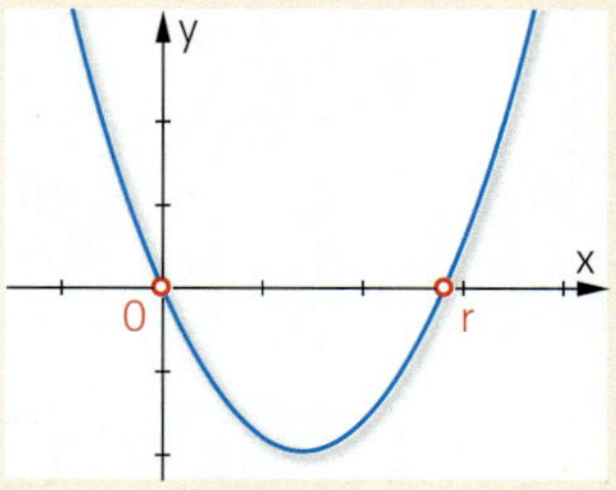

Quadratische Gleichungen der Form $(x - m) \cdot (x - n) = 0$

Quadratische Gleichungen der Form $(x - m) \cdot (x - n) = 0$ haben für $m \neq n$ zwei Lösungen.

„Produkt = 0"-Regel

$(x - m) \cdot (x - n) = 0$ Ein Produkt ist genau dann 0, wenn ein Faktor 0 ist.

$x - m = 0$ oder $x - n = 0$

$x_1 = m$; $x_2 = n$; $\mathbb{L} = \{m; n\}$

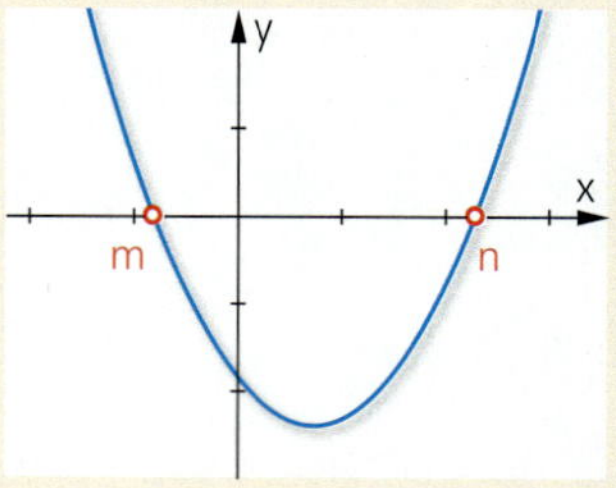

Beispiele

A Gleichung durch Ausklammern lösen

Löse die Gleichung $3x^2 - 10x = 0$

Lösung: Diese quadratische Gleichung kann man durch Ausklammern lösen.

$3x^2 - 10x = x(3x - 10) = 0$, damit weiter $x = 0$ oder $3x - 10 = 0$

$3x = 10$

$x = \frac{10}{3}$

$x_1 = 0$; $x_2 = \frac{10}{3}$ $\mathbb{L} = \{0; \frac{10}{3}\}$

B Begründung für die Anzahl von Lösungen

Begründe, warum die Gleichung $x^2 + 5 = 3$ keine Lösung hat.

Rechnerische Lösung:

$x^2 + 5 = 3 \quad | -5$

$x^2 = -2$

Es gibt keine reelle Zahl, die quadriert eine negative Zahl ergibt. Die Gleichung $x^2 + 5 = 3$ hat also keine Lösung; $\mathbb{L} = \{\}$ leere Menge.

Zeichnerische Lösung:

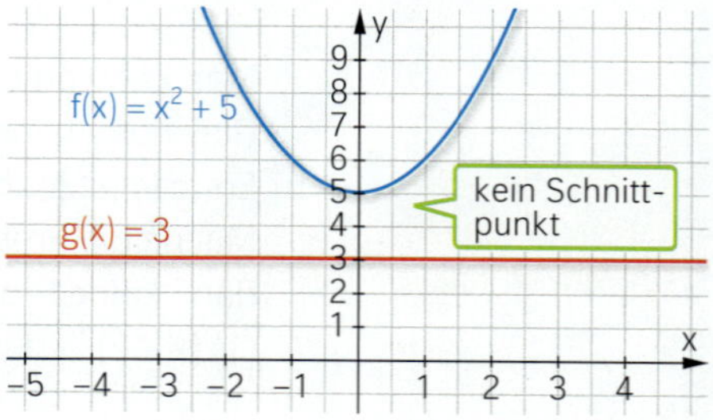

Beispiele

C Komplexere Gleichung durch Wurzelziehen lösen

Löse die Gleichung $(x-2)^2 - 5 = 0$

Lösung:

$(x-2)^2 - 5 = 0$

$(x-2)^2 = 5$ Wurzelziehen

$x - 2 = \sqrt{5}$ oder $x - 2 = -\sqrt{5}$

$x_1 = 2 + \sqrt{5} \approx 4{,}236$; $x_2 = 2 - \sqrt{5} \approx -0{,}236$ $\mathbb{L} = \{2+\sqrt{5};\ 2-\sqrt{5}\}$

Übungen

5 Vier Trainingseinheiten

Löse die Gleichungen. Runde die Ergebnisse, wenn nötig, auf eine Stelle nach dem Komma. Übrigens, meistens passen verschiedene Lösungsverfahren.

(1) a) $x^2 = 16$ b) $x^2 = 121$ c) $x^2 = 30$ d) $5x^2 = 10$
e) $2x^2 = -40$ f) $9x^2 = 49$ g) $x^2 = \frac{4}{25}$ h) $-x^2 = -4$

(2) a) $(x-3)^2 = 16$ b) $(y+5)^2 = 10$ c) $4\left(z - \frac{1}{2}\right)^2 = 9$
d) $(x+7)^2 = -36$ e) $9(x+4)^2 = 36$ f) $8(r+4)^2 = 40$

(3) a) $x^2 - 6x = 0$ b) $10x - x^2 = 0$ c) $x^2 + 4x = 6x$
d) $4x^2 + 8x = 0$ e) $9x^2 - 5x = 3x^2 - 10x$ f) $5x - 10x^2 = 5x$

(4) a) $(x-2)(x+3) = 0$ b) $(2x+4)(5x+20) = 0$ c) $x(x-2) = 0$
d) $(x+4)(x-9) = 0$ e) $2(x+1)(x+1) = 0$ f) $5x(x-2{,}5) = 0$

6 Nullstellen

Berechne die Nullstellen der Funktion.

a) $f(x) = x^2 - 10$ b) $f(x) = 2x^2 - 8$ c) $f(x) = x^2 - 3x$
d) $f(x) = 2x^2 - 11x$ e) $f(x) = -x^2 + 2$ f) $f(x) = (x-1)(x+3)$

7 Grafisches Lösen von quadratischen Gleichungen 1

Die drei Schaubilder stellen die Lösung von verschiedenen Typen quadratischer Gleichungen dar. Dargestellt sind die Gleichungen

a) $(x-2)^2 = 4$ b) $0{,}5x^2 = 2$ c) $x^2 - 5x = 0$

Ordne die Schaubilder richtig zu und begründe deine Entscheidung.

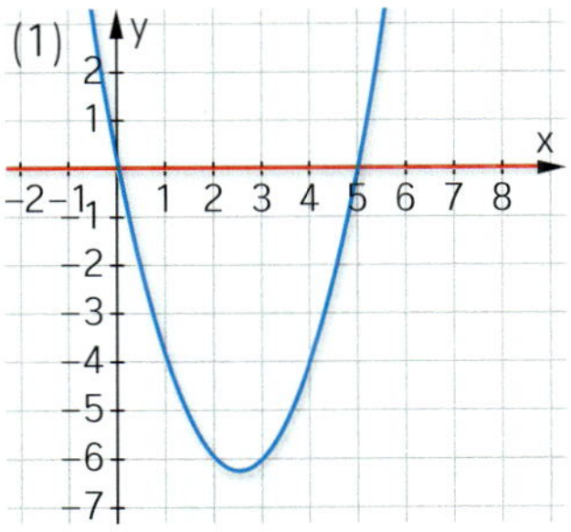

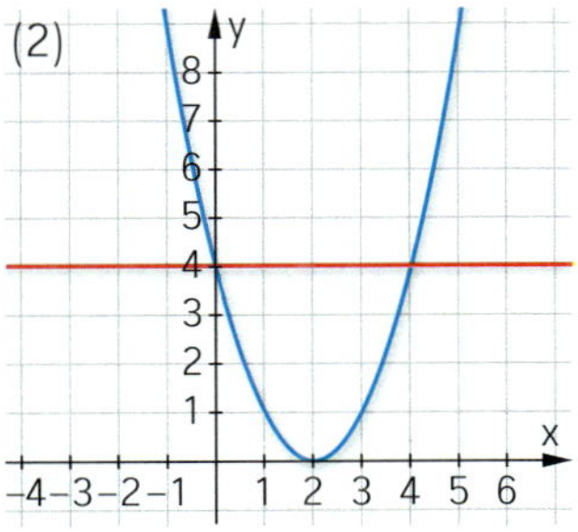

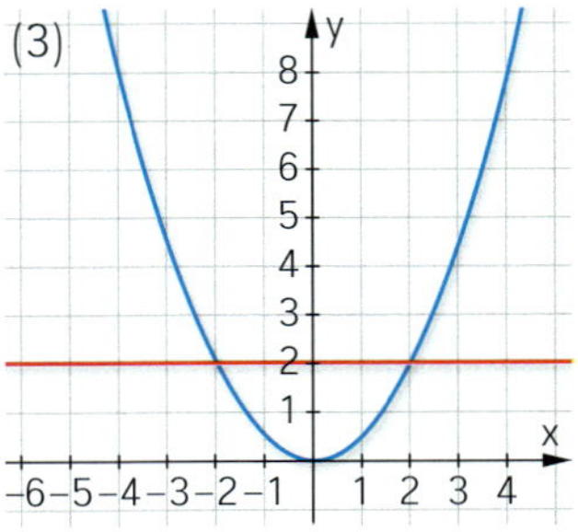

8 Grafisches Lösen von quadratischen Gleichungen 2

Das Schaubild stellt die Lösungen von drei Gleichungen dar.

(1) $x^2 + 2x - 4 = -x^2 + 2x + 2$

(2) $x^2 + 2x - 4 = x + \frac{9}{4}$

(3) $-x^2 + 2x + 2 = x + 2{,}25$

Lies Lösungen aus der Grafik ab. Überprüfe, ob du die exakten Lösungen gefunden hast. Versuche auch, die Gleichungen rechnerisch zu lösen.

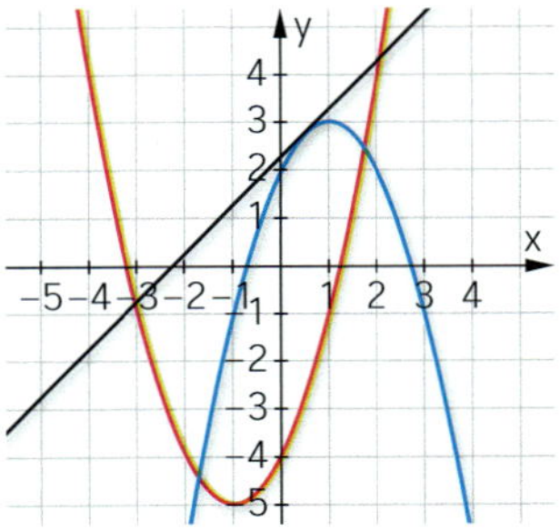

Übungen

9 Zwei Lösungsversuche mit Tabelle und Graph

Jannik und Mona wollen die Gleichung $x^2 - 2x - 9 = 0$ mit dem GTR lösen, weil sie für diese Gleichung kein rechnerisches Verfahren kennen.

Jannik benutzt Tabellen. Nach mehrmaligem Verkleinern der Schrittweite erhält er folgende Tabelle.

X	Y1
4.158	-.027
4.159	-.0207
4.16	-.0144
4.161	-.0081
4.162	-.0018
4.163	.00457
4.164	.0109

X=4.158

Was weiß er jetzt über die Lösung?

Mona findet mithilfe der „Zero"-Funktion des GTR grafisch eine Lösung:

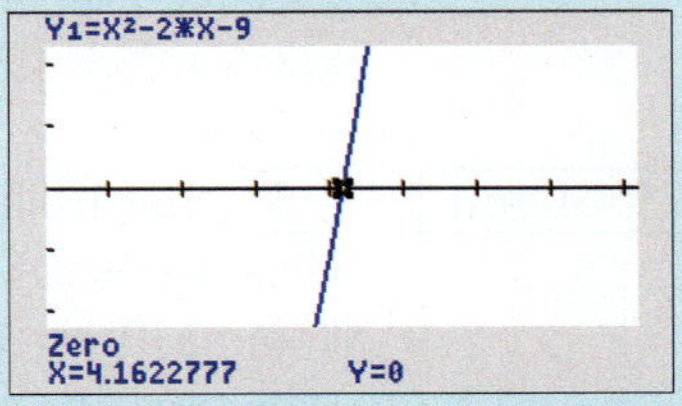

Zeige, dass diese Lösung nicht exakt ist.

Begründe, dass die Gleichung zwei Lösungen hat.
Wenn du einen GTR hast: Suche mit Tabellen oder der Grafik einen Näherungswert.

Basiswissen

Ein Lösungsverfahren, das mit einem Funktionenplotter fast immer bequem ist, aber nicht immer die exakte Lösung liefert, verwendet die Graphen und die Tabellen.

Grafisches und tabellarisches Lösen quadratischer Gleichungen

$x^2 - 6x + 4 = 0$

Häufig sind die Lösungen quadratischer Gleichungen irrational. Dann kann man grafisch-tabellarisch grundsätzlich nicht die exakten Lösungen finden, man erhält nur eine ungefähre Lösung. Eine solche Lösung heißt **Näherungslösung** man schreibt

$x_1 \approx 5{,}2361$ oder $x_1 \approx 5{,}2361...$

$x_2 \approx 0{,}7639$ oder $x_2 \approx 0{,}7639...$

Eine exakte Probe ist nicht möglich.

1,4E–4 = 0,00014

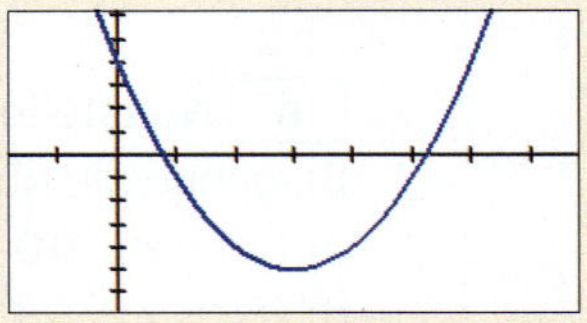

X	Y1
5.2356	-.0021
5.2357	-.0016
5.2358	-.0012
5.2359	-8E-4
5.236	-3E-4
5.2361	1.4E-4
5.2362	5.9E-4
5.2363	.00104
5.2364	.00148

X=5.2361

X	Y1
.7636	.00148
.7637	.00104
.7638	5.9E-4
.7639	1.4E-4
.764	-3E-4
.7641	-8E-4
.7642	-.0012
.7643	-.0016
.7644	-.0021

X=.7639

Beispiele

D Grafisches und tabellarisches Lösen von quadratischen Gleichungen

Löse $x^2 = 4x - 1$.

Lösung:

Strategie: Schnittstellen von $y = x^2$ und $y = 4x - 1$ bestimmen.

Plot1 Plot2 Plot3
\Y1=X²
\Y2=4*X-1
\Y3=

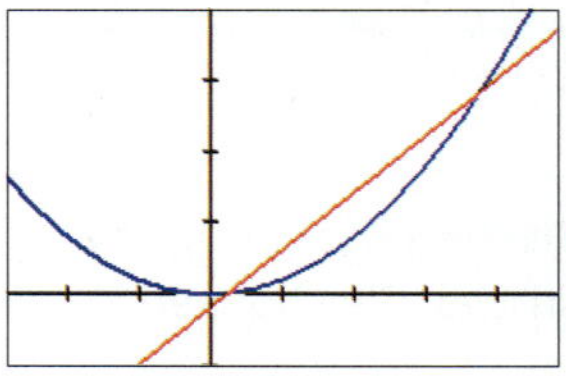

X	Y1	Y2
.2673	.07145	.0692
.2674	.0715	.0696
.2675	.07156	.07
.2676	.07161	.0704
.2677	.07166	.0708
.2678	.07172	.0712
.2679	.07177	.0716
.268	.07182	.072
.2681	.07188	.0724

X=.2679

X	Y1	Y2
3.7322	13.929	13.929
3.7323	13.93	13.929
3.7324	13.931	13.93
3.7325	13.932	13.93
3.7326	13.932	13.93
3.7327	13.933	13.931
3.7328	13.934	13.931
3.7329	13.935	13.932
3.733	13.935	13.932

X=3.7323

$x_1 \approx 0{,}2679$;
$x_2 \approx 3{,}7323$

10 Training

Löse die Gleichungen. Untersuche grafisch, wie viele Lösungen es gibt. Gib mindestens drei Nachkommastellen an. Manchmal erkennt man die exakte Lösung, überprüfe sie.

a) $x^2 - 4x + 2 = 0$
b) $x^2 + 2x = 6$
c) $2x^2 - \frac{1}{2}x - 7 = 0$
d) $x^2 - 7 = \frac{2}{3}x$
e) $x^2 = 3x + 40$
f) $2x^2 + 12x = -14$

Übungen

11 **Quadratische Gleichungen und binomische Formeln**

Manche Terme kann man mithilfe der binomischen Formeln umformen und damit schnell eine quadratische Gleichung lösen. Aber nicht immer passt eine binomische Formel.

$2x^2 + 18 = 12x \quad | -12x$
$2x^2 - 12x + 18 = 0 \quad | :2$
$x^2 - 6x + 9 = 0$
$(x-3)^2 = 0$
Lösung
$x = 3;\ \mathbb{L} = \{3\}$

a) $x^2 + 4x + 4 = 1$
b) $x^2 - 6x + 9 = 4$
c) $x^2 + 8x + 16 = 0$
d) $x^2 + 5x + 6{,}25 = 9$
e) $3x^2 + 30x - 75 = 0$
f) $x^2 - 2x + 2 = 0$
g) $x^2 - 121 = 0$
h) $x^2 - 14x - 49 = 0$
i) $x^2 = 0{,}8x - 0{,}16$

12 **Entdeckung eines allgemeinen Verfahrens**

Die folgenden Aufgaben sind in Paaren aufgebaut. Eine der Aufgaben kannst du jeweils mithilfe der binomischen Formeln sofort lösen, die andere nicht. Durch geschicktes Addieren oder Subtrahieren kannst du jedoch die Gleichung so ergänzen, dass du sie lösen kannst.

a) $x^2 + 6x + 9 = 3$
b) $x^2 + 6x + 8 = 15$

c) $x^2 - 4x + 4 = 6$
d) $x^2 - 4x + 10 = 22$

e) $x^2 + 10x + 25 = 0$
f) $x^2 + 10x + 20 = 0$

13 **Mathe ohne Worte**

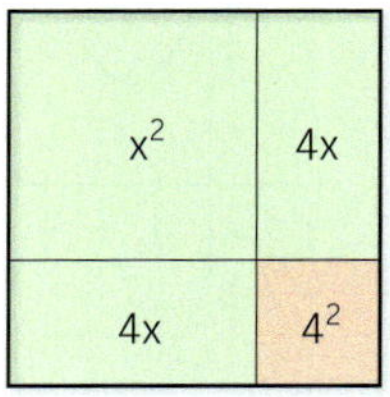

Löse die Gleichungen nach den Verfahren (1) oder (2).

a) $x^2 + 10x = 39$
b) $x^2 - 12x = -11$
c) $x^2 - 8x = 4$
d) $x^2 + 4x = -5$
e) $-3x^2 + 12x = -6$
f) $0{,}5x^2 + x - 3 = 0$

(1) Erstes Verfahren
$x^2 + 8x = 20$ — quadratische Ergänzung 4^2
$x^2 + 8x + 4^2 = 20 + 4^2$ — Binomische Formel
$(x+4)^2 = 36$ — Wurzelziehen
$x + 4 = \sqrt{36}$ oder $x + 4 = -\sqrt{36}$
$x + 4 = 6$ oder $x + 4 = -6$
$x_1 = 2;\quad x_2 = -10$

(2) Erweitertes Verfahren
$2x^2 - 8x = 14 \quad | :2$
$x^2 - 4x = 7$ — nun weiter mit Verfahren (1)

Basiswissen

Ein Lösungsverfahren, das zwar nicht immer das bequemste Verfahren ist, aber immer funktioniert, verwendet die „quadratische Ergänzung".

Quadratische Gleichungen in Normalform $x^2 + px + q = 0$

$x^2 + 10x + 16 = 0 \quad | -16$
$x^2 + 10x = -16 \quad | +25$ — Regel für die quadratische Ergänzung: Halbiere den Koeffizienten von x und quadriere: $\left(\frac{10}{2}\right)^2 = 25$
$x^2 + 10x + 25 = -16 + 25$ — Addiere auf beiden Seiten 25
$(x+5)^2 = 9$ — Binomische Formel
$x + 5 = 3$ oder $x + 5 = -3$ — Wurzelziehen
$x_1 = -2;\ x_2 = -8$ — $\mathbb{L} = \{-8; -2\}$

Quadratische Gleichungen der allgemeinen Form $ax^2 + bx + c = 0$

Es kommt ein zusätzlicher Schritt am Anfang.
$3x^2 + 12x - 9 = 0 \quad | :3$ — Dividiere durch 3
$x^2 + 4x - 3 = 0$
Damit hat man die Normalform und kann die quadratische Ergänzung anwenden.

Beispiele

E Gleichung in Normalform mit quadratischer Ergänzung lösen

Löse die Gleichung $x^2 - 4x - 2 = 0$. Gib nötigenfalls das Ergebnis auf eine Stelle nach dem Komma genau an.

Rechnerische Lösung

$x^2 - 4x - 2 = 0 \quad | + 2$

$x^2 - 4x = 2 \quad | + 2^2$

$x^2 - 4x + 4 = 2 + 4$ quadatische Ergänzung

$(x - 2)^2 = 6$

$x - 2 = \sqrt{6}$ oder $x - 2 = -\sqrt{6}$

$x_1 = 2 + \sqrt{6}$ $\quad x_2 = 2 - \sqrt{6}$

$x_1 \approx 4{,}4$ $\quad x_2 \approx -0{,}4$

Lösungsmenge: $\mathbb{L} = \{2 - \sqrt{6};\ 2 + \sqrt{6}\}$

Grafische Lösung als Probe

Finde die Nullstellen der Funktion $f(x) = x^2 - 4x - 2$

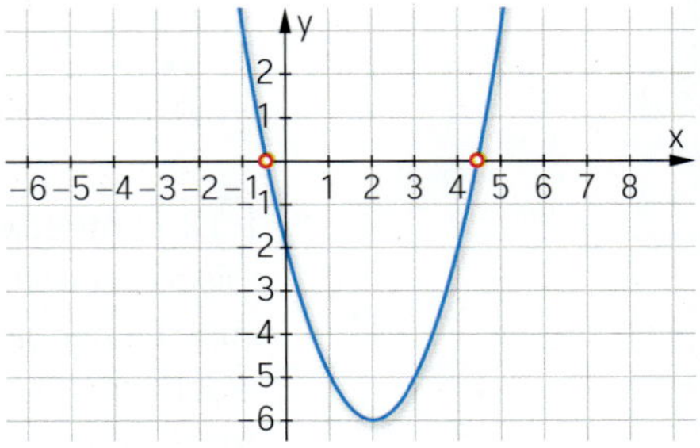

F Gleichung in allgemeiner Form mit quadratischer Ergänzung lösen

Löse die Gleichung $2x^2 - 6x + 8 = 0$ und veranschauliche die Lösung grafisch.

$2x^2 - 6x + 8 = 0$ Dividiere durch 2

$x^2 - 3x + 4 = 0$ „Normalform" $x^2 + px + q$

$x^2 - 3x = -4$ Addiere auf beiden Seiten $\left(\frac{3}{2}\right)^2$

$x^2 - 3x + \left(\frac{3}{2}\right)^2 = -4 + \left(\frac{3}{2}\right)^2$

$\left(x - \frac{3}{2}\right)^2 = -\frac{7}{4} < 0$

Es gibt keine Lösung. Die Parabel hat keine Nullstellen.

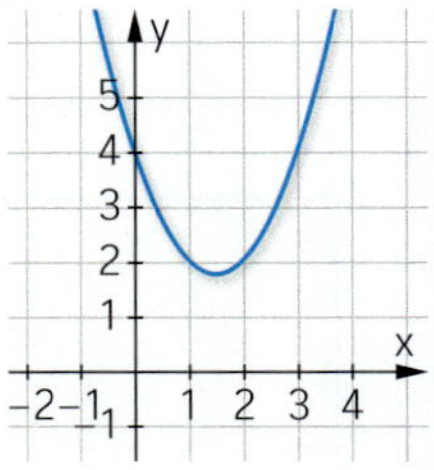

Übungen

14 Zwei Trainingseinheiten zum Lösen mit quadratischer Ergänzung

Löse die Gleichungen mit quadratischer Ergänzung. Bringe die Gleichungen zunächst auf die Form $x^2 + px + q = 0$.

(1) a) $x^2 - 6x = 9$ b) $x^2 = 40 - 16x$ c) $x^2 - 20 = 8x$
d) $x^2 + 7x = 26$ e) $4 - x^2 = 10$ f) $2x^2 - 12 = 3x$

(2) a) $4x^2 - 8x = 12x$ b) $5x^2 - 2x = 7 + 4x$ c) $3x(x + 2) = 12$
d) $(x - 1)(x + 1) = 2x$ e) $(x - 3)(x - 5) = 4$ f) $(x - 1)^2 + (x - 2)^2 = 0$

Tipp

Die Grafik zu d)

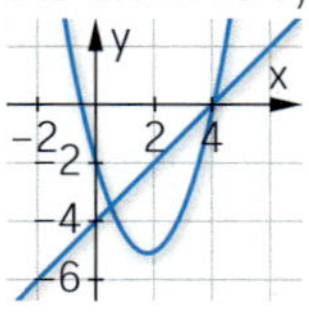

15 Verschärftes Training, auch mit Brüchen

Löse die Gleichungen. Achtung: Manchmal muss man keine quadratische Ergänzung machen, eine Gleichung kannst du nicht lösen! Mache eine Probe. Benutze dazu auch grafische Darstellungen.

a) $x^2 - \frac{2}{3}x - 1 = 0$ b) $\frac{2}{3}x^2 + \frac{4}{3}x = 2$ c) $\frac{2}{3}x^2 + \frac{4}{3}x = 0$

d) $(x - 4) \cdot \left(x + \frac{1}{2}\right) = x - 4$ e) $x^2 - 4x + 4 = 0$ f) $\frac{1}{4}x^2 = \frac{2}{3}x - \frac{9}{4}$

16 Die Entwicklung einer Formel

Du hast beim Trainieren des Lösens von $x^2 + px + q = 0$ erlebt, dass du immer wieder nach demselben Schema vorgegangen bist: *Zahl q auf die andere Seite, „die Hälfte von p zum Quadrat" auf beiden Seiten addieren, ...* Wenn man dies allgemein für p und q durchführt, entsteht eine Formel.

Entwickle mithilfe der quadratischen Ergänzung eine Lösungsformel für die Gleichung $x^2 + px + q = 0$.

Hinweis: Die quadratische Ergänzung ist $\left(\frac{p}{2}\right)^2$.

Basiswissen

Mithilfe der quadratischen Ergänzung kann man eine Formel entwickeln, mit der man jede quadratische Gleichung in Normalform lösen kann.

pq-Formel

Die quadratische Gleichung in Normalform $x^2 + px + q = 0$ hat die Lösungen

$x_1 = -\frac{p}{2} + \sqrt{\left(\frac{p}{2}\right)^2 - q}$; $x_2 = -\frac{p}{2} - \sqrt{\left(\frac{p}{2}\right)^2 - q}$

In Kurzschreibweise: $x_{1,2} = -\frac{p}{2} \pm \sqrt{\left(\frac{p}{2}\right)^2 - q}$

Beispiele

G Quadratische Gleichungen mit der pq-Formel lösen

$2x^2 - 4x - 8 = 0$ — Dividiere durch 2

$x^2 - 2x - 4 = 0$ — $p = -2$; $q = -4$

$x_1 = -\frac{-2}{2} + \sqrt{\frac{(-2)^2}{4} - (-4)}$; $x_2 = -\frac{-2}{2} - \sqrt{\frac{(-2)^2}{4} - (-4)}$

$x_1 = 1 + \sqrt{1+4}$; $x_2 = 1 - \sqrt{1+4}$

$x_1 = 1 + \sqrt{5}$; $x_2 = 1 - \sqrt{5}$

$\mathbb{L} = \{1 - \sqrt{5};\ 1 + \sqrt{5}\}$

Übungen

17 Zwei Trainingseinheiten zur pq-Formel

Löse die Gleichungen mit der pq-Formel. Vereinfache gegebenenfalls zunächst durch Ausmultiplizieren oder Zusammenfassen.
Manchmal benötigst du auch die „Produkt = 0“-Regel.

(1) a) $x^2 + 3x - 10 = 0$ b) $x^2 + 7x - 8 = 0$ c) $2x^2 + 5x + 2 = 0$
d) $(x+1)(x-3) = 5$ e) $(x-4)(x+5) = -8$ f) $3(x+1)(x-5) = 6$

(2) a) $4x^2 = -8x - 3$ b) $-6x^2 + 3x + 19 = 0$ c) $6x^2 - 3x - 3 = x^2 - x$
d) $(x^2 - 9)(x-3) = 0$ e) $(x^2 - 4x)(2x+2) = 0$ f) $(x-8)(x^2 - 4x - 5) = 0$

18 Welches Verfahren ist das günstigste?

In der Tabelle sind verschiedene Verfahren zum Lösen einer quadratischen Gleichung zusammengefasst.

Wurzelziehen	$x^2 = 25$
Wurzelziehen	$(x+4)^2 = 15$
Ausklammern (Faktorisieren)	$3x^2 - 15x = 0$ „Produkt = 0“-Regel
Quadratisches Ergänzen	$x^2 - 12x + 10 = 0$
pq-Formel	$3x^2 - 8x - 15 = 0$

a) Löse die Gleichungen in der Tabelle nach dem jeweiligen Verfahren.
b) Die pq-Formel kann man immer anwenden. Löse die Gleichung in der ersten Zeile der Tabelle mit der pq-Formel. Was geht schneller, das Lösen durch Wurzelziehen oder mit der pq-Formel?
c) Löse die quadratischen Gleichungen. Entscheide zunächst, nach welchem Verfahren du rechnen willst.

(1) $3x^2 - 4x - 4 = 0$ (2) $(x+7)^2 = 5$ (3) $15x^2 = 5x$ (4) $8x^2 - 16 = 0$
(5) $x^2 + 14x + 49 = 0$ (6) $x^2 + 20x = 0$ (7) $(x+3)^2 = 36$ (8) $(x+6)(x-4) = 0$

Übungen

19 Verständnisfragen

a) Erkläre, warum die Gleichung $x^2 + 100 = 0$ keine Lösung hat.

b) Für welche Werte von a und b hat die Gleichung $a x^2 + b = 0$ keine Lösung?

c) Begründe, warum die Gleichung $x^2 - r x = 0$ immer Lösungen hat.

20 Lösungen und Scheitelpunktform

Florian behauptet: „Ich kann die Anzahl der Nullstellen an der Scheitelpunktform $f(x) = a(x - d)^2 + e$ einer Parabel erkennen."

Lena: „Und was hat das mit den Lösungen einer quadratischen Gleichung zu tun?"

a) Wie macht Florian das?

b) Beantworte die Frage von Lena.

21 Lösungen und Diskriminante

discriminare (lat.): unterscheiden

a) Mithilfe der pq-Formel kannst du begründen: Eine quadratische Gleichung $x^2 + p x + q = 0$ hat
- zwei Lösungen, wenn der Wert der Diskriminante positiv,
- genau eine Lösung, wenn der Wert der Diskriminante Null ist,
- keine Lösung, wenn der Wert der Diskriminante negativ ist.

> **Diskriminante**
>
> Für die quadratische Gleichung $x^2 + p x + q$ nennt man den Term $\left(\frac{p}{2}\right)^2 - q$ **Diskriminante**. Es ist der Ausdruck unter der Wurzel in der pq-Formel.

b) Warum hat die quadratische Gleichung in allgemeiner Form $a x^2 + b x + c = 0$ dieselbe Anzahl an Lösungen wie die zugehörige Normalform $x^2 + \frac{b}{a}x + \frac{c}{a} = 0$?

c) Finde die Anzahl der Lösungen der quadratischen Gleichungen mithilfe der Diskriminante.

(1) $2x^2 - 12x + 18 = 0$ (2) $4x^2 - 5x + 2 = 0$ (3) $x^2 + 4x - 8 = 0$

22 Lösungen und Graphen

Zu der quadratischen Gleichung in Normalform gehört die Normalparabel in der Form $y = x^2 + p x + q$.

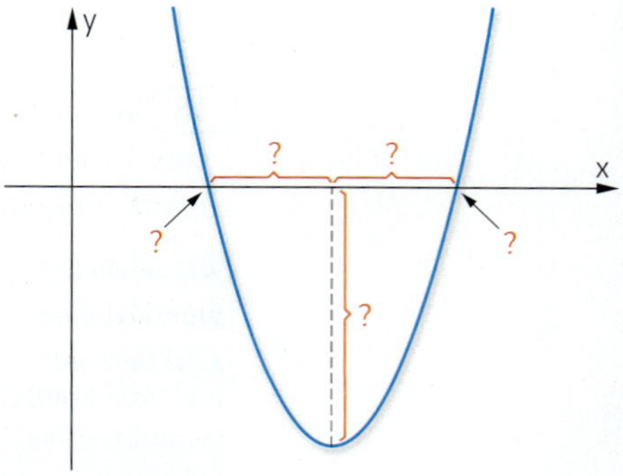

a) Zeige, dass die x-Koordinate des Scheitelpunktes dieser Normalparabel $x = -\frac{p}{2}$ ist.
Zeige, dass dann $S\left(-\frac{p}{2} \middle| -\frac{p^2}{4} + q\right)$ der Scheitelpunkt ist.

b) Übertrage die Grafik in dein Heft und beschrifte sie. Beantworte alle in der Skizze angedeuteten Fragen. Schreibe einen Bericht über den Zusammenhang der pq-Formel mit besonderen Punkten der Parabel.

23 Quadratische Gleichungen bauen

Stelle jeweils zwei möglichst verschiedene quadratische Gleichungen mit den angegebenen Lösungen auf. Es dürfen auch komplizierte sein. Überprüfe dann, ob deine Gleichungen auch die angegebenen Lösungen haben.

a) $x_1 = 2;\ x_2 = 5$ b) $x_1 = 7$ c) $x_1 = -5;\ x_2 = 0$

d) $x_1 = \sqrt{13};\ x_2 = -\sqrt{13}$ e) $x_1 = -3;\ x_2 = 6$ f) $x_1 = \sqrt{2};\ x_2 = 5$

Übungen

24 Quadratische Gleichungen mit einem Computer-Algebra-System (CAS)

Ein Computer-Algebra-System (CAS) kann algebraische Umformungen durchführen. Lisa löst zunächst die Gleichung $x^2 - 3x + 1 = 0$ und lässt das CAS dann die pq-Formel bestimmen.

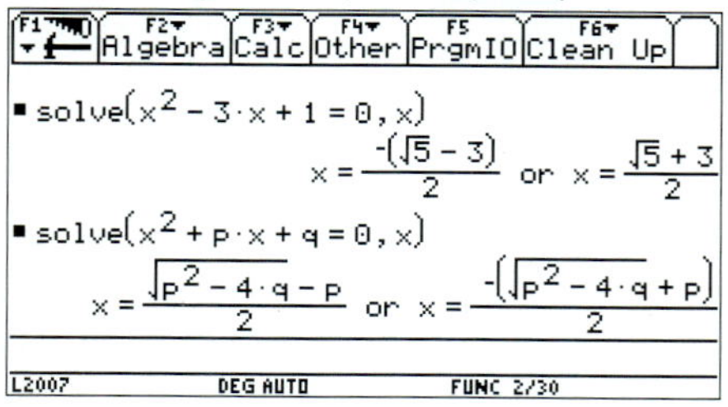

a) Löse die Gleichung $x^2 - 3x + 1 = 0$ und zeige, dass deine Lösung mit der Lösung des CAS übereinstimmt.

b) Zeige die Gleichwertigkeit (Äquivalenz) der pq-Formel des CAS mit der aus dem Basiswissen.

25 Die abc-Formel

Die allgemeine Form $ax^2 + bx + c = 0$ kann zu $x^2 + \frac{b}{a}x + \frac{c}{a} = 0$ umgeformt werden. Führe eine quadratische Ergänzung mit dieser Form durch und ermittle eine abc-Formel zum Lösen quadratischer Gleichungen in allgemeiner Form.

26 Abschlusstraining

Vereinfache die Gleichungen zunächst durch Ausmultiplizieren oder Zusammenfassen und löse sie anschließend.

a) $2(x + 1)(2x + 3) = 8x^2 - 44$
b) $(x - 2)^2 = 2(x + 3)^2$
c) $5x(2 - x) = -3(x - 1)$
d) $2(x + 2) - 3(x + 1)(x - 5) = 0$
e) $(x - 9)(x + 9) = 19$
f) $(x + 1)^2 - (x - 1)^2 = x^2$

27 Eine schwierige Hausaufgabe

Lehrer Lampe denkt sich eine besonders schwierige Hausaufgabe aus. Es soll die Gleichung $x^3 - 6x^2 + 5x = 0$ algebraisch gelöst werden. Dabei wurde im Unterricht nur das Lösen von quadratischen Gleichungen behandelt. Am nächsten Tag präsentieren Anna und Katrin ihre Lösungen, eine davon ist richtig:

Anna:
$x^3 - 6x^2 + 5x = 0 \quad | : x$
$x^2 - 6x + 5 = 0$
$x_{1,2} = 3 \pm \sqrt{9 - 5}$
$x_1 = 5; \quad x_2 = 1$

Katrin:
$x^3 - 6x^2 + 5x = 0$
$x \cdot (x^2 - 6x + 5) = 0$
$x = 0$ oder $x^2 - 6x + 5 = 0$
$x = 0$ oder $x = 5$ oder $x = 1$

Entscheide mit Begründung, welche Lösung richtig ist, oder finde den Fehler.

Kopfübungen

1. Berechne geschickt: $\sqrt{3} \cdot \sqrt{10} \cdot \sqrt{27} \cdot \sqrt{40}$
2. Ein Parallelogramm lässt sich bereits eindeutig konstruieren, wenn man ... kennt.
3. Welche Zahl wird um 4 kleiner, wenn man sie mit 3 multipliziert?
4. Schreibe als Produkt: $x^2 - 1{,}44 = (x - ■) \cdot (x + ■)$
5. Vereinfache, sofern möglich: $\sqrt{3} + \sqrt{6}$; $\sqrt{27} - \sqrt{2}$; $\sqrt{2} \cdot \sqrt{8}$; $\sqrt[3]{27} - \sqrt[3]{8}$; $\sqrt[3]{64} + \sqrt{36}$
6. Erstelle eine Liste aus 4 Schulnoten so, dass der Median 1 beträgt.
7. Ergänze die Wertetabelle einer linearen Funktion und gib die Funktionsgleichung an.

x	−2	−1	0	1	2
y	10	■	0	■	■

Aufgaben

28 Anzahl der Lösungen finden – eine Fallunterscheidung wird benötigt

Wie muss man k wählen, damit die Gleichung eine, zwei oder keine Lösung hat?

(1) $x^2 + 4x + k = 0$ (2) $x^2 + 2kx + 9 = 0$

a) Welches Bild passt zu welcher Gleichung? Beantworte damit die Frage grafisch.

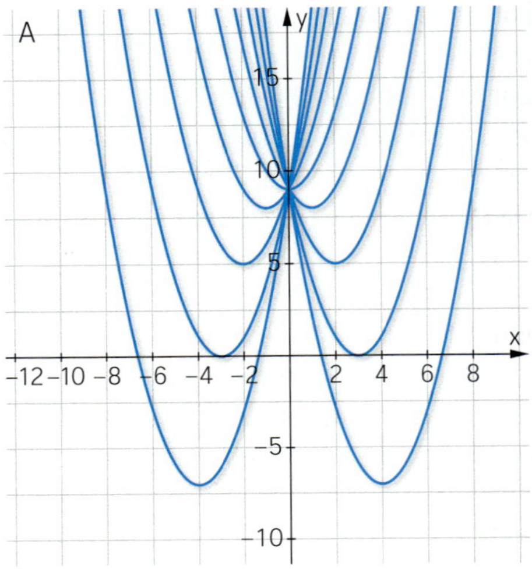

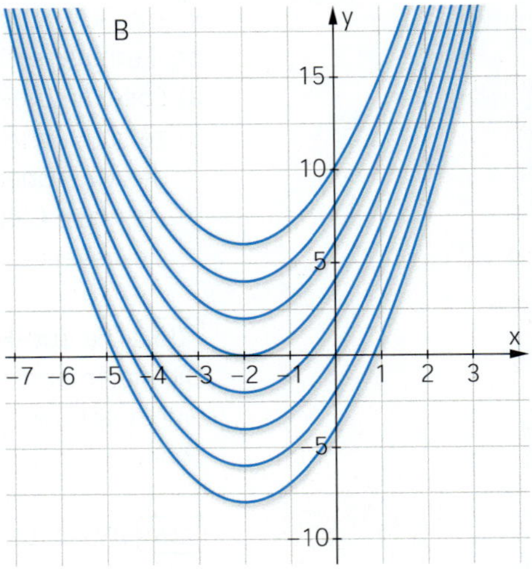

b) Beantworte die Frage rechnerisch. Hinweis: Die Diskriminante (Aufgabe 21) hilft.

Exkurs

AL-CHWARIZMI

Der arabische Mathematiker AL-CHWARIZMI schrieb im 9. Jahrhundert ein Mathematikbuch. In diesem Buch beschäftigte er sich auch mit dem Lösen von quadratischen Gleichungen. Um die quadratische Ergänzung für die Gleichung $x^2 + 8x = 65$ zu finden, bedient er sich des folgenden Verfahrens:

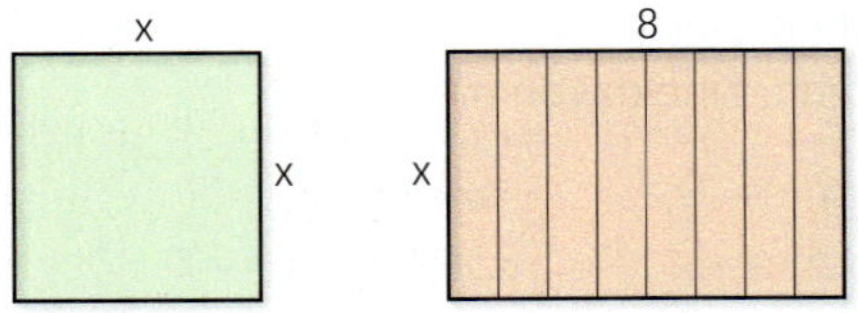

(1) AL-CHWARIZMI beginnt mit einem Quadrat mit der Seitenlänge x cm und 8 Rechtecken, mit der Länge x cm und der Breite 1 cm.

(2) Er teilt die 8 Rechtecke in Gruppen zu je 2 Rechtecken auf und fügt sie jeder Seite des Quadrates an. Die Fläche dieser Figur beträgt $65\,cm^2$ (siehe Gleichung).

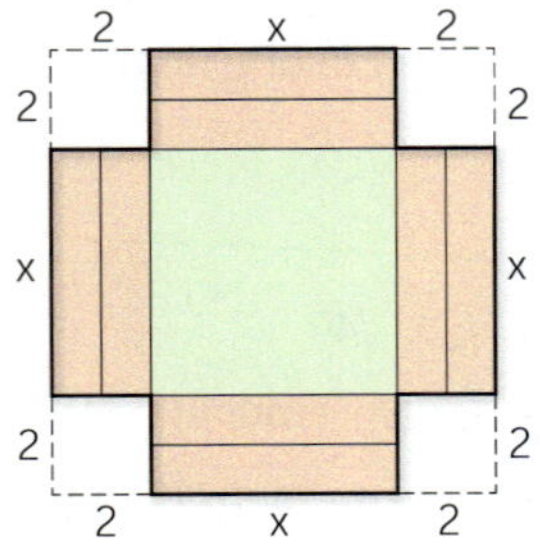

(3) Um zu einem Quadrat zu ergänzen, muss er an allen vier Ecken ein Quadrat mit dem Flächeninhalt von $4\,cm^2$ anfügen.

(4) Der Flächeninhalt des großen Quadrates beträgt $65\,cm^2 + 4 \cdot 4\,cm^2 = 81\,cm^2$. Die Seitenlänge des großen Quadrates ist daher 9 cm.

(5) Für die Seitenlänge des großen Quadrates gilt: $2 + x + 2 = 9$. Damit kann die Länge von x berechnet werden. AL-CHWARIZMI erhält $x = 5$.

29 Ein arabisches Lösungsverfahren

Löse mit dem Verfahren aus dem Buch von AL-CHWARIZMI.

a) $x^2 + 8x = 9$ b) $x^2 + 20x = 125$ c) $x^2 + 28x = 60$ d) $x^2 + 4x = 0$

Warum ist das Verfahren aus dem Buch von AL-CHWARIZMI nicht vollständig?

Aufgaben

30 Forschungsaufträge

Was haben die Lösungen x_1 und x_2 einer quadratischen Gleichung $x^2 + px + q = 0$ mit den Koeffizienten p und q zu tun?

Auftrag 1: Löse die Gleichungen und vergleiche die Lösungen x_1 und x_2 mit den Koeffizienten p und q in der Gleichung $x^2 + px + q = 0$. Was stellst du fest?

a) $x^2 - 8x + 15 = 0$ b) $x^2 + 9x + 14 = 0$ c) $x^2 - 5x - 14 = 0$

Auftrag 2: Die Gleichung $(x - 3)(x - 5) = 0$ hat die Lösungen 3 und 5. Durch Ausmultiplizieren kann man die Gleichung auf die Form $x^2 + px + q = 0$ bringen. Welcher Zusammenhang besteht zwischen den Lösungen 3 und 5 und den Koeffizienten p und q?

Auftrag 3: Die Erkenntnisse aus Auftrag 2 lassen sich verallgemeinern. Bestimme die Lösungen der Gleichung $(x - x_1)(x - x_2) = 0$. Bringe die Gleichung durch Ausmultiplizieren in die Form $x^2 + px + q = 0$. Welcher Zusammenhang besteht zwischen p und q und den Lösungen x_1 und x_2?

Satz von Vieta

Wenn eine quadratische Gleichung $x^2 + px + q = 0$ die Lösungen x_1 und x_2 hat, dann gilt: $x_1 \cdot x_2 = q$ und $x_1 + x_2 = -p$.
Mit dem Satz von Vieta kann man schnell Lösungen finden, wenn diese ganzzahlig sind. Auch die Probe lässt sich damit schnell durchführen.

Exkurs

François Viète

François Viète, genannt Vieta, lebte und arbeitete im 16. Jahrhundert in Frankreich. Vieta kann man zu Recht den Wegbereiter der Algebra nennen, denn er führte das Rechnen mit Platzhaltern ein. Auch die Benutzung der uns heute vertrauten Rechenzeichen „+“ und „–“ anstelle der bis dahin gebräuchlichen Wörter geht auf Vièta zurück.

Vietas Leistungen als Mathematiker sind umso erstaunlicher, als er von Hause aus Jurist war und u. a. für die französischen Könige Heinrich III. und Heinrich IV. arbeitete. Er betrieb Mathematik als Hobby in seiner Freizeit. Berühmt wurde er vor allem dadurch, dass er verschlüsselte Nachrichten der Spanier für den französischen König entschlüsselte. Seine Fähigkeiten auf diesem Gebiet waren so außerordentlich, dass die Spanier ihn beim Papst beschuldigten, er sei mit dem Teufel im Bunde.

31 Quadratische Gleichungen mit Vieta lösen

a) $x^2 + 7x + 12 = 0$ b) $x^2 + 9x + 18 = 0$ c) $x^2 - 4x + 4 = 0$
d) $x^2 - 6x + 8 = 0$ e) $x^2 - 13x + 30 = 0$ f) $x^2 + 2x - 80 = 0$

32 „Höhere“ Gleichungen

Forschungsaufgabe für Experten

Gibt es auch bei „höheren“ Gleichungen einen Zusammenhang zwischen den Koeffizienten und Lösungen der Gleichung?

$(x - a)(x - b)(x - c)$ ist eine faktorisierte Form der Gleichung $x^3 + px^2 + qx + r = 0$.
Mit einem CAS wurde $(x - a) \cdot (x - b) \cdot (x - c)$ ausmultipliziert.
Formuliere damit einen Zusammenhang zwischen a, b, c und p, q, r.

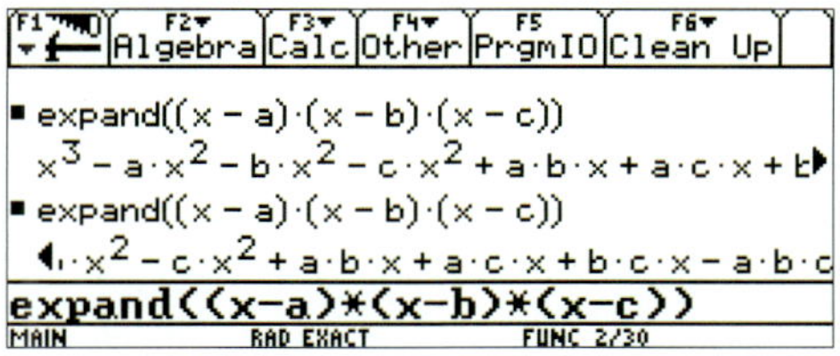

4.4 Problemlösen mit quadratischen Funktionen

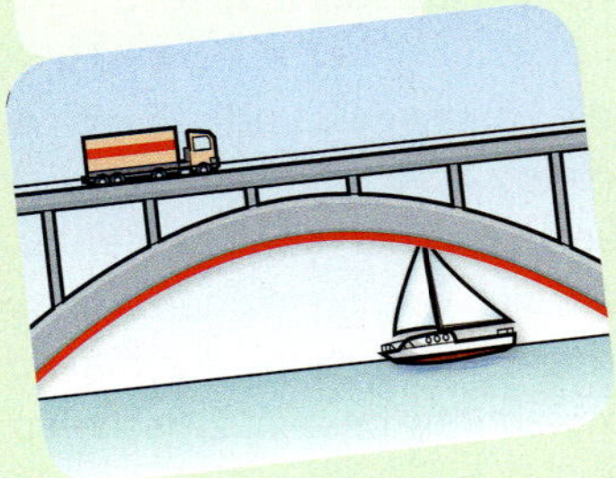

Beim mathematischen Lösen von Problemen stößt man häufig auf quadratische Gleichungen. Immer wenn das passiert, hat man den Vorteil, dass

- quadratische Funktionen anhand weniger Merkmale beschrieben und skizziert werden können,
- für alle quadratische Gleichungen Lösungsverfahren bekannt sind.

Bei allen Aufgaben sind quadratische Funktionen aber Modelle, daher man muss überprüfen, ob die mathematische Lösung ein sinnvolles Ergebnis für das Problem darstellt.

Aufgaben

1 Eine passende Kiste

Eine Kiste mit quadratischer Grundfläche ohne Deckel soll aus einem quadratischen Stück Papier hergestellt werden, indem man an jeder Ecke ein Quadrat der Kantenlänge 3 cm abschneidet und die Ränder des verbleibenden Papierstücks hochfaltet. Das Volumen der Kiste soll $75\,cm^3$ betragen. Wie groß muss das ursprüngliche quadratische Stück Papier sein?

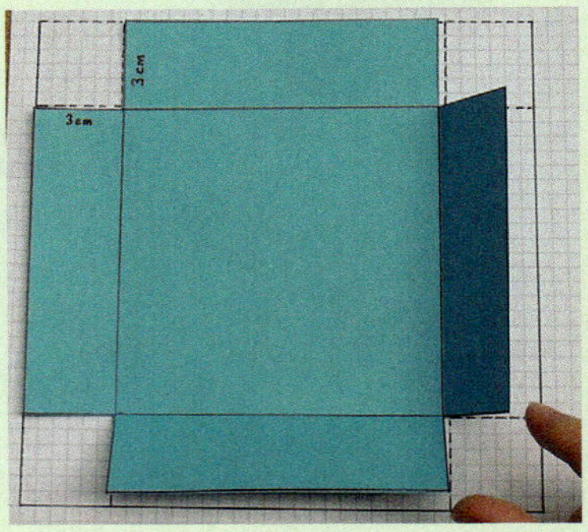

a) Beginne mit einem quadratischen Stück Papier der Kantenlänge 15 cm. Falte das Papier zu einer offenen Kiste. Ist das Volumen größer oder kleiner als $75\,cm^3$? Probiere systematisch weiter.

b) *Lösung durch Rechnen:*

(1) x sei die gesuchte Länge des quadratischen Stück Papiers. Erkläre, warum $x - 6$ die Breite und Länge der Kiste und 3 die Höhe ist.

(2) Schreibe einen Term für das Volumen $V(x)$ der Kiste auf.

(3) Berechne mithilfe einer Gleichung die gesuchte Länge x des Papiers. Du erhältst zwei Ergebnisse. Welches Ergebnis ist die Lösung des Problems?

2 Mustererkennung

Aus kleinen blauen Würfeln werden große Würfel gebaut. Die Oberfläche jedes großen Würfels wird rot eingefärbt.

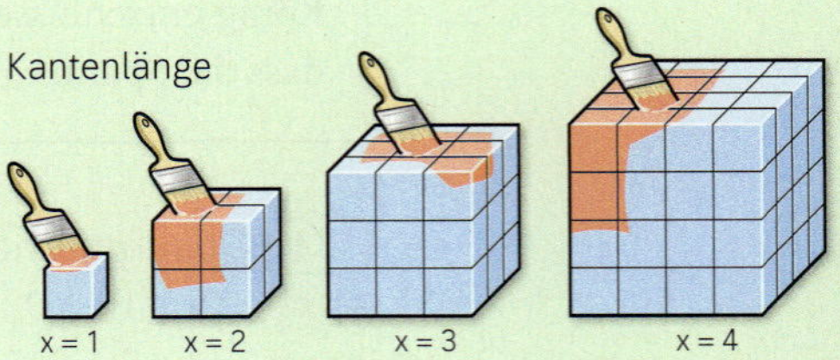

a) Übertrage die Tabelle in dein Heft und ergänze.

Kantenlänge x	Anzahl der Würfel mit genau drei roten Flächen	Anzahl der Würfel mit genau zwei roten Flächen	Anzahl der Würfel mit genau einer roten Fläche
2	8	0	0
3	8	12	6
4	■	■	■
5	■	■	■
6	■	■	■

b) Finde zu jeder Spalte eine Funktionsgleichung, mit der man zu der Kantenlänge x des großen Würfels die entsprechenden Anzahlen der kleinen Würfel berechnen kann.

c) Ergänze in der Tabelle weitere Zeilen für x = 7, 8, 10 und 20.

Basiswissen

Will man ein Problem mithilfe der Mathematik lösen, dann muss man herausfinden, welcher Zusammenhang zwischen den Variablen besteht.

Problemlösen mit quadratischen Funktionen

Aufgabe:
Ein rechteckiger Acker ist 100 m lang und 80 m breit. Bei einer Flurbereinigung wird er in Länge und Breite um die gleiche Strecke größer. Die Fläche vergrößert sich dabei um 4000 m². Um wie viel Meter wird das Grundstück breiter und länger?

Problem
Was willst du herausfinden?
Um wie viel m wird das Grundstück länger und breiter?

Daten und Variable

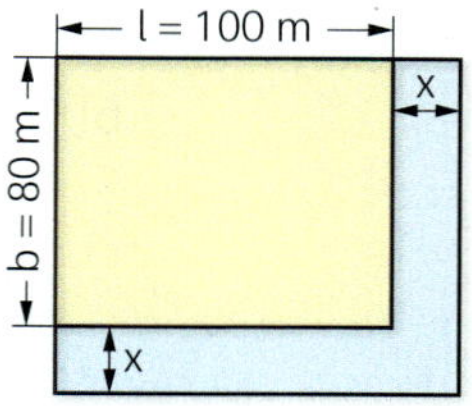

Zusammenhänge
Fläche des „gelben" Rechtecks in m²:
$80 \cdot 100 = 8000$
Fläche des großen Rechtecks in m²:
einerseits: $8000 + 4000$
andererseits: $(100 + x)(80 + x)$
Also: $(100 + x)(80 + x) = 8000 + 4000$

Rechnerische Lösung
$(100 + x)(80 + x) = 12\,000$
$x^2 + 180x + 8000 = 12\,000$
$x^2 + 180x - 4000 = 0$
$x_{1,2} = -90 \pm \sqrt{90^2 + 4000} = -90 \pm 110$
$x_1 = 20$; $x_2 = -200$

Problemprobe
Berechnung der „blauen" Fläche
$20\,m \cdot 120\,m + 20\,m \cdot 80\,m$
$= 2400\,m^2 + 1600\,m^2 = 4000\,m^2$
($x_2 = -200$ ergibt in Bezug auf das Problem keinen Sinn.)

Ergebnis
Der Acker wird um 20 m breiter und länger.

Beispiele

A Ein Rechteck

Die Länge eines Rechtecks ist um 4 cm größer als die Breite. Wie lang und wie breit ist das Rechteck, wenn es eine Flächeninhalt von 117 cm² hat?

Lösung:

1. Skizze und Variable

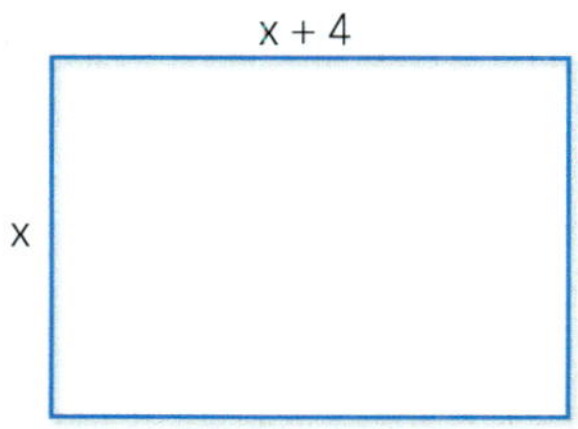

2. Zusammenhänge:
$x \cdot (x + 4) = 117$

3. Lösung der Gleichung:
$x^2 + 4x = 117$
$x^2 + 4x + 4 = 117 + 4$
$(x + 2)^2 = 121$
$x_1 = 9$; ($x_2 = -13$)

Das Rechteck ist 13 cm lang und 9 cm breit.

Übungen

3 Ein Theatersaal

Die Sitze in einem Theater sind in einem Rechteck angeordnet. Die Anzahl der Sitze in einer Reihe ist um 12 kleiner als die Anzahl der Reihen. Wie viele Sitze in jeder Reihe und wie viele Reihen gibt es in dem Theater, wenn die Gesamtzahl der Sitze 1260 beträgt?

4 Rechtecke gesucht

a) Die Länge eines Rechtecks ist um 6 cm kleiner als die Breite. Wie lang und wie breit ist das Rechteck, wenn es eine Fläche von 91 m^2 hat?

b) Der Umfang eines Rechtecks beträgt 40 m, die Fläche 36 m^2. Berechne Länge und Breite des Rechtecks.

c) Verringert man die eine Seite eines Quadrates um 1 cm und vergrößert die andere um 3 cm, erhält man ein Rechteck mit dem Flächeninhalt 32 cm^2.

5 Zahlen gesucht

a) Schreibe die Zahl 123 als Summe von zwei positiven Zahlen. Das kann auf sehr viele Arten geschehen. Berechne jeweils das Produkt der beiden Summanden. Finde die Zerlegung, bei der das Produkt den größten möglichen Wert annimmt.

b) Das Produkt aus einer um 3 verkleinerten Zahl und der um 3 vergrößerten Zahl ergibt 41. Wie lautet die Zahl?

c) Das Produkt von zwei aufeinander folgenden Zahlen ist genauso groß wie das Dreifache der kleineren Zahl.

6 Eine Grundstücksänderung

Ein rechteckiges Grundstück stößt mit zwei Seiten an eine Straße. Zur Verbreiterung der Straßen wird jeweils ein gleich breiter Streifen des Grundstückes abgegeben. Wie breit sind die Streifen, wenn insgesamt 156 m^2 abgegeben werden?

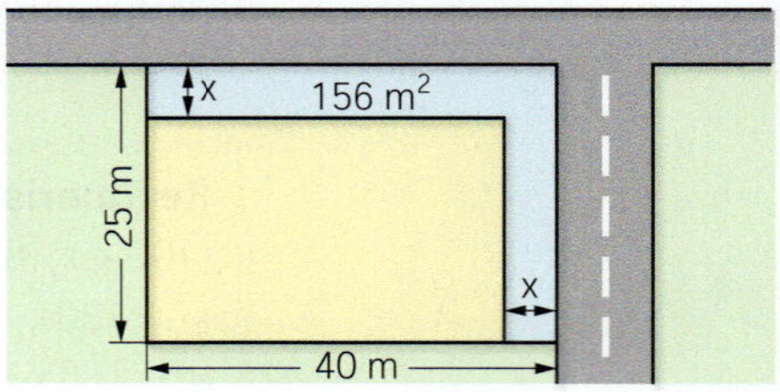

7 Ein Swimmingpool

Ein Swimmingpool der Länge 30 m und der Breite 20 m soll von einem neuen Weg der Breite x Meter umgeben werden.

a) Fertige eine beschriftete Skizze an und stelle einen Term auf, mit dem man die Fläche des Weges berechnen kann.

b) Wie breit ist der Weg, wenn dessen Fläche 360 m^2 beträgt?

8 Ein Stein

$h(t) = 40 - 10t - 5t^2$
↙ ↓ ↘
(1) (2) (3)

Ein Stein wird von einem Turm mit der Geschwindigkeit von 10 m/s senkrecht nach unten geworfen. Mit der Funktionsgleichung $h(t) = 40 - 10t - 5t^2$ kann man berechnen, in welcher Höhe sich der Stein nach t Sekunden befindet.

a) Die markierten Terme passen zu: freier Fall, Wurf nach unten, Höhe des Turmes. Ordne richtig zu.

b) Wie lange dauert es, bis der Stein auf dem Boden auftrifft?

c) Wie müsstest du die Funktionsgleichung abändern, wenn der Stein senkrecht nach oben geworfen würde? Berechne, wie lange es jetzt dauert, bis er den Boden erreicht.

Übungen

9 Eine Brücke und ein Segelschiff

Die Höhe h eines Brückenbogens in Meter über dem Wasserspiegel wird mit der Funktion $h(x) = -0{,}0003x^2 + 0{,}1x$ modelliert.
In welchem Bereich kann ein Segelboot mit einer Masthöhe von 8 m den Brückenbogen passieren?

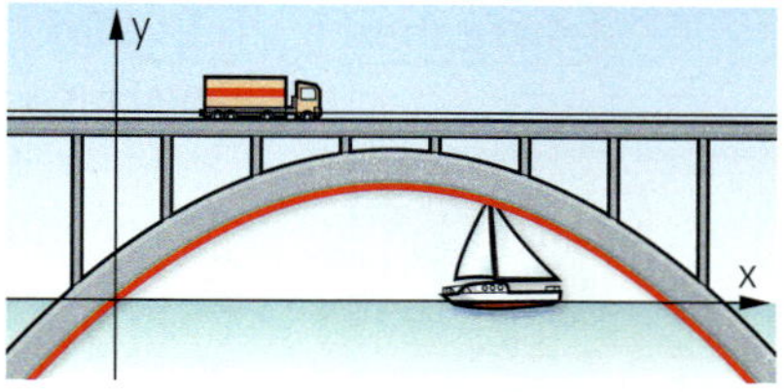

10 Innermathematische Anwendungen

Tipp
Benutze die Diskriminante

a) Wie viele Lösungen hat die quadratische Gleichung $5x^2 + 5x + 5 = 0$?
b) Wie viele Lösungen hat die Gleichung $nx^2 + nx + n = 0,\ n \neq 0$?
Du kannst die Frage ohne Rechnung begründet beantworten.
c) Wie viele Lösungen hat die Gleichung $nx^2 + 2nx - 8n = 0,\ n \neq 0$?
d) Erfinde eine ähnliche Aufgabe und lasse sie durch deinen Partner lösen.

11 Aus dem Protokoll einer Gerichtsverhandlung anlässlich eines Autounfalls

„Ich bemerkte den Stau sehr spät, da er sich hinter einer Kurve befand. Ich schätze, dass das Fahrzeug, auf das ich dann auffuhr, ca. 150 m entfernt war, als ich die Gefahr bemerkte. Ich fuhr nicht schneller als die erlaubte Höchstgeschwindigkeit von 80 km/h und konnte dennoch nicht mehr rechtzeitig bremsen."

Der Sachverständige nahm Stellung:
„Den Anhalteweg w eines Autos kann man mit der Formel $w(v) = \frac{v^2}{100} + \frac{3v}{10}$ *berechnen. Dabei muss man die Geschwindigkeit v in km/h eingeben und erhält den Anhalteweg in Metern ..."*

a) Was wird der Sachverständige weiter ausgeführt haben?
b) Berechne, mit welcher Geschwindigkeit das Auto mindestens gefahren sein muss.
c) Kannst du dir vorstellen, was der Sachverständige außer der Anwendung der Formel noch alles berücksichtigen muss?

Kopfübungen

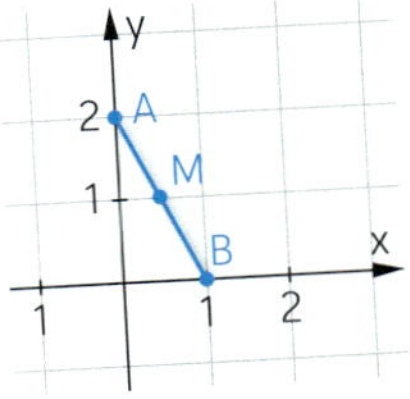

1. Um den Punkt M wird ein Kreis mit dem Durchmesser $\overline{AB}$ gezeichnet. In welchen Quadranten liegen Punkte des Kreises?
2. Setze ein geeignetes Rechenzeichen ein:
a) $5^3 \blacksquare 5^2 = 5$ b) $\sqrt{2} \blacksquare \sqrt{2} = 2$
3. Löse die Klammern auf: $(a - b) \cdot (a + c)$
4. Gib zwei verschiedene irrationale Zahlen so an, dass deren Produkt rational ist.
5. Ergänze die Tabelle sinnvoll:

Term	x	$\frac{1}{x}$	x^2	$\sqrt{x}$
Zahl	■	$\frac{25}{4}$	■	■

6. Berechne den fehlenden Wert in der Liste.
17; 26; x arithmetische Mittel: 27
7. Ermittle die Funktionsgleichung passend zum Graphen.

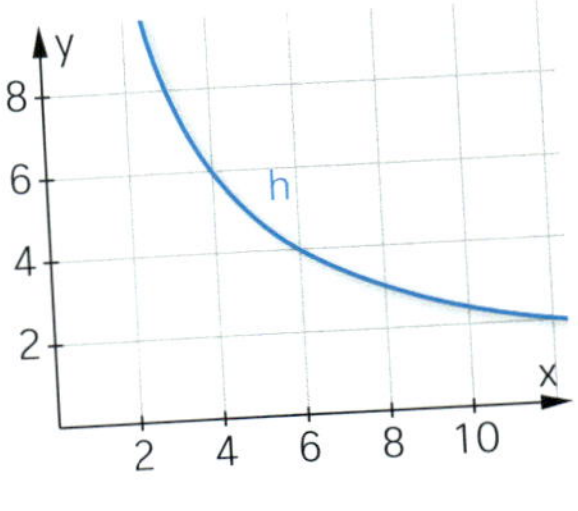

Aufgaben

12 Ski

Eine Firma stellt Ski her und verkauft sie an Groß- und Einzelhandel. Der Preis, den die Firma für ihre Ski verlangt, hängt von der Anzahl der bestellten Ski ab. Ab einer Abnahme von 60 Paar Skiern deckelt die Firma die Preisreduzierung, das Paar kostet dann 65 €. Die Preise und die Einnahmen pro Bestellung sind in der Tabelle dargestellt. Die Grafik zeigt die Einnahmenfunktion E (x).

Anzahl der bestellten Paar Ski	Preis pro ein Paar Ski in €	Gesamteinnahmen E (x) bei der Bestellung in €
1	124	124
2	123	246
3	122	366
…	…	…
x	125 – x	■
…	…	…
60	65	3900
61	65	3965
…	…	…
x	■	■

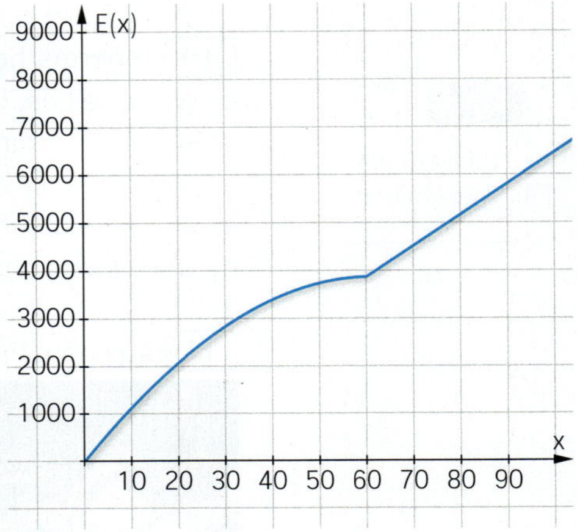

a) Übertrage die Tabelle in dein Heft und ergänze sie. Ermittle eine Formel für die Gesamteinnahmen E (x) einer Bestellung von x Paar Ski. Berücksichtige dabei die Zone der Preisreduzierung und den Bereich ohne Reduzierung. Erzeuge die zu deinen Formeln gehörende Grafik in deinem Heft und vergleiche sie mit der abgebildeten Grafik.

b) Die Herstellungskosten K (x) für die Produktion von x Paar Ski können mit der Formel $K(x) = 50x + 800$ berechnet werden. Wie kann man die Werte 50 und 800 in der Kostenformel interpretieren? Skizziere K (x) in die Grafik aus a).

c) Der Gewinn G (x) pro Bestellung ist E (x) – K (x). Was kannst du mithilfe der Grafik aus b) über den Gewinn aussagen? Gib die Funktionsgleichung zu G (x) an und skizziere G (x). Berechne, ab welcher Anzahl bestellter Paar Ski die Firma Gewinn macht und wann dieser am größten ist.

Funktionenplotter

d) Untersuche, welche Auswirkungen auf den Gewinn folgende Änderungen der Kosten bzw. der Preisreduzierung haben.

(1) $K(x) = 50x + 1200$

(2) $K(x) = 60x + 800$

(3) Keine Preisreduzierung ab Abnahme von 70 Paaren

13 Ein dreieckiges Grundstück

Ein Unternehmen hat ein dreieckiges Grundstück in der Innenstadt erworben und möchte es bebauen. Den Zuschlag erhielt ein Bauentwurf, der für das neue Gebäude einen rechteckigen Grundriss vorsieht. Welche Grundfläche kann das Gebäude maximal haben?

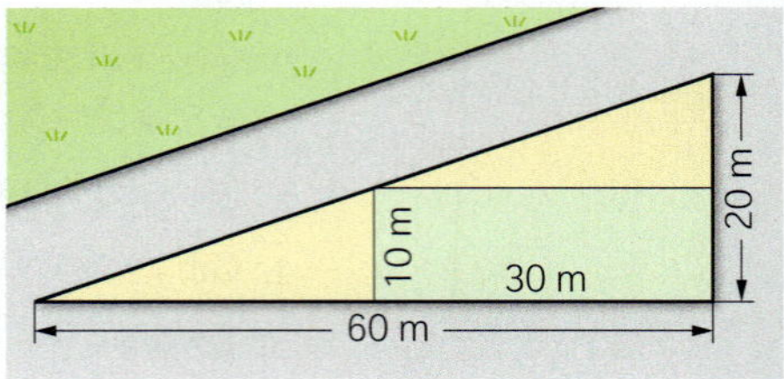

Einige Tipps zur Lösung:

- Übertrage die Zeichnung in dein Heft und zeichne ein geeignetes Koordinatensystem ein. Beschreibe die Grundstücksgrenzen durch eine Gleichung.
- Wie groß ist die Fläche, wenn das Gebäude 9 m (15 m, 20 m) lang ist?
- Stelle einen Term A (x) auf, mit dem man zu jeder Länge x die Größe der Grundrissfläche berechnen kann.

Quadratische Funktionen

Allgemeine Form:
$f(x) = ax^2 + bx + c$
Die Graphen heißen **Parabeln**.

„Kennzeichen" einer Parabel
$f(x) = -0{,}5x^2 - x + 1{,}5$

x	f(x)
−4	−2,5
−3	0
−2	1,5
−1	2
0	1,5
1	0
2	−2,5

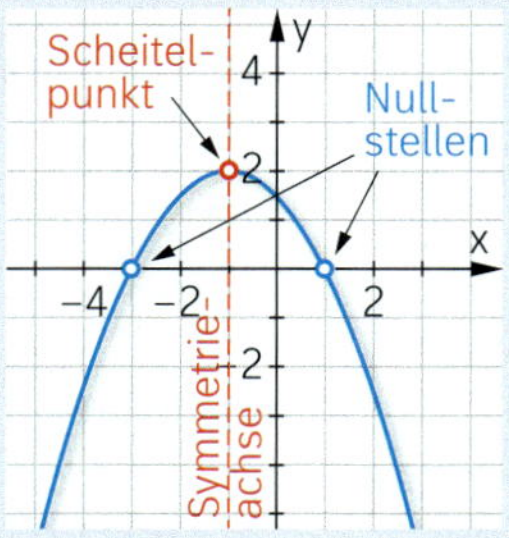

Scheitelpunktform:
$f(x) = a(x - d)^2 + e$
Scheitelpunkt $(d|e)$
Beispiel: $f(x) = 0{,}5(x - 1)^2 - 4{,}5$
$a = 0{,}5$
$d = 1$
$e = -4{,}5$

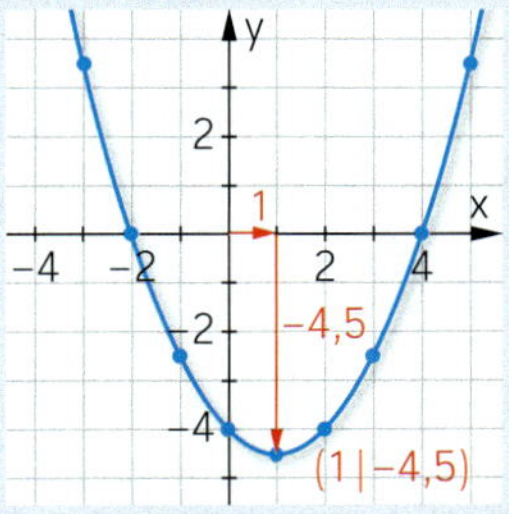

Die Parabel entsteht aus der Normalparabel durch:
- Verschiebung um 1 Einheit nach rechts,
- Stauchen (Faktor $a = 0{,}5$),
- Verschiebung um 4,5 Einheiten nach unten.

Faktorisierte Form:
$f(x) = a(x - x_1)(x - x_2)$
Nullstellen (Schnittpunkte des Graphen mit der x-Achse) sind x_1 und x_2.
Beispiel: $f(x) = -(x - 1)(x - 5)$
$a = -1$
Nullstellen:
$x_1 = 1$
$x_2 = 5$
Scheitelpunkt:
$x_S = 3$
$f(x_S) = 4$

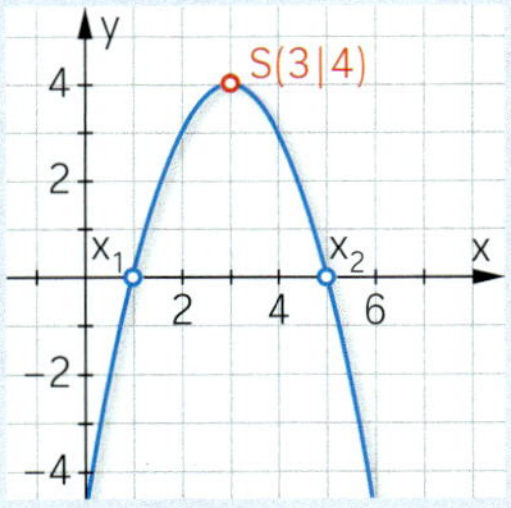

Check-up

1 Lineare und quadratische Funktionen im Vergleich

Lineare Funktionen und quadratische Funktionen unterscheiden sich in vielen Punkten.

a) Beschreibe die Unterschiede zwischen den Graphen einer linearen und einer quadratischen Funktion.

b) Erläutere den Unterschied zwischen den Funktionsgleichungen.

c) Erstelle für die Funktionen mit $f(x) = 2x - 1$ und $g(x) = (x - 2)^2 - 4$ eine Wertetabelle im Bereich $-4 < x < 4$, Schrittweite 1. Wie ändert sich der Funktionswert in beiden Funktionen, wenn x um 1 vergrößert wird?

2 Parabeln auf einen Blick

Lies aus den Funktionsgleichungen so viele Informationen wie möglich ab (Scheitelpunkt, Nullstellen, nach oben/unten geöffnet, gestreckt/gestaucht, Schnittpunkt mit der y-Achse).

a) $f(x) = (x - 2)(x + 3)$ b) $f(x) = (x + 2)^2 - 4$ c) $f(x) = x^2 + 3$
d) $f(x) = -x^2 + 2x + 5$ e) $f(x) = 3x(x - 1)$ f) $f(x) = -0{,}5x^2$

3 Scheitelpunkte ermitteln

Ermittle den Scheitelpunkt der Parabel. Handelt es sich um ein Maximum oder ein Minimum?

a) $f(x) = -x^2 + 5$ b) $f(x) = 2(x - 7)^2$ c) $f(x) = (x + 2)^2 - 5$
d) $f(x) = x^2 + 4x - 2$ e) $f(x) = x^2 - 4$ f) $f(x) = x^2 - 5x - 6$
g) $f(x) = (x + 2)(x - 6)$ h) $f(x) = -0{,}2x(x - 10)$ i) $f(x) = x^2$

4 Funktionsgleichung gesucht

Bestimme die Funktionsgleichung der Parabel mit $a = 1$ oder $a = -1$ und dem Scheitelpunkt S.

a) $S(4|0)$; Parabel nach unten geöffnet
b) $S(-5|-2)$; Parabel nach oben geöffnet
c) $S(0|2)$; Parabel nach unten geöffnet

5 Ein Vergleich mit Normalparabeln

Beschreibe – ohne zu zeichnen – die folgenden Parabeln im Vergleich zur Normalparabel.

a) $f(x) = 4x^2$ b) $f(x) = 0{,}2x^2$ c) $f(x) = -2x^2$
d) $f(x) = x^2 - 3$ e) $f(x) = -3x^2 + 1$ f) $f(x) = \frac{1}{4}x^2$

6 Vom Graphen zur Funktionsgleichung

a) Ermittle den Scheitelpunkt und die Schnittpunkte mit den Koordinatenachsen.

b) Bestimme die Funktionsgleichungen zu den Graphen.

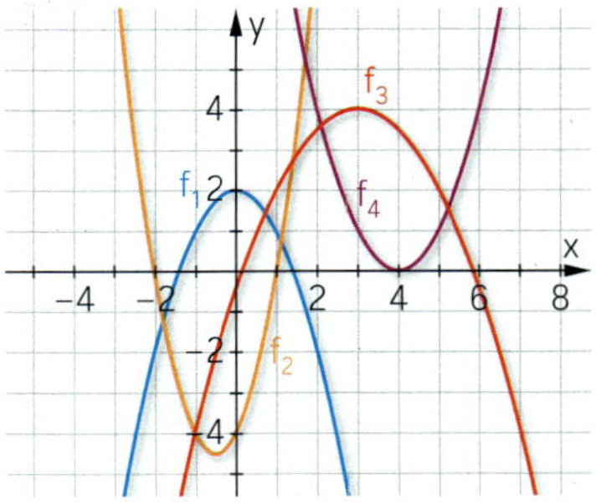

Scheitelpunkt berechnen

$f(x) = x^2 - 8x + 10$ quadratische Ergänzung

$= x^2 - 8x + 16 - 16 + 10$

$= (x-4)^2 - 6$

Scheitelpunkt $S(4|-6)$

Quadratische Gleichungen lösen

(1) Grafisch – numerische Verfahren

Mit Tabellen oder Graphen erhält man (Näherungs)lösungen .

$x^2 - 2x - 1 = 0$

Die Lösungen entsprechen den Nullstellen der zugehörigen quadratischen Funktion.

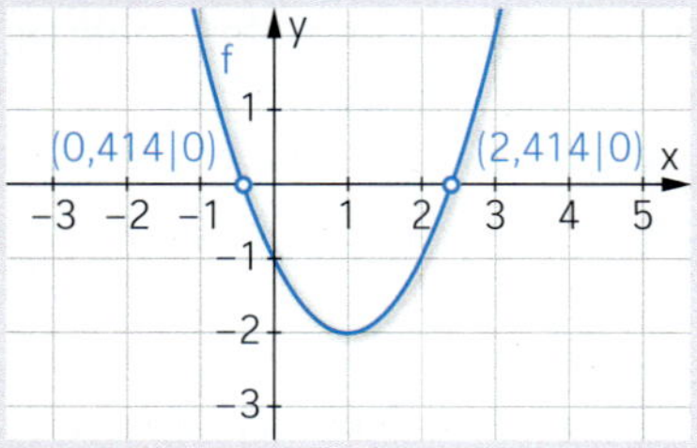

(2) Rechnerische Verfahren

- **Wurzel ziehen**

$5x^2 = 40 \quad | :5$

$x^2 = 8$

$x_1 = \sqrt{8}; \quad x_2 = -\sqrt{8} \quad \mathbb{L} = \{-\sqrt{8}; \sqrt{8}\}$

- **Ausklammern**

$6x - 4x^2 = 0$ Ausklammern

$x(6 - 4x) = 0$ „Produkt = 0"-Gesetz

$x = 0$ oder $6 - 4x = 0$

$x_1 = 0; \quad x_2 = \frac{3}{2} \quad \mathbb{L} = \{0; \frac{3}{2}\}$

- **pq-Formel** $(x^2 + px + q = 0)$

$x_1 = -\frac{p}{2} + \sqrt{\left(\frac{p}{2}\right)^2 - q}; \quad x_2 = -\frac{p}{2} - \sqrt{\left(\frac{p}{2}\right)^2 - q}$

- $\mathbf{ax^2 + bx + c = 0}$

Dividiere durch a und wende dann die pq-Formel an.

Problemlösen mit quadratischen Funktionen

Beim Problemlösen mit Mathematik muss man häufig Zusammenhänge zwischen den Variablen finden. Diese Zusammenhänge sind häufig quadratische Gleichungen, deren Lösungen an der Problemstellung überprüft werden müssen.

Check-up

7 Ein Wasserstrahl

Ein Wasserstrahl aus einer Wasserkanone spritzt 100 m weit und erreicht eine Höhe von 30 m. Mit welcher quadratischen Funktion kann man den Wasserstrahl modellieren?

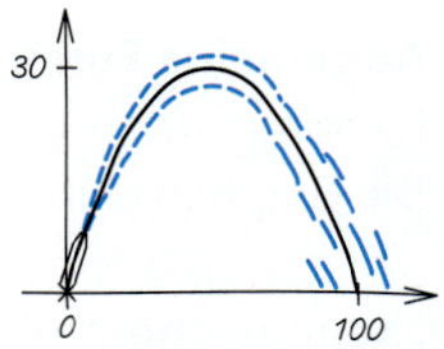

8 Quadratische Gleichungen

Löse die quadratische Gleichung rechnerisch und mache die Probe zeichnerisch.

a) $0{,}5x^2 + 2x - 6 = 0$ b) $-(x-3)^2 = -4$ c) $x^2 - 4x + 4 = -9$

9 Verschiedene Lösungsverfahren

Löse die quadratische Gleichung. Entscheide zunächst, welches Lösungsverfahren du anwenden willst.

a) $x^2 + 2x - 8 = 0$ b) $4x^2 - 8 = 20$ c) $3x^2 = x$

d) $5x^2 - 5x = 0$ e) $9x^2 + 16x = -12$ f) $3x^2 = 2x^2 - 1$

10 Schnittpunkte von Parabeln – was ist möglich?

Skizziere je zwei Parabeln, die sich

a) in zwei Punkten, b) in einem Punkt, c) nicht schneiden.

11 Schnittpunkte von Parabeln – rechnerisch

Ermittle jeweils die Schnittpunkte der Parabeln

$f(x) = 112 - 2x^2$; $g(x) = x^2 - 5x + 150$; $h(x) = x^2 + 100$

12 Fragen zu einer Parabel

Gegeben ist eine Parabel mit der Gleichung $y = -x^2 + 2x$.

a) Liegt der Punkt $Q(3|-5)$ auf der Parabel?

b) Bestimme y_1 und y_2 so, dass $A(4|y_1)$ und $B(-3|y_2)$ auf der Parabel liegen.

c) Bestimme x_1 und x_2 so, dass $C(x_1|-2)$ und $D(x_2|2)$ auf der Parabel liegen.

13 Zahlenrätsel

(1) Zerlege die Zahl 24 so in zwei Summanden a und b, dass das Produkt $a \cdot b$ am größten ist.

(2) Von zwei Zahlen x und y ist eine um 3 kleiner als die andere. Für welche Zahlen ist das Produkt $x \cdot y$ am kleinsten?

14 Ein Kaninchengehege

Für den Bau eines Kaninchengeheges stehen 25 m Maschendrahtzaun zur Verfügung. Das Gehege darf an zwei Seiten an das Gebäude anschließen.

Wie muss das Gehege gebaut werden, damit das Kaninchen möglichst viel Platz hat?

Sichern und Vernetzen – Vermischte Aufgaben zu Kapitel 4

Trainieren

1 Von der Tabelle zum Graphen zur Funktionsgleichung

Jede Wertetabelle beschreibt eine Funktion.

a) Zeichne die zugehörigen Graphen.

b) Welche Funktion ist eine quadratische, lineare oder antiproportionale Funktion?

c) Bestimme jeweils die Funktionsgleichung.

x	y	x	y	x	y	x	y
−3	7	−3	7	−3	16	−3	−4
−2	2	−2	4	−2	9	−2	−6
−1	−1	−1	1	−1	4	−1	−12
0	−2	0	−2	0	1	0	—
1	−1	1	−5	1	0	1	12
2	2	2	−8	2	1	2	6
3	7	3	−11	3	4	3	4

2 Fragen an drei quadratische Funktionen

Beantworte die Fragen für die Funktionen.

a) $f(x) = -2x^2 + 6$ b) $g(x) = \frac{1}{2}(x-5)\cdot(x+1)$ c) $h(x) = x^2 - 3x + 1$

(1) In welchen Punkten schneiden die Graphen die Koordinatenachsen?

(2) Gehört $P(3\,|-12)$ zu f, $Q(11\,|\,32)$ zu g und $R(-4\,|\,28)$ zu h?

(3) Welche Punkte der Parabeln haben die y-Koordinate 4?

(4) In welchen Punkten schneiden sich die Graphen?

3 Bestimmung und Untersuchung einer Parabel

Eine Parabel hat die Funktionsgleichung $f(x) = -x^2 + 2x$.

a) Liegt der Punkt $Q(3\,|-2)$ auf der Parabel?

b) Bestimme y_1 und y_2 so, dass $R(4\,|\,y_1)$ und $S(-3\,|\,y_2)$ auf der Parabel liegen.

c) Bestimme x_1 und x_2 so, dass $T(x_1\,|-2)$ und $U(x_2\,|\,2)$ auf der Parabel liegen.

4 Parabeln bewegen

Bestimme jeweils die Funktionsgleichung. $f(x) = x^2$ wird

a) um 2 Einheiten nach rechts verschoben

b) um 1 nach links und 3 in nach oben verschoben

c) um 0,5 in y-Richtung gestreckt und 4 Einheiten nach oben verschoben

d) an der x-Achse gespiegelt

e) an der y-Achse gespiegelt

f) an der x-Achse gespiegelt und dann um 1 Einheit nach oben verschoben

g) um 1 Einheit nach oben verschoben und dann an der x-Achse gespiegelt.

5 Wanted

Von einer Parabel sind bekannt:

(1) Der Scheitelpunkt $(-1\,|\,4)$ und eine Nullstelle bei 3. Wo ist die zweite Nullstelle?

(2) Der Scheitelpunkt $(2\,|\,4)$ und der Punkt $(5\,|-1)$. Bestimme einen weiteren Punkt der Parabel.

(3) Die Punkte $A(-1\,|\,5)$, $B(5\,|\,5)$ und $C(1\,|-3)$. Welchen x-Wert hat der Scheitelpunkt?

(4) Die Nullstellen −3 und 6. Welche Koordinaten hat der Scheitelpunkt?

Stelle zu jeder Parabel eine passende Gleichung auf. Überprüfe dein Ergebnis. In einem Fall gibt es mehrere Kandidaten.

Trainieren

6 Vom Graph zur Funktionsgleichung

a) Bestimme jeweils eine Funktionsgleichung.

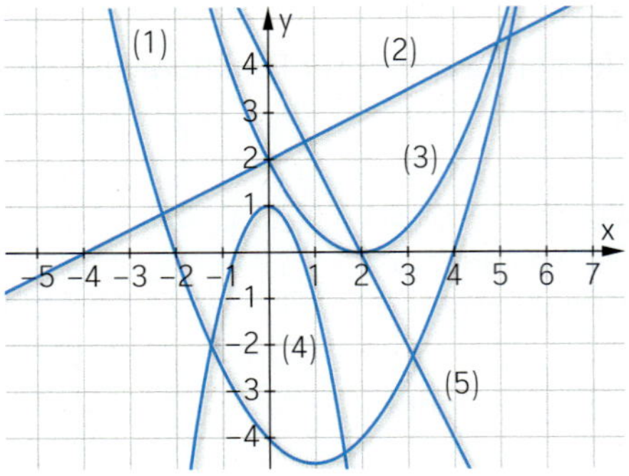

b) Bestimme von beiden Parabelscharen die Gleichung in Scheitelpunktform.

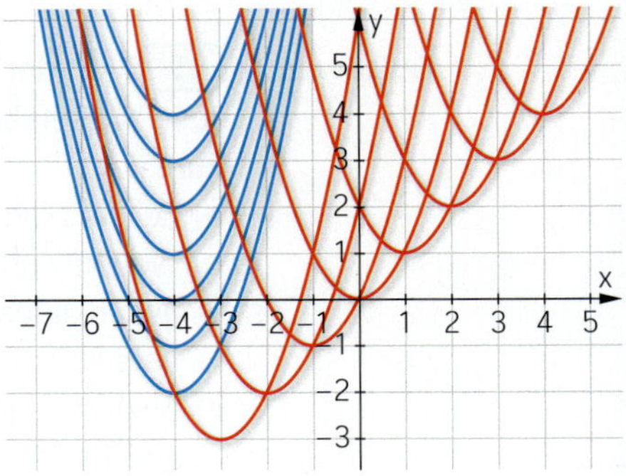

7 Training im rechnerischen Lösen von Gleichungen

Löse die Gleichungen rechnerisch. Überlege dir zunächst, mit welchem Verfahren das am einfachsten geht.

a) $x^2 - 9 = 0$ b) $x^2 - 6x + 10 = 0$ c) $(x-1)(x+2) = x^2$ d) $-4x(x+7) = 0$

e) $\frac{1}{2}x^2 - 3x = 5$ f) $\frac{3}{4}x - 6 = -2x$ g) $x^2 - 4x = 7$ h) $x^2 - 4 = 2x^2 - 8$

i) $-x^2 + 5 = 0$ j) $2x^2 = x - 4$ k) $x \cdot (x-2) = -1$ l) $(x+4)(2x-1) = 0$

m) $6x^2 - 27x = 0$ n) $6x^2 - 27 = 0$ o) $-x^2 + \frac{1}{4}x - \frac{1}{2} = 0$ p) $\frac{x^2-4}{2} = x^2$

8 Lösung gegeben – Gleichung finden

Stelle eine Gleichung auf, die die angegebene Lösung hat.

a) $x_1 = 2;\ x_2 = -2$ b) $x_1 = \sqrt{7};\ x_2 = -\sqrt{7}$ c) $x_1 = 2;\ x_2 = -4$

9 Nullstellen und Schnittpunkte

Bestimme jeweils die Nullstellen und Schnittpunkte der Funktionen

a) $f(x) = x^2 - 5$ b) $g(x) = \frac{1}{2}(x+1)(x-3)$ c) $h(x) = -x^2 + 2x - 1$

10 Funktionen und Gleichungen

Veranschauliche die Gleichungen grafisch und mache damit begründet eine Aussage über die Anzahl der Lösungen. Löse dann rechnerisch.

a) $2(x-1)^2 - 3 = x - 1$ b) $\frac{1}{2}x^2 - 2 = \frac{1}{2}(x-2)^2$ c) $(x-2)^2 + 1 = -(x+2)^2 - 1$

Verstehen

11 Funktionenzoo

Ordne den Funktionsgleichungen jeweils den passenden Typ zu:

- proportional
- antiproportional
- linear
- konstant
- quadratisch
- etwas anderes

$a(x) = \frac{x^2}{2}$ $b(x) = x^2 + \frac{2}{x}$ $c(x) = x - 4x^2$

$d(x) = 4 - x$ $e(x) = x^3 - 1$ $f(x) = \frac{1}{x^2}$

$g(x) = 2 \cdot x + 1$ $h(x) = \frac{-x^2+4}{2}$ $i(x) = \frac{-x+4}{2}$ $j(x) = 4(x+3)$

Verstehen

12 Parabeln und binomische Formeln

a) Von einer Parabel ist bekannt, dass sie nur eine Nullstelle besitzt. Was kann man dann über den Scheitel, die Scheitelpunktform und die faktorisierte Form der zugehörigen Funktionsgleichung sagen?

b) Was kann man über die Parabeln zu den Funktionen f und g aussagen? Unter Umständen helfen hier die Binomischen Formeln.

$f(x) = x^2 + 2ax + a^2$
$g(x) = x^2 - a^2$

13 Tangenten an Parabeln

Wenn eine lineare Funktionen und eine quadratische Funktion genau einen gemeinsamen Punkt P haben, heißt die Gerade „Tangente von f in P".

a) Zeige jeweils, dass die Gerade eine Tangente der Parabel ist. Gib den Berührpunkt an.
(1) $f(x) = x^2$, $g(x) = 2x - 1$
(2) $f(x) = 2x^2$, $g(x) = -8x - 8$
(3) $f(x) = x^2 - 4x + 3$, $g(x) = 2x - 6$

b) Gib zu $f(x) = x^2 - 3$ eine Gerade an, die Tangente von f ist.

Anwenden

14 Einwurf und Freistoß beim Fußball

a) Angenommen, die Gleichung $f(x) = -0{,}1x^2 + x + 2$ (x und y in Meter) modelliert die Flugbahn eines Fußballs, den ein Spieler einwirft.
Ergänze die Tabelle. Bei welcher Weite befindet sich der höchste Punkt der Flugbahn? Wie weit fliegt der Ball? In welcher Höhe wurde der Ball abgeworfen?

Weite x	0	1	2	4	6	8	10	11
Höhe y	■	■	■	■	■	■	■	■

b) Ein Fußball fliegt bei einem Freistoß 60 m weit. Der höchste Punkt seiner parabelförmigen Flugbahn ist 6 m hoch.

- Skizziere den Flug des Balles in einem Koordinatensystem und beschrifte die Skizze.
- Welche Koordinaten hat der Scheitelpunkt der Flugbahn?
- Welche der Funktionsgleichungen passt zu dem Freistoß? Begründe.

(1) $f(x) = -\frac{1}{150}x \cdot (x - 60)$ (2) $f(x) = -\frac{1}{60}x^2 + 30x + 6$ (3) $f(x) = -\frac{1}{150}x^2 + \frac{2}{5}x$

15 Ein Golfball

Ein guter Golfspieler kann einen Golfball 200 m weit schlagen. Mit einer Videoaufzeichnung kann man nachweisen, dass die Flugbahn in etwa parabelförmig ist. Ein Physiker behauptet, dass man die Flugbahn mit der Funktion $h(w) = -0{,}0025w(200 - w)$ modellieren kann.

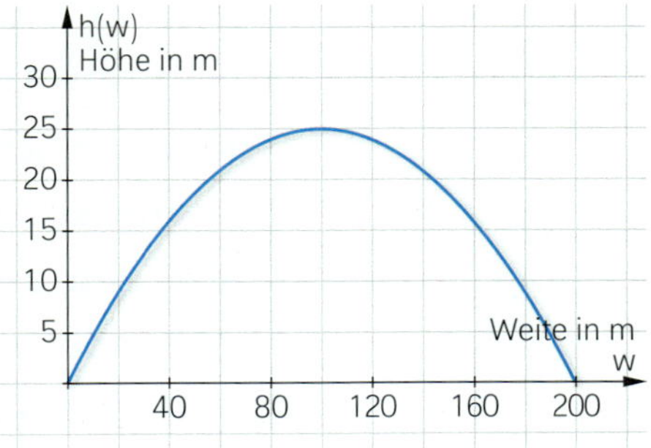

a) Begründe, dass h(w) zu der Grafik passt.

b) Zeige, dass (40 | 16) ein Punkt von h(w) ist. Welche Bedeutung haben die Koordinaten für die Flugbahn?

c) Wie hoch fliegt der Ball maximal? Wann ist er 10 m hoch?

5

Mehrstufige Zufallsversuche und bedingte Wahrscheinlichkeiten

Bei einer Studie in der Klinik soll die Wirksamkeit eines bestimmten Antibiotikums bei einer Krankheit untersucht werden. Von 100 erkrankten Patienten erhalten 50 das Antibiotikum und 50 kein Antibiotikum. Die Wirksamkeit des Medikaments wird daran gemessen, ob nach fünf Tagen noch Krankheitssymptome beobachtet werden können.

Das Ergebnis der Studie kann auf verschiedene Weisen dargestellt werden, z. B. in einer Vierfeldertafel.

	noch Symptome	keine Symptome	gesamt
Antibiotikum	10	40	50
kein Antibiotikum	20	30	50
gesamt	30	70	100

5.1 Mehrstufige Zufallsexperimente und Baumdiagramme

In einem Beutel sind drei rote, zwei weiße und fünf grünen Kugeln. Du ziehst nacheinander zwei Kugeln mit Zurücklegen.

Wie groß ist die Wahrscheinlichkeit, dass du mindestens eine weiße Kugel gezogen hast?

Mit einem Baumdiagramm kann man alle möglichen Ergebnisse übersichtlich darstellen und mit gewissen Regeln die Wahrscheinlichkeiten berechnen

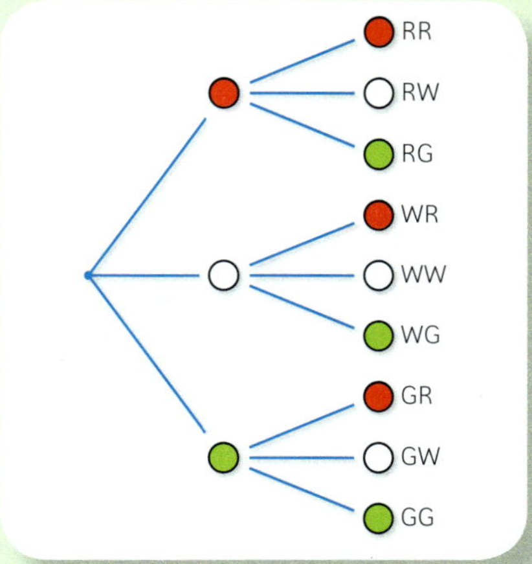

5.2 Vierfeldertafeln und bedingte Wahrscheinlichkeiten

Bei einer Blitzumfrage von 400 Zuschauern zur Beliebtheit einer neuen Fernsehserie veröffentlichte das beauftragte Meinungsforschungsinstitut die folgenden Ergebnisse nach Alter und Beliebtheit der Serie in Form einer Vierfeldertafel.

	positiv	negativ	gesamt
≤ 25 Jahre	60	60	120
> 25 Jahre	224	56	280
gesamt	284	116	400

Wie groß ist der Anteil der Zuschauer, die eine positive Meinung von der Sendung hatten und die älter als 25 Jahre sind?

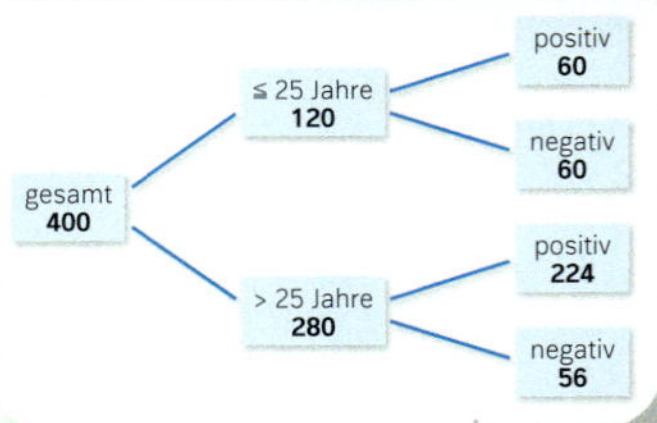

5.3 Unabhängigkeit von Ereignissen

Paul überlegt sich beim Roulette folgende Strategie: „Ich warte, bis fünfmal Rot gekommen ist und dann setze ich auf Schwarz. Dann ist es wahrscheinlicher, dass Schwarz kommt."

Was meinst du zu Pauls Strategie?

5.1 Mehrstufige Zufallsversuche und Baumdiagramme

Das Würfelspiel „Kniffel" wird mit fünf Würfeln gespielt. Bei diesem Spiel sind sehr viele unterschiedliche Ergebnisse möglich. Schreibt man die Ergebnisse ohne System auf, so kann man schnell den Überblick verlieren. Mit einem Baumdiagramm kann man die Ergebnisse eines Zufallsexperimentes übersichtlich aufschreiben. Und mit dem Baumdiagramm kann man die Wahrscheinlichkeiten berechnen, mit denen die jeweiligen Ergebnisse eintreten.

Aufgaben

1 **„Höhere Augenzahl gewinnt!"**

Für das folgende Spiel benötigt man zwei Würfel. Beklebe jede Seite mit Papier und schreibe die entsprechenden Punktzahlen auf die Würfel.

(A) (B)

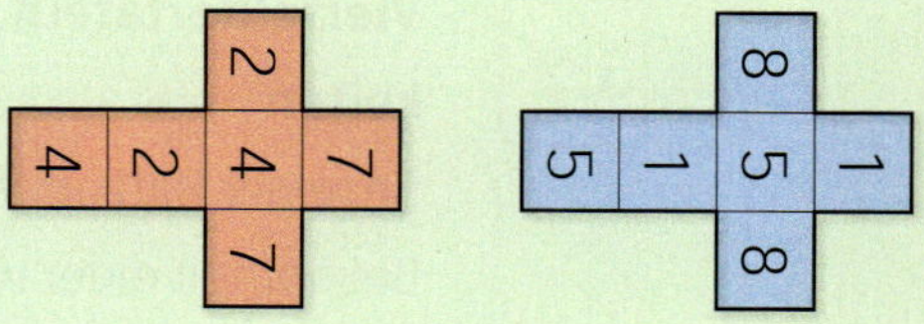

Gespielt wird zu zweit. Jeder der Spieler erhält einen Würfel. Dann wird gegeneinander gewürfelt. Gewonnen hat der Spieler, der die höhere Augenzahl erzielt.

a) Wenn du die Wahl hättest, welchen der beiden Würfel würdest du wählen?

b) Spiele das Spiel zehnmal. Notiere, mit welchem Würfel gewonnen wurde. Übertrage dazu folgende Tabelle ins Heft.

Spiel	1	2	3	4	5	6	7	8	9	10
Würfel gewinnt	■	■	■	■	■	■	■	■	■	■

c) Man kann ein Baumdiagramm verwenden, um alle möglichen Ergebnisse des Spiels aufzuschreiben. Der Baum wird in zwei Schritten erstellt. Zeichne das Baumdiagramm in dein Heft und vervollständige es.

1. Schritt
Zeichne Zweige für die Ergebnisse des Würfels A

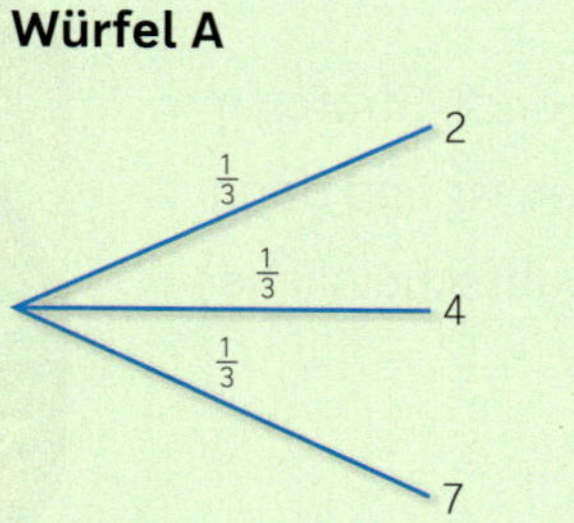

2. Schritt
Ergänze die Zweige für die Ergebnisse des Würfels B

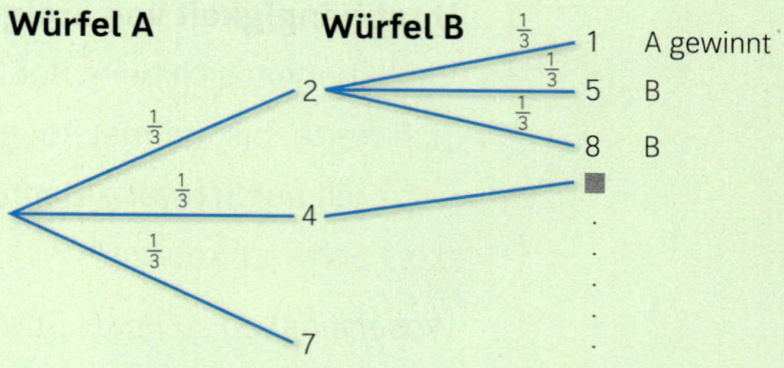

d) Ermittle mit dem Baumdiagramm die Wahrscheinlichkeit, mit dem Würfel A zu gewinnen. Welchen Würfel würdest du jetzt für das Spiel wählen?

Aufgaben

2 **Ampeln sind meistens rot**

Sebastians Mutter ärgert sich: „Auf der Ringstraße gibt es zwei Ampeln. Ganz selten kommt es vor, dass ich bei beiden Ampeln grün habe.“ Sebastian überprüft diese Behauptung. Er vernachlässigt die gelbe und die rot-gelbe Phase der Ampeln, da diese sehr kurz sind. Mit der Stoppuhr stellt er fest, dass die Grünphase bei beiden Ampeln 80 Sekunden und die Rotphase 120 Sekunden beträgt. Wenn man also an einer der Ampeln ankommt, zeigt diese mit einer Wahrscheinlichkeit von 40 % grün.

a) Wie hat Sebastian die Wahrscheinlichkeiten ausgerechnet?

b) In dem Baumdiagramm ist dargestellt, welche vier verschiedenen Möglichkeiten es gibt, die beiden Ampeln anzutreffen. Welcher Pfad steht für zweimal rot? Was bedeuten die Zahlen an den „Zweigen“?

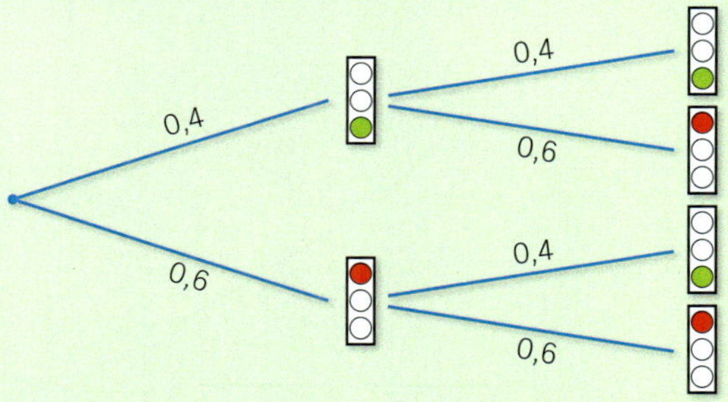

c) Sebastians Mutter ist in diesem Jahr sicher schon hundertmal die Ringstraße entlanggefahren. Was bedeuten die Zahlen in dem Baumdiagramm? Übertrage das Diagramm in dein Heft und ergänze die fehlenden Zahlen. Bestätigen die Zahlen die Behauptung von Sebastians Mutter?

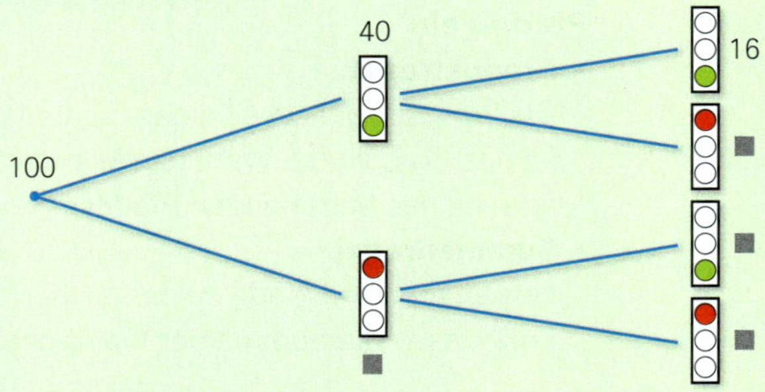

d) Bei der Berechnung der Wahrscheinlichkeit, dass beide Ampeln grün sind, hilft die folgende Überlegung: In etwa 40 % der Fahrten ist die erste Ampel grün, davon in 40 % der Fälle auch die zweite Ampel, d. h. in 40 % von 40 % der Fälle sind beide Ampeln grün. Berechne die Wahrscheinlichkeit für eine „Grüne Welle“.

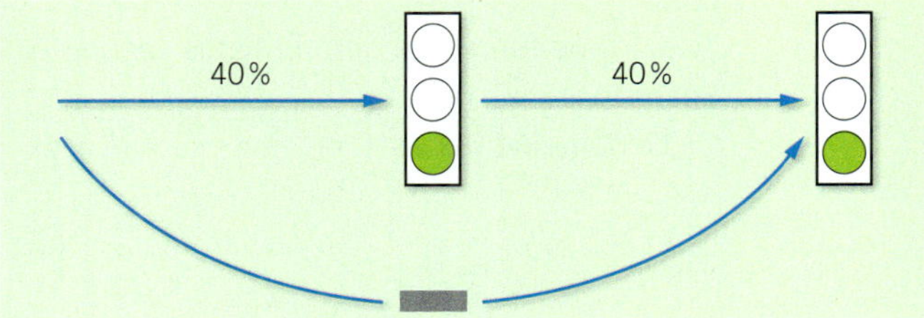

Basiswissen

Bei vielen Problemen haben sich Baumdiagramme als hilfreich erwiesen, wenn man sich einen Überblick verschaffen will über das, was alles geschehen kann.

Baumdiagramme und Pfadregeln

mehrstufig: Mehrere Experimente werden nacheinander ausgeführt.

Mit einem Baumdiagramm kann man alle möglichen Ergebnisse eines **mehrstufigen** Zufallsexperimentes übersichtlich darstellen.
Eine Münze wird zweimal geworfen. Das Baumdiagramm stellt alle möglichen Ergebnisse dieses **zweistufigen Zufallsexperimentes** dar.

W für Wappen
Z für Zahl

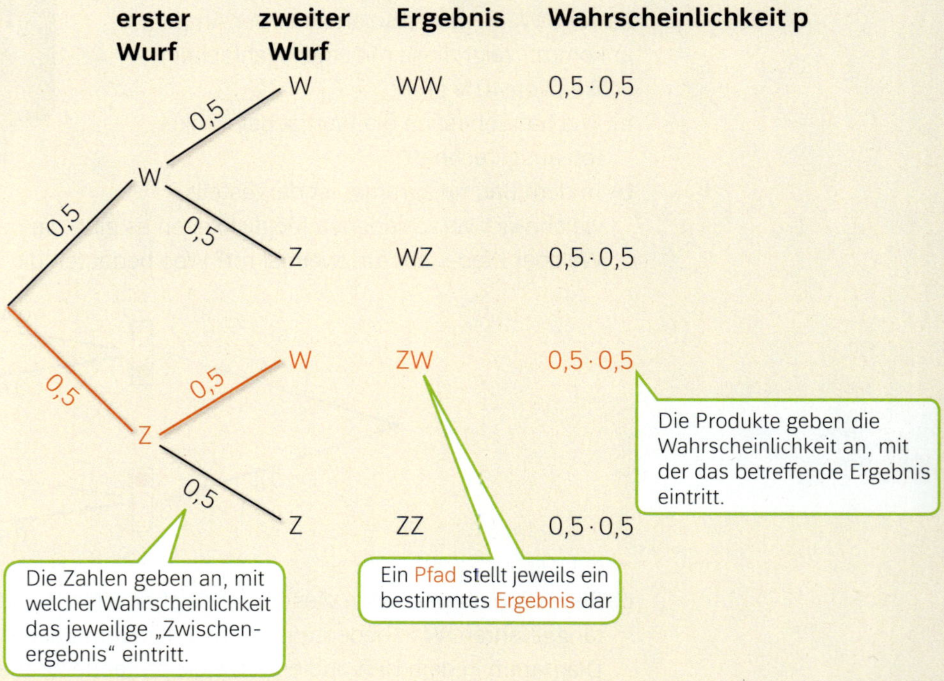

Pfadregeln

- **Produktregel:**
  Die Wahrscheinlichkeit eines Ergebnisses ist das Produkt der Wahrscheinlichkeiten entlang des betreffenden Pfades.

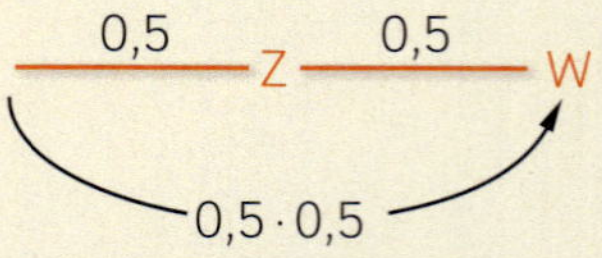

p (ZW) = 0,5 · 0,5 = 0,25

- **Summenregel**
  Führen mehrere Pfade zu demselben Ereignis, dann ist die Wahrscheinlichkeit des Ereignisses die Summe der Wahrscheinlichkeiten der betreffenden Pfade.

Beispiele

A Anwendung der Summenregel

Wie groß ist die Wahrscheinlichkeit, dass man mit zwei Würfeln genau eine „Sechs“ würfelt?

Lösung:

Zwei Pfade führen zu dem Ereignis „genau eine Sechs“.

P („Genau eine Sechs“) $= \frac{1}{6} \cdot \frac{5}{6} + \frac{5}{6} \cdot \frac{1}{6} = \frac{10}{36} = \frac{5}{18}$

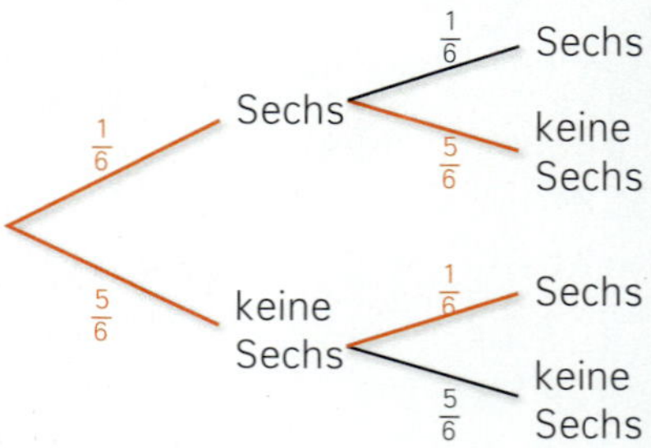

Beispiele

B Wegenetz

Angenommen, du entscheidest an jeder Weggabelung nach dem Zufallsprinzip, welchen Weg du nimmst. Wie groß ist dann die Wahrscheinlichkeit, dass du in Raum A ankommst?

Man kann das Problem auf zwei verschiedene Arten lösen:

- mit Wahrscheinlichkeiten
- 60 Personen gehen durch das Wegenetz

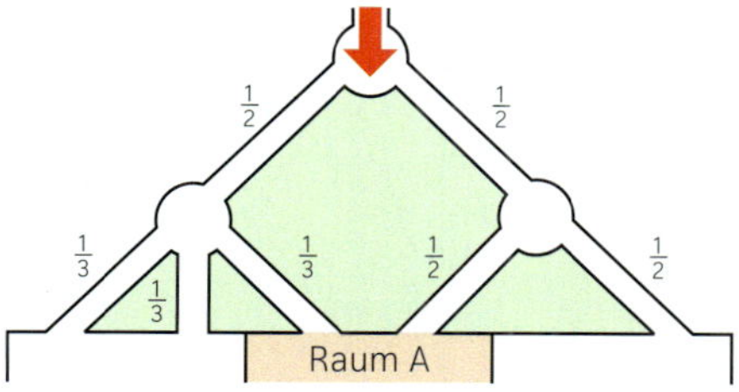

$p(A) = \frac{1}{2} \cdot \frac{1}{3} + \frac{1}{2} \cdot \frac{1}{2} = \frac{5}{12}$

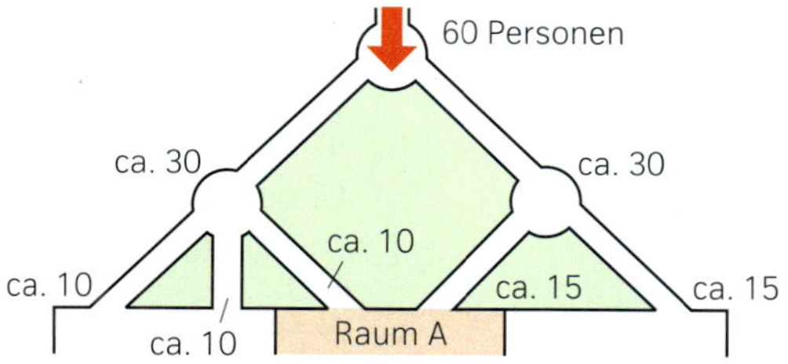

$p(A) = \frac{25}{60} = \frac{5}{12}$

Übungen

3 Doppeltes Glück

Katharina zieht nacheinander ohne Zurücklegen zwei Karten aus einem Kartenspiel mit 32 Karten. Als erstes zieht sie ein Ass, und dann noch ein weiteres Ass. Katharina berechnet mit einem Baumdiagramm die Wahrscheinlichkeit dafür, dass dieses Ergebnis eintritt.

4 Spiel mit der Urne

Aus der Urne werden nacheinander zwei Kugeln

a) mit Zurücklegen nach dem ersten Zug,

b) ohne Zurücklegen nach dem ersten Zug gezogen. Zeichne für beide Fälle je ein vollständiges Baumdiagramm und berechne p (RR) und p (einmal Rot).

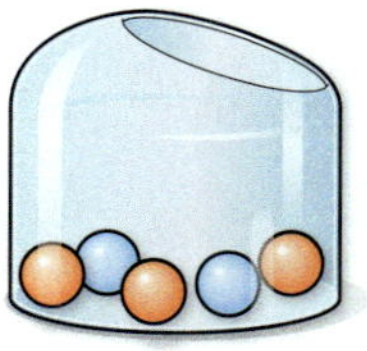

5 Irrgarten

Die Zeichnungen stellen jeweils Wegenetze dar. Sie sind wie eine Art Irrgarten. Vielleicht bist du schon einmal in einem solchen Irrgarten „herumgeirrt". Auch bei den dargestellten Wegenetzen kann jemand, der darin herumspaziert, nicht erkennen, wohin die einzelnen Wege führen.

(1)

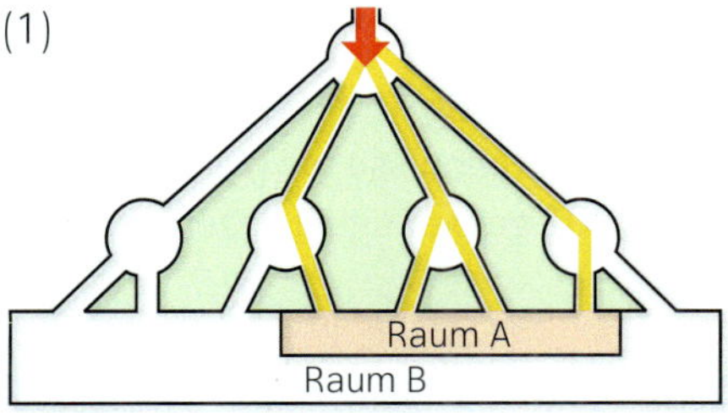

(2)

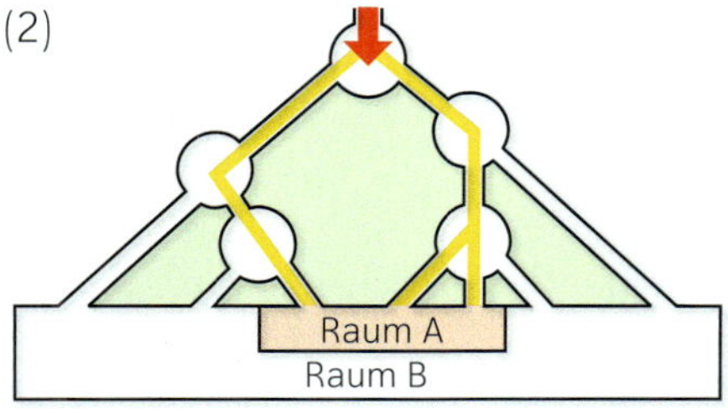

Angenommen, du entscheidest an jeder Verzweigung nach dem Zufallsprinzip, in welche Richtung du weitergehst. Dann ist jede der Richtungen an einer Verzweigung gleichwahrscheinlich.

a) Was vermutest du: In welchem der Wegenetze gelangt man jeweils mit größerer Wahrscheinlichkeit in den Raum A oder in den Raum B?

b) Ermittle jeweils die Wahrscheinlichkeit, in den Raum A zu gelangen, auf zwei verschiedene Methoden (siehe bei Beispiel B nach).

Übungen

6 Pfadregeln begründen

Begründe die beiden Pfadregeln mit Beispiel B und den 60 Personen.

Produktregel:
30 von 60 Personen... und von diesen 30 wiederum...

7 Marktforschung

Tausend Besucher der Ausstellung „Pop und Kunst“ wurden gefragt, ob ihnen die Ausstellung gefallen hat (+) oder nicht (–). Ermittle mithilfe des Baumdiagramms

a) den Anteil der weiblichen Besucher,
b) den Anteil der Besucher, denen die Ausstellung gefallen hat.

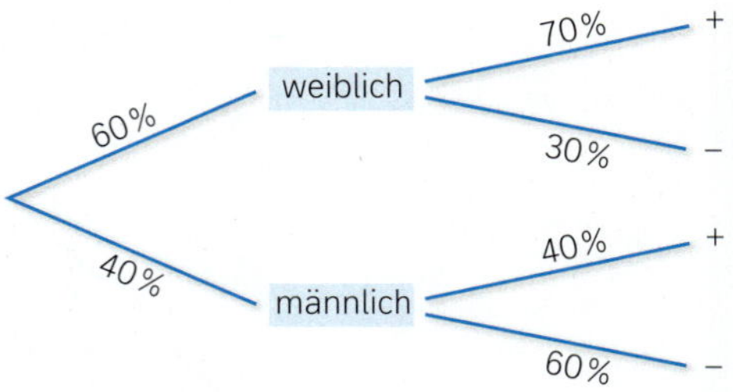

8 Multiple-Choice-Test

Bei einem Multiple-Choice-Test ist bei jeder Frage genau eine der Antwortmöglichkeiten richtig. Lasse und Jule sind „total ahnungslos“ und kreuzen zufällig an.
Wie groß ist jeweils die Wahrscheinlichkeit, den Test durch zufälliges Ankreuzen zu bestehen? Schätze zunächst.

Test A
Vier Fragen; zwei Auswahlantworten.
Bestanden: Mindestens zwei Richtige.

Test B:
Zwei Fragen; vier Auswahlantworten.
Bestanden: Mindestens eine Richtige.

Was hältst du von den beiden Tests? Wie kann man sie verbessern?

9 Kreisel und Würfel

Spielt man mit Kreisel und Würfel, so kann es 24 verschiedene Ergebnisse geben.

a) Zeichne das zugehörige Baumdiagramm in dein Heft. Ermittle die Wahrscheinlichkeit des jeweiligen Ergebnisses.
b) Mit welcher Wahrscheinlichkeit treten die Augensummen zwei bis zehn auf?

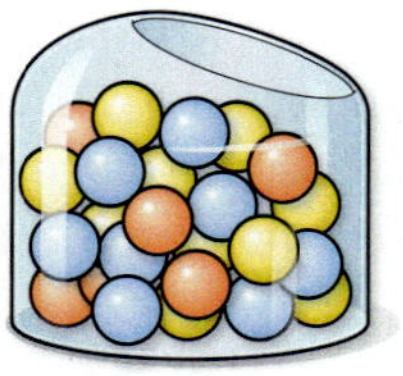

10 Ziehen aus einer Urne 1

Eine Urne enthält acht blaue, sechs rote und zehn gelbe Kugeln.

a) Wie groß ist jeweils die Wahrscheinlichkeit, eine blaue, eine rote oder eine gelbe Kugel zu ziehen?
b) Es wird jetzt zweimal eine Kugel gezogen.
   (A) Die erste Kugel wird zurückgelegt (B) Die erste Kugel wird nicht zurückgelegt.
   Wie groß ist die Wahrscheinlichkeit für das Ziehen von
   (1) nur roten Kugeln? (2) zwei blauen Kugeln?
   (3) einer roten und einer gelben Kugel? (4) keiner roten Kugel?
c) Erkläre die unterschiedlichen Ergebnisse bei (A) und (B). Was wäre, wenn in der Urne 800 blaue, 600 rote und 1 000 gelbe Kugeln liegen würden?

11 Multiple-Choice-Test

Ein Hofnarr erzürnt seinen Herrscher, worauf dieser dem Henker befiehlt, ihn zu enthaupten. Im letzten Augenblick überlegt er es sich anders und beschließt, dem Hofnarren eine Chance zu geben, sich zu retten. Er nimmt zwei schwarze und zwei weiße Kugeln und schlägt dem Hofnarren vor, diese in zwei, natürlich undurchsichtige, Beutel willkürlich zu verteilen – in jedem Beutel muss nur mindestens eine Kugel sein. Der Henker soll dann einen der Beutel auf gut Glück wählen und daraus eine Kugel ziehen. Ist sie weiß, ist der Hofnarr gerettet.

- Wie soll der Hofnarr die Kugeln auf die zwei Beutel verteilen?
- Berechne die Wahrscheinlichkeit für die Rettung des Hofnarren.

Aufgaben

12 Mathematik und Sport

Thomas und Leon spielen in einem Tennisturnier gegeneinander. Sieger ist, wer zuerst zwei Sätze gewonnen hat.

a) Das Baumdiagramm stellt alle möglichen Spielverläufe dar. Übertrage den Baum in dein Heft und ergänze die jeweiligen Resultate.

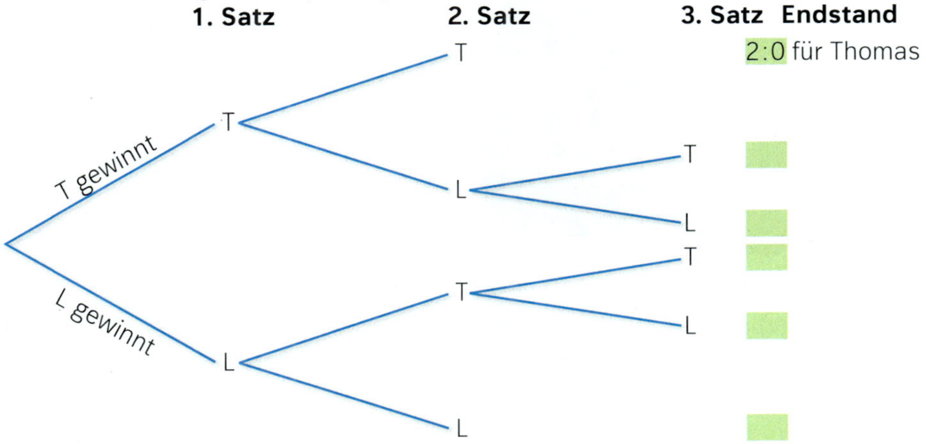

b) Thomas gewinnt gegen Leon einen Satz mit einer Wahrscheinlichkeit von 60 %. Was meinst du, kann Leon das Match gewinnen?

c) In einem Baumdiagramm sind die Wahrscheinlichkeiten eingetragen, mit denen Thomas und Leon je einen Satz gewinnen.

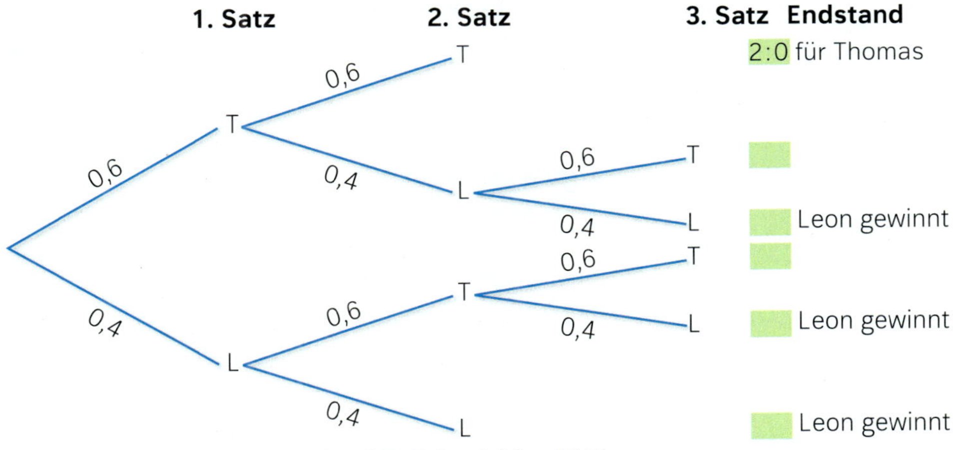

p (2:0 für Thomas) = 0,6 · 0,6 = 0,36 = 36 %

Berechne, mit welcher Wahrscheinlichkeit die verschiedenen Resultate eintreten. Wie groß ist die Wahrscheinlichkeit, dass Leon das Match gewinnt?

Tipp

Die bisher bei zweistufigen Zufallsexperimenten angewendeten Pfadregeln können auf dreistufige Zufallsexperimente übertragen werden.

Exkurs

Modellieren

Benutzt man Mathematik, um z. B. den Ausgang eines Spiels vorherzusagen, muss man ein **mathematisches Modell** entwerfen. Dazu müssen wir einige **Annahmen** machen:

- Thomas gewinnt gegen Leon im Mittel sechs von zehn Sätzen.
- Die Spielstärke der beiden Spieler ändert sich im Laufe des Matches nicht.

Diese Annahmen treffen in der Wirklichkeit oft nicht zu. So beeinflussen viele Dinge wie Kondition, Konzentration u. v. m. den Spielverlauf. Dennoch können wir eins feststellen: Leon kann das Match gewinnen. Die Wahrscheinlichkeit für den Gewinn eines Matches ist allerdings geringer als für den Gewinn eines Satzes.

5.2 Vierfeldertafeln und bedingte Wahrscheinlichkeiten

In Zeitungen und Berichten werden häufig Informationen zu verschiedenen Eigenschaften und Merkmalen gegeben. Wie lassen sich diese ordnen? Kann man neue Informationen aus den Darstellungen gewinnen? So kannst du aus Baumdiagrammen viele Informationen entnehmen. Darüber hinaus werden dir neue Werkzeuge helfen, Wahrscheinlichkeiten in manchmal kniffligen Situationen zu berechnen. Überraschungen bleiben dabei nicht aus.

Aufgaben

1 Sportverein

Der Kassenwart eines Sportvereins möchte auf der nächsten Vereinssitzung seine Rede mit einigen statistischen Aussagen untermauern. Dazu hat er sich unter anderem die folgenden Daten besorgt: Der Sportverein hat 547 Mitglieder, davon 318 Jugendliche. Die männlichen Mitglieder sind deutlich in der Mehrzahl, nämlich 375 Personen. Unter den weiblichen Mitgliedern gehören 71 zur Altersgruppe der Erwachsenen. Um die Daten übersichtlich darzustellen, verwendet er eine Tabelle. Nachdem er die vier Daten in die Felder eingetragen hat, kann er die Inhalte der restlichen Felder berechnen und zusätzliche statistische Aussagen treffen.

So eine Tabelle nennt man **Vierfeldertafel.**

a) Vervollständige die Tabelle.

	männlich	weiblich	gesamt
Jugendlicher	■	■	318
Erwachsener	■	71	■
gesamt	375	■	547

b) Um zusätzliche statistische Aussagen zu erhalten, berechne den Anteil an
(1) männlichen Mitgliedern,
(2) jugendlichen Mitgliedern,
(3) Personen, die weiblich sind und zu den Jugendlichen zählen,
(4) weiblichen Mitgliedern unter allen Erwachsenen,
(5) Erwachsenen unter allen weiblichen Mitgliedern.
Erkläre den Unterschied zwischen (4) und (5).

c) Nenne zwei weitere Anteile und berechne diese.

d) Die Daten können auch in entsprechenden Baumdiagrammen dargestellt werden:

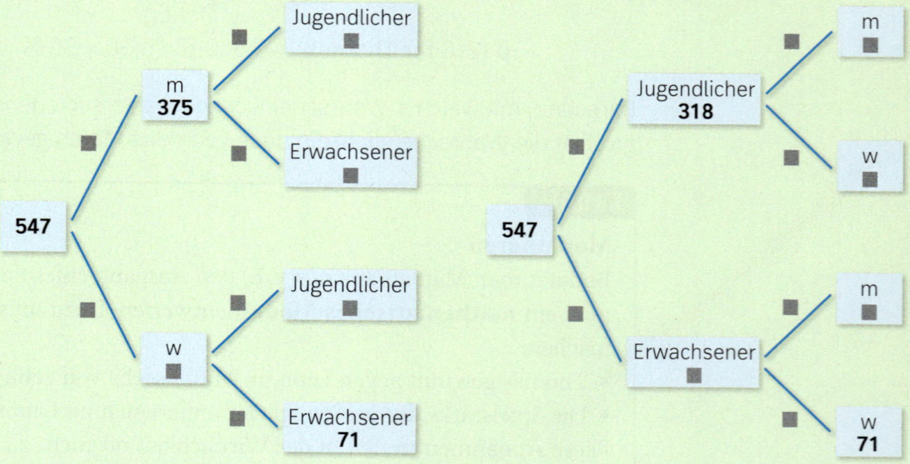

Ergänze die Baumdiagramme und notiere an den Pfaden die entsprechenden relativen Häufigkeiten. Vergleiche die Tabelle mit den beiden Baumdiagrammen. Was stellst du fest? Beantworte die Fragen aus (4) und (5) mit den Baumdiagrammen.

Aufgaben

2 Geldfälscher am Werk

Nach einer Schätzung von Experten kann man bei 100 000 Geldscheinen mit etwa 200 Fälschungen rechnen.

a) Du kannst als Laie nicht über die Echtheit deines 20-€-Scheins im Geldbeutel entscheiden. Wie groß ist die Wahrscheinlichkeit P (F), dass der Schein gefälscht ist?

b) Die Bank hat für die Kunden einen Prüfautomaten aufgestellt. Bei einem falschen Schein gibt der Automat eine Blinkwarnung. Leider ist der Automat noch nicht absolut zuverlässig: Einen falschen Schein erkennt er mit 95 %iger Sicherheit, d. h. von 100 falschen Scheinen erkennt er in der Regel 95 Scheine. Umgekehrt gibt er bei einem echten Schein in 10 % der Fälle einen falschen Blinkalarm.
Bei der Prüfung deines Scheins blinkt der Automat. Wie groß schätzt du nun die Wahrscheinlichkeit dafür, dass der Schein falsch ist?

P (F|B) bedeutet:
Die Wahrscheinlichkeit, dass der Schein gefälscht ist, unter der Bedingung, dass der Automat blinkt.

(1) P (F | B) = 2 %? (2) P (F | B) = 20 %? (3) P (F | B) = 80 %?

c) Mithilfe einer sogenannten Vierfeldertafel kann man P (F | B) berechnen. Stell dir vor, 100 000 Scheine laufen durch den Automaten. Davon sind etwa 200 Scheine gefälscht. Diese und andere Informationen kannst du in eine Tabelle eintragen.

		Schein gefälscht F	Schein echt E	gesamt
Automat blinkt	**B**	190	9 980	10 170
Automat blinkt nicht	**$\overline{B}$**	10	89 820	89 830
gesamt		200	99 800	100 000

Bei 89 820 echten Scheinen blinkt der Automat nicht.

Gesamtzahl der gefälschten Scheine

Beschreibe mit Worten, was die Zahlen in den einzelnen Zellen bedeuten und wie sie zustande kommen.

$P(F|B) = \frac{190}{190 + 9980} \approx 0{,}019$

d) Die gesuchte Wahrscheinlichkeit wird nun berechnet: In 10 170 Fällen blinkt der Automat, dabei ist nur in 190 Fällen ein gefälschter Schein der Auslöser, in 9980 Fällen löst ein echter Schein einen Falschalarm aus. Das Blinken weist also nur mit einer Wahrscheinlichkeit von etwa 2 % auf Falschgeld hin.
Überrascht dich dieses Ergebnis? Wodurch ist es zu erklären?

Tipp
Rechne mit der veränderten Vierfeldertafel.

e) Die Bank möchte das Verfahren verbessern. Dazu vergibt sie einen teuren Entwicklungsauftrag an ein renommiertes Ingenieurbüro. Diesem gelingt eine deutliche Verbesserung des Automaten: Er erkennt nun einen falschen Schein mit 98 % Sicherheit und bei einem echten Schein gibt er nur noch in 5% der Fälle einen Fehlalarm. Verbessert sich die Wahrscheinlichkeit stark? Lohnt sich also die Investition?

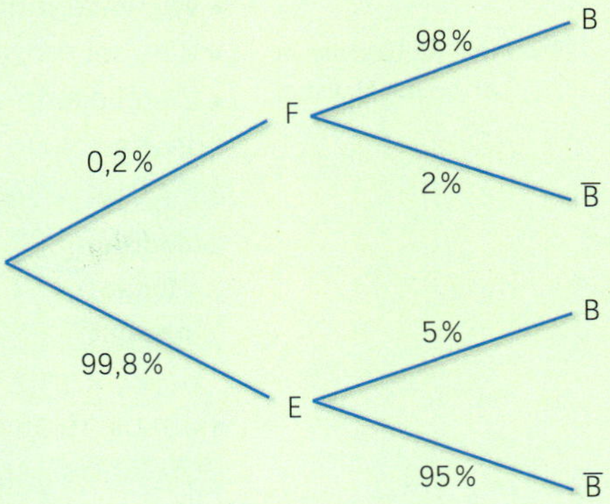

Basiswissen

Vierfeldertafel und Baumdiagramm

In Berichten werden häufig Informationen zu zwei verschiedenen Merkmalen mit je zwei verschiedenen Ausprägungen gegeben:

In einer Schule mit 600 Schülern spielen 120 ein Musikinstrument, 72 von ihnen sind Mädchen. Nur 144 Mädchen spielen kein Musikinstrument.

Merkmal A: Geschlecht
Ausprägung: Mädchen, Junge
Merkmal B: Musikinstrument
Ausprägung: spielt, spielt nicht

Diese Informationen lassen sich übersichtlich in einer Vierfeldertafel oder in einem Baumdiagramm darstellen, so dass weitere Daten einfach berechnet werden können.

	Mädchen	Junge	gesamt
spielt Musikins.	72	48	120
spielt kein Musikins.	144	336	480
gesamt	216	384	600

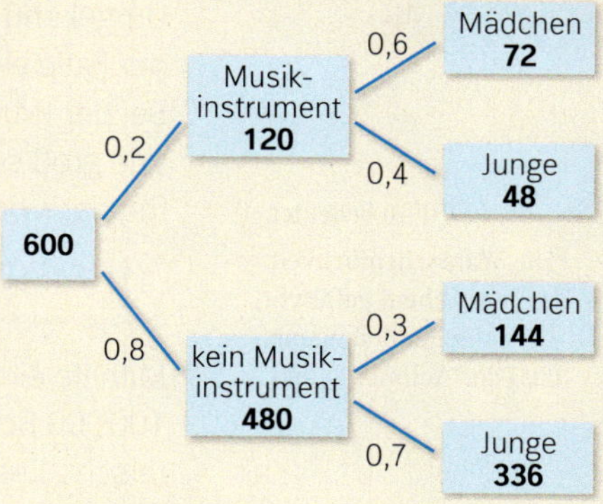

Im Baumdiagramm wird zunächst das eine Merkmal betrachtet (Musikinstrument) und dann das andere (Geschlecht).

Nun können weitere Informationen abgelesen werden, z. B.:
Es gibt 72 + 144 Mädchen und 48 + 336 Jungen an der Schule.
336 Jungen spielen kein Musikinstrument.
Von denen, die ein Musikinstrument spielen, sind 60 % Mädchen.

Beispiele

A Haustiere

60 % der 25 Schülerinnen und Schüler einer Klasse sind Mädchen. Neun Schülerinnen haben ein Haustier, während bei den Jungen jeder fünfte ein Haustier besitzt.

- Erstelle eine Vierfeldertafel.
- Wie viele Jungen besitzen ein Haustier?
- Wie viel Prozent der Kinder der Klasse besitzen ein Haustier?
- Erstelle eine Vierfeldertafel mit relativen Häufigkeiten.

Merkmal A: Geschlecht
Merkmal B: besitzt Haustier

Lösung:

	Haustier	kein Haustier	gesamt
Mädchen	9	6	15
Junge	2	8	10
gesamt	11	14	25

$0{,}6 \cdot 25$

- Zwei Jungen besitzen ein Haustier.
- $\frac{11}{25} = 0{,}44$; 44 % der 25 Schülerinnen und Schüler besitzen ein Haustier.
- Um die relativen Häufigkeiten zu bestimmen, müssen alle Einträge der Vierfeldertafel durch die Gesamtzahl (hier 25) dividiert werden.

	Haustier	kein Haustier	gesamt
Mädchen	0,36	0,24	0,60
Junge	0,08	0,32	0,40
gesamt	0,44	0,56	1

Beispiele

B Fußballfans

62,5 % der 384 Jungen einer Schule mit 800 Schülerinnen und Schülern sind Fans vom 1. FSV Mainz 05. 312 Mädchen sind keine Fans des Vereins.

Erzeuge zu den Daten ein Baumdiagramm und vervollständige es.
Schreibe eine Zeitungsnotiz zu den berechneten Daten.

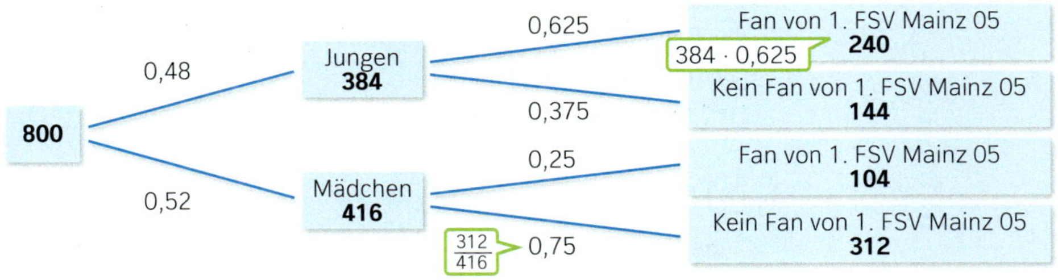

- Von den 384 Jungen einer Schule sind 144 kein Fan vom 1. FSV Mainz 05, während von den 416 Mädchen jeweils 104 Fan vom 1. FSV Mainz 05 sind.
- 37,5 % der Jungen sind kein Fan vom 1. FSV Mainz 05. 13% aller Schüler sind weibliche Fans vom 1. FSV Mainz 05.

$\frac{104}{800} = 0{,}13 = 13\,\%$
$0{,}52 \cdot 0{,}25 = 0{,}13 = 13\,\%$

Übungen

3 Neuwagen

Ein Autohändler bezieht 60 % seiner Neuwagen aus Werk A und 40 % aus Werk B einer Autofabrik. Die aus Werk A gelieferten Autos überstehen zu 70 % die gegebene Garantiezeit ohne Beanstandung, die aus Werk B gelieferten zu 85 %.

a) Erzeuge eine Vierfeldertafel und ein Baumdiagramm.
b) Schreibe einen Bericht, in dem alle nicht im Aufgabentext angegebenen Informationen benutzt werden.

4 Vegetarier

In Deutschland (80,8 Mio. Einwohner) ist die Anzahl der Personen, die sich selbst als Vegetarier einordnen, im Jahr 2013 auf 6,8 Mio angewachsen. Dabei sind von den Männern nur 3% Vegetarier. 2013 beträgt der Anteil der Frauen an der Gesamtbevölkerung 51,0%.

a) Stelle die Daten in einer Vierfeldertafel mit absoluten Zahlen zusammen. Erzeuge auch ein Baumdiagramm.
b) Wie viele Frauen sind in Deutschland Vegetarier? Wie hoch ist deren Anteil an der weiblichen Bevölkerung?
c) Wie viel Prozent der Gesamtbevölkerung sind männlich und keine Vegetarier?

5 Vierfeldertafeln

Die Vierfeldertafeln beschreiben die Sportarten, die die Schülerinnen und Schüler verschiedener Schulen betreiben. Vervollständige die Tafeln, wenn möglich.

a)	Junge	Mädchen	gesamt
Fußball	82	■	104
kein Fußball	■	■	560
gesamt	■	358	■

b)	Junge	Mädchen	gesamt
Turnen	14	■	51
kein Turnen	351	■	■
Summe	■	358	783

c)	Junge	Mädchen	gesamt
Tennis	13 %	■	43 %
kein Tennis	■	■	57 %
gesamt	■	■	100 %

d)	Junge	Mädchen	gesamt
Reiten	0,06	0,2	■
kein Reiten	■	■	■
Summe	0,52	■	1

Übungen

6 Zwei Artikel – gleiche Datenbasis?

Zwei Journalisten wollen jeweils einen Artikel zur Bevölkerungsstatistik schreiben. Untersuche, ob die beiden Entwürfe auf denselben Daten beruhen.

> Zum Stichtag 31.12.2013 betrug der Ausländeranteil in Deutschland 8,7 %. Während bei den Deutschen der Frauenanteil 51,2 % Frauen betrug, ist der Frauenanteil bei den Ausländern geringer, nämlich 49,4 %.

> Der männliche Anteil an der Gesamtbevölkerung ist 49,0 % (Stichtag 31.12.2013). Während bei den Männern der Ausländeranteil 9,0 % betrug, war bei den Frauen dieser Anteil 8,4 %.

7 Eine Umfrage

> 500 Frauen und 500 Männer sind gefragt worden, ob sie ein Produkt P kaufen wollen oder nicht. Während 380 Frauen es kaufen wollten, sind dies bei den Männern nur 210. Dieselben Personen sind auch nach dem Alter gefragt worden. Es ergab sich dabei, dass 100 Personen über 40 Jahre das Produkt kaufen wollen und 160 Personen über 40 Jahren nicht. Es wurden 40 Männer über 40 Jahre befragt.

a) Erstelle jeweils zu folgenden Merkmalspaaren eine Vierfeldertafel mit absoluten Werten:

(1) Merkmal A: Geschlecht
Merkmal B: Produktkauf

(2) Merkmal A: Alter
Merkmal B: Produktkauf

(3) Merkmal A: Geschlecht
Merkmal B: Alter

> Kaufen mehr junge als alte Menschen das Produkt?

> Wie ist die Altersstruktur der befragten Personen?

> Ist Produkt P mehr etwas für Frauen oder für Männer?

b) Schreibe einen Bericht zum Kaufverhalten des Produkts, der sowohl das Geschlecht als auch das Alter berücksichtigt.

8 Bevölkerungsstatistik

> 13,7 % der 17,84 Mio. Einwohner NRWs sind unter 15 Jahren. Die Jungen unter 15 Jahren haben einen Anteil von 14,3 % an allen männlichen Einwohnern NRWs, die Mädchen einen Anteil von 13,0 % an den Frauen. (Quelle: LDS NRW, Stand 31.12.2011)

Stelle eine Vierfeldertafel mit absoluten Häufigkeiten auf und trage die gegebenen Informationen ein. Warum lässt sich mit den gegebenen Informationen allein keine vollständige Vierfeldertafel erzeugen? Berechne die übrigen Daten.

Tipp

Bezeichne mit x die Gesamtzahl der Männer.

Tipp

Die Gleichung
$0{,}143 \cdot x + 0{,}13 \cdot (17{,}84 - x) = 2{,}44$
muss gelöst werden.

Übungen

Tipp

Erzeuge eine Vierfeldertafel mit absoluten Werten oder ein Baumdiagramm.

9 Wahltag

Bei der Kommunalwahl kandidieren die Parteien X und Y. Die Wahlprognosen der Institute A und B unterscheiden sich. Gleichlautend sind die Ergebnisse einer repräsentativen Umfrage zu einer geplanten Umgehungsstraße: Von den potentiellen Wählern der Partei X sind 81 %, von denen der Partei Y 68 % gegen die Umgehungsstraße.

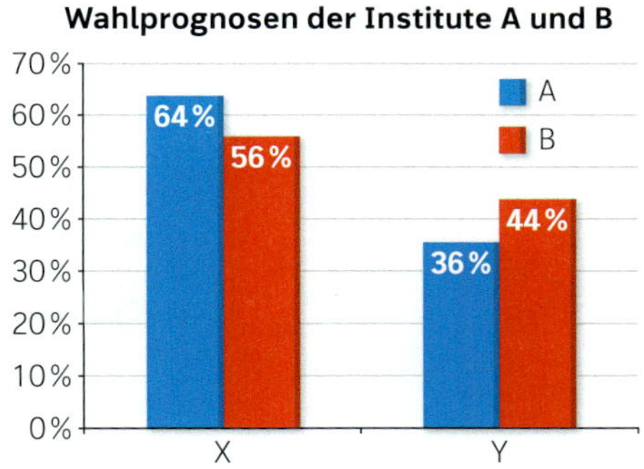

Wahlberechtigt sind 34 500 Einwohner.

Ein dir unbekannter Wähler verlässt das Wahllokal und wettert lautstark gegen die Umgehungsstraße.

a) Was meinst du, mit welcher Wahrscheinlichkeit hat der unbekannte Wähler X oder Y gewählt? Überprüfe deine Vermutung durch Rechnung.

b) Wie unterscheiden sich deine Werte, wenn du einmal von der Wahlprognose des Instituts A und ein anderes Mal von der Prognose des Instituts B ausgehst?

10 Jahresbericht zu Unfällen

Unfalljahresbericht

In Deutschland wurden im Jahr 2013 insgesamt 2 414 011 polizeilich erfasste Unfälle registriert, davon 12,1 % mit Personenschaden. Der Anteil der Alkoholunfälle mit Personenschaden betrug 5,0 %. Der Anteil der Unfälle ohne Alkoholeinfluss unter allen Unfällen ohne Personenschaden betrug 98,5 %.

Ein Unfall wird zufällig aus dem Jahresbericht ausgewählt. Wie groß ist die Wahrscheinlichkeit, dass dieser Unfall

- ohne Personenschaden stattfand?
- ohne Alkoholeinwirkung geschah, wenn bekannt ist, dass der Unfall mit Personenschaden stattfand?
- mit Personenschaden stattfand, wenn bekannt ist, dass der Unfall unter Alkoholeinwirkung stattfand?

Als **Alkoholunfälle** werden Unfälle bezeichnet, bei denen mindestens ein Unfallbeteiligter unter Alkoholeinfluss gestanden hat. Unfälle mit **Personenschaden** sind Unfälle, bei denen unabhängig von der Höhe des Sachschadens Personen verletzt oder getötet wurden.

11 Handy-Besitz

Die folgende Vierfeldertafel stellt die Verteilung des Handybesitzes von mindestens 14-jährigen Schülerinnen und Schülern an einem Gymnasium in Abhängigkeit vom Geschlecht dar.

	weiblich	männlich	gesamt
Handy	356	336	692
kein Handy	102	87	189
gesamt	458	423	881

a) Wie groß ist die Wahrscheinlichkeit, dass eine zufällig ausgewählte Schülerin oder ein zufällig ausgewählter Schüler kein Handy besitzt?

b) Wie groß ist die Wahrscheinlichkeit, dass eine zufällig ausgewählte Person, die kein Handy hat, ein Schüler ist?

c) Wie groß ist die Wahrscheinlichkeit, dass eine zufällig ausgewählte Schülerin ein Handy besitzt?

Basiswissen

Suche die Zeile bzw. Spalte des gegebenen Merkmals.

Wahrscheinlichkeiten mit Vierfeldertafeln berechnen

1. Ein Kind der Schule spielt ein Musikinstrument. Ist es ein Junge?

	Mädchen (w)	Junge (m)	ges.
Musikins. (M)	72	48	120
kein Musikins. ($\overline{M}$)	144	336	480
gesamt	216	384	600

$P(m \mid M) = \frac{48}{120} = 0{,}4$

2. Ich treffe einen Jungen der Schule. Spielt er ein Musikinstrument?

	Mädchen (w)	Junge (m)	ges.
Musikins. (M)	72	48	120
kein Musikins. ($\overline{M}$)	144	336	480
gesamt	216	384	600

$P(M \mid m) = \frac{48}{384} = 0{,}125$

P(w | M): Wahrscheinlichkeit, dass die Person weiblich ist, wenn sie ein Musikinstrument spielt.

Mit der Formel $p = \frac{\text{Anzahl der günstigen Ergebnisse}}{\text{Anzahl der möglichen Ergebnisse}}$ lassen sich diese Wahrscheinlichkeiten auch mit dem Baumdiagramm berechnen.

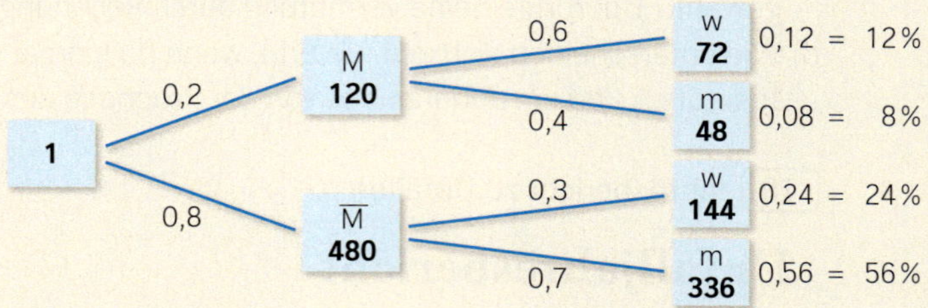

1. Die Antwort kann direkt im Baumdiagramm abgelesen werden, wenn man Wahrscheinlichkeiten benutzt.
$P(m \mid M) = 0{,}4$

2. Insgesamt gibt es 8 % + 56 % Jungen und 8 % musizierende Jungen.
$P(M \mid m) = \frac{0{,}08}{0{,}08 + 0{,}56} = 0{,}125$

Bedingte Wahrscheinlichkeit

Man nennt $P(A \mid B)$ die bedingte Wahrscheinlichkeit für das Eintreten des Ereignisses A unter der Voraussetzung, dass das Ereignis B eingetreten ist.

Statt $P(A \mid B)$ schreibt man auch $P_B(A)$.

Es gilt: $P(A \mid B) = \frac{P(A \text{ und } B)}{P(B)}$

Für große Zahlen kann man $P(A \mid B)$ mithilfe von Häufigkeiten abschätzen:

$P(A \mid B) = \frac{\text{Häufigkeit von A und B}}{\text{Häufigkeit von B}} = \frac{H(A \text{ und } B)}{H(B)}$

Beispiele

C Eingangstest und Abschlußtest

Die folgende Vierfeldertafel gibt den Zusammenhang zwischen Bestehen des Berufseingangstests und erfolgreicher Abschlussprüfung wieder.

	Abschlussprüfung bestanden	Abschlussprüfung nicht bestanden	gesamt
Eingangstest bestanden	160	30	190
Eingangstest nicht bestanden	20	40	60
gesamt	180	70	250

a) Wie groß ist der Anteil der Bewerber, die den Eingangstest bestanden haben?

b) Wie groß ist die Wahrscheinlichkeit, dass Peter, der die Abschlussprüfung bestanden hat, bei dem Eingangstest versagt hatte?

Lösung:

a) $P(\text{Eingangstest bestanden}) = \frac{190}{250} = 76\,\%$

b) $P(\text{Eingangstest nicht bestanden} \mid \text{Abschlussprüfung bestanden}) = \frac{20}{180} \approx 11{,}1\,\%$

Beispiele

D „Montagsfahrräder"

Du stellst beim Kauf eines neuen Fahrrads der Firma *„byce"* einen Montagefehler fest. „So ein Pech, ich habe wohl ein Montagsfahrrad erwischt". Leider kommt es bei der Endmontage zu Fehlern, die vor der Auslieferung nicht bemerkt werden. Aus einer betriebsinternen Untersuchung der Firma *„byce"* geht hervor, dass montags montierte Fahrräder mit 15 % eine deutlich höhere Fehlerwahrscheinlichkeit als die dienstags bis freitags montierten aufweisen (zusammen nur 5 %). Es wird an allen Tagen (Montag bis Freitag) in etwa die gleiche Stückzahl montiert.

Lösung:
Mit welcher Wahrscheinlichkeit trifft die oben geäußerte Vermutung zu? Wenn man von einer zufälligen Auswahl bei Auslieferung der Fahrräder ausgeht, so lässt sich mit einem Baumdiagramm die Wahrscheinlichkeit berechnen.

Merkmal A:
Das Fahrrad ist am Montag montiert (M), das Fahrrad ist an einem der Wochentage Dienstag bis Freitag montiert $(\overline{M})$

Merkmal B:
Das Fahrrad hat einen Montagefehler (F), das Fahrrad hat keinen Montagefehler $(\overline{F})$.

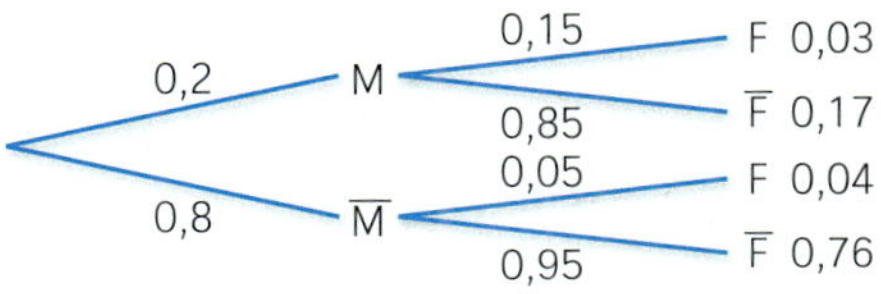

$$P(M \mid F) = \frac{0{,}03}{0{,}03 + 0{,}04} \approx 0{,}43$$

Das Fahrrad wurde mit einer Wahrscheinlichkeit von ca. 43 % am Montag montiert

E Medizintest

In einer Bevölkerung ist ein neues Virus aufgetreten. Man geht davon aus, dass etwa 0,1 % aller Personen von dem Virus infiziert sind. Mit einem neu entwickelten Schnelltest kann man das Virus nachweisen. Der Test ist recht zuverlässig: In 95 % der Fälle weist der Test das Virus bei einer infizierten Person nach, allerdings zeigt er auch bei Gesunden in 4 % der Fälle irrtümlich eine Infizierung an.
Herr Maier unterzieht sich diesem Test und erhält die Mitteilung „infiziert".
Mit welcher Wahrscheinlichkeit muss er damit rechnen, tatsächlich infiziert zu sein?

Annahme: 100 000 Personen werden getestet.

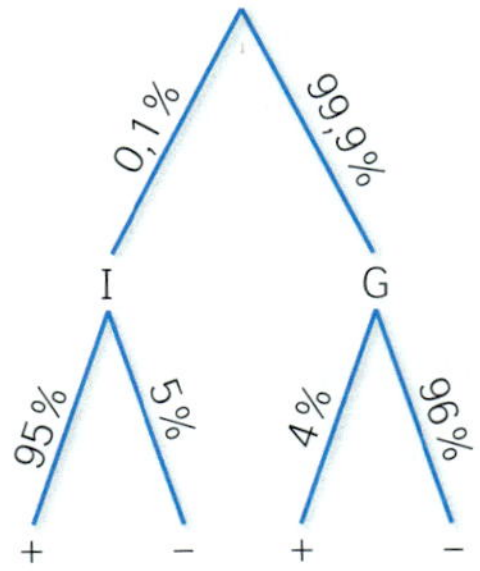

Mithilfe des Baumdiagramms kann man die Eintragungen in die Vierfeldertafel vornehmen.

Lösung:
In eine Vierfeldertafel werden die absoluten Häufigkeiten an Stelle der Wahrscheinlichkeiten eingetragen.

95 der 100 Infizierten werden bei dem Test erkannt

Bei 3996 der 99 900 Gesunden zeigt der Test irrtümlich ein positives Ergebnis

	Person infiziert I	Person gesund G	gesamt
Test positiv (+)	95	3 996	4 091
Test negativ (–)	5	95 904	95 909
gesamt	100	99 900	100 000

Mit der ersten Zeile der Vierfeldertafel wird die gesuchte Wahrscheinlichkeit berechnet. Bei 4091 Personen zeigt der Test ein positives Ergebnis, jedoch sind nur 95 dieser Personen wirklich infiziert. Die a-posteriori-Wahrscheinlichkeit nach einem positiven Test beträgt also $P(I \mid +) = \frac{95}{4091} \approx 0{,}023$.
Herr Maier muss also nur mit einer Wahrscheinlichkeit von 2,3 % damit rechnen, von dem Virus infiziert zu sein.

Übungen

12 Der Schein kann trügen

Angenommen, in deinem Ort sind etwa 1 % der Autofahrer Millionäre. Von ihnen fahren etwa 90 % einen Wagen der Oberklasse. Von den übrigen Autofahrern fahren etwa 10 % einen solchen Wagen.

a) Wie groß ist die Wahrscheinlichkeit dafür, dass in einem Wagen der Oberklasse, der an dir vorbeifährt, ein Millionär der Fahrer ist?

b) Du machst Urlaub in einem Ort der „Reichen und Schönen", in dem etwa 70 % der Autofahrer Millionäre sind. Die anderen Anteile (90 % und 10 %) sollen auch hier gelten. Berechne nun mit dem veränderten Anteil die Wahrscheinlichkeit dafür, dass in einem Wagen der Oberklasse, der an dir vorbeifährt, ein Millionär der Fahrer ist.

Neue Daten über die Altersstruktur bei Deutschen Ausländern

Wiesbaden (StBA) 20,7 % aller Deutschen sind 65 Jahre und älter. Dagegen ist diese Altersgruppe bei den Ausländern nur mit 10,5 % vertreten. Von den 80,8 Millionen Einwohnern Deutschlands sind 8,7 % Ausländer. *(Stand: 31.12.2013)*

13 Altersgruppen – Mathematik

Wie groß ist die Wahrscheinlichkeit, dass ein zufällig ausgewählter Einwohner Deutschlands

a) ein Deutscher ist? b) 65 Jahre und älter ist?

c) ein Ausländer ist, wenn bekannt ist, dass er mindestens 65 Jahre alt ist?

Zur Erinnerung:
P (D|B):
Die Wahrscheinlichkeit des Ereignisses D unter der Bedingung, dass B schon eingetreten ist.

14 Wahrscheinlichkeiten unter einer Bedingung

Es gilt: $P(B) = 0{,}6$; $P(D|B) = 0{,}5$; $P(C|A) = 0{,}5$.

a) Berechne $P(B|D)$ und $P(A|C)$.

b) Deute die Wahrscheinlichkeiten als Anteile und schreibe zwei Artikel, bei denen jeweils drei verschiedene Anteile berücksichtigt werden.

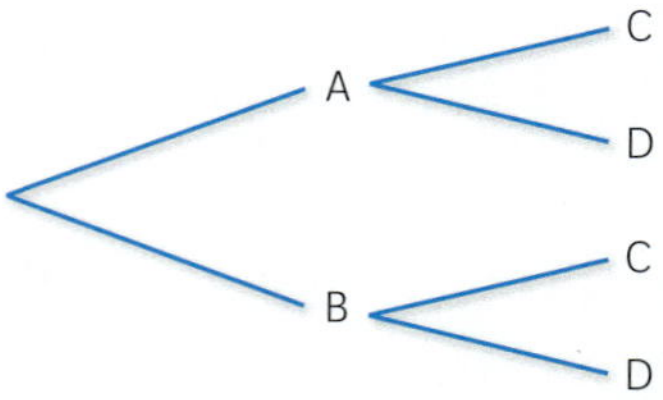

Aus der Testentwicklung ist bekannt:
50 % aller Teilnehmer bestehen den Test (Ergebnis B). Von denen, die für den Beruf geeignet sind, bestehen 80 % den Test. Aus Erfahrung weiß man,dass etwa 60 % für den Beruf geeignet sind (Ergebnis A).

15 Berufseignungstest

Ein Psychologe möchte über einen Schüler ein Gutachten bezüglich seiner Eignung für einen bestimmten Beruf erstellen. Er führt dazu einen speziell entwickelten Berufseignungstest durch. Wenn der Schüler den Test besteht, wird er ihn als geeignet einstufen. Wie sicher ist die Vorhersage?

Übertrage die Daten in eine Vierfeldertabelle (1000 Testteilnehmer)

16 Taxiunternehmen

In einer Stadt gibt es zwei Taxiunternehmen, die *Grünen* und die *Blauen*. Es gibt 25 *Grüne* und 5 *Blaue*. In einen Unfall ist ein Taxi verwickelt. Es gibt einen einzigen Zeugen, dieser sagt aus, dass er ein blaues Taxi gesehen hat. Voruntersuchungen haben gezeigt, dass der Zeuge in 80 % der Fälle die Farbe eines Taxi richtig erkennt.

a) Die Taxiunternehmer sind bereit, die Schadenssumme zu begleichen. Welchen Anteil sollte das jeweilige Unternehmen tragen?

b) Im Nachhinein stellt sich heraus, dass der Zeuge leicht alkoholisiert war und die Sicherheit seiner Farbwahrnehmung in diesem Fall nur 50 % beträgt. Wie werden jetzt die Kosten verteilt? Erkläre das Ergebnis.

Tipp
Ein Merkmal ist: „als blau erkannt".

17 Feuerwarnanlage

In einer Firma werden Rauchsensoren als Feuerwarnanlage installiert. Sie melden ein Feuer mit 95 % Sicherheit, leider geben sie auch mit 1 % Wahrscheinlichkeit falschen Alarm. Die Wahrscheinlichkeit für einen Brand im Bürogebäude liegt bei nur 0,1 %, in der Lagerhalle immerhin bei 2 %. Die Feuersirene heult! Mit welcher Wahrscheinlichkeit muss man damit rechnen, dass es wirklich brennt, wenn man sich im Bürogebäude (in der Lagerhalle) aufhält?

Aufgaben

18 **Musik und Sport in der eigenen Klasse**

a) Führt in der eigenen Klasse eine Umfrage durch:

Mädchen ■ Junge ■

	ja	nein
1. Spielst du ein Musikinstrument?	■	■
2. Betreibst du in einem Verein eine Sportart?	■	■

Es sollen zu folgenden Merkmalspaaren Vierfeldertafeln erstellt werden:
1. Geschlecht – Musikinstrument
2. Geschlecht – Sport in Verein
3. Musikinstrument – Sport in Verein

Begründet, dass zum Erstellen einer Vierfeldertafel die Angaben darüber, wie viele Mädchen in der Klasse sind, wie viele in der Klasse ein Musikinstrument spielen und wie viele insgesamt eine Sportart im Verein betreiben, nicht ausreichen. Verschafft euch jeweils eine notwendige Information.

Partnerarbeit

b) Beantwortet folgende Fragen:
- Wie hoch ist der Anteil an Schülern, die weder ein Musikinstrument spielen noch eine Sportart im Verein betreiben?
- Wie hoch ist der Anteil an Mädchen, die nicht in einem Verein eine Sportart betreiben?
- Jemand trifft einen Jungen deiner Klasse. Wie wahrscheinlich ist es, dass er ein Musikinstrument spielt?
- Jemand verrät von einem Schüler deiner Klasse, dass er keine Sportart im Verein betreibt. Wie wahrscheinlich ist es, dass er auch kein Musikinstrument spielt? Denkt euch eigene Fragen aus und gebt sie eurem Partner zur Beantwortung.

19 **Diagnose einer Krankheit**

Ein medizinischer Test dient der Diagnose einer bestimmten Krankheit. Der Test ist recht zuverlässig: Mithilfe des Tests wird die Krankheit bei 90 % aller tatsächlich erkrankten Personen nachgewiesen, allerdings zeigt er auch bei Gesunden in 5 % aller Fälle irrtümlich eine Erkrankung an. In der Bevölkerung leiden 0,4 % aller Männer über 50 Jahren an dieser Krankheit.

a) Es werden 15 000 Männer über 50 Jahren untersucht. Bestimme die Anzahl der Personen, die an der betreffenden Krankheit erkrankt bzw. nicht erkrankt sind. Bei wie vielen Personen lautet das Testergebnis „erkrankt“ bzw. „nicht erkrankt“? Trage die ermittelten Werte in ein aussagekräftiges Baumdiagramm ein.

b) Berechne den prozentualen Anteil der Männer, bei denen das Testergebnis „nicht erkrankt“ lautet.

c) Bei einer zufällig herausgegriffenen Person lautet das Testergebnis „erkrankt“. Wie groß ist die Wahrscheinlichkeit, dass die Person tatsächlich an dieser Krankheit leidet?

d) Ein Mediziner schlägt vor, diesen Test für alle Männer ab 50 Jahren verpflichtend zu machen. Bewerte den Vorschlag aufgrund deiner Ergebnisse in c).
Der Test wird nun an einem Mann durchgeführt, der zu einer so genannten Risikogruppe gehört: Hier liegt der Anteil der Männer über 50 Jahren, die an der Krankheit leiden, bei 40 %. Wie groß ist die Wahrscheinlichkeit, dass die Person tatsächlich an dieser Krankheit leidet, wenn das Testergebnis „krank“ lautet?

Aufgaben

20 Variationen

Im Beispiel E (Seite 157) haben wir ein auf den ersten Blick überraschendes Ergebnis erhalten: Herr Maier unterzieht sich einem Test, der mit recht großer Sicherheit (95 %) eine Virusinfektion nachweist. Obwohl der Test positiv ist, ist die Wahrscheinlichkeit, dass er tatsächlich das Virus hat, mit 2,4 % sehr gering. Du gewinnst ein besseres Verständnis für dieses Ergebnis, wenn du einige der gegebenen Daten variierst.

In der Medizin bemüht man sich intensiv darum, die Tests zum Erkennen einer Krankheit möglichst zuverlässig zu gestalten. Eine 100 %ige Sicherheit ist nur in wenigen Ausnahmefällen erreichbar.

Variationsmethode:
Eine der gegebenen Wahrscheinlichkeiten wird geändert, die anderen werden beibehalten. Mithilfe des so geänderten Baumdiagramms oder der Vierfeldertafel wird dann die gesuchte Wahrscheinlichkeit berechnet.

a) Die a-priori-Wahrscheinlichkeit, dass eine Testperson von dem Virus infiziert ist, war im Beispiel mit $P(I) = 0{,}001$ sehr klein. Was passiert, wenn man diese auf 0,01 erhöht?
b) Was passiert, wenn die Zuverlässigkeit des Tests so verbessert wird, dass er in 98 % der Fälle das Virus bei einer infizierten Person nachweist?
c) Was passiert, wenn die Zuverlässigkeit des Tests so verbessert wird, dass er nur bei 1 % der Fälle bei Nicht-Infizierten irrtümlich eine Infizierung nachweist?
d) Welche dieser Variationen wirkt sich am stärksten auf die gesuchte Wahrscheinlichkeit aus? Kannst du dies einem Laien auch ohne Rechnung erklären?
e) Wie sieht es in der Realität aus?
- Welche der gegebenen Größen lassen sich tatsächlich verändern?
- Sind die Ausgangswahrscheinlichkeiten sinnvoll gewählt?
- ...

21 Das Ziegenproblem – eine heftig diskutierte Denksportaufgabe

Du nimmst an einer Spielshow im Fernsehen teil, bei der du eine der verschlossenen Türen auswählen sollst. Hinter einer Tür wartet der Preis, ein Auto, hinter den beiden anderen stehen Ziegen. Du zeigst auf eine Tür, z. B. Nummer eins. Sie bleibt vorerst geschlossen. Der Moderator weiß, hinter welcher Tür das Auto steht. Mit den Worten „Ich zeige Ihnen mal was“ öffnet er eine andere Tür, z. B. Nummer drei, und eine meckernde Ziege schaut ins Publikum. Er fragt: „Bleiben Sie bei Nummer eins oder wählen Sie Nummer zwei?“

a) Was meinst du? Erhöht sich deine Gewinnwahrscheinlichkeit, wenn du dich nach der Zusatzinformation umentscheidest, also deine Entscheidung „Tür eins“ verwirfst? Vielleicht hilft dir das Baumdiagramm beim Argumentieren:

Vorsicht! Das Problem hat es in sich. Vor Jahren führte es zu endlosen Diskussionen und Leserbriefen. Im Internet findest du sicher noch viele Spuren dieser kontroversen Auseinandersetzung. Du kannst auch mit absoluten Zahlen (z. B. 180 Versuche) rechnen.

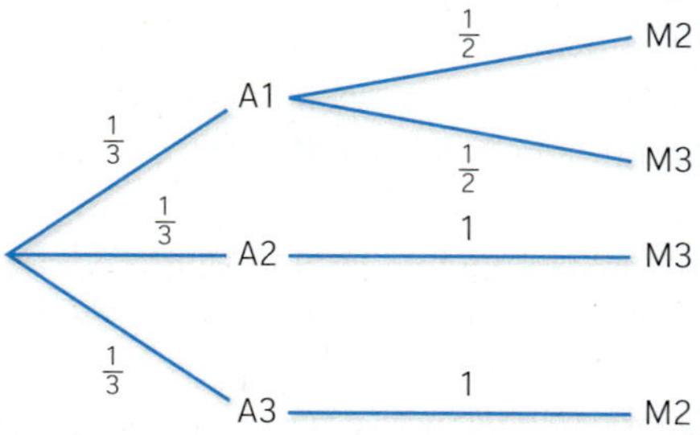

A_1: Auto hinter Tür eins
A_2: Auto hinter Tür zwei
A_3: Auto hinter Tür drei

M_1: Moderator öffnet Tür eins
M_2: Moderator öffnet Tür zwei
M_3: Moderator öffnet Tür drei

b) Bei Zweifeln an der Argumentation lohnt sich die Simulation: Ihr spielt die Situation wiederholt in der Klasse durch, mal mit Umentscheiden, mal ohne. Überlegt euch eine passende Versuchsanordnung (es müssen ja nicht unbedingt Ziegen und Autos sein) und die Anlage und Auswertung des Versuchsprotokolls.

5.3 Unabhängigkeit von Ereignissen

Häufig kommt man in Situationen, in denen man Chancen und Risiken gegeneinander abwägen muss. Kennt man die Wahrscheinlichkeiten, mit denen die entsprechenden Ereignisse eintreten, dann kann man diese als Entscheidungshilfe benutzen. Informationen darüber, ob andere Ereignisse bereits eingetreten sind, können die Einschätzungen dieser Wahrscheinlichkeiten beeinflussen. Wie erkennt man, ob eine Zusatzinformation die Wahrscheinlichkeit, mit der ein Ereignis eintritt oder nicht, beeinflusst, und wie rechnet man damit?

Aufgaben

1 Was wirklich einen Unterschied macht

Wissenschaftler führen an 100 Personen einen Versuch zum räumlichen Vorstellungsvermögen durch. Dabei müssen die Versuchspersonen zu einem vorgegebenen Würfel mit aufgetragenem Muster das passende Netz finden. Als erfolgreich (+) werden Testpersonen bezeichnet, die mehr als sechs der zehn Aufgaben in der vorgegebenen Zeit richtig lösen.

Die Wissenschaftler veröffentlichen die folgenden Ergebnisse:

	erfolgreich	nicht erfolgreich	gesamt
nach 30-minütigem Training	24	6	30
ohne Training	36	34	70
gesamt	60	40	100

	erfolgreich	nicht erfolgreich	gesamt
männlich	21	14	35
weiblich	39	26	65
gesamt	60	40	100

Interpretiere die Ergebnisse und begründe. Überlege dir auch, welche Fragen die Forscher mit ihrer Untersuchung beantworten wollten.

2 Fairer Würfel

Bei einem fairen Würfel beträgt die Wahrscheinlichkeit $\frac{1}{6}$, dass man eine Sechs würfelt. Martin hat bei einemWürfelspiel 15-mal hintereinander keine Sechs gewürfelt.

a) Martin: „Mit jedem weiteren Wurf, der keine Sechs bringt, wird es wahrscheinlicher, dass der darauffolgende Wurf eine Sechs ist.“
Wie kommt Martin zu dieser Vermutung, und was haltet ihr davon?

b) Anna: „Es kommt weiterhin keine Sechs. Der Würfel ist gefälscht.“ Wie kommt sie zu dieser Vermutung?

Aufgaben

3 Zwei Ampeln

In einer Straße gibt es zwei Ampeln. Jede zeigt mit einer Wahrscheinlichkeit von 60 % „grün“. Eine typische Fragestellung ist: Wie groß ist die Wahrscheinlichkeit, dass man an beiden Ampeln die Grün-Phase erwischt?

Peter meint, dass dies ganz einfach zu berechnen ist. Er rechnet:
$P(\text{2-mal grün}) = 0{,}6 \cdot 0{,}6 = 0{,}36$
und begründet dies mit dem nebenstehenden Baumdiagramm.

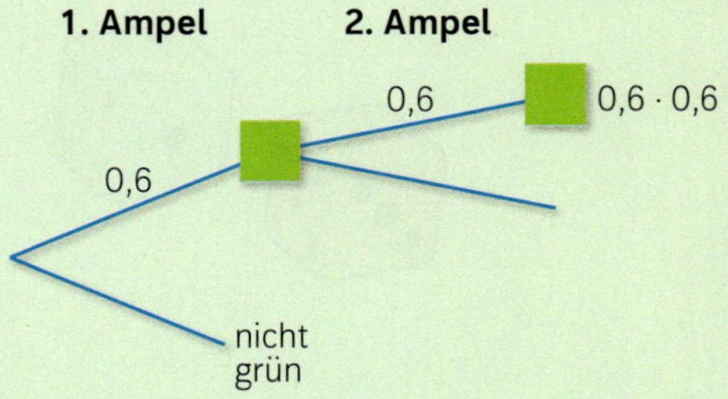

Anna meint: „Das ist so nicht richtig. Hast du noch nie etwas was von einer „grünen Welle“ gehört?“

Hat Peter etwas falsch gemacht?

Basiswissen

Abhängige und unabhängige Ereignisse bei mehrstufigen Zufallsversuchen

Bei mehrstufigen Zufallsversuchen treten mehrere Ereignisse nacheinander ein. Die Ereignisse können entweder unabhängig oder abhängig sein.

zwei oder mehr Ereignisse

unabhängige Ereignisse	abhängige Ereignisse
Das Eintreten eines Ereignisses macht es weder wahrscheinlicher noch unwahrscheinlicher, dass das folgende Ereignis eintritt.	Das Eintreten eines Ereignisses beeinflusst das Auftreten des folgenden Ereignisses, es kann wahrscheinlicher oder weniger wahrscheinlich eintreten.
$P(B\|A) = P(B)$	$P(B\|A) \neq P(B)$

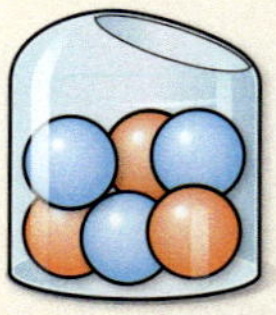

Zieht man aus der Urne eine Kugel, dann ist $P(\text{rot im 1. Zug}) = \frac{1}{2}$

Legt man die gezogene Kugel zurück (**Ziehen mit Zurücklegen**), dann ist	Legt man die gezogene Kugel nicht zurück (**Ziehen ohne Zurücklegen**), dann ist
$P(\text{rot im 2. Zug} \| \text{rot im 1. Zug}) = P(\text{rot}) = \frac{1}{2}$.	$P(\text{rot im 2. Zug} \| \text{rot im 1. Zug}) = \frac{2}{5} \neq P(\text{rot})$.
A: rot im 1. Zug **B:** rot im 2. Zug	**A:** rot im 1. Zug **B:** rot im 2. Zug
$P(B\|A) = P(B) = \frac{1}{2}$	$P(B\|A) = \frac{2}{5} \neq P(B) = \frac{1}{2}$
A und **B** sind **unabhängige Ereignisse**.	**A** und **B** sind **abhängige Ereignisse**.

Ein Ereignis B ist unabhängig von einem Ereignis A, wenn gilt: $P(B|A) = P(B)$.

Beispiele

A Einwohnerbefragung

Die wahlberechtigten Einwohner der Gemeinde Mintal wurden gefragt, ob sie dem neuen Wohngebiet der Gemeinde zustimmen (Z) oder nicht (nZ). Unterschieden wurden die Befragten danach, ob sie Neubürger (N) sind (wohnen seit höchstens 5 Jahren im Ort) oder „Alteingesessene" sind (nN – wohnen länger als 5 Jahre im Ort). Sind die Ereignisse Z und N unabhängig?

	Z	nZ	
N	163	87	250
nN	310	290	600
	473	377	850

Lösung: Der Anteil der Zustimmungen insgesamt beträgt $h(Z) = \frac{473}{850} = 0{,}556$, unter den Neubürgern sogar $h(Z\,|\,N) = \frac{163}{250} = 0{,}652$. Mathematiker formulieren dies so: Die beiden Ereignisse Z und N sind abhängig. Mathematiker sagen aber in der Regel nichts darüber, warum dies so ist.

B Pasch würfeln

Merle behauptet, sie hätte mit zwei Würfeln einen Pasch gewürfelt. Klaus will dagegen wetten. Er weiß, dass die Wahrscheinlichkeit für einen Pasch $\frac{6}{36}$ beträgt. Seine Gewinnwahrscheinlichkeit beträgt also $\frac{5}{6}$.

1,1	1,2	1,3	1,4	1,5	1,6
2,1	2,2	2,3	2,4	2,5	2,6
3,1	3,2	3,3	3,4	3,5	3,6
4,1	4,2	4,3	4,4	4,5	4,6
5,1	5,2	5,3	5,4	5,5	5,6
6,1	6,2	6,3	6,4	6,5	6,6

Peter, Merles kleiner Bruder, verrät: „Einer der Würfel ist eine 5."
Haben sich mit dieser Information Peters Gewinnchancen verändert?
Antwort: Ja. Es gibt 11 Ergebnisse, bei denen einer der Würfel eine 5 zeigt. Die Wahrscheinlichkeit für einen Pasch beträgt mit dieser Information nur noch $\frac{1}{11}$.

Übungen

4 Unabhängige Ereignisse?

Welche der Ereignisse sind unabhängig?

a) Die Note in einer Klassenarbeit und die Zeugnisnote in demselben Fach.
b) Aus einem Beutel mit 6 roten und 3 grünen Äpfeln werden erst ein roter und dann ein grüner Apfel ohne Zurücklegen gezogen.
c) Die Ereignisse „Zahl beim ersten Wurf" und „Zahl beim zweiten Wurf", wenn man eine Münze zweimal wirft.
d) Die Ereignisse „Mann" und „farbenblind" (Informiere dich im Internet).

5 Augensumme würfeln

Die Wahrscheinlichkeit für die Augensumme 8 beim Wurf mit zwei Würfeln beträgt $\frac{5}{36}$.

a) Begründe die angegebene Wahrscheinlichkeit.
b) Wie verändert die Information, dass der erste Wurf eine 1 (eine 2, größer als 3) war, die Wahrscheinlichkeit für die Augensumme 8?

6 Wer trägt einen Helm beim Radfahren?

Helmtragen beim Radfahren und Geschlechtszugehörigkeit sind unabhängig voneinander.

	Helm	ohne Helm	gesamt
Mädchen	35	45	80
Junge	84	132	216
gesamt	119	117	296

a) Wird diese These von der Tabelle gestützt? Begründe unter Verwendung der mathematischen Fachsprache.
b) Überprüfe diese Behauptung an deiner eigenen Schule mit einer entsprechenden Befragung.

Übungen

7 Poker

„Die meisten Menschen neigen beim Pokerspielen dazu zu erwarten, dass etwas, was im Spiel schon mehrmals passiert ist, wieder passieren wird. Wenn sie zum Beispiel schon fünfmal einen Flush gezogen haben und jedes Mal gewonnen haben, dann erwarten sie, dass sie wieder einen Flush erhalten werden. Andersherum werden Spieler, die fünfmal hintereinander keinen Flush zusammenbekommen haben, erwarten, dass sie auch beim sechsten Mal Pech haben.“ (StarPoker.TV)
Welchen Fehler begehen die meisten Menschen?

8 Fächerwahl – geometrisches Modell

Yvonne steht vor einer schweren Wahl. Sie muss je ein Profil- und ein Neigungsfach wählen. Da sie sich für Naturwissenschaften interessiert, möchte sie als Profilfach eines aus der Fächergruppe Biologie, Chemie oder Physik auswählen. Als Neigungsfach möchte sie Französisch oder Spanisch wählen. Yvonne hat keine besondere Vorliebe. Mit welcher Wahrscheinlichkeit entscheidet sich Yvonne für Biologie als Profilfach und Französisch als Neigungsfach?

geometrisches Modell zur Berechnung von Wahrscheinlichkeiten

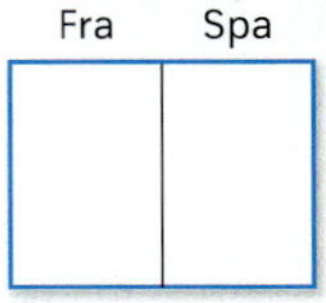

Man kann die Situation geometrisch modellieren.

- Teile das Rechteck durch einen senkrechten Strich in zwei gleichgroße Gebiete $P(\text{Spa}) = \frac{1}{2}$.
- Zeichne zwei horizontale Linien, um weitere gleichgroße Gebiete zu modellieren $P(\text{Bio}) = \frac{1}{3}$,

vollständiges Modell:
Neigungsfach

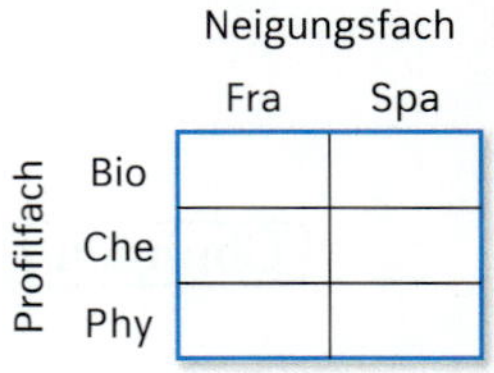

a) Setzt das Modell voraus, das Yvonne eine Vorliebe für jeweils eines der Fächer hat? Begründe.
b) Berechne die Wahrscheinlichkeit dafür, dass Yvonne die Fächer Biologie und Spanisch wählt.
c) Yvonne hat für keines der Fächer eine besondere Vorliebe. Wie viele gleichwahrscheinliche Wahlen gibt es?

9 Fächerwahl 2

Yvonne hat als gleichwertiges Neigungsfach auch noch Latein in Betracht gezogen (siehe Übung 8). Berechne die Wahrscheinlichkeiten dafür, dass Yvonne
a) Französisch (Physik, Französisch und Physik) wählt,
b) Latein (Latein oder Französisch) wählt.
c) In den Aufgaben a) und b) hast du einmal Wahrscheinlichkeiten multipliziert und ein anderes Mal addiert. Wann muss man multiplizieren, wann addieren?

10 Pünktlichkeit

Eva und Nils haben Schwierigkeiten pünktlich zu sein. Nils ist an 40 % der Schultage unpünktlich und Eva an 22 %. Der Klassenlehrer untersucht das Zuspätkommen der beiden etwas genauer und zeichnet mit Hilfe des Klassenbuchs eine Skizze.

a) Bestimme durch Auszählen:
   - P (Nils kommt zu spät); dies sollte 40 % ergeben.
   - P (Eva kommt zu spät); dies sollte 22 % ergeben.
   - P (Nils und Eva kommen zu spät)
   - P (Nils kommt zu spät, wenn man weiß, dass Eva zu spät kommt) $P(N \mid E)$
   - P (Eva kommt zu spät, wenn man weiß, dass Nils zu spät kommt) $P(E \mid N)$
   - P (Eva oder Nils kommen zu spät).
b) Der Klassenlehrer stellt fest: „Eva und Nils, euer Zuspätkommen ist mir verdächtig.“ Was könnte er gemeint haben?

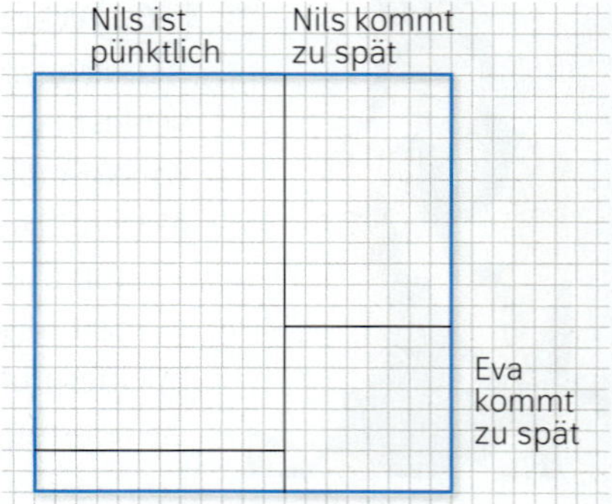

Basiswissen

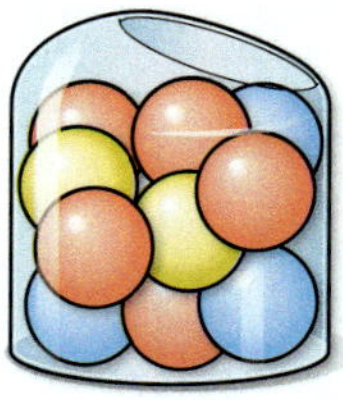

Wahrscheinlichkeit von unabhängigen Ereignissen

Sind zwei Ereignisse A und B unabhängig, dann ist
$P(A \text{ und } B) = P(A) \cdot P(B)$.
„**und**“ steht für: Beide Ereignisse treten ein.
Kurz: $A \cap B$

Ziehen aus einer Urne mit Zurücklegen
A: erster Zug rote Kugel
B: zweiter Zug rote Kugel
$P(A \cap B) = \frac{1}{2} \cdot \frac{1}{2}$

Beispiele

C Caféteria

60 % der Schülerinnen und Schüler der 10. Jahrgangsstufe sind Mädchen. In der Regel essen 35 % der Schülerinnen und Schüler in der Schulcafeteria. Kann man den Anteil der „weiblichen Cafeteriabesucher“ an allen 10-Klässlern berechnen, wenn man annimmt, dass der Anteil der Cafeteriabesucher unter den Mädchen derselbe ist wie unter den Jungen?

$P(C|M) =$
$P(C|J) =$
$P(C) = 0{,}35$

M: Mädchen $P(M) = 0{,}6$; C: isst in der Cafeteria $P(C) = 0{,}35$
Die Ereignisse M und C sind unabhängig, und man darf rechnen:
M und C: weiblich und isst in der Cafeteria
$P(M \text{ und } C) = 0{,}6 \cdot 0{,}35 = 0{,}21$
Der Anteil der weiblichen Cafeteriabesucher unter allen Schülerinnen und Schüler der 10. Jahrgangsstufe beträgt 21 %.

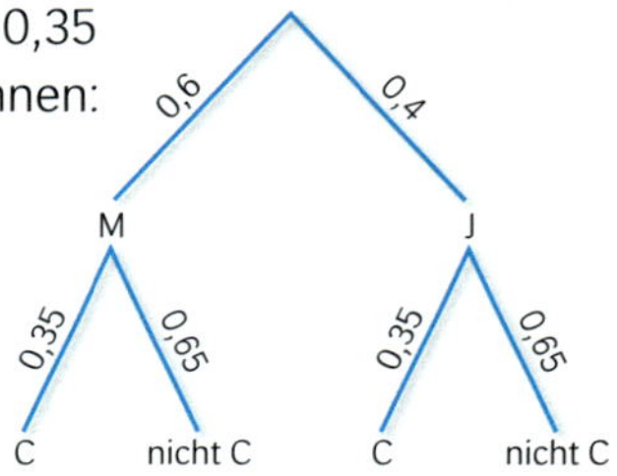

D Nicht unabhängig

Berechne den Anteil der „weiblichen Physikerinnen“. Man darf nicht einfach das Produkt $0{,}6 \cdot 0{,}15$ berechnen, da die Ereignisse „Geschlecht“ und „Physikkurs“ **nicht unabhängig** sind. Der Anteil der Mädchen unter den Schülerinnen und Schülern, die Physik wählen, ist sicher geringer als der der Jungen.

Schulstatistik
60 % der 10. Jahrgangsstufe sind Mädchen.
15 % der 10. Jahrgangsstufe wählen Physik.

Übungen

11 Würfel

Christian würfelt mit einem roten und einem grünen Würfel. Wie groß ist die Wahrscheinlichkeit, dass er mit dem roten Würfel eine gerade Augenzahl und dem grünen Würfel eine Augenzahl größer als 4 erzielt. Begründe deine Berechnung.

12 Pünktlich zum Vorstellungsgespräch

Frau White muss zu einem Vorstellungsgespräch in einer weit entfernten Stadt. Sie beschließt, zunächst ein Flugzeug zu nehmen und dann die restliche Strecke mit der Bahn zu fahren. Angenommen, das Flugzeug kommt mit einer Wahrscheinlichkeit von 90 % planmäßig an und die Bahn mit einer Wahrscheinlichkeit von 80 %.

a) Wie groß ist die Wahrscheinlichkeit, dass das Flugzeug und der Zug planmäßig ankommen?
b) Die Angaben über die Wahrscheinlichkeiten von Verspätungen helfen Frau White bei der Planung ihrer Anreise nicht sehr viel weiter. Warum?

13 Grippeepidemie

Peter liest in der Zeitung: „Die Grippeepidemie hat das Land voll im Griff. Mediziner rechnen damit, dass 40 % der Bevölkerung erkranken.“ Peter berechnet, dass er und seine beiden Brüder mit einer Wahrscheinlichkeit von 6,4 % erkranken.
Wie hat Peter gerechnet? Hältst du das Modell, nach dem er rechnet, für richtig?

Aufgaben

14 **Wahrscheinlichkeiten geometrisch modelliert**

Benutze die Abbildung a) zur Erläuterung der Unabhängigkeit von Ereignissen und die Abbildung b) zur Erläuterung der Abhängigkeit von Ereignissen.

a)

b)

15 **Wahrscheinlichkeiten mithilfe eines Gitters berechnen**

a) Ereignis A tritt ein.
b) Ereignis B tritt ein.
c) Ereignis A und Ereignis B tritt ein.
d) Ereignis A oder Ereignis B tritt ein.
e) Entweder Ereignis A oder Ereignis B tritt ein, aber nicht beide gleichzeitig.

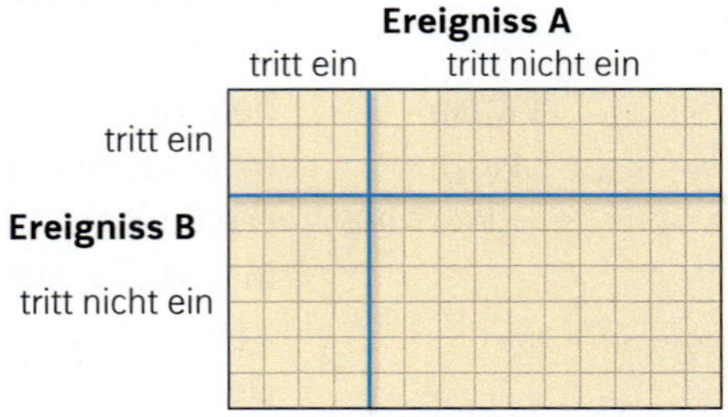

16 **Zweieiige Zwillinge**

Zweieiige Zwillinge kommen von verschiedenen Eizellen und können daher verschiedenen Geschlechts sein, eineiige Zwillinge kommen von derselben Eizelle und haben immer das gleiche Geschlecht. Angenommen, die Wahrscheinlichkeit, dass ein Zwillingspaar zweieiig ist, beträgt $\frac{2}{3}$.
Peter erfährt, dass die Kinder der neuen Nachbarn Zwillinge sind.

a) Er berechnet die Wahrscheinlichkeit, dass das Zwillingspaar zweieiig ist und beides Jungen sind.
b) Wie groß ist die Wahrscheinlichkeit, dass das Zwillingpaar eineiig ist und beide Kinder Mädchen sind?

17 **Wahltag**

Bei der Kommunalwahl kandidieren die Parteien X und Y. Die Wahlprognosen der Institute A und B unterscheiden sich. Gleichlautend sind die Ergebnisse einer repräsentativen Umfrage zu einer geplanten Umgehungsstraße: Von den potentiellen Wählern der Partei X sind 81 %, von denen der Partei Y 68 % gegen die Umgehungsstraße.
Wahlberechtigt sind 34 500 Einwohner.

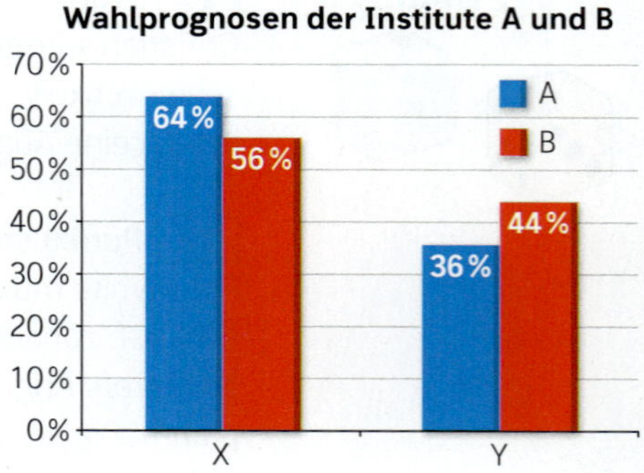

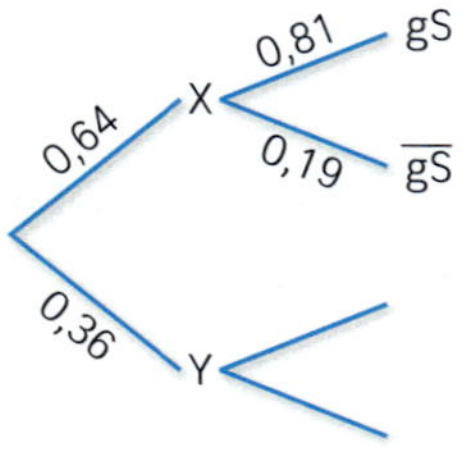

a) Ergänze das Baumdiagramm.
Sind die Ereignisse X: „wählt Partei X" und gS: „ist gegen Umgehungsstraße" unabhängig?
b) Ein dir unbekannter Wähler verlässt das Wahllokal und wettert lautstark gegen die Umgehungsstraße.
Was meinst du, mit welcher Wahrscheinlichkeit hat der unbekannte Wähler X oder Y gewählt? Überprüfe deine Vermutung durch Rechnung.
c) Wie unterscheiden sich deine Werte, wenn du einmal von der Wahlprognose des Instituts A und ein anderes Mal von der Prognose des Instituts B ausgehst?

Baumdiagramme und Wahrscheinlichkeit

Mit einem Baumdiagramm kann man alle Ergebnisse eines mehrstufigen Zufallsversuches übersichtlich darstellen.

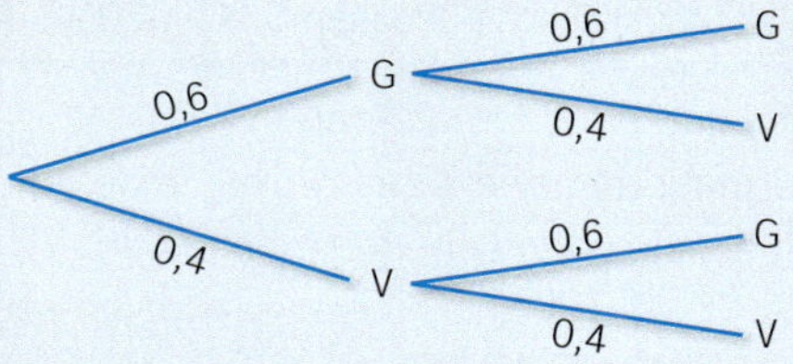

Zum Berechnen der Wahrscheinlichkeiten für ein Ereignis verwendet man zwei Regeln:

Produktregel

Die Wahrscheinlichkeit eines Ergebnisses ist das Produkt der Wahrscheinlichkeiten längs des Pfades:

$P(\text{2-mal G}) = 0{,}6 \cdot 0{,}6 = 0{,}36$

Summenregel

Die Wahrscheinlichkeit eines Ereignisses, zu dem mehrere Pfade führen, ist die Summe der Wahrscheinlichkeiten der einzelnen Pfade:

$P(\text{mindestens 1-mal G})$
$= 0{,}6 \cdot 0{,}6 + 0{,}6 \cdot 0{,}4 + 0{,}4 \cdot 0{,}6 = 0{,}84$

Vierfeldertafel

Die Häufigkeiten bei der Betrachtung zweier Merkmale lassen sich übersichtlich dartsellen:

	mit Fahrrad **A**	nicht mit Fahrrad **nicht A**	gesamt
Junge **B**	45	12	57
Mädchen **nicht B**	28	22	50
gesamt	73	34	107

Check-up

1 Tischtennis

Jessica und Rabea spielen drei Sätze Tischtennis gegeneinander. Jessica ist die bessere Spielerin, sie gewinnt im Mittel einen Satz gegen Rabea mit einer Wahrscheinlichkeit von 60 %.

a) Ergänze das nebenstehende Baumdiagramm so, dass es zu der Aufgabe passt.

b) Wie groß ist die Wahrscheinlichkeit, dass Jessica alle drei Sätze (nur einen Satz) gewinnt?

c) Wie groß ist die Wahrscheinlichkeit, dass Rabea mehr als einen Satz gewinnt (dies bedeutet, dass Jessica mehr als einen Satz verliert)?

2 Mensch-ärgere-dich-nicht

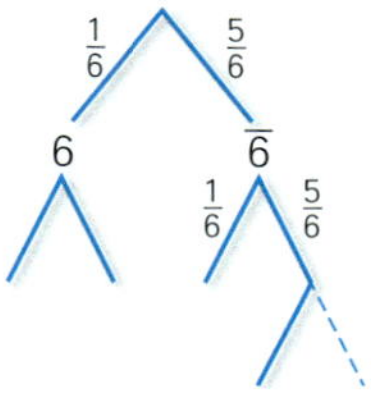

Beim „Mensch-ärgere-dich-nicht“ will man zu Beginn möglichst bald eine Sechs würfeln. Man kann die Wahrscheinlichkeit, dass die erste Sechs beim 1. (2., 3., 4., 5., 6.) Wurf fällt, auf verschiedene Arten ermitteln.

a) Beschreibe verschiedene Arten, die entsprechenden Wahrscheinlichkeiten zu ermitteln.

b) Rechne mit einem Baumdiagramm.

3 Wahl

Bei der letzten Wahl traten die Parteien A und B an. 18 % der Wähler waren unter 30 Jahre alt und 11 % wählten Partei A, 4,5 % sind Wähler von Partei A unter 30 Jahren.

In den Zeitungen (C) und (D) erscheinen folgende Schlagzeilen:
(C): Jeder vierte Wähler der Partei A ist unter 30.
(D): Jeder vierte Wähler unter 30 entschied sich für Partei A.
Stimmen die Schlagzeilen? Begründe und korrigiere gegebenenfalls die falsche(n). Benutze eine Vierfeldertafel.

4 Befragung

Die SV führt in der Schule eine Befragung über die Essgewohnheiten der Schülerinnen und Schüler durch. Dabei wird festgestellt, dass 45 % der Schülerschaft gerne Schokolade essen. Gefragt wurde auch danach, ob jemand Geschwister hat (60 %), und es stellte sich heraus, dass 30 % der Schülerinnen und Schüler mit Geschwistern gerne Schokolade essen.
Ein Schokoladenhersteller will wissen, ob Schülerinnen und Schüler mit Geschwistern eine besondere Vorliebe für Schokolade haben. Anders formuliert: Hat die Tatsache, dass jemand Geschwister hat, einen Einfluss auf seine Vorliebe für Schokolade?

a) Angenommen, die SV hat 500 Schülerinnen und Schüler befragt. Stelle die Ergebnisse der Befragung in einer Tabelle dar.

b) Sind die Ereignisse
A: „hat Geschwister“ und
B: „hat Vorliebe für Schokolade“ unabhängig?

Bedingte Wahrscheinlichkeit

Die bedingte Wahrscheinlichkeit $P(A|B)$ ist die Wahrscheinlichkeit dafür, dass das Ereignis A eintritt, wenn das Ereignis B bereits eingetreten ist.

$$P(A|B) = \frac{P(A \cap B)}{P(B)} \approx \frac{\text{Häufigkeit von A und B}}{\text{Häufigkeit von B}}$$

Mit der Vierfeldertafel kann man die bedingte Wahrscheinlichkeit P(Mädchen | Fahrrad) schätzen:
Es ist bekannt, dass der Schüler/die Schülerin mit dem Fahrrad zur Schule gekommen ist.

Daher ist P(Mädchen | Fahrrad) $= \frac{28}{73} = 38{,}4\,\%$

Unabhängigkeit von Ereignissen

Bei mehrstufigen Zufallsversuchen treten mehrere Ereignisse nacheinander ein.

Unabhängige Ereignisse:
Das Eintreten eines Ereignisses macht das Eintreten des folgenden Ereignisses weder wahrscheinlicher noch unwahrscheinlicher. Zwei Ereignisse A und B sind unabhängig, wenn gilt:
$P(A|B) = P(A)$ bzw. $P(B|A) = P(B)$.

Wahrscheinlichkeit des gleichzeitigen Eintretens zweier unabhängiger Ereignisse A und B: $P(A \cap B) = P(A) \cdot P(B)$

Sind A und B nicht unabhängig, dann darf die obige Multiplikationsregel nicht angewendet werden.

Check-up

5 Schulstatistik

Im Schuljahr 2013/2014 unterrichteten ca. 664 500 Lehrkräfte an allgemeinbildenden und beruflichen Schulen. Rund 84 % der Lehrkräfte kommen aus den alten Bundesländern. Während in den neuen Bundesländern der Frauenanteil unter Lehrkräften ca. 81 % beträgt, liegt er in den alten Bundesländern bei rund 70 %.
(Quelle: Statistisches Bundesamt, 11.11.2014)

a) Erstelle eine Vierfeldertafel und ein Baumdiagramm.
b) Schreibe mithilfe der Informationen zwei neue Artikel, in denen jeweils drei andere Daten als die vorgegebenen erscheinen sollen.

6 Schnelltest

Die Wahrscheinlichkeit, dass man an einer bestimmten Krankheit erkrankt, ist 0,01. Es ist ein Schnelltest entwickelt worden, der die Erkrankung einer getesteten Person mit 80 %-iger Sicherheit anzeigt. Die Wahrscheinlichkeit, dass eine nicht erkrankte Person vom Test irrtümlich als krank ausgewiesen wird, ist 0,04.
a) Wie groß ist die Wahrscheinlichkeit, dass eine getestete Person von dem Test als krank angezeigt wird (positives Testergebnis)?
b) Wie groß ist die Wahrscheinlichkeit, dass eine positiv getestete Person tatsächlich krank ist?
Löse die Aufgabe mit einer Vierfeldertafel (1000 Testpersonen).
Löse die Aufgabe mit einem Baumdiagramm.

7 Creme

Die folgenden Tabelle zeigt das Ergebnis einer statistischen Untersuchung einer neuen Akne-Creme.

	Creme	Placebo	gesamt
besser	800	600	1400
unverändert	400	200	600
gesamt	1200	800	2000

a) Wie groß ist die Wahrscheinlichkeit, dass unter allen Testteilnehmern eine Verbesserung der Haut eingetreten ist?
b) Bei einer Testperson ist eine Hautverbesserung eingetreten. Wie groß ist die Wahrscheinlichkeit, dass diese Person die neue Creme verwendet hat?

8 Versicherung

Eine Autoversicherung teilt ihre Versicherungsnehmer in zwei Altersgruppen ein: Die Gruppe A der Fahrer bis 24 Jahre, die Gruppe B der Autofahrer älter als 24 Jahre. Die Gruppe A macht 22 % aller Versicherungsnehmer aus. 11 % der Fahrer in Gruppe A verursachen in einem Jahr einen Unfall, in der Gruppe B sind es nur 3 %.
a) Erstelle eine Vierfeldertafel. Nimm dazu an, dass 10 000 Fahrer insgesamt versichert sind.
b) Ermittle den Anteil aller Versicherungsnehmer, die in den nächsten 12 Monaten einen Unfall verursachen.
c) Ein Versicherter hat einen Unfalls verursacht. Gib die Wahrscheinlichkeit an, dass es sich um einen jungen Fahrer handelt.

Sichern und Vernetzen – Vermischte Aufgaben zu Kapitel 5

Trainieren

1 Baumdiagramme

In dem Baumdiagramm sind alle Ergebnisse eines zweistufigen Zufallsversuches (Ziehen aus einer von drei Urnen mit farbigen Kugeln) dargestellt.
Es ist aber unvollständig beschriftet. Übertrage die Grafik in dein Heft und ergänze die fehlenden Wahrscheinlichkeiten.
Wie war die Verteilung der Kugeln am Anfang?

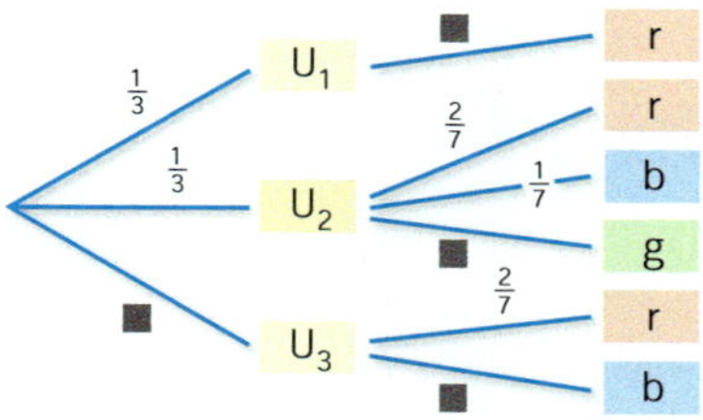

2 Vierfeldertafeln ergänzen und auswerten

Ein Sportverein hat die Abteilungen Leichtathletik, Schwimmen, Tennis und Volleyball. Die Vierfeldertafeln geben die Zugehörigkeit von Erwachsenen (Erwachs.) und Jugendlichen und Kinder (Ju. & Ki.) unterschieden nach Geschlecht (m oder w) wieder.
Ergänze jeweils die fehlenden Felder. In einem Fall gelingt dies nicht. Warum?

a) Leichtathletik

	Erwachs.	Ju. & Ki.	gesamt
männlich	25	■	■
weiblich	■	22	■
gesamt	■	48	84

b) Volleyball

	Erwachs.	Ju. & Ki.	gesamt
männlich	20	16	■
weiblich	■	■	■
gesamt	38	■	62

3 Vierfeldertafel in Prozenten

In der Tabelle sind die Anteile der Schülerinnen und Schüler angegeben, die am Schulort wohnen.

	am Ort	auswärts	gesamt
m	15 %	■	42 %
w	32 %	■	■
gesamt	■	■	100 %

a) Ergänze die Felder in der Vierfeldertafel.
b) Stelle die Daten auch mit absoluten Zahlen dar. Gehe dazu von 1000 Schülerinnen und Schülern aus.
c) Eine Schülerin bzw. ein Schüler wird zufällig ausgewählt. Wie groß ist die Wahrscheinlichkeit, dass es sich
- um einen Jungen
- um eine(n) Auswärtige(n)
- um einen Jungen handelt, wenn man weiß, dass die zufällig ausgewählte Person von auswärts kommt?

Verstehen

4 Zwillingspaare

Bei Zwillingspaaren gibt es eineiige und zweieiige Zwillinge. Eineiige Zwillinge haben dieselben Erbmerkmale, also insbesondere gleiches Geschlecht. Zweieiige Zwillinge sind mit der Wahrscheinlichkeit $\frac{1}{2}$ von gleichem Geschlecht.
Du triffst zufällig zwei Jungen, die Zwillinge sind. Wie groß ist die Wahrscheinlichkeit, dass sie eineiig sind?

6

Potenzen und Potenzfunktionen

Wenn man es mit sehr großen oder sehr kleinen Zahlen zu tun hat, die sich unserer Vorstellung entziehen, helfen Potenzen weiter. In der Raumfahrt kann das leicht vorkommen. So brauchte der Mars Exploration Rover für die rund 500 Millionen Kilometer weite Strecke zum Mars ungefähr 7 Monate. Diese Reisestrecke entspricht 12 500 Erdumrundungen. Mit Potenzen kann man das geschickt berechnen:

$$\frac{500\,000\,000\,\text{km}}{40\,000\,\text{km}} = \frac{5 \cdot 10^8}{4 \cdot 10^4} = 1{,}25 \cdot 10^4 = 12\,500.$$

6.1 Potenzen mit natürlichen Exponenten

In vielen Anwendungen kommt es vor, dass man eine Größe wiederholt mit sich selbst multiplizieren muss. Mit Potenzen kann man solche Produkte knapp darstellen und bei der Lösung von Problemen verwenden.

Verdoppele die Anzahl der Cent-Stücke von Turm zu Turm, starte mit einem Cent-Stück. Wie viele würden auf dem 5. Turm, wie viele auf dem 1000. Turm liegen?

6.2 Potenzen mit ganzzahligen Exponenten

Bei sehr kleinen Zahlen nahe Null kommen negative Exponenten ins Spiel, weil diese dann übersichtlicher dargestellt werden können. In gleicher Weise können auch sehr große Zahlen mithilfe von Zehnerpotenzen übersichtlich knapp dargestellt werden.
Auch beim Rückblick in die Vergangenheit kommen negative Exponenten ins Spiel.

Die Abbildung zeigt ein menschliches Haar und ein Nanopartikel. Um wie viel größer als das Partikel ist der Durchmesser des Haares? Wie viele Partikel ergeben die Größe eines Stecknadelkopfes? Schätze.

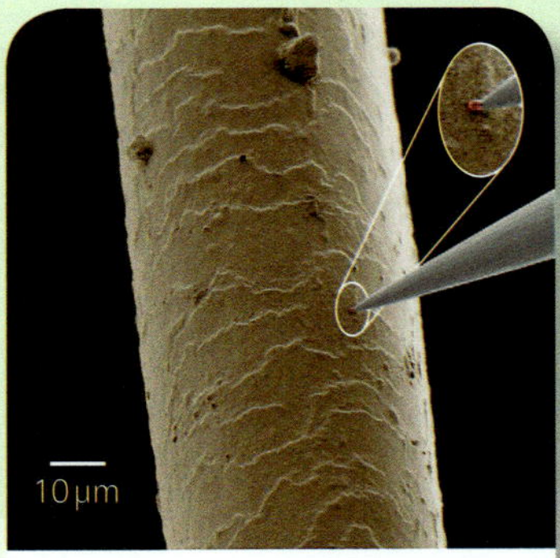

1 µm = 0,000001 m
1 nm = 0,000000001 m

6.3 Wurzeln und Potenzen mit rationalen Exponenten

Wenn man die Kantenlänge eines Würfels bei gegebenem Volumen berechnen will, braucht man neue Wurzeln. Diese entpuppen sich bei genauerem Hinsehen als Potenzen mit rationalen Exponenten. Mehr noch, man kann damit genauso rechnen wie mit den bekannten Potenzen.

Gesucht ist die Kantenlänge s eines Würfels mit dem Volumen $V = 25\,l = 25\,dm^3$. Welche Eigenschaften muss s erfüllen? Finde einen guten Näherungswert.

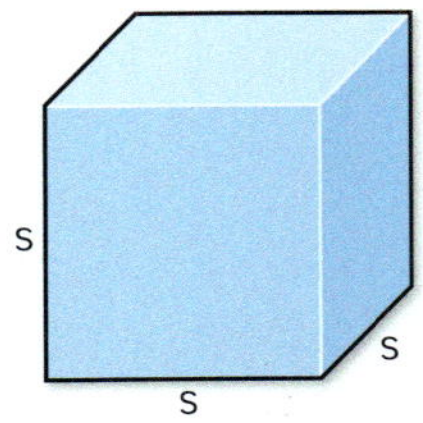

V = 25 l

6.4 Potenzfunktionen

Mit den Potenzfunktionen lernst Du eine neue Klasse von Funktionen kennen, bei denen es Besonderheiten zu entdecken gibt. So sind z. B. manche von ihnen an bestimmten Stellen nicht definiert und besitzen „Asymptoten“.

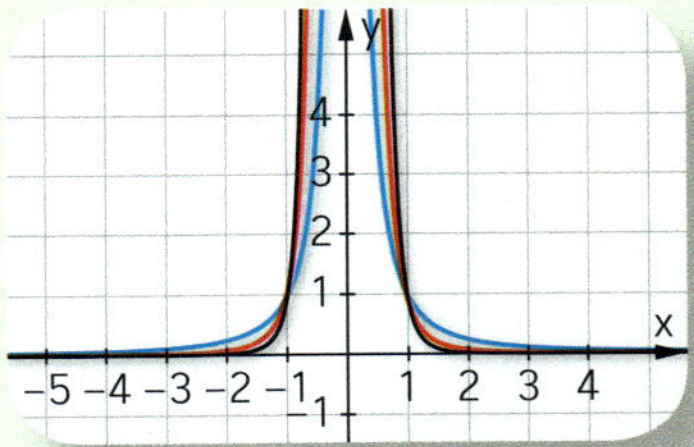

6.1 Potenzen mit natürlichen Exponenten

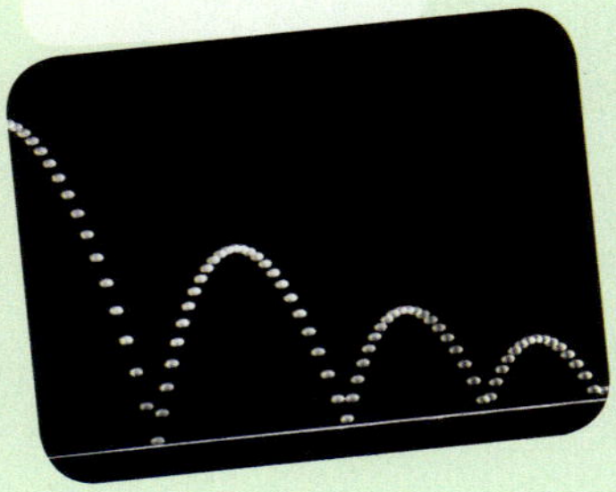

In einem Lexikon haben wir folgende Beschreibung gefunden: „Das Potenzieren ist wie das Multiplizieren seinem Ursprung nach eine abkürzende Schreibweise für eine wiederholte mathematische Rechenoperation. Wie beim Multiplizieren ein Summand wiederholt addiert wird (also z.B. $3 + 3 + 3 + 3 = 4 \cdot 3$), so wird beim Potenzieren mit einem Faktor wiederholt multipliziert. Beispiel: $3 \cdot 3 \cdot 3 \cdot 3 = 3^4$.“ Soweit alles klar? Doch wozu braucht man das? Was sind das für Situationen und Probleme, in denen wiederholt mit demselben Faktor multipliziert wird? Wie helfen die Potenzen hierbei und wie rechnet man mit ihnen?

Aufgaben

1 Ein Zahlenrätsel

Wie kann man mit drei Neunen, den üblichen Rechenzeichen und Klammern die größte Zahl bilden? Nicht geeignet sind sicher 9 + 9 + 9 oder 99 + 9. Zunächst sind vier „Kandidaten“ in der engeren Auswahl:

(A) $(9^9)^9$ (B) 9^{99} (C) 999 (D) 99^9

a) Welcher dieser vier Kandidaten ist wohl chancenlos? Begründe.
b) Erstelle eine Rangliste. Finde heraus, wie groß die Unterschiede sind.
c) Für das Finale wurde der Term $9^{(9^9)}$ nachnominiert. Hat er Chancen?

Eingabe von Potenzen im Taschenrechner: z.B. 2 [^] 10 oder 2 [y^x] 10

2 Potenzen helfen beim Abzählen

Schlösser und Kombinationen

Robert hat für seine Schwester Ida eine Spardose gebaut. Diese hat ein Sicherheitsschloss mit drei Knöpfen, wie bei einem Tresor. Jeden der drei Knöpfe kann Ida in jede der Stellungen ■, ● oder ▲ drehen. Ida soll festlegen, welches Zeichen die einzelnen Knöpfe für's Öffnen zeigen sollen. Wie viele Möglichkeiten gibt es dafür?

(A) 33 (B) 9 (C) 18 (D) 27 (E) Das kann man nicht sagen.

Wie verändern sich die Kombinationsmöglichkeiten, wenn Robert einen vierten Knopf anbringt oder pro Knopf noch eine weitere Einstellung (z. B. ♦) einbaut?

Fußball-Toto

Bei der Toto-Ergebniswette muss man den Ausgang von 13 Fußballspielen vorhersagen. Dabei tippt man ...
... eine 1 für den Sieg der Heimmannschaft,
... eine 0 für unentschieden,
... eine 2 für den Sieg der Gastmannschaft.
Luca behauptet, es gäbe $13 \cdot 3$ verschiedene Tippreihen, Rabea meint, dass es 13^3 verschiedene Tippreihen seien, und Yagmur schlägt 3^{13} vor.
Wer hat Recht? Begründe.

Aufgaben

3 Papier falten

Falte ein Papier so in der Mitte, dass zwei Lagen Papier aufeinander liegen. Falte es noch einmal. Jetzt liegen vier Lagen aufeinander.

a) Falte das Papier, so oft du kannst. Wie viele Papierlagen liegen jetzt übereinander?

b) Stelle dir vor, du könntest das Papier zwölfmal falten. Schätze, wie viele Lagen übereinander liegen, dann rechne genau. Wie hoch wäre der Papierstapel? (Nimm dein Mathebuch als Vergleich zur Hilfe.)

c) Stelle dir vor, du könntest das Papier beliebig oft falten. Wie oft müsstest du es falten, dass es vom Boden bis zur Klassendecke reicht?

4 Hüpfender Ball

Ein Ball, der aus 2 m Höhe auf den Boden fällt, springt wiederholt hoch, aber jedes Mal etwas weniger als vorher. Angenommen, nach jedem Auftreffen erreicht der Ball nur noch 75 % seiner zuletzt erreichten Höhe.

a) Wie hoch springt der Ball nach dem ersten (zweiten, ...) Aufprall? Übertrage die Tabelle in dein Heft und ergänze sie. Kannst du die Höhe nach dem 4. Aufprall auch ohne Zwischenschritte berechnen?

Nr. des Aufsprungs n	0	1	2	3	4
Höhe h(n) in m	2,00	■	■	■	■

$\cdot 0{,}75$ $\cdot 0{,}75$ $\cdot 0{,}75$ $\cdot 0{,}75$

b) Zum Weiterdenken: Was ändert sich, wenn man die Anfangshöhe ändert oder einen besser springenden Ball nimmt?

Exponent
2^3
Basis
Lies: „2 hoch 3"

Eingabe von Potenzen im Taschenrechner:

z. B. 2 [^] 3 oder 2 [y^x] 3

5 Potenzen mit dem Taschenrechner

a) Wie kommt der Taschenrechner zu den Ergebnissen? Was ist jeweils Basis, was ist Exponent?

b) Gib in deinen Taschenrechner die Terme ein: $\frac{2^3}{4}$; $\frac{2}{4^3}$; $\left(\frac{2}{4}\right)^3$.
Erläutere die unterschiedlichen Ergebnisse. Was ist hier jeweils Basis, was Exponent?

c) Setze die Reihe mit dem Taschenrechner fort. Was fällt dir auf? Bis zu welchem Schritt zeigt das Display das Ergebnis in der gewohnten Darstellung? Die Ergebnisse der folgenden Multiplikationsreihe kannst du ohne Taschenrechner aufschreiben:
100^2; 1000^2; $10\,000^2$; $100\,000^2$; ...
Wie zeigt dein Taschenrechner die Ergebnisse an?

$2*3^4$ → 162
$(2*3)^4$ → 1296
$(2^3)^4$ → 4096
$2^{(3^4)}$ → 2.417851639E24

34^2 → 1156
34^3 → 39304
34^4 → 1336336

Basiswissen

Potenzen verwendet man zur knappen und übersichtlichen Darstellung, wenn man fortgesetzt mit gleichen Faktoren multipliziert.

Potenzen mit einem natürlichen Exponenten

Ist a eine reelle Zahl und n = 1, 2, 3, … , dann gilt: $a^n = \underbrace{a \cdot a \cdot a \cdot \ldots \cdot a}_{\text{n-mal der Faktor a}}$

Exponent
6^7
Basis
Lies: „6 hoch 7“

Situation	… und Lösung mit Potenzen

Abzählstrategie

Losnummer **3 5 2 2 1 6 1**
Zum Ermitteln einer Gewinnzahl wird bei einem Glücksspiel das Glücksrad 7-mal gedreht.

Wie viele Glückszahlen sind möglich?
$\underbrace{6 \cdot 6 \cdot 6 \cdot 6 \cdot 6 \cdot 6 \cdot 6}_{\text{7 gleiche Faktoren}} = 6^7$

Es gibt 279 936 Glückszahlen.

Formeln und Gleichungen

Volumen und Oberflächeninhalt eines Würfels mit der Kantenlänge a

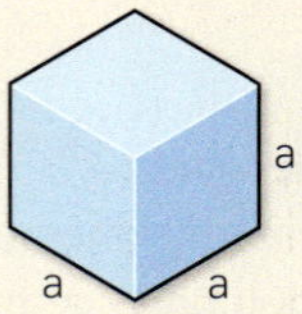

$V = a \cdot a \cdot a = a^3$
$O = 6 \cdot a^2$

Prozesse mit einer konstanten prozentualen Veränderung

Ein Ball, der aus einem Meter Höhe auf den Boden fällt, springt wiederholt hoch, aber jedes Mal etwas weniger hoch als beim vorhergehenden Aufspringen. Angenommen, nach jedem Auftreffen springt der Ball nur noch halb so hoch.

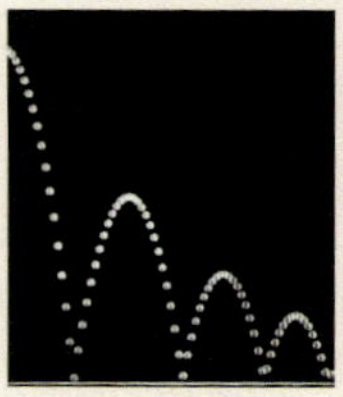

Wie hoch springt der Ball nach dem fünften Aufprall?
$H(5) = 1\,\text{m} \cdot \underbrace{0{,}5 \cdot 0{,}5 \cdot 0{,}5 \cdot 0{,}5 \cdot 0{,}5}_{\text{5 gleiche Faktoren}}$
$= 1\,\text{m} \cdot 0{,}5^5$
$\approx 0{,}031\,\text{m}$
Der Ball erreicht noch eine Höhe von etwas mehr als 3 cm.

Beispiele

A **Roboterabsatz weltweit**

Im Jahre 2015 wurden weltweit 254 000 Industrieroboter verkauft.
Wie entwickeln sich die Absatzzahlen bis 2023 bei einer jährlichen Zunahme von 5 %?
Schreibe einen Potenzausdruck für den Absatz im Jahr 2023 auf.

Lösung: $254\,000 \cdot 1{,}05^8 \approx 375\,274$

2015	2016	2017	2018	2019	2020	2021	2022	2023
254 000	266 700	280 035	294 037	308 739	324 176	340 384	357 404	375 274

· 1,05 · 1,05 · 1,05 · 1,05 · 1,05 · 1,05 · 1,05 · 1,05

Übungen

6 **Was ist größer?**

Entscheide ohne Verwendung des Taschenrechners, welche Potenz größer ist:

a) 3^4 oder 4^3 b) 2^3 oder 3^2 c) 2^4 oder 4^2

d) Begründe: Bei den Potenzen kommt es darauf an, was Basis und was Exponent ist. Beschreibe den Unterschied zur Multiplikation.

7 **Kurze Schreibweise - schnelle Eingabe**

Notiere die Terme so kurz wie möglich. Überprüfe mit dem Taschenrechner.

a) $7 \cdot 7 \cdot 7 \cdot 7 \cdot 7 \cdot 7 \cdot 7 \cdot 7$
b) $2 \cdot 2 \cdot 2 \cdot 2 \cdot 2 \cdot 2 \cdot 2 \cdot 2 \cdot 2 \cdot 2$
c) $0{,}1 \cdot 0{,}1 \cdot 0{,}1 \cdot 0{,}1 \cdot 0{,}1 \cdot 0{,}1$
d) $3 \cdot 3 \cdot 3 \cdot 3 \cdot 5 \cdot 5 \cdot 5 \cdot 5 \cdot 5$
e) $(1 + 0{,}12) \cdot (1 + 0{,}12) \cdot (1 + 0{,}12) \cdot (1 + 0{,}12)$
f) $5 \cdot 5 \cdot 5 \cdot 5 \cdot 5 + 9 \cdot 9 \cdot 9 \cdot 9$

Übungen

8 Berechnen im Kopf

a) 2^3 b) 2^{10} c) 3^3 d) 5^3 e) 2^5 f) 4^3 g) 11^2 h) 10^3 i) 10^6 j) 10^9

k) Fällt dir bei den Ergebnissen der Aufgaben h) bis j) etwas auf?

9 Untersuchung mit dem Taschenrechner

a) Für welche natürliche Zahl n wird 3^n zum ersten Mal größer als 2000?

Vgl. Beispiel A

b) Bestimme jeweils die kleinste natürliche Zahl n, mit der folgende Ungleichungen stimmen:

$4^n > 200$ $2^n > 200$ $8^n > 200$ $0{,}5^n < 0{,}1$ $0{,}5^n < 0{,}01$

10 Abzählstrategien

Problemlösen mit Potenzen

Wie viele verschiedene Möglichkeiten gibt es für ...

a) ein Passwort aus vier Buchstaben (Beispiel: XATX),

b) eine sechsstellige Zahlenkombination (Beispiel: 022638),

c) eine Kombination aus zwei Buchstaben, gefolgt von zwei Ziffern (Beispiel: ZR91)?

11 Von Level zu Level

In einem Computerspiel kann der Spieler seinen Punktestand von Level zu Level höchstens verdoppeln.

a) Beim Eintritt in Level 1 hat der Spieler 20 Punkte. Berechne den maximalen Punktestand nach Abschluss von Level 6.

b) Ändere den Anfangspunktestand so, dass nach Level 8 ungefähr 10 000 Punkte erreicht werden können.

12 Bakterienkultur

Vgl. Beispiel A

Eine Bakterienkultur wächst täglich um 20 %. Angenommen, zurzeit sind 350 Bakterien vorhanden. Wie viele werden es

a) morgen, b) in einer Woche, c) in 30 Tagen sein?

Tipp

100 % – 1,5 % = ...

13 Bevölkerungsrückgang

In einer Region nimmt die Bevölkerung jährlich um 1,5 % ab.

a) Hältst du den Rückgang für dramatisch?

b) Wie viele Menschen von den derzeit 250 000 Einwohnern leben in 25 Jahren noch in dieser Region, wenn die prozentuale Abnahme konstant bleibt? Schätze zuerst.

14 Wertverlust beim Auto

a) Familie Schneider kauft einen Neuwagen für 18 000 €. Wie groß ist der „Restwert“ ihres Pkw in zehn Jahren im günstigsten Fall und im ungünstigsten Fall? Gehe von den Angaben im Zeitschriftenartikel aus.

b) In der Zeitschrift wird auch eine Formel zum Berechnen des Zeitwertes nach zehn Jahren angegeben:

Zeitwert = Anschaffungspreis $\cdot 0{,}75 \cdot 0{,}94^9$.

Erläutere die Formel und vergleiche mit dem Ergebnis aus Aufgabe a).

Aus einer Autozeitung:

Allgemein ist davon auszugehen, dass alle Pkw nach dem ersten Jahr nach der Neuzulassung einen Wertverlust von ca. 25 % haben. Die folgenden Jahre schlagen mit etwa 5–6 % zu Buche ...

Übungen

15 Erkunden der Eigenschaften von Potenzen – Produkte und Quotienten

a) Schreibe jeden der Terme als Produkt ohne Potenzen. Schreibe dann das Ergebnis der Rechnung als Potenz mit einem Exponenten.

(1) $a^3 \cdot a^5$ (2) $a^6 \cdot a^2$ (3) $\frac{a^8}{a^4}$ (4) $(a^3)^2$ (5) $(a^4)^3$ (6) $(a^3)^4$

Formuliere eine Regel, wie man das Produkt (den Quotienten, die Potenz) von Potenzen berechnet.

b) Schreibe die Terme als Produkt von Faktoren und vereinfache mithilfe von Potenzen.

(1) $(5a^4)^3$ (2) $(a^2b^3)^2$ (3) $\left(\frac{2}{a^2}\right)^2$ (4) $\left(\frac{a^4}{b^2}\right)^3$

Formuliere eine Regel, wie man Potenzen von Produkten (Quotienten) berechnet.

16 Erkunden der Eigenschaften von Potenzen – Summen und Differenzen

Wie sieht es mit den Rechenregeln für Summen bzw. Differenzen von Potenzen aus? Überprüfe die Umformungen. Welche sind sicher falsch? Entdecke richtige Regeln.

(1) $a^2 + a^2 = a^4$ $a^2 + 2a^2 = 3a^2$ $2a^2 + a^2 = 4a^4$ $a^3 - a^2 = a$

(2) $a^2 + b^2 = (a + b)^2$ $a^2 - b^2 = (a - b)^2$ $a^2 - b^2 = b^2 - a^2$ $(a - b)^2 = (b - a)^2$

Basiswissen

Für das Rechnen mit Potenzen ergeben sich einige Rechenregeln, mit deren Hilfe du Terme oft vereinfachen kannst.

Rechenregeln für Potenzen

Für a ≠ 0, b ≠ 0 und für natürliche Exponenten m, n gilt:

Potenzen mit gleicher Basis

Regel zur Multiplikation und Division bei **gleicher Basis**

$a^m \cdot a^n = a^{m+n}$

Werden Potenzen mit gleicher Basis **multipliziert**, so werden ihre Exponenten **addiert**, die Basis bleibt unverändert.

Beispiel: $3^2 \cdot 3^4 = 3 \cdot 3 \cdot 3 \cdot 3 \cdot 3 \cdot 3 = 3^{2+4} = 3^6$

$\frac{a^m}{a^n} = a^{m-n}$

Werden Potenzen mit gleicher Basis **dividiert**, so werden ihre Exponenten **subtrahiert**, die Basis bleibt unverändert.

Beispiel: $\frac{4^5}{4^3} = \frac{4 \cdot 4 \cdot 4 \cdot 4 \cdot 4}{4 \cdot 4 \cdot 4} = 4^{5-3} = 4^2$

Potenzen mit gleichem Exponenten

Regel zur Multiplikation und Division bei **gleichem Exponenten**

$a^n \cdot b^n = (a \cdot b)^n$

Werden Potenzen mit gleichem Exponenten **multipliziert**, so werden ihre Basen **multipliziert**, der Exponent bleibt unverändert.

Beispiel: $2^3 \cdot 5^3 = (2 \cdot 5) \cdot (2 \cdot 5) \cdot (2 \cdot 5) = (2 \cdot 5)^3 = 10^3$

$\frac{a^n}{b^n} = \left(\frac{a}{b}\right)^n$

Werden Potenzen mit gleichem Exponenten **dividiert**, so werden ihre Basen **dividiert**, der Exponent bleibt erhalten.

Beispiel: $\frac{6^3}{2^3} = \frac{6 \cdot 6 \cdot 6}{2 \cdot 2 \cdot 2} = \frac{6}{2} \cdot \frac{6}{2} \cdot \frac{6}{2} = \left(\frac{6}{2}\right)^3 = 3^3$

Potenzen von Potenzen

Regel zum Potenzieren von Potenzen

$(a^m)^n = a^{m \cdot n}$

Werden Potenzen **potenziert**, so werden die Exponenten **multipliziert**.

Beispiel: $(5^4)^3 = 5^4 \cdot 5^4 \cdot 5^4 = 5^{4+4+4} = 5^{4 \cdot 3} = 5^{12}$

Beispiele

B Anwenden mehrerer Potenzregeln

a) $(a^2 \cdot b^5)^2$ b) $(a^3 + b)^2$

Lösungen:

a) Potenz von Produkten: $(a^2 \cdot b^5)^2 = (a^2)^2 \cdot (b^5)^2 = a^4 \cdot b^{10}$

b) Vorsicht! Hier wird eine Summe potenziert – binomische Formel.
$(a^3 + b)^2 = (a^3)^2 + 2a^3b + b^2 = a^6 + 2a^3b + b^2$

Übungen

17 Gleichwertige Terme

Welche Terme sind gleichwertig?

A $(3x^4) \cdot 4x$ B $24x^2$ C $(8x^2) \cdot (3x^3)$ D $(8x^2) \cdot (6x^2)$ E $12x^5$ F $48x^4$ G $24x^5$ H $(2x) \cdot (12x)$

18 Vereinfache die Produkte von Potenzen

a) $x^2 \cdot x^8$ b) $a^4 \cdot a$ c) $y^2 \cdot y^3 \cdot y$ d) $(5c) \cdot (2c)^3$
e) $(-2z^3) \cdot (-4z^5)$ f) $(4a^{10}) \cdot (-6a^4) \cdot a$ g) $(10x^3) \cdot (-x^6) \cdot (x^3)$ h) $-x^3 \cdot (-x^4)$

19 Vereinfache die Quotienten von Potenzen

a) $\frac{6r^5}{2r^3}$ b) $\frac{8x^3 \cdot y^3}{12x^2}$ c) $\frac{-(x \cdot y)^3}{(-2x \cdot y)^2}$ d) $\frac{8x^5}{4x^3}$ e) $\frac{4x^5 \cdot y^4}{6x^2}$ f) $\frac{-(a \cdot b)^3}{(-a \cdot 2b)^2}$

20 Potenzieren von Potenzen

a) $(4s^2)^3$ b) $(x^3 \cdot y^2)^2$ c) $(d^4 \cdot f)^3$ d) $(r^2 \cdot s^3 \cdot t^4)^3$ e) $(x^2(-z)^3)^5$
f) $(x^4 \cdot y)^3$ g) $(d^2 \cdot e^3 \cdot c^4)^3$ h) $(-x^5 \cdot y^2)^4$ i) $(b^2 \cdot a)^5$ j) $(3b^2 \cdot (-c)^3)^4$

21 Wahr oder falsch?

Überprüfe die Umformung und korrigiere, falls nötig.

a) $x^5 \cdot x^3 = (x^5)^3$; $b \cdot x^2 = (b \cdot x)^2$

b) $(-x)^3 = -x^3$; $(-x)^4 = x^4$

c) $\frac{p^3}{9} = \left(\frac{p}{3}\right)^3$; $\frac{2^3}{r} = \frac{8}{r^3}$; $a^4 : a = a^3$

d) $x^2 + y^2 = (x + y)^2$; $5^2 + k^2 = (5 + k)^2$

e) $n^2 + n^2 = n^4$; $n^2 + 3n^2 = 4n^2$

f) $-(s^2 \cdot t^3)^2 = -s^4 \cdot t^6$; $-2b^3 \cdot (-2b)^3 = (-2b)^6$

22 Sind die Regeln anwendbar?

Vereinfache, wenn sich die Regeln anwenden lassen, begründe andernfalls.

a) $5^6 \cdot s^6$ b) $a^6 + 2a^6$ c) $(1 + a)^5 \cdot (1 + b)^3$ d) $3^2 \cdot x^3$
e) $\frac{s^2}{t^3}$ f) $\frac{10^3}{x^3}$ g) $3a^4 + 0{,}5a^4$ h) $\frac{3^3}{2^3}$

23 Rechengesetze im Einsatz

Welches Rechengesetz wurde angewendet? Notiere jeweils einen Zwischenschritt.

a) $(4^2)^3 = 4^6$ b) $5^3 \cdot 5^4 = 5^7$ c) $\frac{2^5}{4^5} = \left(\frac{2}{4}\right)^5$ d) $\frac{3^5}{2^5} = \left(\frac{3}{2}\right)^5$
e) $(8^3)^5 = 8^{15}$ f) $\frac{6^4}{6^3} = 6$ g) $(7^{25}) \cdot (8^{25}) = 56^{25}$ h) $\frac{7r^8}{7r^6} = r^2$
i) $(3^{2a}) \cdot (3^{3a}) = 3^{5a}$ j) $(x^3)^4 = x^{12}$ k) $\frac{5y^7}{y^3} = 5y^4$ l) $\frac{x^2}{y^2} = \left(\frac{x}{y}\right)^2$

Übungen

24 Rechenregel am Würfel veranschaulichen

a) Erläutere mithilfe der Zeichnung, dass die Potenz eines Produktes dem Produkt der einzelnen Potenzen entspricht.

$$(3x)^3 = 3^3 \cdot x^3$$

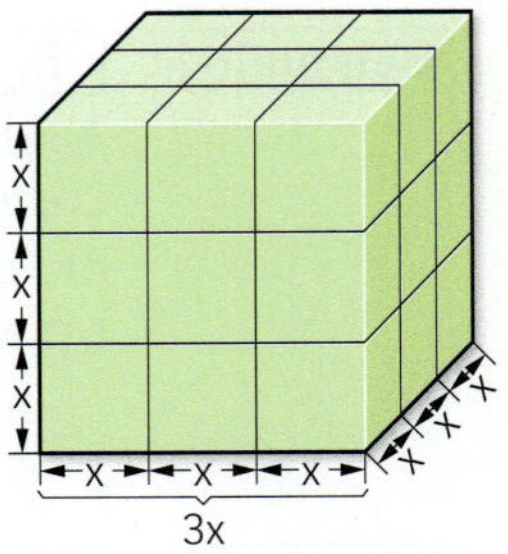

Tipp
(1) Einen Würfel mit der Seitenlänge a+b skizzieren...
(2) Zahlen für a,b einsetzen...

b) Paul, Rico und Kai versuchen, den Term $(a+b)^3$ zu vereinfachen. Wer von ihnen macht es richtig? Begründe.

Paul: $(a+b)^3 = a^3 + b^3$

Rico: $(a+b)^3 = a^3 + 3 \cdot a \cdot b + b^3$

Kai: $(a+b)^3 = a^3 + 3 \cdot a^2 \cdot b + 3 \cdot a \cdot b^2 + b^3$

25 Ausmultiplizieren und Ausklammern

Ohne Taschenrechner

Schreibe die Terme ohne Klammern durch Ausmultiplizieren.

a) $x(x + x^5)$ b) $3a^3(a^3 + a^6)$ c) $(-2y^4)(y^4 - y)$ d) $(x^2 + x^5)(x^3 - 1)$

Schreibe die Terme mit Klammern durch Ausklammern.

e) $x^3 + x^2$ f) $9a^5 - 6a^6$ g) $4x^{10} + 2x^5$ h) $y^3 - y$

26 Exponenten finden

Ohne Taschenrechner

Ersetze x durch passende Exponenten.

a) $(2^2)^x = 2^{12}$ b) $(3^x)^4 = 81$ c) $(p^q)^x = p^{6q}$ d) $(4^2)^2 = 4 \cdot 4^x$
e) $(2^x)^2 = 1024$ f) $(5^2)^x = 25$ g) $(r^{2s})^x = r^{6s}$ h) $(2 \cdot 3)^4 = 36^x$
i) $a^2 \cdot a^x = a^5$ j) $c^4 \cdot c^x = c^6$ k) $r^x : r^2 = 1$ l) $(e^5)^x = e^{10}$

27 Beweise der Potenzregeln

Beweise die Potenzregeln aus dem Basiswissen.

Ein Ansatz ist gemacht:
$a^m \cdot a^n = \underbrace{a \cdot a \cdot \ldots \cdot a}_{m\ \text{Faktoren}} \cdot \underbrace{a \cdot a \cdot \ldots \cdot a}_{n\ \text{Faktoren}} = \ldots$

28 Negative Basis

Ergänze die Tabelle mit Potenzen.
Welche Vorzeichenregel kann man aus der Tabelle ablesen? Begründe.

Basis \ Exponent	2	3	4
(-1)	■	■	■
(-2)	■	■	■
(-3)	■	■	■

29 Ist die Schreibweise eindeutig?

a) Vergleiche den Wert der Terme $(2^2)^3$ und $2^{(2^3)}$ im Kopf. Überprüfe mit dem GTR. Gib jetzt in den GTR 2^{2^3} ohne Klammern ein. Wie rechnet er, wenn keine Klammern gesetzt werden?
b) Begründe, dass der Ausdruck a^{b^c} nicht eindeutig ist. Wie geht damit der GTR um?
c) Vergleiche mit $a \cdot b \cdot c$.

30 Steckbrief

Wanted: Rechenausdruck mit dem höchsten Wert
Erlaubt: Zahlen 2, 3 und 4, Klammern und Rechenzeichen.

Übungen

31 **Volumen und Oberfläche im Würfel**

a) In welchem Verhältnis V : O steht das Volumen eines Würfels mit der Kantenlänge 1 cm (5 cm, 7 cm) zu seinem Oberflächeninhalt? Was fällt dir auf?

b) Welches Verhältnis V : O entsteht bei der Kantenlänge s?

c) Die Kantenlänge s eines Würfels wird um den Faktor a ($a>1$) größer. Wie verändert sich das Volumen (die Oberfläche, das Verhältnis V : O)?

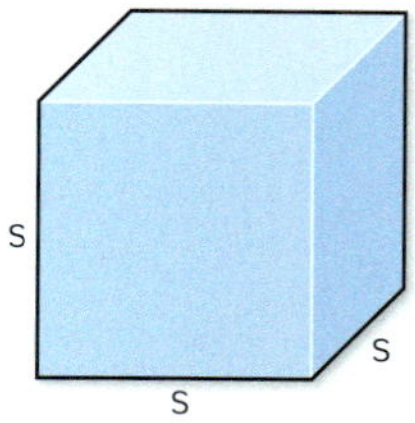

32 **Aus der Biologie: Bergmann'sche Regel**

Verdunstung und Wärmeabgabe geschieht über die Oberfläche der Haut. Zwei Tiere derselben Gattung haben etwa ähnliche Körperformen (z. B. Eidechse und Komodowaran). Welches Tier verliert weniger Wärme und Feuchtigkeit, das kleine oder das große Tier? Begründe dies mit dem Verhältnis der Oberfläche zu dem Volumen.

33 **Straßenschäden und Potenzen**

„Verkehrsexperten haben eine Formel für die Schädigung unserer Straßen durch schwere Fahrzeuge herausgefunden. Der angerichtete Schaden steigt mit der 4. Potenz des Fahrzeuggewichtes an. ... So schädigt ein einziger 10-t-Lkw die Straßen genauso stark wie 625 Pkws mit einem Gewicht von je 2 t."

a) Stimmen die Zahlen? Rechne nach und beschreibe dein Vorgehen.

b) Wie würde die Belastung der Straßen durch so genannte 60-t-Mega-Trucks aussehen?

c) Formuliere eine Regel für die Schädigung der Straßen durch schwere Fahrzeuge: „Verdoppelt sich das Gewicht, ..."

Kopfübungen

1. Die Strecke $\overline{FC}$ ist 3 Längeneinheiten lang. Begründe mit dem Satz des Thales.

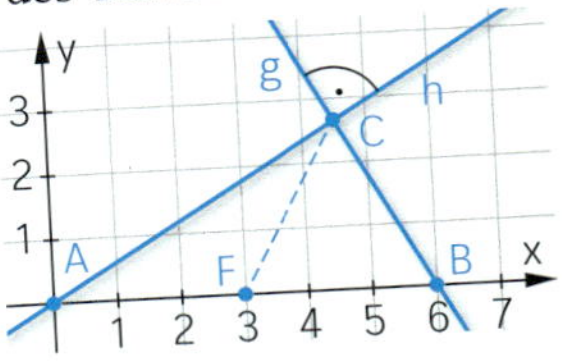

2. Setze das passende Rechenzeichen ein und berechne:
   $-7{,}5 \;\blacksquare\; -2{,}5$.   a) Summe   b) Differenz   c) Produkt   d) Quotienten
3. Ein Leergutautomat berechnet für jede zurückgegebene leere 0,7-Liter-Flasche 0,15 € und für den Kasten (ohne Flaschen) 3,30 €. Wie viel Pfand wird ausgezahlt für einen Kasten mit:
   a) 12 Flaschen   b) 8 Flaschen   c) x Flaschen?
4. Gib eine Möglichkeit an, den Flächeninhalt eines Quadrats zu vervierfachen.
5. Wahr oder falsch?
   „Das Produkt zweier irrationalen Zahlen ist immer irrational."
6. In einer Lostrommel befinden sich momentan n Nieten, t Trostpreise und h Hauptgewinne. Erstelle eine Formel zur Berechnung der Wahrscheinlichkeit für einen Hauptgewinn.
7. Ermittle die Funktionsgleichung f(x) passend zum Graphen.

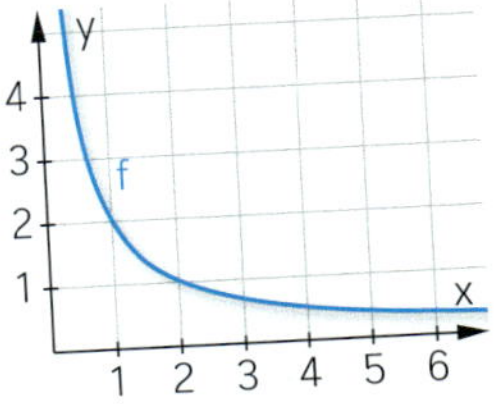

Aufgaben

34 Etwas Zahlentheorie

Zahlen der Form $2^p - 1$, bei denen p eine Primzahl ist, nennt man Mersenne-Zahlen. Sie sind benannt nach dem Mathematiker MARIN MERSENNE (1588–1648). Mathematiker interessieren sich besonders dafür, welche der Mersenne-Zahlen Primzahlen sind. Berechne die ersten fünf Mersenne-Zahlen und finde heraus, welche dieser Zahlen Primzahlen sind.

$2^{74\,207\,281} - 1$ ist die größte heute bekannte Mersenne-Primzahl. Sie wurde am 7. Januar 2016 entdeckt.

MARIN MERSENNE (1588–1648)

35 Noch etwas Zahlentheorie

PIERRE DE FERMAT war ein berühmter französischer Mathematiker, der wichtige Beiträge zur Zahlentheorie und Wahrscheinlichkeitsrechnung leistete. FERMAT interessierte sich u. a. für Zahlen der Form $2^{(2^n)} + 1$ mit n = 1, 2, 3, ... Er vermutete, dass jede dieser Zahlen, die nach ihm Fermat'sche Zahlen genannt wurden, eine Primzahl ist.

PIERRE DE FERMAT (1601–1665)

a) Erstelle eine Tabelle der Zahlen für n = 1, 2, 3, 4, 5.
Hinweis für den Taschenrechner: Beachte Klammern. Was wird beim Auswerten des Terms zuerst berechnet?

b) Du kannst schon erahnen, wie schwer es zu überprüfen ist, ob die Fermat'sche Zahl für n = 5 eine Primzahl ist. Um wie viel schwerer ist das Überprüfen der Fermat'schen Zahlen auf Teilbarkeit für n = 6, 7, ...
Übrigens, obwohl FERMAT ein großartiger Mathematiker war, war seine Vermutung falsch. Für n = 5 konnte LEONHARD EULER im Jahr 1732 zeigen, dass 641 ein Teiler der Fermat'schen Zahl ist. Ermittle mit dem Taschenrechner einen weiteren Teiler.

36 Schachbrett

Wie viele Quadrate kannst du auf dem Schachbrett entdecken?

Problemlösen durch Entdecken von Mustern

Das Problem kannst du auf verschiedene Arten lösen.

a) Lösungsweg 1: Vielleicht denkst du, dass $8 \cdot 8 = 64$ die richtige Antwort ist. Dies wäre richtig, wenn man nur an 1×1-Quadrate denkt. Es gibt aber auch 2×2-Quadrate, 3×3-Quadrate, usw. Zähle die entsprechenden Quadrate und setze die Tabelle fort.

Quadratgröße	1×1	2×2	3×3	...
Anzahl der Quadrate	$8 \cdot 8 = 64$	$7 \cdot 7 = 49$	■	■

b) Lösungsweg 2: Löse zunächst einfachere Probleme, z. B. Wie viele Quadrate entdeckst du auf einem 1×1-, 2×2-, 3×3-Schachbrett usw.?
Versuche, ein Muster zu entdecken.

Quadratgröße	1×1	2×2	3×3	...
Anzahl der Quadrate	1	1 + 4 = 5	■	■

6.2 Potenzen mit ganzzahligen Exponenten

Im Mikrokosmos muss man mit sehr kleinen Zahlen nahe Null rechnen können. Der Kern eines Kohlenstoffatoms z. B. besitzt zwölf Protonen. Jedes Proton hat in etwa eine Masse von 0,000 000 000 000 000 000 000 000 001 67 kg. Diese Zahl ist unvorstellbar klein, und dennoch rechnen Naturwissenschaftler mit diesen kleinen und noch kleineren Größen. Um solche Zahlen besser aufschreiben zu können, muss der Potenzbegriff auf negative Exponenten erweitert werden.

Aufgaben

1 Viren

Niels möchte wissen, wie groß Viren sind. Er findet im Internet folgenden Text, wird aber nicht viel schlauer. Kannst du ihm helfen und herausfinden, was 10^{-9} m bedeutet?

Viren
Viele Krankheiten werden von Viren hervorgerufen, so z. B. Schnupfen, Grippe, Masern, Röteln, Mumps, Windpocken, Hepatitis, Hirnhautentzündung usw. Viren sind außerordentlich klein.
Sie sind zwischen 20 und 300 nm (Nanometer) groß.
Ein Nanometer 10^{-9} m ist der millionste Teil eines Millimeters bzw. der milliardste Teil eines Meters.

2 Auf der Suche nach einer Definition: Bilderfolge

a) Übertrage die Bilderfolge samt Zahlen in dein Heft. Fülle die Lücken. Setze die Zahlenfolgen nach links und rechts um mindestens je zwei Schritte fort. Was stellst du fest?

b) Erkläre mit der Bilderfolge, wie sich 2^0 und 2^{-n} sinnvoll definieren lassen.

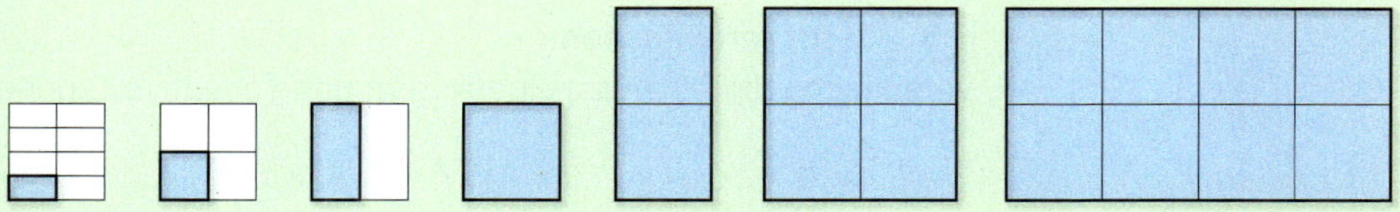

■	■	$\frac{1}{2}$	1	2	4	■
■	■	■	■	2^1	2^2	■

3 Exponent 0 oder 1 oder negativ – kann das sinnvoll sein?

a) Berechne die folgenden Terme einmal direkt und einmal mit der Potenzregel. Begründe dann, warum die Definitionen $a^0 = 1$, $a^1 = a$ und $a^{-n} = \frac{1}{a^n}$ sinnvoll sind.

(1) $\frac{2^4}{2^4}$ $\quad \frac{3^5}{3^4}$ $\quad \frac{(-2)^3}{(-2)^3}$ $\quad \frac{4^k}{4^k}$ $\quad \frac{a^{m+1}}{a^m}$

(2) $\frac{2^3}{2^5}$ $\quad \frac{5^2}{5^3}$ $\quad \frac{(-4)^2}{(-4)^4}$ $\quad \frac{2^k}{2^{k+3}}$ $\quad \frac{3^n}{3^{2n}}$

b) Berechne ohne GTR mit den Definitionen aus a):

5^0; 3^{-4}; 100^0; 100^1; 1^{-5}; 2^{-2}; $\left(\frac{1}{2}\right)^{-2}$

Basiswissen

Mit einer Tabelle kannst du veranschaulichen, welche Bedeutung negative Zahlen und die Null als Exponenten haben.

Potenzen mit negativen Exponenten und dem Exponenten 0

Wenn du in der Tabelle von einer Spalte zur nächsten gehst, dann musst du durch 5 dividieren. Beachte, dass bei jeder Division der Exponent um 1 kleiner wird.
Setzt man das „Muster" in der Tabelle fort, dann muss 5^0 den Wert 1 haben.

Potenzschreibweise	5^3	5^2	5^1	5^0	5^{-1}	5^{-2}	5^{-3}
Schreibweise mit Brüchen	125	25	5	1	$\frac{1}{5}$	$\frac{1}{25}$	$\frac{1}{125}$

(von Spalte zu Spalte jeweils : 5)

Wenn die Exponenten negativ werden, erscheint die Basis 5 im Nenner mit einem positiven Exponenten.

Damit legt man sinnvollerweise fest:
Für $a \neq 0$ und für alle ganzzahligen Exponenten n gilt:

$a^{-n} = \frac{1}{a^n}$ $\frac{1}{a^{-n}} = a^n$ $a^0 = 1$ $a^1 = a$

- 0^0 und 0^{-n} sind nicht definiert.
- Die Rechenregeln für Potenzen gelten auch für negative Exponenten und die Exponenten 0 und 1.

Beispiele

A Geschickt rechnen

a) $2^{-4} \cdot 5^{-4}$ b) $3^{-9} \cdot 3^7$ c) $(2^{-2})^{-2}$

Lösung:
Geschickt ist es häufig, zunächst die Potenzgesetze anzuwenden.

a) $2^{-4} \cdot 5^{-4} = (2 \cdot 5)^{-4} = 10^{-4} = \frac{1}{10^4} = \frac{1}{10000}$

b) $3^{-9} \cdot 3^7 = 3^{-9+7} = 3^{-2} = \frac{1}{3^2} = \frac{1}{9}$

c) $(2^{-2})^{-2} = 2^{(-2)\cdot(-2)} = 2^4 = 16$

B Term vereinfachen

Vereinfache die Terme zu einem Term ohne negative Exponenten.

a) $(a^{-2})^3 \cdot a^{-1}$ b) $x^{-3} \cdot \frac{1}{x^{-2}}$ c) $\frac{s^2 \cdot t^{-3}}{t^2 \cdot s^{-1}}$

Lösung:

a) $(a^{-2})^3 \cdot a^{-1} = a^{-2 \cdot 3} \cdot a^{-1} = a^{-6-1} = a^{-7} = \frac{1}{a^7}$

b) $x^{-3} \cdot \frac{1}{x^{-2}} = x^{-3} \cdot \frac{1}{\frac{1}{x^2}} = \frac{1}{x^3} \cdot x^2 = \frac{1}{x}$

c) $\frac{s^2 \cdot t^{-3}}{t^2 \cdot s^{-1}} = \frac{s^2}{s^{-1}} \cdot \frac{t^{-3}}{t^2} = s^{2-(-1)} \cdot t^{-3-2} = s^3 \cdot t^{-5} = \frac{s^3}{t^5}$

Übungen

4 Potenzen mit ganzzahligen Exponenten

Berechne ohne Taschenrechner, achte dabei auf das Vorzeichen und die Klammern.

a) 2^4 b) -2^4 c) $(-2)^4$ d) 2^{-4} e) $(-2)^{-4}$ f) -2^{-4}

g) 2^{-3} h) 5^0 i) 10^{-6} j) $\left(\frac{1}{3}\right)^0$ k) $\frac{1}{4^{-2}}$ l) 0^{-3}

Übungen

5 Geschicktes Rechnen

Berechne ohne Taschenrechner möglichst geschickt:

a) $2^{-1} \cdot 2^{-1}$ b) $7^2 \cdot 7^{-4}$ c) $\left(\frac{1}{3}\right)^{-1} \cdot \left(\frac{1}{3}\right)^{-2}$ d) $(-4)^{-2} : (-4)^{-3}$

e) $0{,}2^5 : 0{,}2^3$ f) $\left(\frac{2}{5}\right)^4 \cdot \left(\frac{2}{5}\right)^{-4}$ g) $0{,}5^{-3} \cdot 0{,}5^0 \cdot 0{,}5 \cdot 0{,}5^3 \cdot 2$

h) $0{,}25^3 \cdot 4^3$ i) $10^4 : 5^4$ j) $\frac{4^2 \cdot 9^2}{36^2}$ k) $(19^2)^0$

l) $(-1)^{-1}$ m) $(-3)^{-1}$

6 Ordnen

a) $(-2)^3$; -2^3; $(-3)^3$; -3^2 b) 4^2; $(-4)^2$; 2^4; -2^4 c) 2^{-2}; 3^{-3}; -2^{-2}; 2^{-3}

7 Forschungsauftrag: Kleine und große Zahlen mit dem Taschenrechner

Entdecke, wie ein Taschenrechner mit sehr großen und sehr kleinen Zahlen umgeht.

a) 2^{100} $4{,}5 \cdot 10^{15}$ $125 \cdot 1\,000\,000\,000\,000$ $0{,}02 \cdot 10^{15}$ $2000 \cdot 10^{20}$

b) 2^{-50} $250 \cdot 10^{-12}$ $0{,}000\,000\,000\,125 \cdot 1000$ $0{,}02 \cdot 10^{-15}$ $0{,}0001 \cdot 5^{-10}$

Zahlen in wissenschaftlicher Schreibweise

Bei sehr großen und sehr kleinen Zahlen verliert man in der üblichen Dezimalschreibweise leicht den Überblick. Daher werden diese Zahlen oft in der wissenschaftlichen Schreibweise mit Zehnerpotenzen dargestellt.
Bei jeder Dezimalzahl kann man das Komma so verschieben, dass nur eine Ziffer ($\neq 0$) vor dem Komma steht. Diese Zahl wird mit einer passenden Zehnerpotenz multipliziert.

$4{,}6 \cdot 10^{12} = 4\,600\,000\,000\,000$ Der **positive Exponent** der 10 gibt an, um wie viele Stellen das **Komma nach rechts** verschoben werden muss.

$2{,}5 \cdot 10^{-9} = 0{,}000\,000\,002\,5$ Der **negative Exponent** der 10 gibt an, um wie viele Stellen das **Komma nach links** verschoben werden muss.

Wissenschaftliche Schreibweise auf dem Taschenrechner

4600000000000 4.6E12

0.0000000025 2.5E-9

8 Schreibweisen

Schreibe die Zahl in wissenschaftlicher Schreibweise.

a) 304 000 000 b) −420 000 c) 20 060 d) eine Million
e) 0,00015 f) 0,00109 g) 650 000 h) 0,00000056
i) 3 000 000 j) −5,6 Millionen k) 0,0000000008 l) 800 Billionen

Schreibe die Zahl ohne Zehnerpotenzen.

m) $5{,}03 \cdot 10^3$ n) $-2 \cdot 10^6$ o) $9{,}9 \cdot 10^9$ p) $4{,}333 \cdot 10^5$
q) $1{,}4 \cdot 10^{-2}$ r) $3 \cdot 10^{-3}$ s) $-1{,}44 \cdot 10^{-4}$ t) $4 \cdot 10^{-1}$

Tipp

Wandle die Zahlen in Dezimalschreibweise um und stelle dir vor, wo sie auf der Zahlengeraden liegen.

9 Lücken füllen

Ergänze das richtige Zeichen (<, =, >).

a) $5{,}401 \cdot 10^{-3}$ ■ $9{,}99 \cdot 10^{-4}$ b) $9 \cdot 10^3$ ■ $2{,}01 \cdot 10^4$
c) $8{,}9 \cdot 10^{-5}$ ■ $1{,}4 \cdot 10^1$ d) $-8{,}2 \cdot 10^{-4}$ ■ $-5{,}5 \cdot 10^{-3}$
e) Begründe, dass es in den Beispielen a) bis d) bei dem Vergleich nur auf den Exponenten der Zehnerpotenz ankommt. Finde Beispiele, wo die Zahl vor der Zehnerpotenz bei dem Vergleich entscheidend ist.

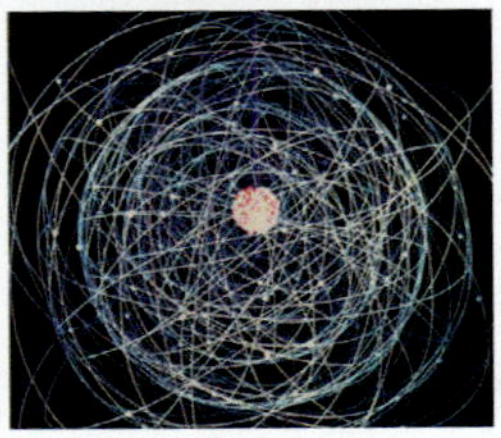

Exkurs

Zahlen im Universum:
Unsere Erde hat einen Durchmesser von $1{,}276 \cdot 10^4$ km. Die Erde ist Teil unseres Sonnensystems, das einen Durchmesser von $1{,}2 \cdot 10^{10}$ km hat. Unser Sonnensystem gehört zur Milchstraße. Sie hat einen Durchmesser von 100000 Lichtjahren, das entspricht $9{,}46 \cdot 10^{17}$ km. Das Licht legt in einer Sekunde 300000 km zurück. Ein Lichtjahr ist die Entfernung, die das Licht in einem Jahr zurücklegt.

Mikrokosmos:
Kohlenstoffatome sind mit einem Durchmesser von etwa $1{,}4 \cdot 10^{-10}$ m unvorstellbar klein. Könnte man sie aneinander legen, bräuchte man über 7 Millionen Stück, um eine Kette von 1 mm Länge zu erhalten. Der Durchmesser des Atomkerns beträgt weniger als 0,005 % der Atomgröße. Bis heute konnte nachgewiesen werden, dass die Elektronen der Atomhülle nochmals mindestens um den Faktor 10000 kleiner sein müssen als der Kern. Wie viele Nullen nach dem Komma hätte ihr Durchmesser in Metern mindestens?

Übungen

10 Zahlen im Mikrokosmos und im Universum

a) Das Proton hat eine Masse von ca. 0,000 000 000 000 000 000 000 000 001 67 kg. Die Ruhemasse eines Elektrons macht etwa $\frac{1}{1836}$ der Masse des Protons aus. Bestimme die ungefähre Masse des Elektrons in kg.

b) Die Galaxie, zu der unser Sonnensystem gehört, hat einen Durchmesser von ca. 100000 Lichtjahren. Ein Lichtjahr ist die Entfernung, die das Licht in einem Jahr zurücklegt. Licht legt pro Sekunde fast $3 \cdot 10^8$ m zurück. Berechne den Durchmesser der Milchstraße in km.

spiralförmige Galaxie

11 Sterne im Universum

Jessica bereitet ein Referat über das Weltall vor. Dazu möchte sie die ungefähre Anzahl der Sterne im Universum angeben. In einem Lexikon liest sie, dass Astronomen die Anzahl der Galaxien im Weltall auf ungefähr 125 Milliarden schätzen. Im Internet findet Jessica, dass die Milchstraße aus ungefähr 100 Milliarden Sternen besteht. Dies entspricht der durchschnittlichen Anzahl der Sterne in Galaxien.
Berechne mit diesen Daten schätzungsweise die Anzahl der Sterne im Universum. Wie viele Stellen hat das Ergebnis? Schreibe in wissenschaftlicher Schreibweise.

12 Mit dem Rennwagen zur Sonne

a) Licht legt im Vakuum in 1 Sekunde etwa $3 \cdot 10^8$ m zurück. Ein Lichtjahr ist die Strecke, die das Licht in einem Jahr zurücklegt. Wie viele Kilometer umfasst ein Lichtjahr?

b) Die mittlere Entfernung Erde-Sonne beträgt ca. 150 Millionen Kilometer.
Die Klasse 10b soll die Entfernung in wissenschaftlicher Schreibweise notieren. Hier ein paar Vorschläge:

(1) $150 \cdot 10^6$ km (2) $1{,}5 \cdot 10^{11}$ km (3) $15 \cdot 10^{10}$ km

(4) $1{,}5 \cdot 10^8$ km (5) $150 \cdot 10^8$ km (6) $15 \cdot 10^6$ km

Welche Darstellungen geben die Entfernung richtig an? Welche entsprechen der wissenschaftlichen Notation?

c) Stell dir vor, man könnte mit einem Formel-1 Rennwagen (Spitzengeschwindigkeit v = 300 km/h) zur Sonne fahren. Schätze zunächst, wie lange die Reise wohl dauern würde. Rechne dann mit Zehnerpotenzen.

Übungen

13 Wie groß sind Nanoteilchen?

Aus dem Lexikon: „*Nanopartikel* oder *Nanoteilchen* bezeichnen einen Verbund von wenigen bis einigen tausend Atomen oder Molekülen. Der Name bezieht sich auf ihre Größe, die typischerweise bei 1 bis 100 Nanometer (1 nm–100 nm) liegt."

> **Nanoteilchen haben Zukunft**
> *Nano*-Kosmetik, *Nano*-Farbe, *Nano*-Autowäsche: „*Nano*" ist längst ein Markt. ... Die Wissenschaftler untersuchen die *Nanoteilchen* – ...

a) Informiere dich darüber, wie groß 1 Nanometer in Metern ist.
b) Wie groß sind Nanoteilchen in Metern, angegeben in Dezimalschreibweise und in wissenschaftlicher Schreibweise?
c) Fertige ein Kurzreferat zu dem Thema „Chancen und Risiken von Nanoteilchen" an.

Exkurs

Von Piko bis Tera

Sehr große und sehr kleine Maßzahlen werden durch Vorsilben vor der Maßeinheit ausgedrückt, die eine bestimmte Zehnerpotenz bezeichnen:

m	Milli	=	10^{-3}	=	0,001	=	tausendstel
µ	Mikro	=	10^{-6}	=	0,000 001	=	millionstel
n	Nano	=	10^{-9}	=	0,000 000 001	=	milliardstel
p	Piko	=	10^{-12}	=	0,000 000 000 001	=	billionstel
T	Tera	=	10^{12}	=	1 000 000 000 000	=	Billion
G	Giga	=	10^{9}	=	1 000 000 000	=	Milliarde
M	Mega	=	10^{6}	=	1 000 000	=	Million
k	Kilo	=	10^{3}	=	1 000	=	Tausend

14 Sehr kleine Längen

Gib die Maße in Metern an (wissenschaftliche und Standardschreibweise).
In welchem Größenverhältnis stehen die Maße zueinander?

Haardicke	70 µm
Nanofasern	ca. 50 nm
Radius des Wasserstoffatoms	37 pm

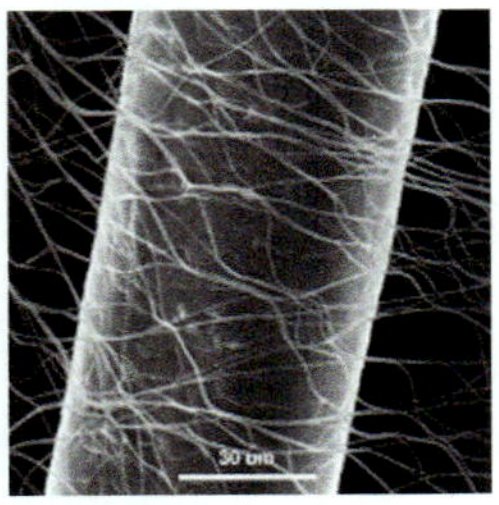

Nanofasern (quer verlaufend) im Vergleich zu einem menschlichen Haar (senkrecht) unter dem Elektronenmikroskop

15 Inflation

Angenommen, die jährliche Inflation hat in den letzten 5 Jahren jeweils 2 % betragen. Ein Fahrrad kostet heute 300 €.
a) Begründe, dass $300 \cdot 1{,}02^n$ eine passende Formel für die Kosten des Fahrrades ist (n: Zeit in Jahren).
b) Wie teuer war das Fahrrad vor 3 Jahren?
c) Wie teuer wird es in 3 Jahren sein, wenn die Inflation gleich bleibt?
d) Deute den Term $300 \cdot 1{,}02^0$ im Sachzusammenhang.

16 Sparen für die Zukunft

Herr Peters möchte in 10 Jahren 45 000 Euro gespart haben. Wie viel Geld muss er heute anlegen, damit er das Geld zusammenbekommt? Er erhält pro Jahr 3 % Zinsen. Drücke deine Rechnung auch mit einer negativen Potenz aus.

Übungen

17 Terme vereinfachen 1

Vereinfache die Terme. Die Ergebnisse sollen nur positive Exponenten enthalten.

a) $\frac{x^4\cdot x^{-4}}{x^4}$ b) $\frac{a^3\cdot b^5}{a\cdot b^6}$ c) $\frac{r}{r^{-5}}$ d) $\frac{3x^3\cdot z^{-3}}{27x^5\cdot z^3}$ e) $\frac{6a^4\cdot b^{-2}}{72a^7}\cdot b^{-5}$

f) $-5a^{-6}$ g) $\frac{x^4}{y^{-6}}$ h) $a\cdot a^{-1}$ i) $\frac{f^7\cdot f^{-7}}{f^2}$ j) $\frac{-6p^{-5}}{p^{-7}}$

k) $-b^{-1}\cdot b^{-2}$ l) $(a^2\cdot b^{-5})^0$ m) $\frac{5a^9\cdot b^{-3}}{10a^{-1}\cdot b^5}$ n) $\frac{27a^{-4}\cdot b^{-1}}{9a^{-1}\cdot b^{-4}}$ o) $\frac{(a^{-2}\cdot b^3)^{-1}}{(a\cdot b)^{-2}}$

p) $\left(\frac{2}{5}\right)^{-2}$ q) $(3^2)^{-4}$ r) $(2a^3\cdot b^{-2})^3$ s) $(2a^3\cdot b^{-2})^{-3}$ t) $\left(\frac{x^3}{y^5}\right)^{-1}$

18 Terme vereinfachen 2

Fasse die Terme zusammen.

a) $a^{-2}\cdot a^{x+2}$ b) $y^{-2a}\cdot y^{3a}$ c) $2^{x+3}\cdot 2^{2x-1}$ d) $\frac{a^{3b+1}}{a^{2b}}$ e) $\frac{x^{y-5}}{x^{y+3}}$

f) $6a^0\cdot b^{-2}$ g) $3^{-x+1}\cdot 3^x$ h) $a^{-x}\cdot a^{-x-1}$ i) $\frac{t}{t^{2s}}$ j) $(b^{-y})^{-2}$

19 Eine Behauptung

Behauptung: Der Term $\left(\frac{a}{b}\right)^{-n}$ ist der Kehrbruch zu $\left(\frac{a}{b}\right)^{n}$.

a) Überprüfe die Behauptung an mehreren Beispielen.

b) Beweise die Behauptung.

Tipp

$\left(\frac{a}{b}\right)^{-n} = \frac{a^{-n}}{b^{-n}}$

20 Begründungen

Laut Basiswissen sind 0^0 und 0^{-n} nicht definiert.

Begründe, warum die beiden Terme nicht definiert sind.

0^0 ?

0^{-3} ?

Tipp

$\frac{4}{\sqrt{4}} + 4 + 4$

21 Etwas zur Auflockerung – für Kreative

Schreibe so viele Terme wie möglich mit genau vier Vieren auf, deren Berechnung Ergebnisse zwischen 1 und 10 liefert. Wer findet die meisten Terme?

Kopfübungen

1. Welche besonderen Vierecke sind achsensymmetrisch bezüglich einer Diagonale?
2. Ergänze: Die Drahtlänge ist ■-mal so lang wie die Strecke $\overline{AB}$.

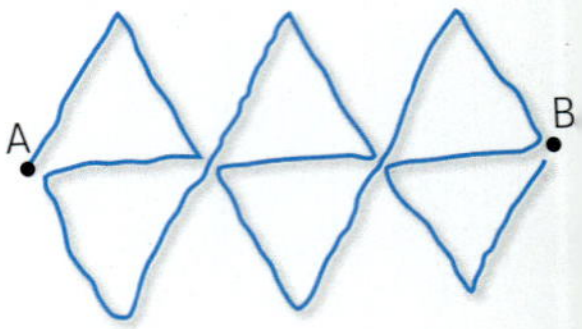

3. Das Volumen eines Würfels beträgt 70 cm³. Gib die Kantenlänge a exakt und näherungsweise auf 1 cm genau an.
4. Bestimme die Innenwinkelsumme der Figur, ohne zu messen.

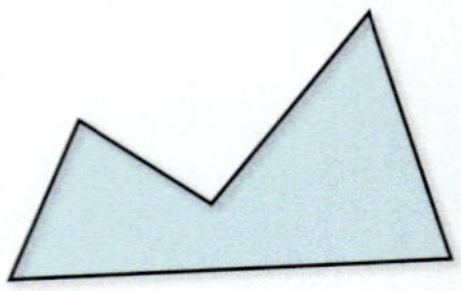

5. Notiere die Aussage mit mathematischen Symbolen:
   a) n liegt auf der Zahlengeraden rechts von -3,
   b) d ist nicht negativ,
   c) c beträgt mindestens -10 und höchstens -5.
6. Marco und Miriam werfen gleichzeitig zwei Münzen.
   - Fallen zwei Wappen, gewinnt Marco einen Punkt.
   - Fallen Zahl und Wappen, gewinnt Miriam einen Punkt.

   Wer hat beim nächsten Wurf mit zwei Münzen die größere Gewinnwahrscheinlichkeit?
7. Gib zwei lineare Funktionen an, die sich im II. Quadranten schneiden. Kannst du den Schnittpunkt angeben?

6.3 Wurzeln und Potenzen mit rationalen Exponenten

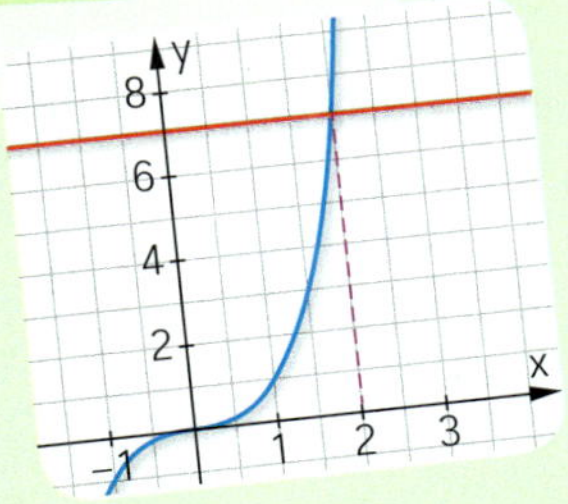

Potenzen und Wurzeln haben viel miteinander zu tun. Eine Gleichung wie $x^5 = 7$ stellte über Jahrtausende eine unlösbare Herausforderung dar. Die gesuchte Zahl x ist jedenfalls eine Zahl, die fünfmal mit sich selbst multipliziert, die Zahl 7 ergibt. Für diese Zahl schreibt man kurz: $x = \sqrt[5]{7}$ (fünfte Wurzel aus 7). Vielleicht kann man $\sqrt[5]{7}$ auch als eine Potenz von 7 schreiben: $\sqrt[5]{7} = 7^p$?

Aufgaben

1 Kantenlänge gesucht

a) Ein Würfel der Kantenlänge a soll ein Volumen von 1000 l besitzen. Welche Kantenlänge muss der Würfel haben?

b) Der Würfel soll jetzt ein Volumen von 100 l besitzen. Schätze, welche Kantenlänge der Würfel haben muss. Überprüfe mit dem Taschenrechner deinen Schätzwert. Gib die Kantenlänge auf Millimeter genau an.

c) Beschreibe die Kantenlänge, wenn der Würfel ein Volumen von n Litern hat.

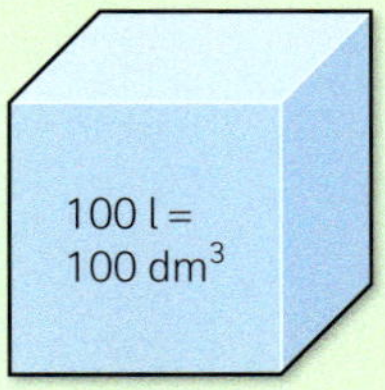

2 Brüche als Exponenten

a) Die Bedeutung von Potenzen mit ganzzahligen Exponenten ist dir sicher noch bekannt. Zur Erinnerung: Was versteht man unter a^n, wenn n eine natürliche Zahl ist? Was versteht man unter a^0 und a^{-n} für den Fall $a \neq 0$?

b) Sind Brüche als Exponenten sinnvoll? Mathematiker haben z. B. definiert, was $5^{\frac{1}{3}}$ bedeutet. Ergänze die Überlegungen, die Mathematiker angestellt haben, und du findest, wie $5^{\frac{1}{3}}$ definiert ist.

c) Überlege auf dieselbe Weise wie in Aufgabe b, wie man entsprechend $5^{\frac{1}{4}}$ und $5^{\frac{1}{n}}$ definieren könnte.

d) Finde in gleicher Weise eine Definition für $a^{\frac{m}{n}}$.

$\left(5^{\frac{1}{3}}\right)^3 = 5^{\frac{1}{3}} \cdot 5^{\frac{1}{3}} \cdot 5^{\frac{1}{3}}$

$\left(5^{\frac{1}{3}}\right)^3 = 5^{\frac{1}{3} \cdot 3} = 5^1 = 5$

$5^{\frac{1}{3}}$ ist die Zahl ...

$a^{\frac{m}{n}} = \left(a^{\frac{1}{n}}\right)^m$

3 Lösen von Potenzgleichungen

Potenzfunktionen wirst du in 6.4 genauer untersuchen.

a) Finde die Lösungen der folgenden Potenzgleichungen.

(1) $x^3 = 8$ (2) $x^2 = -9$ (3) $x^4 = 10000$ (4) $x^5 = -32$

Bei welchen Gleichungen gibt es eine, zwei, keine Lösung? Begründe.

b) Potenzgleichungen können auch grafisch gelöst werden. Zu jeder der Gleichungen (1) bis (4) gehört eine Abbildung. Ordne richtig zu und begründe.

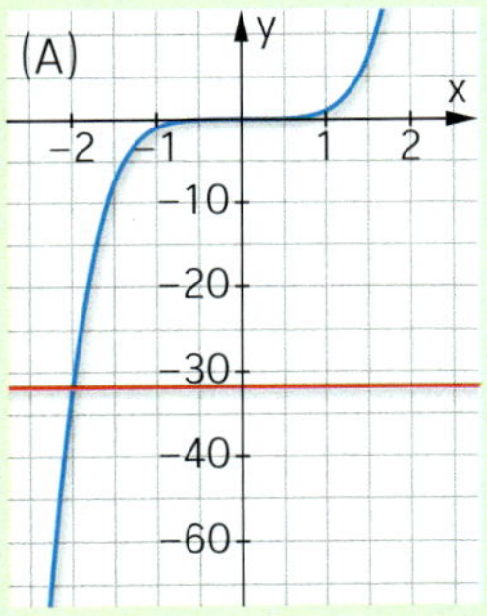

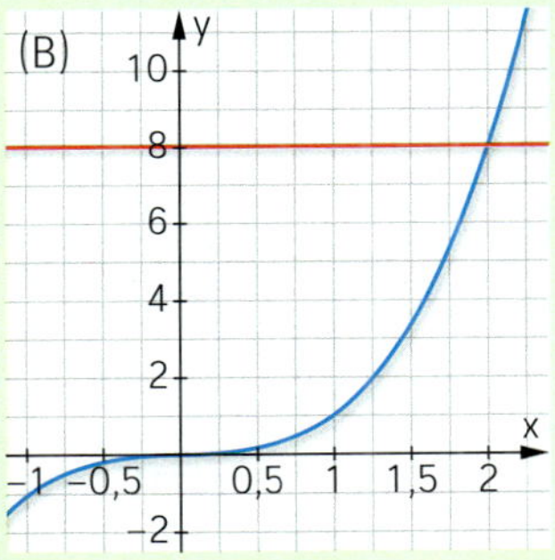

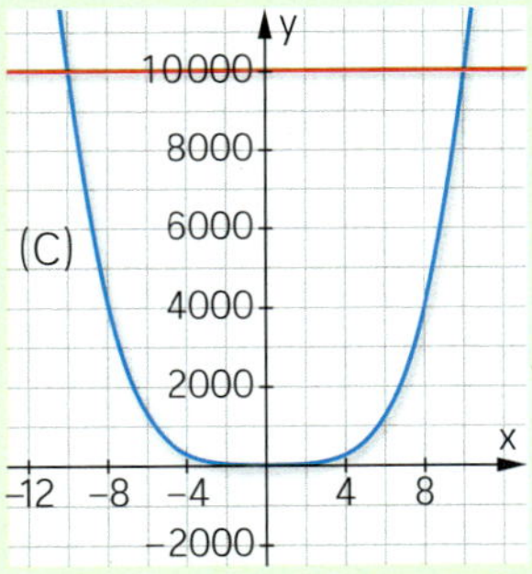

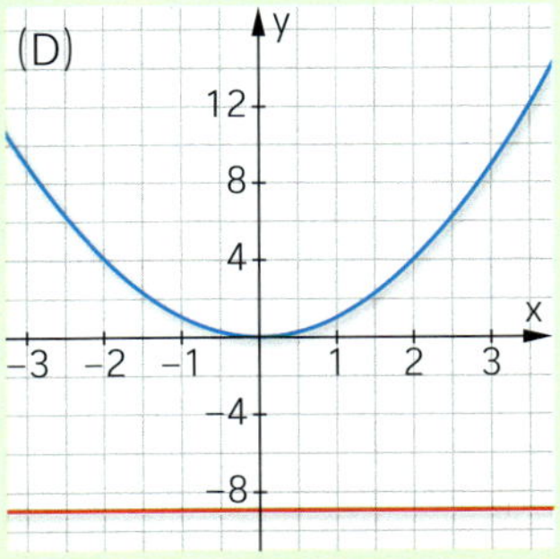

Basiswissen

Bei einer Reihe von Problemen sind die Lösungen Zahlen, die, dreimal (viermal usw.) miteinander multipliziert, einen vorgegebenen Wert ergeben sollen. Diese Zahlen kann man als Potenzen mit rationalen Exponenten oder mit Wurzeln beschreiben.

$\sqrt[2]{b}$ ist die Zahl, die quadriert b ergibt. Statt $\sqrt[2]{b}$ schreibt man kurz $\sqrt{b}$.

Die n-te Wurzel

Für eine positive Zahl, die mit n potenziert, **a** ergibt, schreibt man $\sqrt[n]{a}$ und sagt: „n-te Wurzel aus a.“ a heißt Radikand.
Es gilt: $\left(\sqrt[n]{a}\right)^n = a$ für $a > 0$
Die Wurzel aus negativen Radikanden ($a < 0$) wird nicht definiert. (siehe Aufgabe 14)
Sonderfall: $\sqrt[n]{0} = 0$

Potenzen mit rationale Exponenten

Für alle positiven reellen Zahl a und natürlichen Zahlen n mit $n \neq 0$ gilt:
(1) $a^{\frac{1}{n}} = \sqrt[n]{a}$
(2) Ist m eine Zahlen, dann ist $a^{\frac{m}{n}} = a^{m \cdot \frac{1}{n}} = \sqrt[n]{a^m}$ bzw. $a^{\frac{m}{n}} = a^{\frac{1}{n} \cdot m} = \left(\sqrt[n]{a}\right)^m$
Die Potenz- und Wurzelgesetze gelten auch für n-te Wurzeln und rationale Exponenten.

Die Potenzgleichung $x^n = b$

	n gerade		n ungerade	
	$b \geq 0$	$b < 0$	$b \geq 0$	$b < 0$
Beispiel	$x^4 = 100$ $x_1 = \sqrt[4]{100} \approx 3{,}16$ $x_2 = -\sqrt[4]{100} \approx -3{,}16$	$x^6 = -80$ keine Lösung	$x^3 = 200$ $x = \sqrt[3]{200} \approx 5{,}85$	$x^5 = -10$ $x = -\sqrt[5]{10} \approx 1{,}58$
allgemein	$x^n = b$ $x_1 = \sqrt[n]{b}$ $x_2 = -\sqrt[n]{b}$ Für $b = 0$ gilt $x = 0$	$x^n = b$ keine Lösung	$x^n = b$ $x = \sqrt[n]{b}$	$x^n = b$ $x = -\sqrt[n]{-b}$

grafisch

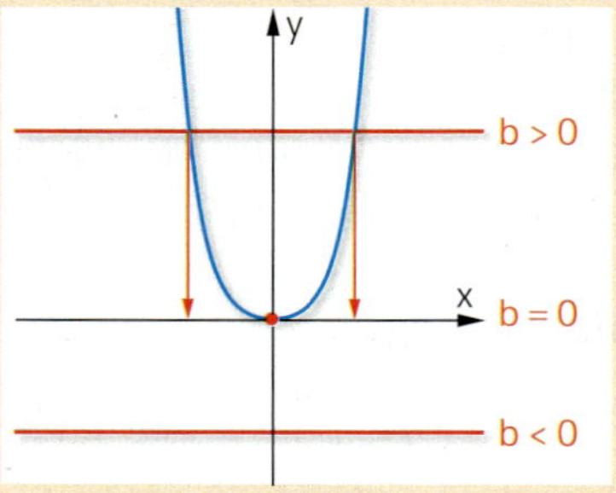

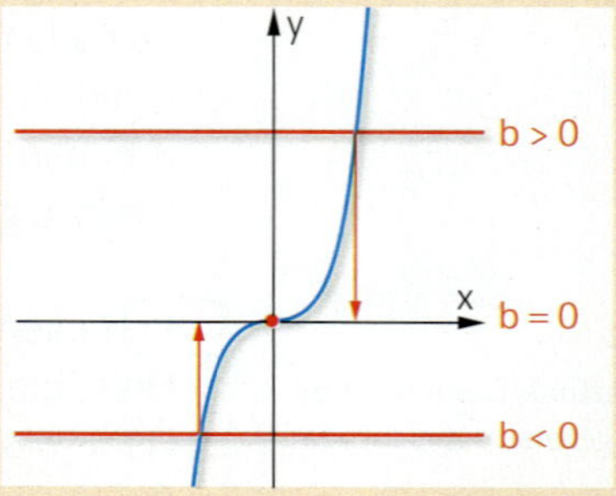

Die Graphen von $y = x^n$ werden in 6.4 genauer untersucht.

Beispiele

A Mit Hand und Technologie

Berechne per Hand und überprüfe mit dem TR. a) $\sqrt[4]{16}$ b) $\sqrt[3]{27^4}$

Lösung:

Strategie: Schreibe die n-te Wurzel als Potenz mit einem passenden Bruch im Exponenten. Wende dann die Potenzgesetze an.

a) $\sqrt[4]{16} = 16^{\frac{1}{4}} = (2^4)^{\frac{1}{4}} = 2^1 = 2$

b) $\sqrt[3]{27^4} = 27^{\frac{4}{3}} = \left(\sqrt[3]{27}\right)^4 = 3^4 = 81$

```
16^(1/4)
                    2
⁴√16
                    2
27^(4/3)
                   81
³√27⁴
                   81
```

Beispiele

B Nachweis auf zweierlei Art

Zeige, dass 7 die 7. Wurzel aus 823543 ist.

Lösung mit Taschenrechner: (1) $7^7 = 823543$ (2) $\sqrt[7]{823543} = 823543^{\frac{1}{7}} = 7$

C Rationale Exponenten sind sinnvoll

Was bedeutet $8^{0,4}$? Gib einen Näherungswert an.

Lösung:

Wandle zunächst die Dezimalzahl im Exponenten in einen Bruch um und wende dann die Potenzgesetze an: $8^{0,4} = 8^{\frac{2}{5}} = (8^2)^{\frac{1}{5}} = \sqrt[5]{64} \approx 2{,}2974$.

D Potenzrechenregeln und Regeln für das Rechnen mit Wurzeln

Berechne mit den Potenzrechenregeln und den Regeln für das Rechnen mit Wurzeln. Vergleiche.

a) $a^{\frac{2}{3}} \cdot a^{\frac{1}{3}}$ b) $\left(a^{\frac{1}{3}}\right)^6$

Lösung:

a) $a^{\frac{2}{3}} \cdot a^{\frac{1}{3}} = a^{\frac{2}{3}+\frac{1}{3}} = a$

$a^{\frac{2}{3}} \cdot a^{\frac{1}{3}} = \sqrt[3]{a^2} \cdot \sqrt[3]{a} = \sqrt[3]{a^2 \cdot a} = \sqrt[3]{a^3} = a$

b) $\left(a^{\frac{1}{3}}\right)^6 = a^{\frac{6}{3}} = a^2$

$\left(a^{\frac{1}{3}}\right)^6 = \left(\sqrt[3]{a}\right)^6 = \left(\sqrt[3]{a}\right)^3 \cdot \left(\sqrt[3]{a}\right)^3 = a \cdot a = a^2$

Die Ergebnisse stimmen jeweils überein.

Übungen

4 Training im Kopfrechnen

a) $16^{\frac{1}{2}}$ b) $625^{\frac{1}{4}}$ c) $1000^{\frac{1}{3}}$

d) $27^{\frac{2}{3}}$ e) $25^{\frac{3}{2}}$ f) $36^{-\frac{3}{2}}$

Tipp

Schreibe die Basis als Potenz.

5 Training mit dem Taschenrechner

Informiere dich, wie man mit deinem Taschenrechner n-te Wurzeln berechnen kann. Berechne dann und überprüfe durch Potenzieren, ob deine Ergebnisse korrekt sind.

a) $\sqrt[5]{16}$ b) $\sqrt[3]{2}$ c) $\sqrt[4]{10}$ d) $\sqrt[6]{0{,}25}$

e) $\sqrt[10]{10}$ f) $\sqrt[7]{500}$ g) $\sqrt[3]{12{,}3}$ h) $\sqrt[4]{\frac{5}{4}}$

i) $\sqrt[3]{0{,}4}$ j) $\sqrt[4]{16{,}4}$ k) $\sqrt[5]{0{,}09}$ l) $\sqrt[3]{\frac{3}{8}}$

Tipp

$\sqrt[5]{16} \approx 1{,}7411$

Probe:

$1{,}7411^5 \approx 16$

6 Gleichungen lösen

Gib jeweils die exakten Lösungen und Näherungen auf zwei Nachkommastellen an.

a) $x^4 = 20$ b) $x^7 = -100$ c) $0{,}4x^4 = 250$

d) $0{,}1x^5 = 4$ e) $3{,}2x^2 = -2$ f) $-3x^3 = -81$

g) $5b^4 + 30 = 100$ h) $3z^2 + 40 = 20$ i) $-4y^5 + 12 = 6y^5 - 88$

7 Produkte und Quotienten von Wurzeln

Vereinfache nach folgendem Beispiel: $\sqrt[4]{3} \cdot \sqrt[4]{27} = \sqrt[4]{3 \cdot 27} = \sqrt[4]{81} = \sqrt[4]{3^4} = 3$.

a) $\sqrt[3]{2} \cdot \sqrt[3]{4}$ b) $\sqrt[3]{12} \cdot \sqrt[3]{18}$ c) $\sqrt[4]{3} : \sqrt[4]{3}$ d) $\sqrt[5]{16} \cdot \sqrt[5]{2}$ e) $\sqrt[6]{9} : \sqrt[6]{81}$

8 Produkte und Quotienten von Potenzen – Berechne ohne TR

a) $3^{\frac{1}{2}} \cdot 12^{\frac{1}{2}}$ b) $\frac{2^{\frac{1}{5}}}{64^{\frac{1}{5}}}$ c) $25^{\frac{3}{8}} \cdot 25^{\frac{5}{8}}$ d) $16^{\frac{2}{3}} \cdot 2^{-\frac{2}{3}}$ e) $\frac{8^{-\frac{2}{3}}}{64^{-\frac{1}{2}}}$

9 Dezimalzahlen als Exponenten

a) $4^{0,5}$ b) $32^{0,2}$ c) $81^{0,25}$ d) $256^{0,125}$ e) $625^{0,25}$ f) $1024^{0,7}$

Tipp

Verwandle den Exponenten in einen Bruch.

Übungen

10 **Wurzelziehen und Potenzen**

Wurzeln, in deren Radikanden Potenzen stehen, kann man oft vereinfachen. Entdecke eine Regel, indem du die Wurzeln vereinfachst. Übrigens, eine der Wurzeln lässt sich nicht vereinfachen.

> **Tipp**
> $\sqrt[3]{a^6} = a^{\frac{6}{3}} = a^2$

a) $\sqrt[4]{a^{12}}$ b) $\sqrt[3]{x^{36}}$ c) $\sqrt[7]{y^7}$ d) $\sqrt[10]{s^{-20}}$ e) $\sqrt[4]{27\,c^9}$ f) $\sqrt[4]{256\,b^{-4}}$

11 **Fehler gesucht**

Was wurde hier falsch gemacht? Korrigiere mithilfe von rationalen Exponenten.

a) $\sqrt[3]{a} \cdot \sqrt[4]{a} = \sqrt[12]{a}$ b) $\frac{\sqrt[3]{a^5}}{\sqrt[3]{a^2}} = a^3$ c) $\sqrt[3]{64 + 27} = 4 + 3 = 7$

12 **Werte gesucht**

Bestimme jeweils x so, dass gilt:

a) $(a^x)^2 = a$ b) $x^2 = a^6$ c) $(a^x)^3 = a$ d) $(a^x)^n = a$

13 **Schwierige Ausdrücke**

Mithilfe von rationalen Exponenten kann man selbst schwierige Rechenausdrücke vereinfachen. Vergiss nicht, die Regeln für das Rechnen mit Potenzen anzuwenden.

> **Tipp**
> $\sqrt[5]{a^4} \cdot \sqrt[10]{a^7}$
> $= a^{\frac{4}{5}} \cdot a^{\frac{7}{10}}$
> $= a^{\frac{4}{5} + \frac{7}{10}} = a^{\frac{8}{10} + \frac{7}{10}} = a^{\frac{15}{10}}$
> $= a^{\frac{3}{2}} = \sqrt{a^3}$

a) $\sqrt[5]{x^4} \cdot \sqrt[10]{x^2}$ b) $\sqrt[3]{a^2} \cdot \sqrt[6]{a}$ c) $\sqrt[6]{a^5} : \sqrt[3]{a^2}$

d) $\left(\sqrt[5]{b^2}\right)^{10}$ e) $\sqrt[6]{\sqrt[4]{x^3}}$ f) $\sqrt[4]{(a^2)^{-1}}$

14 **Genau hingeschaut**

Die Wurzel aus negativen Radikanden ist nicht definiert (siehe Basiswissen). Nebenstehend findest du den ersten Teil einer Begründung dafür, dass diese Vereinbarung sinnvoll ist.

> Angenommen $\sqrt[3]{(-8)} = -2$.
> Dann ist $\sqrt[6]{(-8)^2} = -2$.
> Hieraus folgt $\sqrt[6]{64} = -2$.
> ....

a) Wie wird die Argumentation begonnen?

b) Setze die Argumentation fort und zeige, dass es nicht sinnvoll ist, Wurzeln für negative Radikanden zu definieren.

Kopfübungen

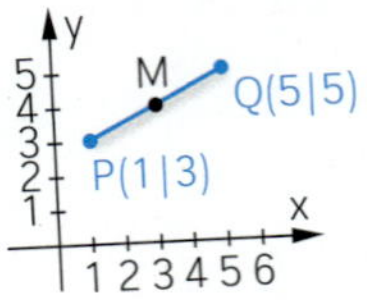

1. Berechne die Länge der Strecke $\overline{PQ}$ und die Koordinaten des Mittelpunktes M.
2. Wie viele Lösungen kann eine lineare, wie viele eine quadratische Gleichung haben? Begründe.
3. Die große MAGELLAN'sche Wolke ist unsere Nachbargalaxie. Sie ist von der Erde 170 000 Lichtjahre entfernt. Wie viele Kilometer sind dies? Informiere dich über „Lichtjahr“ (siehe Exkurs auf Seite 184).
4. Bestimme die Winkelsumme im Vier- (Fünf-, Sechs- und n-)Eck.
5. Gib zwei verschiedene irrationale Zahlen so an, dass deren Quotient rational ist.
6. Erkläre, was P (a | b) bedeutet.
7. Bestimme alle Nullstellen der Funktion $f(x) = 3 \cdot x \cdot (x + 2)$.

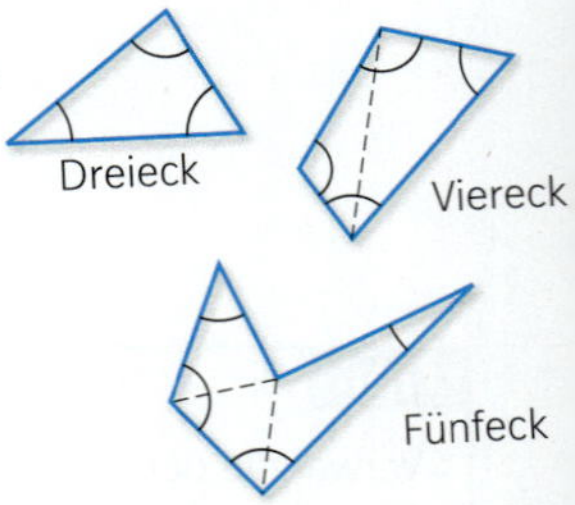

Aufgaben

15 Würfelförmige Kisten

Wie hoch ist der Stapel von würfelförmigen Kisten? Die Volumina der Kisten sind 130 dm³, 95 dm³ und 18 dm³. Gib das Ergebnis exakt mithilfe von Wurzeln und als Näherungswert mithilfe einer Dezimalzahl an.

16 Luftdruck

Wenn ein mit Helium gefüllter Wetterballon aufsteigt, dann dehnt er sich wegen des geringer werdenden Luftdrucks aus, denn der Luftdruck nimmt mit wachsender Höhe ab. Für eine Höhe bis zu 80 km kann man den Luftdruck p näherungsweise mit der Formel $p = 1013 \cdot 2^{-\frac{10h}{58}}$ (h in km, Luftdruck p in Hektopascal (hPa)) berechnen. Berechne den Luftdruck in 30 km (40 km, 45 km) Höhe.

17 Körperoberfläche

Aus einem Biologiebuch: Die Körperoberfläche O in Quadratmetern kann man mit einer Formel aus der Masse m in Kilogramm und der Länge h in Zentimetern berechnen.
$O = 0{,}007\,184 \cdot m^{0{,}425} \cdot h^{0{,}725}$

a) Berechne die Oberfläche eines Jugendlichen, der 181 cm groß ist und 66,4 kg wiegt. Wie genau sollte man deiner Meinung nach rechnen?
b) Berechne deine Körperoberfläche.
c) Wie hat sich deine Körperoberfläche seit deiner Geburt im Vergleich zu deiner Körpergröße geändert? Angaben zu deiner Größe bei der Geburt findest du im Mutterpass.

Genaueres zu Tönen und Frequenzen auf Seite 212

18 Musik und Potenzen

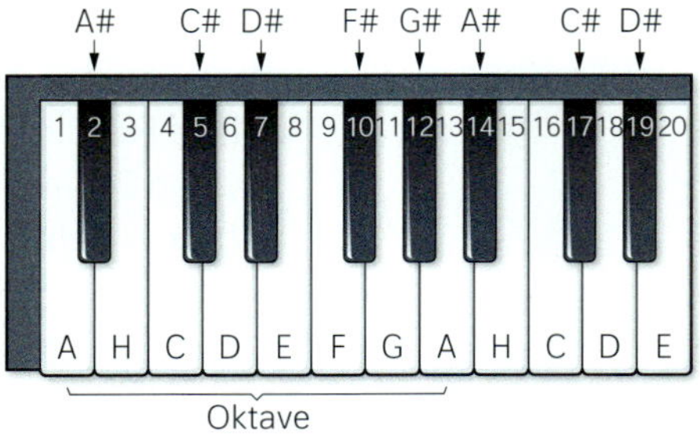

Eine Oktave bezeichnet den Notenabstand von irgendeiner Note bis zur nächsten Note mit demselben Namen. Musiker bezeichnen Töne mit C, D, E, F, G, A, H ..., Physiker geben stattdessen die Frequenz der Töne an. Je kleiner die Frequenz ist, desto tiefer ist der Ton. Die Oktave ist das Doppelte der Frequenz der ersten Note. Man kann die Frequenzen für die 85 Tasten eines Klaviers nach einer Formel berechnen, die Potenzen verwendet. Die Frequenz der n-ten Taste von links ist $F(n) = 27{,}5 \cdot 2^{\frac{n-1}{12}}$.

a) Berechne die Frequenz der 5. (20., 28.) Taste von links. Befrage einen Experten, wie der jeweilige Ton heißt.
b) Überprüfe, ob die Formel zu der Aussage über die Frequenzen in einer Oktave passt.

6.4 Potenzfunktionen

Aufgaben

1 Funktionen

In der Tabelle sind fünf verschiedene Funktionen dargestellt. Die Funktion k ist an der Stelle 0 nicht definiert (n. def.).

a) Finde die Funktionsgleichungen zu den Funktionen f, g, h, i, k.

b) Zeichne zu jeder der Funktionen den Graphen für $-4 \le x \le 5$.

x	0	$\frac{1}{2}$	1	2	3
f(x)	0	$\frac{1}{2}$	1	2	3
g(x)	0	$\frac{1}{4}$	1	4	9
h(x)	0	$\frac{1}{8}$	1	8	27
i(x)	0	$\frac{1}{16}$	1	16	81
k(x)	n. def.	2	1	$\frac{1}{2}$	$\frac{1}{3}$

2 Was passiert, wenn …

Untersuche, wie sich der Graph der Funktion f mit $f(x) = x^r$ verändert, wenn man den Exponenten systematisch von −5 bis 5 mit der Schrittweite 1 verändert. Bringe Ordnung in die Vielfalt. Verwende dabei die für Funktionen typischen Begriffe wie: monoton fallend/wachsend, Symmetrie, Definitionsmenge, Wertemenge usw.

Gruppenarbeit

Diese Aufgabe kann auch arbeitsteilig in der Klasse gelöst werden, immerhin sind insgesamt elf Funktionen zu untersuchen, d. h. Wertetabellen zu berechnen, Graphen richtig zuzuordnen und dann deren Eigenschaften zu beschreiben.

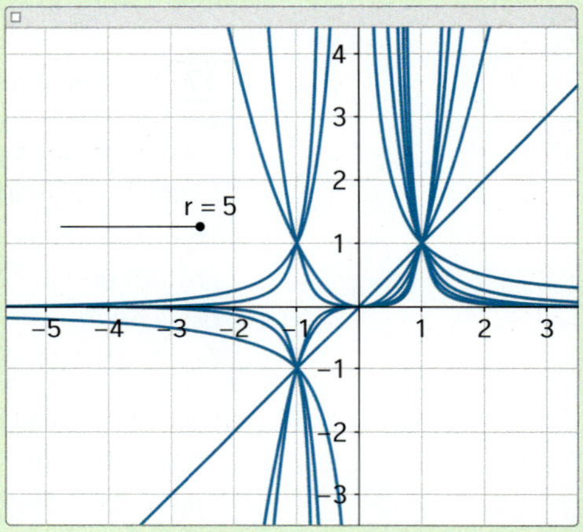

Basiswissen

$\mathbb{D}$ symmetrisch zum Ursprung, d. h. mit x liegt auch −x in $\mathbb{D}$.

Eigenschaften von Funktionen

Eine Funktion $f: \mathbb{D} \to \mathbb{R}$ heißt **achsensymmetrisch zur y-Achse**, wenn $\mathbb{D}$ symmetrisch zum Ursprung ist und für alle $x \in \mathbb{D}$ gilt: $\mathbf{f(-x) = f(x)}$.

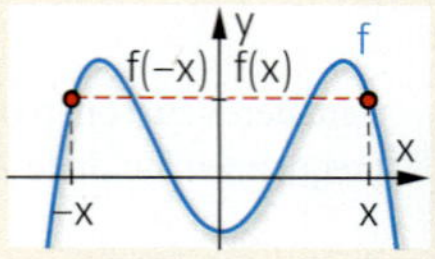

Eine Funktion $f: \mathbb{D} \to \mathbb{R}$ heißt **punktsymmetrisch zum Ursprung**, wenn $\mathbb{D}$ symmetrisch zum Ursprung ist und für alle $x \in \mathbb{D}$ gilt: $\mathbf{f(-x) = -f(x)}$.

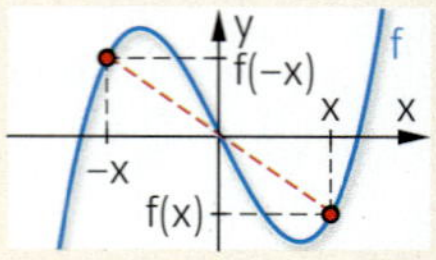

Eine Funktion $f: \mathbb{D} \to \mathbb{R}$ heißt **streng monoton wachsend** in einem Intervall I, wenn für alle $x \in I$ mit $x_1 < x_2$ gilt: $f(x_1) < f(x_2)$.

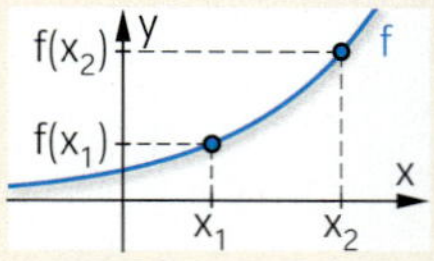

Eine Funktion $f: \mathbb{D} \to \mathbb{R}$ heißt **streng monoton fallend** in einem Intervall I, wenn für alle $x \in I$ mit $x_1 < x_2$ gilt: $f(x_1) > f(x_2)$.

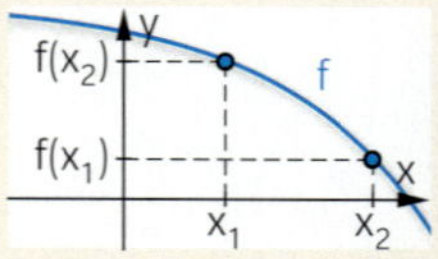

Basiswissen

Definitionsmenge $\mathbb{D}$
Menge aller Zahlen, die man für x einsetzen darf

Wertemenge $\mathbb{W}$
Menge der auftretenden Funktionswerte

$\mathbb{R}$	reelle Zahlen
$\mathbb{R}\backslash\{0\}$, $\mathbb{R}^*$	reelle Zahlen ohne 0
$\mathbb{R}^+$	positive reelle Zahlen
$\mathbb{R}_0^+$	positive reelle Zahlen mit 0
$\mathbb{R}^-$	negative reelle Zahlen
$\mathbb{R}_0^-$	negative reelle Zahlen mit 0

Potenzfunktionen haben die Funktionsgleichung $f(x) = x^n$. Der Exponent n bestimmt das Aussehen des Graphen.

Potenzfunktionen: $f(x) = x^n$

n positive ganze Zahl

n gerade

$f(x) = x^2$; $f(x) = x^4$; $f(x) = x^6$
Definitionsmenge: $\mathbb{D} = \mathbb{R}$
Wertemenge: $\mathbb{W} = \mathbb{R}_0^+$

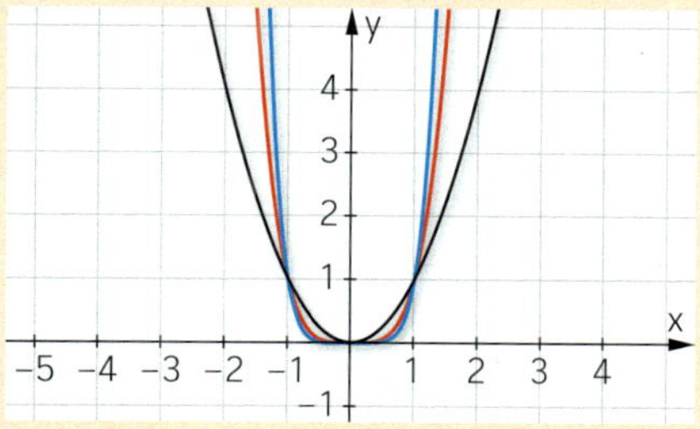

Die Graphen sind parabelförmig, symmetrisch zur y-Achse, der Tiefpunkt liegt bei (0|0). Sie sind streng monoton fallend in $\mathbb{R}_0^-$ und streng monoton wachsend in $\mathbb{R}_0^+$. Gemeinsame Punkte sind (1|1) und (−1|1).

n ungerade

$f(x) = x^3$; $f(x) = x^5$; $f(x) = x^7$
Definitionsmenge: $\mathbb{D} = \mathbb{R}$
Wertemenge: $\mathbb{W} = \mathbb{R}$

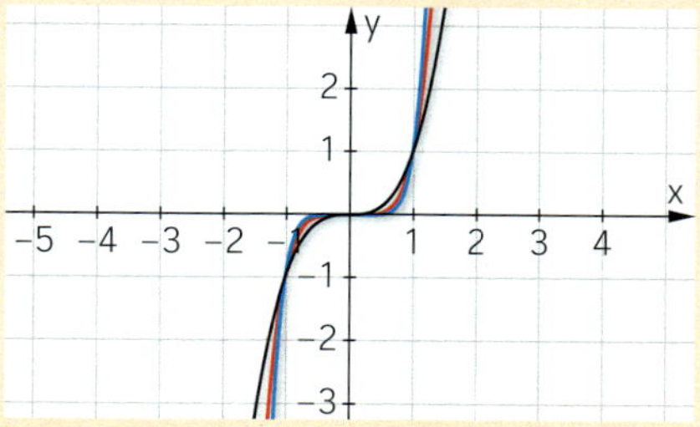

Die Graphen sind symmetrisch zum Ursprung und streng monoton wachsend. Gemeinsame Punkte sind (1|1) und (−1|−1).

n negative ganze Zahl

n gerade

$f(x) = x^{-2}$; $f(x) = x^{-4}$; $f(x) = x^{-6}$
Definitionsmenge: $\mathbb{D} = \mathbb{R}\backslash\{0\}$
Wertemenge: $\mathbb{W} = \mathbb{R}^+$

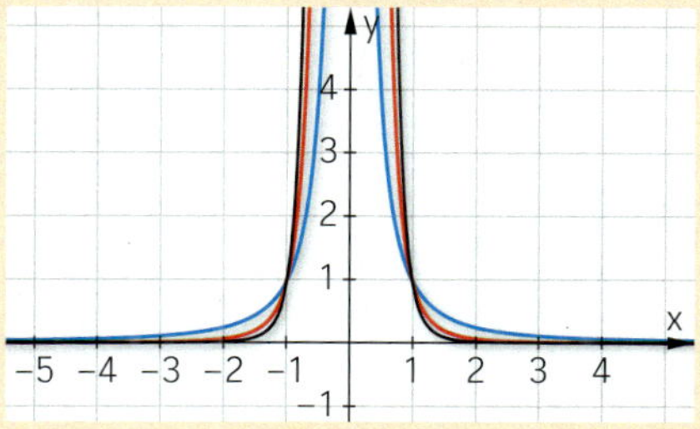

Die Graphen sind symmetrisch zur y-Achse, streng monoton wachsend in $\mathbb{R}_0^-$ und streng monoton fallend in $\mathbb{R}_0^+$. Gemeinsame Punkte sind (1|1) und (−1|1).

n ungerade

$f(x) = x^{-1}$; $f(x) = x^{-3}$; $f(x) = x^{-5}$
Definitionsmenge: $\mathbb{D} = \mathbb{R}\backslash\{0\}$
Wertemenge: $\mathbb{W} = \mathbb{R}\backslash\{0\}$

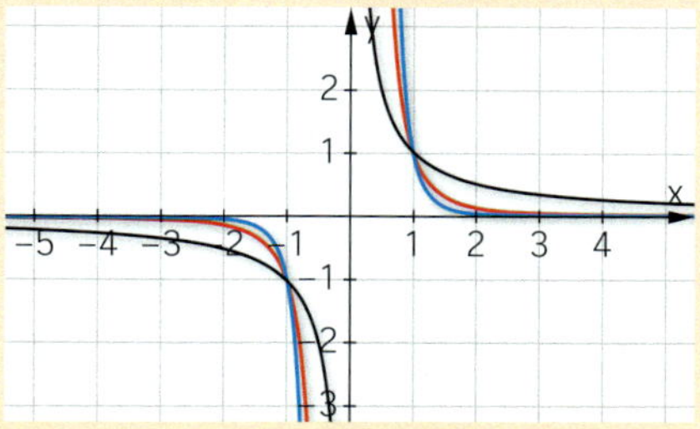

Die Graphen sind symmetrisch zum Ursprung und streng monoton fallend in $\mathbb{R}_0^-$ und $\mathbb{R}_0^+$. Gemeinsame Punkte sind (1|1) und (−1|−1).

Die Graphen nennt man **Hyperbeln**. Sie bestehen aus zwei Ästen, die sich an die Koordinatenachsen anschmiegen. Die x-Achse und y-Achse werden als **Asymptoten** bezeichnet.

Quadratische Wurzelfunktion

$f(x) = x^{\frac{1}{2}} = \sqrt{x}$
Definitionsmenge: $\mathbb{D} = \mathbb{R}_0^+$
Wertemenge: $\mathbb{W} = \mathbb{R}^+$

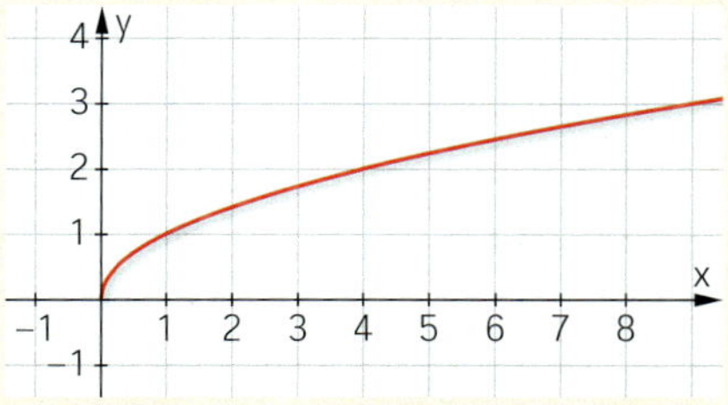

streng monoton wachsend

Wurzelfunktionen

$f(x) = x^{\frac{1}{n}} = \sqrt[n]{x}$ n-te Wurzel aus x
Definitionsmenge: $\mathbb{D} = \mathbb{R}_0^+$
Wertemenge: $\mathbb{W} = \mathbb{R}^+$

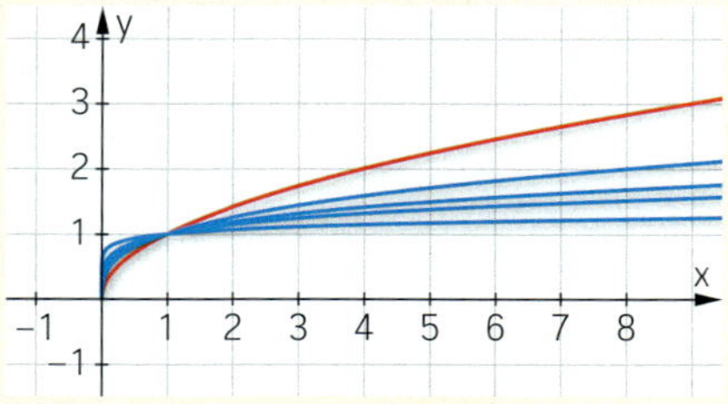

streng monoton wachsend

Beispiele

A Ein Steckbrief

Welche Eigenschaften hat die Funktion f mit $f(x) = x^{-3}$? Erstelle einen „Steckbrief“ und skizziere den Graphen der Funktion.

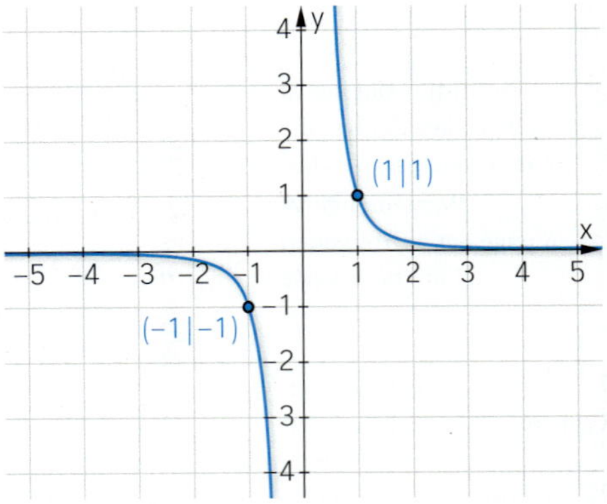

Lösung:

Die Funktion ist eine Potenzfunktion.
Der Exponent −3 ist eine ungerade, negative ganze Zahl.
„Steckbrief“:
Definitionsmenge: $\mathbb{D} = \mathbb{R}\backslash\{0\}$,
Wertemenge: $\mathbb{R}\backslash\{0\}$
Der Graph ist eine Hyperbel, der Graph ist symmetrisch bezüglich des Ursprungs.
Die Punkte (−1 | −1) und (1 | 1) liegen auf dem Graphen.
Die x-Achse und die y-Achse sind Asymptoten der Funktion.

Übungen

3 Steckbriefe

Erstelle Steckbriefe für die Potenzfunktionen.

a) $f(x) = x^4$ b) $f(x) = x^{-6}$ c) $f(x) = x^{-7}$ d) $f(x) = x^5$

4 Funktionsgleichungen und Graphen zuordnen

Ordne den Graphen die passende Funktionsgleichung zu.

(A) $f(x) = x^7$ (B) $f(x) = x^8$ (C) $f(x) = x^{-8}$ (D) $f(x) = x^{-7}$

(1)
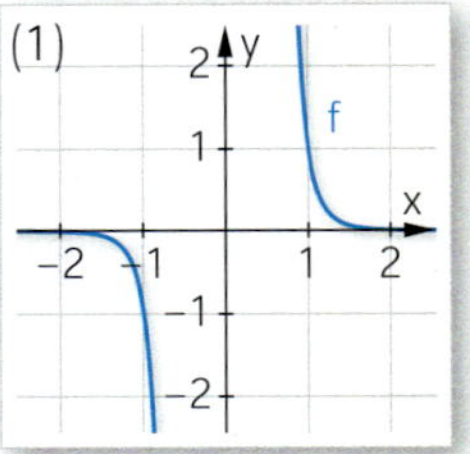

(2)
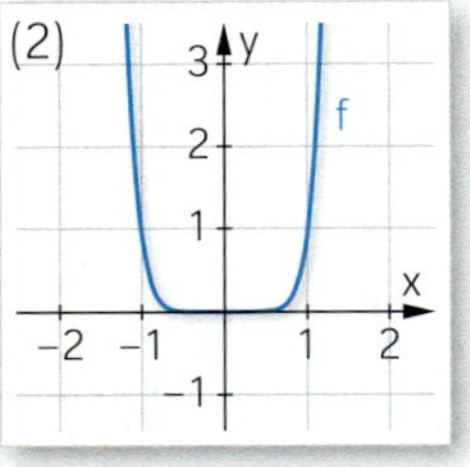

(3)
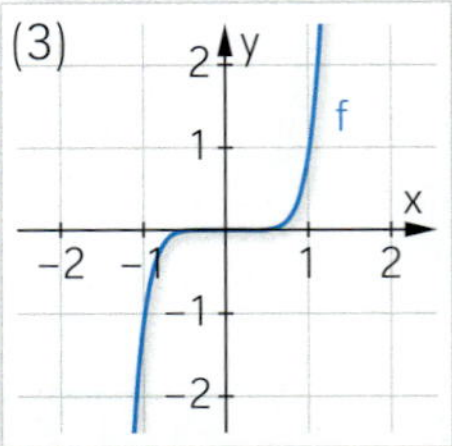

(4)
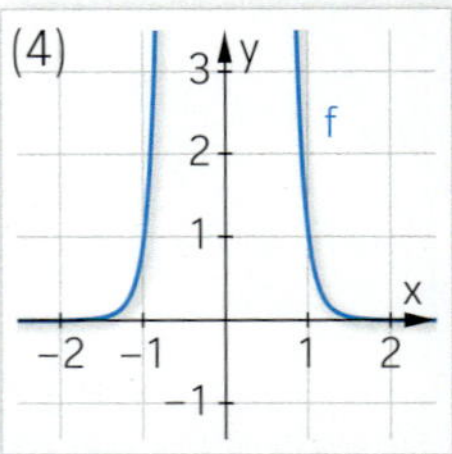

5 Gemeinsamkeiten und Unterschiede

a) Gib jeweils eine Begründung für die gemeinsamen Punkte der Graphen von Potenzfunktionen mithilfe des Funktionsterms.

b) Kannst du voraussagen, wie die Graphen von $f(x) = x^{14}$ und $f(x) = x^{-9}$ aussehen? Beschreibe die Gestalt im Vergleich zu $f(x) = x^4$ und $f(x) = x^{-1}$. Überprüfen kannst du deine Skizzen mit Wertepaaren.

c) Skizziere die Graphen.
(1) $f(x) = x^{-8}$ (2) $f(x) = x^{11}$ (3) $f(x) = x^{-7}$ (4) $f(x) = x^{12}$

Tipp
Schaue dir die Graphen der zugehörigen Funktionsfamilien im Basiswissen an.

6 Graphen im Vergleich

a) Wie unterscheiden sich die Graphen von $f(x) = x^2$ und $f(x) = x^4$ in dem Intervall $[-1; 1]$?
Vergleiche diese Funktionen auch mit $f(x) = x^6$, $f(x) = x^8$, ...

b) Vergleiche $f(x) = x^2$ mit $f(x) = x^{\frac{1}{2}}$.
In welcher Beziehung stehen die beiden Graphen?
Welche Funktion gehört in gleicher Weise zu $f(x) = \sqrt[3]{x}$?

Übungen

7 **Potenzfunktionen durch einen gegebenen Punkt**

Welcher Wert muss jeweils für den Parameter a gewählt werden, damit der Graph der Funktion f durch den Punkt P verläuft?

a) P(2|3) b) P(−4|1)

(1) $f(x) = x^3 + a$ (2) $f(x) = \sqrt{x - a}$ (3) $f(x) = \frac{a}{x} + 1$

8 **Potenzfunktionen vom Typ $f(x) = x^n$ gesucht**

a) Der Graph verläuft durch den Punkt (2|64).
b) An der Stelle $x = -4$ ist der Funktionswert −64.
c) Die Punkte (0|0) und (7|7) liegen auf dem Graphen.
d) Der Graph verläuft durch (10|1 000 000).

9 **Muster bei Potenzfunktionen**

a) Erkennst du eine besondere Eigenschaft der Funktion $f(x) = x^2$?
b) Gibt es ähnliche Muster für $f(x) = x^3$, $f(x) = x^4$ und $f(x) = x^5$?

x	0	1	2	3	4	5
$f(x) = x^2$	0	1	4	9	16	25
Differenz	1	3	5	7	9	
Differenz	2	2	2	2		

10 **Potenzgleichungen**

a) Finde die Lösungen der folgenden Potenzgleichungen.
(1) $x^3 = 8$ (2) $x^2 = -9$ (3) $x^4 = 10000$ (4) $x^3 = -125$

b) Potenzgleichungen $x^n = c$ kann man grafisch mithilfe von Potenzfunktionen lösen. Erläutere, was in den Schaubildern dargestellt ist. Wie viele Lösungen kann es geben? Unterscheide dabei nach Werten von n und c. Begründe, dass für $c > 0$ und gerades n $x = \sqrt[n]{c}$ und $x = -\sqrt[n]{c}$ Lösungen der Gleichung sind.

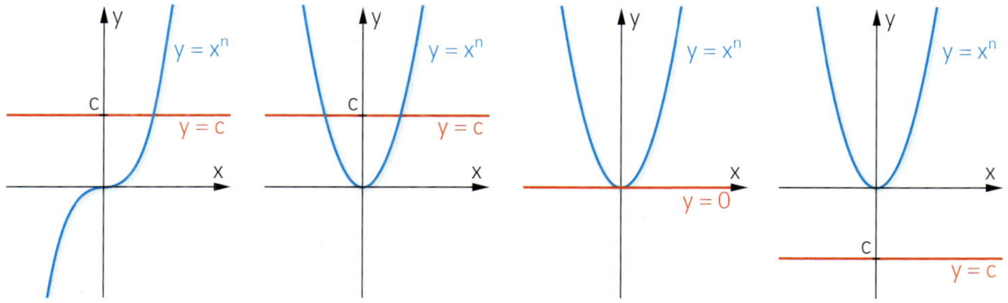

c) Löse mit dem GTR.
(1) $x^5 = 230$ (2) $x^3 = 100$ (3) $4x^4 = 1500$ (4) $12x^3 = 0$

11 **Graphenlabor – Graphen in Bewegung**

Man kann Graphen horizontal und vertikal verschieben oder in beide Richtungen gleichzeitig. Man kann Graphen strecken, stauchen und an der x-Achse spiegeln. Dies kann man mit verschiedenen Parametern in der Funktionsgleichung erreichen. Zum Beispiel ist $g(x) = a \cdot f(x - d) + e$ eine Funktionsgleichung, die aus f(x) durch entsprechende Veränderungen hervorgeht. Ist z. B. $f(x) = x^3$, dann ist $g(x) = a \cdot (x - d)^3 + e$.

a) Für $f(x) = x^2$ erhält man die Scheitelpunktform von Parabeln $g(x) = a \cdot (x - d)^2 + e$. Weißt du noch, welche geometrische Bedeutung die Parameter a, d und e haben?

b) Untersuche arbeitsteilig mit dem GTR oder einem Funktionenplotter, welche Auswirkungen die verschiedenen Parameter haben. Verwende bei deiner Argumentation sowohl Tabellen als auch Graphen.
Jede Gruppe untersucht eine der gegebenen Funktionenfamilien.
(1) $f(x) = x^3$ (2) $f(x) = \sqrt{x}$ (3) $f(x) = \frac{1}{x}$ (4) $f(x) = x^4$

Basiswissen

Funktionsgraphen kann man verschieben, strecken und spiegeln. Diese geometrischen Bewegungen (Transformationen) werden durch unterschiedliche Parameterwerte in der Funktionsgleichung $g(x) = a \cdot f(x - d) + e$ bewirkt.

Parameter verändern – Graphen bewegen

Beispiel: $f(x) = x^3$

Verschieben

Vertikale Verschiebung in y-Richtung
allgemein: $g(x) = f(x) + e$
Beispiel: $g(x) = x^3 + e$

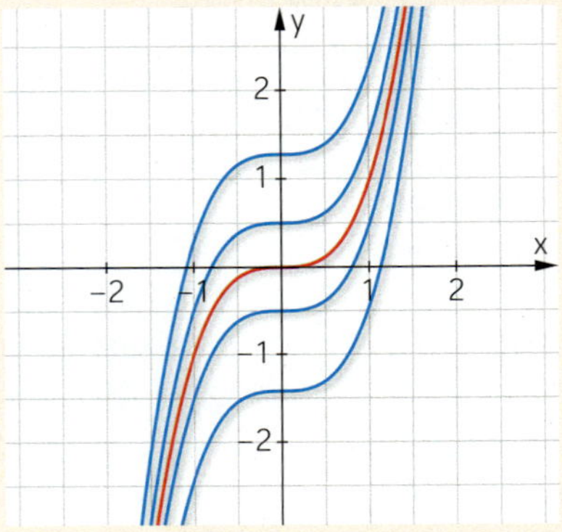

Horizontale Verschiebung in x-Richtung
allgemein: $g(x) = f(x - d)$
Beispiel: $g(x) = (x - d)^3$

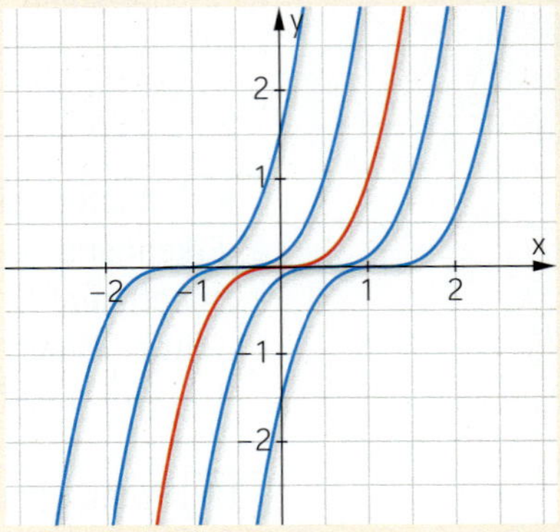

Strecken, stauchen und spiegeln

Vertikale Streckung und Stauchung
allgemein: $g(x) = a \cdot f(x)$
Beispiel: $g(x) = a \cdot x^3$

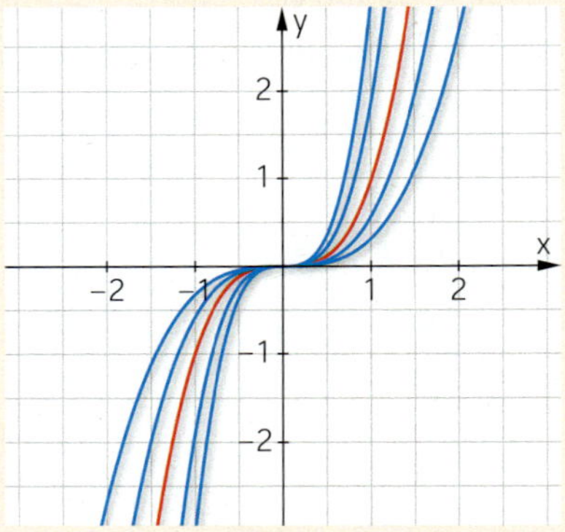

Spiegelung an der x-Achse (a = −1)
allgemein: $g(x) = -f(x)$
Beispiel: $g(x) = -x^3$

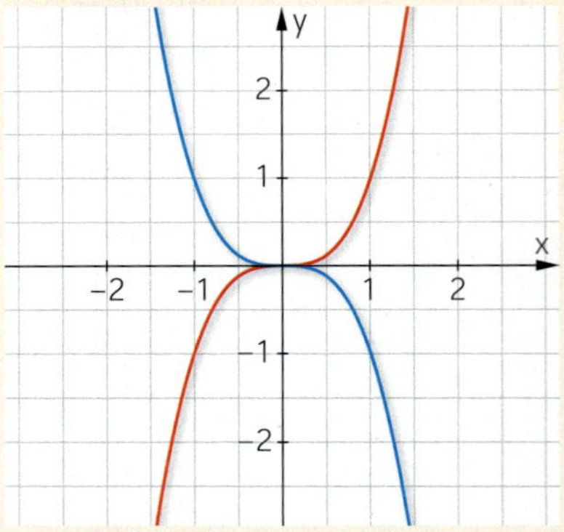

Beispiele

B Vom Term zum Graphen

Lies aus dem Funktionsterm ab, welche Grundfunktion und welche Bewegungen vorliegen. Skizziere damit den Graphen von $g(x) = 2 \cdot (x - 1)^4 - 3$.

Lösung:

Grundfunktion: $f(x) = x^4$;

$g(x) = a \cdot f(x - d) + e$ mit $a = 2$; $d = 1$; $e = -3$

$d = 1$: horizontale Verschiebung in x-Richtung um +1 (nach rechts um 1 Einheit);

$a = 2$: Streckung in y-Richtung mit dem Faktor 2;

$e = -3$: vertikale Verschiebung in y-Richtung um −3 (nach unten um 3 Einheiten)

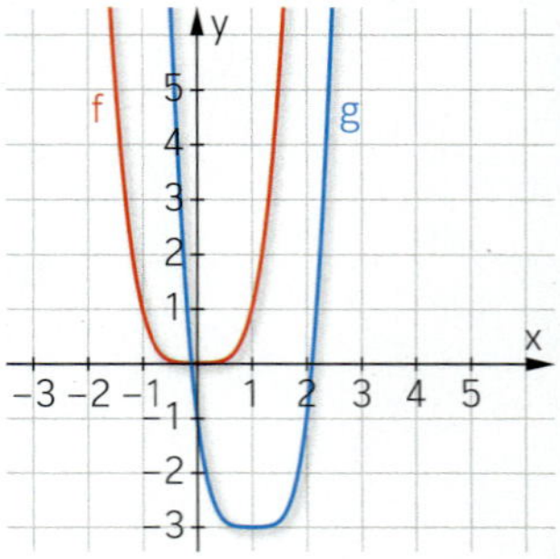

Beispiele

C Vom Graphen zum Term

Bestimme die Funktionsgleichung.

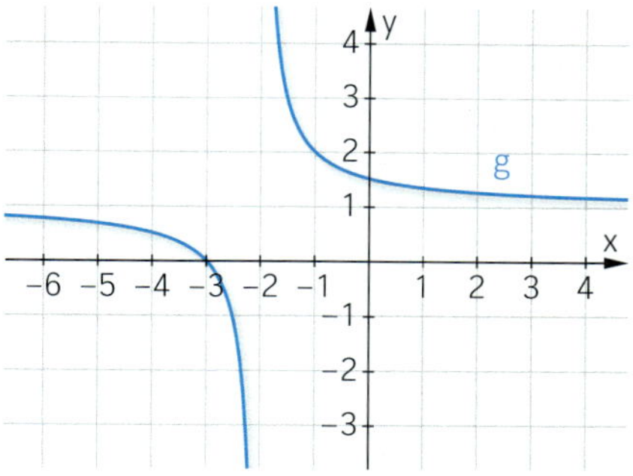

Lösung:

Gesucht: $g(x) = a \cdot f(x - d) + e$;

Grundfunktion: $f(x) = \frac{1}{x}$;

Verschiebung in x-Richtung um −2: $d = -2$;

keine Streckung: $a = 1$;

Verschiebung in y-Richtung um +1: $e = 1$;

$\Rightarrow g(x) = f(x - (-2)) + 1 = \frac{1}{x+2} + 1$

Übungen

12 Parameter bewegen Graphen von Potenzfunktionen

Ordne dem Funktionsterm den jeweils passenden Graphen zu. Skizziere die Graphen zu den übrig bleibenden Funktionsgleichungen. Überprüfe mit dem GTR.

$f_1(x) = \sqrt{x+2}$ $\quad f_2(x) = -(x+3)^6$ $\quad f_3(x) = -(x-1)^4$ $\quad f_4(x) = \sqrt{x} + 2$

$f_5(x) = -(x-1)^4 + 1$ $\quad f_6(x) = (x-1)^3 + 2$ $\quad f_7(x) = -2(x+3)^4$ $\quad f_8(x) = (x+1)^3 - 1$

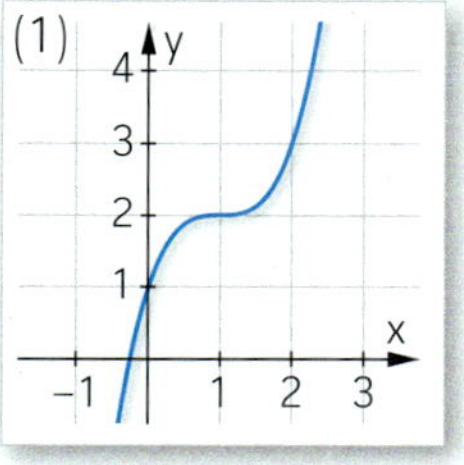

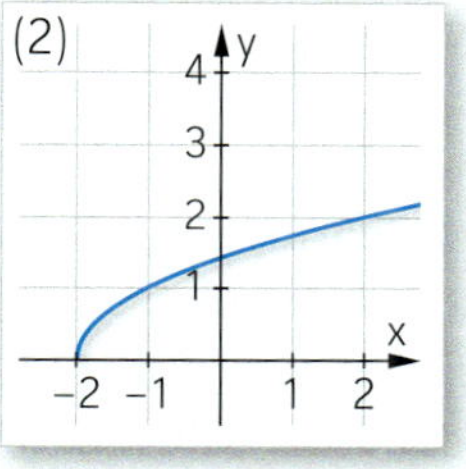

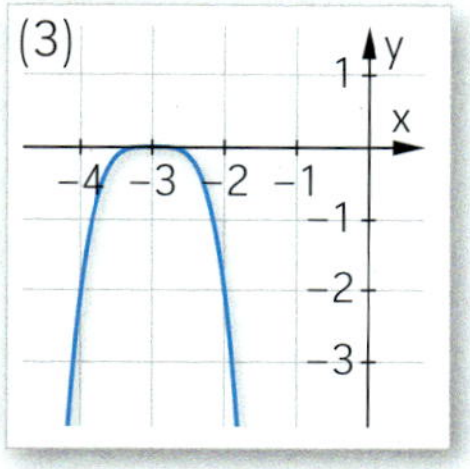

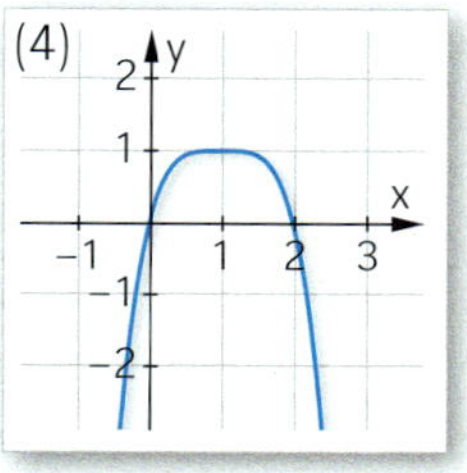

13 Training – Vom Term zum Graphen

Beschreibe, durch welche Transformation die Graphen aus den Grundfunktionen entstehen. Skizziere die Graphen und überprüfe mit dem GTR.

a) $f(x) = 2\sqrt{x+1}$ $\quad$ b) $f(x) = 3(x+1)^3 - 2$ $\quad$ c) $f(x) = \frac{2}{x+4}$

d) $f(x) = 0{,}5x^6 + 4$ $\quad$ e) $f(x) = \frac{3}{x+1} - 2$ $\quad$ f) $f(x) = 2\sqrt{x+3} - 1$

Tipp

Bei g), h) und i) muss zunächst der Funktionsterm ein wenig bearbeitet werden.

14 Training – Vom Graphen zum Term

Die Graphen der Grundfunktionen $f(x) = x^4$, $g(x) = \sqrt{x}$ und $h(x) = \frac{1}{x}$ werden bewegt. Gib den Funktionsterm an, skizziere den Graphen und überprüfe damit den Funktionsterm.

a) Verschiebung in x-Richtung um +3 und Streckung in y-Richtung mit Faktor 2.

b) Spiegelung an der x-Achse und Verschiebung in y-Richtung um −4.

c) Streckung in y-Richtung mit 0,5 und Verschiebung in x- und y-Richtung um +5.

15 Funktionenlabor

Untersuche, welchen Einfluss der Exponent auf den Verlauf des Graphen hat.

$f(x) = x^3$	$f(x) = x^4$	$f(x) = x^{\frac{3}{2}}$
$g(x) = x^{\frac{1}{3}}$	$g(x) = x^{\frac{1}{4}}$	$g(x) = x^{\frac{2}{3}}$

a) Begründe, warum man nicht bei jeder Funktion alle reellen Zahlen für x einsetzen darf. Gib jeweils die größtmögliche Definitionsmenge an.

b) Zeichne die Funktionenpaare mit einem Funktionenplotter. Verwende auf der x- und y-Achse den gleichen Maßstab. Was kannst du beobachten? Achte dabei besonders auf Wertemenge, Symmetrie, Monotonie, gemeinsame Punkte, Asymptote...

c) Was kannst du über Aussehen und Definitionsmenge von Funktionen der Gestalt $f(x) = x^a$ mit $a > 1$ und $g(x) = x^b$ mit $0 < b < 1$ sagen?

Aufgaben

16 Genau hingeschaut

a) Erläutere mithilfe der Umformungen, warum es sinnvoll ist, dass $\sqrt[n]{a}$ nur für $a \geq 0$ definiert ist.

$$-1 = \sqrt[3]{-1} = (-1)^{\frac{1}{3}} = (-1)^{\frac{2}{6}} = \sqrt[6]{(-1)^2} = \sqrt[6]{1} = 1$$

b) Erläutere, warum der Graph der Funktion $y = \sqrt[3]{x}$ nicht mit der Definition aus Teilaufgabe a) übereinstimmt.

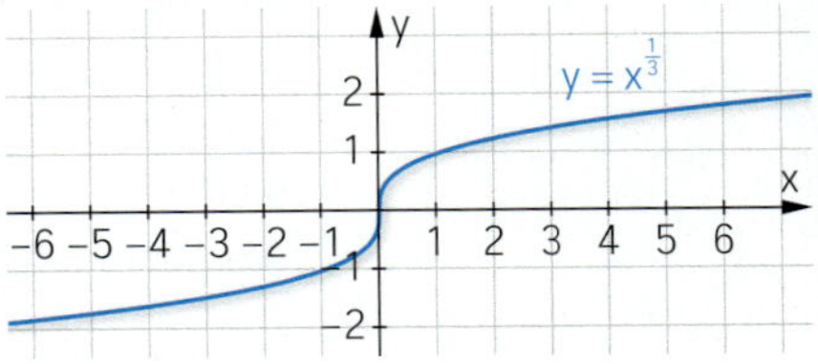

Forschung

17 Ein kleines Forschungsprojekt

Zeichne jeweils die Graphen für $x \geq 0$ paarweise in ein Koordinatensystem. Wähle dabei auf der x- und y-Achse die gleiche Skalierung.

$f(x) = x^3$	$f(x) = x^2$	$f(x) = x^{-1}$
$g(x) = x^{\frac{1}{3}}$	$g(x) = x^{\frac{1}{2}}$	$g(x) = x^{-1}$

a) Vergleiche die Graphen. Was stellst du fest?

b) In der Tabelle wird auf einen x-Wert zunächst die Funktion f „angewendet" und dann auf den Funktionswert die Funktion g. Ergänze die Tabelle und erstelle entsprechende Tabellen für die anderen Funktionenpaare. Was beobachtest du?

x	$y = x^3$	$z = y^{\frac{1}{3}}$
3	27	3
4	64	4
…	…	…

Exkurs

Was ist die Umkehrung einer Funktion?

Eine Funktion ist eine Zuordnung, die jedem x-Wert genau einen y-Wert zuordnet. Man kann Funktionen beschreiben durch eine Zuordnungsvorschrift, eine Tabelle und/oder einen Graphen. Will man zu einem y-Wert den zugehörigen x-Wert finden, dann muss man die Funktion „umkehren". Die Umkehrzuordnung erhält man durch:

- Vertauschen der x- und y-Spalte in der Tabelle,
- Vertauschen von x und y in der Funktionsgleichung und dann Auflösen nach y, Beispiel: $y = 0{,}5x + 1 \xrightarrow{\text{x, y vertauschen}} x = 0{,}5y + 1 \xrightarrow{\text{nach y auflösen}} y = 2x - 2$
- Spiegeln des Graphen an der ersten Winkelhalbierenden.

Die Umkehrung ist nicht immer eindeutig.

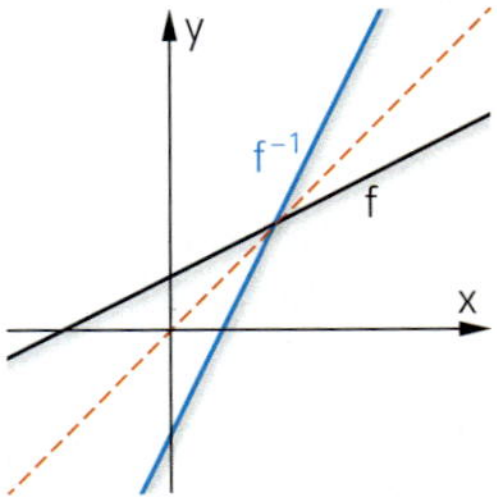

Die Umkehrung der Funktion mit $f(x) = 0{,}5x + 1$ ist eindeutig.

$f^{-1}(x)$ existiert.

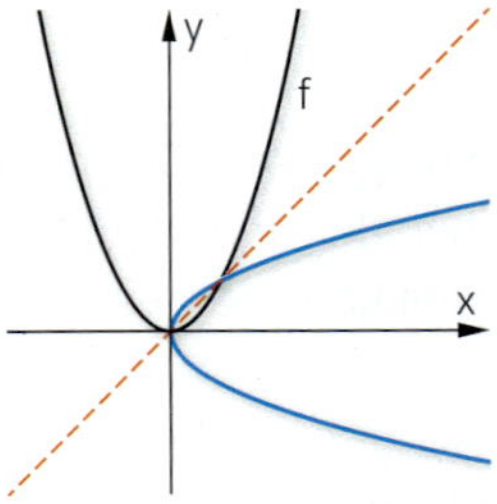

Die Umkehrung der Funktion mit $f(x) = x^2$ ist nicht eindeutig.

$f^{-1}(x)$ existiert **nicht**.

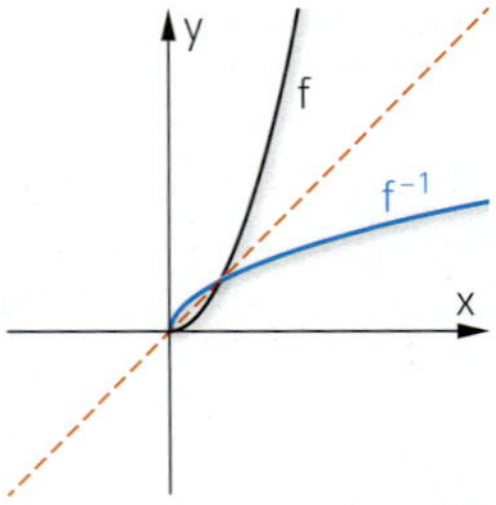

Schränkt man die Definitionsmenge der Funktion mit $f(x) = x^2$ auf die Zahlen $x \geq 0$ ein, dann ist die Umkehrung eindeutig.

$f^{-1}(x)$ existiert.

Existiert zu f die Umkehrfunktion f^{-1}, dann gilt: $x \xrightarrow{f} f(x) \xrightarrow{f^{-1}} f^{-1}(f(x)) = x$

„Horizontalen-Test"

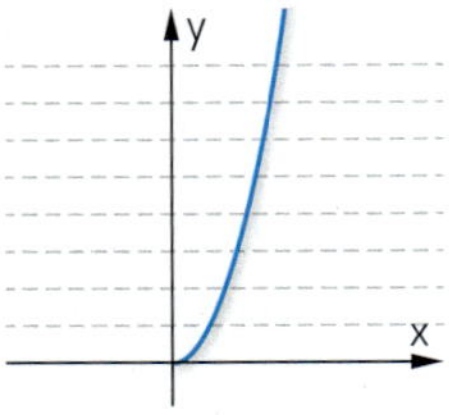

Gibt es zwei Schnittpunkte mit einer Horizontalen, dann ist f nicht umkehrbar.

Die Umkehrfunktion wird mit f^{-1} bezeichnet.

18 Umkehrfunktionen bestimmen

a) $f(x) = x^4;\ x \geq 0$ b) $g(x) = 2x + 1$ c) $h(x) = x^{\frac{2}{3}};\ x \geq 0$ d) $k(x) = x^{-1}$

Potenzen

Für $a \neq 0$ ist:

$a^n = a \cdot a \cdot \ldots \cdot a$ (n-mal Faktor a) $\quad 2^5 = 2 \cdot 2 \cdot 2 \cdot 2 \cdot 2 = 32$

$a^{-n} = \frac{1}{a^n} \quad 5^{-3} = \frac{1}{5^3}$

$\frac{1}{a^{-n}} = a^n \quad \frac{1}{5^{-3}} = 5^3$

$a^0 = 1 \quad 2^0 = 1$

0^0 und 0^{-n} sind nicht definiert.

Rechenregeln für Potenzen

Für $a > 0$ und $b > 0$ und $m, n \in \mathbb{R}$ gilt:

Multiplikation (bei **gleicher Basis**)
Die Exponenten werden **addiert**.
$a^m \cdot a^n = a^{m+n} \quad 2^4 \cdot 2^6 = 2^{4+6} = 2^{10}$

Division (bei **gleicher Basis**)
Die Exponenten werden **subtrahiert**.
$\frac{a^m}{a^n} = a^{m-n} \quad \frac{2^7}{2^4} = 2^{7-4} = 2^3$

Potenz eines Produktes
Jeder Faktor wird potenziert.
$(a \cdot b)^n = a^n \cdot b^n \quad (3 \cdot 4)^2 = 3^2 \cdot 4^2$

Potenz eines Quotienten
Zähler und Nenner werden potenziert.
$\left(\frac{a}{b}\right)^n = \frac{a^n}{b^n} \quad \left(\frac{2}{3}\right)^4 = \frac{2^4}{3^4}$

Potenzieren einer Potenz
Die Exponenten werden **multipliziert**.
$(a^m)^n = a^{m \cdot n} \quad (3^2)^4 = 3^{2 \cdot 4} = 3^8$

Mulitplizieren mit Zehnerpotenzen

$■ \cdot 10^2$ Verschiebe das Komma um 2 Stellen nach rechts

$■ \cdot 10^{-7}$ Verschiebe das Komma um 7 Stellen nach links

$369 \cdot 10^3 = 369\,000 \quad 9 \cdot 10^{-5} = 0{,}00009$

Wissenschaftliche Schreibweise

$a \cdot 10^n$ mit $1 \leq a < 10$ oder $-10 < a \leq -1$; n eine ganze Zahl

$369\,000 = 3{,}69 \cdot 10^5 \quad 0{,}056 = 5{,}6 \cdot 10^{-2}$

n-te Wurzel und rationale Exponenten

$\sqrt[n]{a}$ ist diejenige positive Zahl, die mit n potenziert a ergibt. Es gilt also: $(\sqrt[n]{a})^n = a$.

Beispiel: $\sqrt[4]{81} = 3$, weil $3^4 = 81$ gilt.

Sonderfall: $\sqrt[n]{0} = 0$.

Für $a \geq 0$, $n \in \mathbb{N}^*$ und $m \in \mathbb{Z}$ gilt:
$a^{\frac{1}{n}} = \sqrt[n]{a}$ und $a^{\frac{m}{n}} = \sqrt[n]{a^m} = (\sqrt[n]{a})^m$.

Check-up

1 Berechne ohne Taschenrechner

a) 4^3 b) 3^4 c) 4^1 d) 4^0 e) 1^0

f) 4^{-1} g) 1^{-1} h) 0^4 i) 4^{-3} j) 3^{-4}

Achte auf die Klammern.

k) $(-2)^5$ l) $(-2)^6$ m) -2^6 n) $(-2)^0$ o) $-(-2)^4$

2 Begründe

a) Begründe, dass Potenzen mit negativer Basis und geradem Exponenten immer positiv sind.

b) 0^{-n} ist nicht definiert. Begründe.

3 Vereinfache

a) $a^7 \cdot a^3$ b) $x^{15} \cdot x$ c) $(3x) \cdot (5x^6)$

d) $(-2z^4) \cdot (-3z^2)$ e) $(20x^5) \cdot (-x^3) \cdot (x^2)$ f) $b \cdot 2b^4 \cdot (-3b)$

4 Bestimme x

a) $(3^2)^x = 3^{12}$ b) $(a^x)^4 = a^{16}$ c) $3^x = 9^2$

d) $(2 \cdot 5)^6 = 100^x$ e) $4^x = 2^8$ f) $(-2)^x = -\frac{1}{32}$

5 Fasse zu einer Potenz zusammen

a) $4x^6 \cdot 2x^6$ b) $(-5x^3) \cdot (-2x^4)$ c) $\frac{72x^7}{12x^2}$ d) $\left(\frac{6x^2}{3x}\right)^3$

6 Schreibe ohne negative Exponenten

a) x^{-3} b) $a^2 \cdot b^{-5}$ c) $\frac{r^3}{s^{-2}}$ d) $\frac{x^{-3}}{y^{-2}}$

7 Vereinfache

a) $z^{-5} \cdot z^5$ b) $\frac{x^3}{x^6}$ c) $k^{-2} \cdot k^{-2}$ d) $\frac{a^2 \cdot b^3}{a^3 \cdot b^0}$

e) $\frac{a^{-4}}{a^{-6}}$ f) $(3x^4)^2$ g) $\frac{(b^3)^2}{b^2}$ h) $\frac{(s^{-2})^5}{(s^3)^2}$

8 Vereinfache zu Ergebnissen ohne negativen Exponenten

a) $a^{-3} \cdot a^3 \cdot a^{-1}$ b) $\frac{x^4 \cdot z^3}{x^6 \cdot z^2}$ c) $\frac{z^{-3}}{z^{-8}}$ d) $\frac{7a^4 \cdot b^{-6}}{49a^6 \cdot b^{-3}}$

e) $x^2 \cdot y^{-3} \cdot x^{-3} \cdot y$ f) $\frac{a^3 \cdot b^2}{(a \cdot b)^2}$ g) $\frac{z^4 \cdot x^{-3}}{z^6}$ h) $\frac{a \cdot b^{-2} \cdot c^3}{a^{-1} \cdot b^2 \cdot c^{-3}}$

9 Fehler finden

Welche Fehler wurden gemacht? Erkläre und korrigiere.

a) $a^4 \cdot a^{\frac{1}{2}} = a^2$ b) $x^4 : x^{-2} = x^2$ c) $\left(y^{\frac{3}{2}}\right)^2 = y^{\frac{9}{4}}$

d) $b^{0,4} + b^{0,6} = b$ e) $(3^2)^4 = 3^{(2^4)}$ f) $\sqrt[3]{x^2} \cdot \sqrt[4]{x^2} = \sqrt[12]{x^2}$

10 Eine sehr große und eine sehr kleine Zahl

Entfernung Erde – Proxima Centauri: ungefähr 38 000 000 000 000 km
Wellenlänge von Röntgenstrahlen: 0,000 000 000 125 m

a) Notiere beide Strecken in wissenschaftlicher Schreibweise.

b) Um das Wievielfache größer ist die Entfernung von Proxima Centauri zur Erde im Vergleich zur Wellenlänge von Röntgenstrahlen?

Potenzgleichungen $x^n = b$ lösen

n: natürliche Zahl b: reelle Zahl

$x^n = b$; n gerade		
b > 0	**b = 0**	**b < 0**
$x_1 = \sqrt[n]{b}$ $x_2 = -\sqrt[n]{b}$	$x = 0$	keine Lösung

$x^n = b$; n ungerade	
b ≥ 0	**b < 0**
$x = \sqrt[n]{b}$	$x = -\sqrt[n]{-b}$

Potenzfunktionen $f(x) = x^n$

n ist eine natürliche Zahl und gerade.

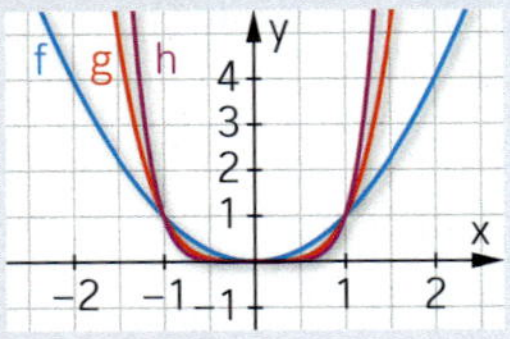

$f(x) = x^2$
$g(x) = x^4$
$h(x) = x^6$

n ist eine natürliche Zahl und ungerade.

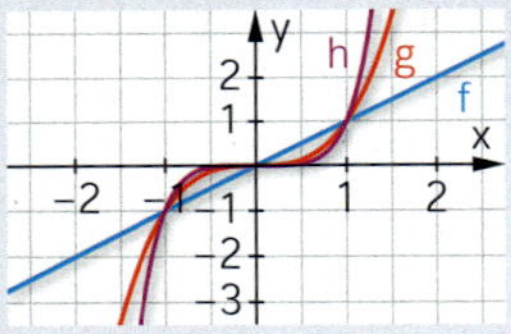

$f(x) = x^1 = x$
$g(x) = x^3$
$h(x) = x^5$

$f(x) = x^{-n} = \frac{1}{x^n}$, $n \in \mathbb{N}$

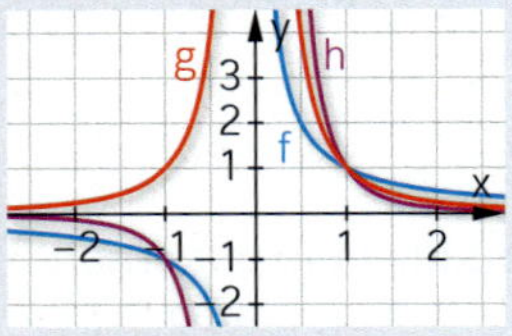

$f(x) = x^{-1} = \frac{1}{x}$
$g(x) = x^{-2} = \frac{1}{x^2}$
$h(x) = x^{-3} = \frac{1}{x^3}$

$f(x) = x^{\frac{1}{n}} = \sqrt[n]{x}$ sind Wurzelfunktionen.

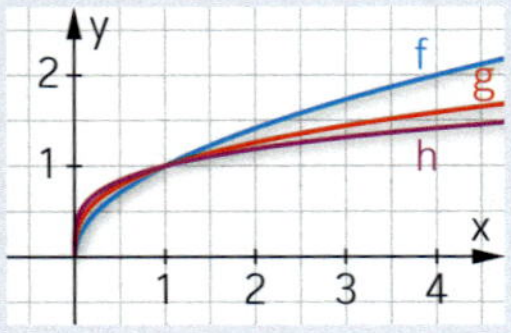

$f(x) = x^{\frac{1}{2}} = \sqrt[2]{x} = \sqrt{x}$
$g(x) = x^{\frac{1}{3}} = \sqrt[3]{x}$
$h(x) = x^{\frac{1}{4}} = \sqrt[4]{x}$

Umkehrfunktion

$f(x) = x^2$; eindeutig umkehrbar, wenn $\mathbb{D} = \mathbb{R}^+$

Umkehrfunktion:

$f^{-1}(x) = x^{\frac{1}{2}} = \sqrt{x}$

$x \xrightarrow{f} x^2 \xrightarrow{f^{-1}} (x^2)^{\frac{1}{2}} = x$

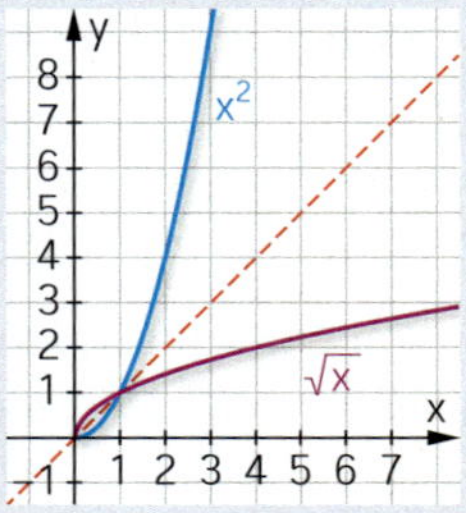

Check-up

11 Vereinfache ohne Taschenrechner

a) $\sqrt[4]{5} \cdot \sqrt[4]{125}$ b) $\sqrt[3]{8} \cdot \sqrt[3]{8}$ c) $\sqrt[5]{\frac{1}{2}} : \sqrt[5]{16}$ d) $\sqrt[10]{32^{-2}}$

12 Regeln anwenden zum Vereinfachen

a) $\sqrt[3]{x^3} \cdot \sqrt[6]{x^{15}}$ b) $\left(\sqrt[3]{b^9}\right)^6$ c) $\sqrt[10]{a^7} : \sqrt[5]{a^4}$

13 Passende Exponenten gesucht

Ergänze x.

a) $(2^{0,5})^x = 8$ b) $(0{,}4^{0,25})^x = 0{,}4$ c) $\left(9^{\frac{1}{2}}\right)^x = \frac{1}{9}$

14 Gleichungen lösen

Löse die Gleichung und gib die Lösungen exakt oder ggf. auf zwei Nachkommastellen gerundet an.

a) $x^3 = -36$ b) $0{,}1\,x^3 = -100$ c) $x^2 = 0{,}64$ d) $5x^2 + 15 = 65$
e) $x^4 - 10 = -100 + 4x^4$ f) $(x-3)^5 = 32$ g) $-\frac{1}{2}(x+10)^4 = -50$

15 Eigenschaften von Potenzfunktionen

Ergänze die Tabelle.

f(x)	n natürliche Zahl	Symmetrie	Monotonie	Asymptote
x^n	gerade	■	■	–
x^n	ungerade	■	■	–
x^{-n}	gerade	■	■	■
x^{-n}	ungerade	■	■	■

16 Symmetrie

a) Warum gehen alle Graphen von $f(x) = x^n$ für gerade n durch den Punkt P(−1 | 1)? Wieso sind die Graphen dieser Potenzfunktionen achsensymmetrisch zur y-Achse?

b) Wie lauten entsprechende Aussagen für $f(x) = x^n$ mit ungeradem n? Begründe.

17 Wurzelfunktion

a) Was versteht man unter (1) $\sqrt[3]{x}$ (2) $x^{0,5}$?

b) Aus dem Graphen zu welcher Potenzfunktion $f(x) = x^n$ kann man den Graphen der Wurzelfunktion $g(x) = \sqrt[6]{x}$ leicht gewinnen? Wie geht man dabei vor?

18 Umkehrfunktion

Bestimme die Umkehrfunktion zu der Funktion f.
Die Definitionsmenge der Funktion f ist $\mathbb{R}^+$.

a) $f(x) = x^2$ b) $f(x) = \frac{1}{x}$ c) $f(x) = x^5$

19 Umfang eines Quadrates

a) Wie groß ist der Umfang u eines Quadrates mit dem Flächeninhalt A? Gesucht ist also die Funktion f mit $u = f(A)$.
Erstelle eine Tabelle zu dieser Funktion für $0 \le A \le 25$.

b) Wie verändert sich der Umfang des Quadrates, wenn der Flächeninhalt vervierfacht (verdoppelt) wird?

Sichern und Vernetzen – Vermischte Aufgaben zu Kapitel 6

Trainieren

1 Welche Karten gehören zusammen?

B $5 \cdot 10^6$	**F** 72 000	**I** 5 000	**A** $50 \cdot 10^2$
E $7{,}2 \cdot 10^5$	**C** 720 000	**D** $50 \cdot 10^5$	**G** $7{,}2 \cdot 10^4$
H 5 000 000			

2 Wissenschaftliche Schreibweise

Schreibe mit einer Zehnerpotenz in der wissenschaftlichen Schreibweise.

a)	b)	c)	d)
500	2 350	450 200	45 Mio.
5 000	235	452 000	3,4 Mio.
500 000	23,5	405 200	0,8 Mio.

3 Ordnen

Ordne nach der Größe.

a) $(-2)^3 \quad -2^3 \quad (-3)^3 \quad -3^2$

b) $(4^2) \quad (-4)^2 \quad (2^4) \quad -2^4$

c) $(-4^3)^2 \quad (-4)^{(2^3)} \quad (-4^2)^3 \quad -(4^2)^3$

d) $(-4)^{2^3} \quad -4^2 \cdot (-4^3) \quad (-4)^2 \cdot (-4^3)$

ohne TR

4 Welche Zahlen gehören zusammen?

$\frac{6^3}{6^1}$ $\frac{8^2}{4^2}$ $7^3 \cdot 5^3$ 4^6 2^2 6^2

$(2^5)^3$ $\frac{100^4}{25^4}$ $4^2 \cdot 4^4$ 35^3 4^4 2^{15}

5 Graphen in Bewegung

Die rote Graphen in den folgenden Abbildungen gehören zu $f(x) = x^2$, $f(x) = \frac{1}{x}$ und $f(x) = x^3$. Durch welche Bewegung gehen die blauen Graphen aus den roten hervor? Wie lauten die Funktionsgleichungen?

a)
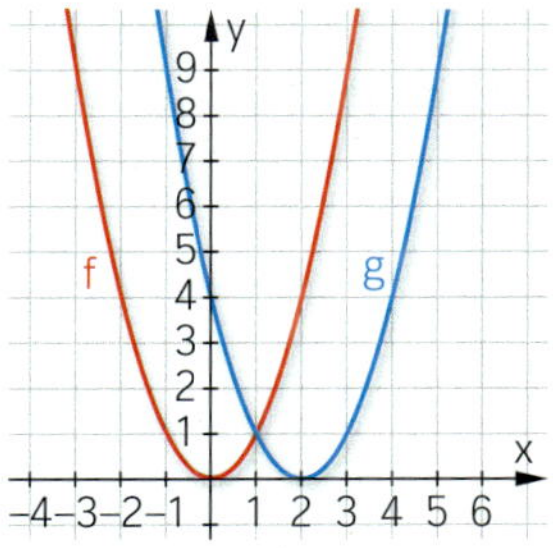

b)
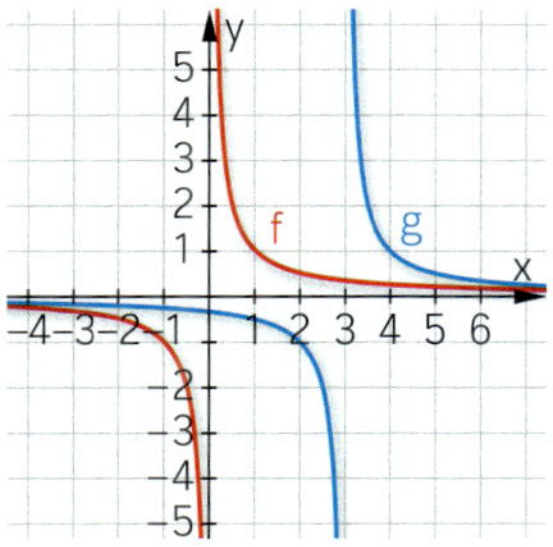

c)
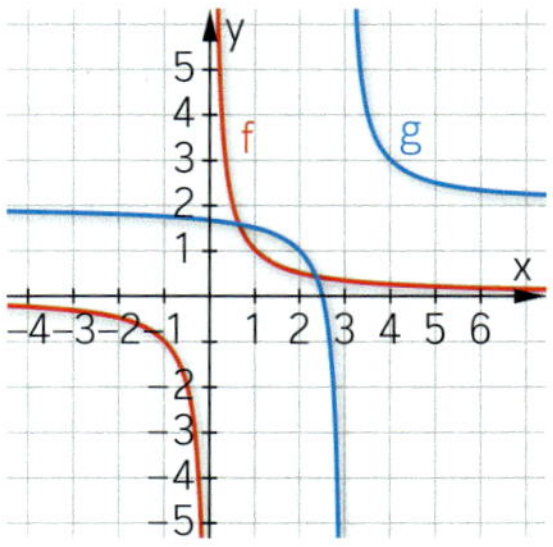

d)
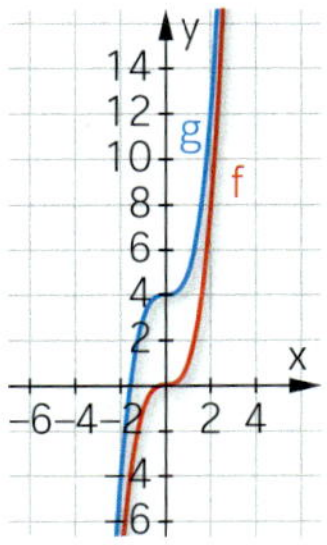

e)
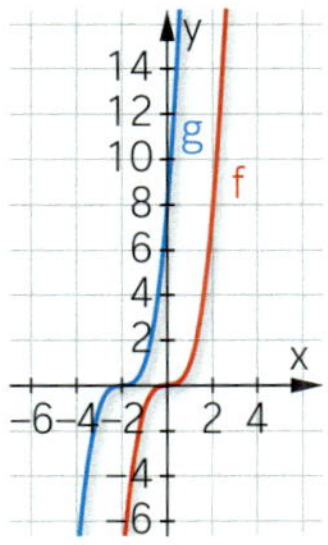

f)
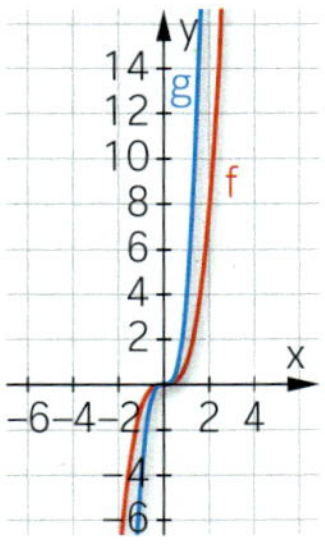

g)
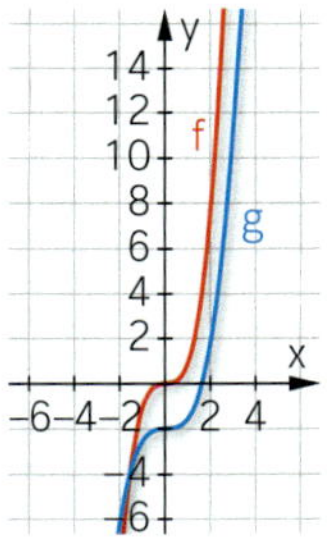

Trainieren

Achtung: Zwei Terme lassen sich nicht vereinfachen.

6 Terme vereinfachen

a) $-a^3 \cdot b^2 \cdot (-a)^2 \cdot b$ b) $\frac{x^4 \cdot y \cdot x^3}{x \cdot y^3 \cdot x^2}$ c) $(x^{-1})^{-2}$ d) $\frac{-(x \cdot y)^4}{(-x \cdot y)^3}$ e) $x^4 \cdot y + x \cdot y^4 + \frac{x^4}{y^4}$

f) $\sqrt[3]{x^2} \cdot \sqrt[3]{x}$ g) $\sqrt{\sqrt{x^4}}$ h) $\sqrt[3]{x^3 + y^3}$ i) $\left(\sqrt[3]{x} \cdot \sqrt[4]{x^2}\right)^3$ j) $\frac{\sqrt{x} \cdot \sqrt[3]{x^2}}{\sqrt[6]{x}}$

k) $3^{1-x} \cdot 3^{2x-1}$ l) $-\sqrt[3]{x \cdot x^{-1}} \cdot \left(-\sqrt[3]{x}\right)^2 \cdot x^3$ m) $a^2 \cdot a^3 + \frac{a^8}{a^3} + \left(\sqrt[3]{a^5}\right)^3 - 3a^5$

7 Gleichungen lösen

a) $2 \cdot x^5 = 1000$ b) $2 \cdot x^{-5} = 1000$ c) $\frac{1}{2}x^4 - 20 = 7 - x^4$ d) $2(10 - x^4) = 40$

e) $(7x)^3 = 125$ f) $(4a^2)^{-1} = 4a^2$ g) $(4 + x^2)^2 = 8(3 + x^2)$

Verstehen

2^{22}

1^{44}

2^{43}

4^{22}

8 Hälfte einer Zweierpotenz

a) Vier Schülerinnen und Schüler werden gefragt: „Was ist die Hälfte von 2^{44}?" Welche der vier Antworten stimmt? Begründe.

b) Was ist ein Drittel von 3^{15}? Kannst du genauso auch die Hälfte von 3^{15} angeben?

9 Potenzen auf dem Zahlenstrahl

a) Welche Zahl liegt genau in der Mitte zwischen den beiden Zahlen?
0 und 10^3 0 und 10^{-3} 10^1 und 10^3

b) Welcher Abschnitt des Zahlenstrahls ist länger?
von 10^{-3} bis 10^3 oder von 10^{-9} bis 10^3 von 10^1 bis 10^5 oder von 10^{-1} bis 10^{-5}

10 Wahr oder falsch?

a) $2 \cdot 2^2 \cdot 2^{-4} = 2^{-2}$ $2^{-2} \cdot 2^3 \cdot 2^{-3} = 2^2$ $2 \cdot 2^4 \cdot 2^{-2} = 2$

b) $4^3 \cdot 4^{-3} \cdot 4^{-2} = \frac{1}{16}$ $5^{-1} \cdot 5^3 \cdot 5^{-2} = 1$ $10^{-5} \cdot 10^{-5} \cdot 10^{-3} = \frac{1}{10^{-13}}$

c) $a^3 \cdot b^2 \cdot a^{-2} = a \cdot b$ $b^3 \cdot a^{-2} \cdot b^4 = b^7 \cdot a^{-2}$ $a^4 \cdot b^{-2} \cdot a^{-3} \cdot b^{-2} = a^2 \cdot b^4$

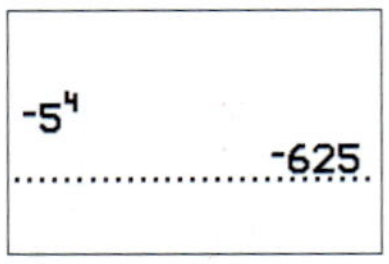

11 „minus 5 hoch 4"

Der Mathelehrer der Klasse 10c sagt: „Was erhaltet ihr, wenn ihr „minus 5" zur vierten Potenz berechnet?" Chris sagt: „Das Ergebnis ist positiv, da man –5 viermal mit sich selbst multiplizieren muss. Das Ergebnis ist 625." Vanessa hat mit ihrem GTR gerechnet und stellt fest, dass der GTR nicht richtig rechnet. Was hat sie falsch gemacht? Überprüft mit eurem GTR selbst.

12 Begründen

Begründe jeweils die Gleichwertigkeit.

a) $(a^m)^n = (a^n)^m$ b) $\sqrt[m]{\sqrt[n]{a}} = a^{\frac{1}{m \cdot n}}$ c) $(a^{-n})^{\frac{1}{n}} = \frac{1}{a}$

13 Ein anderer Definitionsversuch

Marie und Anna finden die Definition von $a^{-n} = \frac{1}{a^n}$ nicht einleuchtend. Sie schlagen stattdessen vor:

Marie: $a^{-n} = -a^n$

Anna: $a^{-n} = a \cdot (-n) = -n \cdot a$

a) Zeige am Beispiel von 3^{-2}, dass für beide Vorschläge nicht das Potenzgesetz $a^{m+n} = a^m \cdot a^n$ gilt.

b) Erläutere Marie und Anna, warum die Definition $a^{-n} = \frac{1}{a^n}$ sinnvoll ist.

Verstehen

14 Ein Vorschlag für 0^0

Julian und Max schlagen Definitionen für 0^0 vor:

Julian: $0^0 = 1$, *weil* $a^0 = 1$

Max: $0^0 = 0$, *weil* $0^n = 0$

Führe die Argumentation zu Ende und zeige damit, dass die Definitionen von Max und Julian nicht sinnvoll sind.

$1 = 0^0 = 0^{2-2} = \frac{0^2}{0^2} = \ldots$

Anwenden

15 Schulden und Nullen

Die Staatsschuldenuhr für Deutschland zeigte am 11.10.2016 an: 2 264 667 000 000 €

a) Warum ist die Rundung hier sinnvoll?

b) Wie viel Schulden entfallen im Durchschnitt auf jeden Bundesbürger, wenn man davon ausgeht, dass die Bevölkerung Deutschlands etwa 81 000 000 beträgt? Schätze zunächst, ohne mit dem Taschenrechner zu rechnen. Überprüfe deine Schätzung.

c) Was meinst du, ist der Fehler des Wirtschaftsministers klein? Woran liegt es, dass man Schwierigkeiten hat, mit diesen Zahlen umzugehen?

Einem deutschen Wirtschaftsminister unterlief in einer Fernsehsendung ein Fehler, als er die Zahl 120 Milliarden in Ziffern schreiben sollte. Er schrieb eine Stelle zu wenig auf. Auf den Fehler aufmerksam gemacht, sagte er: *„Es ist ja nur eine Null zu wenig."*

16 Bakterienkultur

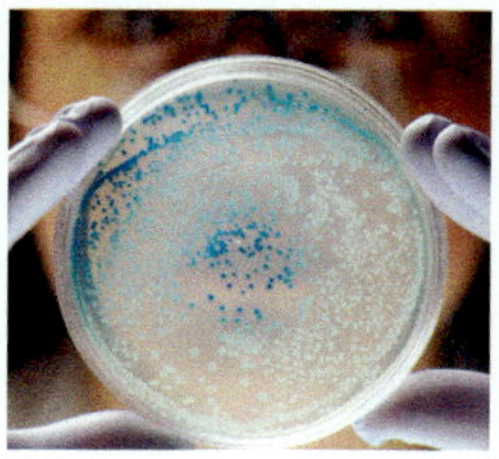

Eine Bakterienkultur wächst stündlich.

15:00	16:00	17:00	18:00	19:00	20:00	21:00	22:00
■	■	■	■	■	6000	■	■

(20:00 → 21:00: $\cdot 1{,}5$; 21:00 → 22:00: $\cdot 1{,}5$)

a) Vervollständige die Tabelle in deinem Heft.

b) Um wie viel Uhr sind es $6000 \cdot 1{,}5^2$ Bakterien, um wie viel Uhr sind es $6000 \cdot 1{,}5^{-3}$ Bakterien?

c) Sind um 12 Uhr schon mehr als 100 Bakterien in der Kultur vorhanden? Gib deine Rechnung auch mit einer Potenz mit einem negativen Exponenten an.

17 Lichtgeschwindigkeit

Licht legt im Vakuum in einer Sekunde $3 \cdot 10^8$ m zurück. Ein Lichtjahr ist die Strecke, die das Licht in einem Jahr zurücklegt.

a) Der mittlere Abstand Erde-Sonne beträgt 150 Millionen Kilometer. Wie lange braucht ein Lichtstrahl von der Sonne zur Erde?

b) Der Stern Sirius ist 8,611 Lichtjahre von der Erde entfernt. Wie viele Kilometer sind das?

18 Wellenlängen

Sonne (UV-Strahlung)

Rotlicht (IR-Strahlung)

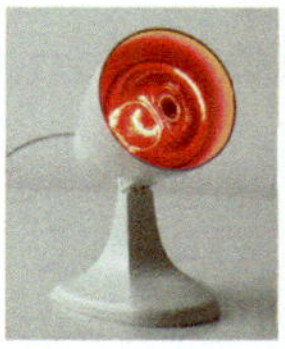

Satellitenantenne (Radiowellen)

Sendeturm (Funkwellen, UKW)

10^{-8} — 10^{-6} — 10^{-4} — 10^{-2} — 10^{0} — 10^{2} m

a) Röntgenstrahlen haben eine Wellenlänge von ca. 0,000 000 000 125 m. Wie lang sind diese Wellen im Vergleich zu den oben angegebenen?

b) Um das Wievielfache größer ist die Wellenlänge bei der Übertragung von Fernsehsignalen im Vergleich zu der Wellenlänge von UV-Strahlung?

7 Allgemeine Sinusfunktion

Ebbe und Flut sind periodisch wiederkehrende Ereignisse, d. h. sie wiederholen sich in festen Abständen.
Mathematisch beschreiben lassen sich periodische Vorgänge durch trigonometrische Funktionen, insbesondere die Sinusfunktion. Dabei spielen die Begriffe Amplitude, Periodenlänge und Phasenverschiebung eine wichtige Rolle.

7.1

Trigonometrische Funktionen und ihre Graphen

Die Fahrt in einem Riesenrad ist ein Beispiel für einen periodischen Vorgang. Jedem Drehwinkel kann dann eine Höhe h der Gondel zugeordnet werden.

Wo befindet sich die markierte Gondel, wenn der Winkel $\alpha + 180°$; $\alpha + 360°$; $180° - \alpha$ beträgt?

7.2

Modellieren periodischer Vorgänge

Mathematiker versuchen für einen bestimmten Realitätsausschnitt ein passendes mathematisches Modell zu finden. Damit können Zusammenhänge treffend beschrieben und auch Prognosen gemacht werden.

Die Graphen zeigen die Tierbestände von Schneeschuhhasen und Luchsen. Welche Kurve gehört zu welchem Tierbestand?

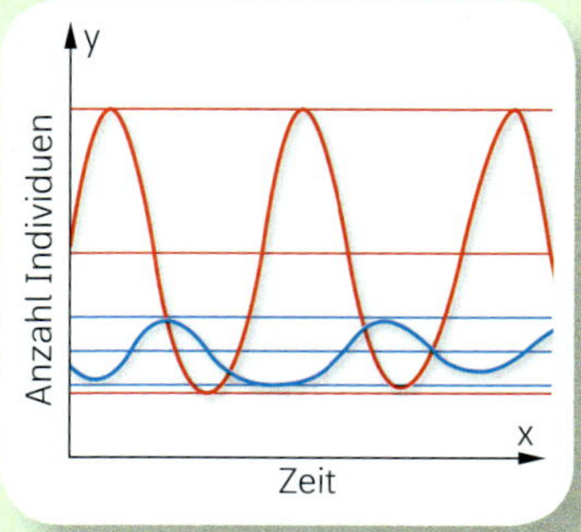

7.1 Trigonometrische Funktionen und ihre Graphen

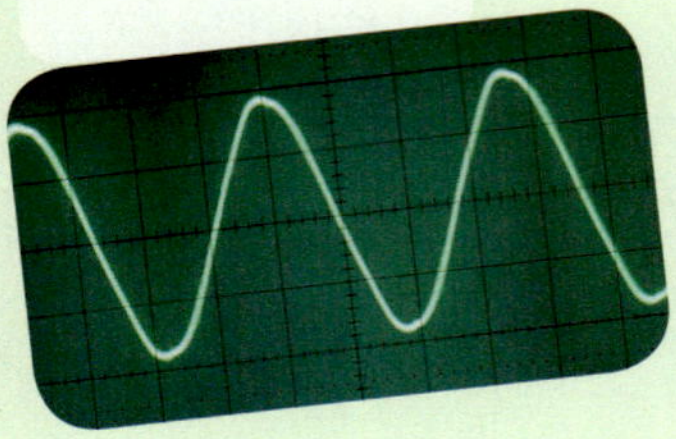

Aus dem Alltag sind dir grafischen Darstellungen von periodischen Vorgängen, insbesondere von Schwingungen bekannt. Sie erscheinen auf den Monitoren im Tonstudio, bei der Darstellung z.B. der Wasserstände bei Ebbe und Flut und bei der Aufzeichnung von Wechselspannungen.
Die den Schwingungen zugrunde liegenden Gesetzmäßigkeiten lassen sich oft mit Sinusfunktionen beschreiben.

Aufgaben

1 **Mathematik im Wechsel der Jahreszeiten**

Der Graph beschreibt die Stundenanzahl von Sonnenaufgang bis Sonnenuntergang als Funktion der Zeit t (Tag des Jahres) für Bonn.

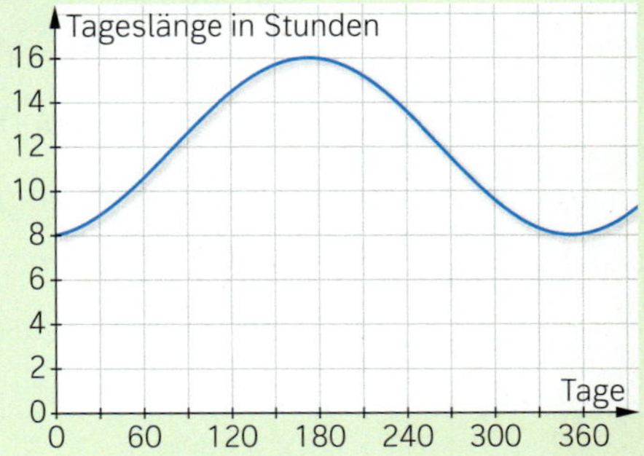

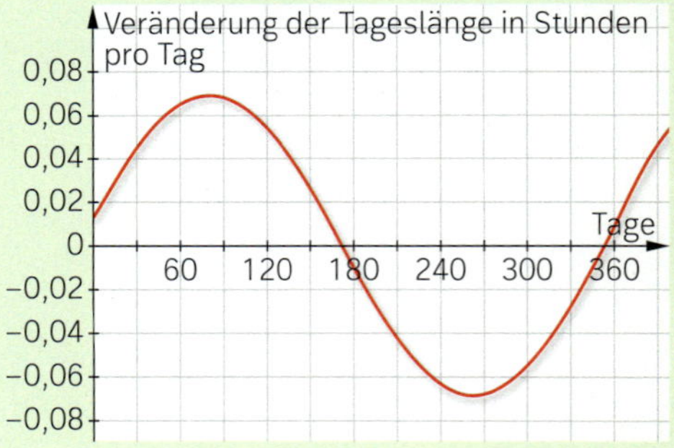

a) Beschreibe den Verlauf des Graphen und gib die Hoch- und Tiefpunkte an. Ermittle jeweils das passende Datum dazu.

b) Wie exakt gibt der Graph die tatsächliche Tageslänge an? Der wievielte Tag des Jahres ist heute? Überprüfe mit einem Kalender oder suche die Tageslänge im Internet.

Auf der Erde hängt die Dauer des Tageslichts von der Jahreszeit ab.

c) Kann man den Graphen nach links und rechts erweitern, sodass auch das vergangene und das kommende Jahr aufgetragen sind? Mache Vorschläge.

d) Im Herbst hat man manchmal den Eindruck, dass die Tage dramatisch kürzer werden. Wie passt der zweite Graph dazu?

2 **Winkel größer als 360° - macht das Sinn?**

a) Der Propeller eines Sportflugzeuges dreht sich in der Minute 1100-mal. Um welchen Winkel rotiert ein Punkt auf dem Propeller in einer Sekunde?

b) Rotoren von Hubschraubern sind deutlich langsamer. Ein Punkt auf dem Hauptrotor eines Hubschraubers dreht sich in einer Sekunde um 2580°. Wie viele Umdrehungen pro Minute macht der Hubschrauberrotor?

c) Ein Riesenrad „macht“ 1,8 Drehungen pro Minute. Um welchen Winkel hat sich das Riesenrad nach 3 Minuten gedreht? Wo befindet sich eine Gondel, die zu Beginn der 3-minütigen Fahrt am untersten Punkt des Riesenrades war?

Aufgaben

3 Die Sinusfunktionen für beliebige Winkel

In Kapitel 2.2 haben wir die Sinuswerte an der trigonometrischen Scheibe schnell ablesen können. Für die Winkel zwischen 0° und 90° genügte dabei der Ausschnitt des ersten Quadranten. Mithilfe der vollen trigonometrischen Scheibe kann man die Erweiterung des Definitionsbereichs der Sinusfunktion auf beliebige Winkel zwischen 0° und 360° verstehen. Erkläre damit die in der Tabelle eingetragenen Werte und fülle die Tabelle in deinem Heft vollständig aus.

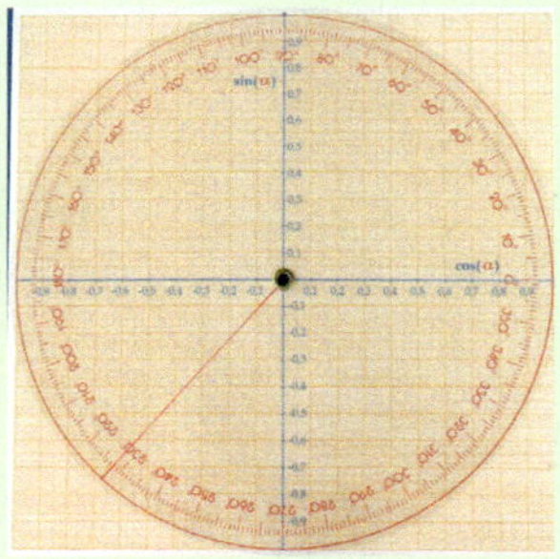

α	0°	30°	45°	60°	90°	120°	135°	150°	180°	210°	225°	240°	270°	300°	315°	330°	360°
sin (α)	0	0,5	0,707	0,866	1	■	■	0,5	■	■	−0,707	■	−1	−0,866	■	■	0

Skizziere mithilfe der Tabelle den Graphen der Sinusfunktion im Definitionsbereich von 0° bis 360° in deinem Heft.

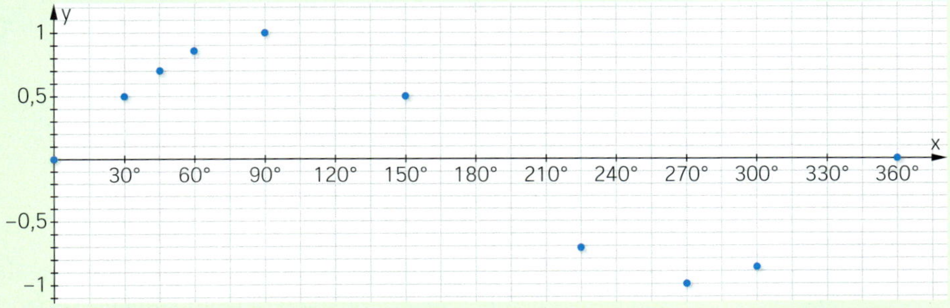

4 Schatten einer Kreisbewegung

Auf einer Kreisscheibe ist am Rand ein Korken fest angebracht. Die Kreisscheibe dreht sich gleichmäßig (eine Umdrehung in 10 Sekunden). Mit einem parallelen Lichtbündel wird die Bewegung des Korkens auf eine senkrechte Wand projiziert.

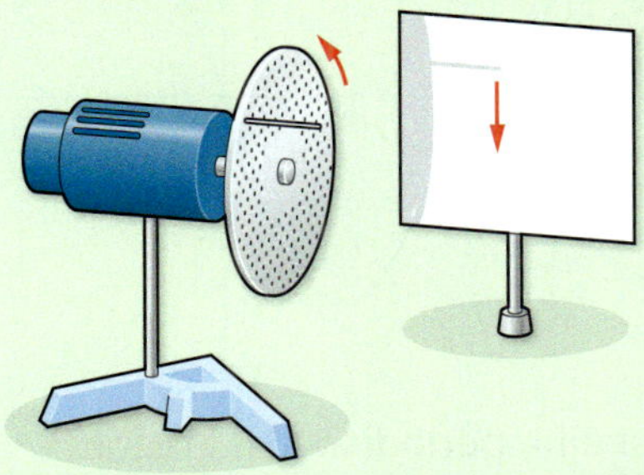

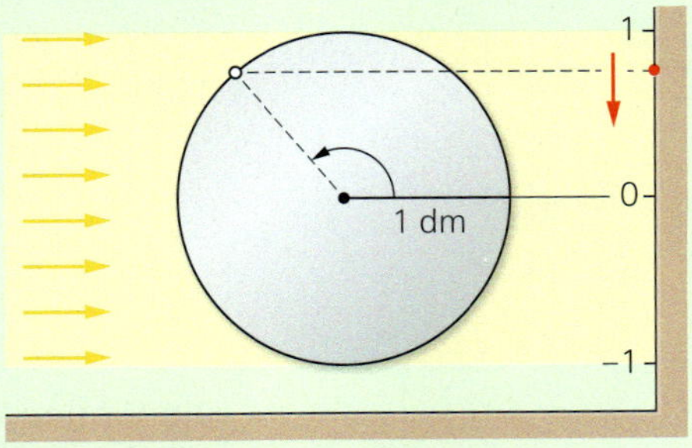

a) Wie bewegt sich der Schatten auf der Wand? Beschreibe möglichst genau.

b) Die Bewegung des Korkschattens soll als Graph im Koordinatensystem beschrieben werden. Auf der x-Achse ist die Zeit aufgetragen, auf der y-Achse der Abstand des Korkens von der „Mittellage 0“. Zwei Graphen stehen zur Auswahl.

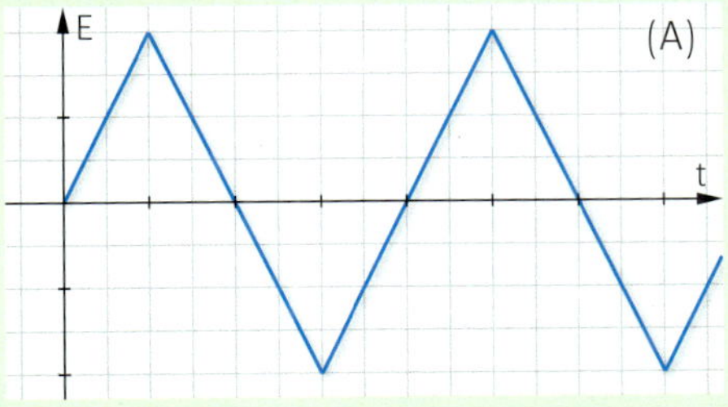

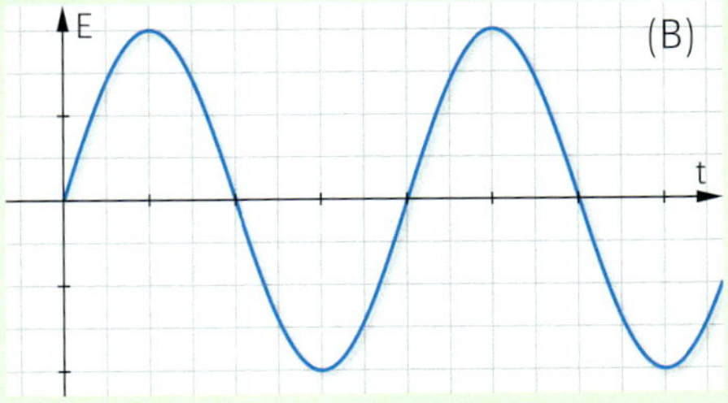

Beschreibe Gemeinsamkeiten und Unterschiede der beiden Graphen möglichst genau. Welcher Graph gehört zu der Schattenbewegung? Begründe deine Auswahl.

Basiswissen

Mithilfe des Einheitskreises kann die Sinusfunktion für beliebige Winkel definiert werden.

Die Sinusfunktion für die Winkel zwischen 0° und 360°

Ein Punkt bewegt sich auf dem Einheitskreis entgegen dem Uhrzeigersinn. Die Lage des Punktes auf dem Kreis kann sowohl durch den Winkel α als auch durch die x- und y-Koordinate angegeben werden. Er startet bei $\alpha = 0°$ bzw. bei $(1|0)$.
Im ersten Quadranten entspricht die y-Koordinate dem Sinus von α. Dies übernehmen wir bei der weiteren Bewegung des Punktes über Winkel von 90° hinaus.
Beim einmaligen Durchlaufen des Einheitskreises lässt sich der Graph der Sinusfunktion für $0° \le \alpha \le 360°$ konstruieren.

x-Achse: Winkel in Grad°
y-Achse: Werte des Sinus (reelle Zahlen)

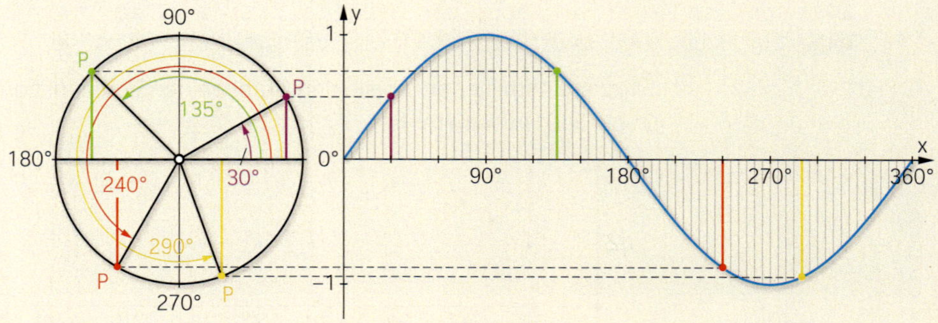

Die Sinusfunktion für beliebige Winkel

Man kann den Einheitskreis in Richtung positiver und negativer Winkel beliebig oft durchlaufen. Wir erweitern deshalb die Sinusfunktion über den Bereich $0° \le \alpha \le 360°$ hinaus in beide Richtungen und setzen auch den Graphen nach beiden Seiten beliebig weit fort.

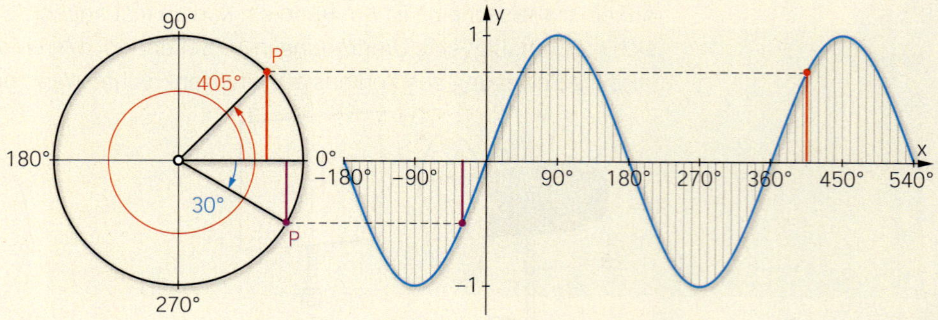

Die Sinusfunktion ist eine periodische Funktion

n ist eine positive oder negative ganze Zahl ($n \in \mathbb{Z}$)

Alle Winkel α und $\alpha + n \cdot 360°$ haben denselben Sinuswert.
D.h. nach $n \cdot 360°$ wiederholen sich alle Funktionswerte.
Die Sinusfunktion ist daher eine periodische Funktion.
Sie hat die Periodenlänge 360°: $\sin(\alpha) = \sin(\alpha + n \cdot 360°)$.

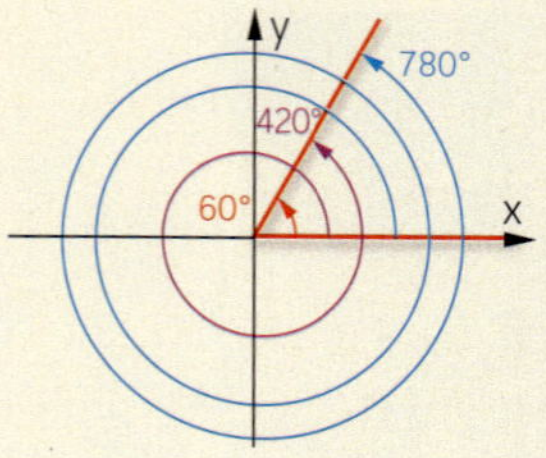

Beispiele

A Mehrere Winkel – gleicher Sinuswert

Finde zu dem Winkel $\alpha = 67°$ fünf weitere Winkel, die den gleichen Sinuswert haben wie der Winkel α. Warum gibt es sogar unendlich viele Winkel mit dem gleichen Sinuswert wie α?

Lösung:
$\beta = 427°, 787°, 1147°, -293°, -653°$
Alle Winkel $\beta = \alpha + n \cdot 360°$ haben den gleichen Sinuswert wie α. Daher gibt es unendlich viele Winkel β mit $\sin(\beta) = \sin(\alpha)$.

Beispiele

B **Ein Sinuswert – verschiedene Winkel**

Der Taschenrechner gibt an: $\sin(30°) = 0{,}5$. Welche weiteren Winkel haben diesen Sinuswert?

Lösung:

Nach jeweils 360° wiederholen sich die Sinuswerte, also haben z. B. die Winkel 390°, 750° oder −330° den Sinuswert 0,5.

Das sind aber noch nicht alle Winkel.

Am Graphen sieht man, dass jeder Sinusbogen symmetrisch zu einer Achse durch den Hochpunkt ist. Daher haben auch z. B. die Winkel 150°, 510° oder −210° den Sinuswert 0,5.

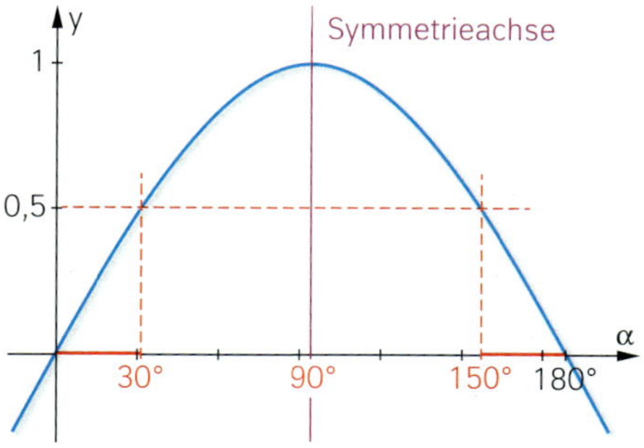

Übungen

5 **Vorzeichen**

Welches Vorzeichen haben die Sinuswerte zu den Winkeln? Begründe mithilfe des Graphen im Basiswissen.

a) 72° b) 319° c) 125° d) 200° e) 271° f) −135° g) −87° h) 615° i) −365°

6 **Verschiedene Winkel – gleicher Sinuswert**

a) Es ist $\sin(54°) \approx 0{,}809$. Bestimme fünf weitere Winkel, die den gleichen Sinuswert haben.

b) Bestimme fünf Winkel α, für die gilt
(1) $\sin(\alpha) = 0{,}75$ (2) $\sin(\alpha) = -0{,}2$ (3) $\sin(\alpha) = -1$

c) Fasse die Winkel mit den gleichen Sinuswerten zusammen.
15°; 45°; −15°; 315°; 390°; 405°; −675°; 1035°; −330°; −345°; 345°

6 Lösung zu c):
Es gibt insgesamt nur fünf verschiedene Werte.

7 **Symmetrien der Sinusfunktion**

Der Graph der Funktion bildet eine endlose Kurve, die verschiedene Symmetrien aufweist. Welche Symmetrien erkennst du?
Erkläre sie mit den Symmetrien am Einheitskreis.

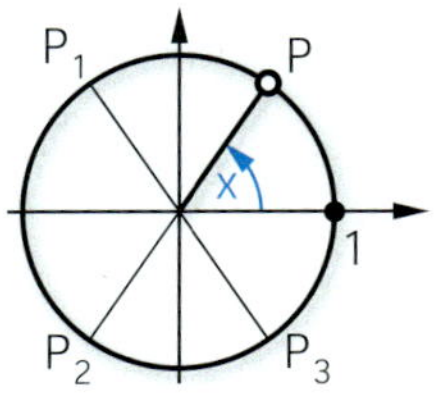

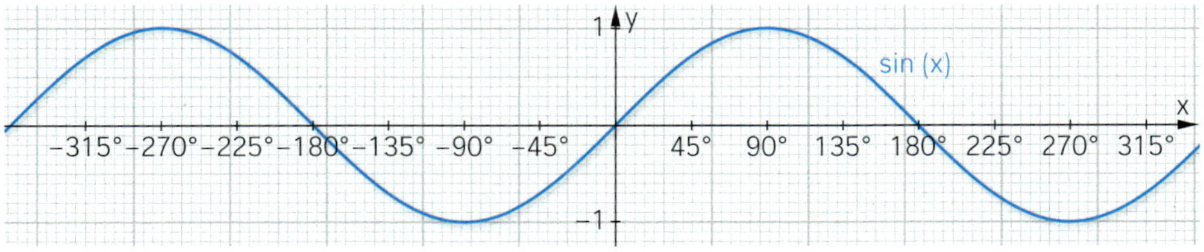

8 **Winkelmaß und Bogenmaß**

```
sin(30)
     -.9880316241
sin(90)
      .8939966636
```

```
sin(30)
               .5
sin(90)
                1
```

Der Taschenrechner spielt verrückt: Was passiert?
Das Rätsel ist schnell gelöst. Der Taschenrechner ist auf den Modus Bogenmaß eingestellt. Wenn man ihn auf Grad umstellt, rechnet der Taschenrechner wie gewohnt.

a) Welches Bogenmaß wird dem Winkel 90° zugeordnet?
Begründe, warum es sich bei der Zuordnung *Winkel im Gradmaß → Winkel im Bogenmaß* um eine proportionale Zuordnung handelt.

b) Erstelle eine passende Wertetabelle. Begründe die Umrechnungsformel.

Informiere dich auch in der Formelsammlung über „Bogenmaß“.

Winkel im Bogenmaß
Dem Winkel α in Grad entspricht die Länge b des zugehörigen Bogens am Einheitskreis.

Umrechnungsformel:
Winkel im Bogenmaß
$= \text{Winkel im Gradmaß} \cdot \frac{2\pi}{360°}$

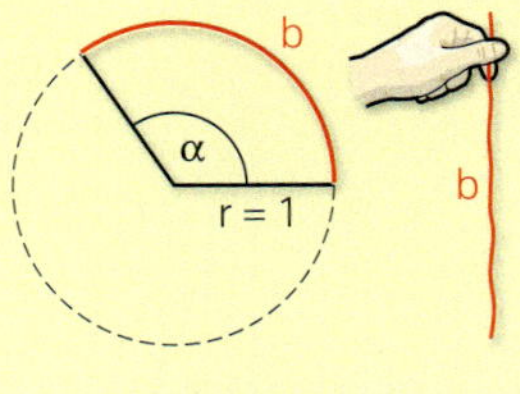

Bogenmaß

Bei der Sinusfunktion werden Winkelgrößen reelle Zahlen zugeordnet. Wenn man die Winkel im Bogenmaß angibt, so erhält man wie bei linearen und quadratischen Funktionen eine Funktion mit der Definitionsmenge $\mathbb{R}$.

Ein Winkel α kann im Einheitskreis durch die Länge des Bogens b gemessen werden. Mit der Verhältnisgleichung $\frac{b}{2\pi} = \frac{\alpha}{360°}$ kann man Winkel vom Gradmaß ins Bogenmaß umrechnen und umgekehrt.

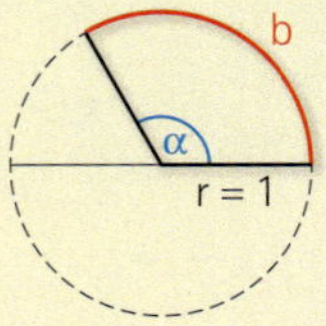

Graph der Sinusfunktion mit Winkeln im Bogenmaß

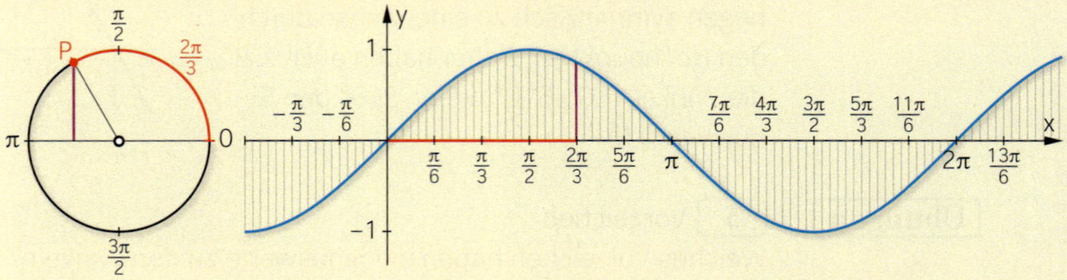

Funktionen, bei denen sich alle Funktionswerte in festen Abständen wiederholen, heißen periodische Funktionen. Der kürzeste dieser Abstände heißt **Periodenlänge**.

Am Einheitskreis ist der Punkt P nach einer Drehung um 2π wieder in der gleichen Lage angekommen. Es gilt deshalb $\sin(x + 2\pi) = \sin(x)$. Dies gilt auch bei einer Drehung um 4π, 6π, 8π usw. 2π ist der kürzeste Abstand dieser Wiederholung, deshalb ist die Periodenlänge der Sinusfunktion 2π.

Übungen

Tipp
Dreisatz: $\frac{b}{2\pi} = \frac{\alpha}{360°}$

9 Vom Winkel- zum Bogenmaß

Gib die Winkel im Bogenmaß auf drei Dezimalen gerundet an.

a) 150° b) −80° c) −240° d) 320° e) −450° f) 5° g) 870°

10 Vom Bogen- zum Winkelmaß

Übertrage die Tabelle in dein Heft und fülle sie vollständig aus.

Winkel in Bogenmaß	$\frac{\pi}{6}$	$\frac{\pi}{4}$	$\frac{\pi}{3}$	$\frac{\pi}{2}$	$\frac{2\pi}{3}$	π	$\frac{4\pi}{3}$	$\frac{3\pi}{2}$	$\frac{5\pi}{3}$	2π	3π
Winkel in Grad	■	■	60°	■	■	■	■	■	■	■	■

11 Gleichungen lösen auf verschiedene Art

Frida und Malte lösen die Gleichung $\sin(x) = 0{,}8$ auf unterschiedliche Art. Vergleiche die beiden Lösungswege und beschreibe, wie man alle Lösungen erhält.

Frida:

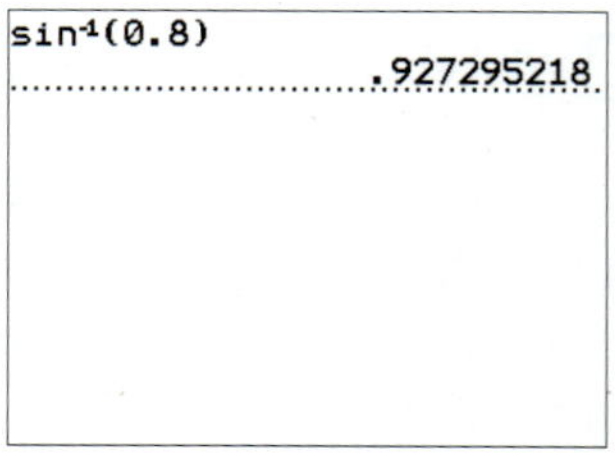

Malte:

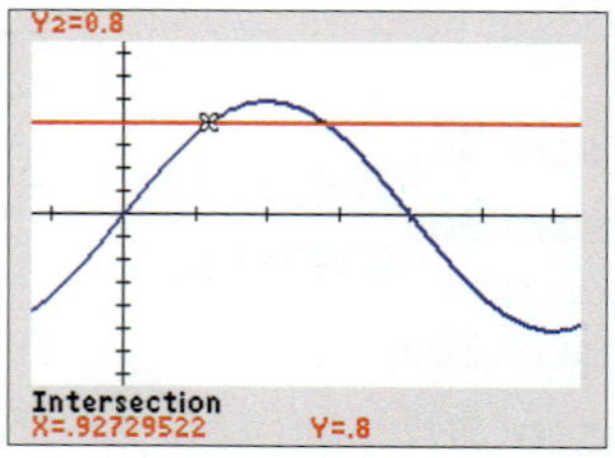

12 Gleichungen

a) Bestimme jeweils alle Lösungen der Gleichung im Intervall $[0; 2\pi]$.

(1) $\sin(x) = 0{,}4$ (2) $\sin(x) = -0{,}2$ (3) $\sin(x) = 1$ (4) $\sin(x) = 1{,}3$ (5) $\sin(x) = \frac{\sqrt{3}}{2}$

b) Bestimme jeweils grafisch oder numerisch alle Lösungen der Gleichung $\sin(x) = 0{,}7$ im gegebenen Intervall.

(1) $A = [0; \pi]$ (2) $B = [0; 2\pi]$ (3) $C = [-\pi; \pi]$ (4) $D = [3\pi; 4\pi]$

Übungen

13 Eine Fahrt auf dem Riesenrad „High Roller“ in Las Vegas

a) Berechne die Höhe des Punkte P über der x-Achse, wenn der Drehwinkel α
(1) 30° (2) 110°
(3) 250° (4) 310° ist.

b) Mit welcher Formel kann man zu jedem Winkel α die Höhe berechnen?

c) Mit welcher Formel kann man die Höhe des Punktes P gegenüber dem Boden berechnen?

d) Erläutere, was man unter einem Drehwinkel von 390° verstehen könnte, und wie hoch der Punkt P gegenüber der x-Achse liegt für α = 390°.

14 Die Kosinusfunktion – Zwillingsschwester der Sinusfunktion

Bewegt sich ein Punkt auf dem Einheitskreis entgegen dem Uhrzeigersinn und startet bei α = 0° bzw. (1 | 0), dann entspricht die x-Koordinate des Punktes dem Kosinus von α (vgl. Aufgabe 4). Fülle die Tabelle aus und skizziere mit ihrer Hilfe den Graphen der Kosinusfunktion. Vergleiche mit der Sinusfunktion.

x	0	$\frac{\pi}{6}$	$\frac{\pi}{3}$	$\frac{\pi}{2}$	$\frac{2\pi}{3}$	$\frac{5\pi}{6}$	π	$\frac{7\pi}{6}$	$\frac{4\pi}{3}$	$\frac{3\pi}{2}$	$\frac{5\pi}{3}$	$\frac{11\pi}{6}$	2π
cos(x)	■	■	■	■	■	■	■	■	■	■	■	■	■

Basiswissen

Die Kosinusfunktion

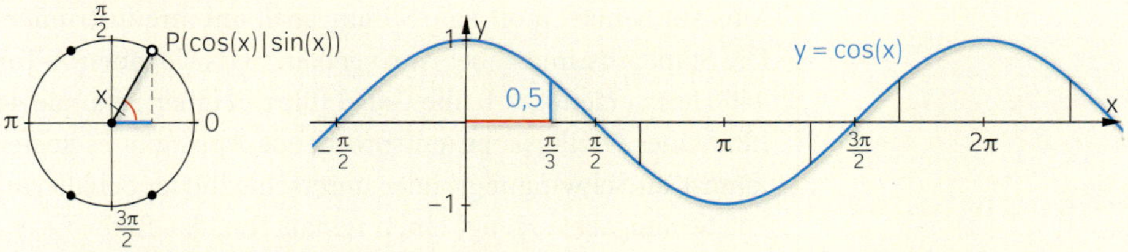

Die Kosinusfunktion ordnet jedem Winkel die x-Koordinaten des Punktes P zu. Der Graph hat die gleiche Form wie der Graph der Sinusfunktion, ist jedoch um $\frac{\pi}{2}$ nach links verschoben.

Beispiele

C Kosinus- und Sinusfunktion im Vergleich

Jan behauptet, dass zwei Winkel, die den gleichen Sinuswert haben, auch immer den gleichen Kosinuswert besitzen. Hat er recht?

Lösung:

Ein Gegenbeispiel reicht aus, um Jans Behauptung zu widerlegen:

Es gilt $\sin\left(\frac{\pi}{6}\right) = 0{,}5 = \sin\left(\frac{5\pi}{6}\right)$

Aber: $\cos\left(\frac{\pi}{6}\right) = 0{,}87 \neq \cos\left(\frac{5\pi}{6}\right) = -0{,}87$

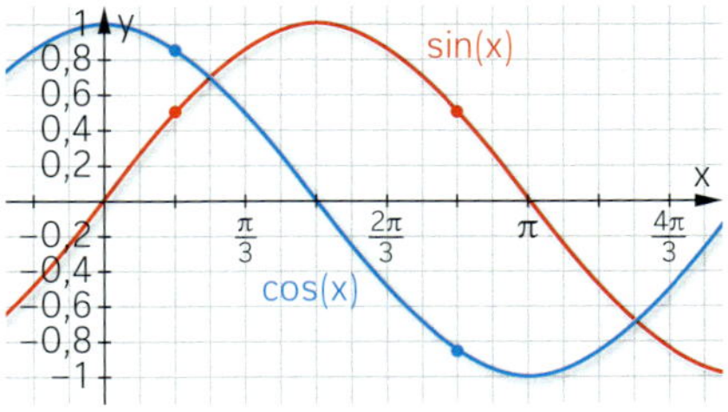

Übungen

15 Eigenschaften der Kosinusfunktion

a) Untersuche die Kosinusfunktion auf Symmetrien (vgl. Aufgabe 7).

b) Notiere ähnliche Gleichungen für die Kosinusfunktion wie für die Sinusfunktion in Aufgabe 12 und löse sie. Überprüft gegenseitig eure Lösungen.

Übungen

16 Strecken und Stauchen, Verschieben der Sinusfunktion

a) Dir ist sicher noch von den quadratischen Funktionen bekannt, wie sich eine Funktion ändert, wenn man alle Funktionswerte mit dem Faktor a multipliziert?

b) Skizziere den Graphen der Sinusfunktion in dein Heft und skizziere in dem gleichen Diagramm den Graphen der Funktion $y = 2 \cdot \sin(\alpha)$ und $y = 0{,}5 \cdot \sin(\alpha)$.

c) Skizziere den Graphen der Funktion $y = \sin(\alpha)$ und skizziere in dem gleichen Diagramm den Graphen der Funktionen $y = \sin(\alpha) + 1$ und $y = \sin(\alpha) + 3$.

Amplitude

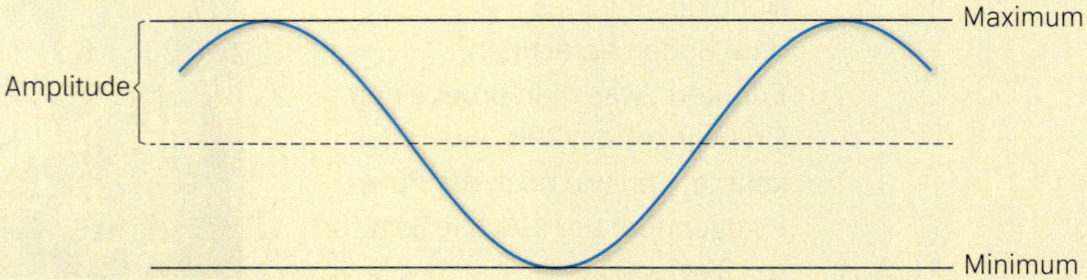

Unter der Amplitude versteht man bei periodischen Funktionen die Hälfte der Differenz des kleinsten und größten Funktionswertes. $a = \frac{1}{2}(y_{max} - y_{min})$

17 Amplitude

a) Welche Amplitude haben die Funktionen in Aufgabe 16?

b) Welche Amplitude hat (1) $y = 3 \cdot \sin(\alpha)$ (2) $y = 3 \cdot \sin(\alpha) + 10$?

c) Welche Amplitude hat (1) $y = 83{,}5 \cdot \sin(\alpha)$ (2) $y = 83{,}5 \cdot \sin(\alpha) + 83{,}5$?

Exkurs

Stimmgabel und Schwingungsbilder – mit dem Smartphone sichtbar machen

Musiker benutzen oft eine Stimmgabel, um ihre Instrumente genau zu stimmen. Die Standardstimmgabel ist so gebaut, dass sie einen A-Ton mit einer Frequenz von 440 Hertz erzeugt, d.h. die Gabel führt in einer Sekunde 440 Schwingungen aus. Mithilfe eines Oszilloskops (entsprechende Apps gibt es kostenlos für dein Smartphone) kannst du Schwingungsbilder unterschiedlicher Schallerreger sichtbar machen.

Die Stimmgabel erzeugt einen reinen Ton, das Bild ist eine Sinuskurve.

Eine schwingende Seite erzeugt einen Klang, dieser entsteht durch Überlagerung mehrerer Sinusschwingungen. Das Bild zeigt eine regelmäßige periodische Kurve, die aber nicht mehr sinusförmig ist.

Wenn wir vor dem Mikrophon ein Stück Papier zerreißen, so entsteht ein Geräusch, das zugehörige Schwingungsbild ist völlig unregelmäßig.

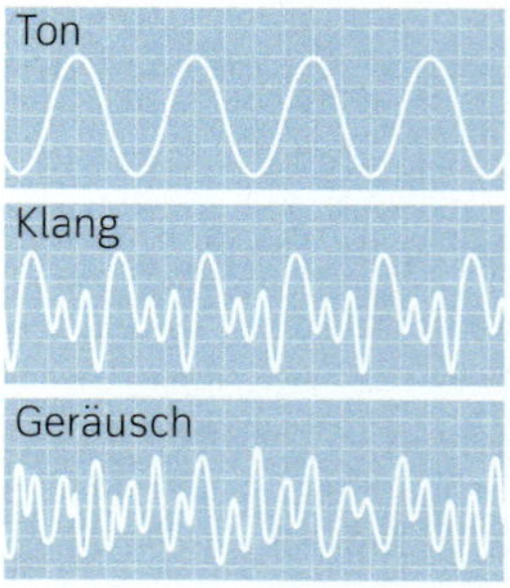

18 Auch Pfeifen will gelernt sein

Jonas hat mit seinem Smartphone Schwingungsbilder durch Pfeifen erzeugt. Probiere selbst aus, durch einen Pfeifton eine reine Sinuskurve als Schwingungsbild zu erzeugen. Wie musst du pfeifen, damit die Sinuskurve...

a) ... mehr oder weniger Wechsel zeigt?

b) ... höhere oder niedrigere Ausschläge zeigt?

Übungen

19 Parameter verändern Graphen

a) „Ziehharmonika“

Skizziere die Graphen von
$y = \sin(x)$, $y = \sin(2x)$,
$y = \sin(5x)$, $y = \sin(0{,}5x)$.
Berechne zu jeder der Funktionen zunächst die Nullstellen, zeichne diese in das Koordinatensystem ein und skizziere dann den jeweiligen Graphen.

> Nullstellen von $y = \sin(3x)$ berechnen:
>
> $\sin(3x) = 0 \quad \Rightarrow \quad 3x = k \cdot \pi \quad$ für $k \in \mathbb{Z}$
>
> $\Rightarrow \quad x = k \cdot \frac{\pi}{3}$
>
> Nullstellen: $0, \frac{\pi}{3}, \frac{2\pi}{3}, \pi, \frac{4\pi}{3}, \frac{5\pi}{3}, \ldots$

Vergleiche die Graphen mit dem Graphen von $y = \sin(x)$. Was beobachtest du? Gib für jede der Funktionen die Periodenlänge an. Formuliere einen kurzen Text, über die Wirkung des Parameters b auf den Graphen der Funktion $y = \sin(bx)$ und deren Periode.

b) Verschieben, aber wohin?

Skizziere jeweils den Graphen.
$y = \sin(2x)$ $\quad y = \sin(2(x-1))$
$y = \sin(2(x-2))$ $\quad y = \sin(2(x-0{,}5))$

> **Tipp**
>
> Berechne die Nullstellen und die Stellen mit dem größten und kleinsten y-Wert und skizziere dann den jeweiligen Graphen.

Erläutere, wie der Graph von $y = \sin(b(x-c))$ aus dem Graphen von $y = \sin(bx)$ entsteht.

Basiswissen

Parameter verändern den Graphen einer Sinusfunktion

Die **Frequenz** gibt die Anzahl der Perioden pro Einheit an. Sie beträgt $\frac{b}{2\pi}$.

$\sin(0{,}5x)$

$y = \sin(bx)$
b: Streckung/Stauchung in x-Richtung
Periodenlänge $\frac{2\pi}{b}$

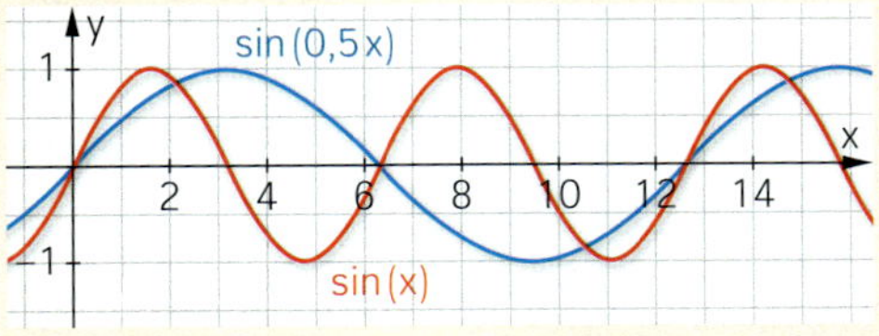

Die **Amplitude** ist der maximale Ausschlag der „Schwingung“ nach oben oder nach unten.

$2\sin(0{,}5x)$

$y = a\sin(bx)$
a: Streckung/Stauchung in y-Richtung
Amplitude a

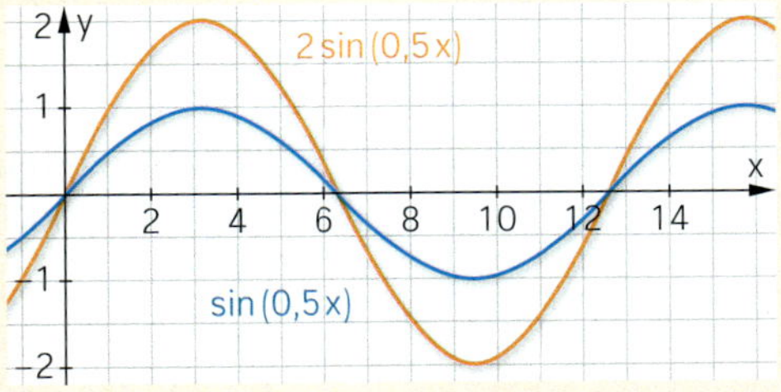

Die **Phase** bestimmt die Verschiebung des normalen Sinusgraphen auf der x-Achse.

$2\sin(0{,}5(x-1))$

$y = a\sin(b(x-c))$
c: Verschiebung in x-Richtung

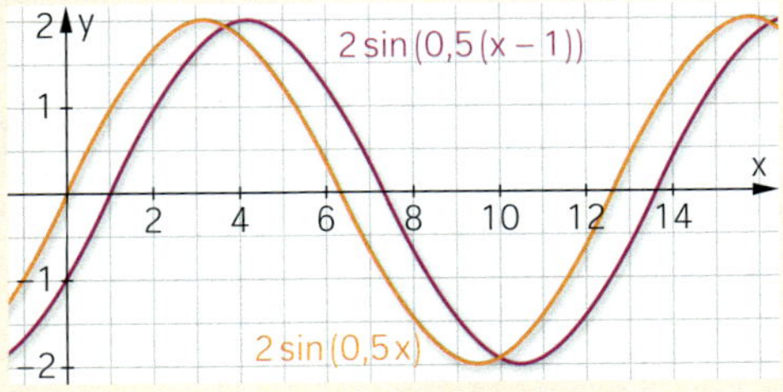

$2\sin(0{,}5(x-1)) + 0{,}5$

$y = a\sin(b(x-c)) + d$
d: Verschiebung in y-Richtung

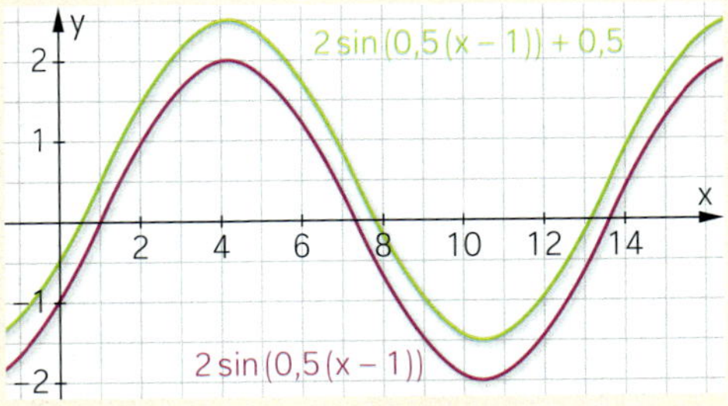

Beispiele

D **Funktionsgleichung finden**

Im Basiswissen wurden wichtige Eigenschaften aus der Funktionsgleichung abgelesen und mit dem Graphen bestätigt. Finde umgekehrt zu dem Graphen einer Funktion die Periode, die Verschiebung in x-Richtung, die Amplitude und die Verschiebung in Richtung der y-Achse. Wie lautet die zugehörige Funktionsgleichung?

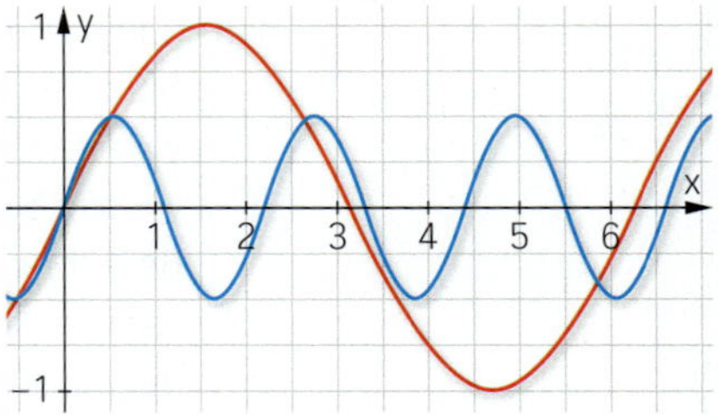

Lösung:

Periode: Nullstellen 0; 1,1 ; 2,2 $\Rightarrow$ Periode etwa 2,2

$\Rightarrow 2{,}2 = \frac{2\pi}{b} \Rightarrow b = \frac{2\pi}{2{,}2} \approx 2{,}86$

Verschiebung in x-Richtung: keine $\Rightarrow c = 0$

Amplitude: $0{,}5 \cdot (y_{max} - y_{min}) = 0{,}5 \cdot (0{,}5 - (-0{,}5)) = 0{,}5$ $\Rightarrow a = 0{,}5$

Verschiebung in y-Richtung: keine $\Rightarrow d = 0$

$\Rightarrow$ Funktionsgleichung: $y = a\sin(b(x-c)) + d = 0{,}5\sin\left(\frac{2\pi}{2{,}2}x\right) \approx 0{,}5\sin(2{,}86x)$

Übungen

Bei den Aufgaben auf dieser Seite solltest du den GTR oder DGS nur zur Überprüfung deiner Ergebnisse einsetzen.

20 **Ähnliche Funktionsgleichungen – unterschiedliche Graphen**

Skizziere in einem Koordinatensystem die Graphen zusammen mit $y = \sin(x)$:

a) $y = 3\sin(x)$ b) $y = \sin(3x)$ c) $y = \sin(x) + 3$ d) $y = \sin(x - 3)$

21 **Gleichungen gesucht**

Bestimme zu folgenden Graphen eine Funktionsgleichung. Gibt es verschiedene Möglichkeiten? ($x_{min} = 0$, $x_{max} = 4\pi$, $y_{min} = -2$, $y_{max} = 2$)

a) 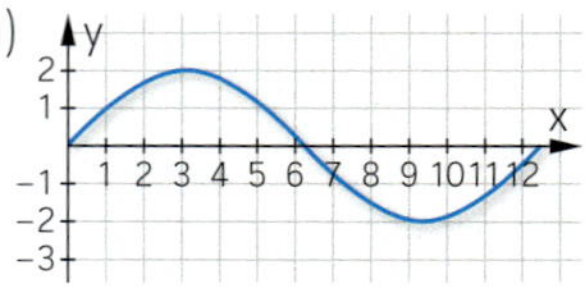

b) 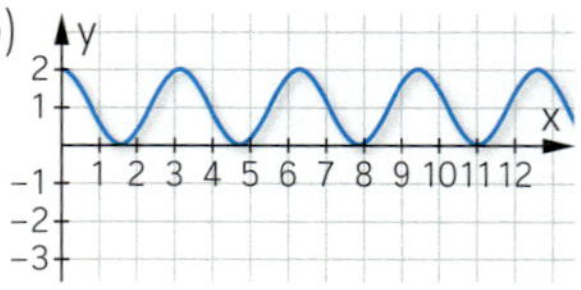

c) 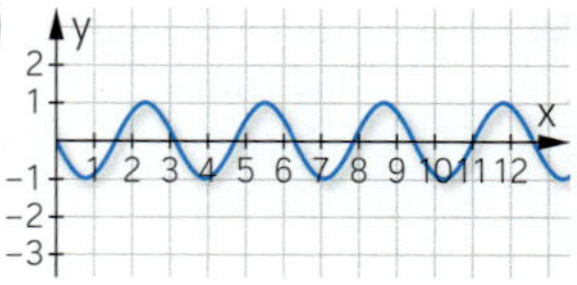

22 **Gleichungen aus Wertepaaren rekonstruieren**

Schreibe je eine Funktionsgleichung zu den Graphen auf.

a) 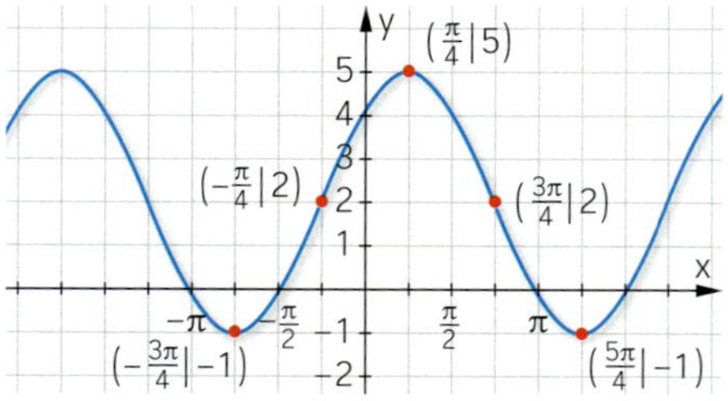

b) 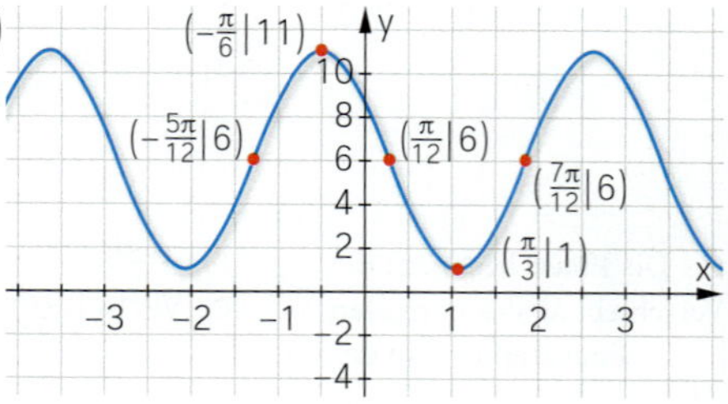

Kopfübungen

1. Gib zwei verschiedene irrationale Zahlen so an, dass deren Quotient rational ist.
2. Ergänze: Eine Raute lässt sich bereits eindeutig konstruieren, wenn man … kennt.
3. Schreibe als Produkt: $a^2 - b^4 = (a - b^2) \cdot$ ■
4. Welchen Betrag haben sich die Meyers zum Kauf einer Wohnung bei einer Bank geliehen, wenn bei einem Zinssatz von 5 % die Jahreszinsen 5000 € betragen?
5. Gib alle Primzahlen zwischen 30 und 40 an.
6. Worin unterscheidet sich das arithmetische Mittel vom Median?
7. Die Länge des Grundstücks wird um x verändert. Gib für die Zuordnung „x in m → Umfang U in m“ den Typ und die Funktionsgleichung an.

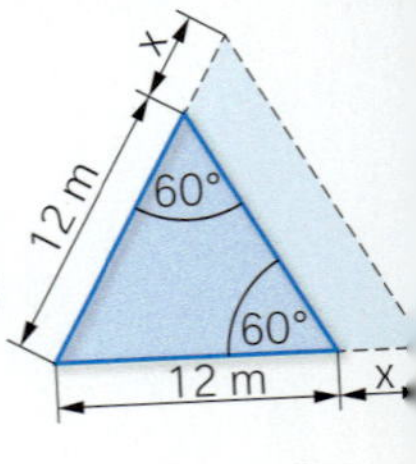

Projekt

Mit dem GTR Bewegungen untersuchen

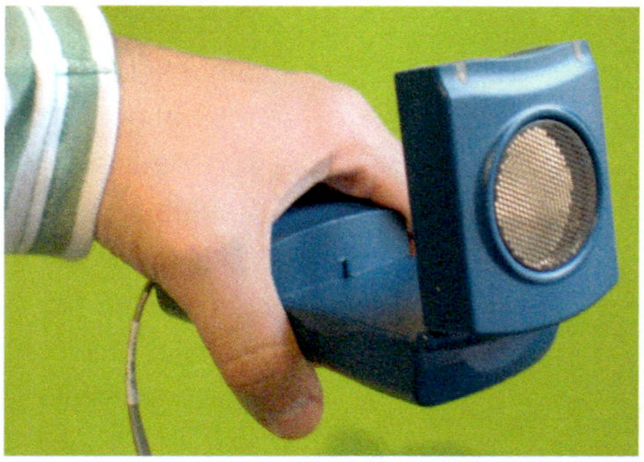

Mithilfe eines Ultraschallsensors, der an den GTR angeschlossen wird, kannst du den Abstand zu einer Wand oder dem Boden messen. Das funktioniert so: Der Sensor sendet ein Signal, welches von der Wand reflektiert und vom Sensor wieder empfangen wird. Aus der Zeitdifferenz zwischen Aussendung und Empfang des Signals berechnet der angeschlossene Taschenrechner die Entfernung zwischen Wand und Sensor. Wichtig dabei: Um die Distanz korrekt zu bestimmen, muss der Sensor stets senkrecht zur Wand oder zum Hindernis ausgerichtet sein. In unserem Experiment sendete der Sensor das Signal 15 Sekunden lang aus.

Der Abstand (Distanz d in Metern) wird dann auf dem Taschenrechner (x-Achse: Zeit, y-Achse: Distanz) dargestellt.

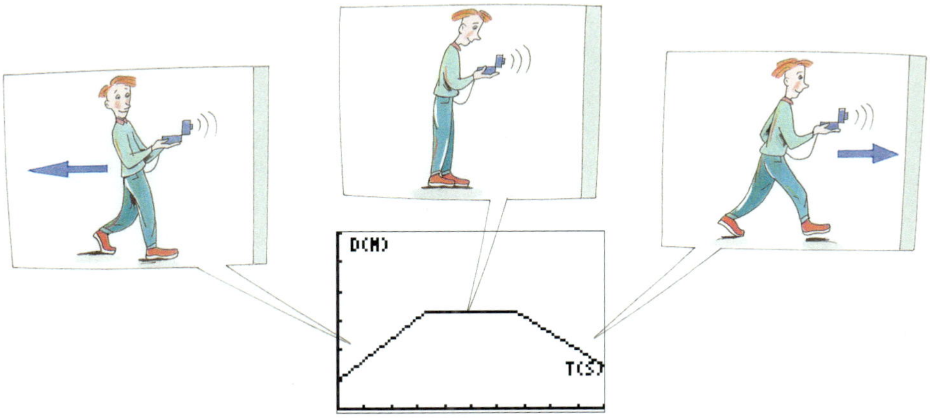

A Immer schön im Kreis herum – Die Kreisbewegung führt zu Sinuskurven

Jonas richtet den Sensor auf die Wand und bewegt ihn dann mit gleichbleibender Geschwindigkeit entlang des am Boden liegenden Rings. Dabei achtet er darauf, dass der Sensor immer zur Wand zeigt.

Welche der folgenden Graphen zeigt anschließend der GTR? Begründe.

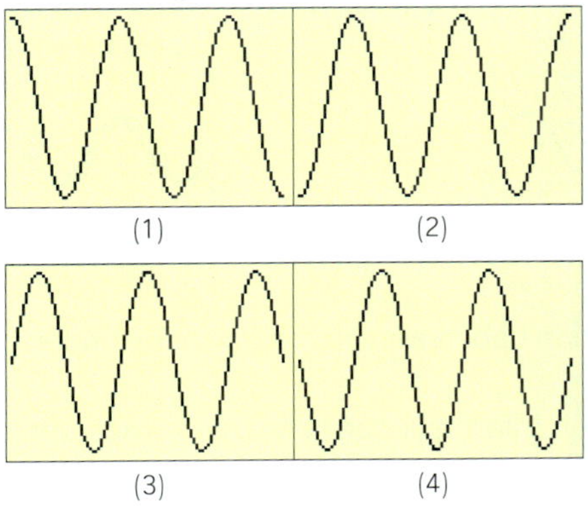

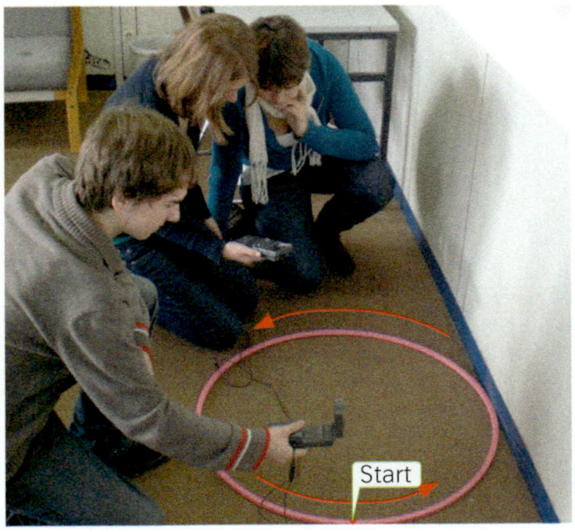

B Zum Nachdenken

Wie lassen sich mit dem gleichen Experiment auch die anderen Graphen erzeugen?

C Einfluss der Parameter

Amplitude a
Frequenz b
Phasenverschiebung c
Verschiebung in Richtung y-Achse d

Du weißt schon, dass man die Sinuskurven dadurch verändern kann, dass man in der Funktionsgleichung $f(x) = a \cdot \sin(b(x - c)) + d$ unterschiedliche Zahlen für a, b, c und d wählt. Informiere dich nochmals über den Einfluss dieser vier Parameter auf den Graphen und gib die passenden Parameter für die nebenstehenden Kurven an.

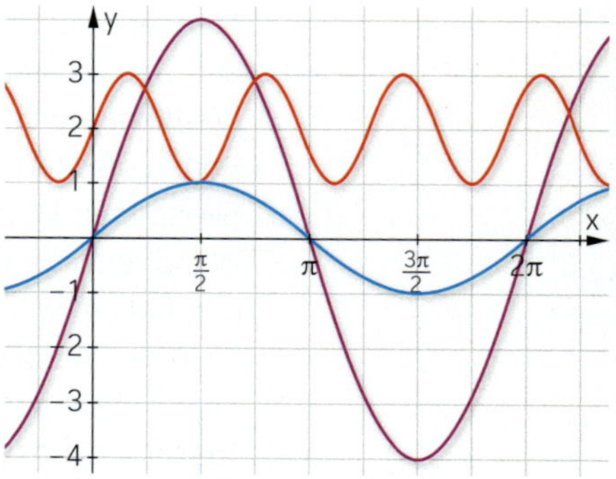

Drei unterschiedliche Sinuskurven durch Variation von a, b, c und d.

D Weitere Forschungsaufträge zum Experiment

Größer oder kleiner?
Welchen Einfluss auf den Graphen der Sinusfunktion hat es, wenn der Sensor auf einem Kreis geführt wird, der kleiner oder größer als der Ring ist? Welcher Parameter wird damit verändert?

Eine Frage der Geschwindigkeit
Was geschieht mit dem Graphen, wenn der Sensor schneller oder langsamer um den Ring geführt wird? Welcher Parameter wird dann verändert?

Eine Frage der Distanz
Wie wirken sich verschieden große Abstände zur Wand in den Bewegungsgraphen aus? Durch welchen Parameter lässt sich diese Veränderung beschreiben?

E Bericht gefordert

Fasst eure Ergebnisse zusammen und schreibt einen Bericht, in dem ihr erklärt, was in dem Experiment mit dem Ultraschallsensor jeweils verändert werden muss, um a, b, c und d zu verändern?

F Übereinstimmung von Experiment und Graph – nachgefragt

Mit ruhiger Hand und ein wenig Übung erhält man sehr aussagekräftige Graphen:

Bewegungsgraph

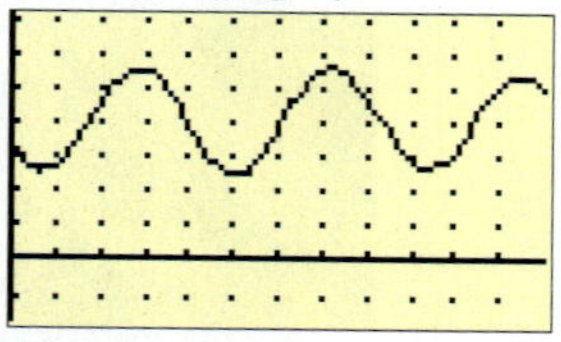

... zusammen mit passender Funktion

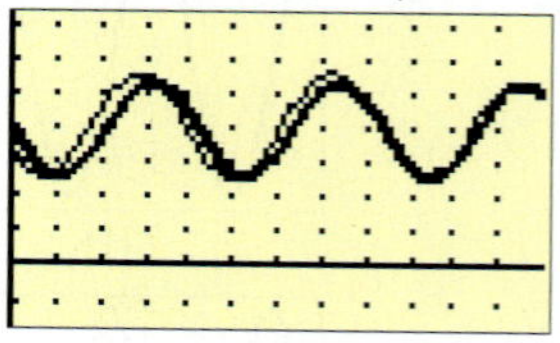

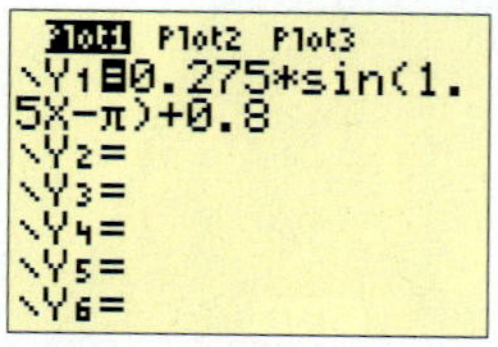

Die passende Funktion haben wir verraten (x in Sekunden, y in Metern).

Welche der folgenden Informationen liefern der Graph und die Funktion über das Experiment?

Größe des Kreises | *Zahl der Umläufe* | *Zeitdauer der Aufnahme* | *Drehrichtung* | *Startpunkt* | *Geschwindigkeit* | *Abstand von der Wand*

7.2 Modellieren periodischer Vorgänge

Es gibt viele Vorgänge, die nach einer bestimmten Zeitspanne immer wieder in der gleichen Art ablaufen. Dabei kann es sich um ganz kurze Vorgänge wie den Takt bei einem Computer oder längere wie den Herzschlag oder gar den Ablauf der Jahreszeiten handeln.

Solche Vorgänge lassen sich durch Graphen modellieren, mit denen wesentliche Eigenschaften erfasst und erläutert werden können. Viele der periodischen Vorgänge können durch trigonometrische Funktionen modelliert werden, häufig lässt sich dabei auch die passende Funktionsgleichung finden.

Aufgaben

1 Das Elektrokardiogramm – EKG

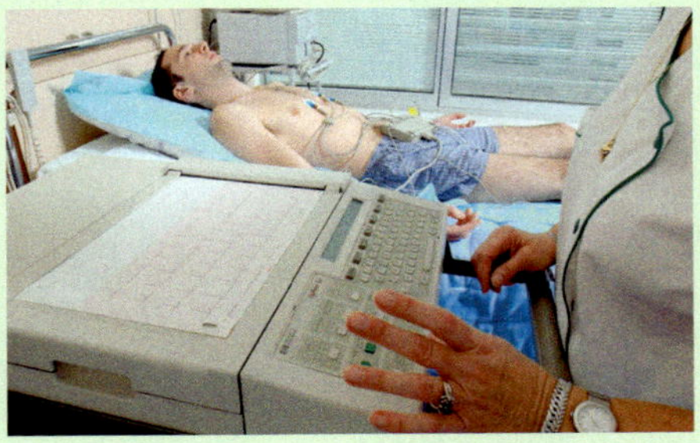

Ähnlich wie bei Nervenzellen entstehen auch in Herzmuskelzellen elektrische Impulse. Diese Impulse steuern den Herzschlag. Die Erregung beginnt im Sinusknoten, einem ca. 2 mm großen Bereich im rechten Vorhof des Herzens, und wird von dort aus weitergeleitet. Der Sinusknoten wird auch als Schrittmacher bezeichnet, da er das Herz mit einer bestimmten Frequenz antreibt. Die elektrischen Impulse werden mithilfe von Elektroden an bestimmten Stellen der Haut aufgenommen und können mit einem hochempfindlichen Messgerät aufgezeichnet werden. Es entsteht eine Kurve mit typischen Zacken und Strecken. Veränderungen der Zacken hinsichtlich Zeitdauer, Höhe des Ausschlags und Form weisen auf mögliche Krankheiten wie z. B. Herzinfarkt oder Herzrhythmusstörungen hin.

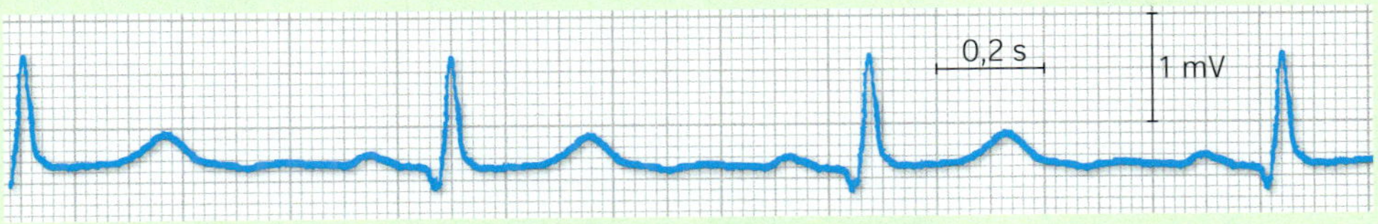

Recherchiere im Internet. Hier findest du weitere Graphen und Informationen unter dem Suchwort EKG.

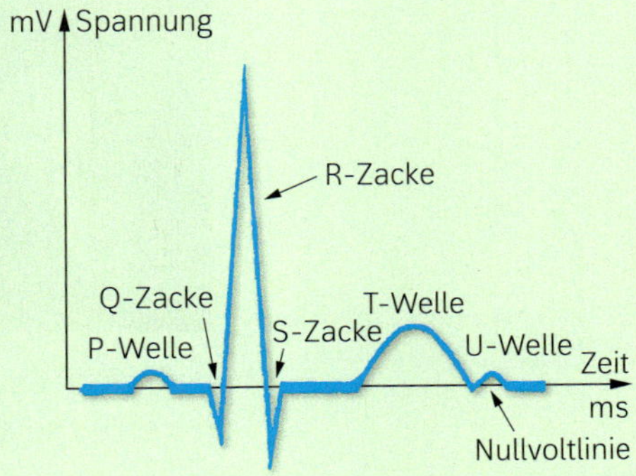

a) Die Grafik zeigt einen Ausschnitt eines EKGs. Man hat die auffallenden und charakteristischen Spannungshöhen (bzw. -tiefen) des EKGs mit Buchstaben bezeichnet. Beschreibe die Kurve möglichst genau. Vergleiche dabei auch mit einer normalen Sinusschwingung.

b) Warum wiederholt sich der Ablauf immer wieder? Wie lange dauert einer der immer wiederkehrenden Abschnitte?

c) Mit welcher „Frequenz“ schlägt das Herz dieses Patienten?

d) Wie würden sich wohl Herzrhythmusstörungen im EKG auswirken?

Aufgaben

Datum	Sonnenaufgang	Sonnenuntergang
1.1.	8:27	16:24
12.1.	8:23	16:38
26.1.	8:09	17:01
7.2.	7:51	17:22
21.2.	7:25	17:47
5.3.	6:59	18:09
17.3.	6:33	18:29
23.3.	6:19	18:39
29.3.	6:09	18:49
8.4.	5:43	19:06
20.4.	5:17	19:26
4.5.	4:50	19:49
20.5.	4:25	20:13
3.6.	4:10	20:30
15.6.	4:05	20:40
7.7.	4:14	20:39
20.7.	4:29	20:27
8.8.	4:56	19:58
20.8.	5:15	19:35
1.9.	5:34	19:09
11.9.	5:50	18:47
18.9.	6:01	18:31
29.9.	6:18	18:06
7.10.	6:31	17:47
17.10.	6:48	17:26
27.10.	7:05	17:06
8.11.	7:26	16:44
19.11.	7:44	16:30
2.12.	8:05	16:17
16.12.	8:21	16:14
31.12.	8:27	16:23

2 Tageslänge

Bestimmt hast du schon beobachtet, dass sich die Zeiten für den Sonnenauf- und -untergang im Laufe eines Jahres verschieben. Damit ändert sich natürlich auch die Tageslänge. In vielen Kalendern kannst du die Zeiten finden.

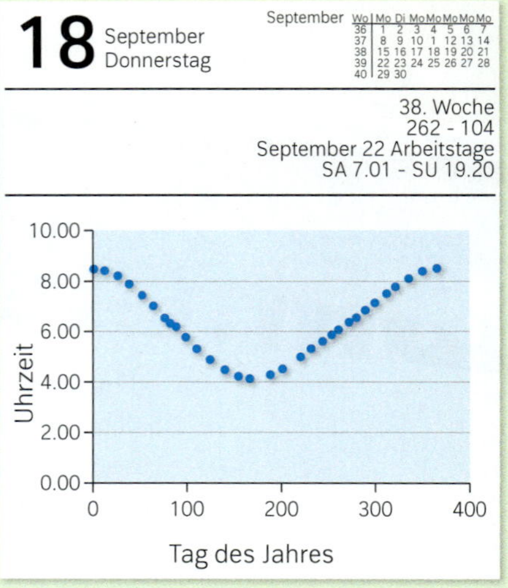

In der Tabelle sind die Zeiten für das Jahr 2003 in Deutschland (Kassel) angegeben.

a) Der Graph stellt die Sonnenaufgangszeiten dar. Erkläre, was auf den Achsen dargestellt ist. Warum sind die Punkte nicht durch eine Linie verbunden?

b) Ein Astronom hat die Funktionsgleichung $a(t) = 2{,}19 \cdot \cos\left(\frac{2\pi}{365{,}25}t\right) + 6{,}27$ angegeben. Zeichne den Graphen mit deinem GTR oder Funktionenplotter. Prüfe, wie gut die Übereinstimmung mit den Daten aus der Tabelle ist. Erkläre, wie du die Gleichung in etwa mithilfe des Graphen finden kannst. (Genauere Informationen über das Aufstellen der Gleichung und die Abweichungsfehler findest du im Internet unter dem Suchwort „Zeitgleichung".)

c) Modelliere entsprechend die Daten für den Sonnenuntergang und die Tageslänge.

3 Die Sinusfunktion und das Fahrradventil

Wie verändert sich die Höhe h des Ventils am Hinterrad in Abhängigkeit von dem zurückgelegten Weg x?

a) Finde einen passenden Funktionsgraphen zu $h = h(x)$.
Du kannst die Bewegung des Rades durch das Abrollen einer CD auf einem Lineal nachspielen. Das Ventil wird durch einen roten Punkt auf dem Rand der CD markiert; zu den zurückgelegten Wegstrecken x wird die jeweils erreichte Höhe h(x) gemessen. Das Übertragen der Messwerte in ein Streudiagramm führt dann zum Funktionsgraphen.

Über die Wertetabelle zum Graphen

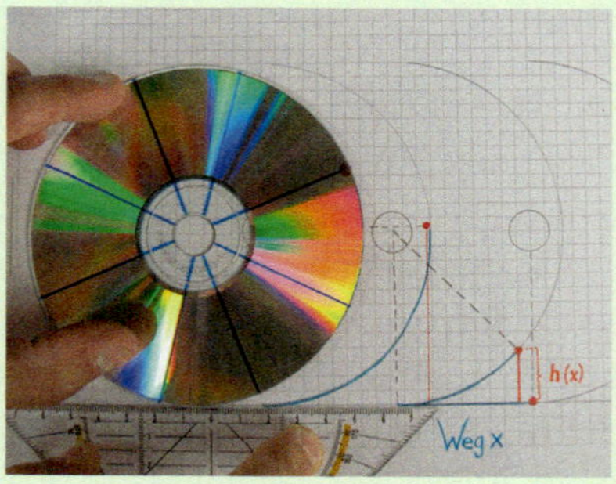

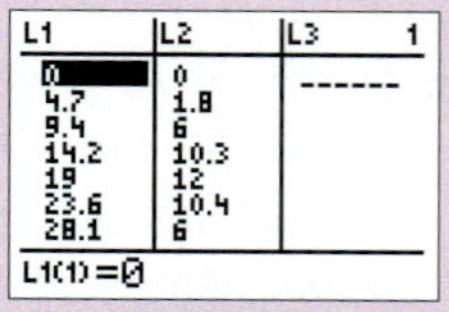

Wertetabelle auf dem GTR zu den ersten Messwerten

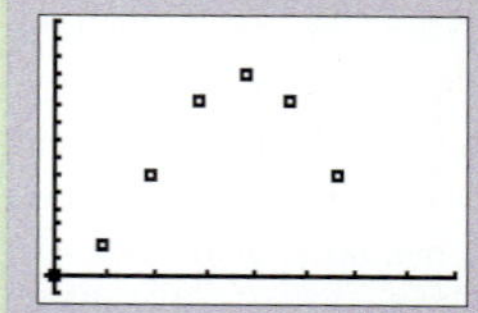

Streudiagramm zur Tabelle auf dem GTR

b) Vergleiche deinen Graphen mit dem Graphen zu $h(x) = r \cdot \sin\left(\frac{x}{r} - \frac{\pi}{2}\right) + r$ ($r = 6$ cm für die CD).

Basiswissen

Viele Vorgänge in der Natur oder in der Technik verlaufen **periodisch**. Häufig lassen sie sich durch trigonometrische Funktionen modellieren.

Periodische Vorgänge modellieren

Das Problem
Du befindest dich in der Gondel A des Riesenrades, das sich gerade zu drehen beginnt. Es dreht sich gleichmäßig und benötigt 2 Minuten für eine Umdrehung.

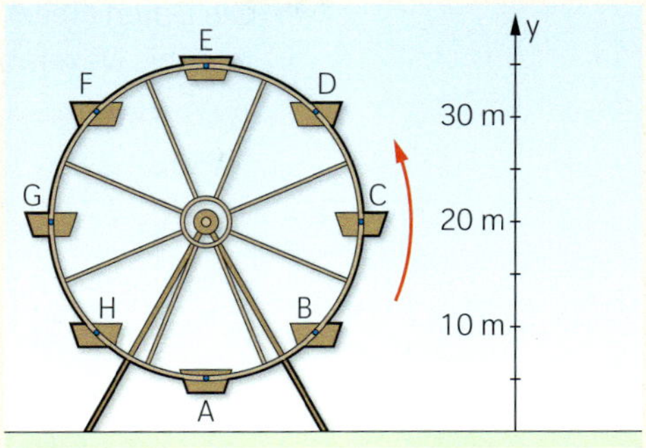

Modellierung:
Die Höhe h der Gondel über dem Boden soll in Abhängigkeit von der Zeit t beschrieben werden.

1. Schritt: Erstelle eine Tabelle (Messwerte).

t in s	0	10	20	30	40	50	60	70	80	90	100	110	120	130	140	150
h in m	5	7	12,5	20	27,5	33	35	33	27,5	20	12,5	7	5	7	12,5	20

2. Schritt:
Übertrage die Tabelle in ein Streudiagramm im Koordinatensystem.

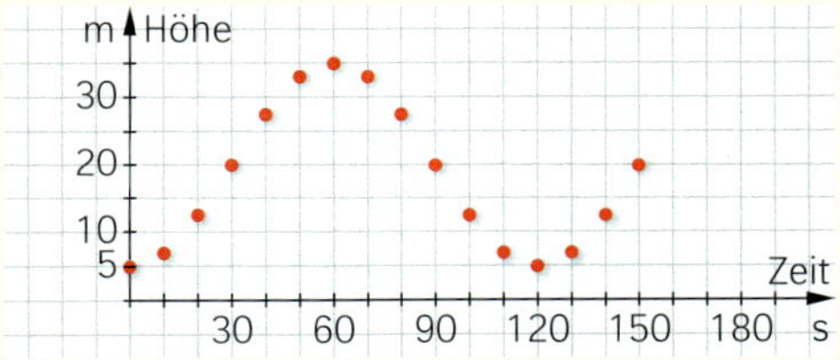

3. Schritt:
Wähle ein passendes mathematisches Modell.

Das Diagramm legt eine Modellierung mit einer Sinusfunktion nahe:
$h(t) = a \cdot \sin(b \cdot (t - c)) + d$

4. Schritt:
Finde die Verschiebung d in y-Richtung

$d = \frac{1}{2}(y_{max} + y_{min}) = 0{,}5\,(35 + 5) = 20$

5. Schritt:
Finde die Amplitude a.

$a = \frac{1}{2}(y_{max} - y_{min}) = 0{,}5\,(35 - 5) = 15$

6. Schritt:
Finde die Periode und berechne damit b.

Periode: 120 (Sekunden pro Umdrehung 2π)
$120 = \frac{2\pi}{b} \Rightarrow b = \frac{2\pi}{120}$

7. Schritt:
Finde die Verschiebung c in x-Richtung

Die Sinuskurve ist um $c = 30$ (Sekunden) in x-Richtung verschoben

8. Schritt:
Einsetzen in die Modellgleichung.

$h(t) = 15 \cdot \sin\left(\frac{2\pi}{120} \cdot (t - 30)\right) + 20$

Modellüberprüfung
Einzeichnen des Funktionsgraphen in das Streudiagramm.

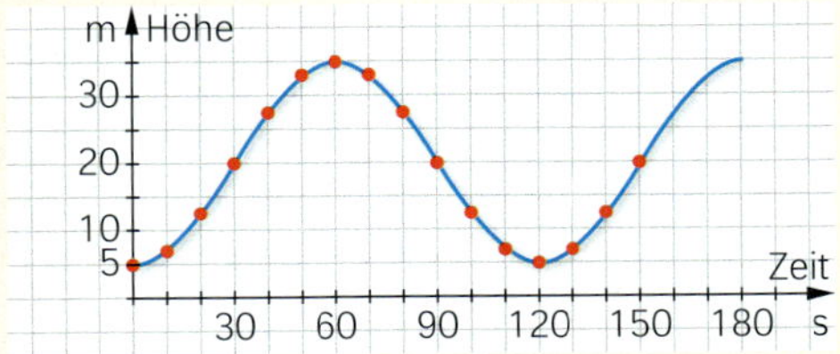

Bei vielen Problemen wird die Situation durch eine Ausgangstabelle beschrieben. Beim Riesenrad könnte die Modellierung auch ohne die beiden ersten Schritte (Tabelle und Streudiagramm) direkt mit den Daten des Riesenrades erfolgen.

Übungen

4 Modellieren mit der Sinusfunktion

In den folgenden Abbildungen ist die Modellierung eines Datensatzes mit Hilfe der Sinusfunktion schrittweise dargestellt. Kommentiere jeden Schritt und gib jeweils die entsprechende Funktionsgleichung an.
Die Daten stellen die durchschnittlichen Tagestemperaturen y in °C in den Monaten Januar bis Dezember (1 bis 12) in Reykjavik (Island) dar.

x	1	2	3	4	5	6	7	8	9	10	11	12
y (°C)	2	3	4	6	10	12	14	14	12	8	5	3

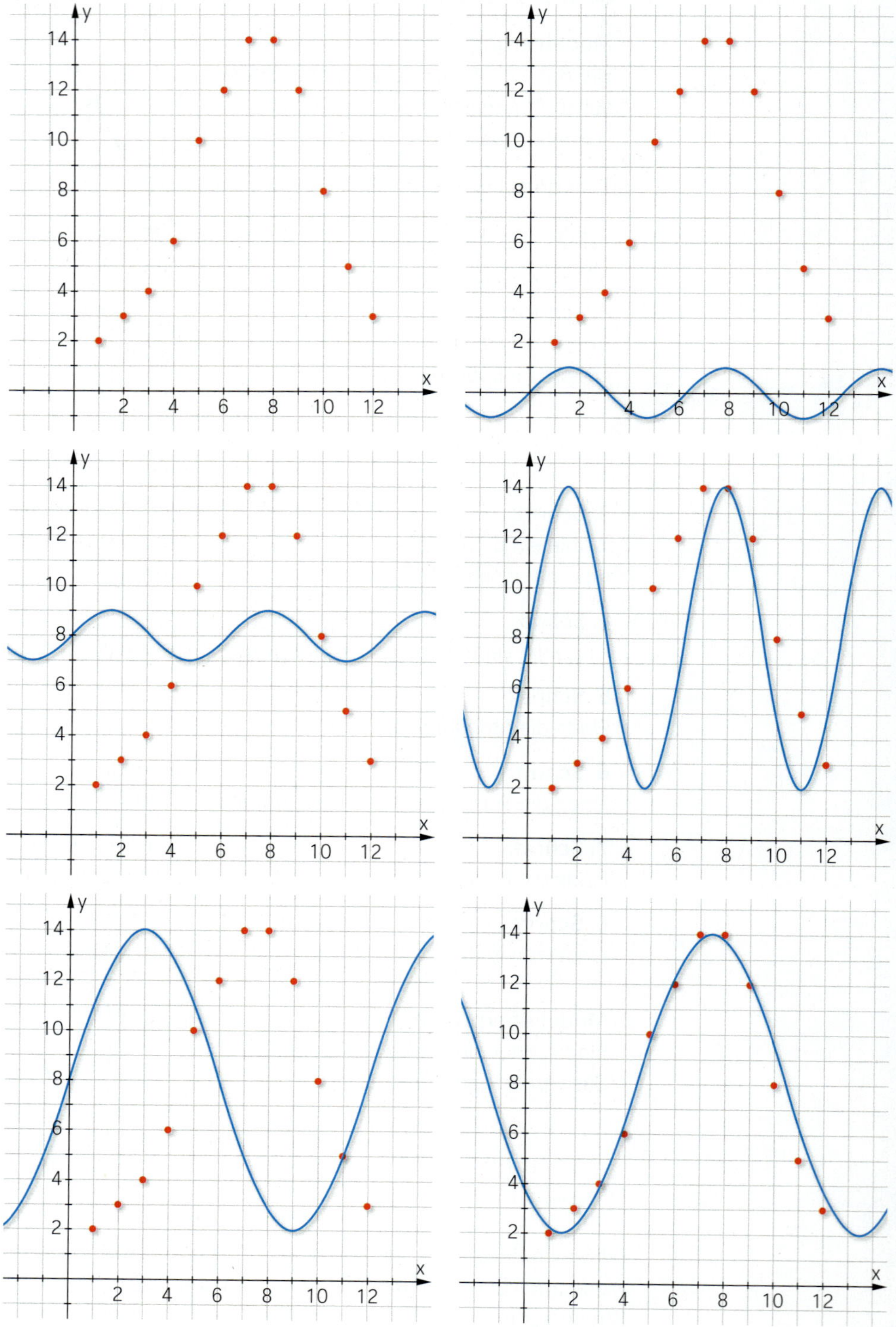

Übungen

5 Modellieren von periodischen Daten

Stelle die Daten aus der Tabelle in einem Streudiagramm dar. Entwickle ein mathematisches Modell mit der Funktion $y = a\sin(b(x - c)) + d$ und überprüfe das Modell, indem du die „Modellfunktion“ mit den Daten in der Tabelle vergleichst.

x	0	2	4	6	8	10	12	14
y	2,1	1,1	−0,8	−2,1	−1,3	0,6	1,9	1,5

6 Ein mathematisches Modell des Wasserstandes

Die Wassertiefe an einer Messstation am Hafen variiert mit Ebbe und Flut.

Uhrzeit	12	1	2	3	4	5	6	7	8	9	10	11	12
Wasserstand (m)	9,8	11,4	11,6	11,2	9,6	8,5	6,5	5,7	5,4	6,0	7,0	8,6	10,0

a) Zeichne ein Streudiagramm.
b) Berechne ein mathematisches Modell mit der Funktion $h(t) = a\sin(b(t - c)) + d$
c) Ein Containerschiff benötigt eine Wassertiefe von 11 m. In welcher Zeit kann das Schiff den Hafen anlaufen?

7 Tageslichtdauer

Für einen bestimmten Ort auf der Erde hängt die Dauer des Tageslichts von der Jahreszeit ab, nur am Äquator beträgt sie immer 12 Stunden. In den beiden Graphen ist die Tageslichtdauer während eines Jahres für zwei Orte nördlich des Äquators dargestellt (Bonn 50° nördliche Breite, Kairo 30° nördliche Breite). Die Orte auf Breitengraden südlich des Äquators zeigen das gleiche Bild sechs Monate später wie der Ort mit entsprechendem Breitengrad auf der nördlichen Hemisphäre.

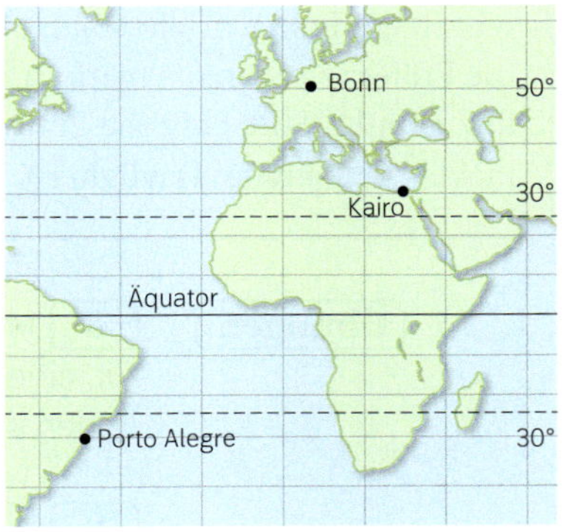

a) Welche Punkte haben die beiden Graphen gemeinsam? Was bedeuten diese Punkte in der gegebenen Situation?
b) Die Funktion $y = 4\sin\left(\frac{2\pi}{365} \cdot (t - 80)\right) + 12$ beschreibt die Stundenanzahl des Tageslichts als Funktion der Zeit t (Tag des Jahres) für Bonn. Verwende diese Funktion, um eine Funktion für die Tageslichtdauer in Kairo aufzustellen.
c) Beschreibe, wie man die Graphen transformieren muss, um die Tageslichtdauer in entsprechenden südlichen Breitengraden anzugeben. Gib eine Funktion für die Tageslichtdauer über das Jahr in Porto Allegre/Brasilien (30° südliche Breite) an.

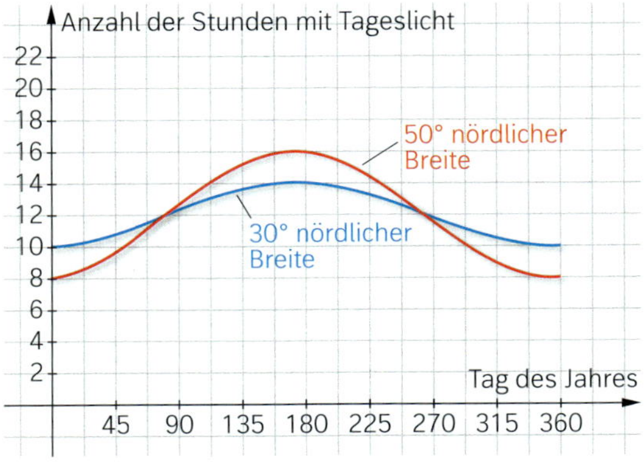

Exkurs

„London Eye" – eines der größten Riesenräder der Welt

Most great landmarks are born out of government, business, or the arts. The London Eye's parents were the advertising and tourism industries, and it turns under the logos of its corporate sponsors. The people behind the scenes bristle if you call it a Ferris wheel. They prefer the term „observation wheel" because of the great views from inside and presumably to distance themselves from the notion that their wheel is only for the very young. Whatever you call it, the London Eye is the largest one in the world, at 450 feet and weighing 1,600 tons. Unlike earlier wheels that relied on trusses and braces for strength and stability, the Eye uses six kilometers of steel cables imported from Italy to achieve the same rigid shape with much less mass. Still, a steel frame is at the core, and it was built in The Netherlands. Other parts of the wheel were manufactured in the Czech Republic and Germany. Because of its size and urban location, the wheel was actually assembled over the River Thames, then hoised upright upon completion. But in spite of a huge amount of planning, things didn't go as smoothly as organizers would have hoped. People were supposed to be able to ride on New Year's Eve, 1999. But safety concerns and problems with a clutch mechanism kept the capsules sealed to the public. People were finally allowed to experience the magnificent views in March of 2000, three months late. Thanks to the modern media, and the turn-of-the-century celebration held on December 31, 1999 that was broadcast around the world, the London Eye has become at least as famous as another landmark Ferris wheel: the Prater in Vienna. However, it took more than 100 years for the Prater to secure its mark in history, while the Eye did it in just a few months. Still, only the Prater has been featured in a James Bond movie („The Living Daylights").

Maximale Höhe:	135 m
Durchmesser des Rades:	120 m
Dauer einer Umdrehung:	30 min
Gewicht:	1600 t
Kabinen:	32
Sitzplätze pro Kabine:	25
Sichtweite:	bis 40 km

Übungen

8 Modell gesucht

Gib eine Funktionsgleichung an, die die Höhe einer Gondel des London Eye über dem Boden in Abhängigkeit von der Zeit beschreibt, und zeichne den Graphen.

9 Körpertemperatur

Die Körpertemperatur eines Menschen schwankt weitgehend periodisch im Verlaufe eines Tages. Modelliere den Temperaturverlauf mithilfe der Daten in der Tabelle.

Uhrzeit	0	2	4	6	8	10	12	14	16	18	20	22	24
Temperatur °C	36,8	36,7	36,6	36,7	36,8	37,0	37,2	37,3	37,4	37,3	37,2	37,0	36,8

10 Räuber und Beute

Biologen modellieren die Population von Hasen (H) und Wölfen (W) in einem bestimmten Gebiet mithilfe von Sinusfunktionen. In jeder der Gleichungen steht t für die Zeit in Monaten.

Hasen: $H(t) = 1500 \sin\left(\frac{\pi}{2}\left(t - \frac{\pi}{2}\right)\right) + 2500$

Wölfe: $W(t) = 200 \sin\left(\frac{\pi}{2} t\right) + 500$

a) Gib für die Hasen- und die Wolfpopulation an: Maximum, Minimum, Periode. Zu welchem Zeitpunkt tritt jeweils das Maximum und das Minimum der Populationen auf? Wie sind die Graphen der Funktion gegeneinander verschoben?

b) Zeichne (Skizziere) die beiden Graphen. Was kannst du über das Verhältnis der Anzahlen der Hasen und der Wölfe aussagen?

Übungen

11 Gesundheit

Der Graph zeigt den maximalen Luftstrom aus der Lunge bei einer Person mit Asthma und einer Person ohne Asthma.

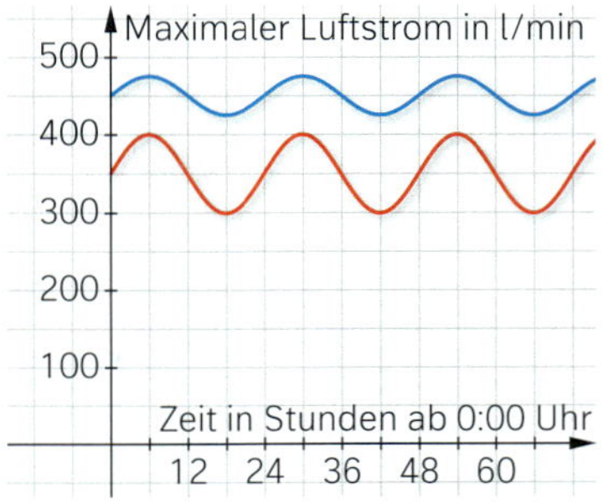

a) In welcher Weise gleichen sich die beiden Graphen, in welcher Weise unterscheiden sie sich? Was bedeutet das für die beiden Personen?

b) Beide Graphen lassen sich durch Funktionen des Typs $y = a \cdot \sin\left(\frac{\pi}{12}x\right) + b$ beschreiben. Bestimme jeweils passende Werte für a und b.

12 Die Mondphasen

Einen Vollmond erkennst du auf den ersten Blick. Wie ist es aber mit dem Neumond? Kannst du einen zunehmenden von einem abnehmenden Halbmond unterscheiden?

Neumond 1. Viertel Vollmond 3. Viertel

Eine Mondphase kann man auch in % der beschienenen Mondfläche angeben:

17.6.	**18.6.**	**19.6.**	**20.6.**	**21.6.**	**22.6.**
0%	2%	6%	12%	19%	27%
23.6.	**24.6.**	**25.6.**	**26.6.**	**27.6.**	**28.6.**
36%	45%	54%	64%	73%	81%
29.6.	**30.06.**	**1.07.**	**2.07.**	**3.07.**	**4.07.**
88%	94%	98%	100%	99%	96%
5.07.	**6.07.**	**7.07.**	**8.07.**	**9.07.**	**10.07.**
90%	82%	72%	61%	49%	38%
11.07.	**12.07.**	**13.07.**	**14.07.**	**15.07.**	**16.07.**
28%	18%	11%	5%	2%	0%

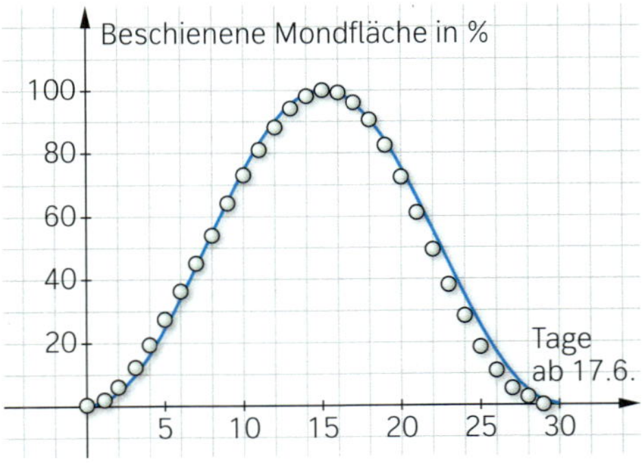

a) Beschreibe, wie sich der Anteil der beschienenen Mondfläche mit der Zeit ändert. An welchen Tagen ist die Änderung der Funktionswerte am größten (am kleinsten)? Markiere die bekannten vier Mondphasen. Welche Überlegungen helfen dir dabei?

b) Die Funktion $f(x) = 50 \cdot \sin\left(\frac{2\pi \cdot (x - 7{,}5)}{30}\right) + 50$ beschreibt gut die beschienene Mondfläche in Abhängigkeit der Zeit. Erläutere die Bedeutung der Werte „50“, „7,5“ und „30“ im Sachkontext. Beschreibe, wie diese Werte die Funktion sin(x) verändern.

Kopfübungen

1. Was versteht man unter der Steigung m einer linearen Funktion?
2. Schreibe die Zahl 0,0002046 in wissenschaftlicher Schreibweise.
3. Finde Zahlen a und b, für die gilt $a \cdot b = 36$ und $a + b = 13$.
4. Wandle um: $1\,\text{km} = \blacksquare\,\text{m}$; $1\,\text{h} = \blacksquare\,\text{s}$; $1\,\frac{\text{km}}{\text{h}} = \frac{\blacksquare\,\text{m}}{\blacksquare\,\text{s}}$; $18\,\frac{\text{km}}{\text{h}} = \blacksquare\,\frac{\text{m}}{\text{s}}$
5. Wie viele Lösungen kann eine lineare, wie viele eine quadratische Gleichung haben? Begründe.
6. Wie groß ist die Winkelsumme im Dreieck (Viereck, Fünfeck)?
7. Wie groß ist die Wahrscheinlichkeit, beim zweimaligen (dreimaligen) Ziehen einer Kugel aus der Urne ohne Zurücklegen, stets eine rote Kugel zu ziehen?

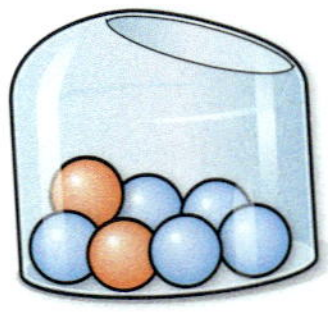

Die Graphen von Sinus und Kosinus

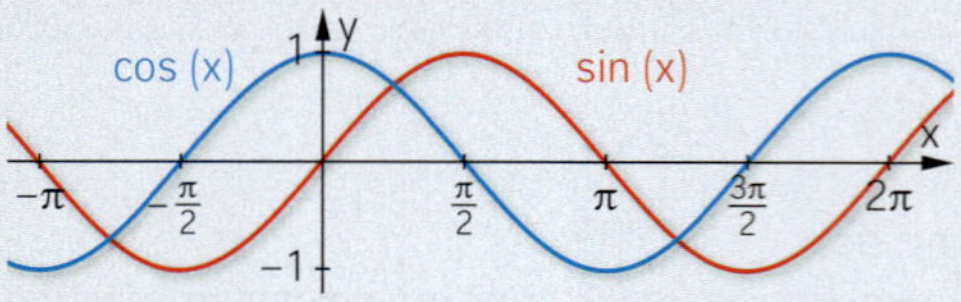

Transformationen der Sinusfunktion:

$y = a \cdot \sin(b(x - c)) + d$

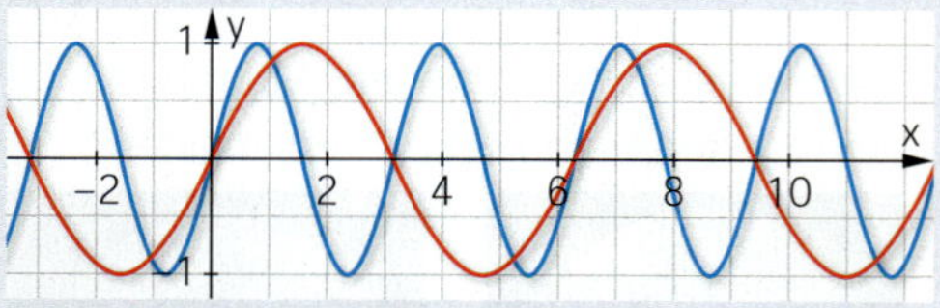

b verändert die Periodenlänge

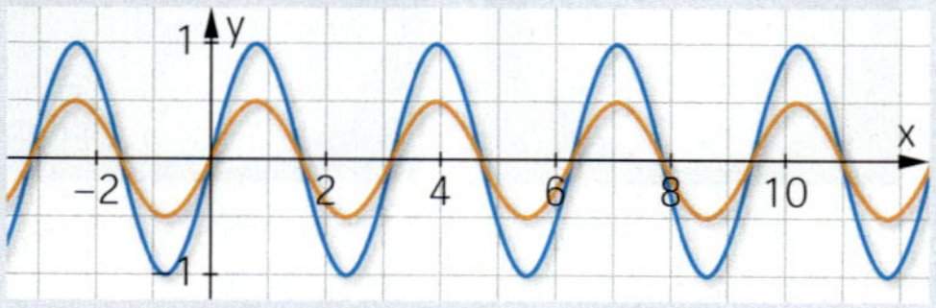

a verändert die Amplitude

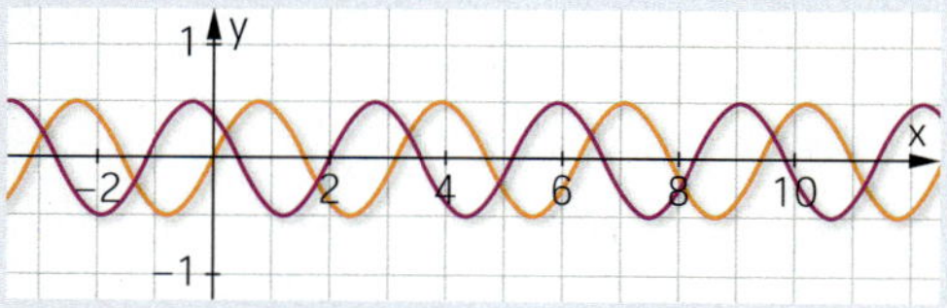

c: Verschiebung in Richtung der x-Achse

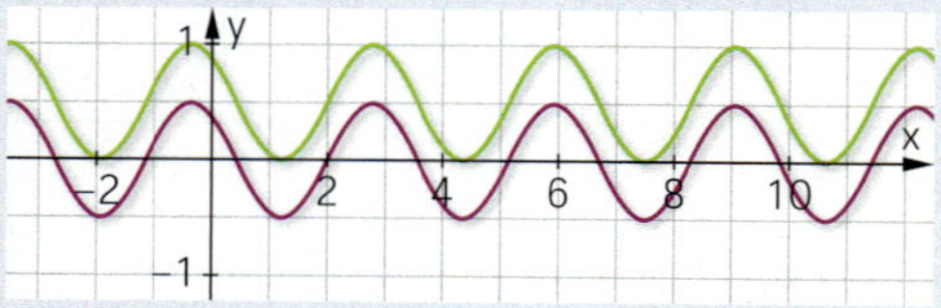

d: Verschiebung in Richtung der y-Achse

Modellieren

1. Wertetabelle erstellen oder gegebene Daten graphisch darstellen.
2. Den Graph der Daten auf sinusförmigen Verlauf prüfen.
3. Parameter bestimmen für die Gleichung $f(x) = a \cdot \sin(b(x - c)) + d$:
   - Amplitude: $a = \frac{\text{Maximum} - \text{Minimum}}{2}$
   - Frequenz: $b = \frac{\text{Abstand von Maximum zu Maximum}}{2\pi}$
   - Phasenverschiebung: c ist ein Wert zwischen $-\pi$ und π.
   - Vertikale Verschiebung: $d = \frac{\text{Maximum} + \text{Minimum}}{2}$
4. Parameterwerte in die Gleichung einsetzen.
5. Übereinstimmung von Modell und Realdaten überprüfen.

Check-up

1 Steigend – Fallend?

Gib im Bereich von −10 bis 10 alle Intervalle an, in denen die Sinusfunktion (die Kosinusfunktion) fällt bzw. steigt. Suche die Intervalle, in denen beide Funktionen fallend bzw. steigend sind.

2 Begriffserklärung

Beschreibe mit deinen Worten, was es bedeutet: „Die trigonometrischen Funktionen sind periodisch.“ Gib für die Funktionen Sinus und Kosinus die Periodenlängen an.

3 Gleichungen lösen

Gib die Lösungen der Gleichungen im Intervall $[-4\pi; 4\pi]$ an.

a) $\sin(x) = 0{,}23$ b) $\sin(x) = -0{,}9$ c) $\sin(x) = 1$
d) $\sin(x) = -1$ e) $\sin(x) = \sin(-x)$ f) $\sin(x) = -\sin(-x)$

4 Käferpopulation

Biologen berechnen eine bestimmte Käferpopulation über 8 Wochen mit der Funktion $P(t) = 5 + 2\sin(2t)$. Dabei ist P(t) die Anzahl der Käfer in 1000 und t die Anzahl der Wochen.

a) Wie viele Käfer gab es zu Beginn?
b) Berechne die kleinste und größte Käferzahl in diesen 8 Wochen.
c) Ermittle die Periodenlänge.

5 Parameter bestimmen

Bestimme jeweils die Parameter a, b, c und d für die Graphen der Sinusfunktionen aus der Überblicksspalte.

6 Graphen zeichnen und analysieren

Zeichne die Graphen der Funktionen im Intervall $[-3\pi; 3\pi]$. Gib jeweils die Amplitude, die Periodenlänge und die Verschiebung in x-und in y-Richtung an.

a) $y = 3\sin(2x)$
b) $y = \sin\left(x + \frac{\pi}{3}\right) + 1$
c) $y = -2\sin\left(3\left(x - \frac{\pi}{2}\right)\right) - 0{,}5$

7 Modellieren periodischer Vorgänge

Beschreibe eine der folgenden Situationen mithilfe eines passenden Funktionsgraphen:

a) Höhe eines Fahrradventils über dem Boden
b) Ebbe und Flut an der Nordsee
c) Bewegung einer Gondel am Riesenrad
d) Schwingungen in der Physik

8 Modellierung

Finde zu den Daten eine passende Sinusfunktion. Was könnte der Graph anzeigen?

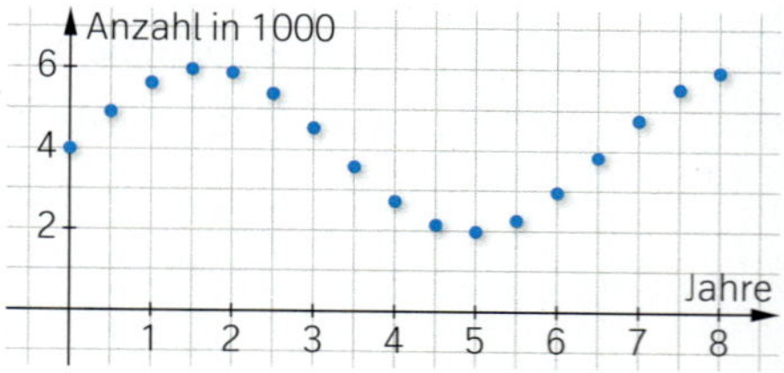

Sichern und Vernetzen – Vermischte Aufgaben zu Kapitel 7

Verstehen

1 Der Graph der Sinusfunktion

Beschreibe den Verlauf des Graphen der Sinusfunktion für $0° \leq \alpha \leq 90°$. Untersuche: Bei welchen Winkelgrößen ändern sich die Werte des Sinus schnell, bei welchen langsam? Wie zeigt sich das im Graphen? Begründe deine Beobachtung mit dem Einheitskreis bzw. mit einem geeigneten rechtwinkligen Dreieck.

2 Aus einem Aufnahmetest

Wahr oder falsch? Entscheide ohne Verwendung des Taschenrechners und begründe.

a) Wird der Winkel α von 90° auf 0° verkleinert, so wird der $\sin(\alpha)$ gleichzeitig auch kleiner und erreicht den Wert Null.

b) Wird der Winkel α von 90° auf 180° vergrößert, so wird der $\sin(\alpha)$ auch größer.

c) Der Wert von $\sin(\alpha)$ ist bei 270° größer als bei 90°.

d) Der Wert von $\sin(\alpha)$ verändert sich je nach dem Winkel α zwischen 1 und −1.

e) Es gibt zwei Winkelgrößen α $(0° \leq \alpha \leq 360°)$, für die gilt: $\sin(\alpha) = \cos(\alpha)$.

3 Periodische Vorgänge

Gib einige Situationen bzw. Vorgänge an, die mithilfe von Sinusfunktionen modelliert werden können. Deute im Sachzusammenhang:

a) die Streckung des Graphen der Sinusfunktion in Richtung der y-Achse,

b) die Stauchung der des Graphen der Sinusfunktion in Richtung der x-Achse.

Anwenden

4 New York Wheel

Das New York Wheel ist als das größte Riesenrad der Welt geplant worden (Fertigstellung: Mitte 2017). Es hat einen Durchmesser von 190 m und verfügt über 36 Kapseln, die jeweils bis zu 40 Passagiere unterbringen können. Die Fahrt dauert 38 Minuten.

a) Begründe die Wahl des Koordinatensystems im Bild und gib die Koordinaten der Punkte A, B, C und D an.

b) Angenommen, du sitzt in der Kabine P (s. Bild) und das Rad dreht sich langsam entgegen dem Uhrzeigersinn. Erstelle eine Tabelle, die die Höhe der Kapsel in Abhängigkeit des Drehwinkels $\alpha = \measuredangle AMP$ angibt. Skizziere den zugehörigen Graphen.

Drehwinkel	0°	30°	60°	90°	...	330°	360°	...	720°
Höhe in m	0	■	■	95	...	■	0	...	■

c) Begründe, dass der Zusammenhang Drehwinkel (in °) ↦ Höhe (in m) durch eine Sinusfunktion beschrieben werden kann. Finde eine passende Funktionsgleichung.

8

Stereometrie

Wie kannst du Tennisbälle am „geschicktesten“ verpacken? Die Hersteller haben darauf schon Antworten gefunden. Doch „geschickt“ könnte aus mathematischer Sicht verschiedenes bedeuten – etwa möglichst platzsparend, d.h. mit optimaler Raumausnutzung oder mit möglichst wenig Verpackungsmaterial. Tennisbälle sind natürlich nur ein Beispiel, wenn aber verpackte Waren um den halben Globus transportiert werden, dann bedeuten verschwendeter Platz oder zu viel Verpackungsmaterial Unwirtschaftlichkeit. Schätze den Anteil der Tennisballpackung, der unnütz mit Luft gefüllt ist. Hätte die Packung eine bessere Raumausnutzung, wenn sie oben und unten aus Halbkugeln bestünde? Warum hat man darauf wohl verzichtet?

8.1 Darstellen und Herstellen von Körpern

Von der Zeichenebene in den Raum – das ist ein Weg, wie sich Körper mithilfe von Netzen erzeugen lassen. Netze und Schrägbilder von Quadern und Würfel sind dir schon bekannt. Nun geht es darum komplexere Körper und deren Eigenschaften zu erfassen.

Beschreibe den Körper. Was kannst du über seine Abmessungen sagen, sodass er genau durch die drei Löcher der Schablone passt?

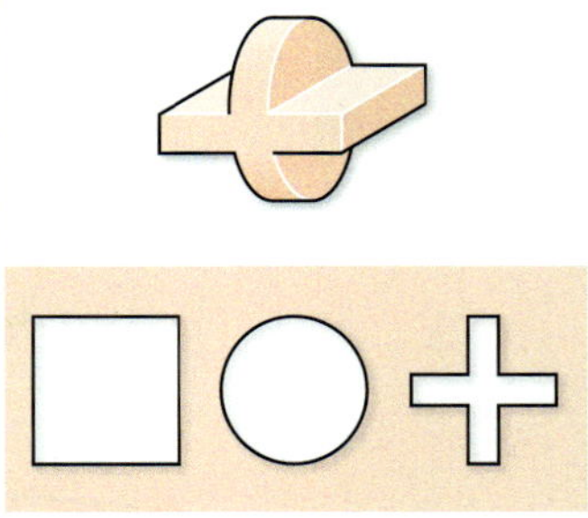

8.2 Raum- und Oberflächeninhalt von Prismen und Zylindern

Das Volumen eines Schuhkartons und auch den Bedarf an Pappe für seine Herstellung kannst du schon berechnen. Wie viel Material benötigt man dann mindestens für die Herstellung? Wie viel passt hinein?

Schätze den Materialbedarf und das Volumen der Schachtel.

8.3 Pyramiden und Kegel

Gibt es einen Körper mit nur zwei Begrenzungsflächen? Richtig – der Kegel ist ein solcher. Egal ob Kirchturmdach oder Raketenspitze – aus der vom Menschen gestalteten Welt sind Kegel und Pyramiden nicht mehr wegzudenken. Die Abbildung zeigt die Seitenansicht eines Zylinders, einer Kugel und eines Kegels die passend ineinander stecken.

Versuche ein Schrägbild der drei Körper in dieser Konstellation zu zeichnen.

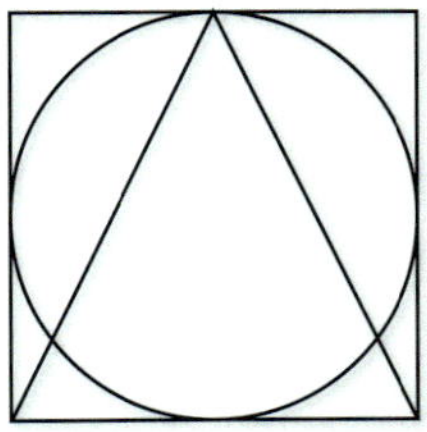

Diese Darstellung fand man auch auf dem Grabstein des ARCHIMEDES.

8.4 Die Kugel

Die Kugel ist der Star unter den Körpern. So besitzt sie unendlich viele Symmetrieachsen (jede Gerade durch ihren Mittelpunkt) und bei vorgegebenem Volumen weist sie von allen Körpern die kleinste Oberfläche auf.

In vielen Atlanten findest du so genannte Abwicklungen der Erdkugel, doch ein Netz zu diesem Körper gibt es nicht. Warum ist das so?

8.1 Darstellen und Herstellen von Körpern

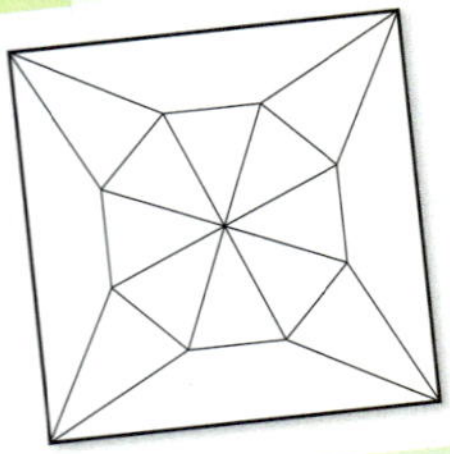

Räumliche (dreidimensionale) Körper auf einem Blatt Papier (also nur zweidimensional) darzustellen ist gar nicht so leicht. Aber je nachdem, für welche Anwendung die Darstellung benötigt wird, gibt es unterschiedliche Methoden, möglichst viele Informationen über den Körper in die Darstellung zu integrieren. Schrägbilder sind beispielsweise dazu geeignet, den räumlichen Eindruck wiederzugeben, während man an Grund-, Auf- und Seitenrissen die genauen Maße des Körpers ablesen kann. Zum Herstellen des Körpers dienen die Netze.

Aufgaben

1 Eine Gaube für das Satteldach

Eine typische Situation für viele Hausbesitzer ist der Aus- bzw. Umbau des Dachgeschosses. Um sich eine Vorstellung von der gewünschten Gestalt zu machen, müssen passende Zeichnungen angefertigt werden. Die Abbildung zeigt den Blick von oben (Grundriss) und von vorne (Aufriss) auf das Satteldach mit aufgesetzter Gaube.

a) Wähle einen passenden Maßstab und übertrage die beiden Ansichten in dein Heft.

b) Wie sieht wohl der „Seitenriss" des Hauses aus, der dann das Dach von der Seite jedoch die Gaube von vorne zeigt? Mache Vorschläge und zeichne.

c) Für begabte Zeichner: Wer schafft ein Schrägbild des Satteldaches mit Gaube? Die Gaube selbst stellt dabei eine besondere Herausforderung dar. Warum eigentlich?

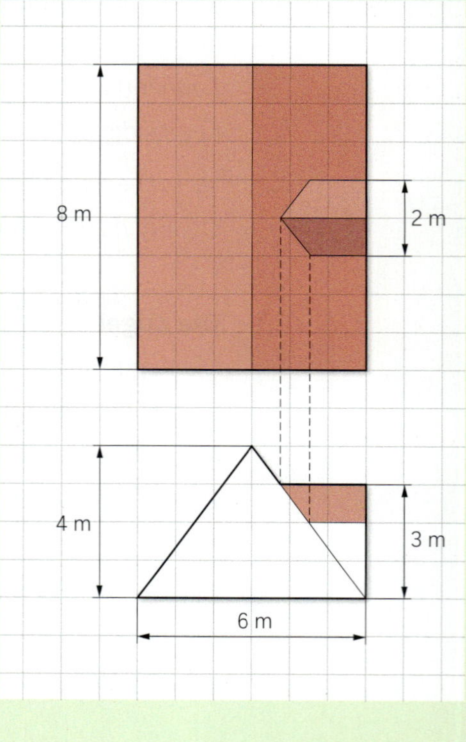

Aufgaben

Material:
- *Kantenmodell eines Würfels (z.B. Kantenlänge 20 cm)*
- *Zeichenblock (mind. DIN A3)*
- *Sonnenlicht oder optische Lampe mit geeigneter Linse*

2 Experimente im Sonnenlicht

Lässt man den Schatten des Kantenmodells eines Würfels auf den Zeichenblock fallen, entsteht ein Schrägbild des Würfels.
Haltet das Kantenmodell und den Block so in die Sonne, dass der Schatten einen möglichst räumlichen Eindruck des Würfels vermittelt. Zeichnet den Schatten auf dem Block nach.

Untersucht folgende Fragen:
- Wie müsst ihr den Zeichenblock halten, damit rechte Winkel und parallele Kanten erhalten bleiben?
- Wie muss man Block und Modell halten, damit einige Kanten in Originallänge abgebildet werden?
- Wie müssen Modell und Block gehalten werden, damit im Schatten ein Quadrat entsteht?

Basiswissen

Es gibt verschiedene Möglichkeiten Körper darzustellen. Aus den unterschiedlichen Darstellungsweisen lassen sich unterschiedliche Informationen entnehmen.

Darstellen von Körpern

Schrägbild

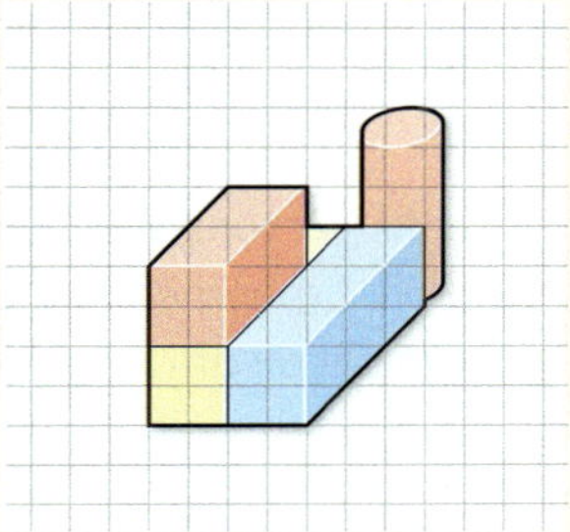

Im Schrägbild
- bleibt die Vorderansicht unverändert,
- werden Kanten des Köpers, die senkrecht zur Zeichenebene verlaufen,
- unter einem „Verzerrungswinkel“ (hier 45°) schräg nach hinten (daher der Name Schrägbild und
- mit einem Verkürzungsfaktor k (hier 0,7) gezeichnet,
- müssen parallele Kanten auch im Schrägbild parallel sein,
- müssen Kanten, die dieselbe Länge haben, auch im Schrägbild gleich lang sein.

Seitenriss, Aufriss, Grundriss

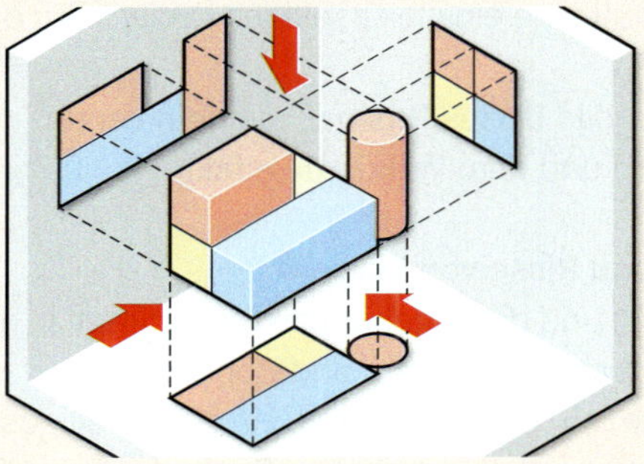

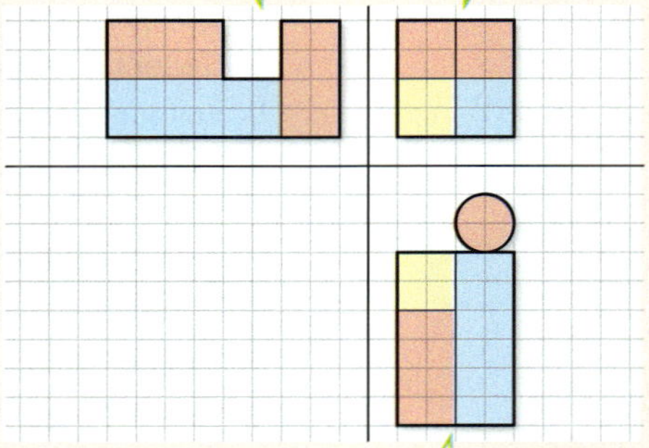

Beispiele

A Schrägbild, Grund-, Auf- und Seitenriss einer Pyramide

a) Zeichne ein Schrägbild einer quadratischen Pyramide mit Grundkantenlänge 4 cm und Höhe 5 cm. Welche Längen und Eigenschaften der Pyramide kann man unmittelbar durch Messen an ihrem Schrägbild ablesen?

b) Zeichne den Grund-, Auf- und Seitenriss der Pyramide und trage die Maße ein.

Lösung:

Die nach hinten verlaufenden Kanten sind verkürzt dargestellt.

Verzerrungswinkel $\alpha = 45°$

Verkürzungsfaktor $k = 0{,}7$

Diesen Verkürzungsfaktor erhält man automatisch, wenn man das Schrägbild mithilfe des Quadratrasters zeichnet (siehe Abbildung).

a)

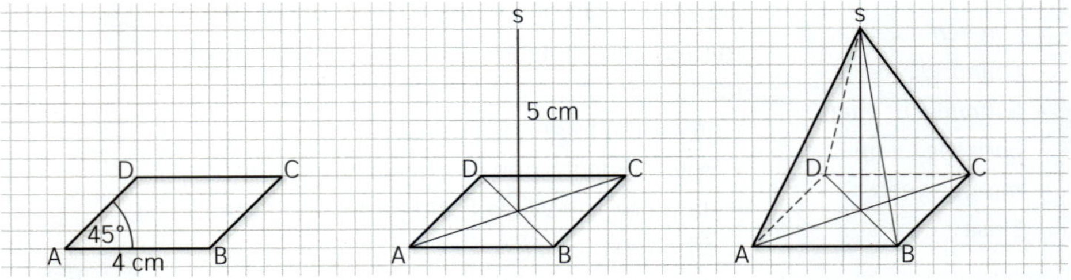

Die Längen $\overline{AB}$ und $\overline{CD}$ sowie die Höhe kann man unmittelbar ablesen, die nach hinten verlaufenden Kanten $\overline{BC}$ und $\overline{AD}$ sowie die Seitenkanten sind verkürzt dargestellt. Die Parallelität von Strecken bleibt im Schrägbild erhalten.

b)

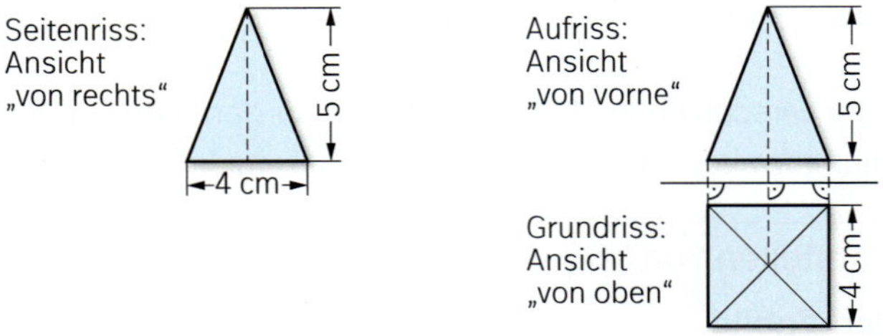

Der Auf- und Seitenriss einer quadratischen Pyramide sind gleich.

Übungen

3 Schrägbild eines Würfels

Am Schrägbild eines Würfels kannst du die Wirkung verschiedener Verzerrungswinkel und Verkürzungsfaktoren ausprobieren. Experimentiere z.B. mit $k = \frac{1}{2}$ $(\frac{1}{3}; \frac{2}{3})$ und $\alpha = 30°$ (45°, 60°). Welches Schrägbild gefällt dir am besten?

4 Grund-, Seiten- und Aufriss

Skizziere den Grund- Seiten- und Aufriss

a) einer Säule (Zylinder),

b) eines quadratischen Prismas,

c) des Hauses, dessen Schrägbild dargestellt ist.

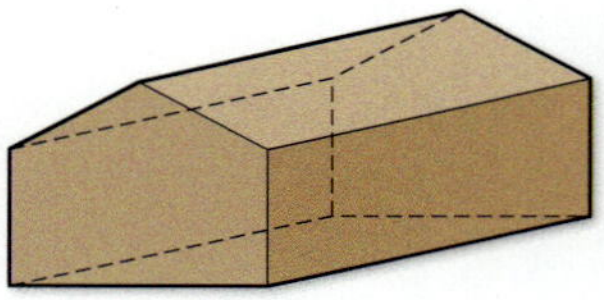

5 Dreiecksprisma

a) Zeichne den Grund- und Aufriss eines Prismas mit der Höhe 3 cm, dessen Grundfläche ein gleichseitiges Dreieck mit der Seitenlänge 4 cm ist.

b) Zeichne das Schrägbild dieses Prismas mit dem Verzerrungswinkel $\alpha = 45°$ und dem Verkürzungsfaktor $k = 0{,}7$.

Tipp zu b)

Benutze den Satz des Pythagoras, um die Dreieckshöhe der Grundfläche zu berechnen.

6 Schrägbilder und Risse von Körpern

Zeichne ein Schrägbild und die zugehörigen Risse. Trage in alle Bilder die Maße ein.

a) Quader mit Länge 5 cm, Breite 4 cm und Höhe 2,5 cm,

b) Pyramide der Höhe 3,5 cm, Grundfläche ein gleichseitiges Dreieck mit Seitenlänge 4 cm ist. Überlege zunächst, in welchem Punkt der Grundfläche der Dreieckspyramide die Raumhöhe h anzutragen ist.

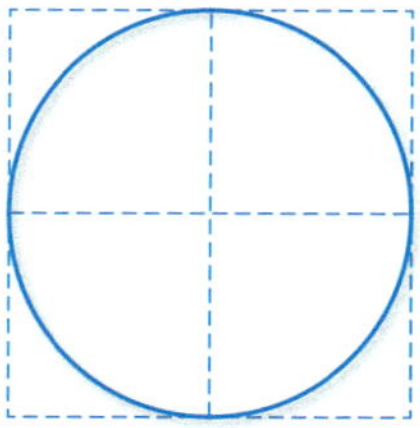

Schrägbild eines Kegels – „Schnellmethode“

Wie du schnell ein Schrägbild eines Kegels zeichnen kannst, erkennst du in den Bildern. Dabei erscheint im Schrägbild eines Kegels die kreisförmige Bodenfläche „ellipsenförmig“.

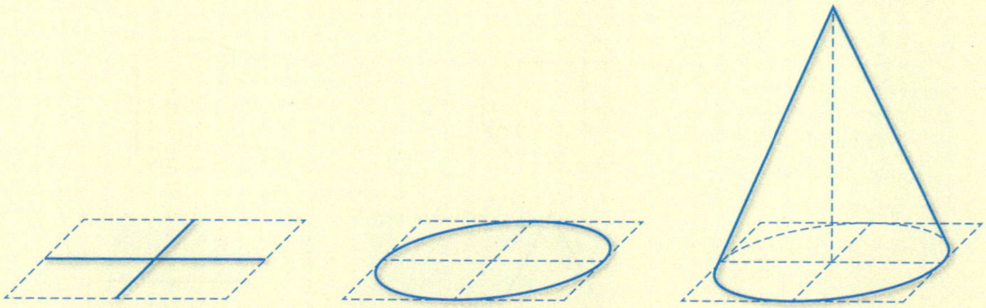

Hilfslinien | „ellipsenförmige“ Bodenfläche | Höhe und Mantel

Schrägbild einer Kugel

Wie du ein Schrägbild einer Kugel zeichnen kannst, erkennst du in den Bildern.

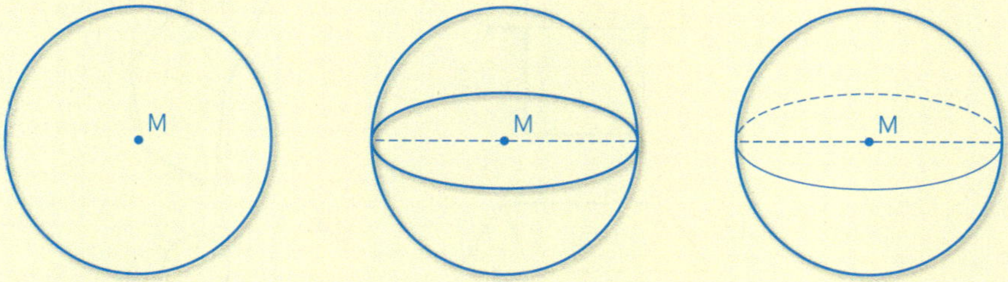

Übungen

7 Schrägbilder und Risse vom Zylinder und Kegel

Zeichne einen Zylinder und einen Kegel mit Grundkreisradius $r = 3$ cm und Höhe $h = 4$ cm. Erstelle die dazugehörigen Risse. Welche Risse eines Körpers sind gleich?

8 Bauklötzchengebäude

Zeichne zu jedem der „Bauklötzchengebäude“ einen Grund- und Aufriss sowie ein Schrägbild. Ergänze gegebenenfalls auch einen Seitenriss.

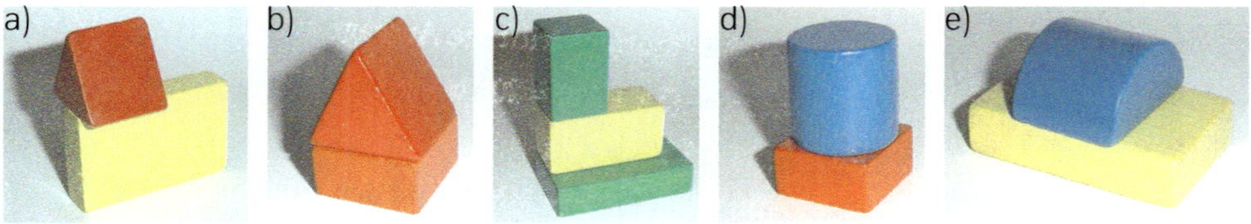

9 Schrägbild und Risse einer Kugel

a) Zeichne das Schrägbild und die Risse einer Kugel mit dem Radius $r = 3$ cm. Welche Risse sind gleich?

b) Gibt es weitere Körper bei denen Grund-, Auf- und Seitenriss gleich sind?

10 Kugel im Würfel

In einem Würfel mit der Kantenlänge $a = 4$ cm befindet sich eine möglichst große Kugel. An welchen Stellen berührt die Kugel den Würfel? Zeichne das Schrägbild und die Risse.

Übungen

11 Körper aus Netzen

Die abgebildeten Körper können aus Netzen hergestellt werden.

a) Ordne zu.

b) Zu welchen Körpern findest du noch andere Netze?

c) Stelle die Körper aus geeigneten Netzen her.

Warum ist keine Kugel abgebildet?

A

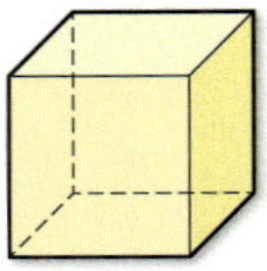

B

C

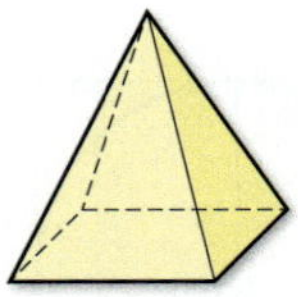

D

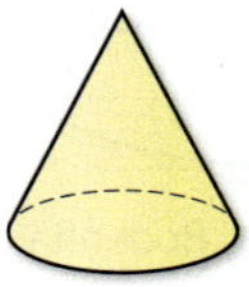

E

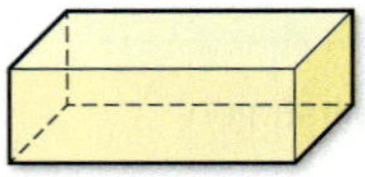

F

(1)

(2)

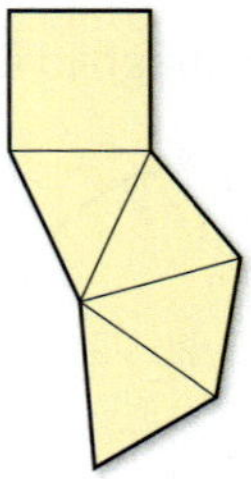

(3)

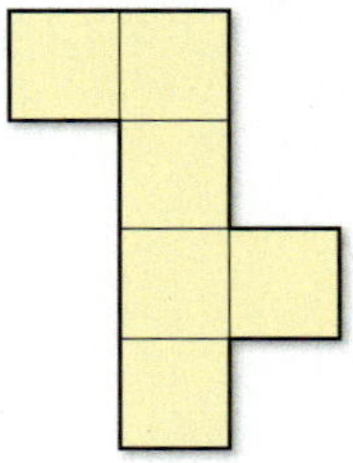

(4)

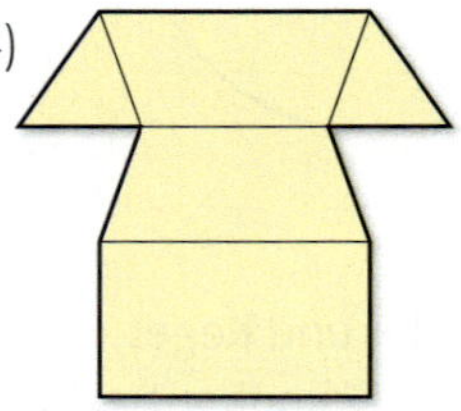

(5)

(6)

Kopfübungen

1. Für welche Figur(en) trifft die Aussage zu: Dieses Viereck hat nur rechte Innenwinkel.
2. Ergänze: $■ \cdot (5a + 3b) = 20ab + ■ \cdot b^2$
3. Ergänze: $15{,}5 - ■ = 21$
4. Bestimme den Flächeninhalt und den Umfang der Figur (Längeneinheit: 1 dm).

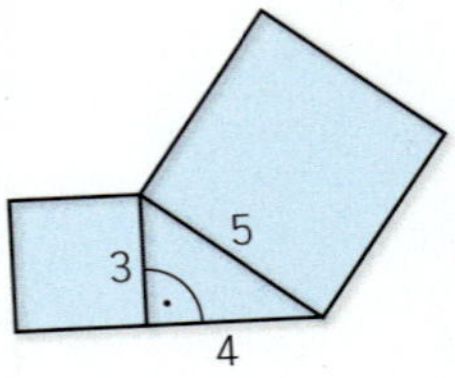

5. Welches Symbol (= oder ≈) passt?
   a) $\frac{1}{6}$ ■ $0{,}1\overline{6}$ b) $33\,\%$ ■ $\frac{1}{3}$ c) $\sqrt{5}$ ■ $2{,}236$
6. Ein Glücksrad hat drei gleichgroße Sektoren, die mit „0“, „1“ und „2“ beschriftet sind. Es wird zweimal gedreht; die Auszahlung entspricht dem Produkt der angezeigten Zahlen. Wie wahrscheinlich ist es, dass die „Auszahlung“ 0 € beträgt?
7. Gib eine antiproportionale Zuordnung an, deren Graph durch (3|3) verläuft.

Aufgaben

12 **Risse und Schrägbilder**

Ordne jedem Schrägbild 1 bis 8 ein passendes Ansichten-Paar A bis H zu.

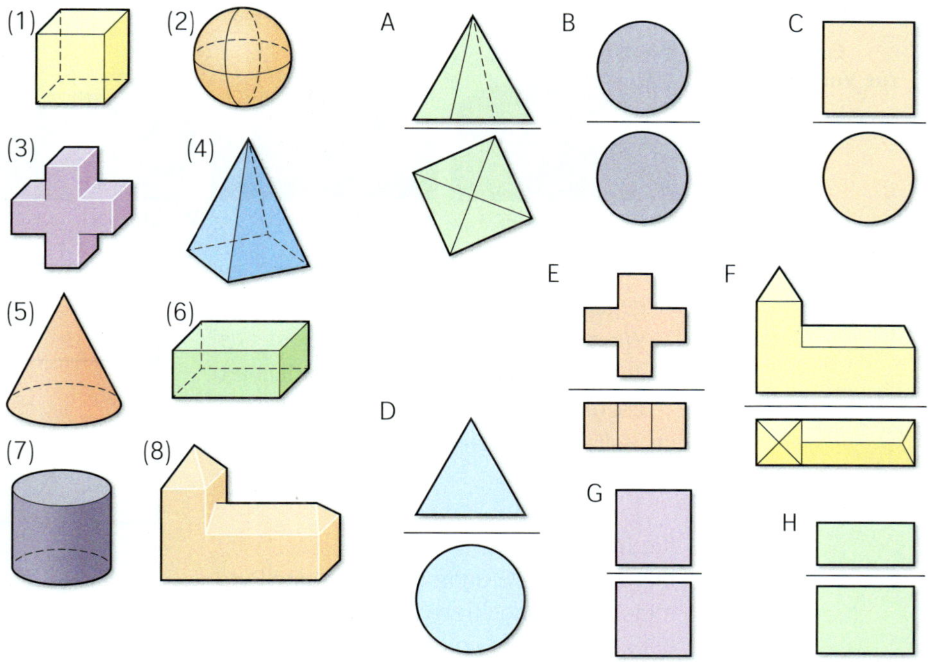

13 **Von Rissen zu Schrägbildern**

Zeichne zu jedem der Grund- und Aufriss-Paare ein Schrägbild des Körpers.

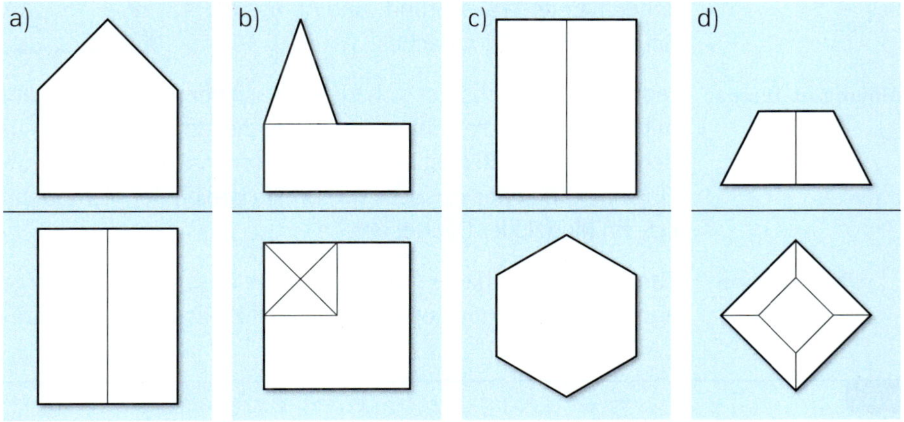

14 **Der „Polya-Stöpsel"**

Der Mathematiker George Polya hat das folgende Problem gestellt: Es ist ein Stöpsel gesucht, der durch ein quadratisches Loch der Kantenlänge a ebenso wie durch ein rundes Loch mit dem Durchmesser a und auch durch ein dreieckig-gleichschenkliges Loch mit Grundseite a und Höhe a ohne Zwischenraum durchpasst.
Begründe, dass die drei Löcher dem Grund-, Auf- und Seitenriss des Körpers entsprechen. Wie kann man einen solchen Körper durch geeignete Schnitte aus einem Zylinder herstellen?

Projekt **Dachformen zeichnen und herstellen**

Ziel
In diesem Projekt soll der Blick für die verschiedenen Dachformen geschult werden, verbunden mit einem intensiven Zeichentraining.

Grundlagen zur Vorbereitung

Hausdächer

Krüppelwalmdach

Mansardendach

Walmdach

Satteldach mit Erker

a) Zwei Grund- und Aufriss-Paare sind vorgegeben. Zu welchem Bild passen sie? Wie sieht der zugehörige Seitenriss aus?
b) Zeichne zu den anderen Häuserdächern ebenfalls Grund-, Seiten- und Aufriss.
c) Stelle die Dächer aus geeigneten Netzen her.

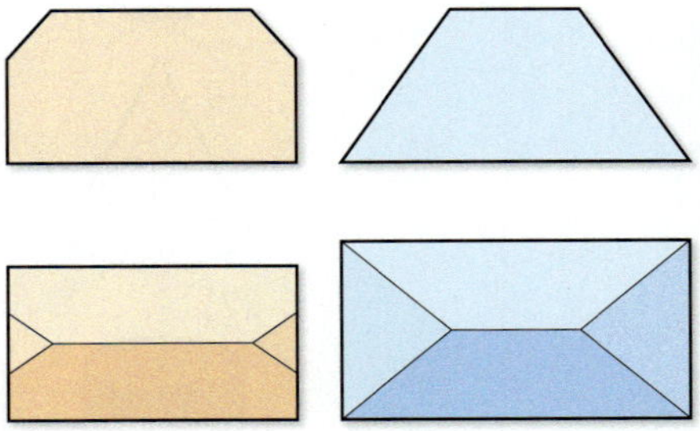

Kirchtürme
Man findet als Grundform häufig eine Pyramide. Variationen treten hier in der Anzahl der Ecken und im unteren Dachteil auf, z. B. durch Übereinandersetzen verschiedener Pyramiden. Beim Anblick eines Turms ist es oft gar nicht so einfach, den Aufbau zu erkennen. Erstelle aus Grund- und Aufriss ein Schrägbild des Turmdaches.

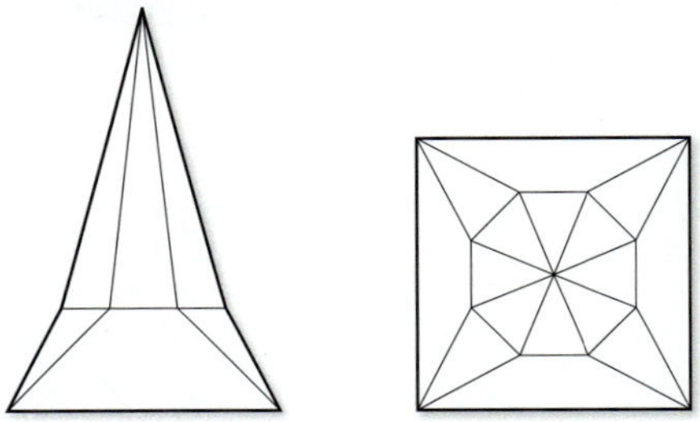

Ausführung in Teams
Jedes Team entscheidet sich für ein Dach der näheren Umgebung. Nach Besichtigung mit Foto und Skizze geht es darum, zu diesem Dach Grund- und Aufriss sowie ein Schrägbild zu erstellen; evtl. ist ein Seitenriss interessant. Informiert euch auch über die Originalmaße oder versucht sie mithilfe geeigneter Methoden zu messen. Stellt schließlich ein Modell der Dächer her.

Präsentation
Zur Präsentation bietet sich sowohl eine Ausstellung der hergestellten Modelle als auch die Darstellung auf Postern mit allen Rissen an. Benutze gegebenenfalls ein CAD-System.

Exkurs

Computer Aided Design (CAD)
Viele Zeichnungen werden heute am Computer erstellt. Dazu wurde eine besonders leistungsfähige Software entworfen, die es dem Anwender erlaubt, 2D- und 3D-Zeichungen von Objektentwürfen zu erstellen, diese immer wieder zu verändern und zu berechnen. Diese CAD-Software wird nicht nur in der Architektur und dem Maschinenbau verwendet, sondern auch in der kreativen Mode- und Schmuckbranche. In Berufsschulzweigen erlernen die Schüler den qualifizierten Umgang mit dieser Software. Die Nutzung dieser Programme setzt eine gute Raumvorstellung und die handwerkliche Übung im zeichnerischen Darstellen voraus.

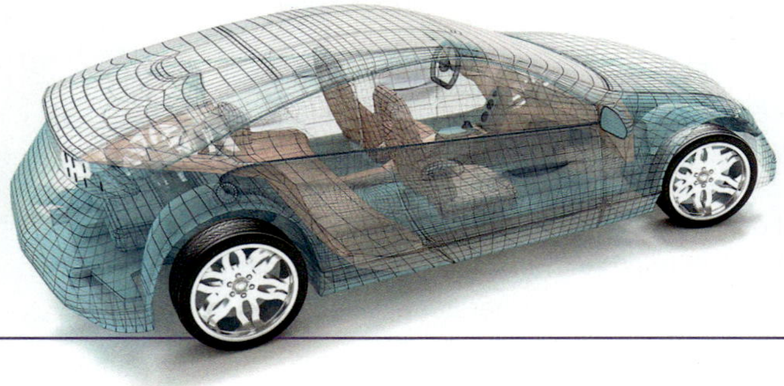

8.2 Raum- und Oberflächeninhalt von Prismen und Zylindern

Es gibt viele ganz unterschiedlich geformte Verpackungen und Behälter. Zunächst fallen die Schönheit und die Originalität ins Auge. Aber immer sind dabei das Volumen und die Oberfläche wichtig: Wie viel passt hinein? Wie viel Material benötigt man für die Verpackung?
Für bestimmte Arten von Verpackungen und Behältern (Mathematiker sprechen von Körpern) gibt es Formeln, mit denen man das Volumen und die Oberfläche berechnen kann.

Aufgaben

1 Mathe ohne Worte

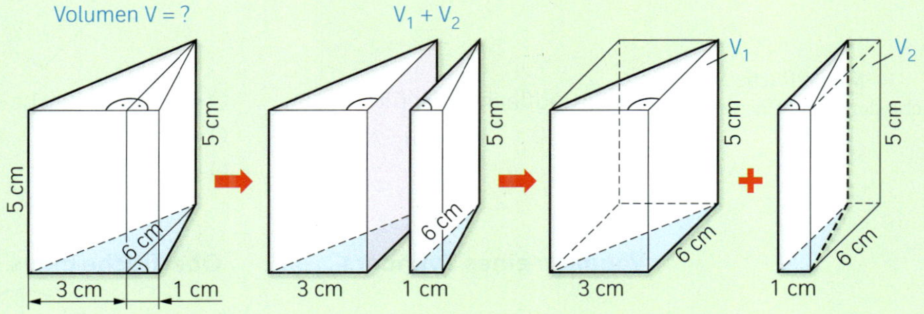

2 Bau eines Dreiecksprismas

a) Übertrage das Netz des Prismas mit den Klebekanten auf ein Blatt Papier.
Baue aus dem Netz das Prisma.
b) Berechne die Oberfläche.
c) Berechne das Volumen des Prismas. Kann man dabei die Grundfläche verwenden?
d) Wie könnte eine griffige Formel zur Berechnung des Volumens von Dreiecksprismen lauten?

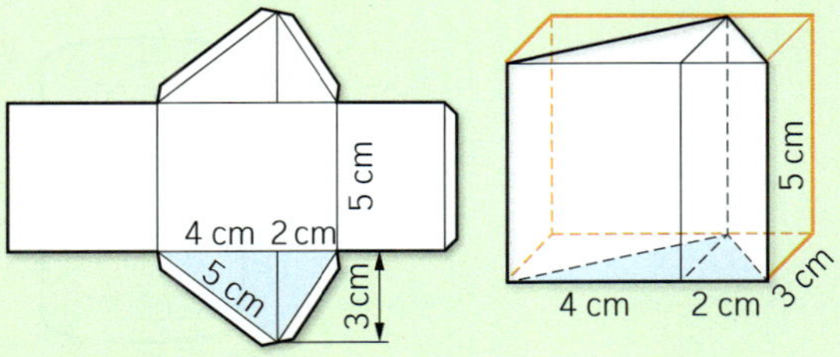

3 Regenfass

a) Das alte Regenfass im Garten braucht einen neuen Anstrich. Die noch vorhandene Farbe reicht für 2 m². Kann damit das Fass gestrichen werden?
b) Schätze das Volumen des Fasses ab. Berechne dazu den Mittelwert der Volumina des einbeschriebenen und des umbeschriebenen quadratischen Prismas.
c) Ist der Schätzwert aus b) zu groß oder zu klein? Beschreibe eine Methode, mit der du die Schätzung verbessern kannst.
Kommst du mit dieser Methode zu einer Formel für die Berechnung des Zylindervolumens? Begründe.

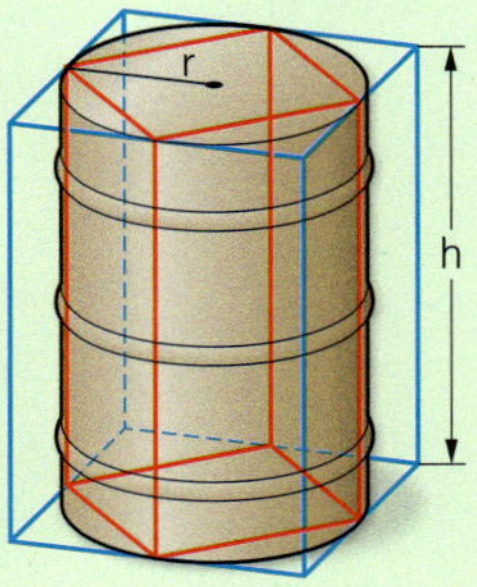

Basiswissen

Prisma und Zylinder

Körper, die ein Vieleck als Grundfläche haben und deren Seitenkanten auf der Grundfläche senkrecht stehen und gleich lang sind, sind Prismen.

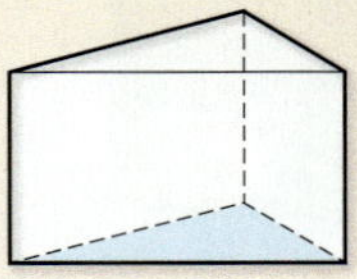

Mantelfläche M = Fläche der Seitenflächen

Volumen eines Prismas

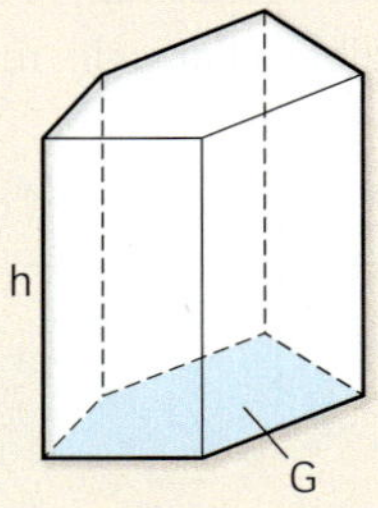

$V = \text{Grundfläche} \cdot \text{Höhe}$

$V = G \cdot h$

Oberfläche O eines Prismas

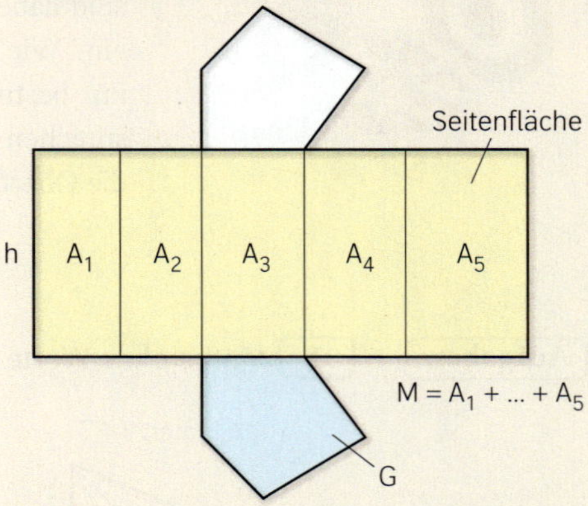

$O = 2 \cdot \text{Grundfläche} + \text{Mantelfläche}$

$O = 2 \cdot G + M$

$O = 2 \cdot G + A_1 + A_2 + A_3 + A_4 + A_5$

Volumen eines Zylinders

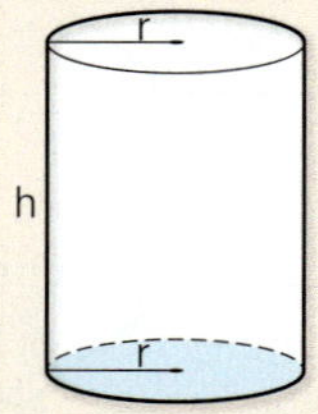

$V = G \cdot h = \pi \cdot r^2 \cdot h$

Oberfläche eines Zylinders

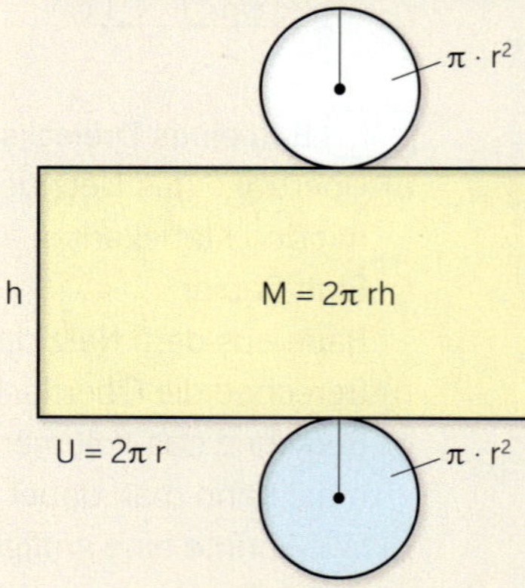

$O = 2 \cdot G + M = 2 \cdot \pi \cdot r^2 + 2 \cdot \pi \cdot r \cdot h$

Beispiele

A Dreiecksprisma

Berechne die Mantelfläche und die Oberfläche des Dreiecksprismas mithilfe der Maßangaben.

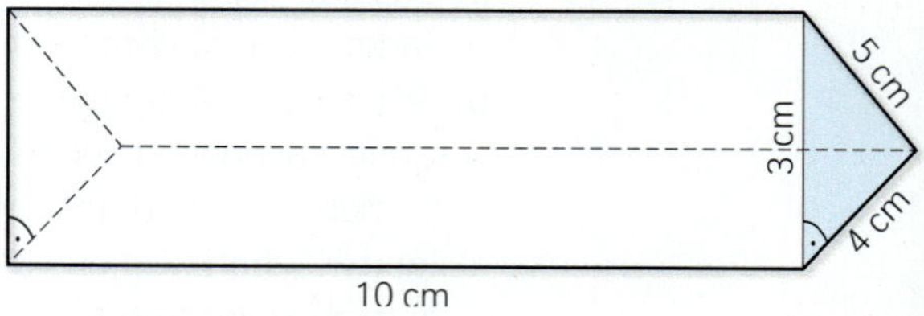

Lösung:

Mantelfläche $M = (3 \cdot 10 + 4 \cdot 10 + 5 \cdot 10)\ \text{cm}^2 = 120\ \text{cm}^2$

Grundfläche $G = \frac{1}{2} \cdot 3 \cdot 4\ \text{cm}^2 = 6\ \text{cm}^2$

Oberfläche $O = 2 \cdot 6\ \text{cm}^2 + 120\ \text{cm}^2 = 132\ \text{cm}^2$

Beispiele

B **Pflastersteine**

Herr Jung hat für eine Pflasterung in seinem Garten 150 Pflastersteine mit trapezförmiger Grundfläche gekauft. Darf Herr Jung die Steine in seinem Kombi nach Hause fahren? Herrn Jung ist bekannt, dass 1 cm^3 des Materials 2,7 g wiegt.

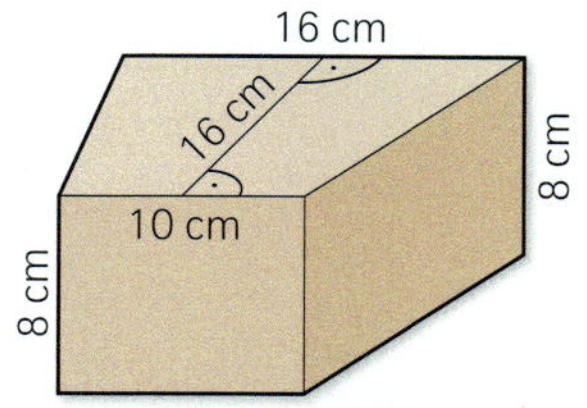

Lösung:

Rechnung: $V = G \cdot h$

Die Grundfläche ist ein Trapez:

$G = \frac{1}{2}(10\text{ cm} + 16\text{ cm}) \cdot 16\text{ cm} = 208\text{ cm}^2$

$V = 208\text{ cm}^2 \cdot 8\text{ cm} = 1664\text{ cm}^3$

Gewicht der 150 Steine:

$1664\text{ cm}^3 \cdot 2{,}7\text{ g/cm}^3 \cdot 150 = 673\,920\text{ g} \approx 674\text{ kg}$

Wahrscheinlich wird der Kombi dieses Gewicht nicht verkraften.

C **Umfüllen**

Das schmale Becherglas ist randvoll. Kann die Flüssigkeit vollständig in das breite Becherglas umgefüllt werden? Wie hoch ist dann der Flüssigkeitsspiegel?

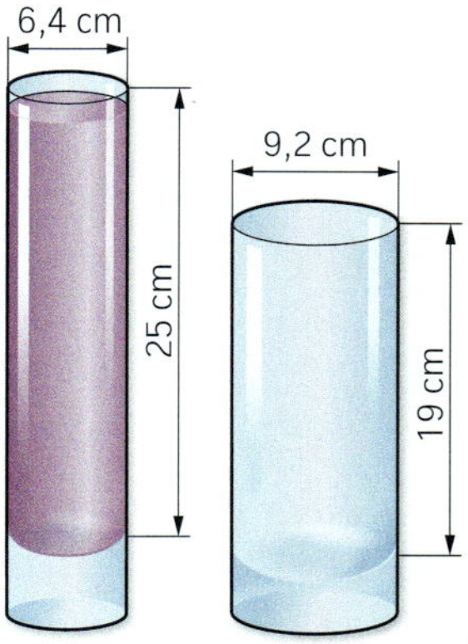

Lösung:

Beide Bechergläser haben Zylinderform. Die Flüssigkeitsmenge in dem schmalen Becherglas entspricht dem Volumen des Innenzylinders: $V = \pi \cdot r^2 \cdot h$

$V = \pi \cdot 3{,}2^2 \cdot 25\text{ cm}^3 \approx 804{,}25\text{ cm}^3$

Das Innenvolumen des breiten Becherglases beträgt

$V = \pi \cdot 4{,}6^2 \cdot 19\text{ cm}^3 \approx 1263\text{ cm}^3$.

Das Umfüllen ist also möglich.

Die Höhe des Wasserspiegels kann aus der Gleichung $V = \pi \cdot r^2 \cdot h$ berechnet werden:

$h = \frac{V}{\pi \cdot r^2} = \frac{804{,}25\text{ cm}^3}{\pi \cdot 4{,}6^2\text{ cm}^3} \approx 12{,}1\text{ cm}$

Der Flüssigkeitsspiegel ist ungefähr 12,1 cm hoch.

Übungen

4 **Dreieckige Basaltsäule**

Ein Bildhauer stellt eine große dreieckige Säule aus Basalt her. Für den Transport möchte er das Gewicht der Säule berechnen.

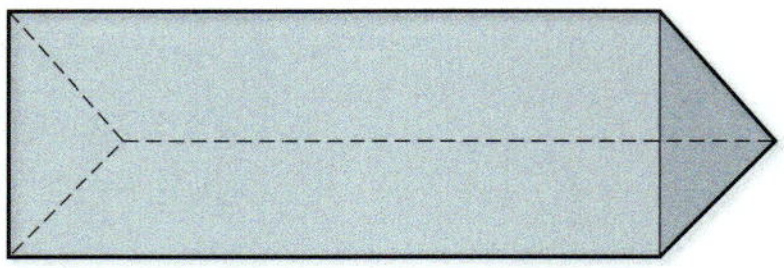

a) Welche Maße muss er ermitteln, um das Gewicht berechnen zu können?

b) Basalt ist ein schwerer Stein. 1 cm^3 Basalt wiegt 3,1 g. Welche Maße soll „deine" Säule haben? Rechne. Benötigst du für die Säule einen Lkw?

5 **„Parallelogramm-Prisma"**

Berechne das Volumen und die Oberfläche des „Parallelogramm-Prismas".

Erläutere die Strategie, nach der du vorgegangen bist.

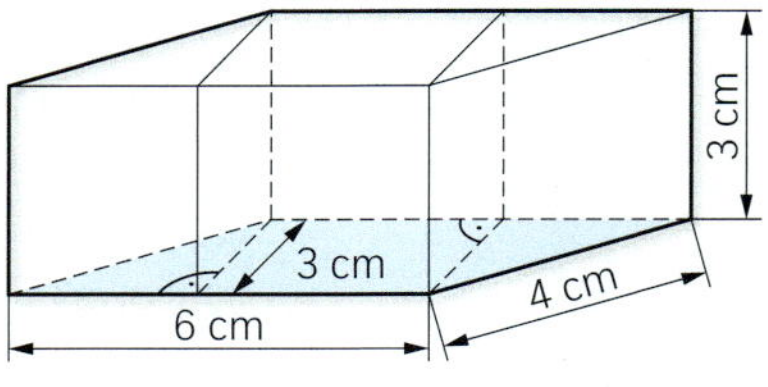

Übungen

6 Saalgröße

Zur Berechnung der Größe von Heizungen muss man das Volumen des jeweiligen Raumes kennen.

a) Berechne das Volumen des Saales.

b) Der Saal soll von innen gestrichen werden. Zur Kostenkalkulation berechnet der Anstreicher die Fläche.

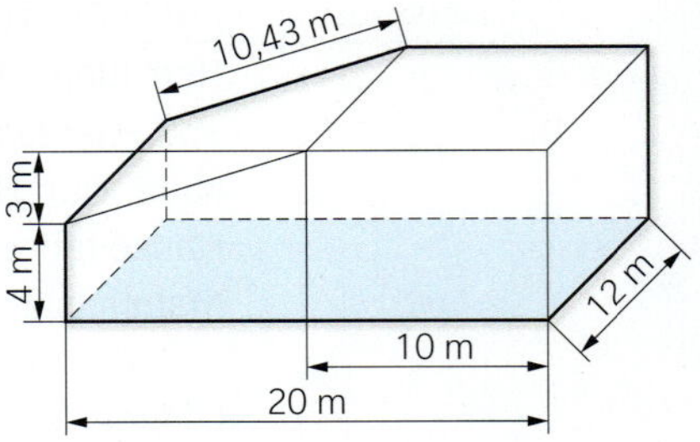

7 Pool

In einer Hotelanlage wird der Pool gefüllt.

a) Wie viel Liter fasst das Becken?

b) Die Innenfläche des Swimmingpools wird bis 20 cm oberhalb der Wasseroberfläche mit Fliesen versehen. Berechne die Fläche.

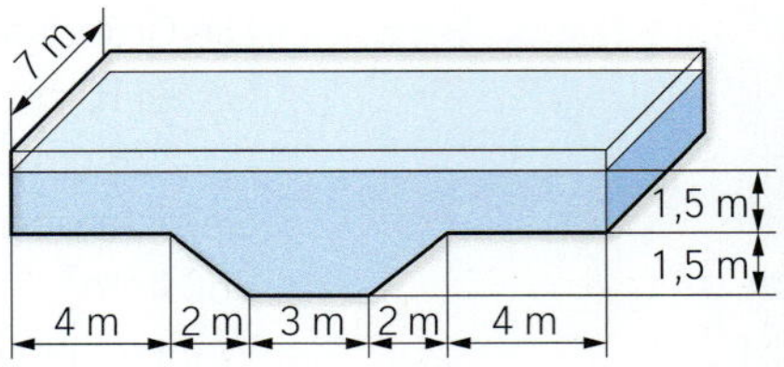

8 Netz eines Körpers

Zu welchem Körper gehört das abgebildete Netz? Zeichne ein Schrägbild des Körpers. Berechne das Volumen und die Oberfläche.

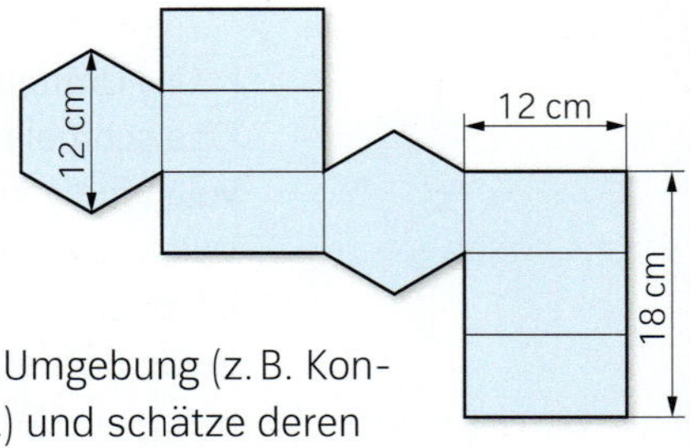

9 Zylinder-Sammlung

Suche einige zylindrische Gegenstände in deiner Umgebung (z. B. Konservendosen, Bleistifte, Geldstücke, Kochtöpfe, ...) und schätze deren Volumen und Oberflächeninhalt. Miss dann jeweils Radius und Höhe und berechne. Wie gut hast du geschätzt?

10 Zylinder-Training

In der Tabelle sind jeweils zwei Größen eines Zylinders gegeben. Berechne.

Um welche Gegenstände könnte es sich dabei jeweils handeln?

Radius	3 cm	■	■	5 cm	■	45 cm	1,5 cm	■
Höhe	5 cm	8 m	■	■	50 cm	■	■	$4 \cdot r$
Mantelfläche	■	24 m²	0,4 m²	■	■	■	10 cm²	■
Oberfläche	■	■	1,6 m²	■	■	■	■	2 m²
Volumen	■	■	■	75 cm³	25 ℓ	8 hℓ	■	■

11 Walze

Die vordere Walze des Planierfahrzeugs hat einen Durchmesser von 1,52 m und eine Breite von 2,20 m. Wie viel Quadratmeter werden bei einer Umdrehung der Walze planiert?

12 Öltank

Ein zylindrischer Öltank hat einen Durchmesser von 30 m und eine Höhe von 20 m. Wie viele der üblichen Haushaltstanks mit 2000 ℓ Fassungsvermögen können mit dem Vorrat in einem solchen Tank gefüllt werden? Schätze und rechne.

13 Zylinder mit Variablen

Ein Zylinder hat eine Höhe von 12 cm und einen Radius von 10 cm. Das Netz dieses Zylinders ist skizziert. Wie groß sind die Werte für x und y? Berechne auch die Oberfläche des Zylinders.

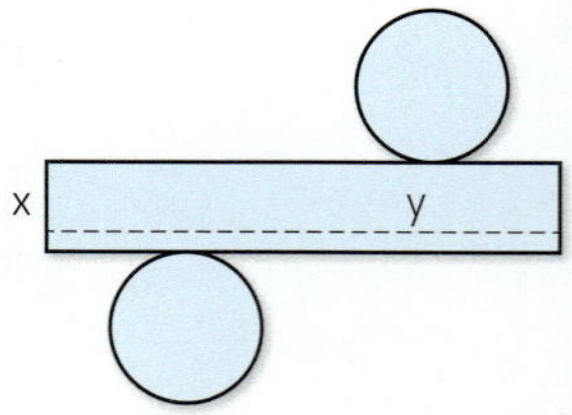

Übungen

14 **Größen aus dem Volumen bestimmen**

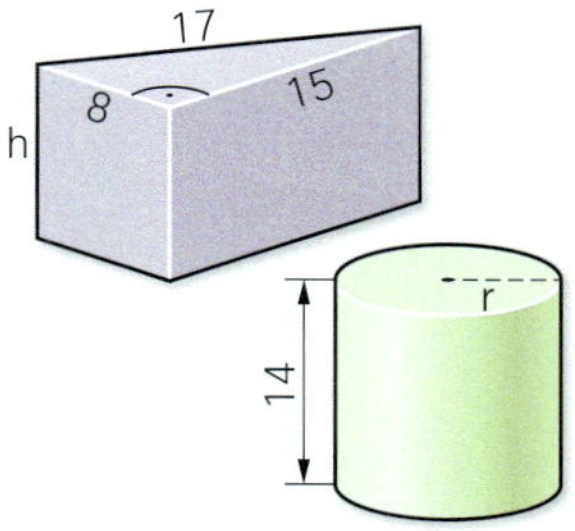

a) Das Volumen des Dreiecksprismas beträgt $1440\ cm^3$. Die Grundfläche ist ein rechtwinkliges Dreieck mit den Seitenlängen 8 cm, 15 cm und 17 cm. Bestimme die Höhe des Prismas und die Oberfläche.

b) Das Volumen des Zylinders beträgt $2814\ m^3$, die Höhe 14 cm. Bestimme den Radius des Zylinders und die Oberfläche.

15 **Standzylinder**

a) Ein Standzylinder von 36 mm Innendurchmesser soll als Messzylinder geeicht werden. Welchen Abstand müssen die $5\text{-}cm^3$-Teilstriche haben?

b) Bei einem anderen Messzylinder haben die $2\text{-}cm^3$-Teilstriche einen Abstand von 4 mm. Welchen Innendurchmesser hat dieser Zylinder?

16 **Zylindervergleich**

Findest du die Antwort ohne zu rechnen?

Ein Zylinder mit dem Radius 3 cm soll das gleiche Volumen haben wie ein Zylinder mit dem Radius 2,5 cm und der Höhe 5 cm. Welcher der beiden Zylinder hat die größere Oberfläche?

17 **Regelmäßige Vielecke und Säulen**

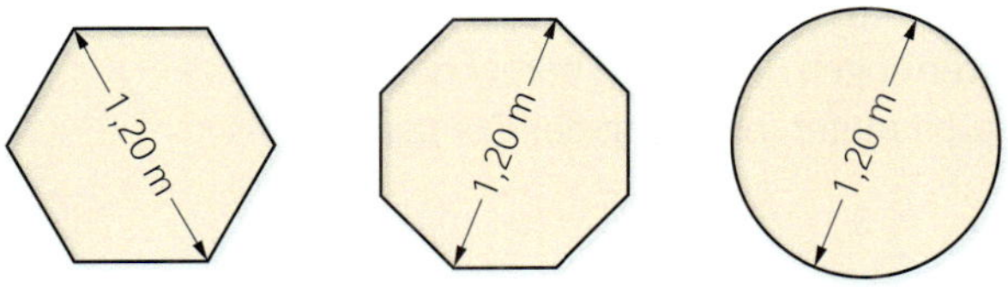

a) Zeichne die beiden Vielecke und den Kreis im Maßstab 1:20 in dein Heft. Bestimme jeweils den Flächeninhalt der Figuren. Welche Größen musst du messen? Beschreibe dein Vorgehen und vergleiche mit deinen Nachbarn.

b) Bestimme jeweils das Volumen der sechseckigen, achteckigen bzw. zylinderförmigen Litfaßsäule mit einer Höhe von 2,50 m. Vergleiche die zur Verfügung stehenden Werbeflächen.

18 **Zeltmodelle**

Nina und Johanna wollen im Sommer zelten gehen. Im Frühjahr besuchen sie die Camping-Messe, um sich verschiedene Zelte anzusehen. Sie haben verschiedene Vergleichskriterien überlegt: Volumen, Standhöhe, Standfläche, Oberfläche.

a) Welche Kriterien könnten wichtig sein? Fallen dir weitere ein?

b) Vergleiche die Zeltmodelle hinsichtlich der oben genannten Kriterien. Für welches Modell würdest du dich entscheiden?

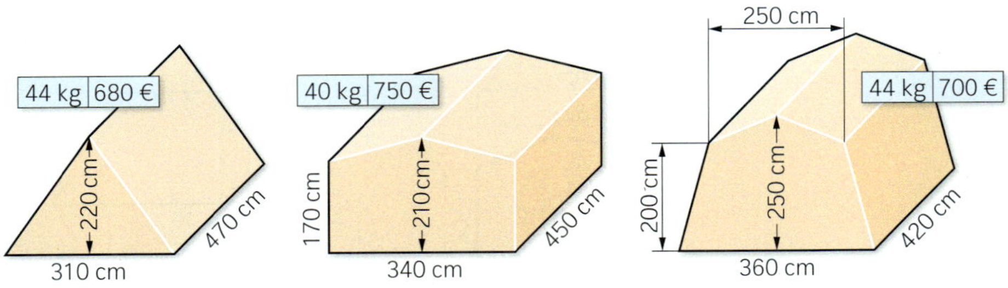

Oberflächeninhalts- und Volumenbestimmung durch Zerlegen

„Zerlegen" ist das Schlüsselwort zur Bestimmung von Umfang und Flächeninhalt bei Figuren und von Oberflächeninhalt und Volumen bei Körpern.

Zerlegen in Quader, Dreiecksprisma, Trapezprisma und Halbzylinder

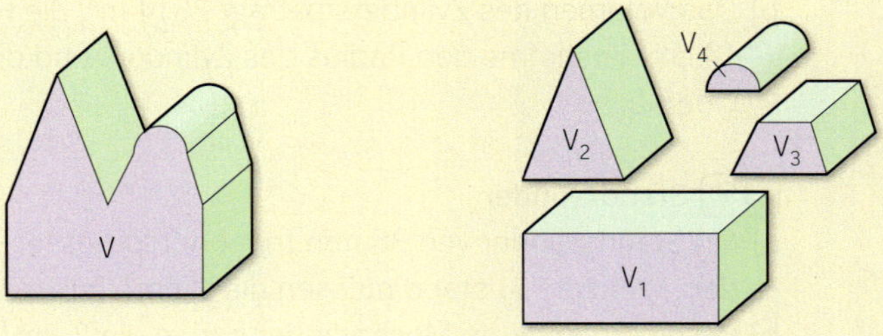

Strategie:
- Bestimme alle zur Berechnung nötigen Maße (Seitenlängen, Höhen, Radien ...).
- Berechne die Oberflächeninhalte der Teilflächen und die Volumina der Teilkörper.
- Addiere für das Volumen die einzelnen Volumina.
- Bei Oberflächen addiere nur die, die an der Oberfläche des Gesamtkörpers bleiben.

19 Containervolumen

Die Kosten für den Container werden nach dem Fassungsvermögen (Volumen) berechnet.
Wie viel Kubikmeter (m^3) fasst der Container?

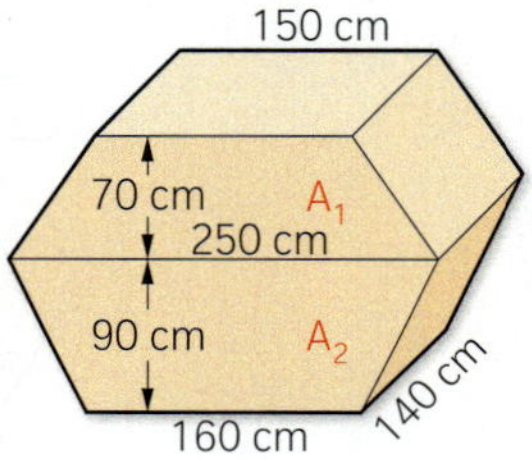

Über das interessante Problem „Turm von Hanoi" kannst du dich im Internet informieren.

20 Turm von Hanoi

Die 8. Klasse hat für den Tag der Mathematik zehn Modelle zum „Turm von Hanoi" aus Pressholz der Stärke 20 mm hergestellt. Die Grundplatte hat die Maße 45 × 15 cm, die größte Scheibe hat einen Durchmesser von 12,5 cm, und die nächsten Durchmesser sind jeweils um 2,5 cm kleiner. Auf der Dose Lacklasur ist angegeben, dass sie für eine Fläche von ca. 2 m^2 ausreicht. Können die zehn Modelle damit gestrichen werden?

21 Granitbecken

Für einen Zimmerbrunnen soll aus Granit ein Becken (Tiefe: 15 cm) hergestellt werden.

a) 1 cm^3 Granit wiegt 2,8 g. Wie schwer wird das Becken sein? Die Zeichnungen des Steinmetzes liefern dir einige Maße.

b) Die Oberfläche des gesamten Brunnens soll geschliffen werden. Aus welchen Teilflächen setzt sich die Oberfläche zusammen? Berechne nun den Oberflächeninhalt.

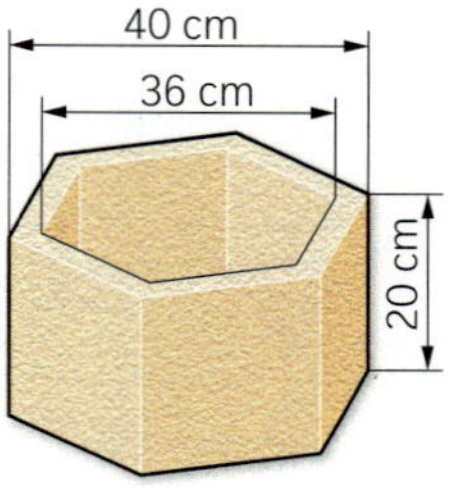

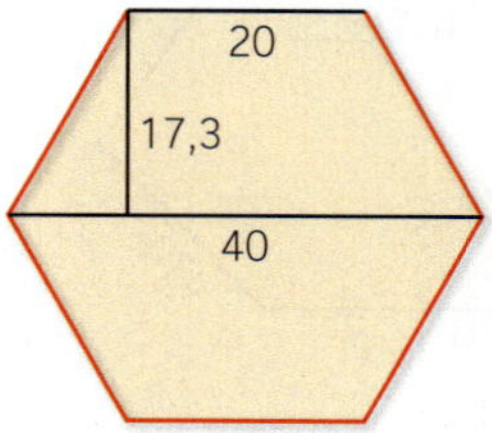

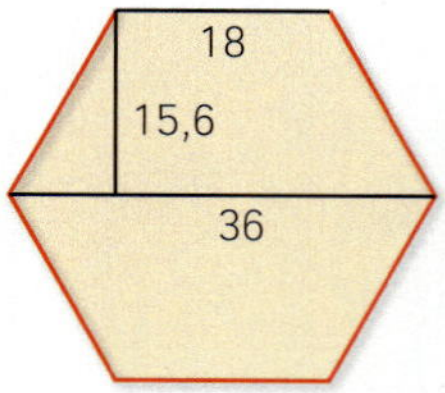

Übungen

22 Dachformen

Bei der Gestaltung eines Hauses spielt die Dachform eine wichtige Rolle.

Neben der „Schönheit“ muss man aber auch auf praktische Dinge und auf die Kosten achten. Dabei kommt es u. a. auf das Volumen des Dachraumes als möglichen Wohnraum, die Dachfläche (Eindeckung mit Ziegeln, benötigtes Isoliermaterial) und die Giebelfläche (wetterfeste Verblendung) an.

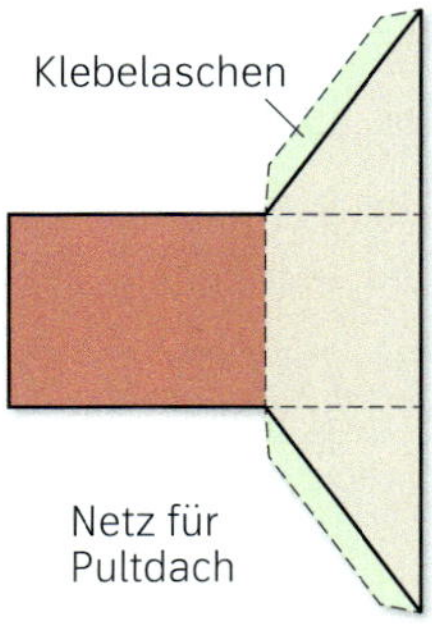

a) Bei welchen der obigen Dachformen lässt sich das Volumen des Dachraumes mit der Formel für ein Prisma berechnen? Welche Größen muss man jeweils messen?

b) Zeichne für das Satteldach, das Mansardendach und für das Pultdach jeweils ein Netz auf Pappe und baue daraus das Dach. Berechne dann für deine Beispiele jeweils das Volumen des Dachraums, die Dachflächen und die Giebelflächen.

23 Satteldach

Auf einem Haus mit einem rechteckigen Grundriss (12 m · 10 m) wird ein Satteldach errichtet. Zwei verschiedene Dachneigungen (38° oder 48°) stehen zur Diskussion.

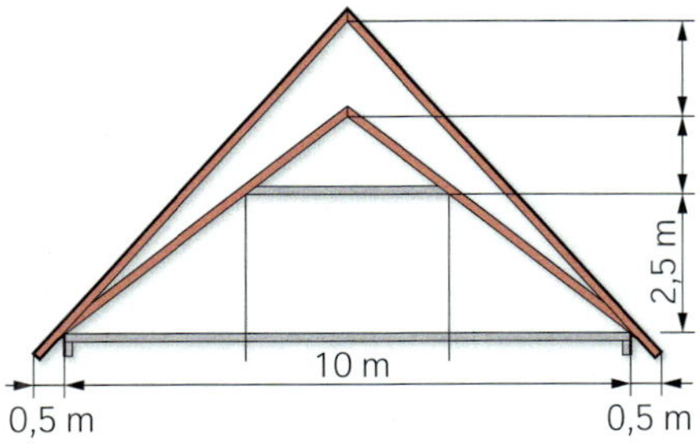

a) Fertige jeweils eine genaue Zeichnung im Maßstab 1 : 100 an. Daraus kannst du weitere Größen (z. B. Giebelhöhe) abmessen.

b) Vergleiche für beide Dachneigungen jeweils das Volumen des Dachraumes, die Giebelflächen und die Dachflächen. Rechne bei den Dachflächen auch einen üblichen Dachüberstand ein.

c) In beiden Fällen soll unter dem Dach ein Obergeschoss mit 2,50 m maximaler Raumhöhe gebaut werden. Wie groß ist jeweils der umbaute Raum, welcher Anteil dieses Raumes hat eine geringere Raumhöhe als 2,50 m? Wie groß ist in beiden Fällen der verbleibende Speicherraum über dem Obergeschoss? Kann man dort noch einen weiteren Raum mit 2,50 m Höhe einrichten?

24 Mansardendach und Pultdach

Vergleiche die in Aufgabe 23 berechneten Größen für das Satteldach mit denen für das Mansardendach und das Pultdach. Zeichne im Maßstab 1 : 100.

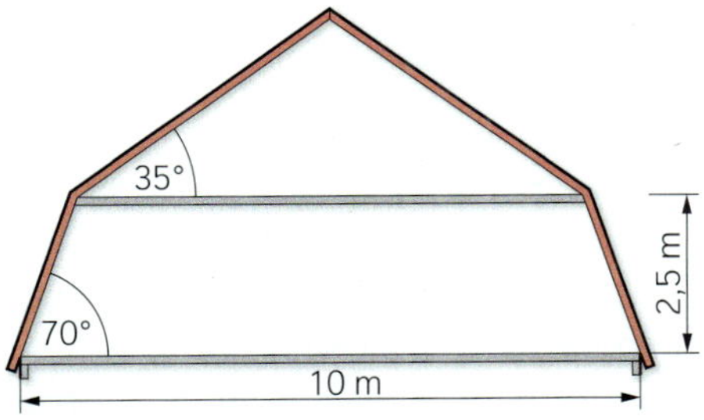

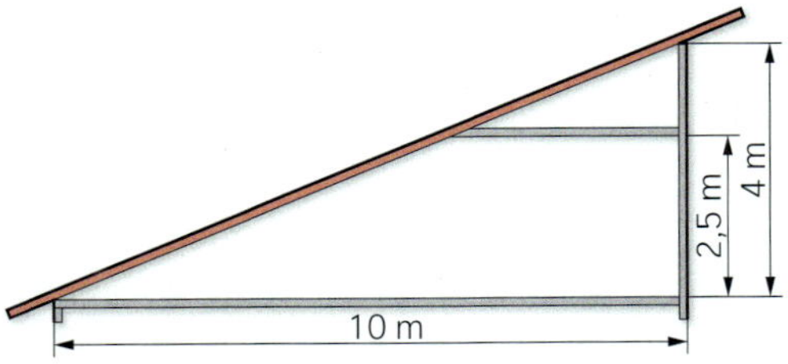

Welche Vorteile oder Nachteile haben diese Dachformen gegenüber dem Satteldach? Welche Dachform würdest du wählen?

Exkurs

Deichbau

Wer einmal erlebt hat, mit welcher Macht die Wellen zuschlagen können, braucht von der Notwendigkeit des Deichbaus nicht mehr überzeugt zu werden.

Seit Menschen in unmittelbarer Nähe des Meeres leben, haben sie versucht, sich mit Schutzwällen (Deichen) vor dem Ansturm der Fluten zu schützen. Der Deichbau verlangt von den Küstenbewohnern einen hohen Arbeitseinsatz und ist mit enormen Kosten verbunden. Die ersten Deiche an der Nordseeküste wurden bereits vor mehr als 1000 Jahren erbaut, heute weist alleine die Küste in Schleswig-Holstein mehr als 600 km Deiche auf. Am Anfang wurden die Deiche noch von Hand gebaut – im 18. Jhd. transportierten tausend Mann bei einer Arbeitszeit von 80 Stunden pro Woche 400 000 Kubikmeter Erde und bauten damit einen 3 km langen Deich. Heute wird diese Arbeit mit schweren Baumaschinen in viel kürzerer Zeit geleistet. Der Küstenschutz ist heute Staatsaufgabe und wird durch Steuermittel finanziert.

Übungen

Die Abbildungen weisen in der Horizontalen einen anderen Maßstab auf als in der Vertikalen. Um einen realistischen Eindruck der Böschungsneigung zu erhalten, muss man den gleichen Maßstab verwenden. Zeichne den Deich von 1930 maßstabsgetreu auf ein DIN-A4-Blatt im Querformat.

25 Deichformen

Im Laufe der Jahrhunderte sind die Sturmfluten immer höher geworden. Damit mussten auch die Deiche immer höher gebaut und auch ihre Form verändert werden, insbesondere wurden die Böschungen immer flacher.

a) Berechne für die beiden Deichformen jeweils die Querschnittsfläche. Gib auch die Steigung der einzelnen Böschungsabschnitte in Prozent an.

b) Wie viel m^3 Baumaterial (Sand und Erde) wurde jeweils für einen Deich von 3 km Länge benötigt? Gib hier den prozentualen Zuwachs an.

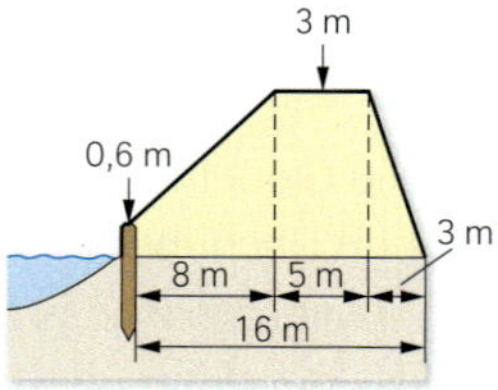

Deich um 1600

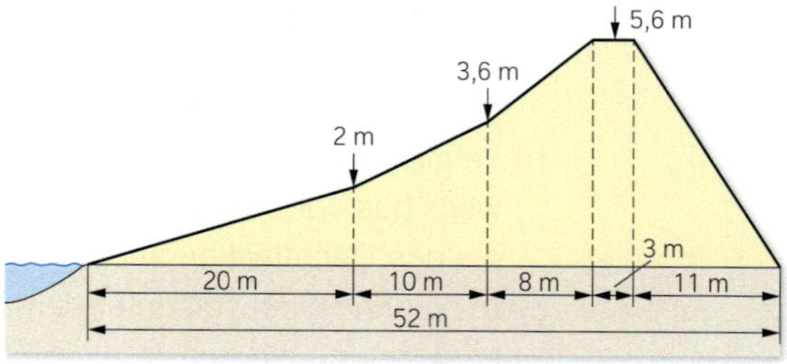

Deich um 1930

Heute werden die meisten Deiche mit einem Sandkern und einer darüber liegenden Schicht von Kleiboden gebaut. Sand lässt sich leicht gewinnen, transportieren und einbauen. Klei ist fester Boden und schützt den Deich gegen den Wellenangriff.

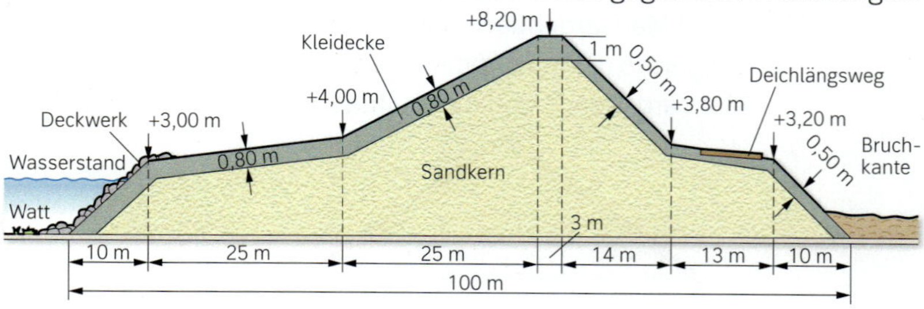

c) Berechne für einen Deich mit dem obigen Querschnitt und 1 km Länge das ungefähre Volumen des Sandkerns und der Kleidecke.

d) Der Deich soll auf 9,50 m erhöht werden bei etwa gleichen Böschungsneigungen. Zeichne einen entsprechenden Querschnitt. Wie viel breiter wird der neue Deich? Wie viel m^3 Sand und Kleiboden werden für die Erhöhung benötigt?

Übungen

26 Optimierung der Wasserrinne

a) Die folgenden Teilstücke verschiedener Wasserrinnen sind alle aus einem rechteckigen Blechstück gebogen. Welches Teilstück umfasst das größte Volumen? Vergleiche die drei anderen Volumina damit in Prozentanteilen.

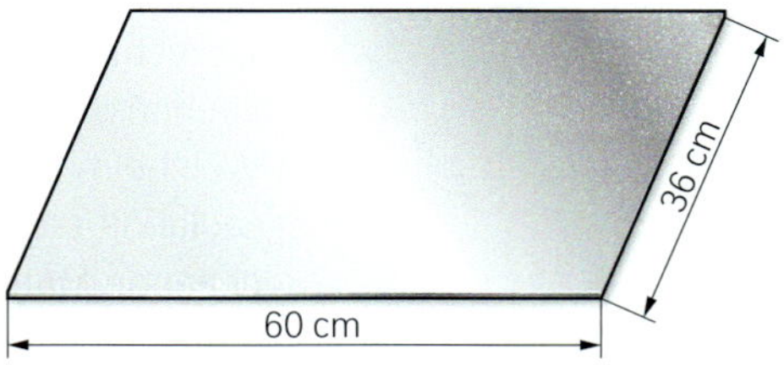

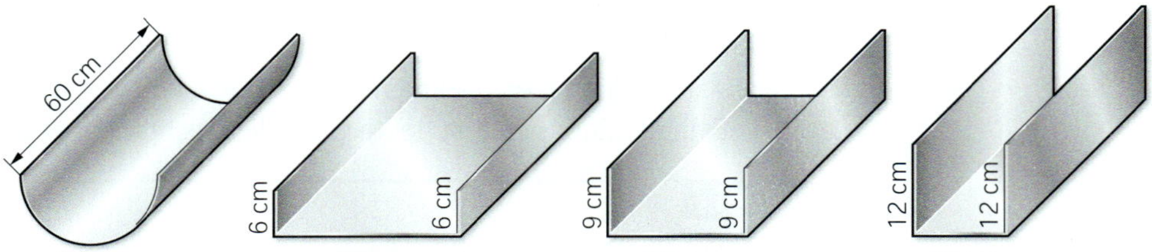

Vergleiche mit den Volumina aus a).

b) Man kann den Querschnitt einer Rinne auch als achsensymmetrisches Trapez mit drei Seitenlängen von jeweils 12 cm formen. Je nachdem, wie die Seite gegenüber der Grundlinie geneigt ist, entstehen verschiedene Trapezrinnen.
Wie verändert sich das Volumen mit dem Neigungswinkel?
Bei welchem Neigungswinkel der Seite wird das Volumen optimal?

Die Aufgabe b) kannst du mit deinen Kenntnissen nur durch maßstäbliches Zeichnen und Messen bewältigen. Mit dem DGS gelingt dies schnell und exakt.

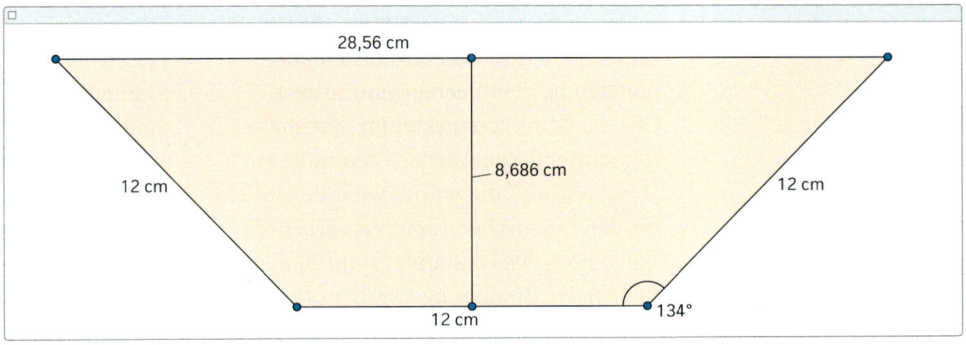

Kopfübungen

1. Eine besonders teure Schokoladensorte kostet 5 € pro 100 g. Wie viel % davon beträgt der Preis einer einfachen Schoko-Sorte (0,40 € pro 100 g).
2. Wahr oder falsch? „Die beiden Diagonalen teilen ein Parallelogramm in vier kongruente Dreiecke."
3. An welche Zahl hat Tobias gedacht: „Ich subtrahiere 6 von meiner Zahl, teile dann durch 3 und erhalte 7."
4. Um wie viel Quadratmeter unterscheiden sich die Spielflächen für Eishockey (44 m × 22 m) und für Hallenhockey (40 m × 20 m)?
5. Die in 2 m Höhe gemessenen Höchsttemperatur (40,2 °C) und Tiefsttemperatur in Deutschland unterscheiden sich um 78 °C. Berechne daraus die Tiefsttemperatur.
6. Im Baumdiagramm fehlen 6 Einträge. Ergänze im Heft.

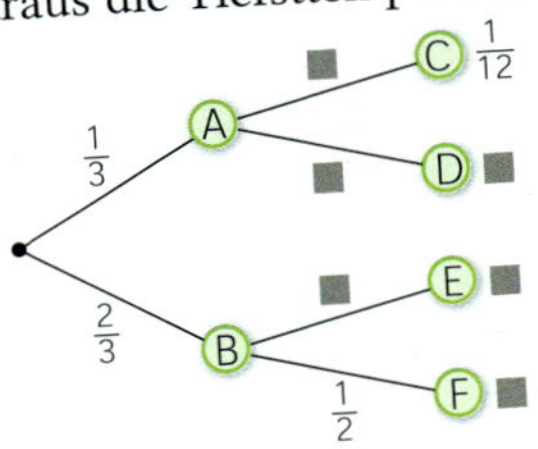

7. Für die Haltung von Degus, einem Nagetier aus Chile, ist pro Tier eine Mindestfläche von 1 m × 0,5 m erforderlich. Gib die Grundfläche eines Käfigs an, in dem a) 6 b) x Tiere leben sollen.

Aufgaben

27 Mathematik in der Zeitung

Es ist recht selten, dass in der Tageszeitung von Mathematik die Rede ist. Lies den untenstehenden Artikel einmal aus der Sicht des Mathematikers.

a) Welche mathematischen Begriffe, Formeln und Verfahren werden angesprochen?
b) Stelle dir vor, der Artikel wird für einen Adressaten geschrieben, dem die zugrunde liegende Mathematik voll vertraut ist. An welchen Stellen kann ohne Informationsverlust gekürzt werden?
c) Wie erklärst du dir die angegebenen Ungenauigkeiten in den Messungen beim Festmeter?
d) Findest du eine plausible Erklärung für den Faktor 0,7? Probiere an einem Beispiel.
e) Die Einheit Raummeter ist heute gesetzlich nicht mehr zugelassen. Warum?

Exkurs

Im Wald ist Mathematik gefragt

Festmeter und Raummeter sorgen für Verwirrung – Was ist der Unterschied?

Die Brennholzsaison lässt viele „Holzmacher“ in die Wälder ausrücken. Mit Motorsägen, Spalthammer und Schutzausrüstung ziehen Holzofenbesitzer aus, um das begehrte Brennholz einzuschlagen. Doch wenn es dann ans Bezahlen geht, tun sich oft Lücken auf – nämlich bei den Rechenkenntnissen. Das Forstamt vermarktet im Jahr mehrere tausend Raummeter Brennholz an „Holzmacher“, die wärmenden Rohstoff für den heimischen Kamin aufarbeiten. Von Seiten des Forstamtes wird in den Reihen der Brennholzbewerber oft die Verwechselung der Maßeinheiten Raum- und Festmeter festgestellt. Dem Missstand kann abgeholfen werden, das Forstamt erklärt den Unterschied:

Raummeter:
Die klassische Maßeinheit für den Verkauf von Brennholz ist der Raummeter. Er stellt ein Maß für aufgeschichtetes Holz dar. Das heißt zwischen den aufgeschichteten Rundhölzern und Spaltstücken gibt es Zwischenräume. Der Raumgehalt wird einfach durch Messen und Multiplikation der Höhe, der Länge und der Tiefe des Brennholzstoßes ermittelt.

Festmeter:
Stammholz wird hingegen im Festmaß verkauft. Die Maßeinheit ist der Festmeter. Grundlage für die Berechnung ist die Kubizierung der Stämme, die im Wald von Waldarbeitern und Förstern gemeinsam und im Sägewerk als elektronische Vermessung vorgenommen wird. Die Vermessung des Stammes geschieht durch Kluppen des Durchmessers und der Längenermittlung.
Der Durchmesser wird mit einer großen Schieblehre – der Kluppe – zentimetergenau ermittelt. Die Länge des Stammes wird mit einem Bandmaß auf 10 cm genau vermessen. Durch das Kluppen des Mittendurchmessers kann die Kreisfläche errechnet werden. Diese wird mit der Länge des Stammes multipliziert und das Ergebnis ist das Volumen in Festmetern.
Es gibt einen Umrechnungsfaktor zwischen Raummeter und Festmeter. Dieser Faktor beträgt 0,7. Wenn jemand zum Beispiel 10 Raummeter Brennholz geschlagen hat, dann entspricht die Holzmenge einem Volumen von 7 Festmetern Stammholz.

Aufgaben

28 Die optimale Dose

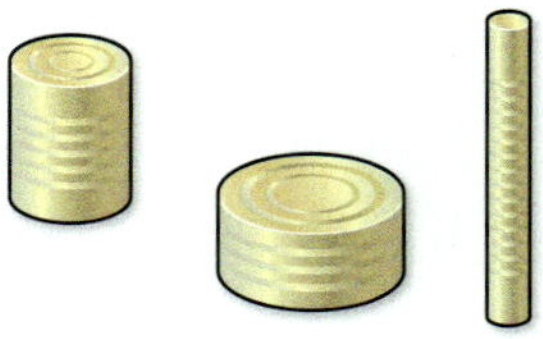

a) Bei zylindrischen Dosen findest du ganz unterschiedliche Formen, es gibt hohe Dosen mit kleinem Durchmesser und flache Dosen mit großem Durchmesser. Nach welchen Kriterien wird deiner Meinung nach die Dosenform ausgewählt? Erstelle eine Liste.

b) Der Inhalt einer bestimmten Dose sei festgelegt, zum Beispiel auf 850 ml. Bei welchen Abmessungen hat man den geringsten Materialverbrauch? Was vermutest du? Mithilfe einer geeigneten Tabelle kannst du die Frage beantworten. Überlege dir, wie du zu gegebenem Radius die passende Höhe berechnen kannst.

Hier lohnt sich der Einsatz einer Tabellenkalkulation.

r [cm]	h [cm]	V [cm^3]	O [cm^2]
1	270,6	850	1706,3
2	67,6	■	875,1
...	...	...	...
10	2,7	■	798,3

29 Rotationszylinder

Ein rechteckiger Metallrahmen mit den Seitenlängen a = 6 cm und b = 4 cm wird um die rote Achse gedreht.

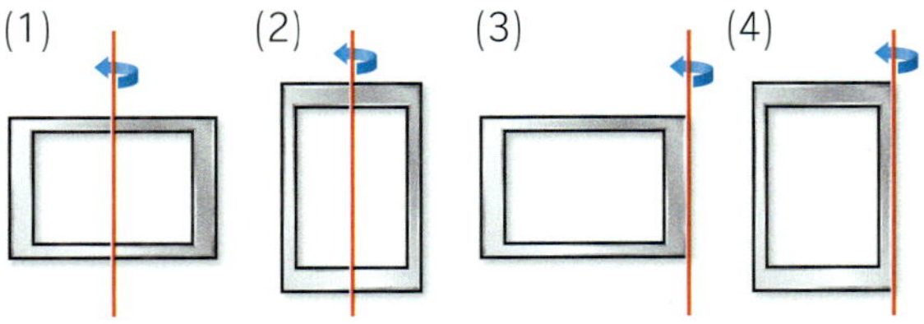

Mit einem festen Rahmen und einer Bohrmaschine lässt sich der Zylinder sichtbar machen.

a) Auf diese Weise entsteht ein Zylinder als Rotationskörper. Berechne jeweils Mantelfläche und Volumen der Rotationszylinder für die eingezeichneten Drehachsen.

b) Ingmar meint: „*Die Rechnungen für (3) und (4) kann ich mir sparen. Die Größen sind jeweils das Doppelte von denen in (1) und (2).*“ Hat er Recht?

30 Gute Schätzwerte gesucht

A Die Werbefläche auf der Litfaßsäule kostet für 24 Stunden 328 € pro m^2. Das Rundumplakat soll 6 Wochen hängen bleiben.

B Der „Riesenbleistift“ am Eingang der Schule hat einen Umfang von 80 cm. Er ist aus Eisenrohr mit einer Wandstärke von ungefähr 1 cm hergestellt. Wievielmal schwerer ist dieser Bleistift im Vergleich zu einem normalen Bleistift aus deinem Mäppchen?

C Die Heuballen auf dem Wagen liegen in zwei Schichten hintereinander. Sie werden maschinell sehr dicht gepresst, je nach Feuchtigkeit des Heus beträgt die Dichte zwischen 0,2 und 0,3 g/cm^3. Welche Last trägt der Wagen?

Vergleicht eure Schätzwerte. Wie seid ihr dazu gekommen?

8.3 Pyramiden und Kegel

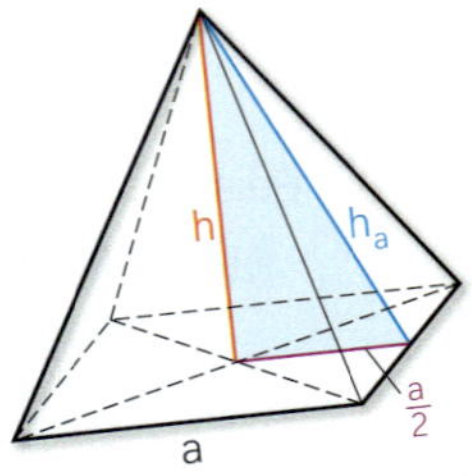

Welchen Innenraum hat die moderne Glaspyramide am Eingang zum Louvre-Museum in Paris und welche Fläche wird durch die 655 Glasfacetten abgedeckt? Wie schwer wäre einer der beiden abgebildeten Doppelkegel, wenn er voll aus Metall hergestellt wäre?

Bei der mathematischen Berechnung des Volumens dieser Körper greift man auf die umbeschriebenen Prismen oder Zylinder zurück, man erhält jeweils einen einfachen Bruchteil dieser mit der Grundformel $V = G \cdot h$ berechenbaren Volumina.
Zur Berechnung der Oberfläche der Pyramide genügen die Formeln der Flächeninhalte von Vielecken, beim Kegel braucht man die Formeln für die Flächeninhalte von Kreisen und Kreisausschnitten.

Aufgaben

1 Pyramidenvolumen – Schätzen und Experimentieren

a) Die quadratische Pyramide passt genau in das Prisma mit gleicher Grundfläche und Höhe. In welchem Verhältnis stehen die Volumina der beiden Körper? Schätze mithilfe des Bildes.

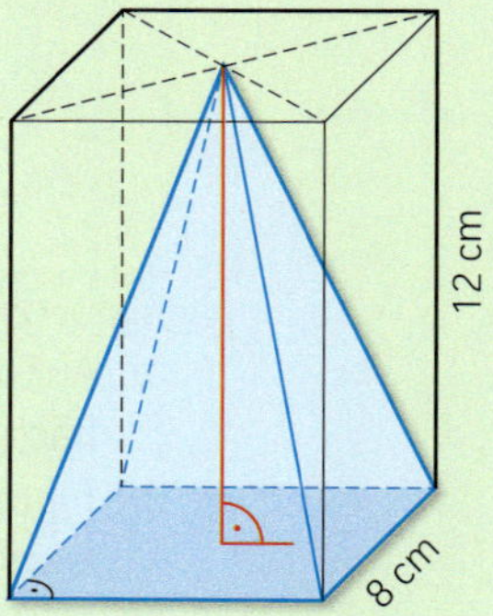

b) Schätzen am realen Modell ist leichter als mit dem Schrägbild. Bastelt eine Pyramide aus der Mantelfläche und dazu den (oben offenen) umbeschriebenen Quader.
Bleibt es bei der ersten Schätzung?

Bauen eines realen Modells

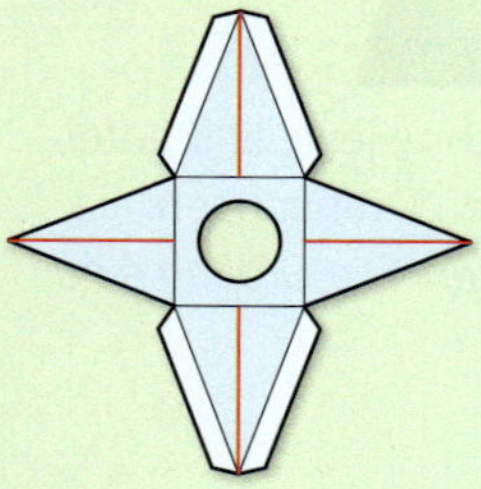

Du kannst auch andere Maße wählen.

c) Du kannst deine Schätzung durch ein Experiment überprüfen. Fülle die Pyramide mit Sand und schütte diesen in den Quader. Wie viele Pyramidenfüllungen brauchst du, bis der Quader voll ist? Vergleiche mit den Ergebnissen anderer Gruppen (diese haben vielleicht andere Maße für a und h gewählt).

d) Zu welchen Ergebnissen kommt man bei anderen Pyramiden?

Am besten experimentiert ihr arbeitsteilig mit verschiedenen Modellen.

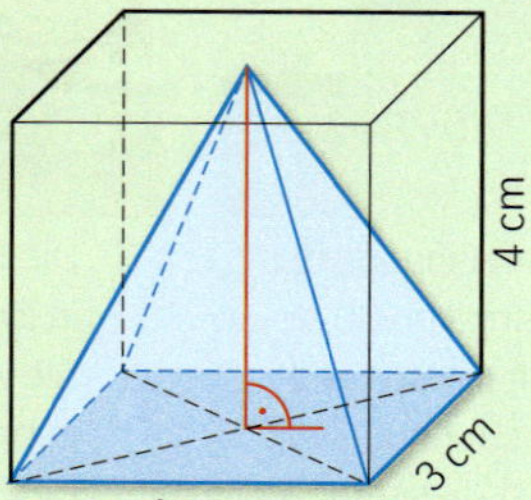

rechteckige Grundfläche

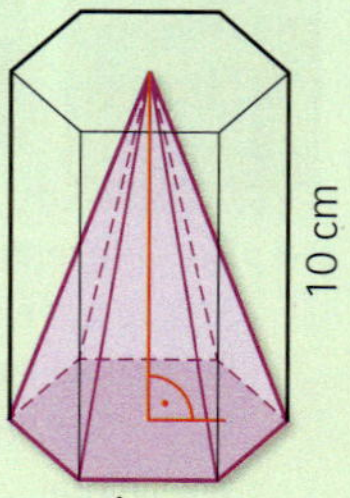

sechseckige Grundfläche

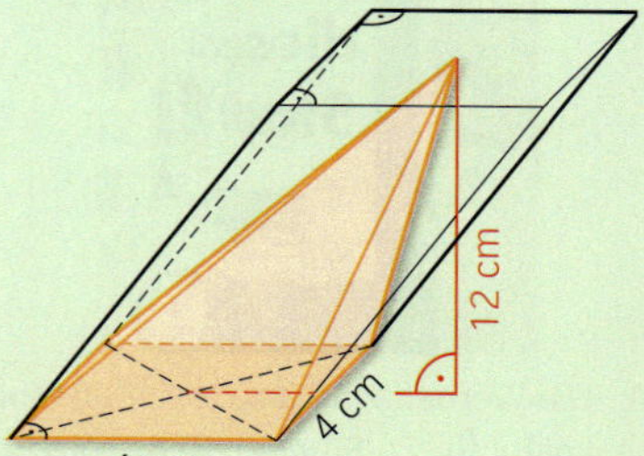

schiefe Pyramide

Aufgaben

2 Kegelvolumen – Schätzen und Experimentieren

a) Messbecher im Haushalt sind oft kegelförmig. Welchen Vorteil hat dies gegenüber einem zylinderförmigen Messbecher?

b) Sieh dir die Skala bei dem nebenstehenden Messbecher an. Was ist anders als bei der Skala eines zylinderförmigen Messbechers? Woran liegt dieser Unterschied?

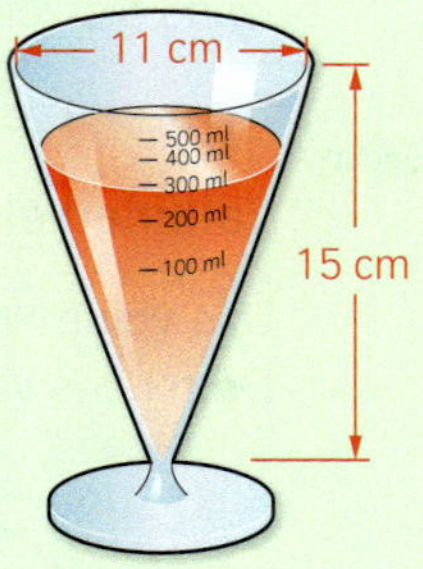

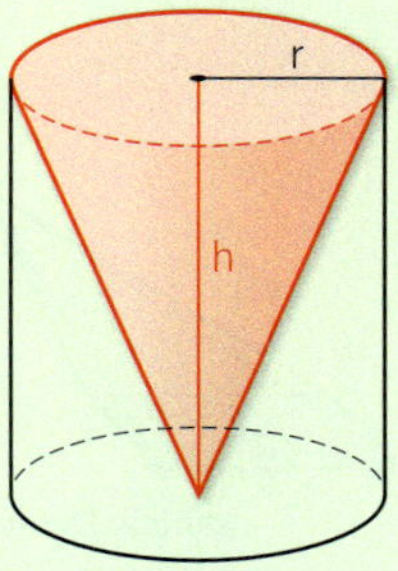

c) Kai hat für verschiedene Wassermengen jeweils die Höhe und den Durchmesser des Wasserkegels im Messbecher gemessen:

Volumen [ml]	100	200	300	400	500
Höhe [cm]	9,6	12,1	13,8	15,2	16,4
Durchmesser [cm]	6,4	8,0	9,0	10,0	10,8

Vergleiche diese Volumina mit den Volumina der jeweils umbeschriebenen Zylinder mit gleicher Grundfläche und Höhe. Erkennst du einen Zusammenhang? Beachte die Messungenauigkeiten. Kannst du daraus eine Formel für das Volumen eines Kegels aufstellen?

3 Volumenformel für eine spezielle Pyramide

In dem Kantenmodell eines Würfels werden mit Fäden die vier Raumdiagonalen gespannt. Begründe, dass auf diese Weise im Innern des Würfels sechs kongruente Pyramiden entstehen. Wenn du die Grundfläche und die Höhe einer solchen Pyramide mithilfe der Seitenlänge a des Würfels ausdrückst, kannst du eine Volumenformel $V = k \cdot G \cdot h$ für diese Pyramide herleiten. k ist dabei eine einfache Bruchzahl.

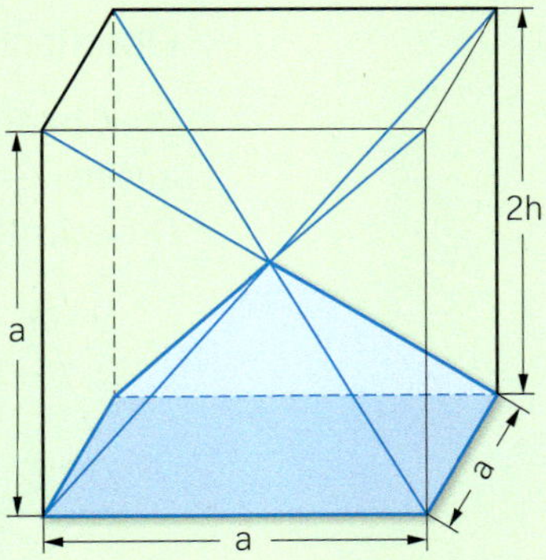

4 Dächer

Nutze den Satz des Pythagoras bei der Pyramide und die Formel zur Berechnung des Kreisausschnittes beim Kegel, siehe Seite 81 oder Formelsammlung.

Die Dächer der abgebildeten Türme haben die Form einer Pyramide oder eines Kegels. In welchem der beiden Beispiele benötigt man mehr Material zum Decken des Daches? Wie groß ist der prozentuale Unterschied? Beschreibe dein Vorgehen.

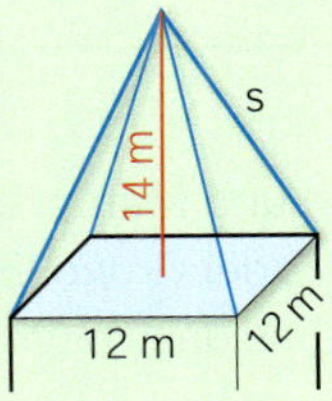

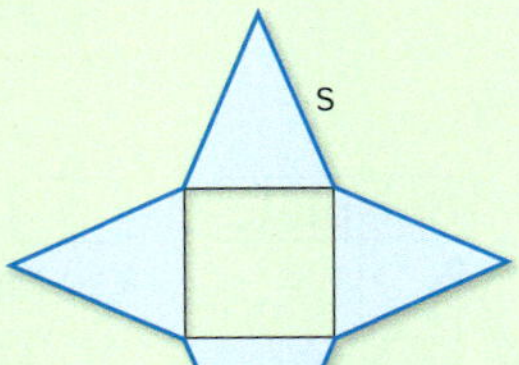

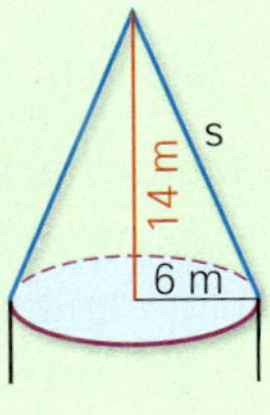

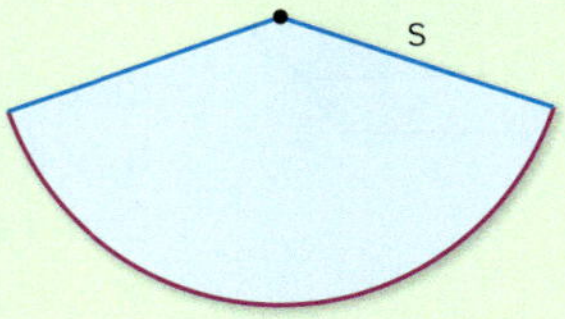

Basiswissen

Die Volumenformeln von Prisma und Pyramide unterscheiden sich nur um den Faktor $\frac{1}{3}$, ebenso die Volumenformeln von Zylinder und Kegel.

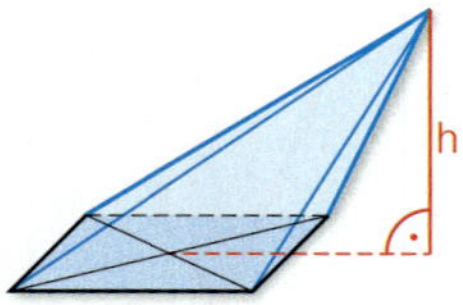

schiefe Pyramide

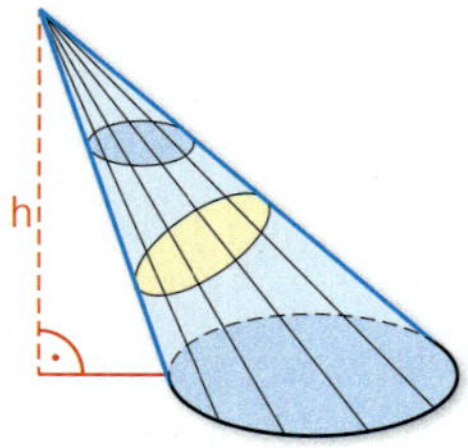

schiefer Kegel

Pyramide und Kegel

Volumen einer Pyramide

Das Volumen einer Pyramide ist ein Drittel des Volumens des umfassenden Prismas.

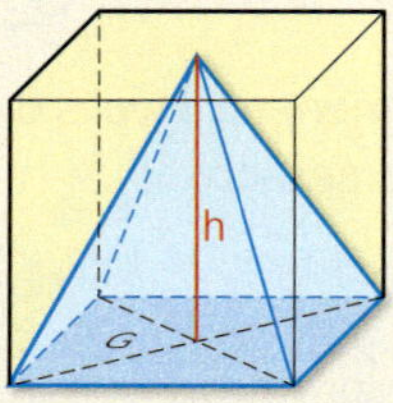

$V = \frac{1}{3} \cdot$ Grundfläche $\cdot$ Höhe

$V = \frac{1}{3} \cdot G \cdot h$

Diese Formel gilt für Pyramiden mit jedem Vieleck als Grundfläche und auch für schiefe Pyramiden.

Volumen eines Kegels

Das Volumen eines Kegels ist ein Drittel des Volumens des umfassenden Zylinders.

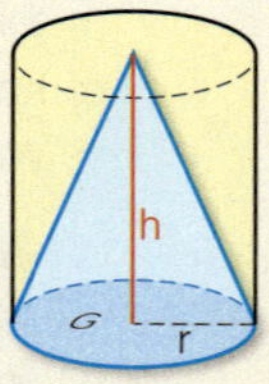

$V = \frac{1}{3} \cdot$ Grundfläche $\cdot$ Höhe

$V = \frac{1}{3} \cdot G \cdot h = \frac{1}{3} \cdot \pi \cdot r^2 \cdot h$

Diese Formel gilt auch für schiefe Kegel.

Oberflächeninhalt einer Pyramide

Die Oberfläche einer Pyramide besteht aus der Grundfläche (Vieleck) und den Dreiecksflächen des Mantels.

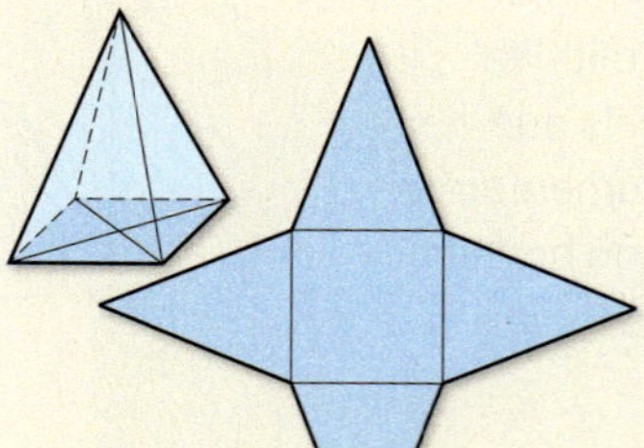

O = Grundfläche + Mantelfläche

$O = G + M$

Oberflächeninhalt eines Kegels

Die Oberfläche eines Kegels besteht aus der Grundfläche (Kreis) und dem Mantel, der sich zu einem Kreisausschnitt abwickeln lässt.

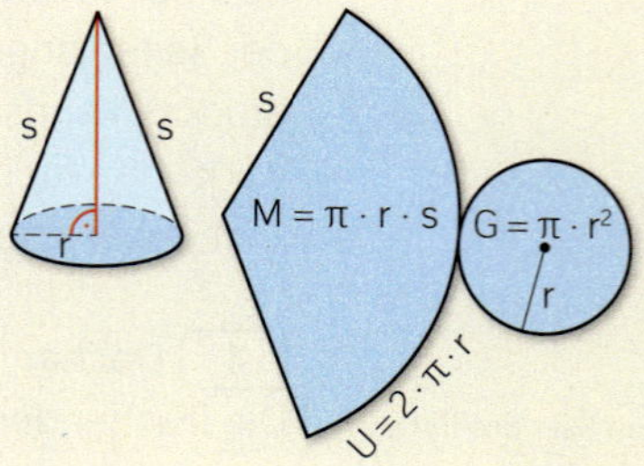

O = Grundfläche + Mantelfläche

$O = G + M = \pi \cdot r^2 + \pi \cdot r \cdot s$

Beispiele

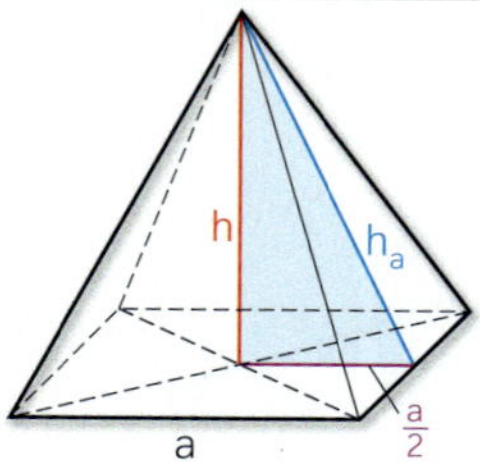

A Volumen und Mantel einer Pyramide

Die Kantenlänge der Grundfläche einer quadratischen Pyramide ist 35 m, die Raumhöhe ist 22 m. Berechne das Volumen und den Oberflächeninhalt des Mantels der Pyramide.

Lösung:

Berechnung des Volumen: $V = \frac{1}{3} G \cdot h = \frac{1}{3} \cdot (35\,\text{m})^2 \cdot 22\,\text{m} \approx 8983\,\text{m}^3$

Berechnung der Mantelfläche: Berechnen dazu die Höhe h_a eines Seitendreiecks:
$h_a = \sqrt{(17{,}5\,\text{m})^2 + (22\,\text{m})^2} \approx 28{,}1\,\text{m}$.
Damit ergibt sich für den Inhalt der Mantelfläche:
$M = 4 \cdot A_{\text{Dreieck}} \approx 4 \cdot \frac{1}{2} \cdot 35\,\text{m} \cdot 28{,}1\,\text{m} \approx 1967\,\text{m}^2$. (Fußballfeld: ungefähr $8000\,\text{m}^2$.)

Beispiele

B Volumen eines Kegels

Berechne das Volumen , die Mantelfläche und die Oberfläche eines Kegels mit dem Grundkreisdurchmesser d = 10 cm und einer Höhe h von 8 cm.

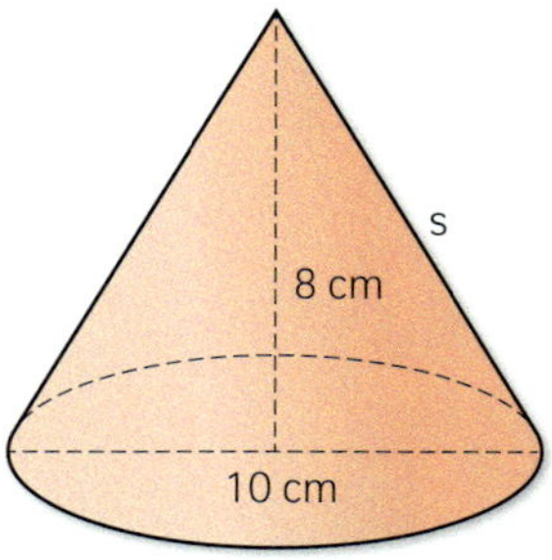

Lösung:

$V = \frac{1}{3} \cdot \pi \cdot r^2 \cdot h = \frac{1}{3} \cdot \pi \cdot 5^2\,cm^2 \cdot 8\,cm = 209{,}4\,cm^3$.

$M = \pi \cdot r \cdot s$

Berechnung der Mantellinie s:

$s^2 = r^2 + h^2 = 25 + 64 = 89 \;\Rightarrow\; s = \sqrt{89} \approx 9{,}4$

$M = \pi \cdot 5\,cm \cdot 9{,}4\,cm = 147{,}7\,cm^2$

Oberfläche: $O = G + M = \pi r^2 + \pi r s$

$O = \pi \cdot 25\,cm^2 + 147{,}7\,cm^2 = 226{,}2\,cm^2$

Übungen

5 Gegenstände

Schätze das Volumen und den Oberflächeninhalt von pyramiden- und kegelförmigen Gegenständen in deiner Umgebung. Miss anschließend jeweils die geeigneten Größen und berechne. Wie gut hast du geschätzt?

6 Oberfläche von Pyramiden

Aus welchen Flächen setzt sich die Oberfläche der Pyramiden zusammen? Orientiere dich an den Netzen und stelle jeweils ein Papiermodell her. Berechne den Oberflächeninhalt deiner Pyramiden. Miss dazu die notwendigen Strecken in deinem Modell.

a) 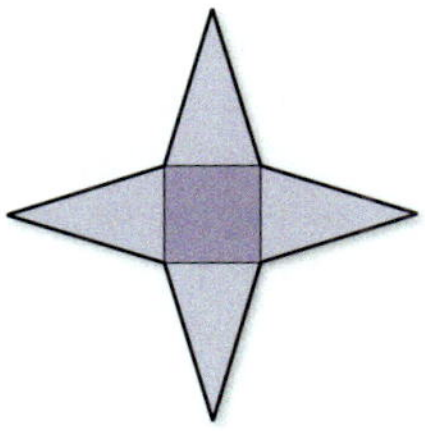

b) 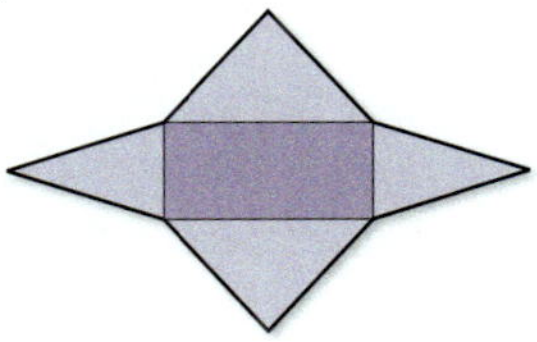

c) 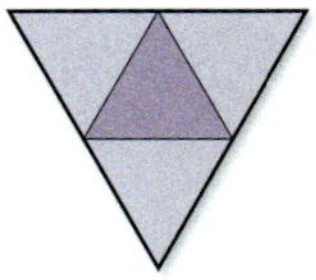

7 Netz einer Pyramide

Zeichne ein Netz der abgebildeten Pyramide und beschrifte mit den angegebenen Maßen. Berechne die Mantelflache und die Oberfläche der Pyramide.

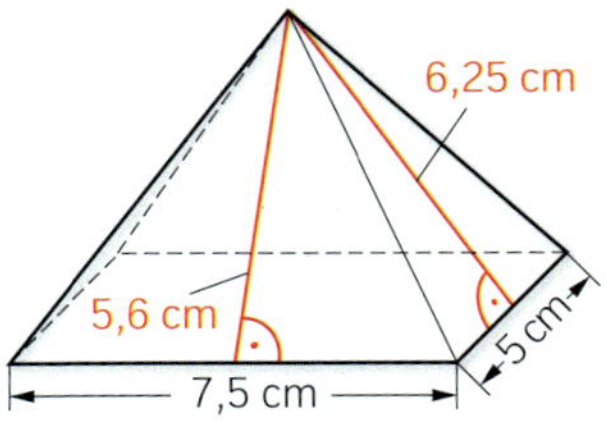

8 Kegel basteln

Der abgebildete Kreisausschnitt ist der Mantel eines Kegels, den man durch Zusammenrollen basteln kann. Berechne vorher, welchen Radius r der Grundkreis dieses Kegels hat und wie hoch er sind wird.

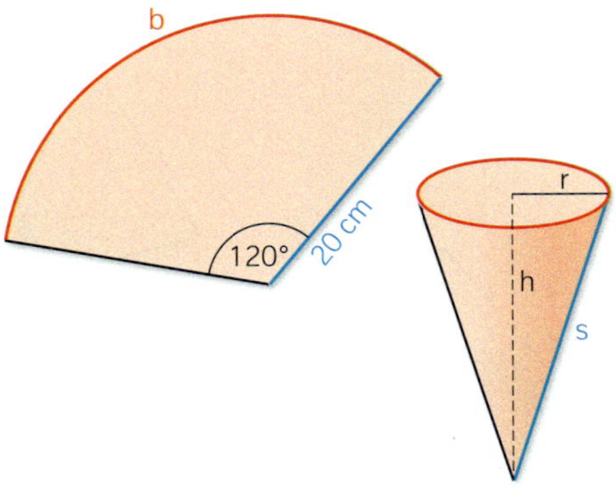

Tipp

Berechne zunächst die Länge des Kreisbogens b, den der Kreisausschnitt hat. Überlege dann, was dieser Bogen b in dem Kegel darstellt.

Bestimme r, s und h des Kegels.

Übungen

9 Volumen gleich hoher Körper vergleichen

Die vier Körper haben die gleiche Höhe. Ordne sie nach ihrem Volumen ohne zu rechnen. Gilt dieselbe Reihenfolge auch für ihre Oberflächen?

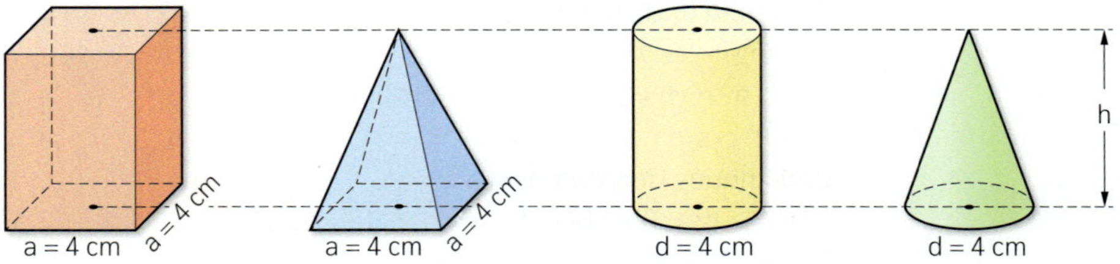

10 Training

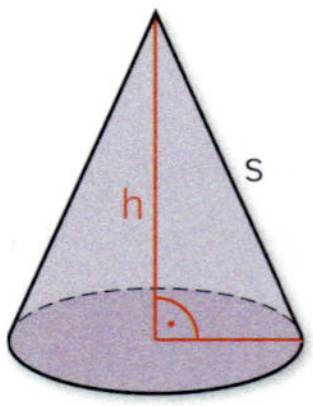

Berechne die fehlenden Werte für den Kegel.

	a)	b)	c)
r	4,6 cm	22 mm	11,5 dm
h	15 cm	■	7,8 dm
V	■	4850 mm^3	■

	d)	e)	f)
r	8,3 mm	12 m	89 cm
s	17 mm	■	2 m
O	■	1773 m^2	■

11 Pyramiden- und Kegel-Training

In den beiden Tabellen sind jeweils einige Größen einer quadratischen Pyramide bzw. eines Kegels gegeben. Berechne die fehlenden Größen.

Pyramide	a)	b)	c)	d)
a	5 cm	■	3 cm	6 cm
h	6 cm	6 cm	■	■
s	■	10 cm	■	10 cm
V	■	■	56,55 cm^3	■
M	■	■	■	■
O	■	■	■	■

Kegel	a)	b)	c)	d)
r	3 cm	8 cm	■	4 cm
h	6 cm	■	5 cm	■
s	■	10 cm	■	■
V	■	■	188,5 cm^3	100,53 cm^3
M	■	■	■	■
O	■	■	■	■

Für die Aufgaben 12 bis 14 benötigst du keinen Taschenrechner.

12 Kegel und Doppelkegel im Zylinder

Die beiden Zylinder sind kongruent. Vergleiche die Volumina des einbeschriebenen Kegels und des Doppelkegels. Schätze zunächst.
Was lässt sich über die Mantelflächeninhalte aussagen?

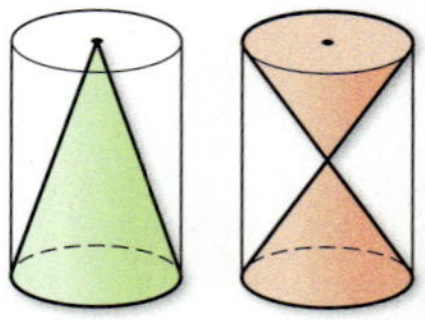

13 Variablen in Figuren

Bestimme in jeder Figur die Werte der Variablen. Gib die Variablen mithilfe von π und einfachen Wurzeltermen an.

a)

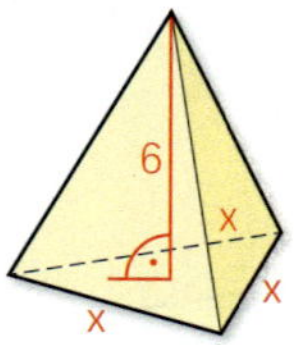

$V = 18\sqrt{3}$

b)

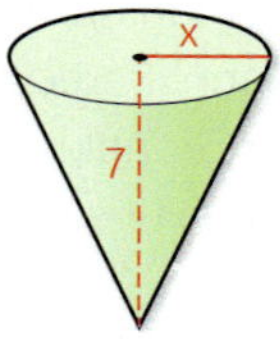

$V = 21\pi$

c)

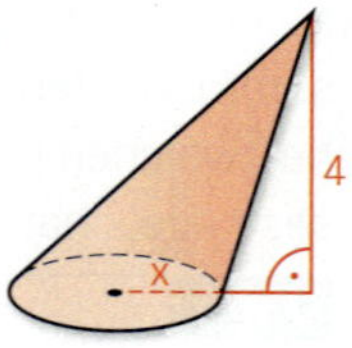

$V = 24\pi$

d)

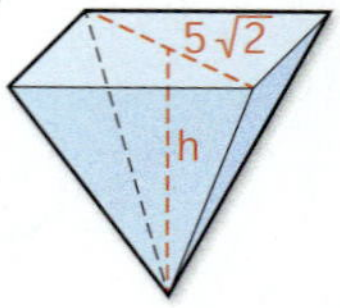

$V = 150$

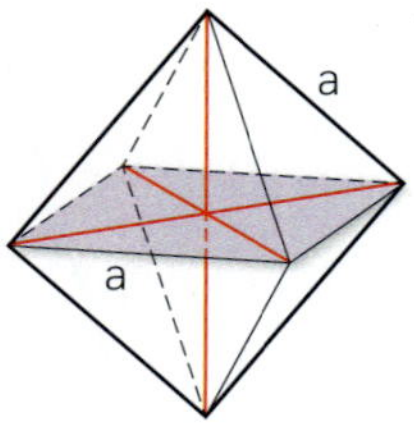

14 Oktaederformeln

Beim Oktaeder lassen sich Volumen und Oberflächeninhalt allein mit seiner Kantenlänge a bestimmen. Leite die Formeln her.

$V = \frac{\sqrt{2}}{3} \cdot a^3$

$O = 2\sqrt{3} \cdot a^2$

Übungen

15 Stadttor

Ganz in der Nähe der bekannten Kathedrale von Beauvais in Nordfrankreich steht dieses Stadttor. Die beiden Turmdächer sind Kegel mit einem Durchmesser von ca. 10 m und einer Höhe von 12,50 m. Berechne die zu deckende Dachfläche. Gehe davon aus, dass die Dachfläche zwischen den Kegeln die Aussparungen in den Kegeln ausgleicht.

16 Tipi

Die Zelte mancher Indianerstämme haben aufgrund der vielen Zeltstangen annähernd die Form eines Kegels. Die Zeltplane wurde aus Büffelfellen oder Baumrinde gefertigt. Eines der größten Indianerzelte in den USA gehört einem Stammesmitglied der Crows. Es ist 13 m hoch und hat unten einen Durchmesser von 12,80 m. Vergleiche die Größe des Innenraums mit der deines Klassenzimmers. Wie viel Quadratmeter Fell braucht man für das Zelt? Wie lang ist eine Zeltstange, wenn sie oben 2 m übersteht?

17 Werkstücke

Berechne Volumen und Oberflächeninhalt der Werkstücke (Maße in mm).

a)
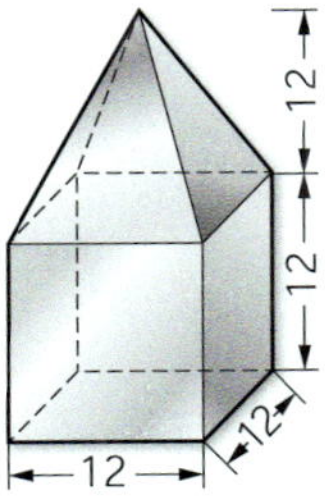

b)
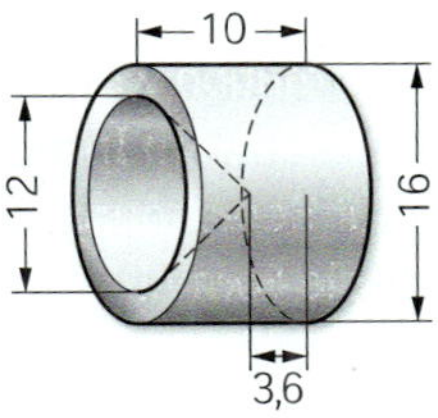

c)
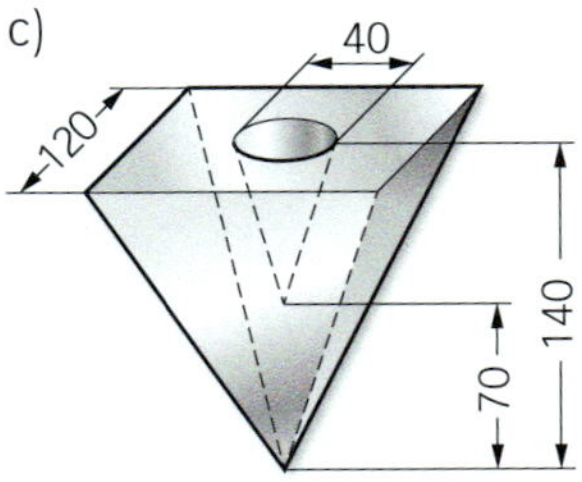

18 Flaschenverschlüsse

Moderne Flaschenverschlüsse aus Edelstahl (Dichte: 8,5 g/cm³) verschließen die Flasche durch ihr Eigengewicht. Wie unterscheiden sich die modernen Flaschenverschlüsse? Wie schwer ist der in der Skizze (Maße in mm) abgebildete Verschluss?

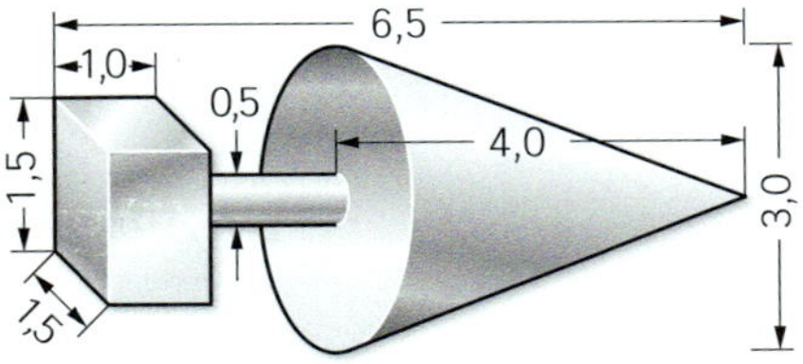

19 Zusammenhänge untersuchen

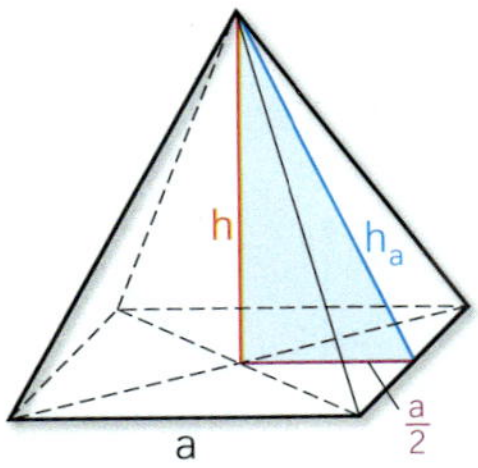

a) Wie verändert sich das Volumen und die Mantelfläche einer quadratischen Pyramide, wenn die Kante der Grundfläche verdoppelt, verdreifacht, vervierfacht, … wird und die Höhe gleich bleibt? Die Veränderung des Volumens kannst du ohne zu rechnen vorhersagen, für die Mantelfläche empfiehlt sich eine Tabelle.

Höhe h in cm	Kantenlänge a in cm	Flächenhöhe h_a in cm	Mantelfläche M in cm²
10	3	■	■
10	6	■	■
10	9	■	■
10	12	■	■
…	…	…	…

b) Wie verändert sich ihr Volumen und die Mantelfläche, wenn bei gleicher Grundflächenkante ihre Höhe verdoppelt, verdreifacht, vervierfacht, … wird?

c) Untersuche diese Fragen auch bei einem Kegel.

Übungen

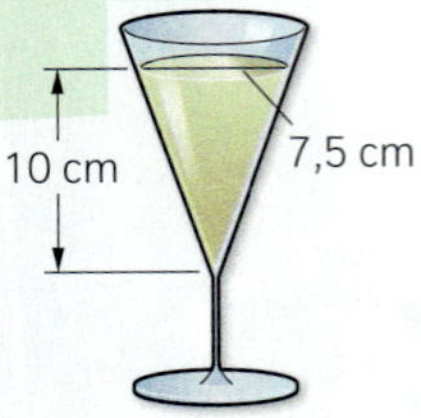

20 Das halbvolle Sektglas

Was heißt „halb voll"? Soll es bis zur halben Hohe gefüllt werden oder halb so viel Sekt enthalten?
Wie viel Sekt ist im ersten Fall im Glas und wie hoch steht der Sekt im zweiten Fall?
Der erste Fall ist leicht zu berechnen, im zweiten Fall helfen Probieren und die Strahlensätze.

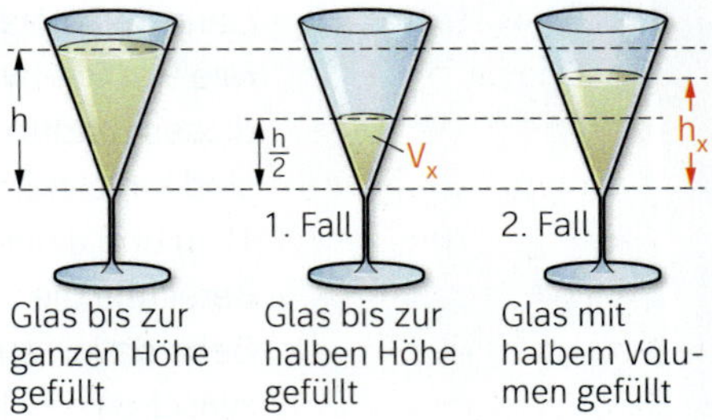

Exkurs

Tetra Classics

Diese Verpackung, ein Tetraeder, gilt als Ursprung für den Namen und die Geschichte von Tetra Pak. Die Tetra-Classic-Verpackung revolutionierte die Verpackung von Milch und anderen wertvollen Nahrungsmitteln auf der ganzen Welt. Weltweit existiert die Verpackung in Größen von 5 bis 500 ml. Auf dem Schweizer Markt ist jedoch nur die Größe 65 ml (Jogurt-Portionen für Kinder) zu finden.
Es werden vor allem Milch und Milchprodukte, aber auch Saucen, Dressings, Mayonnaise, Ketchup und Puddings in der Tetra-Classic-Verpackung abgefüllt.

21 Tetra-Verpackung

Die obige Information wurde unter dem Suchwort „Tetraeder-Verpackung" im Internet gefunden.
Die Formel zur Berechnung des Volumens ist $V = \frac{\sqrt{2}}{12} \cdot a^3$.

Bei der Oberflächenberechnung hilft der Satz des Pythagoras.

a) Begründe die Formel.
b) Welche Seitenlänge muss die Tetra-Classic-Verpackung für 500 ml aufweisen?
c) Wie viel Material benötigt man für diese Verpackung?

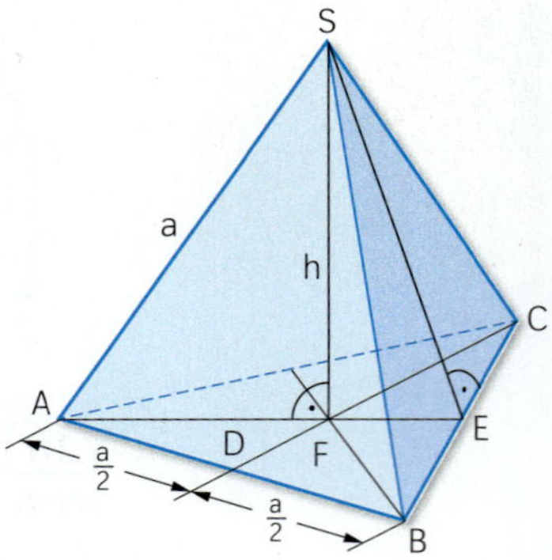

Kopfübungen

1. Setze die Vereinfachung fort: $\sqrt{1{,}69} = \sqrt{\frac{169}{100}} = \ldots$
2. Skizziere sechs unterschiedliche Netze eines Würfels.
3. Löse das nebenstehende Gleichungssystem: $y + 3x = 2$; $y - 5x = 10$
4. Erstelle eine Formel zur Berechnung des Volumens eines Prismas, dessen Grundfläche ein Trapez ist. Welche Größen musst du messen?
5. Gib alle ganzen Zahlen x an, für die gilt: $-\sqrt{80} \le x \le -\sqrt{40}$
6. Liniendiagramm, Kreisdiagramm, Säulendiagramm: Welches ist besonders geeignet, um absolute Häufigkeiten; relative Anteile; zeitlichen Verlauf übersichtlich darzustellen?
7. Ermittle die Funktionsgleichung passend zum Graphen.

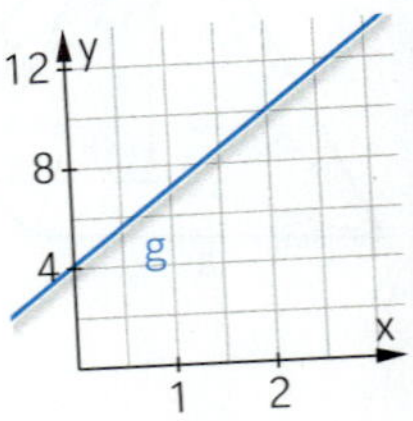

Exkurs

Die Pyramiden am Nil

Die Pyramiden in der Nilebene stellen das älteste der sieben Weltwunder dar und zugleich das einzige, das bis heute noch fast vollständig erhalten ist.
Die Pyramiden – rund 80 an der Zahl – wurden in der Zeit von 2900 bis 1800 v. Chr. erbaut.
Gemessen an den damaligen Hilfsmitteln – Rolle, schiefe Ebene, Hebel, Lot und Winkelmaß – sind die Pyramiden Wunderwerke der Baukunst. Sie dienten als Gräber von Königen, die dadurch bis heute in Erinnerung geblieben sind.

Pyramide von Sakkara

In Vergessenheit geraten sind allerdings all jene namenlosen Arbeiter, Techniker und Baumeister, die in glühender Hitze und angetrieben von Aufsehern die Wunderwerke erbauten. Allein für die Cheopspyramide arbeiteten mehrere zehntausend Menschen zwanzig Jahre lang. Sie haben rund 2,3 Millionen Steinblöcke verbaut, von denen jeder ca. 2,5 t wog. Die größten und berühmtesten Pyramiden sind die Pyramiden von Gizeh, die jährlich Millionen von Touristen anlocken. Das Besteigen der Pyramiden ist heute aus Gründen des Denkmalschutzes untersagt.

Aufgaben

22 Die Pyramiden von Gizeh
Die Abmessungen der Pyramiden haben sich durch Verwitterung im Laufe der Jahre verändert (Maße gerundet).

Die Pyramiden von Gizeh	Cheops-Pyramide	Chephren-Pyramide	Mykerinos-Pyramide
Ursprüngliche Seitenlänge	230 m	215 m	■
Ursprüngliche Seitenkantenlänge	■	209 m	102 m
Ursprüngliche Höhe	146 m	■	67 m
Heutige Seitenlänge	227 m	209 m	107 m
Heutige Seitenkantenlänge	211 m	201 m	98 m
Heutige Höhe	137 m	136 m	63 m

Ein Bau-LKW kann ungefähr 20 t transportieren.

In der Tabelle sind einige Lücken. Berechne die fehlenden Größen.
Das Gestein, aus dem die Pyramiden erbaut wurden, hat eine Dichte von ungefähr 2,5 t/m^3. Berechne das ursprüngliche und das heutige Gewicht der Pyramiden. Vernachlässige dabei die in den Pyramiden vorhandenen Hohlräume. Wie haben sich die Grundfläche und die Mantelfläche im Laufe der Jahre durch Verwitterung verändert?

23 Die Pyramide Barkal 5
Diese Pyramide befindet sich in der Republik Sudan. Sie wurde im 1. Jahrhundert v. Chr. zu Ehren des Löwengottes Apedemak errichtet. Die Pyramide hat eine quadratische Grundfläche. Der obere Teil hat eine glatte Oberfläche. Der untere Teil ist stufenförmig angelegt, wobei jede Stufe 32,5 cm hoch ist.
Bestimme näherungsweise die Grundfläche und die Mantelfläche der Pyramide.

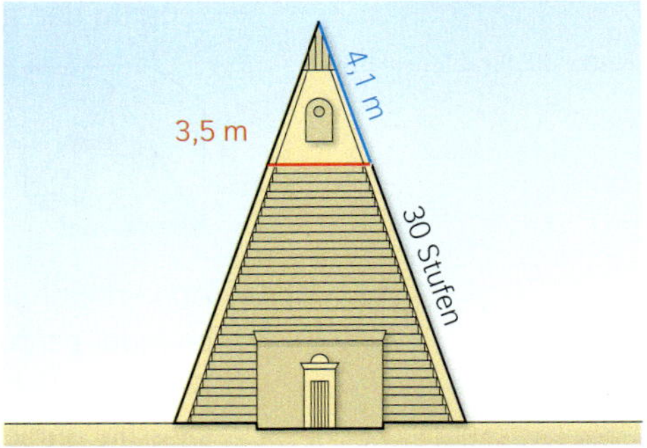

Aufgaben

24 Ein Näherungsverfahren zur Herleitung der Volumenformeln

a) Die Bilder zeigen eine Methode zur näherungsweisen Berechnung des Pyramiden- und des Kegelvolumens. Beschreibe das Vorgehen. Auf welche Volumenformeln greift man dabei zurück? Wie lassen sich die Näherungswerte schrittweise verbessern?

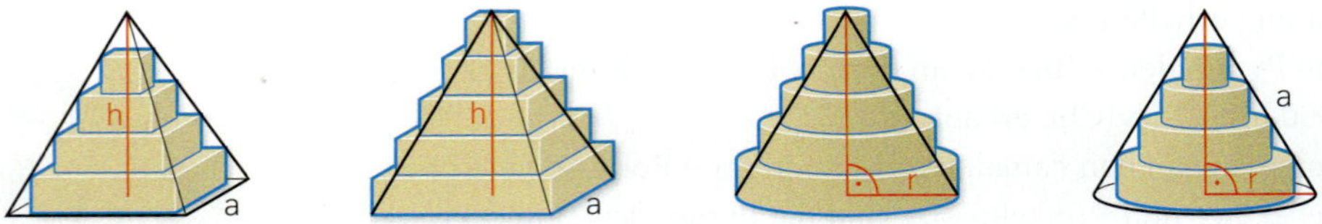

Zur Berechnung von a_i bzw. r_i der jeweiligen Scheibe hilft der Strahlensatz.

b) Berechne die Volumina V_{innen} und $V_{außen}$ der ein- und umbeschriebenen Treppenkörper für a = 6 cm (r = 3 cm) und h = 10 cm. Wie genau kommst du mit dem jeweiligen Mittelwert $\frac{1}{2} \cdot (V_{innen} + V_{außen})$ an ein Drittel des Volumens des umbeschriebenen Prismas bzw. Zylinders heran?

25 Von der Pyramide zum Kegel

Bei diesem Näherungsverfahren setzt man die Volumenformel für die Pyramide als bekannt voraus. Beschreibe das Verfahren.

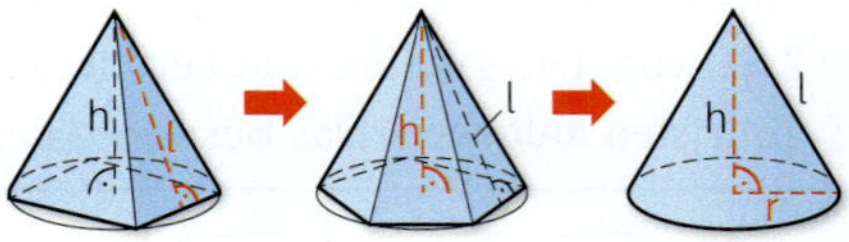

Exkurs

Das Prinzip von Cavalieri

Der italienische Mathematiker Cavalieri (1594–1647) hat das folgende Prinzip formuliert, es wird noch heute nach seinem Namen benannt: *Wenn bei zwei Körpern die zur Grundfläche parallelen Querschnitte in gleichen Höhen gleichen Flächeninhalt haben, dann haben die Körper das gleiche Volumen.* Dieses Prinzip ist anschaulich einsichtig bei zwei Körpern, die aus dünnen Scheiben gleicher Größe bestehen. Wir können es zur Berechnung von schiefen Prismen, Zylindern, Pyramiden und Kegeln benutzen. Der exakte Beweis dieser Aussage erfordert Methoden der höheren Mathematik.

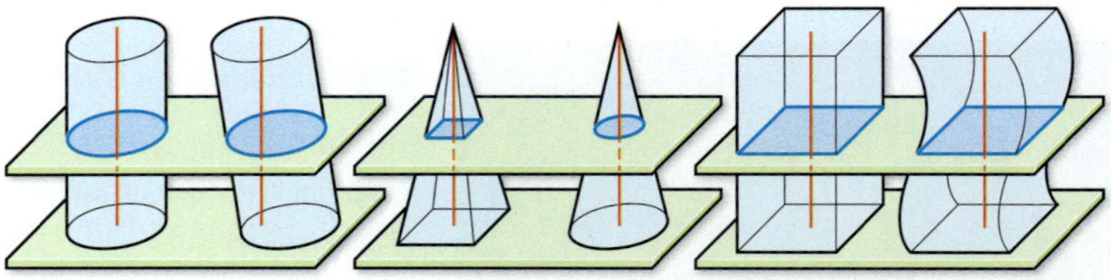

26 Gerade und schiefe Körper

a) Begründe mit dem Prinzip von Cavalieri die Volumenformel für einen schiefen Zylinder und ein schiefes Prisma.

b) Jan behauptet: „Die gerade und die schiefe Pyramide haben bei gleicher Grundfläche und gleicher Höhe nach dem Satz von Cavalieri das gleiche Volumen.“ Bestätige durch eine Rechnung, dass in gleicher Höhe die Querschnitte den gleichen Flächeninhalt haben.

Nutze die Strahlensatzfigur.

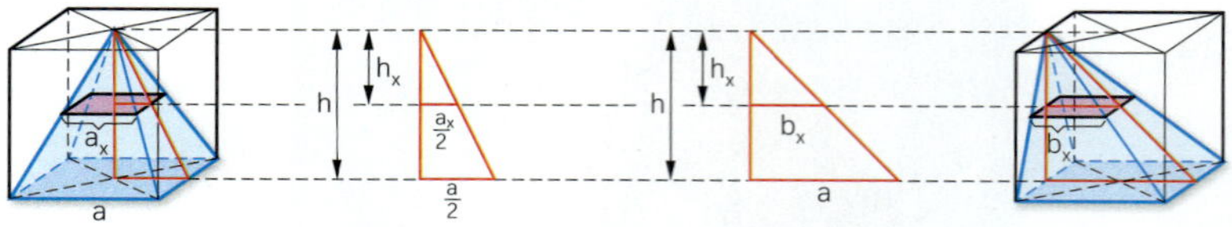

c) Anna meint: Jeder schiefe Kegel muss das gleiche Volumen haben wie ein entsprechender gerader Kegel.

d) Begründe anhand eines Beispiels, dass das Prinzip von Cavalieri nicht für den Oberflächeninhalt entsprechender Körper gilt.

Aufgaben

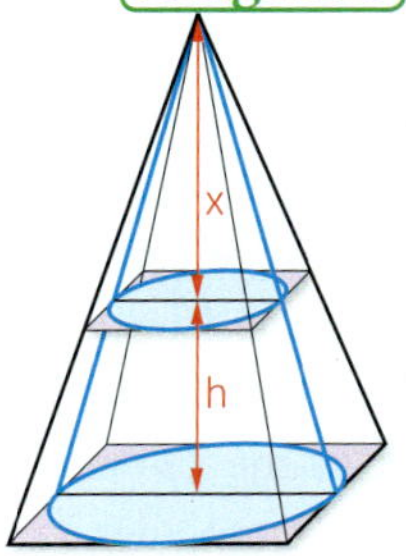

27 Abgeschnittene Pyramiden und Kegel

Blumentöpfe haben oft die Form eines Pyramidenstumpfes oder eines Kegelstumpfes. Wie viel Blumenerde passt jeweils in die Töpfe?

Tipp: Ergänze den Stumpf jeweils zu einer vollen Pyramide (zu einem vollen Kegel) und berechne die Differenz der Volumina der großen und der kleinen Pyramide (des großen und des kleinen Kegels). Die Gesamthöhe (h + x) kannst du durch Konstruieren und Messen bestimmen oder mithilfe der Strahlensätze berechnen.

28 Formeln für das Volumen von Pyramiden- und Kegelstumpf

In der Formelsammlung findest du Formeln zur Berechnung des Volumens von Pyramiden- und Kegelstumpf.

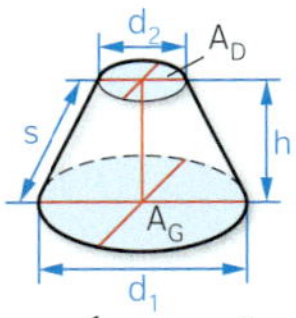

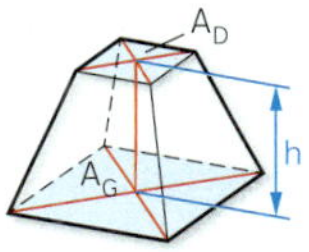

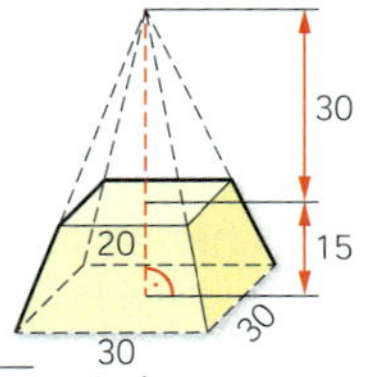

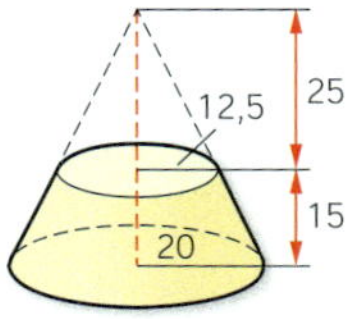

Formelsammlung

$V = \frac{1}{3}\pi h_1 (r_1^2 + r_2^2 + r_1 r_2)$ $V = \frac{1}{3}h(A_G + \sqrt{A_G A_O} + A_O)$

a) Bestätige diese Formeln mithilfe der gegebenen Beispiele, indem du einmal die Volumina als Differenz der Pyramiden (Kegel) und einmal mit der Formel berechnest.

b) Schreibe die Formel für das Volumen des Kegelstumpfes auch mithilfe der Inhalte von Grundfläche (A_G) und Deckfläche (A_D). Vergleiche mit der Formel für den Pyramidenstumpf.

Näherungsformel: $V \approx h \cdot \frac{A_G + A_D}{2}$

c) Zur groben Abschätzung verwendet man in der Praxis sowohl für den Pyramidenstumpf als auch für den Kegelstumpf die nebenstehende Näherungsformel für das Volumen. Beurteile die Brauchbarkeit anhand von Beispielen.

29 Oberfläche von Pyramiden- und Kegelstumpf

a) Stelle einen Pyramidenstumpf aus einem geeigneten Netz her. Berechne den Oberflächeninhalt und das Volumen dieses Pyramidenstumpfes.

b) Forme einen Kegelstumpf mithilfe einer geeigneten Mantelfläche. Berechne den Oberflächeninhalt und das Volumen dieses Kegelstumpfes.

30 Satellit

Der Satellit hat die Form eines Kegelstumpfes. Der Mantel ist vollständig mit Solarzellen beklebt. Die damit gewonnene Energie ist abhängig von dem Gesamtflächeninhalt aller Solarzellen. Wie groß ist diese Fläche? Vergleiche mit der Solarfläche auf dem Dach des Wohnhauses.

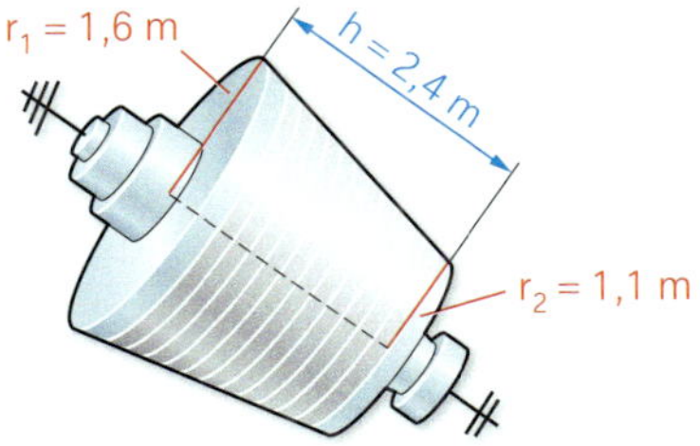

8.4 Die Kugel

Die Kugel gilt als die vollkommene geometrische Form schlechthin. Die Erde, aus dem All betrachtet, zeigt nahezu ideale Kugelgestalt. Seifenblasen nehmen von ganz alleine die optimale Form der Kugel an. Im Alltag begegnet uns die Kugel bei vielen Arten von Bällen. Während man Zylinder- und Kegeloberfläche noch in die Ebene „abwickeln" kann, ist dies bei der Kugel unmöglich. Bei der Berechnung der Kugeloberfläche und des Kugelvolumens ist man auf Näherungsverfahren angewiesen. Es gibt keine leicht zugänglichen Spezialfälle wie zum Beispiel bei der Pyramide. Umso überraschender ist die Einfachheit der Formeln für das Volumen und den Oberflächeninhalt der Kugel.

Aufgaben

1 Erste gedankliche und experimentelle Näherungen für das Kugelvolumen

a) Wir zwängen eine Kugel mit dem Radius r in einen Würfel und in einen Zylinder ein. Welches Volumen haben diese umbeschriebenen Körper?
Welchen Anteil dieses Volumens nimmt jeweils die Kugel ein? Schätze. Entwickle aus der Volumenformel für den Würfel bzw. Zylinder mit den Schätzwerten jeweils eine Formel $V_k = k \cdot r^3$ für das Kugelvolumen. Wie groß ist k?

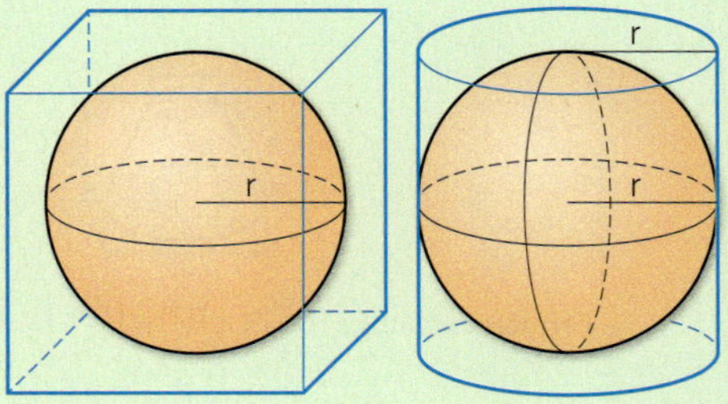

b) Miss das Volumen verschiedener Kugeln mit einem Überlaufgefäß. Übersetze die Ergebnisse in eine Formel $V_k = k \cdot r^3$. Welchen Wert erhältst du jetzt für k? Vergleiche mit deinen Schätzwerten aus a).

2 Zwei Ideen zur Bestimmung des Kugeloberflächeninhalts

a) Du benötigst einen Apfel und ein Blatt Papier. Zeichne den Kreisumriss des Apfels mehrmals auf das Papier. Nun wird der Apfel vollständig geschält und die Schalenstücke werden in die Kreise gelegt. Schätze wie viele „Apfelkreise" sich mit der Schale füllen lassen. Probiere aus und begründe die Oberflächenformel der Kugel $O = 4\pi r^2$.

b) Du benötigst folgende Materialien:
- Zwei Halbkugeln aus Styropor
- dicke Schnur oder Kordel
- Pin-Nadeln, die in den Kreismittelpunkt der Bodenfläche und auf den Pol der Halbkugel gesteckt werden

Wickle dann sorgfältig jeweils mit einem Wollfaden die Kreisfläche und die Halbkugelfläche vollständig zu. Vergleiche die beiden benötigten Längen x und y der Wollfäden. Was kannst du daraus über das Verhältnis der Inhalte der umwickelten Flächen schließen? Begründe damit, warum die Oberflächenformel der Kugel $O = 4\pi r^2$ ist.

Basiswissen

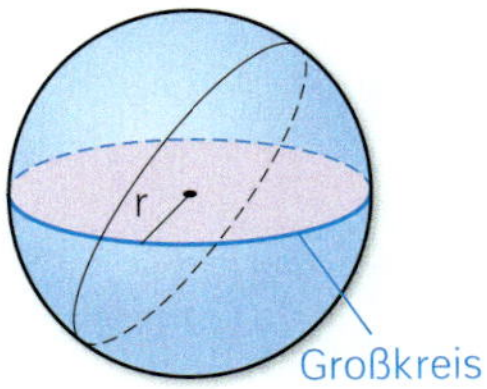

Kugel

Volumen einer Kugel

Das Volumen einer Kugel ist zwei Drittel des Volumens des umfassenden Zylinders.

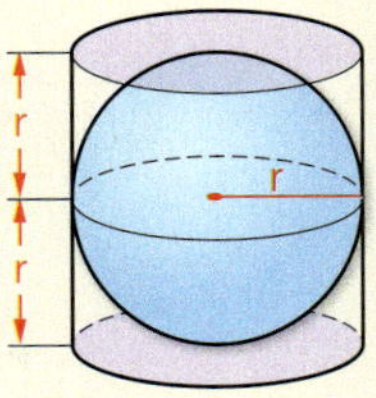

$V_{Kugel} = \frac{2}{3} \cdot$ Zylindergrundfläche · Höhe des Zylinders

$V_{Kugel} = \frac{2}{3} \cdot \quad \pi \cdot r^2 \quad \cdot \quad 2 \cdot r$

$V_{Kugel} = \frac{4}{3} \cdot \pi \cdot r^3$

Oberflächeninhalt einer Kugel

Die Oberfläche einer Kugel lässt sich nicht exakt in die Ebene abwickeln. Die Abwicklung liefert eine Vorstellung der Oberfläche.

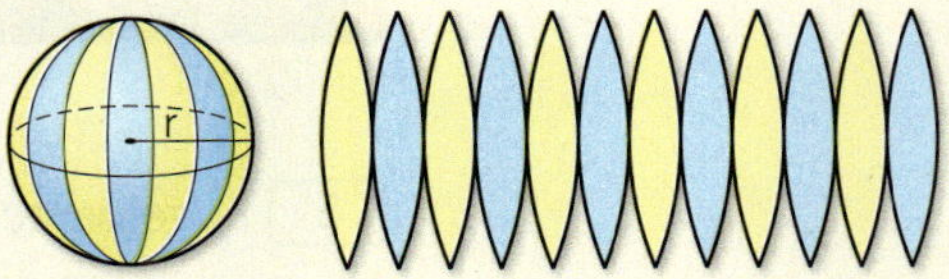

Der Flächeninhalt der Kugeloberfläche ist viermal so groß wie der Flächeninhalt eines **Großkreises**.

$O_{Kugel} = 4 \cdot \pi \cdot r^2$

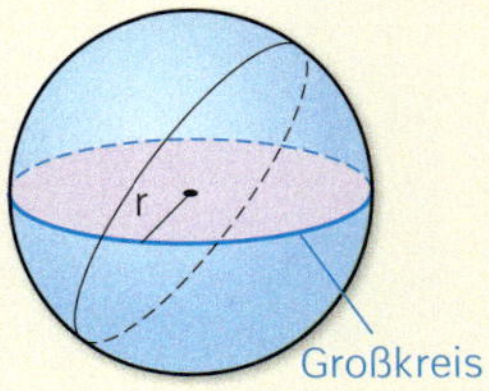

Beispiele

A Schale

Eine halbkugelförmige Schüssel hat einen Innendurchmesser von 17 cm. Fasst sie einen Liter?

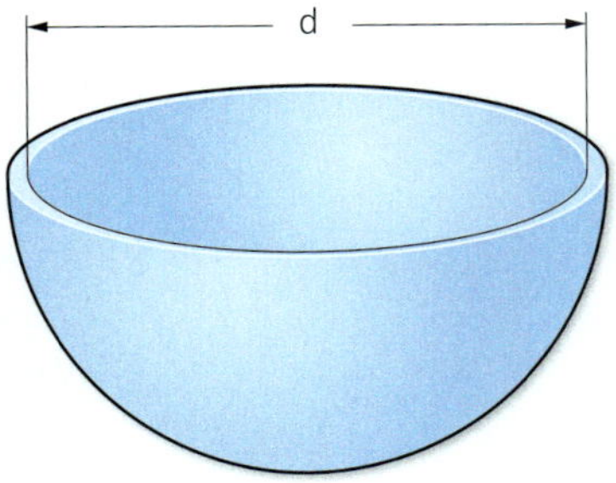

Lösung:

Radius berechnen: $d = 2 \cdot r \quad |:2$

$r = \frac{d}{2} = \frac{17}{2} = 8{,}5$

Volumen berechnen: $V = \frac{4}{3} \cdot \pi \cdot r^3$

$V = \frac{4}{3} \cdot \pi \cdot 8{,}5^3$

$V \approx 2\,572{,}4$

Die Schale fasst ungefähr die Hälfte von 2572 cm³.
Das sind 1286 cm³, also mehr als ein Liter.

B Oberflächeninhalt zu gegebenem Volumen bestimmen

Eine Kugel hat ein Volumen von 5575 cm³. Berechne den Oberflächeninhalt der Kugel.

Lösung:

Berechnung des Radius r: $V = 5575\,cm^3 = \frac{4}{3} \cdot \pi \cdot r^3 \;\Rightarrow\; r^3 = \frac{5575 \cdot 4}{3 \cdot \pi} cm^3$

$r = \sqrt[3]{\frac{5575\,cm^3 \cdot 3}{4\pi}} = 11\,cm$

Oberflächeninhalt O: $O = 4\pi \cdot (11\,cm)^2 \approx 1520\,cm^2$.

Übungen

3 Training

Berechne die fehlenden Größen der Kugel (Maße in m, m² bzw. m³).

	a)	b)
r	19	■
V	■	1000

	c)	d)
r	46	■
O	■	1000

	e)	f)
d	12,3	■
V	■	150

	g)	h)
d	0,78	■
O	■	256

Übungen

4 **Kugeln im Alltag**

Suche einige kugel- oder halbkugelförmige Gegenstände (z. B. Vase, Lampe, Apfelsine, Basketball, ...) in deiner Umgebung und schätze deren Volumen und Oberflächeninhalt. Miss dann jeweils den Durchmesser und berechne. Wie gut hast du geschätzt?
Wie groß sind das Volumen und der Oberflächeninhalt der abgebildeten Körper?

d = 22 cm

d = 0,4 m

r = 6 370 km

5 **Kugelberechnungen**

Mit welcher Formel startest du, welche benötigst du, um zum Ziel zu kommen? Durch geschicktes Einsetzen lässt sich Rechenarbeit sparen.

a)
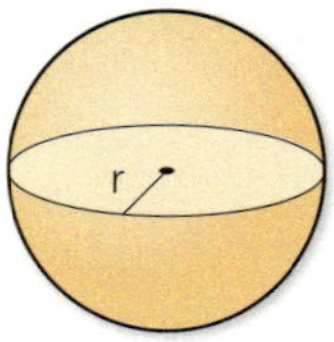

$A_{Kreis} = 40\pi\ cm^2$
$O_{Kugel} = ?$

b)
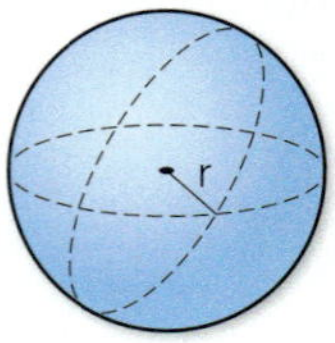

$O = 64\pi\ cm^2$
$V = ?$

c)
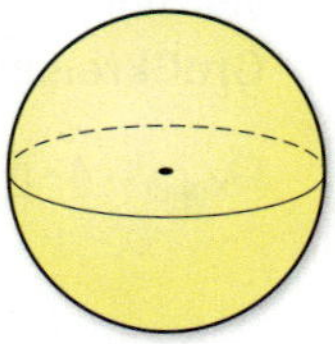

$V = 288\pi\ cm^3$
$O = ?$

d)
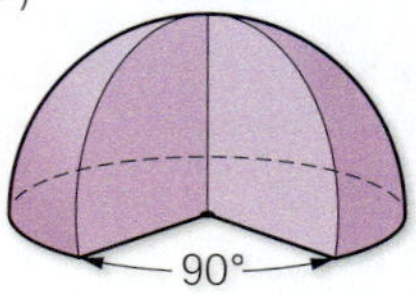

$V = 256\ cm^3$
$r = ?$

6 **Vergleich Würfel und Kugel**

a) Ein Würfel und eine Kugel haben beide ein Volumen von 1 m^3. Vergleiche die Oberflächeninhalte.
b) Ein Würfel und eine Kugel haben beide einen Oberflächeninhalt von 1 m^2. Vergleiche ihre Volumen.
c) Wie ändern sich Volumen und Oberfläche, wenn der Radius einer Kugel oder die Kantenlänge eines Würfels verdoppelt wird?

7 **Goldkuppel**

Der Felsendom auf dem Tempelberg in Jerusalem besitzt eine vergoldete Kuppel in Form einer Halbkugel. Der Außendurchmesser der Kuppel beträgt 26 m.

a) Wie groß ist die vergoldete Fläche?
b) Wie viel kg wiegt die Goldschicht, wenn die Kuppel mit einer 0,0001 mm dicken Blattgoldschicht vergoldet wurde?
c) Recherchiere den Preis der benötigten Goldmenge.

8 **Kugeln aus verschiedenen Materialien**

Masse = Dichte mal Volumen
$m = \varrho \cdot V$
1 cm^3 Kork wiegt 0,15 g
1 cm^3 Stahl wiegt 7,94 g
1 cm^3 Granit wiegt 2,8 g
1 cm^3 Gold wiegt 19,3 g

Kannst du die Kugel aus gepresstem Kork noch tragen, oder ist sie zu schwer?
Berechne die Durchmesser von Kugeln aus verschiedenen Materialien, die du gerade noch tragen kannst.

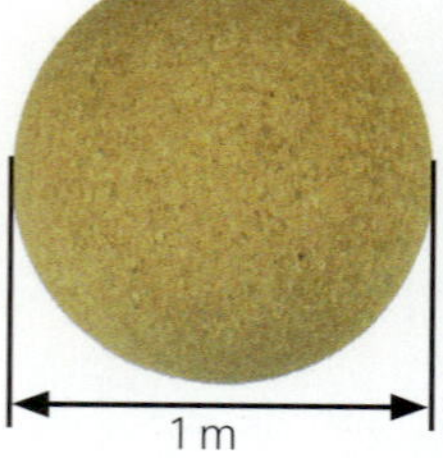

Übungen

9 Erdkugel

a) Die Äquatorlänge beträgt ungefähr 40 000 km. Berechne daraus Näherungswerte für das Volumen und den Oberflächeninhalt der Erde.

b) Die Erdoberfläche ist nicht glatt, sondern durch Berge und Täler zerklüftet. Was bedeutet dies für den Oberflächeninhalt? Begründe.

10 Erdoberfläche

Auf dem Globus kannst du erkennen, dass der größte Teil der Erdoberfläche mit Wasser bedeckt ist, dies sind ungefähr 70 %. Wie groß ist die Landfläche auf der Erde? Die äußere feste Erdkruste ist im Durchschnitt etwa 24 km dick. Welchen prozentualen Anteil hat das Volumen dieser Kruste am Gesamtvolumen der Erde? Schätze und rechne.

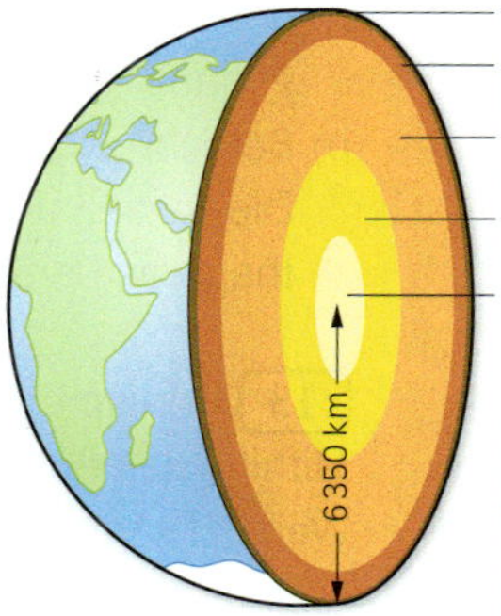

Die Erdkruste, auf der wir leben, ist eigentlich nur eine dünne und verletzbare Haut auf der Oberfläche unseres Planeten. Sie „schwimmt" auf den Gesteinen des Erdmantels.

Exkurs

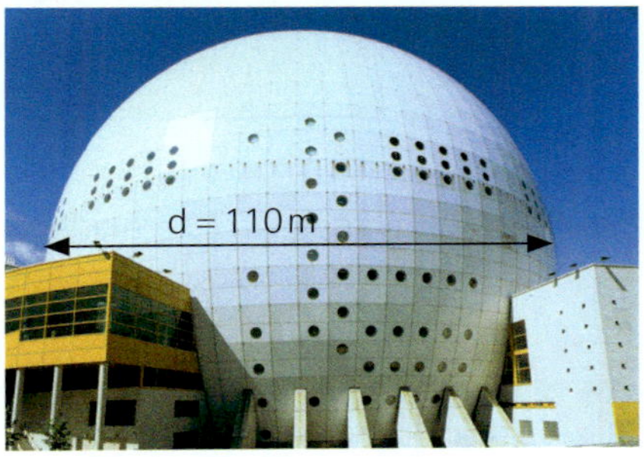

Ericsson Globe, Stockholm

Mit einer Innenhöhe von bis zu 85 Metern ist der Ericsson Globe in Stockholm das größte kugelförmige Gebäude der Welt und eines der Wahrzeichen der Stadt. Hier fanden schon vier Weltmeisterschaften im Eishockey statt, der Papst hielt eine Messe und der schwedische König feierte hier seinen 50. Geburtstag. Pro Jahr finden in der „Kugel" knapp 130 Veranstaltungen statt. Den Zuschauerrekord hält ein Konzert von Bruce Springsteen von 1992 mit 16 337 Besuchern. Im Jahre 2016 wurde in der Halle der Eurovision Song Contest 2016 ausgetragen.

11 Ericsson Globe

a) Wie groß sind das Volumen und der Oberflächeninhalt der Ericsson Globe in Stockholm ungefähr?

b) Wie groß ist die zur Verfügung stehende Grundfläche der Innenarena? Für Veranstaltungen wird maximal ein Rechteck von 75 m mal 45 m genutzt. Wie viel Prozent der Grundfläche sind das?

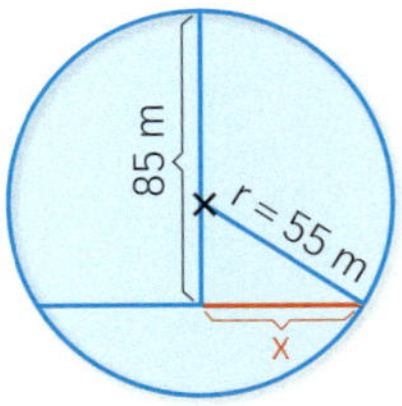

Kopfübungen

1. Bei welchen Vierecken schneiden sich die Diagonalen im rechten Winkel.
2. Ergänze: $-28 \cdot ■ = 4$
3. Rätsel: Ich denke mir eine Zahl, addiere 4, multipliziere mit 3 und erhalte 9. An welche Zahl habe ich gedacht?
4. Bestimme den Flächeninhalt und den Umfang des Fünfecks. (LE: 1 cm).

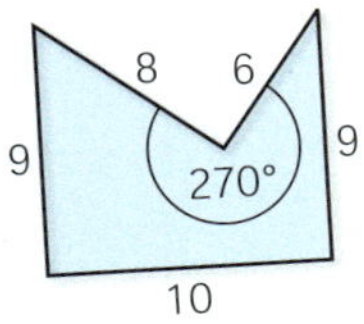

5. Schreibe die Zahl 2 als die dritte (vierte, fünfte) Wurzel einer Zahl.
6. Notiere kurz mit mathematischen Symbolen:
   a) „Es gilt als sicher, dass das Ereignis E eintreten wird."
   b) „Das Ereignis E kann nicht auftreten."
7. Gib eine proportionale Zuordnung an, deren Graph durch (2 | 7) verläuft.

Aufgaben

12 „Scheibenmethode"

Bei Pyramide und Kegel haben wir die „Scheibenmethode" schon kennengelernt. Sie ist auch zur Herleitung der Formel für das Kugelvolumen geeignet.

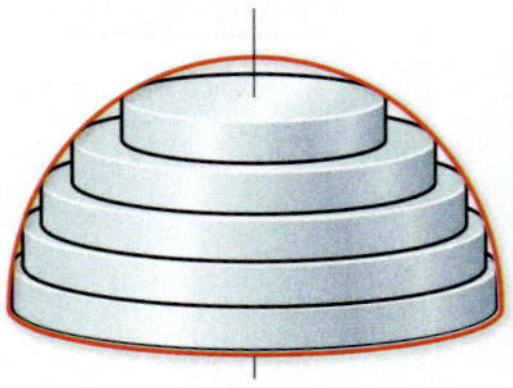

a) Erkläre, wie man mithilfe der Zylinderstufen näherungsweise das Volumen der Halbkugel erhält. Begründe, dass die Näherung mit größerer Anzahl der Scheiben immer genauer wird.

b) Berechne das Gesamtvolumen V_i der fünf Innenscheiben. Die Radien der Scheiben kannst du mit dem Satz des Pythagoras berechnen. Wie nahe kommst du schon an $\frac{2}{3}\pi r^3$?

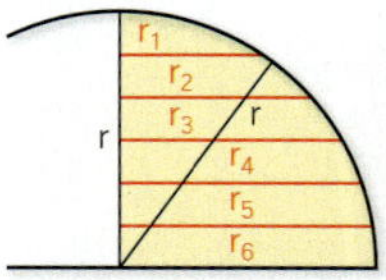

13 Prinzip von CAVALIERI für Kugeln

siehe Seite 254

Mithilfe des Prinzips von CAVALIERI lässt sich auf originelle Weise die Volumenformel für die Kugel begründen. Vielleicht habt ihr in der Mathematiksammlung das entsprechende Modell einer Halbkugel auf einem Zylinder mit herausnehmbarem Innenkegel.

Begründe mithilfe der Skizze, dass beide Körper in gleicher Höhe jeweils gleich große Querschnitte haben. Leite daraus die Volumenformel der Kugel her.

Die Querschnittsfläche beim Zylinderrest ist ein Kreisring, die bei der Halbkugel ein Kreis.

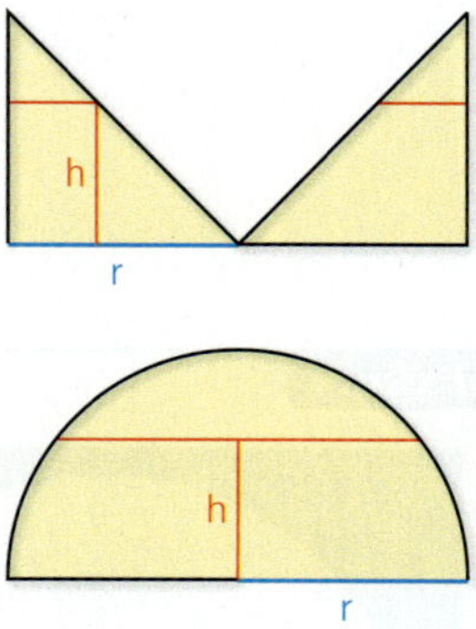

14 Rotationskörper

Durch Drehung einer Fläche um eine Achse lassen sich Körper erzeugen. Verschiedene Flächen ergeben dabei unterschiedliche Körper.

Drehkörper

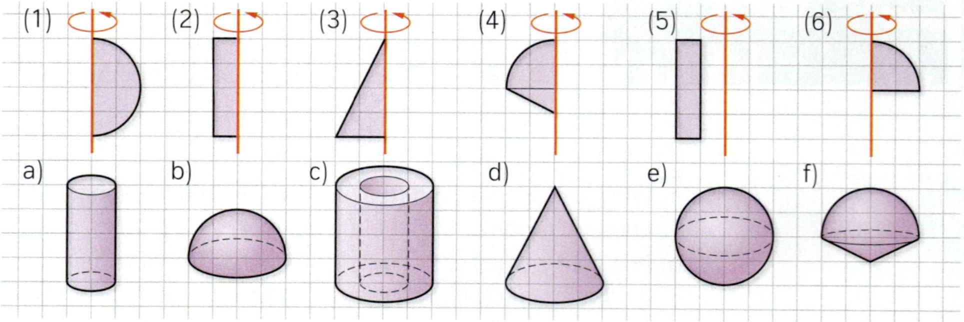

Welcher Körper gehört zu welcher Fläche? Ordnet die Flächen nach ihrer Größe, dann die Körper einmal nach ihrem Volumen und einmal nach dem Inhalt ihrer Oberfläche. Vergleicht die Rangfolgen.

15 ARCHIMEDES

Auf dem Grabstein des ARCHIMEDES VON SYRAKUS findet sich das folgende Bild.

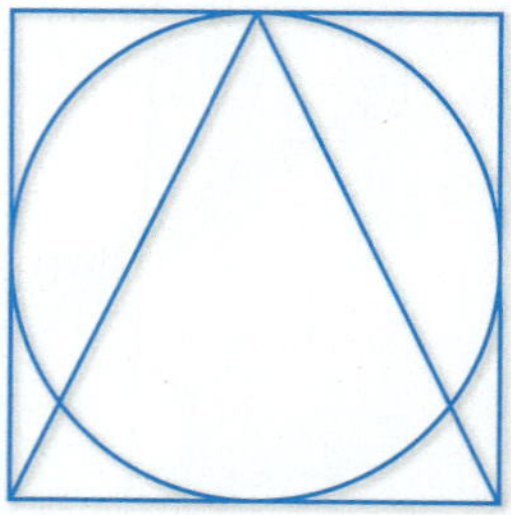

a) In welchem Verhältnis stehen die Flächeninhalte der drei Figuren?

b) Welche Körper entstehen, wenn die Figur um die Symmetrieachse (gemeinsame Höhe) rotiert?
Zeichne und berechne das Verhältnis der Volumina der drei Rotationskörper.

c) Wie ist das Verhältnis der Oberflächeninhalte der drei Rotationskörper?

Zeichnen von Körpern

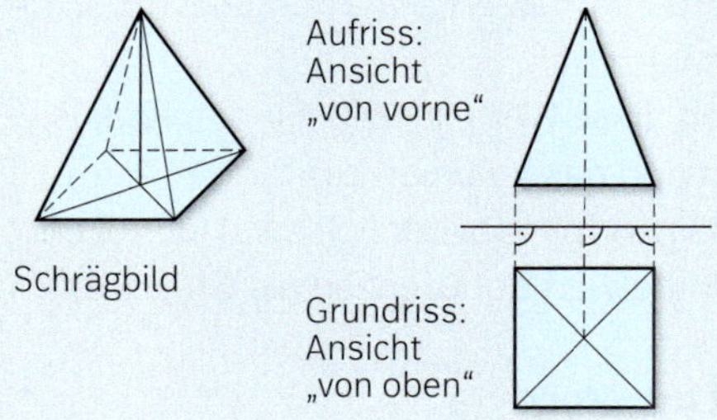

Prisma

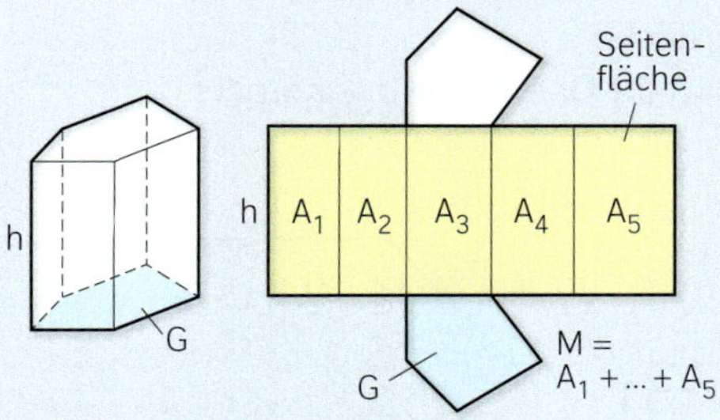

Volumen:

$V = G \cdot h$

Oberfläche:

$O = 2\,G + M$

$M = U \cdot h$

Zylinder

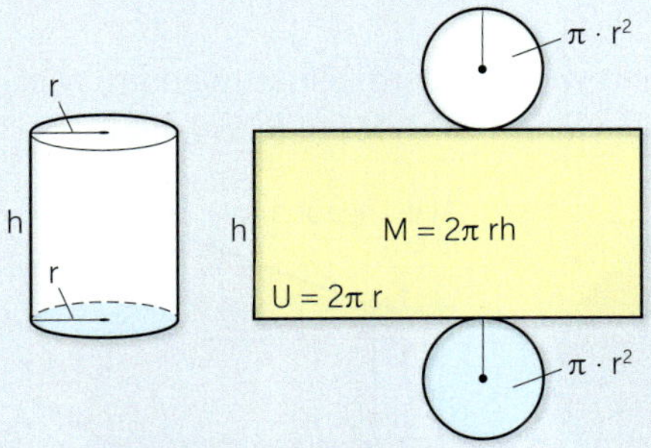

Volumen:

$V = G \cdot h$

$= \pi \cdot r^2 \cdot h$

Oberfläche:

$O = 2 \cdot G + M$

$= 2 \cdot \pi \cdot r^2 + 2\pi \cdot r \cdot h$

Check-up

1 Darstellen von Körpern

a) Zeichne zu dem Schrägbild Grund-, Auf- und Seitenriss.

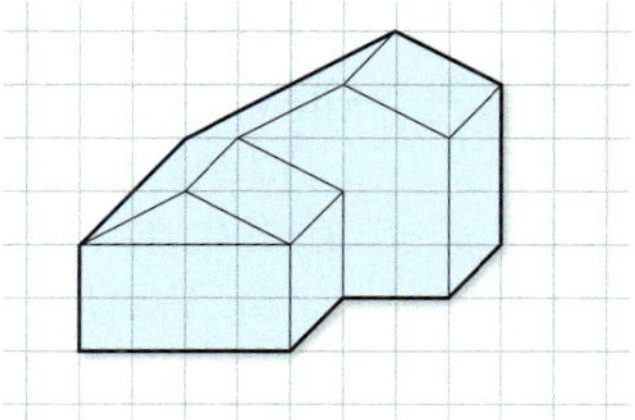

b) Zeichne zu dem gegebenen Grund- und Aufriss ein Schrägbild.

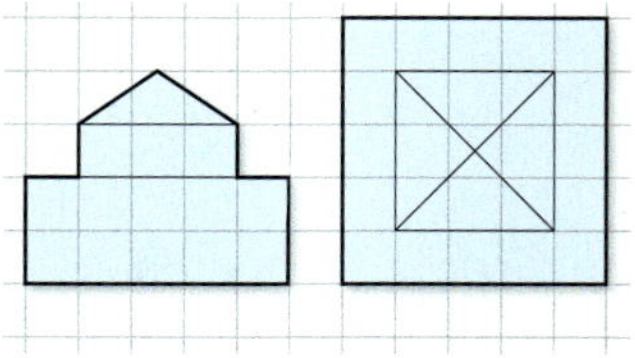

2 Prisma

Ein Prisma ist 10 cm hoch und hat als Grundfläche ein rechtwinkliges Dreieck mit den Seitenlängen a = 3 cm, b = 4 cm und c = 5 cm.

a) Zeichne ein Schrägbild und das Netz des Prismas.

b) Berechne Volumen und Oberflächeninhalt des Prismas.

3 Steintrog

Ein alter Steintrog hat einen trapezförmigen Querschnitt. Wie viel Liter Wasser fasst der Trog?

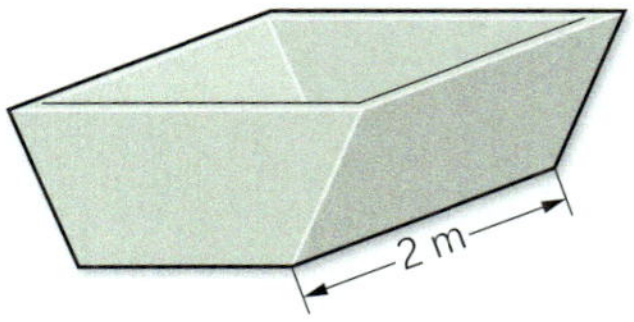

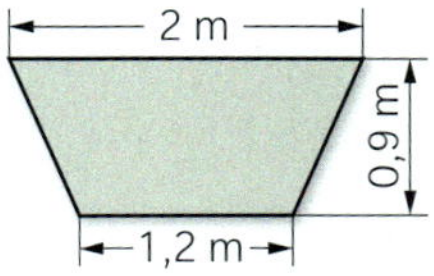

4 Pyramide

Die vier Seitenflächen einer Pyramide sind gleichseitige Dreiecke mit der Seitenlänge 12 cm. Zeichne Auf- und Grundriss und berechne Volumen und Oberflächeninhalt der Pyramide.

5 Quadratische Pyramide

Eine quadratische Pyramide hat eine Grundfläche $G = 49\,cm^2$ und eine Dreieckshöhe von 5 cm.

a) Berechne ihre Oberfläche.

b) Berechne die Körperhöhe der Pyramide und ihr Volumen.

c) Zeichne ein Schrägbild der Pyramide.

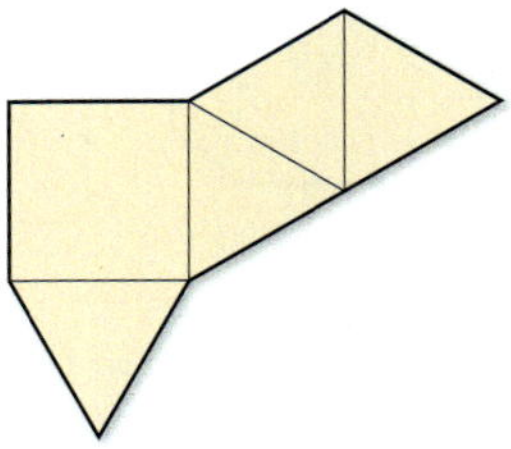

6 Schifffahrtstonne

Schifffahrtsrinnen werden durch deutlich sichtbare Tonnen abgegrenzt. Damit diese Tonnen nicht untergehen, muss ihr Gewicht geringer sein als das Gewicht des Wassers, das sie verdrängen. Überprüfe dies für die abgebildete Spitztonne, deren Wand aus 6 mm dickem Stahl (Dichte $8\,kg/dm^3$) ist.

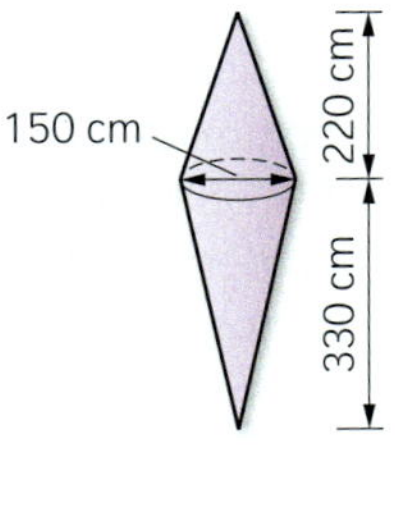

Pyramide

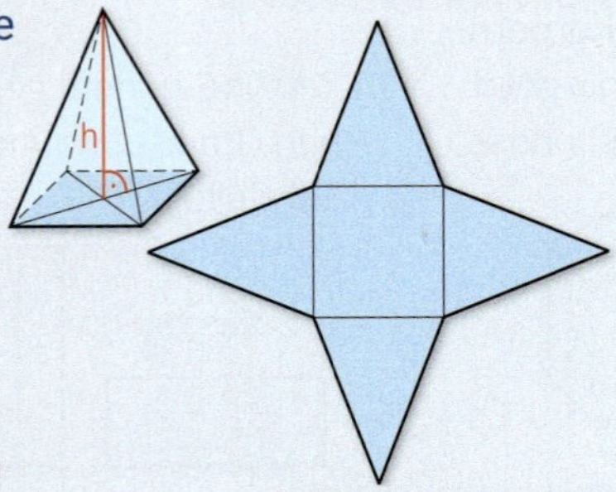

$V = \frac{1}{3} G \cdot h$
$O = G + M$

Kegel

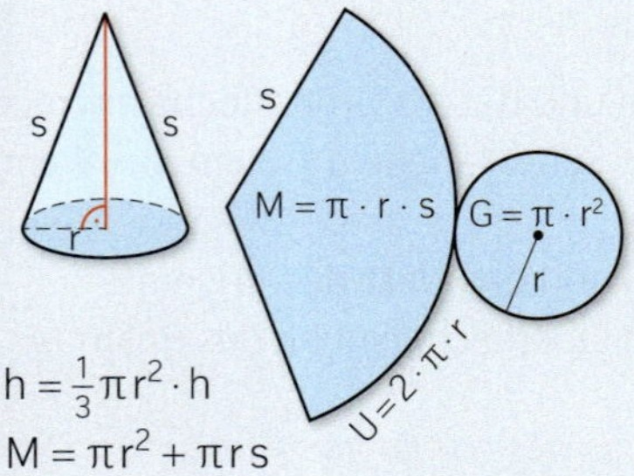

$V = \frac{1}{3} G \cdot h = \frac{1}{3} \pi r^2 \cdot h$
$O = G + M = \pi r^2 + \pi r s$

Kugel

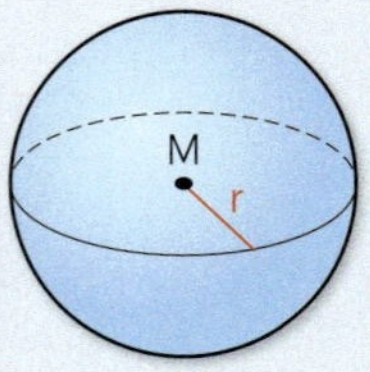

$V = \frac{4}{3} \pi \cdot r^3$
$O = 4 \cdot \pi \cdot r^2$

Oberflächeninhalts- und Volumenbestimmung durch Zerlegen

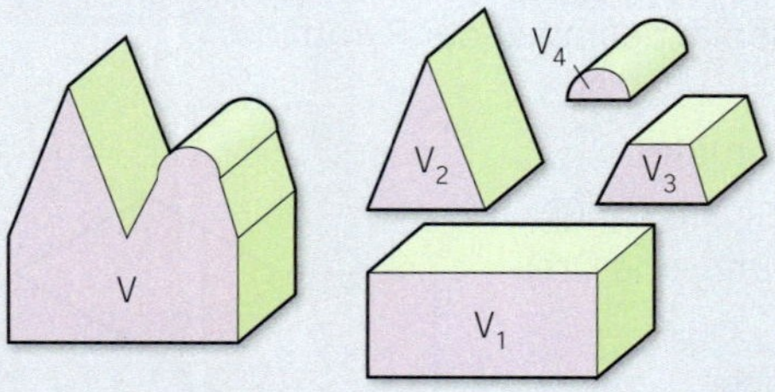

Strategie:
- Bestimme alle zur Berechnung nötigen Maße (Seitenlängen, Höhen, Radien ...).
- Berechne die Oberflächeninhalte der Teilflächen und die Volumina der Teilkörper.
- Addiere für das Volumen die einzelnen Volumina.
- Bei Oberflächen addiere nur die, die an der Oberfläche des Gesamtkörpers bleiben.

Check-up

7 Ballgrößen

Die Sportverbände schreiben Mindest- und Höchstmaße für den Umfang der Bälle vor.

Fußball	Basketball	Handball
68–71 cm	75–78 cm	58–60 cm

a) Welche Grenzen lassen diese Werte jeweils für den Radius, den Oberflächeninhalt und das Volumen zu?

b) Gibt den jeweils zulässigen Toleranzbereich auch in Prozent an. Wähle dabei den Mittelwert der Grenzen als Grundwert.

8 Größenvergleich Erde-Mond

Der Durchmesser des Mondes ist ungefähr ein Viertel von dem der Erde. Vergleiche Oberflächeninhalt und Volumen der beiden „Kugeln".

9 Volumen und Oberfläche

Berechne das Volumen und die Oberfläche des Körpers (alle Maße in cm)

a)

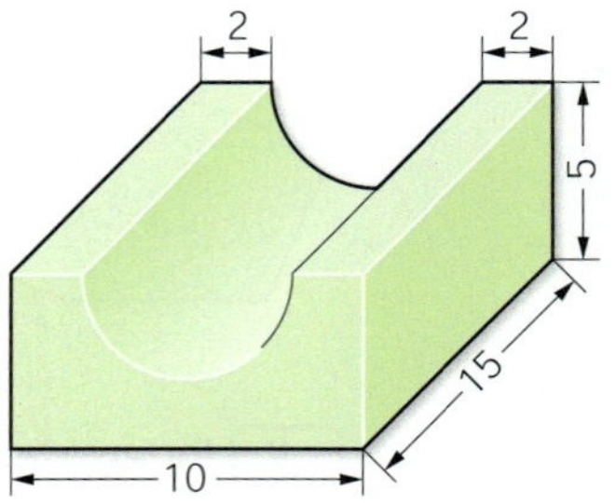

b)

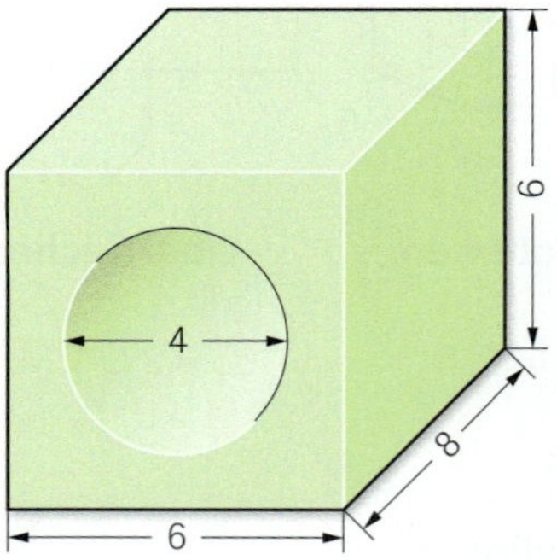

10 Bordstein

Zur Abgrenzung einer Einfahrt wird der Bordstein verwendet. Wie viel wiegt ein einzelner Stein, wenn 1 dm³ des Betonmaterials etwa 2,3 kg wiegt?

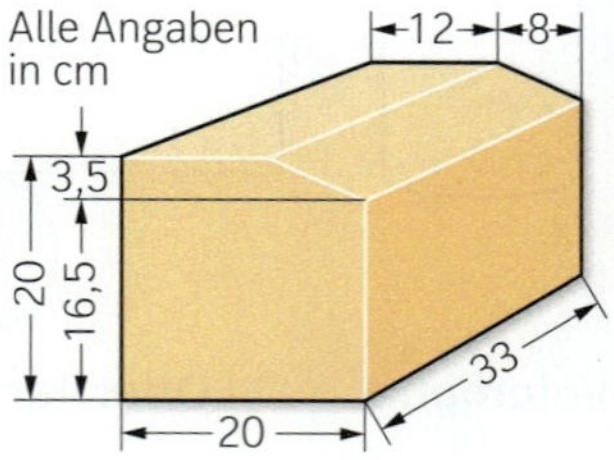

11 Sechseckiger Kübel

Reicht ein Sack mit 50 Liter Pflanzerde für den sechseckigen Blumenkübel? Schätze, zeichne und rechne. Welche Größen musst du in deiner Zeichnung messen?

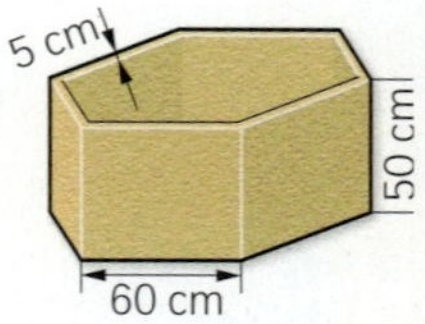

Sichern und Vernetzen – Vermischte Aufgaben zu Kapitel 8

Trainieren

1 Volumen und Oberfläche

Beschreibe die folgenden Körper mit Worten.
Ordne einmal nach der Größe des Volumens und einmal nach der Größe der Oberfläche. Versuche es zunächst durch Abschätzen und rechne dann nach.

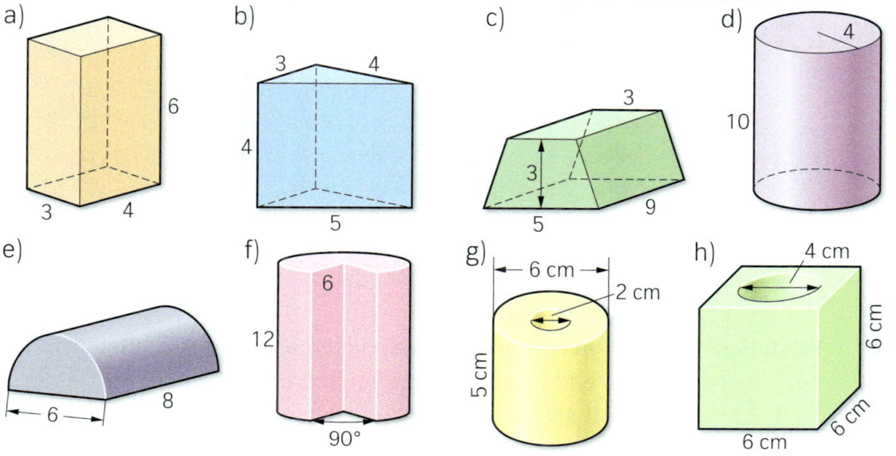

2 Zylindergrößen

Berechne die fehlenden Größen.

r	2 cm	3,5 cm	■	■	■
h	4 cm	■	1,2 cm	13,1 cm	■
M	■	42 cm²	■	609 cm²	100 cm²
O	■	■	■	■	150 cm²
V	■	■	377 cm³	■	■

3 Pyramiden

Jede Pyramide passt genau in das Prisma mit gleicher Grundfläche und Höhe.
Berechne die Volumen von Pyramide und Prisma und vergleiche.

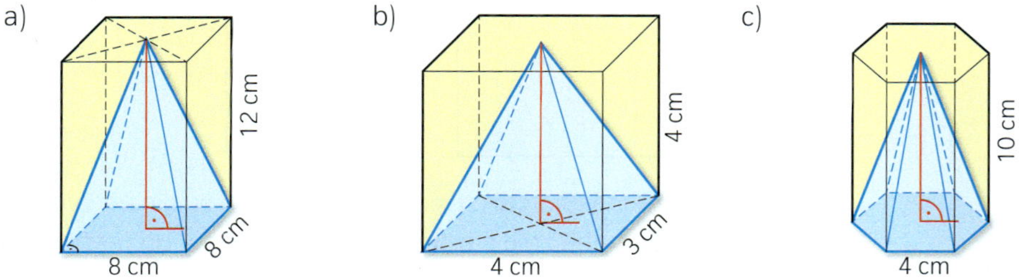

4 Volumen gesucht

a) *gegeben:* $G = 396\ cm^2$, $h = 17\ cm$ *gesucht:* Volumen der Pyramide
b) *gegeben:* $G = 39\ mm^2$, $h = 22\ mm$ *gesucht:* Volumen des Kegels
c) *gegeben:* $M = 190\ cm^2$, $G = 24\ cm^2$ *gesucht:* Volumen des Kegels

5 Kleine Berechnungen

a) Eine Deko-Kerze hat eine Höhe von 7,5 cm und eine Grundfläche von $16\ cm^2$. Wie groß ist ihr Volumen?
b) Ein Kugelförmiger Heißluftballon hat ein Volumen von $1050\ m^3$. Berechne den Oberflächeninhalt dieses Ballons?

Trainieren

6 Weitere Berechnungen

a) Eine Eiswaffel hat an ihrer Öffnung einen Durchmesser von 5 cm, sie fasst ungefähr 80 ml. Welche Höhe hat sie?

b) Eine Pylone bedeckt eine kreisförmige Grundfläche mit $A \approx 1260\ \text{cm}^2$. Der Kreisring steht etwa 5 cm über. Wie hoch ist der Kegel, wenn er ein Volumen von ungefähr $14\,200\ \text{cm}^3$ hat?

7 Fehlende Größen bestimmen

a) Berechne die fehlenden Größen einer Kugel.

r	1 cm	10 cm	■	■	■	■	■	■	■
d	■	■	40 cm	12 740 km	■	■	■	■	■
V	■	■	■	■	31,4 l	$1\ \text{m}^3$	$100\ \text{dm}^3$	■	■
O	■	■	■	■	■	■	■	$12{,}57\ \text{m}^2$	$1\,256\ \text{m}^2$

b) Offensichtlich reicht die Angabe einer Größe, um die anderen zu berechnen. Ist das beim Kegel und Zylinder auch so?

Verstehen

8 Was passiert mit dem Volumen und der Mantelfläche, wenn …

Wie verändern sich jeweils Volumen und Mantelfläche eines Zylinders, wenn man

a) den Radius verdoppelt?

b) die Höhe verdoppelt?

c) Radius und Höhe verdoppelt?

d) den Radius verdoppelt und die Höhe halbiert?

e) die Höhe verdoppelt und den Radius halbiert?

9 Zylinder aus DIN-Formaten herstellen

a) Ein DIN-A5-Blatt entsteht durch Halbieren eines DIN-A4-Blattes. Aus beiden kann man einen Zylindermantel zusammenrollen. Umfasst der DIN-A4-Zylinder das doppelte Volumen des DIN-A5-Zyljnders?

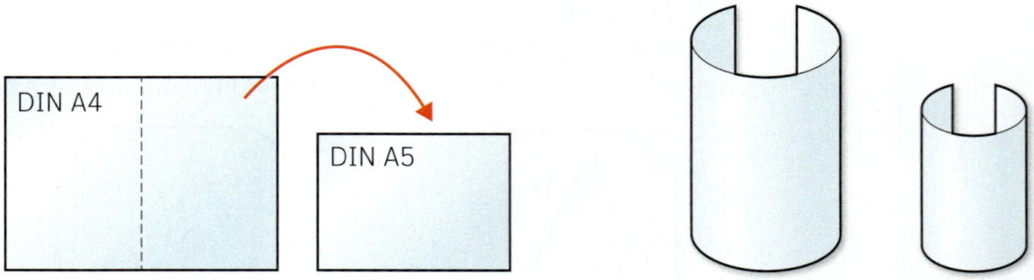

b) Ein DIN-A4-Blatt lässt sich auf zwei Arten zu einem Zylinder zusammenrollen. Beide Zylinder haben die gleiche Manteloberfläche. Umfassen beide auch das gleiche Volumen?

10 Hohlzylinder

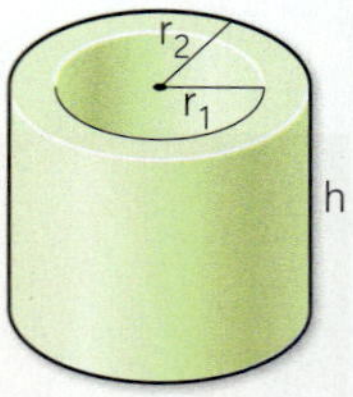

Begründe die Formel für das Volumen eines Hohlzylinders: $V = \pi(r_2^2 - r_1^2) \cdot h$. Leite eine entsprechende Formel für die Oberfläche des Hohlzylinders her.

11 Volumengleiche Körper

a) Wie groß muss der Radius eines Kegels der Höhe $h = 8$ cm sein, damit er das gleiche Volumen hat wie eine quadratische Pyramide mit der Seitenlänge $a = 4$ cm und der Höhe $h = 8$ cm?

b) Zeige: Die Querschnittsflächen in halber Höhe sind bei beiden Körpern gleich groß.

Verstehen

12 Was passiert mit dem Volumen, wenn
a) der Radius eines Kegels verdoppelt (verdreifacht) wird?
b) die Höhe einer Pyramide verdoppelt (verdreifacht) wird?
c) der Radius einer Kugel verdoppelt (verdreifacht) wird?
d) der Radius eines Zylinders halbiert (gedrittelt) wird?

13 Kugeln schmelzen
Acht Metallkugeln mit jeweils einem Durchmesser d = 45 mm werden zu einer großen Kugel umgeschmolzen. Wie groß ist der Radius der neuen Kugel?

Anwenden

14 Gewächshaus
Ein Gartenzentrum bietet ein Gewächshaus aus Glas an.
a) Wie viel Glas wurde für das Gewächshaus benötigt?
b) Berechne das Volumen des Hauses.

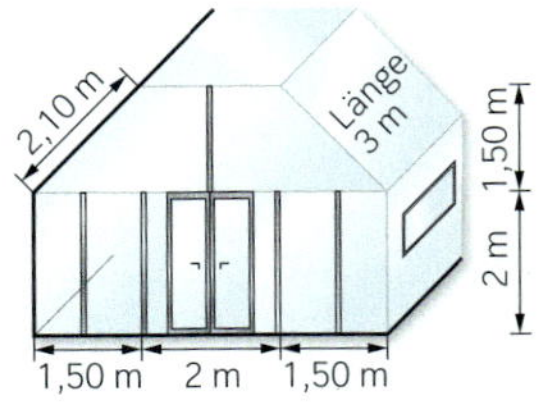

15 Dosenvergleich
Die große Aprikosendose hat laut Beschriftung eine Füllmenge von 820 g, die kleine Dose von 420 g.
a) Rechne nach, ob die kleine Dose in etwa das halbe Volumen der großen Dose hat.
b) Vergleiche auch die Oberflächen der Dosen. Welche ist vom Materialverbrauch her wirtschaftlicher? Wie groß ist jeweils das Verhältnis von Durchmesser zur Höhe?

Die große Dose entspricht der Euro-Norm mit einem Inhalt von 850 ml.

16 Sandhaufen
Ein kegelförmiger Sandhaufen hat einen Durchmesser von 10 m und eine Höhe von 3 m. Er soll mit einem Lkw abgefahren werden. Der Lastwagen darf 18 t laden. Wie oft muss er fahren, wenn die Dichte des Sandes 2,2 t/m³ ist?

17 Werkstücke
Berechne den Oberflächeninhalt und das Volumen der Werkstücke (Maße in mm). Erstelle einen Lösungsplan und notiere die geplanten Lösungsschritte, bevor du rechnest.

a)
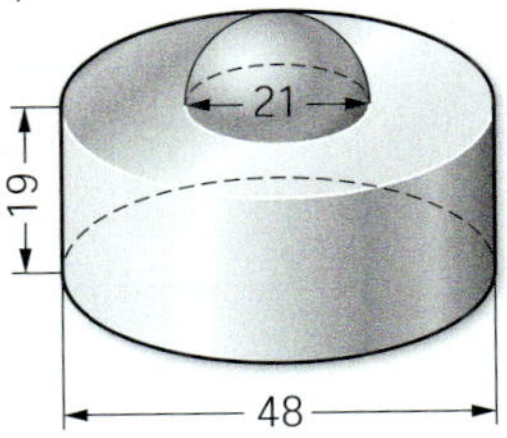

b)
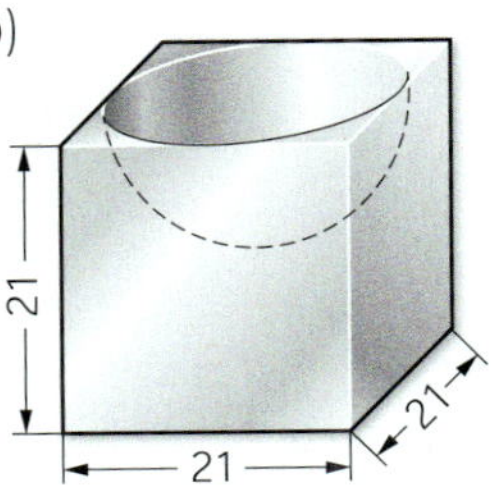

c)
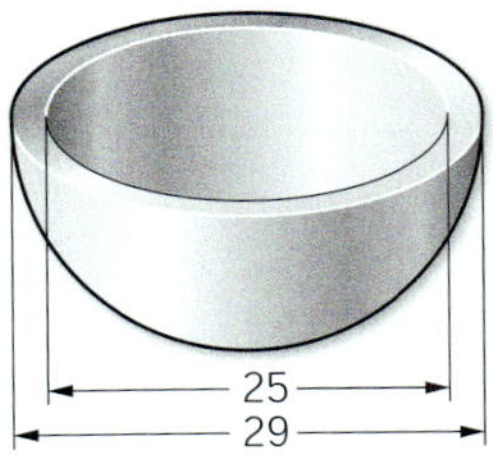

18 Große Eistüte
a) Ist die Eistüte groß genug, um die schmelzende Eiskugel aufzunehmen?
b) Passen zwei Eiskugeln in einen zylinderförmigen Becher mit der Grundfläche von 70 cm² und einer Höhe von 7 cm?
c) Wie viele Eiskugeln mit 5 cm Durchmesser erhält man aus 1500 ml Eis?

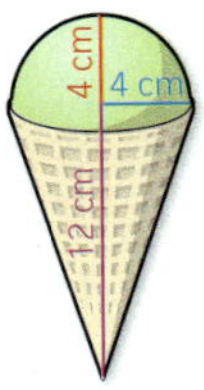

Zum Erinnern und Wiederholen

Schneller Zugriff zum Basiswissen aus den vorhergehenden Jahrgangsbänden

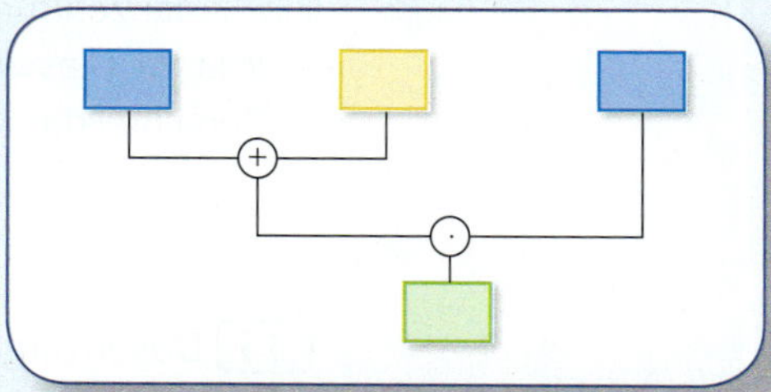

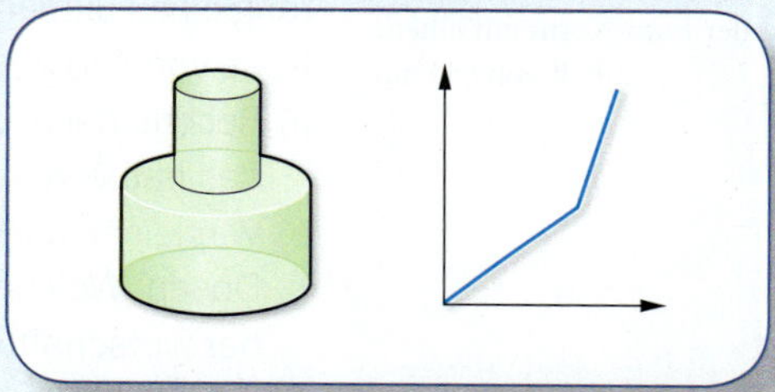

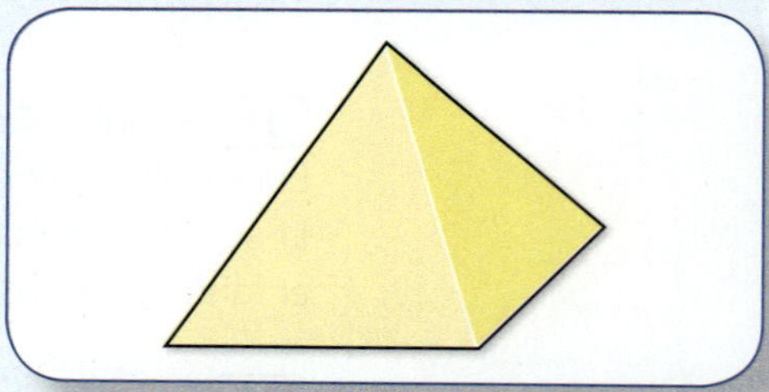

Arithmetik – Regeln und Gesetze

Vorfahrtsregeln beim Rechnen

Beim Berechnen von Rechenausdrücken müssen Sie, wie im Straßenverkehr, Vorfahrtsregeln beachten. Dadurch können Sie manchmal auch Rechenvorteile erlangen und somit geschickt gerechnen.

Nur Strichrechnungen

Nur Strichrechnungen
Von links nach rechts rechnen.

$$37{,}7 - 18{,}2 + 12{,}8 = 19{,}5 + 12{,}8 = 32{,}3$$

Nur Punktrechnungen

Nur Punktrechnungen
Von links nach rechts rechnen.

$$36 : 4 \cdot 2 = 9 \cdot 2 = 18$$

Punkt- vor Strichrechnung

Punktrechnungen vor Strichrechnungen
Punktrechnungen vor Strichrechnungen ausführen.

$$13{,}4 + 6 \cdot 9 = 13{,}4 + 54 = 67{,}4$$

Klammern zuerst

Klammern zuerst
Was in Klammern steht, zuerst berechnen.

$$8 \cdot (25{,}75 - 16{,}75) = 8 \cdot 9 = 72$$

Rechengesetze

Kommutativgesetz Vertauschungsgesetz

Kommutativgesetz (Vertauschungsgesetz)
Beim Addieren dürfen Sie die Reihenfolge der Summanden vertauschen.
Beim Multiplizieren dürfen Sie die Reihenfolge der Faktoren vertauschen.

$$\frac{1}{6} + \frac{2}{3} = \frac{2}{3} + \frac{1}{6}$$

$$\frac{1}{8} \cdot \frac{2}{3} = \frac{2}{3} \cdot \frac{1}{8}$$

Assoziativgesetz Verbindungsgesetz

Assoziativgesetz (Verbindungsgesetz)
Beim Addieren dürfen Sie die Reihenfolge, in der Sie addieren, selbst festlegen.

$$37 + 16{,}4 + 23{,}6 = 37 + 40 = 77$$

Beim Multiplizieren dürfen Sie die Reihenfolge, in der Sie multiplizieren, selbst festlegen.

$$13{,}1 \cdot 20 \cdot 5 = 13{,}1 \cdot 100 = 1310$$

Distributivgesetz Verteilungsgesetz

Distributivgesetz (Verteilungsgesetz)
Mit dem Verteilungsgesetz kann man sich Rechenvorteile verschaffen. Sie können eine Summe mit einer Zahl multiplizieren, indem Sie jeden Summanden mit der Zahl multiplizieren und die Produkte addieren.

$$(10 + 7) \cdot 6 = 10 \cdot 6 + 7 \cdot 6 = 60 + 42 = 102$$

Es geht auch „umgekehrt“.

$$43 \cdot 356 + 57 \cdot 356 = (43 + 57) \cdot 356 = 100 \cdot 356 = 35\,600$$

Arithmetik – Reelle Zahlen

Wurzeln

Wurzeln

Wenn a eine Quadratzahl ist, dann ist die Gleichung $x^2 = a$ leicht lösbar.

$x^2 = 1{,}44$
$x_1 = 1{,}2;\ x_2 = -1{,}2$

Wenn a keine Quadratzahl ist, dann kann man die beiden Lösungen der Gleichung $x^2 = a$ mithilfe des Wurzelzeichens schreiben.
Ist a größer oder gleich 0, dann ist $\sqrt{a}$ die positive Zahl, die, mit sich selbst multipliziert (quadriert), a ergibt.

$x^2 = 2$
$x_1 = \sqrt{2};\ x_2 = -\sqrt{2}$

$(\sqrt{a})^2 = a$
W2$)^2 = 2$

Wenn a eine positive Zahl ist, dann hat die Gleichung $x^2 = a$ zwei Lösungen:
1. $x = \sqrt{a}$ ist eine Lösung, denn $(\sqrt{a})^2 = a$.
2. $x = -\sqrt{a}$ ist eine Lösung, denn ‹–›$\sqrt{a}$)∧2 = a.

Rechnen mit Wurzeln

Rechnen mit Wurzeln

Summen und Wurzeln
Für $x \geq 0$ gilt das Distributivgesetz:
$a\sqrt{x} + b\sqrt{x} = (a + b)\sqrt{x}$ $\quad$ $2\sqrt{7} + 8\sqrt{7} = (2 + 8)\sqrt{7} = 10\sqrt{7}$

Produkte und Wurzeln
Für x, $y \geq 0$ gilt: $\sqrt{x} \cdot \sqrt{y} = \sqrt{x \cdot y}$ $\quad$ $\sqrt{2} \cdot \sqrt{8} = \sqrt{2 \cdot 8} = \sqrt{16} = 4$

Anwendung der „Produktregel" – teilweises Wurzelziehen durch Faktorisieren
Für $y \geq 0$ gilt: $\sqrt{9y} = \sqrt{9} \cdot \sqrt{y} = 3 \cdot \sqrt{y}$ $\quad$ $\sqrt{8} = \sqrt{4 \cdot 2} = \sqrt{4} \cdot \sqrt{2} = 2\sqrt{2}$

Quotienten und Wurzeln
Für $x \geq 0$ und $y > 0$ gilt: $\frac{\sqrt{x}}{\sqrt{y}} = \sqrt{\frac{x}{y}}$ $\quad$ $\frac{\sqrt{18}}{\sqrt{2}} = \sqrt{\frac{18}{2}} = \sqrt{9} = 3$

Reelle Zahlen

Reelle Zahlen

Die rationale Zahlen und irrationale Zahlen bilden zusammen die reellen Zahlen.

Rationale Zahlen

Rationale Zahlen:
Bruchzahlen: $-\frac{12}{8}; \frac{1}{3}$
- abbrechende Dezimaldarstellung: $-1{,}5$
- periodische Dezimaldarstellung: $0{,}\overline{3}$

Irrationale Zahlen

Irrationale Zahlen:
$\sqrt{2};\ \sqrt{17};\ \pi$
nicht abbrechende, nicht periodische Dezimaldarstellung: 0,101 001 0001...

Menge der reelle Zahlen:

Irrationale Zahlen
z. B. $\sqrt{2}, -\sqrt{5}$

Rationale Zahlen
(Brüche) z. B. $-\frac{1}{3}, \frac{1}{4}, \frac{7}{15}$

Ganze Zahlen
..., −1, 0, 1,...

Natürliche Zahlen
0, 1, 2, 3, ...

Arithmetik – Prozent- und Zinsrechnung

Anteile

Anteile kann man auf verschiedene Arten angeben.
Wie viel des Kreises ist grün gefärbt?

- als Anteil: 3 von 12
- mit Worten: jeder Vierte
- als Bruchteil: $\frac{1}{4}$
- als Prozent: 25 %

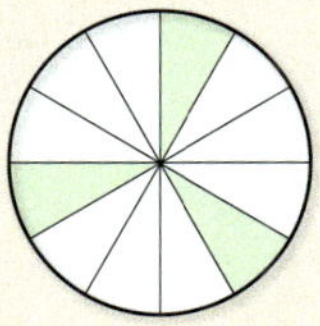

Anteile, die man sich merken sollte:

$\frac{9}{10} = 10\,\%$ $\quad \frac{1}{5} = 20\,\%$
$\frac{1}{4} = 25\,\%$ $\quad \frac{1}{3} = 33{,}3\,\%$
$\frac{1}{2} = 50\,\%$ $\quad \frac{2}{3} = 66{,}67\,\%$
$\frac{3}{4} = 75\,\%$ $\quad 1 = 100\,\%$

Umrechnen in Prozent

Erweitern auf den Nenner 100
$\frac{1}{4} = \frac{25}{100} = 25\,\%$

Dezimaldarstellung berechnen
$2 : 8 = 0{,}25 = 25\,\%$

Die drei Grundaufgaben der Prozentrechnung

Berechnen des Prozentsatzes p %

Der Prozentsatz p % gibt den Anteil des Prozentwertes W am Grundwert G an.
Prozentsatz: $p\,\% = \square$. Gegeben: Prozentwert: $W = 225$, Grundwert: $G = 750$

$p\,\% = \frac{225}{750} \cdot 100\,\% = 30\,\%$

$$p\,\% = \frac{W}{G} \cdot 100\,\%$$

Berechnen des Prozentwertes W

Prozentwert: $W = \square$. Gegeben: Grundwert: $G = 300$, Prozentsatz: $p\,\% = 19\,\%$

$100\,\% \mathrel{\hat{=}} 300$
$1\,\% \mathrel{\hat{=}} \frac{300}{100}$
$19\,\% \mathrel{\hat{=}} \frac{300}{100} \cdot 19 = 300 \cdot 0{,}19 = 57$

$$W = G \cdot \frac{p}{100}$$

Berechnen des Grundwertes G

Grundwert: $G = \square$. Gegeben: Prozentwert: $W = 315$, Prozentsatz: $p\,\% = 35\,\%$

$35\,\% \mathrel{\hat{=}} 315$
$1\,\% \mathrel{\hat{=}} \frac{315}{35}$
$100\,\% \mathrel{\hat{=}} \frac{315}{35} \cdot 100 = 900$

$$G = W \cdot \frac{100}{p}$$

Schnellverfahren

Prozentwert

(1) 2500 € **zuzüglich** 19% MwSt.
Denke: 100 % **+** 19 % = 119 %
Rechne: 2500 € · 1,19 = 2975 €

(2) 820 € **abzüglich** 5% Skonto
Denke: 100 % **–** 5 % = 95 %
Rechne: 820 € · 0,95 = 779 €

Grundwert

Der Verkaufspreis von 396 € liegt 65 % **über** dem Einkaufspreis.
Wie hoch war der Einkaufspreis?
Denke: 100 % **+** 65 % = 165 %
396 € = 1,65 · Grundwert
Rechne: 396 € : 1,65 = 240 €

Zinsrechnung

Zinsrechnung

Zinssatz p %	Prozentsatz p %
Jahreszinsen Z	Prozentwert W
Kapital K	Grundwert G

Bei der Zinsrechnung wird genauso gerechnet wie bei der Prozentrechnung.

Gegeben: Kapital 1890 €; Zinssatz 1,5 % → Jahreszinsen: 1890 € · 0,015 = 28,35 €
Gegeben: Zinssatz 4 %; Jahreszinsen 430 € → Kapital: 430 € : 0,04 = 10 750 €
Gegeben: Kapital 4500 €, Jahreszinsen: 45 € → Zinssatz: $\frac{45}{4500} \cdot 100\,\% = 1\,\%$

Größen – Einheiten, Flächen und Rauminhalte

Längen
Umrechnungszahl 10

Übersicht über die Einheiten der Länge

Umrechnungszahlen: 1000, 10, 10, 10

1 km = 1000 m → 1 m = 10 dm → 1 dm = 10 cm → 1 cm = 10 mm → 1 mm

Flächeninhalte
Umrechnungszahl 100

Übersicht über die Einheiten von Flächeninhalten

Umrechnungszahlen: 100, 100, 100, 100, 100, 100

1 km^2 = 100 ha → 1 ha = 100 a → 1 a = 100 m^2 → 1 m^2 = 100 dm^2 → 1 dm^2 = 100 cm^2 → 1 cm^2 = 100 mm^2 → 1 mm^2

Rauminhalte
Volumina
Umrechnungszahl 1000

Übersicht über die Einheiten von Rauminhalten

Umrechnungszahlen: 1000, 1000, 1000

1 m = 1000 dm^3 → 1 dm^3 = 1000 cm^3 → 1 cm^3 = 1000 mm^3 → 1 mm^3

Das Volumen von Flüssigkeiten wird in Litern gemessen.
1 l = 1 dm^3
1 ml = 1 cm^3

Gewichte
Umrechnungszahl 1000

Übersicht über die Einheiten des Gewichts

Umrechnungszahlen: 1000, 1000, 1000

1 t = 1000 kg → 1 kg = 1000 g → 1 g = 1000 mg → 1 mg

Zeitspannen
Umrechnungszahlen
24 und 60

Übersicht über die Einheiten der Zeit

Umrechnungszahlen: 24, 60, 60

1 Tag = 24 h → 1 h = 60 min → 1 min = 60 s → 1 s

Flächeninhalt Rechteck

A = a · b
(„Länge mal Breite")

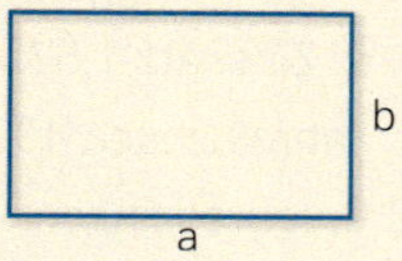

Rauminhalt Quader

V = a · b · c
(„Länge mal Breite mal Höhe")

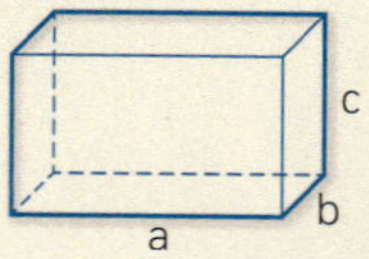

Algebra – Terme

Gleichwertige Terme

Der gleiche Flächeninhalt kann durch unterschiedlich aussehende Terme beschrieben werden.

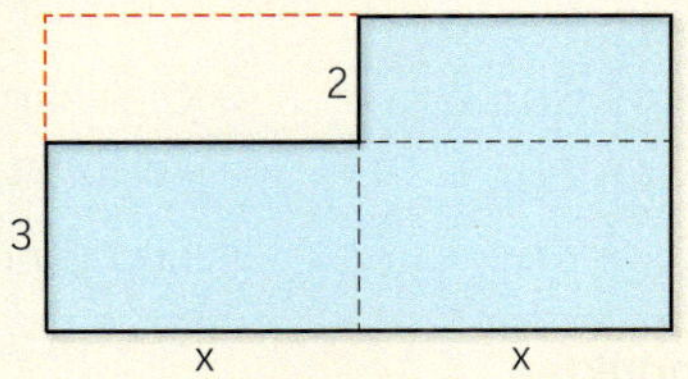

$T_1(x) = x \cdot 3 + x \cdot 5$
$T_2(x) = 2x \cdot 5 - 2 \cdot x$
$T_3(x) = 2x \cdot 3 + x \cdot 2$

Bei jeder Einsetzung für die Variable x erhalten wir mit jedem Term den gleichen Wert.

x	$x \cdot 3 + x \cdot 5$	$2x \cdot 5 - 2 \cdot x$	$2x \cdot 3 + x \cdot 2$
3	24	24	24
4,5	36	36	36
6	48	48	48

Rechnen mit Termen

Mithilfe von Rechenregeln können wir Terme in gleichwertige Terme umformen. Dabei gelten die gleichen Gesetze wie beim Rechnen mit Zahlen.

Kommutativgesetz

bei der Addition
$a + b = b + a$

bei der Multiplikation
$a \cdot b = b \cdot a$

Assoziativgesetz

bei der Addition
$a + (b + c) = (a + b) + c$
$a + (b - c) = (a + b) - c$

bei der Multiplikation
$a \cdot (b \cdot c) = (a \cdot b) \cdot c$
$3 \cdot (2x) = (3 \cdot 2) \cdot x = 6x$

Distributivgesetz

$a \cdot (b + c) = ab + ac$
$a \cdot (b - c) = ab - ac$

$(a + b) : c = a : c + b : c$
$(a - b) : c = a : c - b : c$

Klammerregeln bei Addition und Subtraktion

Auflösen von „Plusklammern“
Klammer einfach weglassen

$a + (b + c) = a + b + c$
$a + (b - c) = a + b - c$

Auflösen von „Minusklammern“
Rechenzeichen in der Klammer umkehren, dann Klammer weglassen

$a - (b + c) = a - b - c$
$a - (b - c) = a - b + c$

Ziele beim Termumformen

- Terme als gleichwertig erkennen
- Terme vereinfachen
- Bestimmte Eigenschaften von Termen erkennen

Beispiele:
$3x + 2x$ und $5x$ sind gleichwertige Terme.
$a + b + a + b$ und $2(a + b)$ sind gleichwertige Terme.

Algebra – Strategien beim Termumformen

Addieren und Subtrahieren von Produkten

$4ab + 7ac - 5ac + 3ab + 6bc$

In dem Term werden Produkte addiert und subtrahiert.

Vereinfachen des Terms:

$4ab + 7ac - 5ac + 3ab + 6bc =$

$4ab + 3ab + 7ac - 5ac + 6bc =$

Gleichartige Produkte werden gekennzeichnet

$7ab + 2ac + 6bc$

und dann zusammengefasst.

Vereinfachen von Produkten

$2 \cdot 7 \cdot 5 \cdot 0{,}1 = (2 \cdot 5) \cdot (0{,}1 \cdot 7)$

$= 10 \cdot 0{,}7 = 7$

$7a \cdot 5b = 35ab$

$2 \cdot x \cdot y \cdot 3 \cdot x = 6 \cdot x \cdot x \cdot y = 6x^2y$

In Produkten mit mehreren Faktoren kann man beliebig vertauschen und klammern.

Anwenden des Distributivgesetzes: Ausmultiplizieren und Ausklammern

Ausmultiplizieren

Eine Summe wird mit einem Faktor multipliziert.

$x \cdot (y + 2 + x)$

Jeder Summand in der Klammer wird mit dem Faktor multipliziert, die entstehenden Produkte werden dann addiert.

$x \cdot (y + 2 + x) = x \cdot y + 2x + x^2$

Ausklammern

Mehrere Produkte werden addiert.

$a \cdot b + a \cdot c + 3 \cdot a$

In jedem dieser Produkte kommt der gleiche Faktor a vor. Dann kann der Faktor a ausgeklammert werden.

$a \cdot b + a \cdot c + 3 \cdot a = a \cdot (b + c + 3)$

Produkte von Summen – Summe von Produkten

$(a + b) \cdot (c + d) = a \cdot c + a \cdot d + b \cdot c + b \cdot d$

$(3x - 4) \cdot (2 + 0{,}5x) = 1{,}5x^2 + 4x - 8$

	2	0,5x
3x	6x	$1{,}5x^2$
4	−8	−2x

Binomische Formeln

$(a + b)^2 = a^2 + 2ab + b^2$

$(a - b)^2 = a^2 - 2ab + b^2$

$(a + b) \cdot (a - b) = a^2 - b^2$

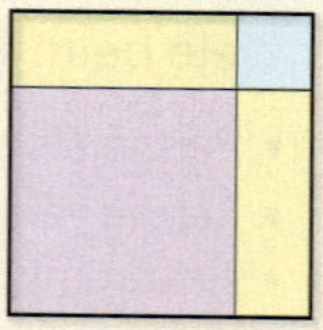

Algebra – Gleichungen

Gleichungen lösen mit Tabellen und Graphen

Statt $2 \cdot x$ schreibt man $2x$.

Zu jeder Seite der Gleichung gehört eine Tabelle und eine Grafik. Lösen heißt:

- mit Grafik: Finde einen Schnittpunkt der zugehörigen Graphen. Die x-Koordinate des Schnittpunkts ist dann die Lösung der Gleichung.
- mit Tabelle: Finde einen x-Wert, bei dem die beiden Terme T_1 und T_2 denselben Wert haben. Der x-Wert ist dann die Lösung.

$$2x - 4 = 5 - x$$

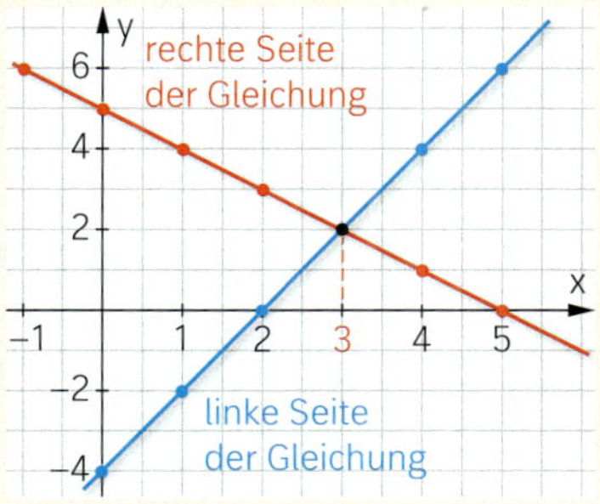

x	$T_1(x) = 2x - 4$	$T_2(x) = 5 - x$
−1	−6	6
0	−4	5
1	−2	4
2	0	3
3	2	2
4	4	1
5	6	0

Die Lösung der Gleichung ist $x = 3$.

Gleichungen lösen mit Äquivalenzumformungen

Nicht alle Gleichungen lassen sich mit einem Waagemodell veranschaulichen. Deshalb führen wir die Umformungen (Rechenoperationen) direkt an der Gleichung aus.

- **Waagemodell:**
  Führe auf beiden Seiten des „=" dieselbe Rechnung durch (die Waage soll immer im Gleichgewicht bleiben), bis auf einer Seite x allein steht und auf der anderen nur Zahlen.
- **Umkehroperationen:**
  Führe Umkehroperation ($+ \leftrightarrow -$; $\cdot \leftrightarrow :$) auf beiden Seiten des „=" so aus, dass auf einer Seite x allein steht und auf der anderen nur Zahlen.

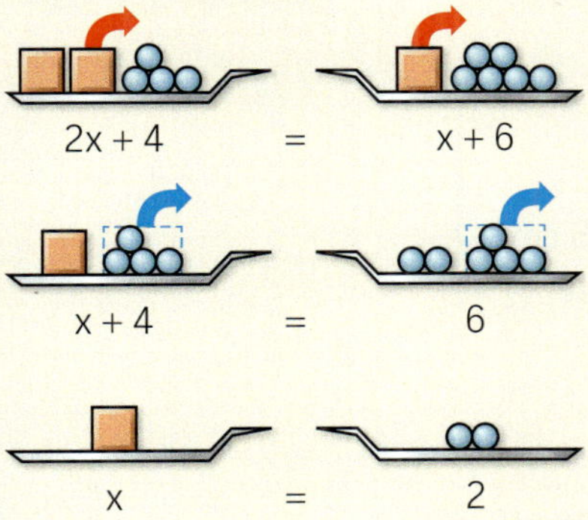

$$2x + 4 = x + 6 \quad \big|\ -x$$
$$x + 4 = 6 \quad \big|\ -4$$
$$x = 2$$

Die Umformungen nennt man Äquivalenzumformungen.

Man sagt: „$2x + 4 = x + 6$ ist äquivalent zu $x = 2$."
Man schreibt: „$2x + 4 = x + 6 \Leftrightarrow x = 2$"

äquivalent: gleichwertig (lat.)

Äquivalente Gleichungen haben dieselbe Lösung.
Durch Äquivalenzumformungen kann man eine Gleichung schrittweise umformen, bis man eine äquivalente Gleichung erhält, aus der man die Lösung direkt ablesen kann.

Folgende Operationen sind **Äquivalenzumformungen:**

- Addieren oder Subtrahieren gleicher Zahlen und Terme auf beiden Seiten der Gleichung
- Multiplizieren und Dividieren beider Seiten der Gleichung mit der gleichen Zahl ($\neq 0$)

Algebra – Probleme lösen mit Gleichungen

Probleme lösen mit Gleichungen

Das Problem

Um einen Packwürfel zu verschnüren, braucht man 3 m Schnur, 20 cm davon für den Knoten. Wie lang ist die Seite des Würfels?

„Übersetzen" in mathematische Sprache

Gleichung aufstellen

1. Variable (Unbekannte) festlegen: x bezeichnet die Seitenlänge des Würfels (in cm)
2. Übersetzen der Problemstellung in passende Terme: Die Schnur umspannt 8 Seitenlängen x. Es kommen noch 20 cm für den Knoten hinzu. Also:
   $$L(x) = 8 \cdot x + 20$$
   Die Länge der Schnur ist 300 cm:
   $$L(x) = 300$$
3. Gleichung aufstellen:
   $$8 \cdot x + 20 = 300$$

Gleichung lösen

Probieren

$8 \cdot 10 + 20 = 100$ zu klein

$8 \cdot 40 + 20 = 340$ zu groß

$8 \cdot 30 + 20 = 260$ zu klein

$8 \cdot 35 + 20 = 300$ passt!

Tabelle

x	L (x)
5	60
10	100
15	140
20	180
25	220
30	260
35	300
40	340

Graph

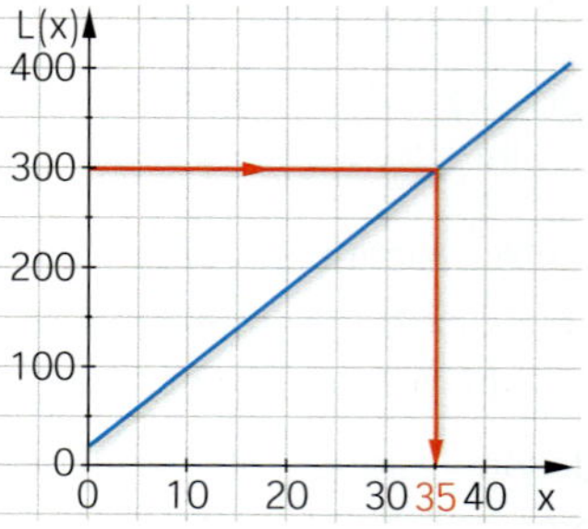

$L(x) = 8 \cdot x + 20$

Äquivalenzumformungen

$8 \cdot x + 20 = 300 \quad | -20$

$8 \cdot x = 280 \quad | :8$

$x = 35$

Lösung aufschreiben

$x = 35$

Die Seitenlänge des Würfels beträgt 35 cm.

Überprüfen der Rechnung

Einsetzen der Lösung in die Gleichung:

Linke Seite der Gleichung:

$8 \cdot 35 + 20 = 300$

Rechte Seite der Gleichung: 300 Stimmt!

Problemprobe

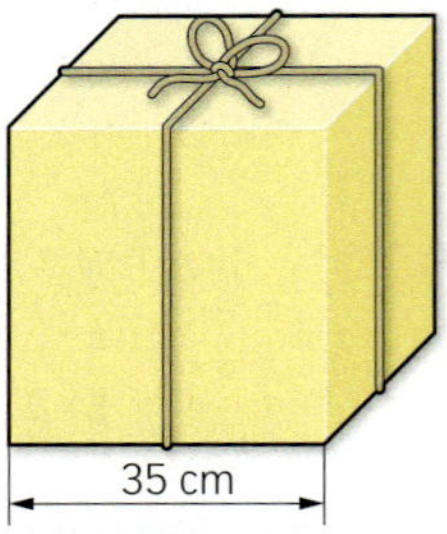

3 m Schnur: Passt!

Algebra – Lineare Gleichungssysteme

Lineares Gleichungssystem

Lineares Gleichungssystem

(1) $3x + 4y = 20$
(2) $-4x + 2y = -12$
Gesucht: Wertepaar $(x|y)$, das beide Gleichungen löst.

Lösungsverfahren

Lösungsverfahren:
Erster Schritt: Auflösen der Gleichung nach y.
(1) $y = -\frac{3}{4}x + 5$
(2) $y = 2x - 6$
Damit erhalten wir zwei Funktionsgleichungen:
(1) $y_1(x) = -\frac{3}{4}x + 5$
(2) $y_2(x) = 2x - 6$

Lösung mit Tabelle

Grafische Lösung

Lösung mit Tabelle:

x	$y_1(x)$	$y_2(x)$
−1	$5\frac{3}{4}$	−8
0	5	−6
1	$4\frac{1}{4}$	−4
2	$3\frac{1}{2}$	−2
3	$2\frac{3}{4}$	0
4	2	2
5	$1\frac{1}{4}$	4

Grafische Lösung:

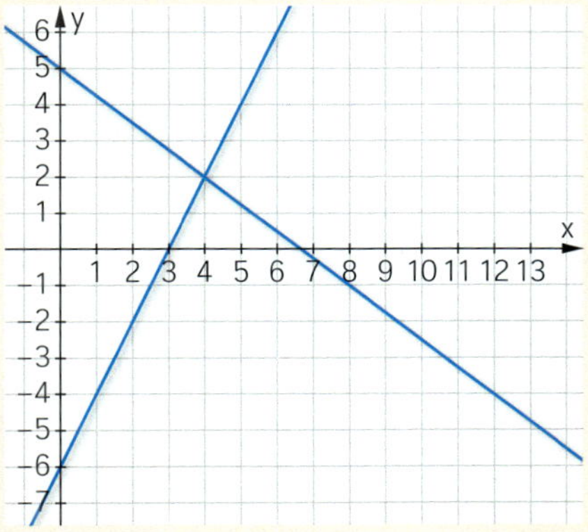

Gleichsetzungsverfahren

Rechnerische Lösung: Gleichsetzungsverfahren

$$-\frac{3}{4}x + 5 = 2x - 6 \quad |-2x-5$$
$$-\frac{11}{4}x = -11 \quad |:(-\frac{11}{4})$$
$$x = 4$$

Probe

Berechnung von y:
$$y = 2 \cdot 4 - 6 = 2$$
Die Lösung ist $(4|2)$.

Probe:
$3 \cdot 4 + 4 \cdot 2 = 20$ stimmt
$-4 \cdot 4 + 2 \cdot 2 = -12$ stimmt

Lineares Gleichungssystem mit dem GTR lösen

Funktionsgleichungen eingeben:

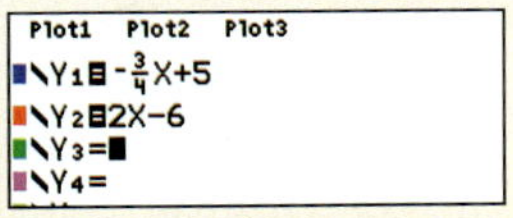

Lösung mit Tabelle:

X	Y1	Y2
0	5	-6
1	4.25	-4
2	3.5	-2
3	2.75	0
4	2	2
5	1.25	4
6	0.5	6
7	-0.25	8
8	-1	10
9	-1.75	12
10	-2.5	14

X=4

Grafische Lösung:

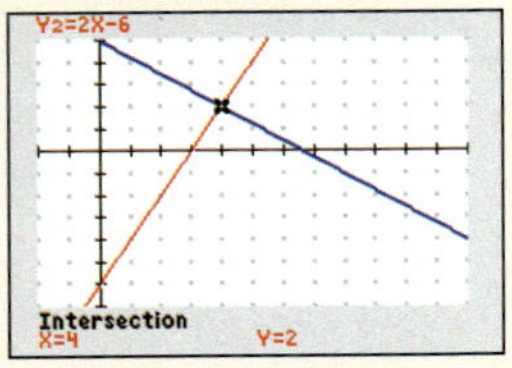

Funktionen – Zuordnung, Graph, Tabelle, Rechenvorschrift

Zuordnungen

In vielen Situationen des Alltags besteht zwischen Größen ein Zusammenhang.
- Aktienkurse verändern sich minütlich. Jedem Zeitpunkt an einem Tag an der Börse kann man den jeweiligen DAX zuordnen.
- Das Volumen eines Würfels hängt von dessen Kantenlänge ab. Man kann somit jeder Kantenlänge das Volumen des entsprechenden Würfels zuordnen.
- Der Umfang eines Rechtecks hängt von der Länge und Breite ab. Der jeweiligen Länge und Breite wird der Umfang zugeordnet.

Eine **Zuordnung** kann man auf verschiedene Arten darstellen:
- mit einer Tabelle
- mit einem Graphen
- mit einer Rechenvorschrift
- mit Worten

Zuordnung: Geschwindigkeit → Bremsweg

Text Faustregel: Den Bremsweg s eines Autos auf trockener Straße errechnet man, indem man die Geschwindigkeit v mit sich selbst multipliziert und das Ergebnis durch 100 dividiert.

Tabelle

Geschwindigkeit v in km/h		Bremsweg s in m
v	v · v	$\frac{v \cdot v}{100}$
10	100	1
30	900	9
50	2500	25
100	10000	100
130	16900	169

Graph

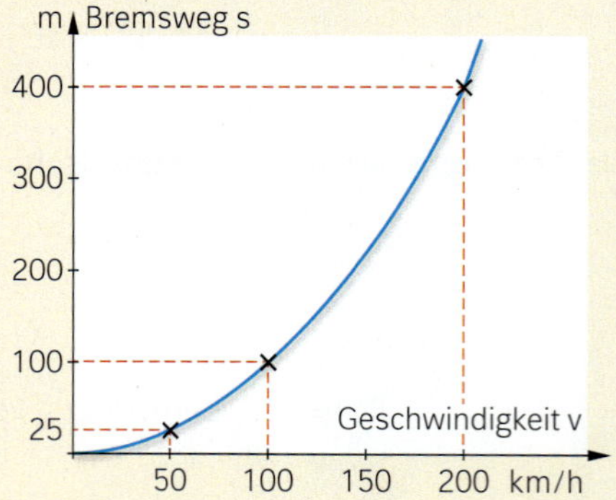

Rechenvorschrift

$s = \frac{v \cdot v}{100} = \frac{v^2}{100}$

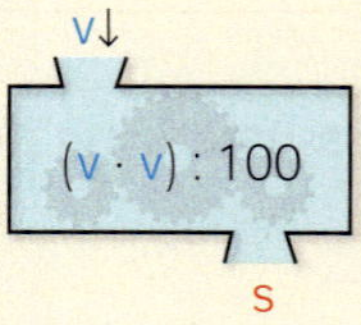

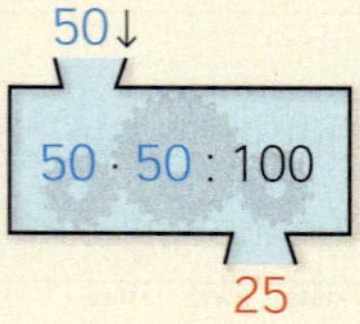

Sprech- und Schreibweisen in der Mathematik

Situation	mathematische Schreibweise	Sprechweise
Der Bremsweg s ist abhängig von der Geschwindigkeit v.	s(v)	„s von v“
Der Bremsweg s bei einer Geschwindigkeit von 80 km/h beträgt 64 m.	s(80) = 64	„s von 80 ist gleich 64“

Funktionen – proportional und antiproportional

Die proportionale Zuordnung

Zuordnung: $x \rightarrow y$

Situation: Verdoppelt sich x, dann verdoppelt sich y.

Menge in Gramm → Preis in €

100 g Käse kosten 1,10 €.

Tabelle

Menge in g	Preis in €
100	1,10
200	2,20
300	3,30
50	0,55
1	0,011
x	$0{,}011 \cdot x$

:2 ·3 ·3 :2

Rechenvorschrift: $P(x) = 0{,}011 \cdot x$

Graph

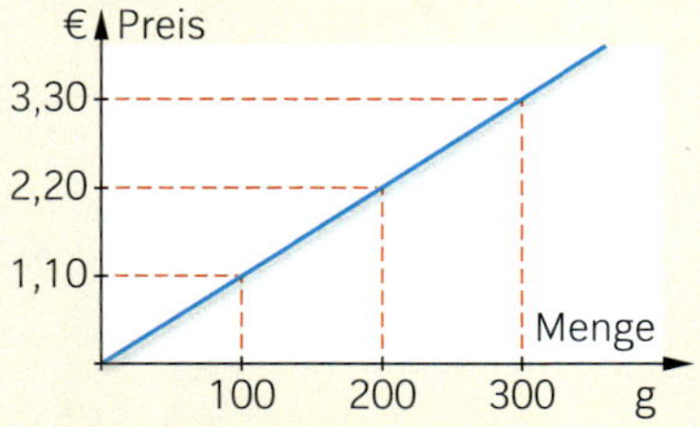

Der Graph ist eine Ursprungsgerade.

Die antiproportionale Zuordnung

Zuordnung: $x \rightarrow y$

Situation: Verdoppelt sich x, dann halbiert sich y.

Geschwindigkeit v (durchschnittliche) → Zeit t (für eine bestimmte Strecke)

Für 120 km benötigt man 6 Stunden bei durchschnittlich 20 km/h.

Tabelle

Geschwindigkeit v in km/h	Fahrtzeit t für 120 km in h
20	6
40	3
60	2
10	12
5	24
1	120
v	$\frac{120}{v}$

·2 :4 :2 ·4

Rechenvorschrift: $t(v) = \frac{120}{v}$

Graph

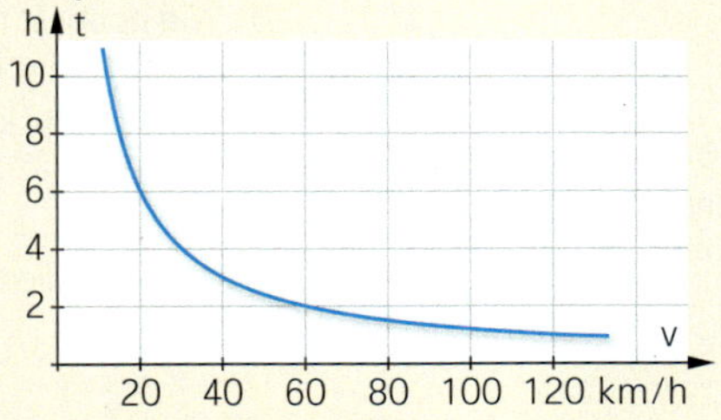

Einen Graphen dieser Form nennt man Hyperbel.

proportionale Zuordnung

Situation

3 kg Spargel kosten 18 €.
Wie viel kosten 11 kg?

Dreisatz

3 kg Spargel kosten **18 €**
1 kg Spargel kostet: 18 € : 3 = **6 €**
11 kg Spargel kosten: 6 € · 11 = **66 €**

Tabelle

3 kg	18 €
1 kg	6 €
11 kg	66 €

:3 ·11 :3 ·11

Rechenvorschrift

$P(x) = 6 \cdot x$
$P(11) = 6 \cdot 11 = 66$

P: Preis in €
x: Menge in kg
Preis pro kg: 6 €

antiproportionale Zuordnungen

Für zwei Ponys reicht ein Futtervorrat 30 Tage.
Wie lange reicht er für fünf Ponys?
2 Ponys verbrauchen das Futter in 30 Tagen.
1 Pony verbraucht den Vorrat in $2 \cdot 30 = 60$ Tagen.
5 Ponys verbrauchen den Vorrat in $60 : 5 = 12$ Tagen.

2 Ponys	30 Tage
1 Pony	60 Tage
5 Ponys	12 Tage

:2 ·5 ·2 :5

$T(x) = \frac{60}{x}$
$T(5) = \frac{60}{5} = 12$

T: Anzahl der Tage
x: Anzahl der Ponys

Funktionen – lineare Funktionen

Die lineare Funktion

lineare Funktion

Situation: Eine 15 cm große Kerze wird an einem windstillen Ort angezündet und brennt gleichmäßig pro Minute 0,2 cm ab.

Funktion: Brenndauer x in min → Höhe h in cm

Funktionsgleichung: $y = -0{,}2x + 15$ $\qquad y = mx + b$

x	0	5	10	15	20	…
y	15	14	13	12	11	…

(x: jeweils +5; y: jeweils −1)

x	0	1	2	…
y	b	b + m	b + 2m	

(x: jeweils +1; y: jeweils +m)

Graph:

m: Steigung; b: y-Achsenabschnitt

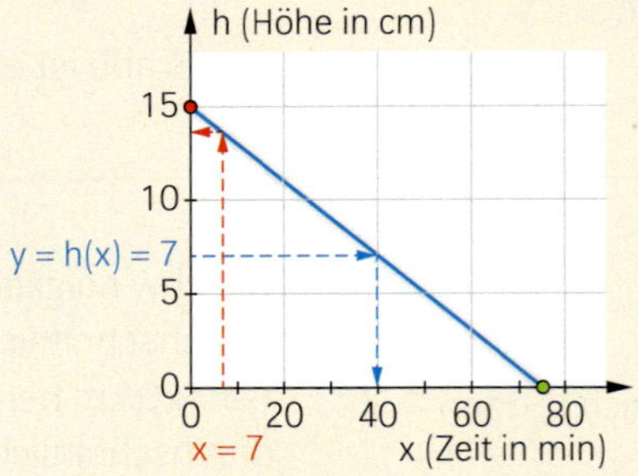

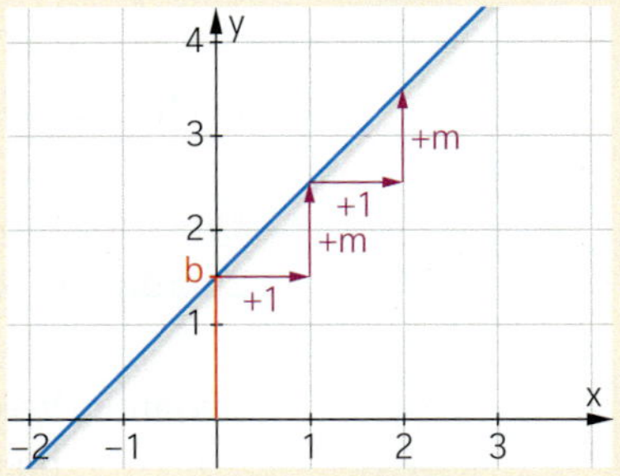

Die eingezeichneten Dreiecke nennt man Steigungsdreiecke.

Frage	Rechnung	Antwort
(1) Wie hoch ist die Kerze nach 7 Minuten?	$h(7) = -0{,}2 \cdot 7 + 15 = 13{,}6$	Die Kerze ist nach 7 min ca. 13,6 cm hoch.
(2) Wann in die Kerze 7 cm hoch?	$-0{,}2x + 15 = 7$ $0{,}2x = 8$ $x = 40$	Nach 40 Minuten ist die Kerze 7 cm hoch.
(3) Wann ist die Kerze abgebrannt?	$-0{,}2x + 15 = 0$ $0{,}2x = 15$ $x = 75$	Nach 75 Minuten ist die Kerze abgebrannt.
(4) Wie hoch war die Kerze am Anfang?	$h(0) = -0{,}2 \cdot 0 + 15 = 15$	Die Kerze war ursprünglich 15 cm hoch.

Die x-Koordinate des Schnittpunktes des Graphen mit der x-Achse heißt Nullstelle.

Gerade durch zwei Punkte

Gerade durch zwei Punkte

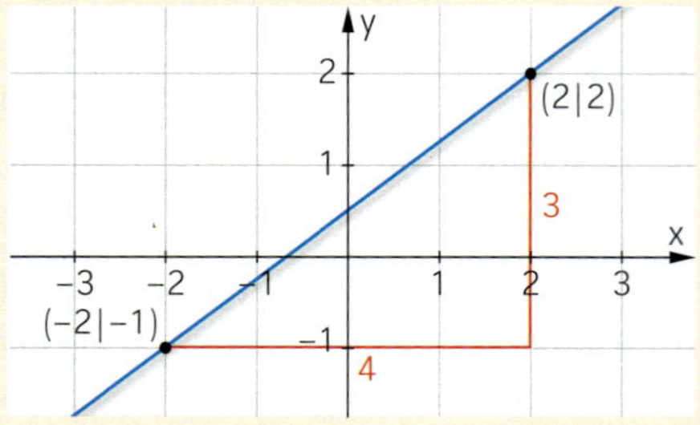

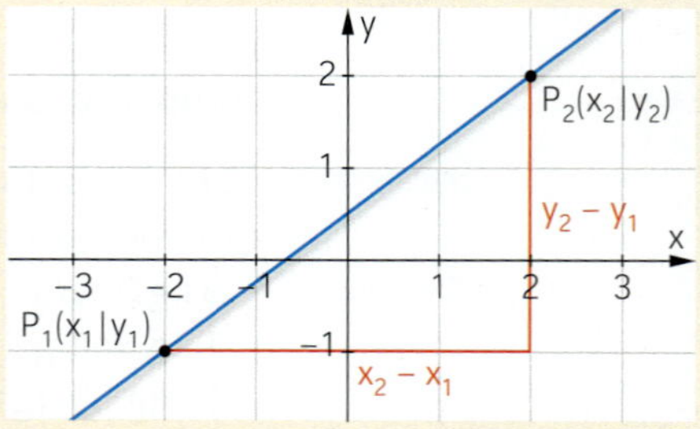

$m = \frac{5-(-1)}{6-(-2)} = \frac{6}{8} = \frac{3}{4}$

$y = \frac{3}{4}x + b$

$-1 = \frac{3}{4} \cdot (-2) + b$ folgt aus $P_1(-2|-1)$
also $b = \frac{1}{2}$

$y = \frac{3}{4}x + \frac{1}{2}$

1. Steigung m mithilfe der beiden Punkte berechnen
   $m = \frac{y_2 - y_1}{x_2 - x_1}$
2. Die Koordinaten eines Punktes (z. B. P_1) in die Gleichung $y = mx + b$ einsetzen. Die Gleichung nach b auflösen.
3. Funktionsgleichung aufschreiben.

Geometrie – Körper und ebene Figuren

Grundformen geometrischer Körper

Körper

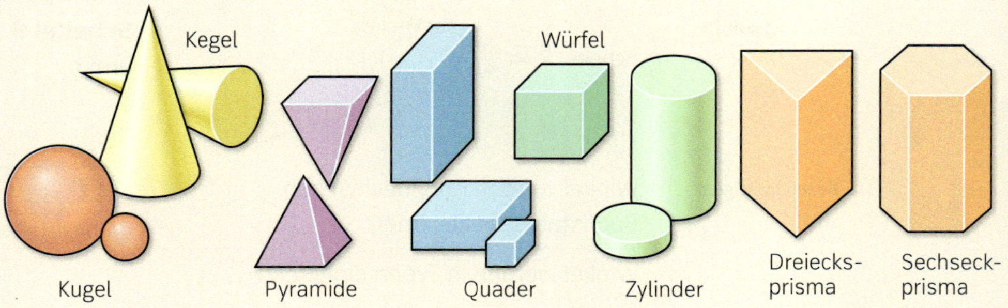

Grundformen ebener geometrischer Figuren (Flächen)

ebene geometrische Figuren (Flächen)

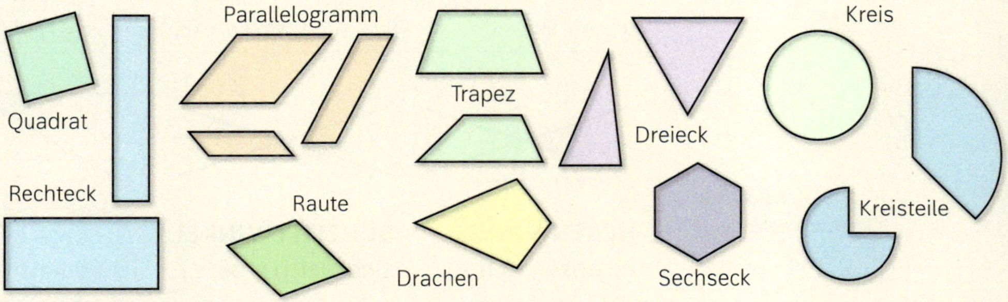

Kennzeichnung von Dreiecken nach Seitenlängen

gleichschenklig
gleichseitig

gleichschenkliges Dreieck

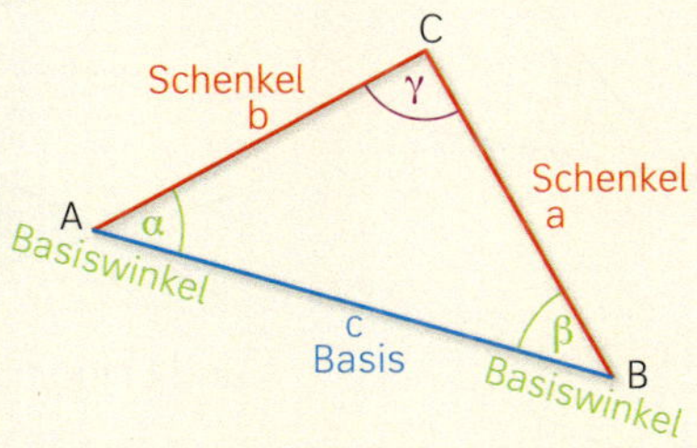

Mindestens zwei Seiten sind gleich lang.

gleichseitiges Dreieck

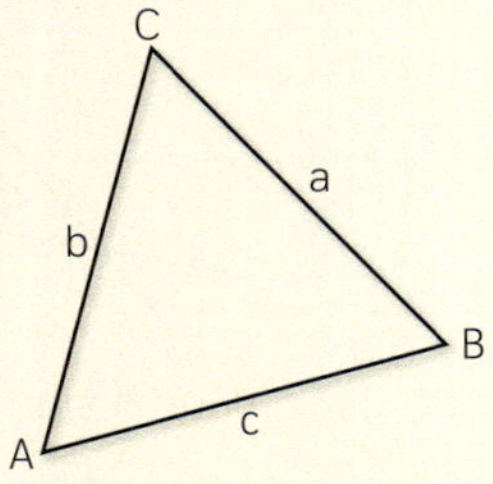

Alle drei Seiten sind gleich lang.

Standardbezeichnungen am Dreieck:

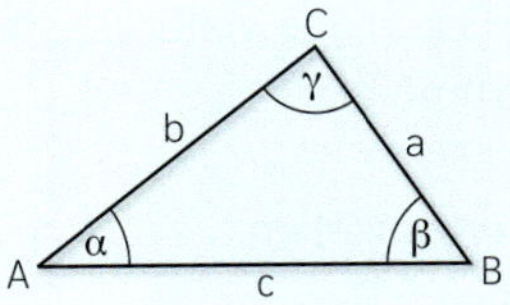

Die Bezeichnungen erfolgen immer gegen den Uhrzeigersinn.

Kennzeichnung von Dreiecken nach Winkeln

spitzwinklig
rechtwinklig
stumpfwinklig

spitzwinkliges Dreieck

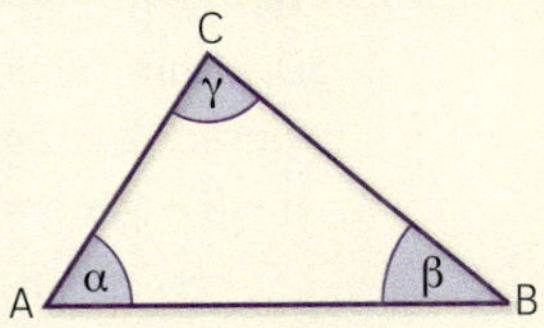

Alle Winkel sind spitze Winkel.

rechtwinkliges Dreieck

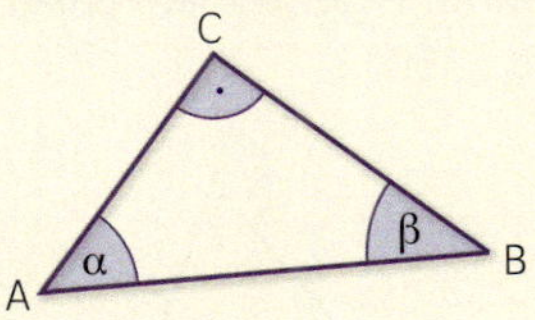

Ein Winkel ist 90° groß.

stumpfwinkliges Dreieck

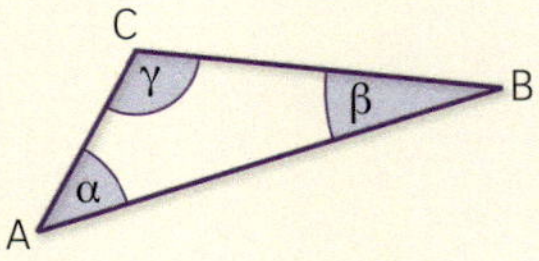

Ein Winkel ist ein stumpfer Winkel.

Geometrie – Winkel und Winkelsätze

Winkel

Winkel

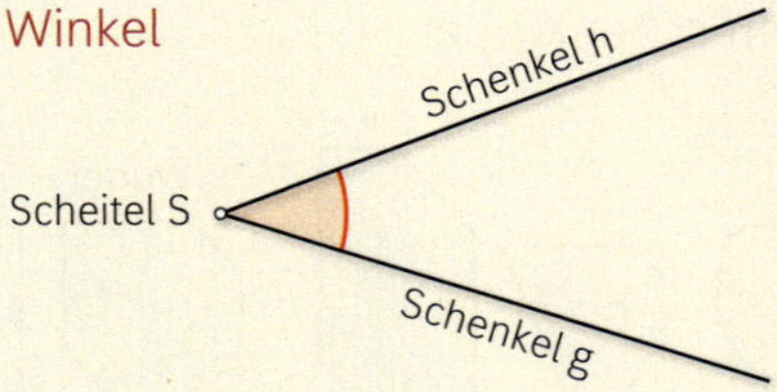

Ein Winkel wird festgelegt durch den **Scheitel S** und die beiden **Schenkel g** und **h**.

Bezeichnungen

Winkel werden mit griechischen Buchstaben bezeichnet:

α	β	γ	δ	ε
Alpha	Beta	Gamma	Delta	Epsilon

Winkel werden in Typen eingeteilt.

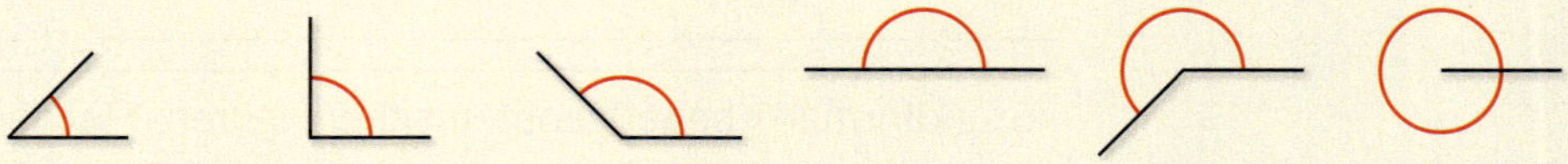

spitz	rechter Winkel	stumpf	gestreckt	überstumpf	Vollwinkel
$0° < \alpha < 90°$	$\alpha = 90°$	$90° < \alpha < 180°$	$\alpha = 180°$	$180° < \alpha < 360°$	$\alpha = 360°$

Winkel an Geradenkreuzungen

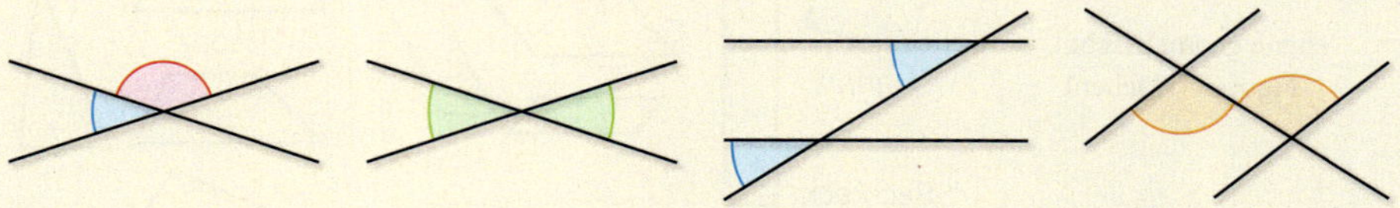

NEBENWINKEL ergänzen sich zu 180°.

SCHEITELWINKEL sind gleich groß.

STUFENWINKEL an parallelen Geraden sind gleich groß.

WECHSELWINKEL an parallelen Geraden sind gleich groß.

Doppelkreuzungen an Parallelen

Sind an einer Doppelkreuzung Stufen- und Wechselwinkel gleich groß, so sind die Geraden parallel. Sind sie es nicht, so sind die Geraden nicht parallel.

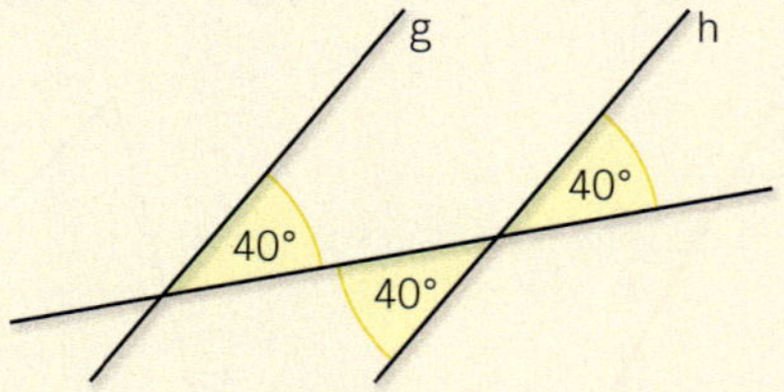

g und h sind parallel.

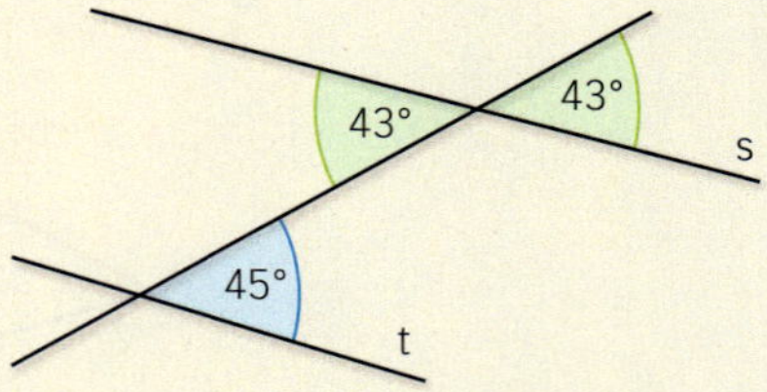

s und t sind nicht parallel.

Winkelsumme am Dreieck

Im Dreieck gilt: Die Summe der Innenwinkel beträgt 180°.
Die Summe der Außenwinkel beträgt 360°.

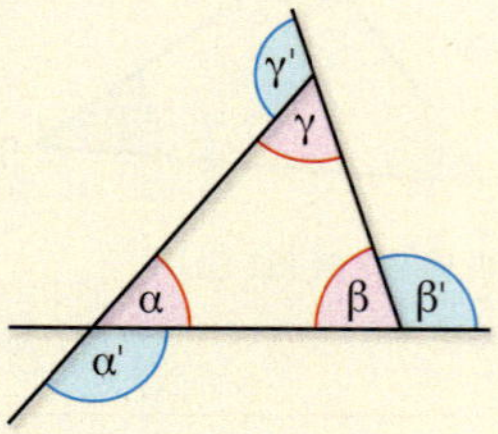

Winkelsumme im n-Eck

Ist n die Anzahl der Ecken des Vielecks, so gilt für die Winkelsumme W:
$W(n) = (n - 2) \cdot 180°$
Die Summe der Innenwinkel im Viereck beträgt 360°,
$\alpha + \beta + \gamma + \delta = 360°$.

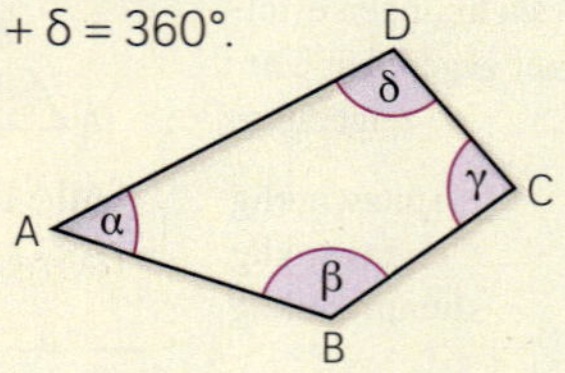

Geometrie – Tangenten, Winkel am Kreis

Passante
Sekante
Sehne
Tangente

Geraden am Kreis

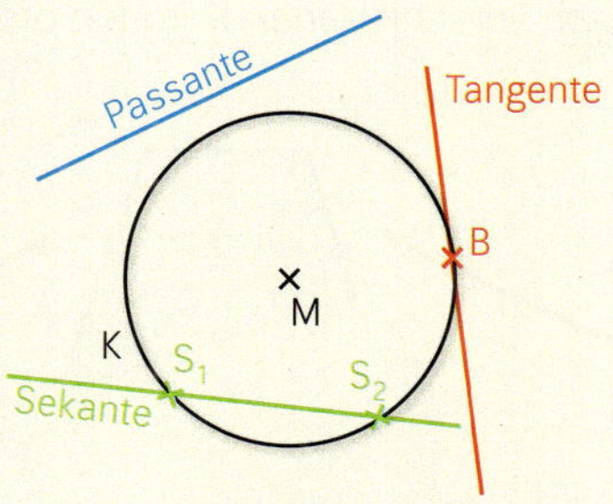

$\overline{S_1S_2}$ heißt Sehne.

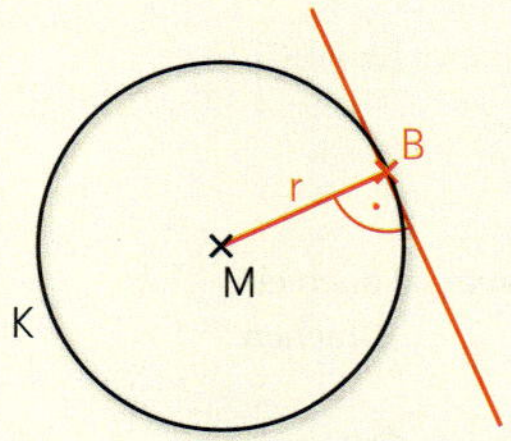

Die Tangente steht im Berührpunkt B senkrecht zum Radius MB.

Satz des Thales

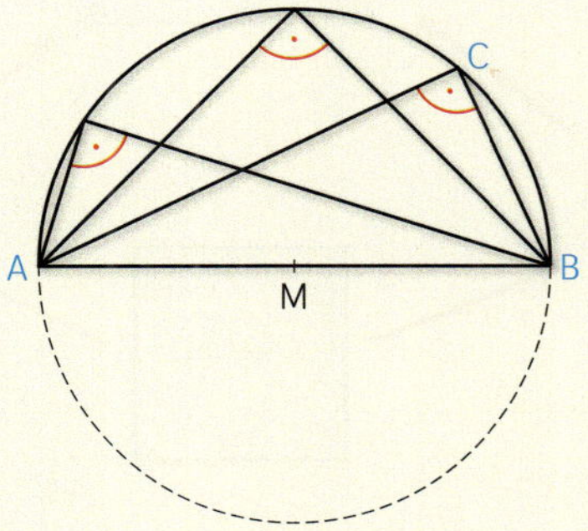

Satz des Thales

Wenn bei einem Dreieck ABC die Ecke C auf dem Kreis mit dem Durchmesser AB liegt, dann hat das Dreieck bei C einen rechten Winkel.

Es gilt auch die **Umkehrung**
Wenn ein Dreieck ABC bei C einen rechten Winkel hat, dann liegt C auf dem Kreis mit dem Durchmesser AB.

Tangentenkonstruktion

Eine Anwendung des Satzes von Thales

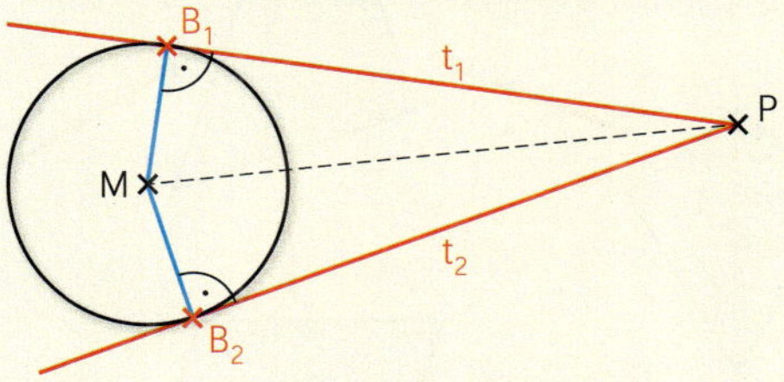

1) Zeichne die Strecke $\overline{MP}$.
2) Konstruiere den Thaleskreis über $\overline{MP}$.
3) Markiere die beiden Schnittpunkte B_1 und B_2 der beiden Kreise.
4) Die Geraden PB_1 und PB_2 sind senkrecht zu den Radien $\overline{MB_1}$ und $\overline{MB_2}$. Sie sind die Tangenten an den Kreis.

Umfangswinkelsatz

Mittelpunktswinkelsatz

Umfangswinkelsatz

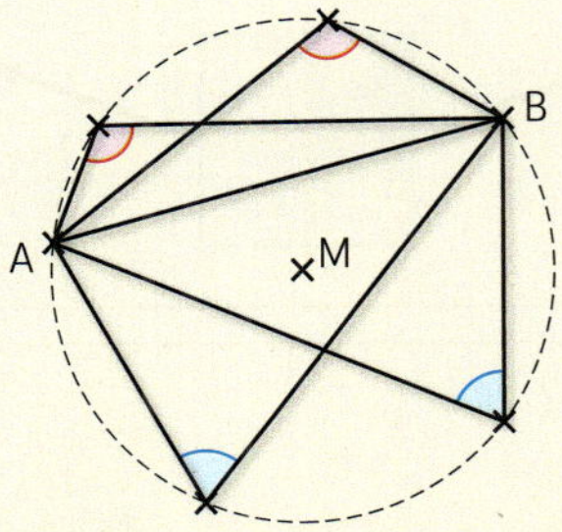

Die zu einer Kreissehne gehörigen Umfangswinkel auf derselben Seite der Sehne sind gleich groß.

Umfangs-Mittelpunktswinkelsatz

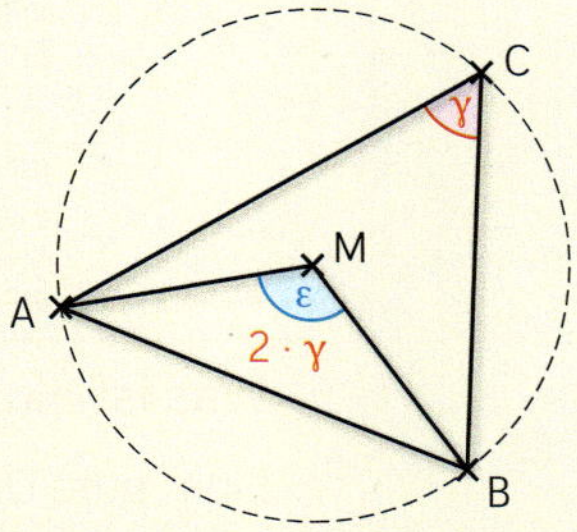

Jeder Umfangswinkel zur Sehne $\overline{AB}$, dessen Scheitel auf derselben Seite von $\overline{AB}$ liegt, ist halb so groß wie der zugehörige Mittelpunktswinkel.

Geometrie – Ordnungsdiagramme für Vierecke

Das Haus der Vierecke in einem Ordnungsdiagramm

Vierecke lassen sich nach verschiedenen Kriterien ordnen. Diagramme schaffen Übersicht in der Vielfalt.

Jede Raute ist auch ein Drachen.

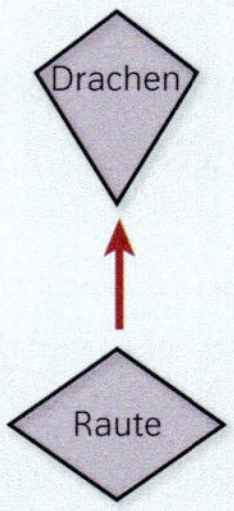

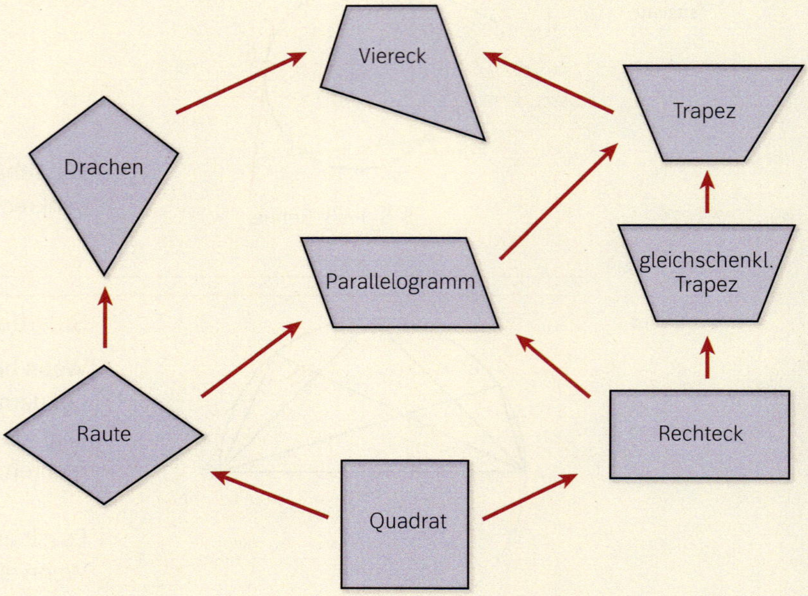

Ordnungsdiagramm nach Symmetrieeigenschaften

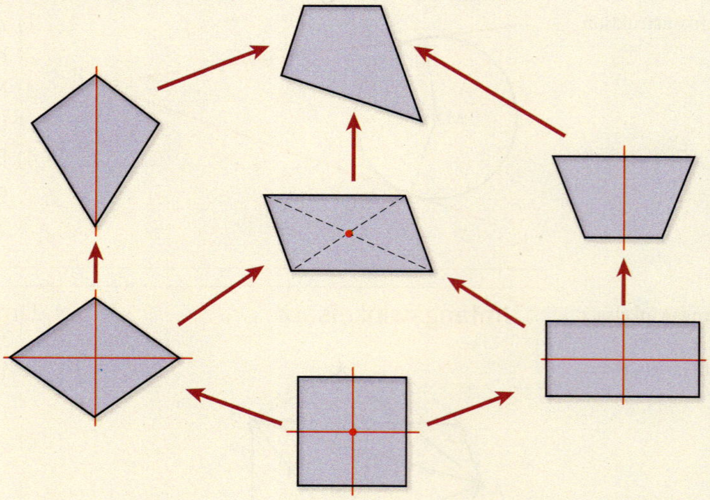

Was ist eine gute Definition?

Eine „gute Definition“

- … legt einen Begriff präzise fest und dient der klaren Verständigung,
- … enthält nur Worte, die allgemein verständlich oder bereits klar definiert sind,
- … enthält nicht mehr Informationen als unbedingt notwendig,
- … erweist sich als nützlich bei der Ordnung und Unterscheidung von Begriffen.

Geometrie – Konstruktionen an Dreiecken

Besondere Linien und Punkte im Dreieck

Umkreis
Inkreis

Mittelsenkrechte zur Strecke $\overline{AB}$:
Ortslinie aller Punkte, die von den Punkten A und B gleich weit entfernt sind.
Die drei Mittelsenkrechten im Dreieck schneiden sich in einem Punkt, dem Mittelpunkt des **Umkreises**.

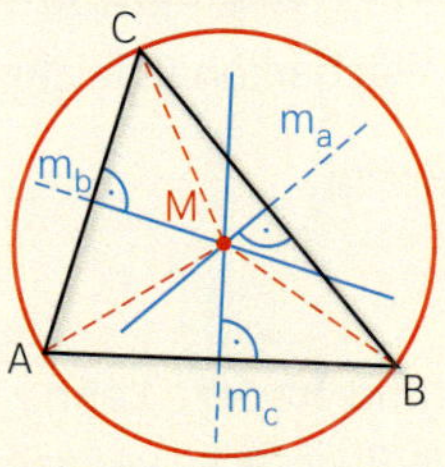

Punkte, die auf der **Winkelhalbierenden** eines Winkels liegen, haben den gleichen Abstand zu den Schenkeln des Winkels.
Die drei Winkelhalbierenden der Dreieckswinkel schneiden sich in einem Punkt, dem Mittelpunkt des **Inkreises**.

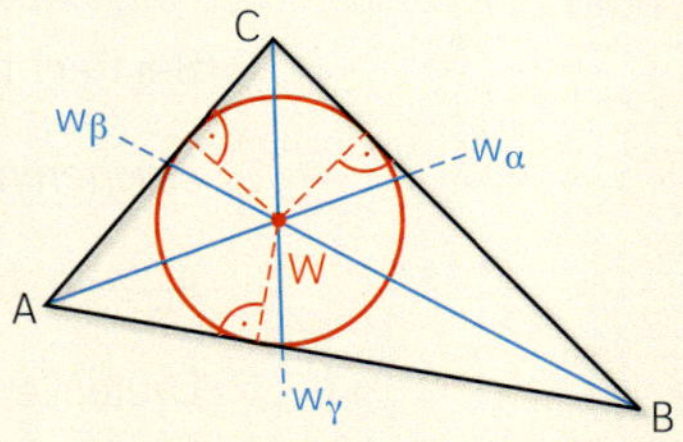

Schwerpunkt
Höhenschnittpunkt

Die drei **Seitenhalbierenden** im Dreieck schneiden sich in einem Punkt, dem **Schwerpunkt** S des Dreiecks.

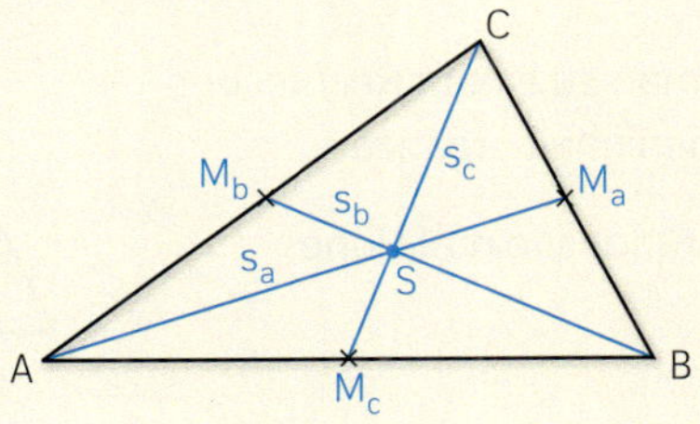

Die drei **Höhen** im Dreieck schneiden sich in einem Punkt, dem **Höhenschnittpunkt** H des Dreiecks.

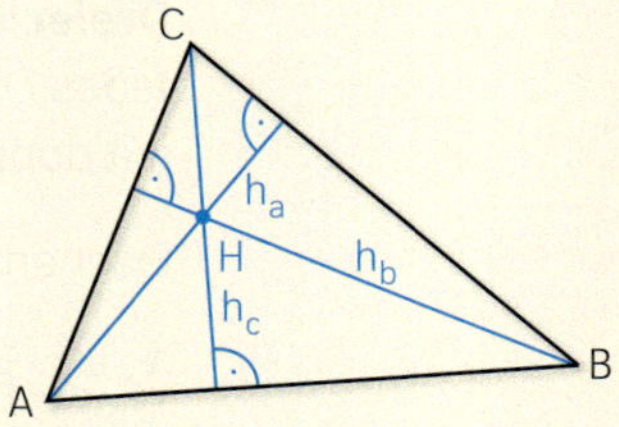

Kongruente Dreiecke – Kongruenzsätze

Standardbezeichnungen am Dreieck:

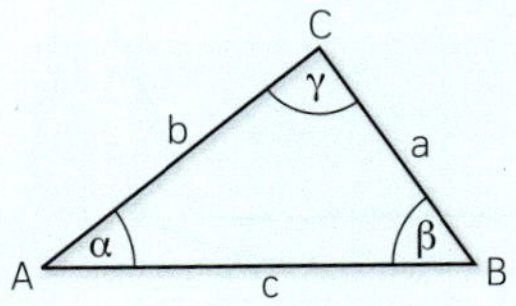

Die Bezeichnungen erfolgen immer gegen den Uhrzeigersinn.

Figuren, die nach Größe und Form vollständig übereinstimmen, nennt man deckungsgleich oder kongruent. Mithilfe einiger gegebener Größen kann man sie eindeutig konstruieren. Bei Dreiecken genügt hierfür die Angabe von drei geeigneten Größen.
Ein Dreieck ist eindeutig konstruierbar, wenn

SSS die drei Seitenlängen gegeben sind.

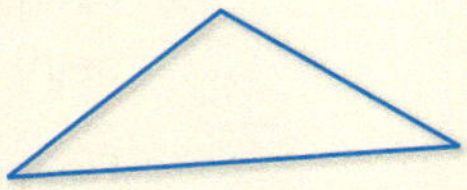

SWS zwei Seitenlängen und die Größe des eingeschlossenen Winkels gegeben sind.

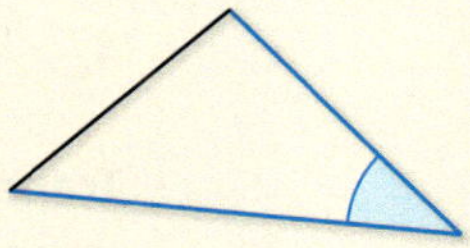

WSW eine Seitenlängen und die Größe der beiden anliegenden Winkel gegeben sind.

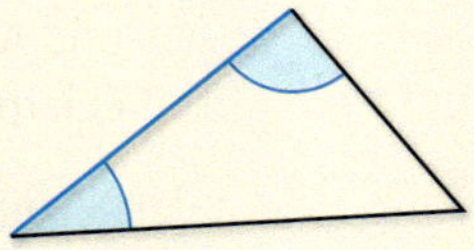

SsW zwei Seitenlängen und der der längeren Seite gegenüberliegende Winkel gegeben sind.

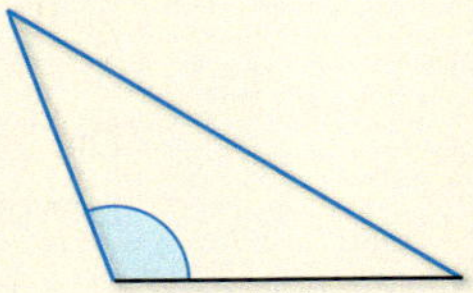

Geometrie – Umfang und Flächeninhalt berechnen

Umfang von Vielecken

Summe aller Seitenlängen
$U = a + b + c + d + e + f$

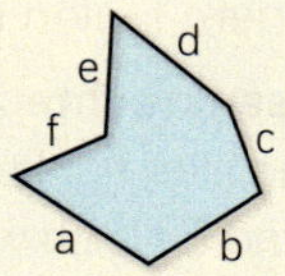

Flächeninhalt vom Dreieck, Parallelogramm und Trapez

Bei Rechtecken kannst den Flächeninhalt leicht mit Formeln berechnen:

Flächeninhalt = Länge mal Breite

$A_{\square} = a \cdot b$

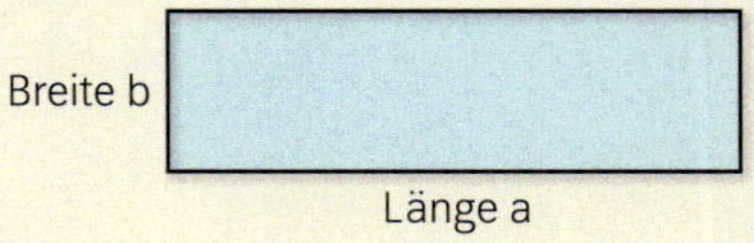

Dreiecke, Parallelogramme und Trapeze kann man in flächeninhaltsgleiche Rechtecke verwandeln. Zur Berechnung des Flächeninhalts muss man mindestens die Länge einer Seite und die dazugehörige „Höhe" kennen.

Dreieck

Jedes Dreieck kann man zu einem Rechteck mit doppeltem Flächeninhalt ergänzen.

Flächeninhalt = $\frac{1}{2}$ · Grundseite mal Höhe

$A_{\triangle} = \frac{1}{2} \cdot g \cdot h$

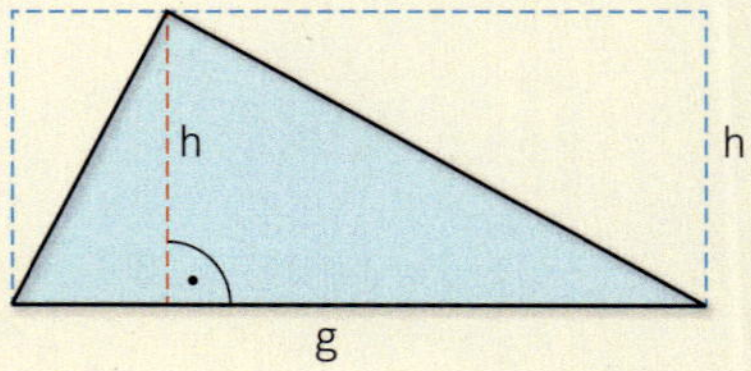

Als Grundseite kannst du jede Seitenlänge des Dreiecks nehmen. Die dazugehörige Höhe ist der Abstand von dieser Seite zur gegenüberliegenden Ecke.

Parallelogramm

Jedes Parallelogramm kann man durch Abschneiden und Anfügen eines Dreiecks in ein Rechteck mit gleichem Flächeninhalt verwandeln:

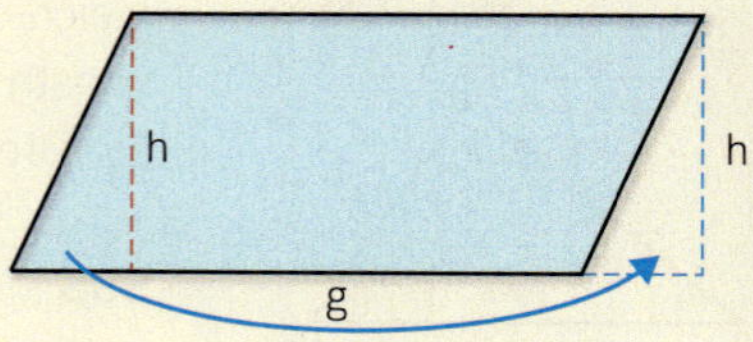

Flächeninhalt = Grundseite mal Höhe

$A_{\square} = g \cdot h$

Trapez

Jedes Trapez kann man durch Abschneiden und Anfügen von zwei Dreiecken in ein Rechteck mit gleichem Flächeninhalt verwandeln:

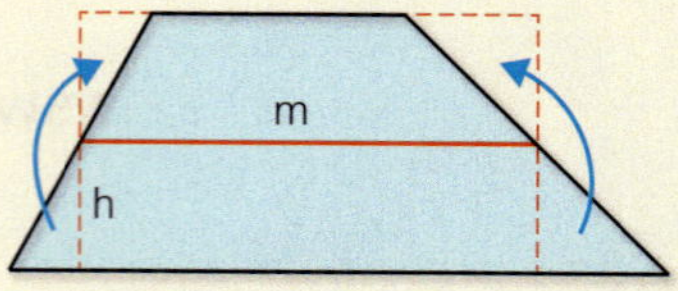

Flächeninhalt = Mittellinie mal Höhe

$A_{\square} = m \cdot h$

Die Länge der Mittellinie erhält man als Mittelwert der Längen der beiden parallelen Trapezseiten.

$m = \frac{1}{2} \cdot (a + c)$

Geometrie – Satz des Pythagoras

Satz des Pythagoras und seine Umkehrung

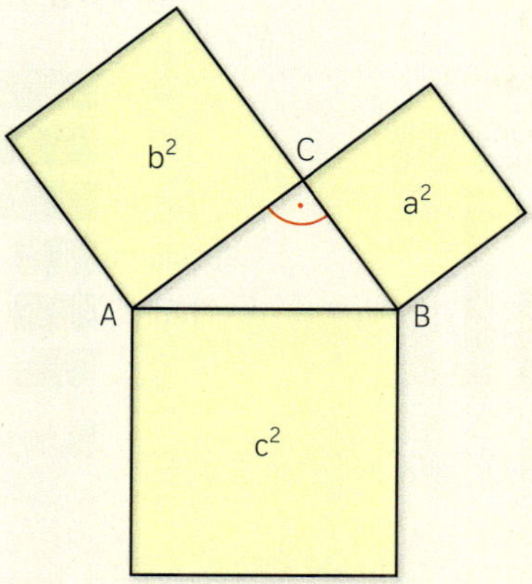

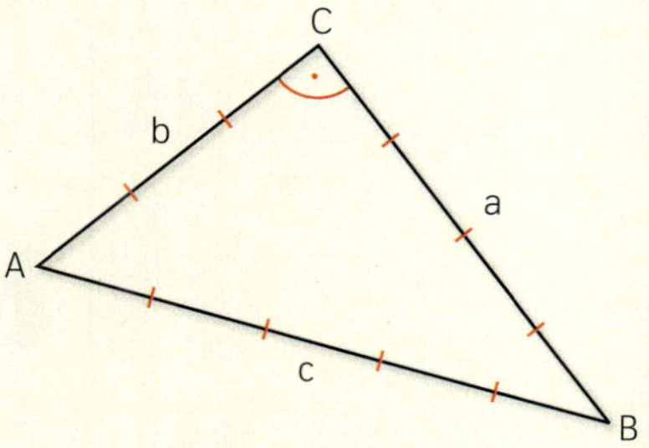

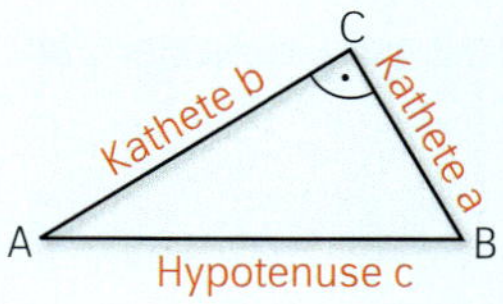

Ist das Dreieck ABC rechtwinklig mit rechtem Winkel bei C, dann gilt:
Die Quadrate über den Katheten haben zusammen denselben Flächeninhalt wie das Quadrat über der Hypotenuse:

$$a^2 + b^2 = c^2$$

Erfüllen die drei Seitenlängen a, b, c eines Dreiecks die Gleichung $a^2 + b^2 = c^2$, so gilt: Das Dreieck ABC ist rechtwinklig, mit rechtem Winkel bei C.

Höhensatz $h^2 = p \cdot q$

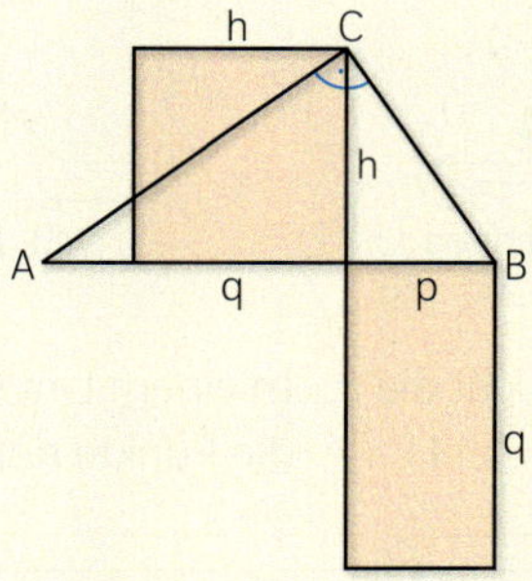

$c = q + p$

$h^2 = p \cdot q$

Im rechtwinkligen Dreieck ist das Quadrat über der Höhe flächeninhaltsgleich mit dem Rechteck, dessen Seiten so lang sind wie die beiden Hypotenusenabschnitte.

Kathetensatz

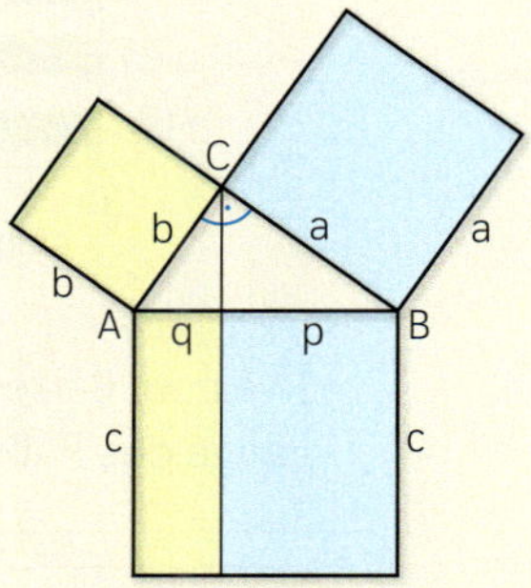

$c = q + p$

$b^2 = q \cdot c$

$a^2 = p \cdot c$

Im rechtwinkligen Dreieck ist das Quadrat über einer Kathete flächeninhaltsgleich mit dem Rechteck, dessen Seiten so lang sind wie die Hypotenuse und der anliegende Hypotenusenabschnitt

Abstand zweier Punkte im Koordinatensystem

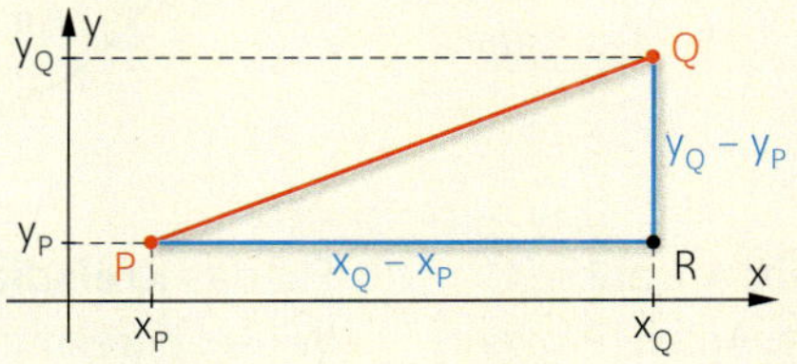

Mithilfe des Satzes von Pythagoras lassen sich Längen und Abstände berechnen.

Formel:

$\overline{PQ} = d(P, Q) = \sqrt{(x_Q - x_P)^2 + (y_Q - y_P)^2}$

Daten – Diagramme

Diagramme: Daten „auf einen Blick“

Säulendiagramm
Bilddiagramm

Säulendiagramm

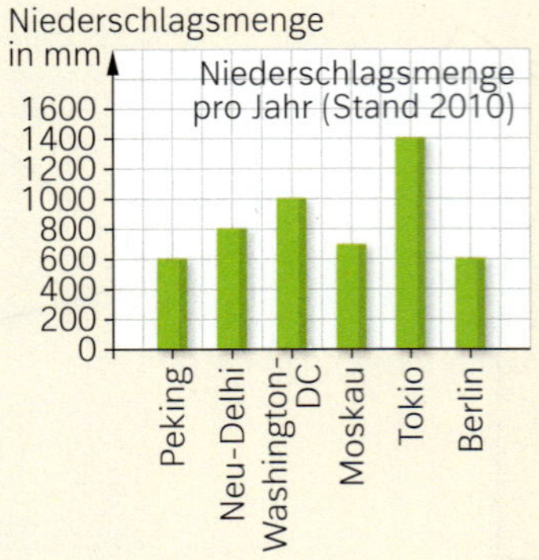

In einem Säulendiagramm entspricht die Länge der Säule der Größe der Zahl.

Bilddiagramm

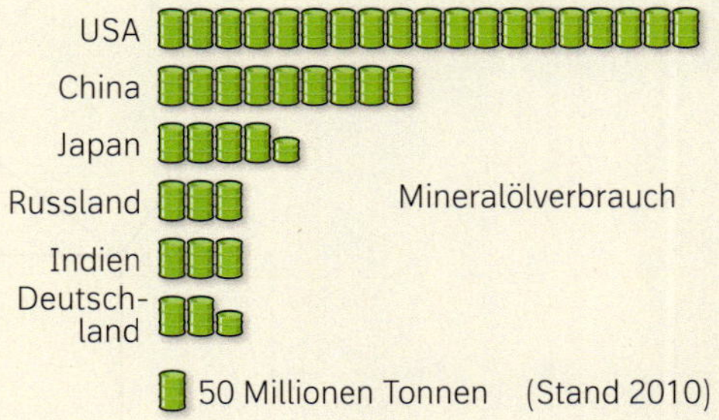

In einem Bilddiagramm passen Anzahl und Größe der Zeichen zur Größe der Zahl.

Balkendiagramm
Liniendiagramm

Balkendiagramm

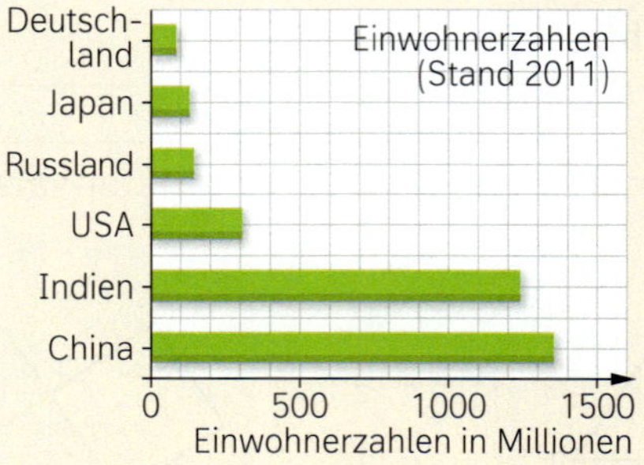

In einem Balkendiagramm entspricht die Länge des Balkens der Größe der Zahl.

Liniendiagramm

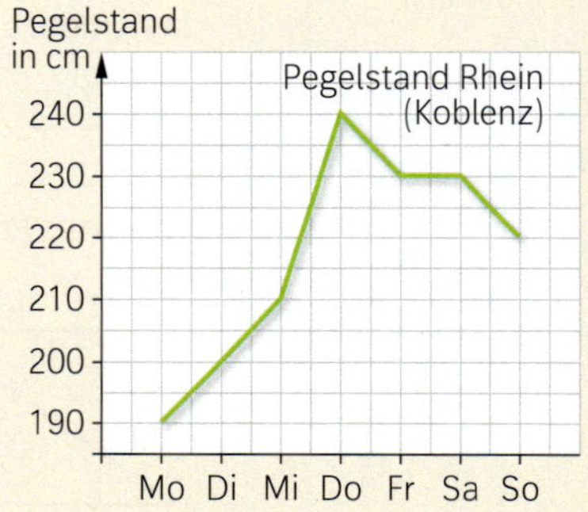

In einem Liniendiagramm entsprechen die Punkte der Linie den Zahlen.

Prozentzahlen lassen sich besonders gut im **Kreisdiagramm** vergleichen.

Kreisdiagramm

Wie kommen Schülerinnen und Schüler der 6 b zur Schule?

	Anzahl	Anteil	Prozent
zu Fuß	12	12/25	48 %
Fahrrad	4	4/25	16 %
Auto	3	3/25	12 %
Bus	6	6/25	24 %
gesamt	25	25/25	100 %

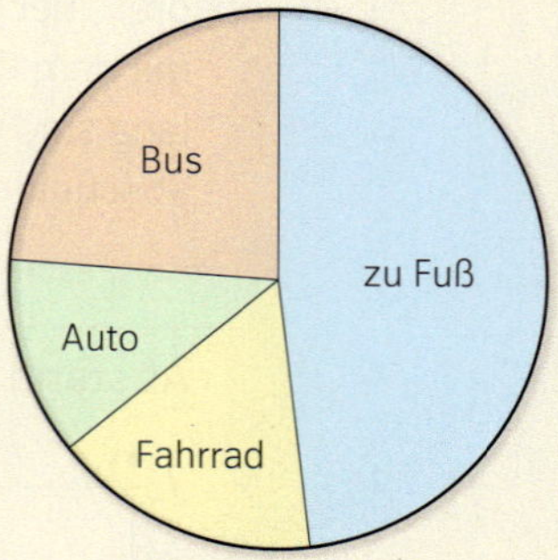

Kreisdiagramm

Absolute Häufigkeit
Relative Häufigkeit

Absolute Häufigkeit: Anzahl
Relative Häufigkeit: Anteil (Prozent)

Für das **Kreisdiagramm** werden die Winkel berechnet.
1 % entspricht einem Winkel von $\frac{360°}{100} = 3{,}6°$.

Daten – Mittelwerte und Streumaße

Mittelwerte

Arithmetische Mittel

1. Die Summe aller Werte berechnen,
2. die Summe durch die Anzahl n der Werte dividieren.

$\overline{x} = \frac{x_1 + x_2 + \ldots + x_n}{n}$

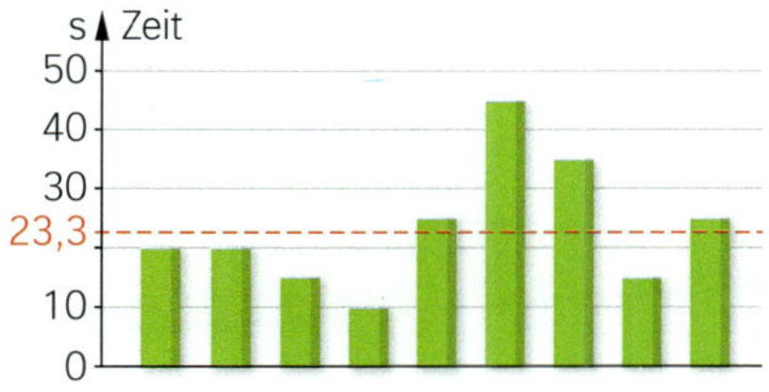

Median (Zentralwert)

1. Alle Daten der Größe nach ordnen,
2. bei ungerader Anzahl n den Wert nehmen, der in der Mitte der geordneten Datenliste liegt
3. bei gerader Anzahl n das arithmetische Mittel der beiden Werte nehmen, die in der Mitte stehen.

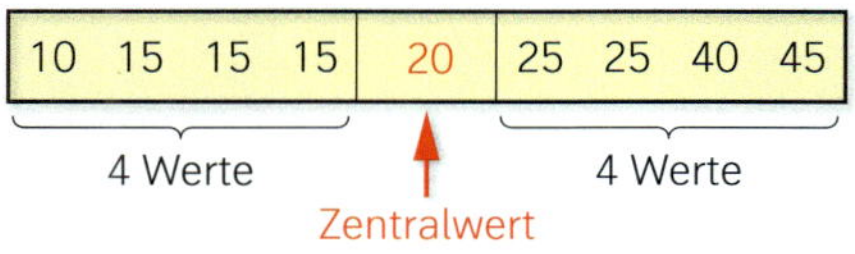

Modalwert

Der Modalwert ist der Wert, der am häufigsten in der Datenmenge vorkommt. Den Modalwert verwendet man gerne, wenn man die Daten weder der Größe nach ordnen oder addieren kann.

Streumaße

Spannweite = Maximum der Datenwerte – Minimum der Datenwerte

Quartile

- **Unteres Quartil**, oft kurz Q_1 genannt: Das untere Quartil ist der Median der unteren Hälfte der geordneten Datenreihe.
- **Oberes Quartil**, oft kurz Q_3 genannt: Das obere Quartil ist der Median der oberen Hälfte der geordneten Datenreihe.

10	12	15	15	18	20	22	25	32	40	45
		Unteres Quartil Q_1			Median			Oberes Quartil Q_3		

- **Quartilsabstand** als Streumaß: Der Quartilsabstand ist die Differenz zwischen dem oberen und dem unteren Quartil. Zwischen dem unteren und dem oberen Quartil liegen in etwa 50 % der Daten. Je kleiner dieser Bereich ist, umso enger liegen 50 % der Daten um den Median „gedrängt".

Boxplot

Einen aussagekräftigen Überblick über Maximum, Minimum, Median, oberes und unteres Quartil bietet der Boxplot.

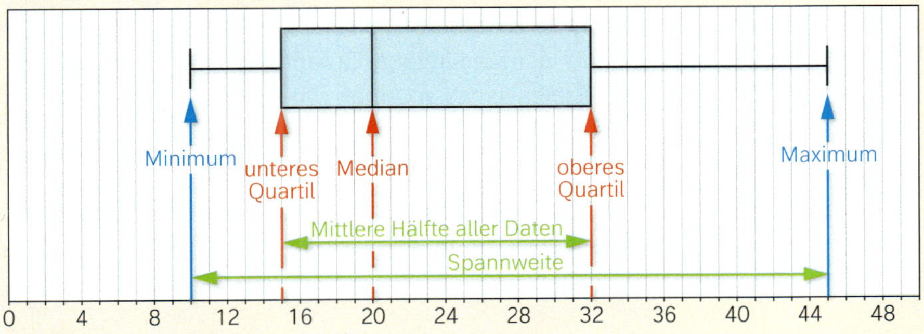

Zufall – Zufallsexperimente und Wahrscheinlichkeit

Zufallsexperiment, Ergebnisse, Wahrscheinlichkeit

Zufallsexperiment: Experiment, bei dem verschiedene Ergebnisse eintreten können

Ergebnismenge: Zusammenfassung aller möglichen Ergebnisse

Ereignis: Zusammenfassung einiger Ergebnisse

Wahrscheinlichkeit p: Zahl zwischen 0 und 1, also zwischen 0 % und 100 %. Sie gibt an, wie wahrscheinlich ein Ergebnis oder ein Ereignis ist

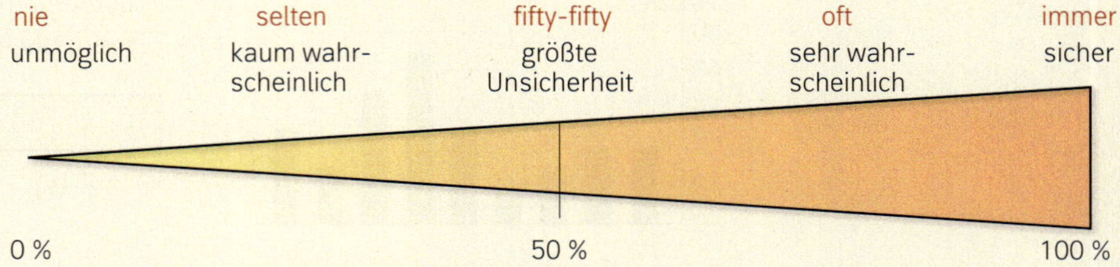

Schätzen von Wahrscheinlichkeiten

Wiederholen wir ein Zufallsexperiment häufig, so können wir die **relative Häufigkeit,** mit der ein Ergebnis eintritt, berechnen.

Die relative Häufigkeit ist ein **Schätzwert für die Wahrscheinlichkeit,** mit der das betreffende Ergebnis eintritt.
Statt Schätzwert sagen wir auch:
„empirische Wahrscheinlichkeit“.

Empirisch: aus einem Experiment gewonnen

Experiment:
- 30 Würfe mit 2 Würfeln,
- die Differenz 3 tritt 7-mal auf
- die relative Häufigkeit der 3 beträgt $\frac{7}{30}$.

Laplace-Experimente

Münze werfen	Würfeln	Glücksrad drehen	Kugel ziehen

Ergebnismengen			
{Z; W}	{1; 2; 3; 4; 5; 6}	{0; 1; ...; 9}	{1; 2; ...; 49}
Anzahl der Ergebnisse			
2	6	10	49
Wahrscheinlichkeit für jedes Ergebnis			
$\frac{1}{2}$	$\frac{1}{6}$	$\frac{1}{10}$	$\frac{1}{49}$

Beim Glücksrad sind alle Ergebnisse gleich wahrscheinlich.

Ein Zufallsexperiment, dessen Ergebnisse alle gleich wahrscheinlich sind, nennt man **Laplace-Experiment**. Die Wahrscheinlichkeit p eines Ereignisses kann man dann leicht ermitteln:

$p = \frac{\text{Anzahl der günstigen Ergebnisse}}{\text{Anzahl der möglichen Ergebnisse}}$ $\qquad$ $P(\text{„grün“}) = \frac{5}{12} \approx 41{,}7\,\%$

Hat ein **Zufallsexperiment** n verschiedene Ergebnisse, die gleich wahrscheinlich sind, dann ist die Wahrscheinlichkeit für jedes Ergebnis $\frac{1}{n}$.

Werkzeuge – Tabellenkalkulation

Tabelle

Beim Start der Tabellenkalkulation öffnet sich ein leeres Tabellenblatt, eine Tabelle mit in Zeilen und Spalten angeordneten einzelnen Zellen.

Zeilen 1, 2, 3, ...
Spalten A, B, C,...
Zellen A1, E3,..

In jede beliebige Zelle ist eine Eingabe möglich. Eingegeben werden können Zahlen, Texte und auch Formeln zur Berechnung von Werten mit den Zahlen anderer Zellen.

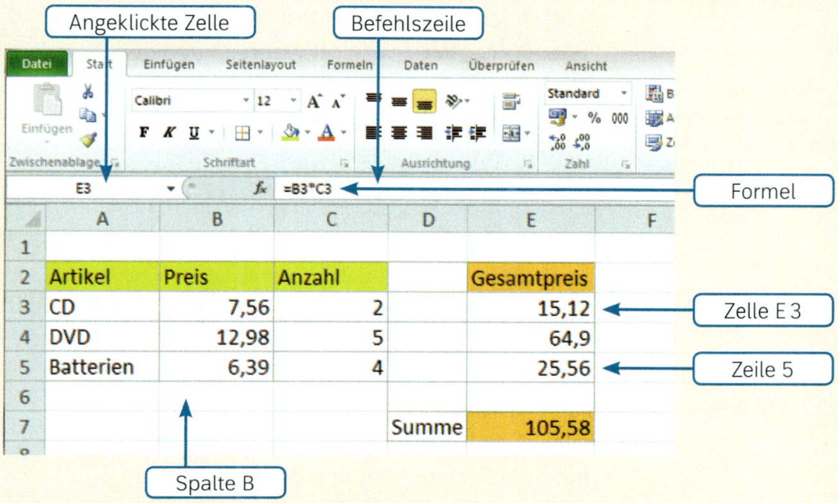

Eingabe von Formeln

=B3*C3

Die Rechenoperation für die Formel kann in die Befehlszeile oder auch direkt in die Zelle eingegeben werden, sie muss zur Kennzeichnung als Formel auf jeden Fall mit dem Gleichheitszeichen beginnen.

In dem Tabellenblatt ist in Zelle E3 die Formel **=B3*C3** geschrieben. Damit wird automatisch der Preis für eine CD mit der Anzahl der gekauften CDs multipliziert, es wird dann der Gesamtpreis für alle gekauften CDs in die Zelle geschrieben.

Die Tabellenkalkulation stellt auch viele Formeln fertig zur Verfügung. In der Zelle E7 ist der Befehl **=SUMME(E3;E4;E5)** eingegeben. Damit werden die in den Zellen E3 bis E5 angegebenen Gesamtpreise für die gekauften Artikel aufsummiert.

Diagramme

Zu geeigneten Tabellen lassen sich mit der Tabellenkalkulation auch übersichtliche Diagramme erstellen. Nach dem Markieren der passenden Spalten (oder Zeilen) wird meist unter Einfügen-Diagramm der gewünschte Diagrammtyp aufgerufen; das Diagramm wird dann automatisch erstellt.

Diagrammtyp:

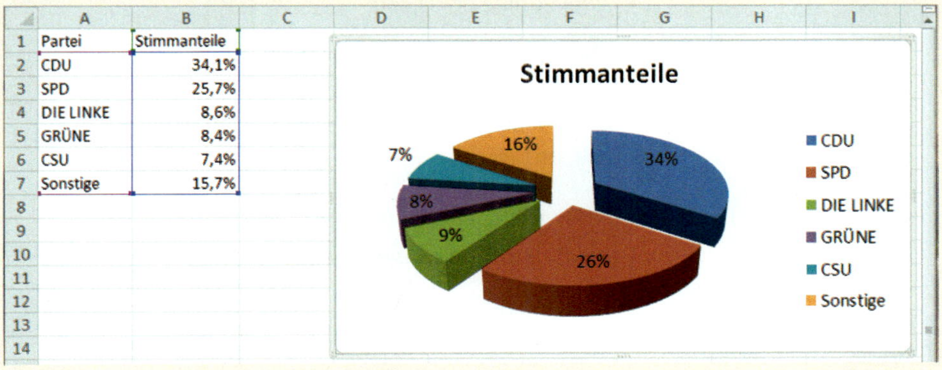

Formatierung

Wie bei der Textverarbeitung kannst du auch in der Tabellenkalkulation einzelne Zellen oder das Tabellenblatt formatieren. Damit ist gemeint, dass du z. B. die Spalten- oder Zeilenbreite, die Größe oder Farbe der Zellen, Schriftart und Schriftgröße der Einträge in den Zellen und vieles andere einstellen bzw. verändern kannst.

Hilfefunktion

Jede Tabellenkalkulation bietet eine Hilfefunktion. Nutze sie.

Werkzeuge – Dynamische Geometriesysteme

DGS

Zugmodus

Experimentieren und Entdecken „Was passiert, wenn ...?“

DGS = „Dynamische Geometriesysteme“ sind Werkzeuge, mit denen man am Computer geometrische Konstruktionen ausführen kann. Die konstruierten Figuren sind mit dem **Zugmodus** nachträglich noch in Lage und Form veränderbar. Mit der Frage **„Was passiert wenn ...“** und dem gezielten Experimentieren beim Ziehen der Figuren lassen sich wichtige geometrische Eigenschaften und Zusammenhänge entdecken.

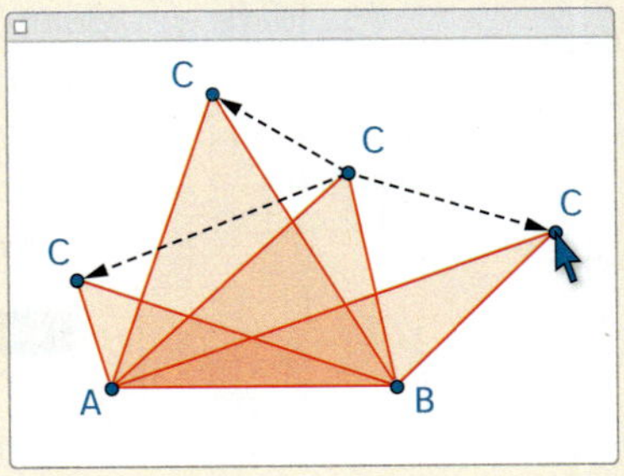

Nach dem Start des DGS erscheint ein leeres Zeichenblatt. Mithilfe verschiedener Werkzeuge aus dem Menü lässt sich auf dem Zeichenblatt konstruieren, abbilden und messen.

Hauptleiste

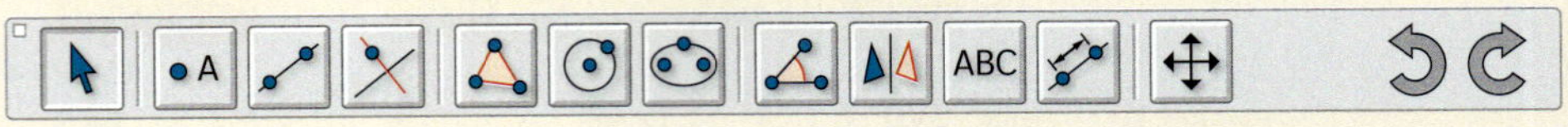

Konstruieren

Beispiel: **Dreieck**

"Vieleck“ (Polygon) auswählen.

- Auf dem Zeichenblatt drei Punkte anklicken und zum Abschluss wieder den ersten Punkt anklicken.

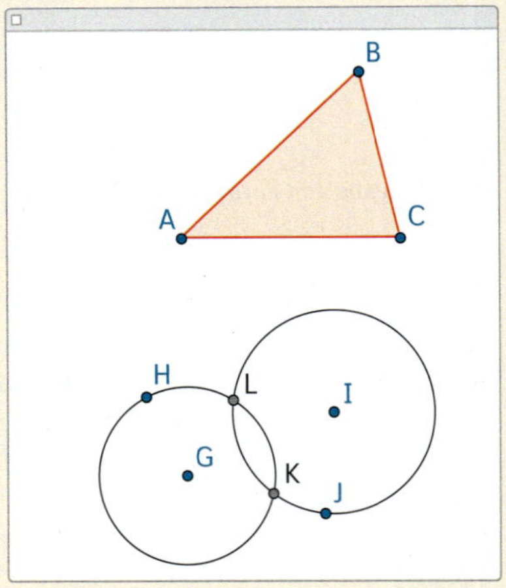

Beispiel: **Schnittpunkte zweier Kreise**

Kreis mit Mittel- und Kreispunkt konstruieren.

- Zwei Punkte anklicken, der erste Punkt ist der Mittelpunkt, der zweite Punkte liegt auf dem Kreis.

Schnittpunkte erzeugen.

- Beide Kreise nacheinander oder gleichzeitig anklicken.

Schnittpunkte können nicht gezogen werden.

Abbilden

Beispiel: **Dreieck an einer Geraden spiegeln**

Gerade als Spiegelachse konstruieren.

- Zwei Punkte anklicken.

Im Menü „Abbildungen“ Icon wählen.

- Das Dreieck, das gespiegelt werden soll, anklicken. Die Gerade, an der gespiegelt werden soll, anklicken.

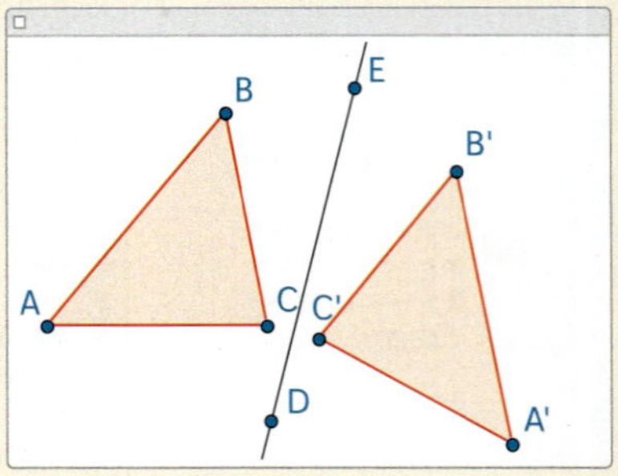

Beispiel: **Streckenlängen messen**

„Abstand oder Länge“ Icon wählen.

- Strecke oder Endpunkte der Strecke anklicken.

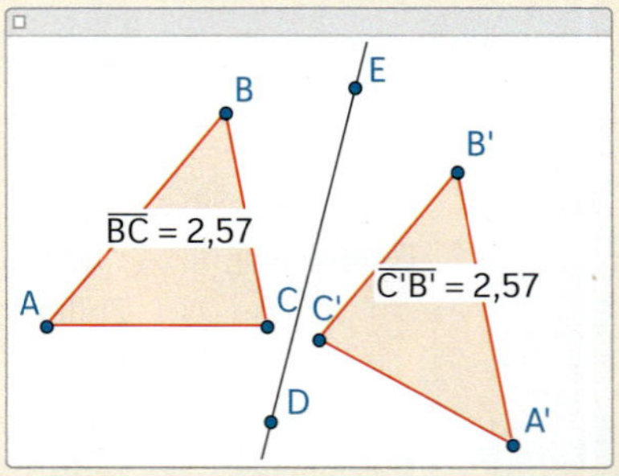

Lösungen zu den Check-ups

Lösungen zu Seite 46

1 a) Mit $S_{A;1,5}$ wird die zentrische Streckung mit Streckzentrum A und Streckfaktor k = 1,5 bezeichnet.
In b) ist die zentrische Streckung ausgeführt.

b)

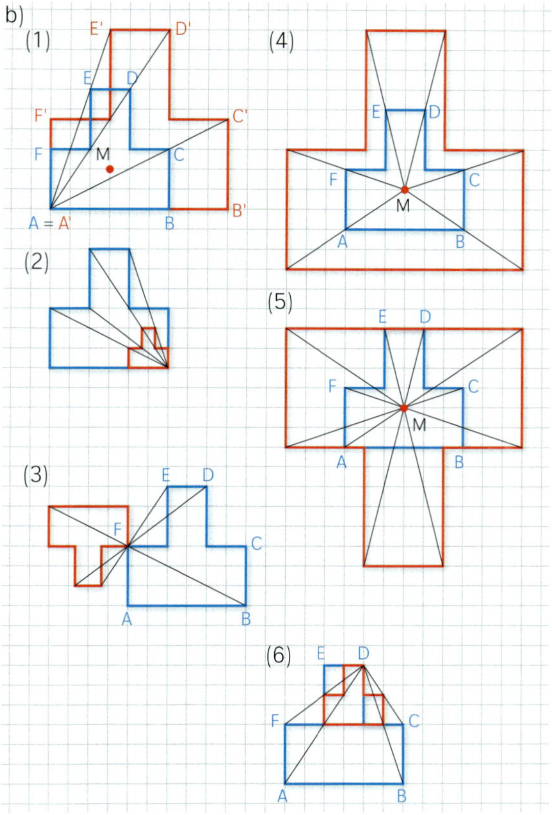

2

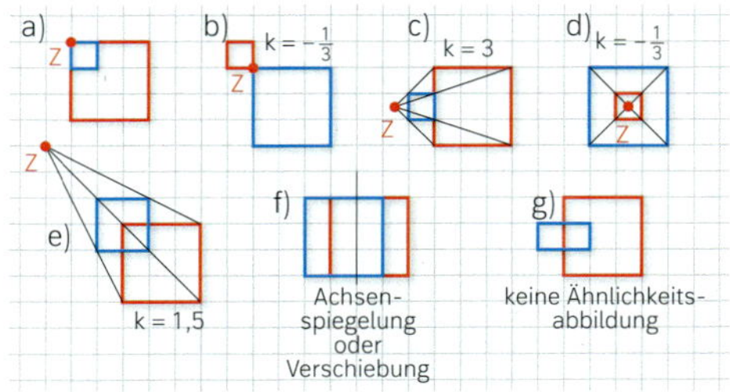

3

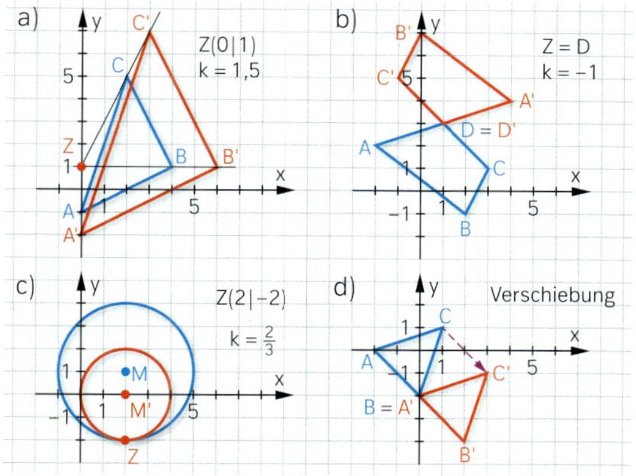

4 a) (1), (2) und (4) richtig, (3) falsch.
b) (1), (2) und (3) richtig, (4) falsch.

Lösungen zu Seite 47

5 a) Falsch, Gegenbeispiel:
gleichschenklig, jedoch nicht ähnlich!

b) Richtig, dies folgt aus den Eigenschaften der zentrischen Streckung.
c) Falsch, Gegenbeispiel:

d) Falsch, sein Volumen verändert sich mit $k^3 = 3^3 = 27$.
Es muss heißen „Das Volumen ver-27-facht sich."
e) Richtig

6 a) $\frac{15}{3+9} = \frac{x}{9} \Rightarrow x = 11{,}25$
b) $\frac{6}{x} = \frac{10+6}{20} \Rightarrow x = 7{,}5$
c) $\frac{x_1}{3} = \frac{4}{21} \Rightarrow x_1 = \frac{4}{7}$; $\frac{x_2}{18} = \frac{4}{21} \Rightarrow x_2 = 3\frac{3}{7}$

7 a) $\frac{x}{180} = \frac{68}{85} \Rightarrow x = 144\text{ m}$
b) $\frac{x}{250} = \frac{350}{100} \Rightarrow x = 875\text{ m}$
c) $\frac{1{,}2}{0{,}5} = \frac{x}{4} \Rightarrow x = 9{,}6\text{ m}$

8 Die Quader sind nicht ähnlich, da die Seitenverhältnisse nicht gleich sind. Z. B.: $2:3 \neq 2:6$

9 Da sich das Volumen um den Faktor $2{,}5^3 = 15{,}625$ ändert, sind Energiekosten von $15{,}625 \cdot 3000\text{ €} = 46\,875\text{ €}$ zu erwarten.

Lösungen zu Seite 70

1 a) $a \approx 3{,}17\text{ cm}$, $b \approx 2{,}44\text{ cm}$, $\beta \approx 37{,}5°$
b) $\alpha \approx 54{,}36°$, $\beta \approx 35{,}64°$, $c \approx 6{,}52\text{ cm}$
c) $c \approx 7{,}14\text{ cm}$, $a \approx 3{,}87\text{ cm}$, $\alpha \approx 32{,}8°$
d) $a \approx 8{,}51\text{ cm}$, $\alpha = 67{,}64°$, $\beta = 22{,}36°$

2 g_1: $\alpha \approx 71{,}57°$; g_2: $\alpha \approx 11{,}31°$;
g_3: $\alpha \approx 33{,}69°$; g_4: $\alpha \approx 56{,}31°$

3 Hausbreite mit Überstand:
$9{,}5\,m + 1{,}2\,m = 10{,}7\,m = 2 \cdot 5{,}35\,m$
Höhe: $h = \tan(30°) \cdot 5{,}35\,m \approx 3{,}09\,m$
Balken: $b = h/\sin(30°) \approx 6{,}18\,m$
Die Balken müssen mindestens 6,18 m lang sein.

4 $\sin(15°) = \sin(165°) = 0{,}26$; $\sin(45°) = \sin(135°) = \frac{1}{2}\sqrt{2}$
$\sin(80°) = \sin(100°) = 0{,}98$; $\sin(180°) = \sin(0°) = 0$

5 a) $C(10\cos(\alpha) \mid 10\sin(\alpha))$
b) $C_{60°} \approx (5 \mid 8{,}66)$; $C_{120°} \approx (-5 \mid 8{,}66)$

6 Sinussatz: z. B. $\frac{p}{q} = \frac{\sin(\varphi_1)}{\sin(\varphi_2)}$
Kosinussatz: z. B. $p^2 = q^2 + r^2 - 2qr \cdot \cos(\varphi_1)$
a) $r \approx 6{,}44\,cm$ b) $\varphi_2 \approx 57{,}98°$ oder $\varphi_2 \approx 122{,}02°$

7 Volle Länge der Knotenschnur:
Mit dem Tripel 3, 4, 5 erhält man neben 90° noch zwei Winkel von ungefähr 37° und 53°.
Mit dem Tripel 4, 4, 4 (gleichseitiges Dreieck) erhält man einen Winkel von 60°.
Reduzierte Länge der Knotenschnur:
Mit dem Tripel 3, 4, 4 (gleichschenkliges Dreieck) erhält man zwei Winkel von ungefähr 68° und 44°. Weitere Winkel z. B. mit den Tripeln 2, 3, 4 oder 2, 4, 5.

Lösungen zu Seite 95

1

r	3 cm	4,8 cm	1,6 cm	3,2 cm	1,8 cm
U	18,8 cm	30,2 cm	10,1 cm	20 cm	11,3 cm
A	28,3 cm²	72,4 cm²	8 cm²	32,2 cm²	10 cm²

2 Der Verschnitt beträgt
$50\,cm \cdot 70\,cm - 35 \cdot \pi \cdot (5\,cm)^2 \approx 751{,}11\,cm^2$

3

	Umfang	Flächeninhalt
Figur 1	$U = 4 \cdot 1\,cm + 2 \cdot \pi \cdot 1\,cm \approx 10{,}28\,cm$	$A = (3\,cm)^2 - \pi \cdot (1\,cm)^2 \approx 5{,}86\,cm^2$
Figur 2	$U = 3\,cm \cdot \pi + 2\,cm \cdot \pi \approx 15{,}71\,cm$	$A = \pi \cdot (1{,}5\,cm)^2 - \pi \cdot (1\,cm)^2 \approx 3{,}93\,cm^2$
Figur 3	$U = 2\,cm + 2\,cm + \pi \cdot 1\,cm + \pi \cdot 2\,cm \approx 13{,}42\,cm$	$A = 1\,cm \cdot 2\,cm + \pi \cdot (0{,}5\,cm)^2 + (2\,cm)^2 - \pi \cdot (1\,cm)^2 \approx 3{,}64\,cm^2$
Figur 4	$U = 2 \cdot \pi \cdot 3\,cm \approx 18{,}85\,cm$	$A = \pi \cdot (1{,}5\,cm)^2 - ((3\,cm)^2 - \pi \cdot (1{,}5\,cm)^2) \approx 5{,}14\,cm^2$

4 Kreis $U_K \approx 21{,}27\,cm$; Quadrat: $U_Q = 24\,cm$

5 a) $U \approx 8{,}19\,cm$; $A = 4{,}19\,cm^2$
b) $U \approx 3{,}57\,cm$; $A = 0{,}79\,cm^2$

6

Gradmaß	30°	45°	270°	36°	9°	■
Bogenmaß	$\frac{\pi}{6}$	$\frac{\pi}{4}$	$\frac{3}{2} \cdot \pi$	$\frac{\pi}{5}$	$\frac{\pi}{20}$	$\frac{7}{4} \cdot \pi$

7 Kreisfläche: $A = 100\pi\,cm^2$; halbe Kreisfläche: $50\pi\,cm^2$, also $r^2 = 50\,cm^2$, folglich $r = \sqrt{50}\,cm \approx 7{,}07\,cm$

8 a) 1000 Tulpen beanspruchen eine Fläche von
$144\,000\,cm^2 = 14{,}4\,m^2$
$14{,}4\,m^2 = \pi \cdot \frac{d^2}{4}$; also $d \approx 4{,}28\,m$

Lösungen zu Seite 137

1 a) lineare Funktion: Gerade;
quadratische Funktion: Parabel mit Maximum (Minimum), symmetrisch;
lineare Funktion: konstante Steigung;
quadratische Funktion: Steigung ändert sich gleichmäßig.
b) lineare Funktion: $f(x) = mx + b$;
quadratische Funktion: $f(x) = ax^2 + bx + c$
c) Bei der linearen Funktion ändert sich der Funktionswert um 2, bei der quadratischen Funktion zunächst um −11, dann um −9, −7, −5 usw.

x	2x − 1	$(x-2)^2 - 4$
−4	−9	32
−3	−7	21
−2	−5	12
−1	−3	5
0	−1	0
1	1	−3
2	3	−4
3	5	−3
4	7	0

2 a) Nullstellen $x_1 = 2$, $x_2 = -3$
Parabel nach oben geöffnet „normal"
b) Scheitelpunkt $S(-2 \mid -4)$
nach oben geöffnet „normal"
c) Scheitelpunkt $S(0 \mid 3)$
nach oben geöffnet „normal"
d) Schnittpunkt mit y-Achse $(0 \mid 5)$
nach unten geöffnet „normal"
e) Nullstellen $x_1 = 0$, $x_2 = 1$
nach oben geöffnet gestreckt ($a = 3$)
f) Scheitelpunkt = Nullstelle $S(0 \mid 0)$
nach unten geöffnet gestaucht ($a = -0{,}5$)

3 a) $S(0 \mid 5)$ Maximum
b) $S(7 \mid 0)$ Minimum
c) $S(-2 \mid -5)$ Minimum
d) $f(x) = x^2 + 4x - 2 = x^2 + 4x + 4 - 4 - 2 = (x+2)^2 - 6$
$S(-2 \mid -6)$ Minimum
e) $f(x) = x^2 - 4$
$S(0 \mid -4)$ Minimum
f) $f(x) = x^2 - 5x - 6$
$= x^2 - 5x + \left(\frac{5}{2}\right)^2 - \left(\frac{5}{2}\right)^2 - 6 = \left(x - \frac{5}{2}\right)^2 - \frac{49}{4}$
$S\left(\frac{5}{2} \mid -\frac{49}{4}\right)$ Minimum

g) Nullstellen $x_1 = -2$, $x_2 = 6$
Scheitelpunkt $(2 \mid y_S)$
$y_S = (2+2)(2-6) = -16$
$S(2 \mid -16)$ Minimum

h) $x_1 = 0$, $x_2 = 10$
Scheitelpunkt $(5 \mid y_S)$
$y_S = -0{,}2 \cdot 5(5-10) = 5$
$S(5 \mid 5)$ Maximum

i) $S(0 \mid 0)$ Minimum

4 a) $f(x) = -(x-4)^2$
b) $f(x) = (x+5)^2 - 2$
c) $f(x) = -x^2 + 2$

5 a) Mit Faktor 4 gestreckt
b) Mit Faktor 0,2 gestaucht
c) An der x-Achse gespiegelt, gestreckt (Faktor −2)
d) Um 3 nach unten verschoben
e) Gespiegelt an x-Achse, gestreckt (Faktor −3), um 1 nach oben verschoben.
f) Gestaucht $\left(\text{Faktor } \frac{1}{4}\right)$,

6 a), b)

a) Scheitelpunkt	Nullstellen	y-Achsenschnittpunkt	b) Funktion
$(0 \mid 2)$	$x_1 = \sqrt{2}$; $x_2 = -\sqrt{2}$	$(0 \mid 2)$	$f_1(x) = -x^2 + 2$
$(-0{,}5 \mid -4{,}5)$	$x_1 = -2$; $x_2 = 1$	$(0 \mid -4)$	$f_2(x) = 2(x-1)(x+2)$
$(3 \mid 4)$	$x_1 = -2\sqrt{2} + 3$; $x_2 = 2\sqrt{2} + 3$	$(0 \mid -0{,}5)$	$f_3(x) = -0{,}5(x-3)^2 + 4$
$(4 \mid 0)$	$x = 4$	$(0 \mid 16)$	$f_4(x) = (x-4)^2$

Lösungen zu Seite 138

7 $S(50 \mid 30) \Rightarrow f(x) = a(x-50)^2 + 30$
$P(100 \mid 0) \Rightarrow f(100) = a(100-50)^2 + 30 = 0$
$a \cdot 50^2 = -30$; $a = -\frac{30}{2500}$
$f(x) = -\frac{30}{2500}(x-50)^2 + 30$

8 a) $a = 0{,}5$; $b = 2$; $c = -6$; $\mathbb{L} = \{-6; 2\}$
b) $\mathbb{L} = \{1; 5\}$ c) $\mathbb{L} = \{\,\}$

9 a) $x_{1/2} = \frac{-2 \pm \sqrt{4+32}}{2}$
$x_1 = -4$; $x_2 = 2$
$\mathbb{L} = \{-4; 2\}$
b) $4x^2 - 8 = 20 \quad | +8$
$4x^2 = 28 \quad | : 4$
$x^2 = 7$
$\mathbb{L} = \{-\sqrt{7}; \sqrt{7}\}$
c) $3x^2 - x = 0$
$x(3x-1) = 0$
$\mathbb{L} = \{0; \frac{1}{3}\}$
d) $5x^2 - 5x = 0$
$5x(x-1) = 0 \qquad \mathbb{L} = \{0; 1\}$
e) $9x^2 + 16x + 12 = 0$
$x_{1/2} = \frac{-16 \pm \sqrt{256 - 432}}{18}$
$\mathbb{L} = \{\,\}$
f) $3x^2 = 2x - 1 \quad | -2x^2$
$x^2 = -1 \qquad \mathbb{L} = \{\,\}$

10 a) b) c)

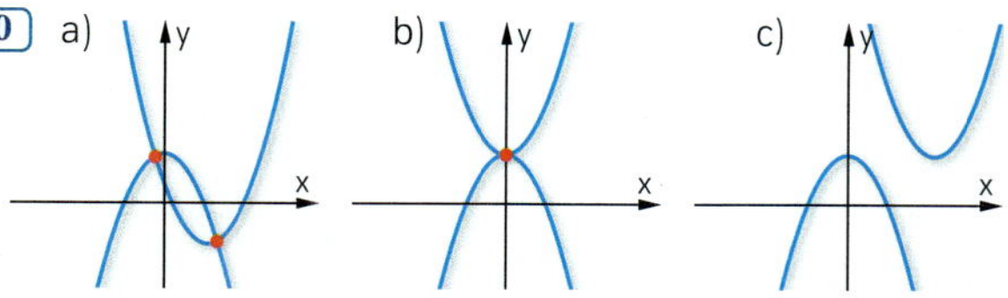

11 $f = g$; kein Schnittpunkt
$f = h$; $x_1 = -2$, $x_2 = 2$; $S_1(-2 \mid 104)$, $S_2(2 \mid 104)$
$g = h$; $x = 10$; $S_1(10 \mid 200)$

12 a) Nein, denn $-3^2 + 2 \cdot 3 = -3 \neq -5$
b) $y_1 = f(4) = -8$; $y_2 = f(-3) = -15$
c) $x_1 = -1 \pm \sqrt{3}$; $x_1 \approx -0{,}73$ oder $x_1 \approx 2{,}73$
D liegt für kein x_2 auf der Parabel.

13 (1) $f(x) = x(24 - x) = -(x-12)^2 + 144$;
Scheitelpunkt $(12 \mid 144)$; wähle $a = b = 12$
(2) $g(x) = x(x-3) = (x-1{,}5)^2 - 2{,}25$;
Scheitelpunkt $(1{,}5 \mid -2{,}25)$; wähle $x = 1{,}5$; $y = -1{,}5$

14 $f(x) = x(25 - x) = -(x - 12{,}5)^2 + 156{,}25$;
Scheitelpunkt $(12{,}5 \mid 156{,}25)$; wähle $a = b = 12{,}5$

Lösungen zu Seite 167

1 a) –
b) alle 3 Sätze: $0{,}6 \cdot 0{,}6 \cdot 0{,}6 = 0{,}216$
nur einen Satz: $3 \cdot 0{,}6 \cdot 0{,}4 \cdot 0{,}4 = 0{,}288$
c) $0{,}288 + 0{,}4 \cdot 0{,}4 \cdot 0{,}4 = 0{,}352$

2 P („6 im 1. Wurf“) $= \frac{1}{6}$
P („6 im 2. Wurf“) $= \frac{5}{6} \cdot \frac{1}{6} = \frac{5}{36}$
P („6 im 3. Wurf“) $= \frac{5}{6} \cdot \frac{5}{6} \cdot \frac{1}{6} = \frac{25}{216}$
⋮
P („6 im 6. Wurf“) $= \frac{5}{6} \cdot \frac{5}{6} \cdot \frac{5}{6} \cdot \frac{5}{6} \cdot \frac{5}{6} \cdot \frac{1}{6} \approx 0{,}067$

3 (C) ist falsch $\left(\frac{4{,}5}{11} = 0{,}41 = 41\,\%\right)$. Knapp die Hälfte der Wähler von A ist unter 30.
(D) stimmt $\left(\frac{4{,}5}{18} = 0{,}25 = 25\,\%\right)$.

	A	B	gesamt
< 30	4,5 %	13,5 %	**18 %**
≥ 30	6,5 %	75,5 %	**82 %**
gesamt	**11 %**	**89 %**	100 %

4 a)

	Schokolade	anderes	gesamt
keine Geschwister	135	65	**200**
Geschwister	90	210	**300**
gesamt	**225**	**275**	500

b) P(Schokolade) $\approx \frac{225}{500} = 0{,}45$
P(Schokolade | Geschwister) $\approx \frac{90}{300} = 0{,}3$
Die beiden Ergebnisse sind abhängig.

Lösungen zu Seite 168

5 a)

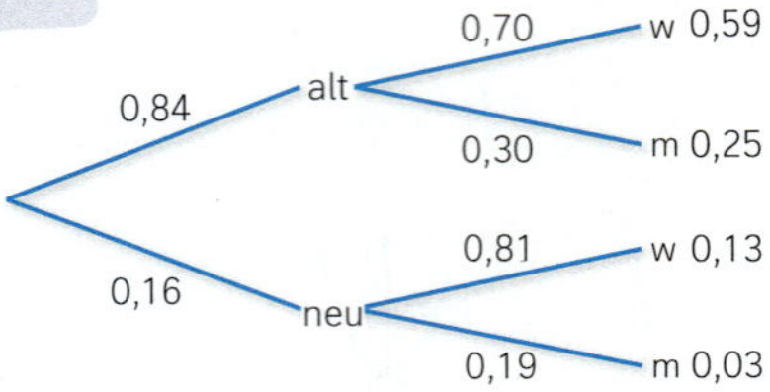

	alt (a)	neu (n)	
weiblich (w)	390 726 (0,59)	86 119 (0,13)	**476 845 (0,72)**
männlich (m)	167 454 (0,25)	20 201 (0,03)	**187 655 (0,28)**
	558 180 (0,84)	**106 320 (0,16)**	664 500 (1,00)

b) (1) 16 % der Lehrkräfte kommen aus den neuen Bundesländern, der Männeranteil in den alten Bundesländern beträgt 30 %, in den neuen 19 %.
(2) Nur 28 % aller Lehrkräfte in Deutschland sind männlich. Ca. 59 % aller Lehrkräfte sind Frauen in den alten Bundesländern, der Anteil der männlichen Lehrer in den neuen Bundesländern beträgt 3 % von allen Lehrkräften.

6 a) $P(+) = 0{,}01 \cdot 0{,}8 + 0{,}99 \cdot 0{,}04 = 0{,}048$

b)

	krank	gesund	
+	8	40	**48**
–	2	950	**952**
	10	**990**	1 000

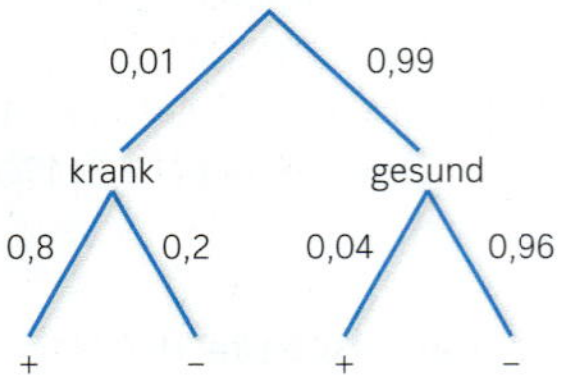

$P(\text{krank} \mid +) = \frac{8}{48} = \frac{1}{6} \approx 16{,}67\,\%$ $\quad \frac{0{,}01 \cdot 0{,}8}{0{,}01 \cdot 0{,}8 + 0{,}99 \cdot 0{,}04} \approx 16{,}8\,\%$

Unterschied der Ergebnisse durch Runden in Vierfeldertafel

7 a) $P(\text{besser}) \approx \frac{1400}{2000} = 0{,}7$
b) $P(\text{Creme} \mid \text{besser}) \approx \frac{800}{1400} = 0{,}57$

8 a)

	Unfall	kein Unfall	gesamt
A (bis 24)	242	1958	**2200**
B (> 24)	234	7566	**7800**
gesamt	**476**	**9524**	10 000

b) $P(\text{Unfall}) \approx \frac{476}{10\,000} \approx 0{,}047 = 4{,}8\,\%$
c) $P(A \mid \text{Unfall}) \approx \frac{242}{476} \approx 0{,}508 \approx 51\,\%$

Lösungen zu Seite 199

1 a) 64 b) 81 c) 4 d) 1 e) 1
f) $\frac{1}{4} = 0{,}25$ g) 1 h) 0 i) $\frac{1}{64}$ j) $\frac{1}{81}$
k) –32 l) 64 m) –64 n) 1 o) –16

2 a) gerader Exponent → Anzahl der Faktoren ist gerade. Sind diese negativ, dann ist das Produkt positiv.
Andere Begründung: Potenzen mit geradem Exponenten kann man schreiben als $a^{2n} \to a^{2n} = (a^2)^n$. Da a^2 positiv ist, gleichgültig ob a negativ oder positiv ist, ist $(a^2)^n$ auch stets positiv und damit alle Potenzen a^{2n}.
b) $0^{-n} = \frac{1}{0^n}$; durch 0 darf man nicht dividieren.
Daher ist 0^{-n} nicht definiert.

3 a) a^{10} b) x^{16} c) $15x^7$
d) $6z^6$ e) $-20x^{10}$ f) $-6b^6$

4 a) $x = 6$ b) $x = 4$ c) $x = 4$
d) $x = 3$ e) $x = 4$ f) $x = -5$

5 a) $8x^{12}$ b) $10x^7$ c) $6x^5$ d) $8x^6$

6 a) $\frac{1}{x^3}$ b) $\frac{a^2}{b^5}$ c) r^3s^2 d) $\frac{y^2}{x^3}$

7 a) 1 b) x^{-3} c) k^{-4} d) $a^{-1}b^3$
e) a^2 f) $9x^8$ g) b^4 h) s^{-16}

8 a) $\frac{1}{a}$ b) $\frac{z}{x^2}$ c) z^5 d) $\frac{1}{7a^2b^3}$
e) $\frac{1}{xy^2}$ f) a g) $\frac{1}{x^3z^2}$ h) $\frac{a^2c^6}{b^4}$

9 a) Exponenten wurden multipliziert; $a^{4+\frac{1}{2}} = a^{\frac{9}{2}}$
b) Exponenten wurden addiert; $x^4 : x^{-2} = x^{4-(-2)} = x^6$
c) Potenz der Exponenten; $\left(y^{\frac{3}{2}}\right)^2 = y^{\frac{3}{2} \cdot 2} = y^3$
d) Exponenten wurden addiert; $b^{\frac{2}{5}} + b^{\frac{3}{5}}$
e) Potenz der Exponenten; $(3^2)^4 = 3^{2 \cdot 4} = 3^8$
f) Wurzelexponenten wurden multipliziert;
$x^{\frac{2}{3}} \cdot x^{\frac{2}{4}} = x^{\frac{2}{3} + \frac{2}{4}} = x^{\frac{8}{12} + \frac{6}{12}} = x^{\frac{14}{12}} = \sqrt[12]{x^{14}}$

10 a) $38\,000\,000\,000\,000 = 3{,}8 \cdot 10^{13}$
$0{,}000\,000\,000\,125 = 1{,}25 \cdot 10^{-10}$
b) $1{,}25 \cdot 10^{-10} \cdot x = 3{,}8 \cdot 10^{13} \Rightarrow x = \frac{3{,}8}{1{,}25} \cdot 10^{23} = 3{,}04 \cdot 10^{23}$

Lösungen zu Seite 200

11 a) 5 b) 4 c) 0,5 d) 0,5

12 a) $x^{\frac{7}{2}}$ b) b^{18} c) $\frac{1}{\sqrt[10]{a}}$

13 a) $x = 6$ b) $x = 4$ c) $x = -2$

14 a) –3,30 b) –10 c) –0,8 oder 0,8 d) –3,16 oder 3,16
e) $-\sqrt[4]{30}$ oder $\sqrt[4]{30}$ e) 5 f) $-\sqrt{10} - 10$ oder $\sqrt{10} - 10$

15

f(x)	$n \in \mathbb{N}^*$	Symmetrie	Monotonie	Asymptote
x^n	gerade	achsensymmetrisch zur y-Achse	fallend in $\mathbb{R}_0^-$, wachsend in $\mathbb{R}_0^+$	–
x^n	ungerade	punktsymmetrisch zu (0 | 0)	wachsend in $\mathbb{R}$	–
x^{-n}	gerade	achsensymmetrisch zur y-Achse	wachsend in $\mathbb{R}_0^-$ fallend in $\mathbb{R}_0^+$.	x- und positive y-Achse
x^{-n}	ungerade	punktsymmetrisch zu (0 | 0)	fallend in $\mathbb{R}$	x- und y-Achse

16 a) Für gerade n gilt $n = 2m$, $m \in \mathbb{N} \setminus \{0\}$, damit ist
$f(-1) = (-1)^n = (-1)^{2m} = \left((-1)^2\right)^m = 1^m = 1$, daher liegt $P(-1 \mid 1)$ auf dem Graphen.
Es gilt: $(-x)^{2m} = (-1)^{2m} \cdot x^{2m} = x^{2m}$, daher sind die Funktionswerte von $-x$ und x gleich, folglich ist der Graph achsensymmetrisch zur y-Achse.

b) Für ungerade n gilt $n = 2m + 1$, $m \in \mathbb{N}$, damit ist $f(-1) = (-1)^n = (-1)^{2m+1} = (-1)^{2m} \cdot (-1) = -1$, daher liegt $P(-1|-1)$ auf dem Graphen.
Es gilt: $(-x)^{2m+1} = (-1)^{2m+1} \cdot x^{2m+1} = -x^{2m+1}$, daher gilt für den Funktionswert von $-x$: $f(-x) = -f(x)$, folglich ist der Graph punktsymmetrisch zu $(0|0)$.

17 a) (1) $\sqrt[3]{x}$ ist die Zahl, die dreimal mit sich selbst multipliziert x ergibt. Auf der Definitionsmenge $\mathbb{R}_0^+$ beschreibt $\sqrt[3]{x}$ die Umkehrfunktion von f mit $f(x) = x^3$.
(2) Auf der Definitionsmenge $\mathbb{R}_0^+$ ist $x^{0,5} = \sqrt{x}$ die Umkehrfunktion von f mit $f(x) = x^2$.
b) Der Graph von $f(x) = x^6$ ergibt gespiegelt an der Winkelhalbierenden $y = x$ im ersten Quadranten den Graphen der Wurzelfunktion $g(x) = \sqrt[6]{x}$.

18 a) $f^{-1}(x) = \sqrt{x}$ b) $f^{-1}(x) = \frac{1}{x}$ c) $f^{-1}(x) = \sqrt[5]{x}$

19 a) $u = f(A) = 4\sqrt{A}$

A	1	2	3	4	9	16	25
4WA	4	5,67	6,93	8	12	16	20

b) $f(4 \cdot A) = 4\sqrt{4A} = 2 \cdot 4\sqrt{A} = 2 \cdot u$
Der Umfang verdoppelt sich, wenn der Flächeninhalt vervierfacht wird.
$f(2 \cdot A) = 4\sqrt{2A} = \sqrt{2} \cdot 4\sqrt{A} = \sqrt{2} \cdot u$
Wenn der Flächeninhalt verdoppelt wird, dann wird der Umfang mit $\sqrt{2}$ multipliziert.

5

	Funktionsterm	a	b	c	d
rot	$\sin(x)$	1	1	0	0
blau	$\sin(2x)$	1	2	0	0
orange	$0{,}5\sin(2x)$	0,5	2	0	0
lila	$0{,}5\sin(2(x-2))$	0,5	2	2	0
grün	$0{,}5\sin(2(x-2))+0{,}5$	0,5	2	2	0,5

6

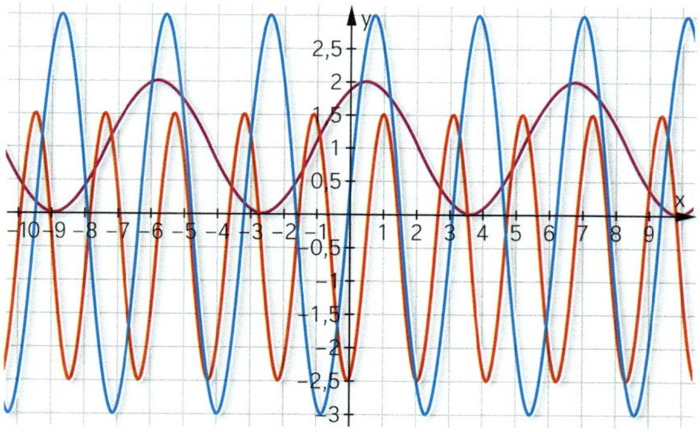

	Amplitude	Periodenlänge	x – Verschiebung	y – Verschiebung
a)	3	π	0	0
b)	1	2π	$-\frac{\pi}{3}$	+1
c)	2	$\frac{2\pi}{3}$	$+\frac{\pi}{2}$	−0,5

7 a) Beispiel: Rad 70 cm, Ventil ist unten 5 cm über dem Boden: $f(x) = 30\sin\left(\frac{2}{60}x\right) + 35$
b) Beispiel: Hochwasser 6 m, Niedrigwasser 2 m
$f(x) = 2 \cdot \sin\left(\frac{\pi}{6}(x - 9)\right) + 4$
c) siehe Basiswissen Seite 219
d) harmonische Schwingung

8 $f(x) = 2\sin\left(\frac{6}{2\pi}x\right) + 4$

Lösungen zu Seite 224

1 Sinusfunktion:
fallend: $\left[-10; -\frac{5\pi}{2}\right]$, $\left[-\frac{3\pi}{2}; -\frac{\pi}{2}\right]$, $\left[\frac{\pi}{2}; \frac{3\pi}{2}\right]$, $\left[\frac{5\pi}{2}; 10\right]$
steigend: $\left[-\frac{5\pi}{2}; -\frac{3\pi}{2}\right]$, $\left[-\frac{\pi}{2}; \frac{\pi}{2}\right]$, $\left[\frac{3\pi}{2}; \frac{5\pi}{2}\right]$
Kosinusfunktion:
fallend: $[-10; -3\pi]$, $[-2\pi; -\pi]$, $[0; \pi]$, $[2\pi; 3\pi]$
steigend: $[-3\pi; -2\pi]$, $[-\pi; 0]$, $[\pi; 2\pi]$, $[3\pi; 10]$
beide fallend: $[-10; -3\pi]$, $\left[-\frac{3\pi}{2}; -\pi\right]$, $\left[\frac{\pi}{2}; \pi\right]$, $\left[\frac{5\pi}{2}; 3\pi\right]$
beide steigend: $\left[-\frac{5\pi}{2}; -2\pi\right]$, $\left[-\frac{\pi}{2}; 0\right]$, $\left[\frac{3\pi}{2}; 2\pi\right]$.

2 Bei periodischen Funktionen wiederholen sich die Funktionswerte nach einer Periode p.
Sinus und Kosinus haben die Periodenlänge 2π.

3 a) $0{,}232$; $0{,}232 - 4\pi$; $0{,}232 - 2\pi$; $0{,}232 + 2\pi$; $2{,}91$; $2{,}91 - 4\pi$; $2{,}91 - 2\pi$; $2{,}91 + 2\pi$
b) $-1{,}12$; $-1{,}12 - 2\pi$; $-1{,}12 + 2\pi$; $-1{,}12 + 4\pi$; $-2{,}02$; $-2{,}02 - 2\pi$; $-2{,}02 + 2\pi$; $-2{,}02 + 4\pi$
c) $\left\{-\frac{7\pi}{2}; -\frac{3\pi}{2}; \frac{\pi}{2}; \frac{5\pi}{2}\right\}$ d) $\left\{-\frac{5\pi}{2}; -\frac{\pi}{2}; \frac{3\pi}{2}; \frac{7\pi}{2}\right\}$
e) -4π; -3π; -2π; $-\pi$; 0; π; 2π; 3π; 4π
f) Die Funktionen sind für alle x im Intervall gleich.

4 a) $P(0) = 5000$
b) Minimum: $5 + 2 \cdot (-1) = 3 \Rightarrow 3000$ Käfer
Maximum: $5 + 2 \cdot 1 = 3 \Rightarrow 7000$ Käfer
c) Periodenlänge: $2t = 2\pi \Rightarrow t = \pi$

Lösungen zu Seite 261

1 a)

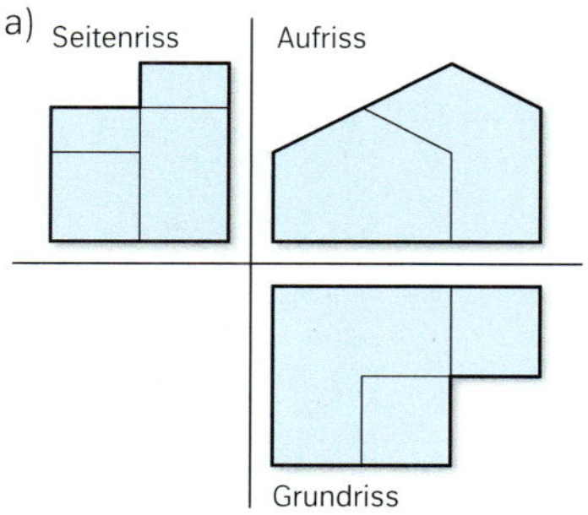

b)

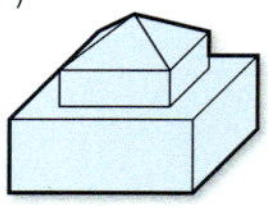

2 a) Es gibt mehrere Darstellungsmöglichkeiten:

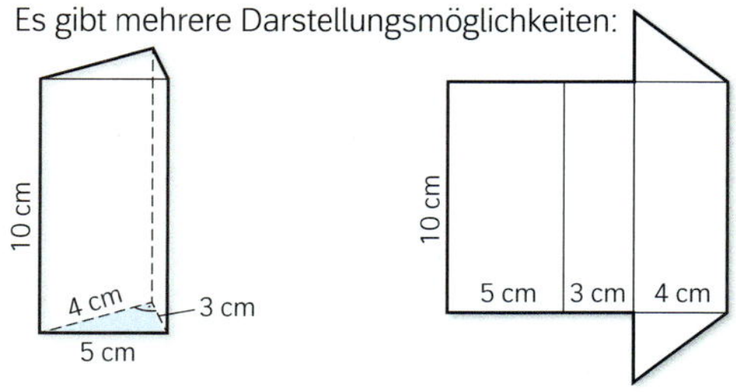

b) $V = G \cdot h = \frac{1}{2} \cdot 3\text{ cm} \cdot 4\text{ cm} \cdot 10\text{ cm} = 60\text{ cm}^3$
$O = 2 \cdot G + M$
$= 2 \cdot (\frac{1}{2} \cdot 3\text{ cm} \cdot 4\text{ cm}) + 10\text{ cm} \cdot (5\text{ cm} + 3\text{ cm} + 4\text{ cm})$
$= 132\text{ cm}^2$

3 $V = G \cdot h = \frac{1}{2} \cdot (1{,}2\text{ m} + 2\text{ m}) \cdot 0{,}9\text{ m} \cdot 2\text{ m} = 1{,}44\text{ m}^2 \cdot 2\text{ m} = 2{,}88\text{ m}^3 = 2880\text{ l}$

4 Höhe einer Seitenfläche:
$h_S = \sqrt{108}\text{ cm} \approx 10{,}4\text{ cm}$
Höhe Pyramide:
$h_P = \sqrt{72}\text{ cm} \approx 8{,}5\text{ cm}$
$V \approx 407{,}3\text{ cm}^3$
$O \approx 393{,}4\text{ cm}^2$

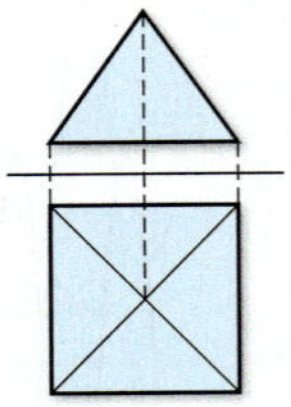

5 a) $O = 119\text{ cm}^2$
b) $k \approx 3{,}57\text{ cm}$; $V \approx 58{,}3\text{ cm}^3$
c) hier ohne Zeichnung, siehe Check-up

6 Das Volumen des Stahls wird hier näherungsweise als „Oberfläche · 6 mm“ berechnet.
Seitenlinien:
$s_1 = \sqrt{54025}\text{ cm} \approx 232{,}4\text{ cm}$;
$s_2 = \sqrt{114525}\text{ cm} \approx 338{,}4\text{ cm}$
Oberfläche der Spitztonne:
$O = \pi r (s_1 + s_2) \approx 134592{,}9\text{ cm}^2$

Volumen des Stahls, näherungsweise:
$V \approx O \cdot 0{,}6\text{ cm} \approx 80701{,}8\text{ cm}^3 \approx 80{,}7\text{ dm}^3$
Gewicht der Spitztonne: $V \cdot 8\text{ kg/dm}^3 \approx 645{,}6\text{ kg}$
Volumen der Spitztonne: $V_{ST} \approx 3239767\text{ cm}^3 \approx 3240\text{ dm}^3$
Das vom Volumen der Tonne verdrängte Wasser wiegt ungefähr 3240 kg; also schwimmt die Spitztonne.

Lösungen zu Seite 262

7	Fußball	Basketball	Handball
Radius in cm	10,82 < r < 11,30 +/– 2,2 %	11,94 < r < 12,41 +/– 1,9 %	9,23 < r < 9,55 +/– 1,7 %
Oberfläche in cm^2	1472 < O < 1605 +/– 4,3 %	1790 < O < 1937 +/– 3,9 %	1071 < O < 1146 +/– 3,4 %
Volumen in cm^3	5310 < V < 6044 +/– 6,5 %	7124 < V < 8014 +/– 5,9 %	3295 < V < 3648 +/– 5,1 %

8 $r_{Mars} = \frac{1}{4} r_{Erde}$; $O_{Mars}/O_{Erde} = \frac{1}{16}$; $V_{Mars}/V_{Erde} = \frac{1}{64}$

9 a) $V = 537{,}94\text{ cm}^3$ b) $V = 187{,}47\text{ cm}^3$
$A = 573{,}1\text{ cm}^2$ $A = 339{,}4\text{ cm}^2$

10 $G = 20\text{ cm} \cdot 16{,}5\text{ cm} + \frac{1}{2}(20\text{ cm} + 12\text{ cm}) \cdot 3{,}5\text{ cm} = 386\text{ cm}^2$ (Seitenfläche)
$V = 386\text{ cm}^2 \cdot 33\text{ cm} = 12738\text{ cm}^3 = 12{,}738\text{ dm}^3$
$m = 12{,}738 \cdot 2{,}3\text{ kg} \approx 29{,}3\text{ kg}$
Ein Stein wiegt etwa 29,3 kg.

11 Die Innenmaße des Kübels müssen gemessen werden.

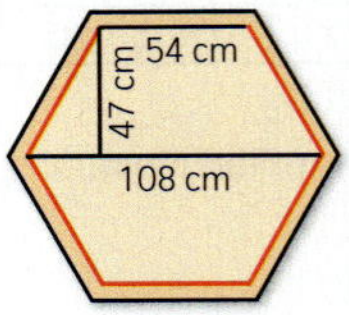

$G = 2 \cdot \frac{1}{2} \cdot (108\text{ cm} + 54\text{ cm}) \cdot 47\text{ cm}$
$= 3807\text{ cm}^2 \cdot 2 = 7614\text{ cm}^2$
$V = 7614\text{ cm2} \cdot 50\text{ cm} = 380700\text{ cm}^3$
$= 380{,}7\text{ l}$
Ein Sack Pflanzerde reicht nicht, man müsste acht Säcke à 50 l kaufen.

Stichwortverzeichnis